Karin Beher, Reinhard Liebig, Thomas Rauschenbach
Strukturwandel des Ehrenamts

Karin Beher, Reinhard Liebig, Thomas Rauschenbach

Strukturwandel des Ehrenamts

Gemeinwohlorientiertung im Modernisierungsprozeß

unter Mitarbeit von Wiebken Düx

Juventa Verlag Weinheim und München 2000

Die AutorInnen

Karin Beher, Jg. 1959, Dipl.-Soz. Wiss., ist Wissenschaftliche Mitarbeiterin am Institut für Sozialpädagogik, Erwachsenenbildung und Pädagogik der frühen Kindheit der Universität Dortmund.

Reinhard Liebig, Jg. 1959, Dipl.-Soz. Wiss., ist Wissenschaftlicher Mitarbeiter am Institut für Sozialpädagogik, Erwachsenenbildung und Pädagogik der frühen Kindheit der Universität Dortmund.

Thomas Rauschenbach, Jg. 1952, Dr. rer. soc., Dipl. Päd., ist Professor für Sozialpädagogik am Institut für Sozialpädagogik, Erwachsenenbildung und Pädagogik der frühen Kindheit der Universtät Dortmund.

Diese Veröffentlichung wurde gefördert aus Mitteln des Bundesministerums für Familie, Senioren, Frauen und Jugend.

Die Deutsche Bibliothek - CIP-Einheitsaufnahme
Ein Titeldatensatz für diese Publikation ist bei
Der Deutschen Bibliothek erhältlich.

© 2000 Juventa Verlag Weinheim und München
Umschlaggestaltung: Atelier Warminski, 63654 Büdingen
Printed in Germany

ISBN 3-7799-1406-9

Inhalt

1. Motivations- oder Strukturwandel des Ehrenamts? Eine einleitende Skizze

Männer, Frauen, junge und alte Menschen haben heutzutage ein anderes Verhältnis zum Ehrenamt. Ihre Motive haben sich gewandelt, die Bedürfnisse, das Interesse und der Umgang mit dem Ehrenamt sind konkreter, unmittelbarer geworden. Menschen engagieren sich ehrenamtlich, tun etwas für andere – für eine Organisation, einen Verein, eine Initiative, für eine Sache, ein Projekt oder eine Idee, investieren dafür Zeit, Fähigkeiten, zum Teil auch Geld – und tun zugleich etwas für sich selbst: wollen Anerkennung, Spaß und sich selbst verwirklichen, wollen Möglichkeiten der Teilhabe am öffentlichen Leben und an der Gestaltung sozialer Sachverhalte realisieren, wollen das Gefühl haben, etwas Nützliches, Wichtiges, etwas für das Gemeinwohl getan oder anderen eine Freude bereitet zu haben, wollen ein Stück Verantwortung übernehmen und dabei vielleicht auch mit anderen Menschen, mit denen sie gerne zusammen sind, ihre Zeit verbringen.

So oder ähnlich könnte man eine wesentliche Sichtweise umschreiben, die gegenwärtig – neben anderen Deutungen – als Kennzeichen eines »neuen« Ehrenamts beschrieben wird. Der Wandel des Ehrenamts drückt sich in dieser Perspektive zuallererst in einer veränderten Haltung der Ehrenamtlichen gegenüber dem ehrenamtlichen Engagement aus. Die Aufmerksamkeit wird demzufolge besonders auf die Motive, Einstellungen, Meinungen und Wahrnehmungen der faktischen oder potentiellen Ehrenamtlichen, bzw. genauer: deren Konstanz und Wandel gerichtet.

Indes: Diese Zentrierung auf die »subjektive« Seite des Ehrenamts ist im Hinblick auf die Veränderungen, denen sich das Ehrenamt inzwischen ausgesetzt sieht, nur die halbe Wahrheit, nur das *individuell* zum Ausdruck kommende Ende einer langen Kette von grundlegenden sozialen Veränderungen, mit denen das Ehrenamt, das bürgerschaftliche Engagement, die Freiwilligenarbeit oder wie die heutigen Formen auch immer bezeichnet werden mögen, derzeit konfrontiert werden. Oder anders formuliert: Der Wandel des Ehrenamts hat auch eine subjekt*abgewandte*, strukturelle Seite, die auf das Ehrenamt und die Ehrenamtlichen einwirkt. Dies ist eine zentrale Ausgangshypothese, die den nachfolgenden Ausführungen zugrundeliegt.

Wenn diese Annahme jedoch richtig ist, dann muß eine Auseinandersetzung mit dem Themenkomplex »Ehrenamt«, die den damit einhergehenden Veränderungen gerecht werden will, breiter ansetzen, den Horizont der zu beobachtenden und einzubeziehenden Variablen und Rahmenbedingungen mithin so breit abstecken, daß diese in die Beobachtung und Analyse mit einbezogen werden können. Es müssen demzufolge, vereinfacht formuliert, gar nicht so sehr, oder zumindest nicht allein, die Ehrenamtlichen in den Mittelpunkt der Betrachtung gerückt werden. Statt dessen muß vielmehr das konstitutive Umfeld der Ehrenamtlichkeit den entsprechenden Analysen als Referenzrahmen und notwendige Bedingung zugrundegelegt werden.

1.1 Was heißt »Strukturwandel des Ehrenamts«?

Der Generalschlüssel, der in der Debatte um das Ehrenamt für diese Zugangsweise bisweilen verwendet wird und der nachfolgend als Ausgangspunkt der Analyse dient, läßt sich auf die Formel bringen: »Strukturwandel des Ehrenamts«. Hiermit wird eine Konturierung des Ehrenamts vorgeschlagen, die über die subjektiven Motivlagen ebenso konsequent hinausweist wie über einen kulturellen, werteorientierten Zuschnitt und die statt dessen das Augenmerk verstärkt auf die Kontext- und Rahmenbedingungen des Ehrenamts legt, also auf jenes Koordinatensystem, in dem sich das Ehrenamt im Wesentlichen bewegt und gegenwärtig zu verorten ist. Etwas zugespitzt könnte man diesen Perspektivenwechsel so kennzeichnen, daß sich nicht primär die Wandlungsprozesse bei den Ehrenamtlichen selbst als Anfangspunkt weiterer Analysen anbieten, sondern daß die veränderten Rahmenbedingungen und das modifizierte Koordinatensystem, das zu einer »Neuformatierung« des Ehrenamts führt, im Zentrum des Interesses liegen.

Diese Perspektive, so pauschal formuliert und vorgetragen, ist weder sonderlich neu noch originell. Zudem muß sie in dieser Allgemeinheit notgedrungen nebulös und trivial erscheinen, sagt sie doch zunächst kaum mehr aus, als daß sich einerseits die Gesellschaft – irgendwie – verändert hat, ein wenig überraschender und irritierender Befund, und daß sich andererseits dieser sozialstrukturelle Wandel direkt oder indirekt zu einem »neuen« oder zumindest »neuartigen« Ehrenamt geführt hat. So deutlich damit zwar für eine strukturelle Beobachtung des Wandels gegenüber einer primär kulturalistischen oder einer subjektiv-biographischen Deutung der zu beobachtenden Veränderungen im Ehrenamt plädiert wird, so unklar bleiben vorerst die einzelnen Parameter dieses Strukturwandels. Diesbezüglich gilt es weiter zu differenzieren. Um dafür eine gedankliche Klammer zu haben, werden wir vor dem Hintergrund dieser Ausgangsüberlegungen unsere Vorgehensweise in drei Richtungen fokussieren, die den inneren Zusammenhang und die gemeinsame Stoßrichtung der nachfolgenden Kapitel erkennbar machen.

(1) Zunächst erscheint es sinnvoll, die Frage des Strukturwandels als eine Frage des Wandels von strukturellen Beziehungen und Verhältnissen, sprich: von einzelnen Relationen des Ehrenamts zu anderen gesellschaftlich relevanten Tatbeständen und Zusammenhängen zu beschreiben. Erst in der Zergliederung des Gesamtphänomens »Ehrenamt« in unterschiedliche Relationierungen von z. B. »Ehrenamt und Frauen«, »Ehrenamt und Verbände«, »Ehrenamt und Alter« werden jene strukturellen Veränderungen sichtbar, die den Wandel des Ehrenamts nicht nur beschreibbar, sondern auch erklärbar, zumindest plausibilisierbar machen. Das bedeutet zweierlei:

- Negativ gewendet bedeutet dies zum einen, daß eine Fokussierung auf die Ehrenamtlichen selbst, wie sie in der empirischen Forschung in Form von personenbezogener (Einstellungs-)Forschung ganz eindeutig überwiegt (vgl. Beher/Liebig/Rauschenbach 1998; Rauschenbach 1999a), notgedrungen nicht die Veränderungen zwischen der Ehrenamtlichkeit und den Rahmenbedingungen ins Blickfeld rücken kann. Infolgedessen bleibt die jeweils zu beantwortende Frage nach Konstanz und Wandel auf Interpretationsmuster angewiesen, die innerhalb kulturalistischer und subjektbezogener bzw. subjektiv-biographischer Dimensionen anzusiedeln sind.[1]

• Es heißt aber zugleich zum andern, daß Erklärungen und Deutungsmuster, die die Frage des Ehrenamts, insbesondere dessen Wandel gegenwärtig auf einen einzigen Nenner zu bringen versuchen – der dann z. B. Motivationsoder Einstellungswandel lautet –, zu ungenau, zu unterkomplex sind, da der Strukturwandel nur als Zusammenwirken *mehrerer* Faktoren angemessen beschrieben werden kann. Aus diesem Grund müssen, gewissermaßen als Umweg, mehrere Beziehungsmuster zugleich ins Blickfeld gerückt werden, müssen mithin die unterschiedlichen Lagen und Schichten des Strukturwandels des Ehrenamts jeweils für sich freigelegt und ausbuchstabiert werden.

(2) Wenn man in Anbetracht dessen versucht, die Aufmerksamkeit auf die unterschiedlichen Außenbeziehungen und Konstitutionsbedingungen des Ehrenamts zu lenken, stellt sich unweigerlich die Frage, welche Beziehungsmuster hier von entscheidender Bedeutung sind. Dazu schlagen wir zwei operative Beobachtungseinheiten und Konstrukte als relationale Bezugspunkte für das Ehrenamt vor: ausgewählte»Lebenslagen« einerseits sowie ausgewählte»institutionelle Settings« andererseits:

• *»Lebenslagen«* markieren den subjektrelevanten Niederschlag gesellschaftlicher Verhältnisse, in denen sich konkrete Lebensverhältnisse von Personengruppen konstituieren. Sie bilden das Ausgangsplateau, auf dem sich konkrete Subjektivität alternativlos entwickeln kann und muß.[2] Wir werden diesen lebenslagenspezifischen Zugang exemplarisch für zwei Personengruppen verdichten: am Beispiel der gewandelten Lebenslagen von Frauen einerseits und von älteren Menschen andererseits. In beiden Fällen werden Veränderungen in den Lebenslagen in unterschiedlichen Ausprägungen sichtbar, die als erklärende Variablen für den Strukturwandel des Ehrenamts mit Blick auf »Frauen« und »ältere Menschen« neue Einsichten eröffnen. Dabei gilt, vereinfacht gesagt, auch hier: Unterschiedliche Ausgangszustände können gleiche Endzustände zur Folge haben – so daß z. B. auf der Motivebene der Ehrenamtlichen keine gravierenden Differenzen mehr sichtbar werden (obgleich sich die »Lebenslagen« unterscheiden) –, wie es auch umgekehrt sein kann, daß gleiche Ausgangszustände zu unterschiedlichen Endzuständen füh-

---

1 Man könnte vielleicht auch sagen, daß wir hier eine eher soziologische gegenüber einer (sozial-)psychologischen Sichtweise bevorzugen. Oder anders formuliert: Wir richten unser Augenmerk auf die Zusammenhänge zweiter, nicht erster Ordnung.

2 So bedeutet es beispielsweise etwas anderes, in einem Dorf anstatt in einer Großstadt aufzuwachsen, als Junge oder Mädchen geboren zu sein, mit 55 Jahren in den vorzeitigen Ruhestand zu wechseln oder als Selbständiger bis ins hohe Alter erwerbstätig zu sein. »Lebenslage« markiert so die strukturelle Ausgangslage, vor deren Hintergrund sich die Frage des ehrenamtlichen Engagements für die Menschen konkret entfalten kann.

ren können. Auf unser Thema angewendet hieße das, daß Lebenslagen erst im Zusammenspiel von horizontaler und vertikaler Perspektive, also der Sequentialisierung im eigenen Lebenslauf *und* der gleichzeitigen Beschreibung externer, biographie*unabhängiger* Rahmenbedingungen das sichtbar machen können, was den Strukturwandel des Ehrenamts in *dieser* Hinsicht grundlegend tangiert.

- Der zweite operative Bezugspunkt für eine Neuvermessung des Ehrenamts zielt auf die *»institutionellen Settings«*, in denen sich das Ehrenamt jeweils konstituiert, sprich: auf die eher *organisations*bezogene Seite der Entstehung von Ehrenamtlichkeit. Hierbei wäre z. B. an allgemeine, organisationsübergreifende Settings wie dem *»*Dritten Sektor*«*, dem gemeinnützigen, intermediären Bereich oder dem Sozial-, Erziehungs- und Gesundheitswesen ebenso zu denken wie an Vereine, Verbände und Initiativen. Insoweit verweist diese Dimensionierung auf einen weiteren unhintergehbaren Zusammenhang des Ehrenamts, der ebenfalls als konstitutives Element bezeichnet werden kann: die *organisatorische* Verfaßtheit des Ehrenamts.[3]

Ehrenamtliche sind keine anonymen »Einzeltäter«, keine vereinzelten, gütigen Menschen, die am Straßenrand in Not Geratenen spontan helfen. Die Ehrenamtlichen bewegen sich immer schon in vorgegebenen, zumindest vorgeprägten institutionellen Settings von Arbeitsfeldern und Institutionen, von rechtlich, finanziell und personell vorstrukturierten, ja normierten Koordinatensystemen (vgl. Rauschenbach/Müller/Otto 1988). Ehrenamtliches Engagement ist insoweit zuallererst so etwas wie »organisierte Nächstenliebe« (vgl. Bauer/Dießenbacher 1984). Und den hierbei zugrundeliegenden Relationierungen und den damit einhergehenden strukturellen Veränderungen gilt es verstärkte Aufmerksamkeit zuzuwenden. In diesem Kontext zielt die Analyse des »Strukturwandel des Ehrenamts« vor allem auf die Frage nach den veränderten Ausgangsbedingungen innerhalb der institutionellen Settings, in denen das Ehrenamt eine Tradition und ein kulturelles Erbe zu »verteidigen« hat, in denen es heute immer noch, erneut oder erstmalig eine Bedeutung hat. Jugendverbände, Wohlfahrtsverbände und Sportvereine lassen sich gewissermaßen stellvertretend für derartige veränderte institutionelle Settings ins Blickfeld rücken und auf die damit einhergehenden, veränderten Bezüge zum Ehrenamt hin befragen. Dabei ist die Auswahl nicht zwingend, es könnten statt dessen durchaus auch kulturelle Vereinigungen, freizeitorientierte Vereine oder politische Parteien und Gewerkschaften zugrundegelegt werden. Vermutlich würden sich dabei aber ähnlich

---

3 Insoweit erscheint es uns auch sinnvoll, zumindest analytisch scharf zwischen informellen Formen der Hilfe und des Engagements in der Verwandtschaft, der Nachbarschaft und dem eigenen Freundeskreis auf der einen Seite und den vielfältigen Varianten *organisierten* ehrenamtlichen Engagements in formalisierten, öffentlichen Kontexten auf der anderen Seite zu trennen (vgl. Beher/Liebig/Rauschenbach 1998). Tut man dies nicht, dann wird jedes prosoziale Verhalten, jede innerfamiliale Zuwendung, jede spontane und einmalige »gute Tat« zu einer Spielart des klassischen Ehrenamts – und dieses in seiner Spezifität zugleich aussagen- und konturenlos.

veränderte Strukturen für das Ehrenamt nachweisen lassen wie bei Sportvereinen, Wohlfahrts- oder Jugendverbänden.

(3) Indem wir uns auf der Basis von empirischen Befunden und theoretischen Einsichten der Frage des »Strukturwandels des Ehrenamts« in der hier vorgezeichneten Form zu nähern versuchen, gilt es, die unterschiedlichen Ebenen und Lagen im Sinne struktureller Schichten und Ablagerungen zu unterscheiden und gewissermaßen einzeln abzutragen, sprich: die unterschiedlichen Dimensionen gesondert sichtbar zu machen und zu erörtern. Damit nehmen wir unbestreitbar eine analytische, gleichsam künstliche Trennung vor, denn in seinen konkreten Erscheinungsformen ist das Ehrenamt immer schon ein Gemisch aus subjektiven Befindlichkeiten und objektiven Tatbeständen, aus individuellen Optionen und strukturellen, subjektübergreifenden Bedingungen. Jedoch:

- Im Unterschied zu einer *ausschließlich* empirisch ausgerichteten Vorgehensweise, die bestrebt ist, durch Detailgenauigkeit den tatsächlichen Standort des Ehrenamts in den Untiefen einer modernen, komplexen Gesellschaft auszuloten, schlagen wir einen indirekteren Weg vor, indem wir ein erweitertes Koordinatensystem zugrunde legen und so den erklärungsrelevanten Kontext eines Strukturwandels des Ehrenamts systematisch einbeziehen. So lassen sich beispielsweise die Veränderungen des Ehrenamts so lange nicht hinreichend erklären, so lange man nicht zugleich die nachhaltigen Veränderungen in Sachen Verberuflichung des gemeinnützigen, intermediären Dritten Sektors als intervenierende Variable mit berücksichtigt; so läßt sich der Wandel des Engagements älterer Menschen nicht zureichend erklären, so lange man nicht gleichermaßen die quantitativen und qualitativen Veränderungen der »Nacherwerbsphase« ehemals Beschäftigter auf der einen Seite und die neu hinzugekommene »empty-nest-Phase« nicht-erwerbstätiger Mütter auf der anderen Seite mit ins Blickfeld rückt; so läßt sich der Wandel des sozialen Ehrenamts nicht verstehen, wenn man nicht gleichzeitig den fundamentalen Bedeutungs- und Strukturwandel des gesamten Sozialwesens und der personenbezogenen sozialen Dienste in individualisierten und riskanten Gesellschaften im Auge behält.
- Im Unterschied zu einer eher zeitdiagnostisch bleibenden Debatte über den Wandel des Ehrenamts, die sich allgemein auf Ehrenamt, Selbsthilfe, Bürgerengagement, Freiwilligenarbeit etc. bezieht, ohne die Nuancen und z. T. folgenreichen dahinter liegenden Differenzen zu beachten, wählen wir den Weg einer *segmentären* Analyse, um Gemeinsamkeiten, Differenzen und Besonderheiten unterscheidbar zu halten, um reale Gemeinsamkeiten oder Differenzen nicht bereits durch die Wahl ungeeigneter Beobachtungsinstrumente zu nivellieren. Zumindest fällt auf, daß immer wieder pauschal von »Ehrenamt«, »bürgerschaftlichem Engagement« etc. die Rede ist, in Wirklichkeit jedoch Seniorenarbeit (und eben nicht Jugendverbandsarbeit), Selbsthilfe und Selbstorganisation (aber eben nicht Fremdhilfe), soziale Arbeit (und eben nicht Ehrenamt) oder passive Mitgliedschaft (und eben nicht aktives Engagement) gemeint ist.

Die Alternativen, die sich infolgedessen beim Thema Ehrenamt für Wissenschaft und Forschung bislang gezeigt haben, sind die, sich entweder auf das komplexe Gesamtgebilde Ehrenamt einzulassen und eher plakativ von einem »neuen Ehrenamt« oder einem »Strukturwandel des Ehrenamts« auszugehen oder aber sich auf Einzelphänomene, Einzelsegmente, spezifische Zielgruppen und Problemlagen zurückzuziehen und diese – pars pro toto – als relevante Beobachtungseinheit zugrundezulegen. Unter dem Strich haben beide Vorgehensweisen unübersehbare Schwächen. Im ersten Fall sieht man vor lauter Wald die einzelnen Bäume nicht mehr, im zweiten Fall hingegen vor lauter Bäumen den Wald nicht mehr.

Der Perspektivenwechsel, der hier vorgeschlagen und wenigstens ansatzweise durchzudeklinieren sein wird, versucht die beiden Optionen bis zu einem gewissen Punkt miteinander zu verbinden, also auf der einen Seite Analysen einzelner Lebenslagen bzw. institutioneller Settings im Horizont der Gesamtkomplexität vorzunehmen und auf der anderen Seite Gesamterörterungen verstärkt unter Einbeziehung begrenzterer, dafür aber detailgenauerer Beobachtungen einzelner Segmente empirisch zu unterfüttern. Ob dies zumindest in Ansätzen gelingt, ob dies unter den derzeitigen Gegebenheiten des bestenfalls prinzipiell vorhandenen, selten aber auch tatsächlich aufbereiteten Wissens über die Gesamtthematik überhaupt gelingen kann, wird die nachfolgende Studie und ihre Verzahnung von Empirie und Theorie zeigen müssen.

Die Gefahr, in Anbetracht der zerstückelten, fragmentarischen Wissensbestände über Einzelfragen des Ehrenamts in der Vielfalt der Phänomene unterzugehen, sich gewissermaßen im Labyrinth der Argumentationskomplexität orientierungslos zu verlieren, ist jedenfalls mindestens genauso groß wie – umgekehrt – das Risiko, sich durch reflexive Abstraktionen, d. h. durch eine Vergrößerung der Brennweite bei der Beobachtung und Analyse des Ehrenamts in der Größe des Feldes so weit von den Phänomenen zu entfernen, daß am Ende nur noch die allgemeine Hypothese eines »Strukturwandels des Ehrenamts« übrig bleibt. Und diesbezüglich kann dann nicht mehr plausibilisiert, geschweige denn überprüft werden, ob es sich dabei um ein Realproblem oder ein Reflexionsproblem handelt, sprich: ob sich gewissermaßen die Verhältnisse selbst verändert haben oder aber nur der Blick auf diese. Bisweilen kann man im Horizont einzelner Facetten des Themas den Eindruck gewinnen, oder besser: beschleicht einen die »Befürchtung«, daß vor allem letzteres der Fall ist.

1.2 Wandel des Ehrenamts oder Wandel der Ehrenamtlichen?

Seit der zweiten Hälfte der 80er Jahre werden aus theoretisch-analytischer Perspektive Spuren für die Existenz eines neuartigen Ehrenamts auf der Grundlage einer neuen Sichtweise gesucht und dessen Merkmale herausgearbeitet, systematisiert und theoretisch eingebunden. Dem Ehrenamt wird zugleich ein grundlegender Gestaltwechsel bescheinigt, der mit Bezeichnungen wie »altes« und »neues« oder »traditionelles« und »modernisiertes« Ehrenamt charakterisiert wird. Hinter dieser begrifflichen Polarität verbirgt sich ein theoretisch-analytisches Konzept, in dessen Kontext Wandlungstendenzen des Ehrenamts beschrieben und in Thesen eines »Bedeutungsverlusts«, einer »Ausdifferenzierung« und einer »Verlagerung« des Engagements gekleidet werden (vgl. Notz 1998; Olk 1987a, 1989; Rauschenbach/Müller/Otto 1988). Diese Wandlungserscheinungen gelten als Ausdruck für Prozesse der Modernisierung, die sowohl die normativen und subjektiven Grundlagen als auch die strukturelle bzw. objektive Verfaßtheit der Ehrenamtlichkeit betreffen (vgl. Jütting 1998a). Thematisiert wird dabei also die wechselseitige Beziehung zwischen individuums- und organisationsbezogenen Veränderungen. Folgt man dabei den vielfältigen Thesen eines »individualisierten« Ehrenamts, dann zeigt sich, daß an die Stelle des »klassischen« Ehrenamts ein neuer, modifizierter Idealtyp gesetzt wird. Im Rahmen dieses theoretisch-analytischen Argumentationszusammenhangs wird auf Veränderungen mehrerer zentraler Aspekte hingewiesen, die die Motive, die Form, die Inhalte sowie die Position gemeinwohlorientierten Engagements im gesellschaftlichen Gesamtgefüge betreffen[4]:

- So wird beim modernisierten Ehrenamt mit Blick auf die komplexen, individuell zugrundeliegenden Motivationsstrukturen eine neuartige Verbindung von sozialem Gemeinschaftsgefühl, persönlicher Betroffenheit, Selbstbestimmungs- und Selbstverwirklichungsmotiven sowie politischem Veränderungswillen angeführt. Ehrenamtlichkeit wird dabei vermehrt als ein Medium für Prozesse der Identitätssuche und Selbstfindung betrachtet. Das entscheidende handlungsleitende Merkmal des neuen Ehrenamts besteht insoweit in der Norm der Reziprozität von Geben und Nehmen und nicht mehr in der des selbstlosen Handelns (vgl. Rauschenbach/Müller/Otto 1988). Als zentrales Moment zur Aktivierung des neuen Engagements wird anstelle der Sozialisation in einem bestimmten Milieu mit spezifischen Deutungsmuster und Normen das »Prinzip der biographischen Passung« herangezogen, bei dem das Ehrenamt als selbstgewähltes Element der Biographiegestaltung bewertet wird (vgl. Olk/Jakob 1991). Erst, wenn in einer spezifischen Lebensphase Motiv, Anlaß und Gelegenheit biographisch zusammenpassen, wird eine latente Bereitschaft zum Engagement tatsächlich manifest. Als mögliche Motivkonstellationen gelten etwa der Bedarf an sozialen Kontakten, Kommunikation, Geselligkeit und Freizeitgestaltung – wie er z. B. bei Frauen nach der ersten Familienphase oder bei Männern im Übergang zum Ruhestand in besonderer Ausprägung zu finden ist (vgl. Heinze/Bucksteeg 1996).
- Die angeführten Modifikationen betreffen aber auch die Inhalte und Arbeitsformen des Engagements: Demzufolge sind zusätzliche Themen und Arbeitsfelder wie Ökologie und Umweltschutz hinzugekommen. Das neue Engagement soll im Gegensatz zur ehemals dauerhaften Mitgliedschaft und Mitarbeit in Verbänden und Großorganisationen zeitlich befristeter erfolgen. Die durch ehrenamtliche Arbeit eingegangenen verpflichtenden Arrangements

---

4 Vgl. Rauschenbach (1991c); Heinze (1998a); Krüger (1993); Brandenburg (1995).

verlieren scheinbar an Attraktivität, d. h. die Ehrenamtlichen nehmen für sich die Option in Anspruch, sich (jederzeit) wieder zurückziehen zu können. Somit wären aus dieser Perspektive nicht mehr die organisatorischen Ansprüche oder die Notwendigkeiten des Tätigkeitsfeldes ausschlaggebend für die Dauer und Intensität des Engagements, sondern vielmehr die Vorstellungen, Bedürfnisse und Wünsche der Ehrenamtlichen. Statt in den »fremdbestimmten« Strukturen von Großorganisationen vollzieht sich, so die These, neue Ehrenamtlichkeit eher in überschaubaren Projekten mit größeren Freiräumen und erweiterten Gestaltungsmöglichkeiten der Engagierten auf lokaler und regionaler Ebene, die sichtbar bzw. spürbar veränderbar sind (vgl. Galuske 1997; Reinert 1997a, 1997b).

- Neben diesen Veränderungen wird auf Pluralisierungstendenzen des ehrenamtlichen Engagements hingewiesen. Derartige Wandlungsprozesse bzw. eine Ausdifferenzierung des Engagements in vielfältigere Formen werden beispielsweise in Richtung einer Verberuflichung ehrenamtlicher Arbeit aufgezeigt, die auf eine Annäherung und Vermengung dieser unterschiedlichen Tätigkeitsformen hinausläuft (vgl. Olk 1987a; Rabe-Kleberg 1988; Rauschenbach/Müller/Otto 1988). Ehrenamtlich arbeitende Personen sind demnach nicht mehr völlig »unbezahlt« zu gewinnen bzw. zu motivieren. Ehrenamtliche Arbeit überlagert sich in vielen Bereichen immer stärker mit Honorartätigkeit, Billiglohnarbeit und Ersatzerwerbsarbeit. Zugleich haben sich die Qualifikationsansprüche an die ehrenamtliche Arbeit – implizit oder explizit – graduell erhöht. Es besteht somit ein Trend zu latenter Fachlichkeit bzw. zu »Semi-Professionalität«. Damit hat eine schleichende Angleichung an die sonstigen Formen Sozialer Arbeit stattgefunden, aber auch an Formen wie Zivildienst, Freiwilliges Soziales Jahr (FSJ), Freiwilliges Ökologisches Jahr (FÖJ) oder ausbildungsrelevante Praktikumszeiten (vgl. Bartjes 1995; Bendele 1988; Rauschenbach/Müller/Otto 1988).

- Eine besondere Variante der Pluralisierungskonzepte stellt die Verlagerungshypothese dar, nach der sich das Engagement tendenziell von der Mitarbeit bei etablierten Trägern und Organisationen hin zu Bereichen kollektiv organisierter Selbst- und Fremdhilfe verschiebt. Obwohl sich das Engagement nach wie vor auch in stark formalisierten Strukturen organisiert, handelt es sich demzufolge bei der sogenannten »Krise« ehrenamtlichen Engagements nicht um einen allgemeinen Trend, sondern um ein Phänomen, dessen Auswirkungen nur bestimmte gesellschaftliche Felder – wie etwa das Sozial- und Gesundheitswesen oder der politische Bereich – und nur ein bestimmter Kreis von Organisationen wie Kirchen, Parteien, Gewerkschaften, Wohlfahrts- und Jugendverbände in besonderer Weise zu spüren bekommen, während andere Vereinigungen und Aktivitätsformen – zum Beispiel im Sport- oder Freizeitbereich, Selbsthilfegruppen, Tauschbörsen, Gib- und Nimm-Zentralen – zumindest in Teilen auf ein wachsendes Interesse stoßen (vgl. Priller/Zimmer 1997). Insbesondere die etablierten Mitgliederorganisationen haben, so ein zugrundeliegender Erklärungsansatz, aufgrund von Innovationsdefiziten die Fähigkeit verloren, das Reservoir potentiell zum Engagement geneigter BürgerInnen auszuschöpfen (vgl. ebd.; Olk 1989). In besonderem Maße sind scheinbar primär diejenigen Organisationen betroffen, die sich durch eine direkte oder indirekte hohe politische Relevanz auszeichnen und stark in korporatistische Arrangements auf der Makro-Ebene eingebunden sind.

• Und schließlich hat sich durch den strukturellen Wandel der Arbeitsstrukturen in vielen gesellschaftlichen Bereichen – mit einem zu verzeichnenden Anstieg beruflich organisierter Arbeit zum einen und einem relativen Bedeutungsverlust des Ehrenamts zum anderen – zugleich die Gesamtpositionierung des freiwilligen Engagements im gesellschaftlichen Gefüge verschoben. So hat etwa spätestens seit den 70er Jahren das Ehrenamt im Zuge des Ausbaus des Sozial, Erziehungs- und Gesundheitswesens (vgl. Rauschenbach 1999b) und den seit diesem Zeitpunkt zu verzeichnenden grundlegenden Verberuflichungs- und Verfachlichungsprozessen seine monopolartige Stellung und historische Exklusivität für die Bearbeitung bestimmter Hilfeformen und Problemlagen verloren. Ehrenamt und Selbsthilfe einerseits und berufliche Soziale Arbeit andererseits bilden heute zwei verschiedene Komponenten eines durchmischten Versorgungsangebots an sozialen und gesundheitsbezogenen Hilfen und Diensten. Das Ehrenamt definiert sich deshalb nicht mehr allein in Relation zu den primären Versorgungsnetzen, zu Familie und Nachbarschaft, sondern immer auch in Abgrenzung bzw. als Gegenentwurf zu den professionell erbrachten Dienstleistungen (vgl. Rauschenbach 1991c, S. 6 ff.).

Die Pluralisierung der Erscheinungsformen des gemeinwohlorientierten, freiwilligen Engagements findet ihren Niederschlag schließlich auch in einer begrifflichen Vervielfältigung. So bietet sich zur Beschreibung, Begründung und empirischen Ermittlung des Engagements von Menschen, das freiwillig, ohne bzw. trotz relativ geringer monetärer Gegenleistung erbracht wird und in direkter oder indirekter Weise dem Gemeinwohl dient, ein breites Spektrum von Begriffen an. Neben dem »Ehrenamt« ist beispielsweis die Rede von einem »bürgerschaftlichen Engagement«, dem »Bürgerengagement«, der »gemeinwohlorientierten Arbeit«, der »Freiwilligenarbeit«, der »Bürgerarbeit« oder auch der »Selbsthilfe«. Es existiert eine Fülle von Begriffen, die sowohl in der theoretisch-analytischen Literatur als auch in der empirischen Forschungsarbeit nicht eindeutig und nicht übereinstimmend definiert und eingesetzt werden. Diese konkurrierenden Ausdrücke besitzen jeweils eine eigene Begriffsgeschichte, verweisen auf mehr oder weniger spezifizierbare gesellschaftliche Akteure sowie auf theoriebeladene Traditionen und deuten auf unterschiedliche Gesellschaftsentwürfe und politisch gefärbte Wahrnehmungsraster hin (vgl. Rauschenbach 1999c).

Eine sekundäranalytische Beschäftigung mit den gesellschaftlichen Realphänomenen des vielfältigen Engagements, die immer bereits mit bestimmten Konnotationen und Implikationen des verwendeten begrifflichen Instrumentariums verbunden sind, sollte insofern eine »übergeordnete Position« beziehen, indem sie aus einer Meta-Perspektive die begrifflichen Werkzeuge gegeneinander abgrenzt, kategorisiert bzw. zueinander ins Verhältnis setzt. Aufgrund der überaus großen internen Komplexität und Mehrdimensionalität der Begriffe kann eine Komplexitätsreduzierung durch Abgrenzung, Verhältnisbestimmung und Kategorisierung allerdings nicht abstrakt und endgültig vorgenommen werden, sondern allenfalls vor dem Hintergrund spezifischer Fragestellungen.[5] Infolgedessen bleibt der Tatbestand einer unbefriedigenden, weil unzutreffenden Begrifflichkeit vorerst ein Problem der Sache selbst, d. h. Folge der Komplexität der zugrundeliegenden Sachverhalte.

---

5 Infolgedessen wird nachfolgend »Ehrenamt« relativ einheitlich als stellvertretender Platzhalter für die vielfältigen Begriffe und Phänomene selbst verwendet. Dies scheint uns zumindest so lange sinnvoll zu sein, so lange kein anderer, neuer Begriff erkennbar ist, der in der Lage ist, die Vielfalt der zugrundeliegenden Facetten und Phänomene besser in sich zu vereinen – anstatt einfach nur zu einer Neuakzentuierung der selektiven Wahrnehmung beizutragen. Derzeit jedenfalls können wir mit den neuen Begriffen nicht *mehr*, sondern nur *anderes* sehen.

2. Die verbale Konjunktur des Ehrenamts. Analysen zu einer unübersichtlichen Debatte

Sich ein Bild über die Diskurse und Positionen zum freiwilligen gemeinwohlorientierten Engagement machen zu wollen, das möglichst alle Facetten des Themas erfaßt und diese in eine innere Ordnung bringt, ist in heutigen Zeiten ein äußerst anspruchsvolles – vielleicht sogar ein von Beginn an hoffnungsloses – Unterfangen. Nicht nur, daß das empirische Wissen mit der Heterogenität und Unübersichtlichkeit der gesellschaftlichen Segmente und Engagementbedingungen korrespondiert und dementsprechend die Forschung allein schon unter methodologischen und methodischen Gesichtspunkten kaum in der Lage ist, ein geschlossenes Bild bezüglich Daten und Fakten abzugeben (vgl. Beher/Liebig/ Rauschenbach 1998), auch die eher verallgemeinernd-analytischen Beiträge zum Thema scheinen dem Wunsch nach Eindeutigkeit und Systematik nicht entsprechen zu können. Die Vielfalt der Theorieansätze, der eher pragmatischen Ansichten, der programmatischen Standpunkte sowie der Fragestellungen und Interessen verhindern einen schnellen Zugriff auf das Phänomen Ehrenamt (vgl. Kistler/Noll/Priller 1999). Es existiert eine unübersehbare Fülle von theoretisch-analytischen Beiträgen zum Gegenstand des freiwilligen, gemeinwohlorientierten Engagements, die unterschiedlichen wissenschaftlichen Disziplinen entstammen und mit ganz verschiedenen Perspektiven an den Themenkomplex herantreten. Eine sekundäranalytische Beschäftigung mit dem Ehrenamt, der Selbsthilfe, der Freiwilligenarbeit, dem Bürgerengagement, die sich nicht in den engen Grenzen einer spezifischen Fragestellung bewegt, hat sich nicht nur mit der praktischen Komplexität des Gegenstandsbereichs auseinanderzusetzen, sondern ebenfalls mit der zusätzlichen Komplexität der Diskurse über diesen Gegenstandsbereich.

Sekundäranalysen haben vor diesem Hintergrund nicht nur die Funktion, die unzweifelhaft vorhandenen Wissenslücken zu identifizieren sowie die verstreuten Wissensinseln zusammenzufügen, sondern besitzen ebenfalls die Aufgabe, in systematischer Weise durch eine »Beobachtung zweiter Ordnung« die Diskurse zu bilanzieren und zu problematisieren, um so einen roten Faden im Umgang mit der zugrunde liegenden Komplexität zu entwickeln. Zu diesem Zweck werden nachfolgend verschiedene Fragerichtungen verfolgt: nach dem Nutzen der Ehrenamtlichkeit (2.1), nach dem gewandelten Interesse (2.2), nach der sozialstaatlichen Bedeutung (2.3), nach den Formen des Engagements (2.4), nach der Rolle des Staates (2.5) sowie nach dem Verhältnis zum Arbeitsmarkt (2.6).

2.1 Der alternativlose Nutzen des Ehrenamts

Ehrenamt ist etwas Besonderes und wird als solches in der öffentlichen Diskussion behandelt. »Irgendwie scheint das 'Modell Ehrenamtlichkeit' eine jener seltenen, genialen Entdeckungen in der Menschheitsgeschichte zu sein, von der anscheinend immer nur alle profitieren« (Rauschenbach 1995b, S. 29). Aus ehrenamtlichem Engagement ziehen sowohl die einzelnen Menschen als »Täter« und »Opfer«, sprich: als Adressaten und Akteure des Engagements als auch das Gemeinwesen als Ganzes einen Gewinn. Unter Kostengesichtspunkten schneidet Ehrenamt im Vergleich zu alternativen – beruflich ausgeführten – Hilfeformen prinzipiell günstiger ab, der Staat bzw. die parastaatlichen Sicherungssysteme sparen monetäre Ressourcen. Eine Fülle von gemeinnützigen Organisationen halten ihren politischen und finanziellen Status u. a. auch durch die Tatsache aufrecht, daß sie als Vermittlungsagenturen für ehrenamtliche Arbeit oder bürgerschaftliches Engagement in der Öffentlichkeit auftreten. Ehrenamtliche Arbeit kann qualitativ anders mit menschlichen Problemen umgehen und zudem noch als Eigenleistung der Vereine und Verbände gegenüber den öffentlichen Kostenträgern ausgewiesen werden. Und die Ehrenamtlichen selbst profitieren von ihrem Engagement, indem sie immaterielle Formen der Rückerstattung erhalten, etwa Anerkennung innerhalb der Vereine, Dank der Adressaten, bestimmte Vergünstigungen oder Foren zur Selbsterprobung und Selbstbestätigung. Hinzu kommt, daß das Ehrenamt sozusagen als Paradebeispiel für den »sozialen Kitt« unseres Gemeinwesen dafür steht, daß die Ressource der gelebten Solidarität unserer Gesellschaft nach wie vor vorhanden ist. Infolgedessen liegt als Botschaft und Deutung nahe: Eine Gesellschaft, in der ehrenamtliches Engagement auf breiter Ebene zur Geltung gelangt, kann nicht so individualisiert, nicht so ökonomisiert und nicht so von Egoismen durchsetzt sein, wie es mancherorts mit drohendem Unterton behauptet wird.

Vor diesem Hintergrund besitzt Ehrenamt – hier als Oberbegriff über alle Ausprägungen und Formen des freiwilligen gemeinwohlorientierten Engagements verstanden – eine Fülle von positiv bewerteten Konnotationen und Valenzen. Es scheint kein Grenzwert zu existieren, der den Nutzen des Ehrenamts in sein Gegenteil verkehrt. Dies hat u. a. zur Folge, daß sowohl im interorganisatorischen als auch im internationalen Vergleich vor allem relativ geringe Quoten von Ehrenamtlichkeit Anlaß zur Sorge bieten und als Aufforderung zu einer verbesserten Förderung interpretiert werden.

Komparative Studien zum ehrenamtlichen Engagement im internationalen Maßstab (vgl. Gaskin u. a. 1996; Salomon/Anheier 1998; Salomon/Anheier u. a. 1999), die sich mit besonderen methodologischen Problemen auseinanderzusetzen haben, sowie differenziertere Vergleiche mit einzelnen Ländern (vgl. Dechamps 1989; Olk 1991; Paulwitz 1988) münden für die deutsche Seite zumeist in politische Forderungen. Dies ist mit Ursache dafür, daß sich eine zunehmende Einmischung der staatlichen Instanzen in den Bereich des freiwilligen gemeinwohlorientierten Engagements beobachten läßt. Mit der öffentlichen Wahrnehmung der Verknappung dieser gesellschaftlichen Ressource, dem Verlust des Selbstverständlichkeitscharakters sowie der schwindenden positiven Effekte für das Gemeinwesen insgesamt gewinnt der Staat deutlich an Legitimation zur Eigenaktivität in Sachen Ehrenamt. Dieses und verwandte Engagementformen scheinen so wichtig zu werden, daß sie der Staat nicht gesellschaftlich-privaten Aktivitäten alleine überlassen kann. Als Folge dieses Standpunktes wird derzeit von politischer Seite vor allem mit dem Hinweis auf das

»neue Ehrenamt« neben einigen Initiativen mit Modellcharakter versucht, den modernen Engagementformen eine vielfältige und verbesserte Infrastruktur zu bieten. Der Staat etabliert sich damit gewissermaßen als ein Spitzenverband des bürgerschaftlichen Engagements (vgl. Blandow 1998, S. 116).

2.2 Das gewandelte Interesse am Ehrenamt

Werden die Diskurse, in denen die Leitformel Ehrenamt in relevanter Weise zum Tragen kommt, in ihrer Gesamtheit betrachtet, so lassen sich analytisch mindestens drei unterschiedliche Ebenen voneinander unterscheiden, deren Differenzierung von Bedeutung ist:

- Erstens ist in bezug auf diesen Themenkomplex ein reges Interesse bei den Kirchen, Vereinen und Verbänden zu beobachten, jedoch mit einem pragmatischen Fokus, der auf einer eher *normativ-programmatischen* Ebene anzusiedeln ist.
- Auf einer eher *punktuell-empirischen* Ebene läßt sich – zweitens – daneben oder als direkte Folge dieser Erkenntnisinteressen ein unübersichtliches Spektrum von forschenden Aktivitäten mit ganz verschiedenen Zielsetzungen und unterschiedlichen wissenschaftlichen Ansprüchen konstatieren.
- Und drittens befassen sich eine Fülle von Publikationen und Veranstaltungen mit dem Ehrenamt auf einer eher *zeitdiagnostisch-theoretischen* Ebene.

Auf diese Ebenen der Diskurse zum Ehrenamt wird keineswegs unabhängig voneinander agiert. Ganz im Gegenteil: Es drängt sich der Eindruck auf, daß in jüngerer Zeit die gegenseitigen Bezüge zugenommen haben und gerade deren Vermengung als erfolgversprechend wahrgenommen wird.

Die vermehrte Aufmerksamkeit, die das Thema Ehrenamt in den letzten Jahren erfahren hat, führte auch dazu, daß der Begriff selbst vermehrt in Diskurse Eingang gefunden hat, in denen vorher dieser Vokabel bestenfalls ein randständiger Wert zuerkannt wurde, und daß die eher analytische Debatte zum Ehrenamt zugleich Anschlüsse an theoretische Modelle und Perspektiven gefunden hat, zu denen vorher eine auffällige Distanz bestand. Mit der Aufwertung des Themas in der Öffentlichkeit geht eine verstärkte Beachtung und Anschlußfähigkeit des Konzepts Ehrenamt einher, die gegenwärtig wiederum zur weiteren Popularität des Themas beiträgt.[1] Fakt ist, daß sich die Frageperspektiven, die

---

1 Diese Wechselbeziehung wird auch dann deutlich, wenn der Blick auf die Begründungen für die Attraktivität des Themas gelenkt wird. Es kommen als Begründung für die dem gemeinwohlorientierten Engagement und dem Themenkomplex Ehrenamt in verstärkter Form entgegengebrachte Aufmerksamkeit ganz unterschiedliche Phänomene in Betracht. Dem gemeinwohlorientierten Engagement werden verschiedene potentielle Funktionen zugeschrieben: Es erscheint möglich, daß es etwa die Finanzkrise der öffentlichen Haushalte abmildern, die prinzipiellen Leistungsgrenzen der öffentlichen Daseinsfürsorge verschieben, das krisenhafte Verhältnis zwischen BürgerInnen und Staat attraktiver gestalten oder zur Realisierung neuer Formen aktiver Beschäftigungspolitik beitragen kann (vgl. Haines 1998; Klages 1998a).

sich aktuell mit dem Thema Ehrenamt verbinden, in den letzten Jahren vervielfacht haben und sich entsprechend der Eindruck aufdrängt, daß Ehrenamt ein äußerst flexibles und facettenreiches Konzept darstellt, das lange Zeit vernachlässigt wurde. Die im Rahmen der Ehrenamtsdebatten behandelten bzw. angestoßenen Themen, Thesen und Phänomene sind so praxisrelevant, vielfältig und komplex, daß sich nicht nur ganz unterschiedliche – bedeutende und weniger bedeutende – staatliche und gesellschaftliche Akteure an der öffentlichen Kommunikation beteiligen, sondern auch die Grenzen der wissenschaftlichen Disziplinen mühelos überschritten werden können bzw. diese Grenzen für den Themenkomplex Ehrenamt auffällig durchlässig erscheinen.

Eine Folge dieser Entwicklung ist darin zu sehen, daß die Diskussion zum Ehrenamt sich vielfach nicht mehr nur mit dem Ehrenamt befaßt, sondern die scheinbar thematischen Beschränkungen aufgibt und in eher grundsätzlicherer Weise Fragen formuliert und Erkenntnisse präsentiert. Es hat sozusagen eine Erweiterung der Problemstellungen stattgefunden, die neue Theoriehorizonte als Vorgaben ebenso eröffnet wie sie auch neue Fragekonstellationen als Aufgaben hervorbringt. So erweiterte sich auf breiter Front etwa die Frage nach den Gesamtzahlen der Ehrenamtlichen zur Frage nach dem Integrationspotential unserer Gesellschaft, verschob sich die Wahrnehmung der Unattraktivität einiger traditioneller Verbände und Parteien für individuelle Engagemententscheidungen zur Frage nach der generellen Tragfähigkeit demokratischer Strukturen oder wurden Varianten des Ehrenamts explizit als Schlüssel zu einer modernisierten Tätigkeitsgesellschaft entdeckt. Damit ist Ehrenamt vor allem eingebettet in klassische wie aktuelle politikwissenschaftliche, soziologische, erziehungswissenschaftliche, ökonomische, sportwissenschaftliche oder sozialphilosophische Kontexte und kann in symbolischer oder exemplarischer Weise mit Schlagwörtern wie Solidarität, Arbeit, Modernisierung, Sozialkapital, Demokratisierung, Partizipation, funktionaler Differenzierung verbunden werden.[2]

Mit dieser Erweiterung der Problemstellungen im Zusammenhang des Themenkomplexes Ehrenamt steigt der Bedarf nach einer Systematisierung des Diskurses. Aus dieser Komplexitätssteigerung entspringen aber nicht nur neue Herausforderungen, sondern auch die Chance, die bislang häufig nur implizit transportierten Bezugspunkte der Diskussionen und Äußerungen ausdrücklich als solche identifizieren zu können. Jeder Standpunkt zum Ehrenamt bedeutet gleichzeitig auch eine Positionierung zu mehreren anderen, aktuell relevanten gesellschaftlichen Problemstellungen. So kann etwa deutlich werden, daß eine

---

2 Vgl. zum Stichwort »Solidarität« Gabriel/Herlth/Strohmeier (1997) und Pankoke (1998), zum Stichwort »Arbeit« die Kommission für Zukunftsfragen der Freistaaten Bayern und Sachsen, Teil III (1997) sowie Mutz/Kühnlein (1998), zum Stichwort »Modernisierung« Klages (1998b), zum Stichwort »Sozialkapital« Berger (1997) und Offe (1999), zum Stichwort »Demokratisierung« Heinemann/Schubert (1994) und Rittner (1998), zum Stichwort »Partizipation« vor allem die Ausführungen im Schnittbereich von ehrenamtlicher Arbeit und Zivilgesellschaft von Barber (1994) und Heinelt (1997). Auf einer anderen theoretischen Basis vgl. Hradil (1996) sowie unter dem Stichwort »funktionale Differenzierung« Gensicke (1996).

politische oder kulturelle Aufwertung des Ehrenamts sich vielfach gegen bestimmte Ausprägungen des Wohlfahrtsstaats richtet oder daß – in umgekehrter Richtung – bestimmte sozialpolitische (Reform)Vorstellungen ein spezifisches Fundament der Ehrenamtlichkeit zur Voraussetzung haben.

Es existieren vielerlei Versuche, das unübersichtliche Spektrum von Positionen, Modellen auf der eher theoretisch-analytischen Ebene zu bestimmen und anschließend zu ordnen. Der vielleicht sichtbarste Ausdruck dieser systematisierenden Versuche besteht darin, dem breiten Spektrum der gebräuchlichen Begriffe durch synoptisch angelegte Vergleiche und Definitionen (vgl. Brosch 1995b; Schaaf-Derichs 1997a) sowie durch historische Bezüge und Herleitungen (vgl. Bauer 1998b) eine Struktur zu verleihen. Dabei wird deutlich, daß die unterschiedlichen verwendeten Termini aus der Sicht ihrer Protagonisten nicht nur dazu dienen, sich abzugrenzen, politisch zu positionieren oder in einen sinnstiftenden historischen Kontext einzuordnen, sondern sie werden auch dazu benutzt, die eigene Rolle bei der Verteilung von Ressourcen zu stärken. Darüber hinaus kann jedes Bemühen, einen neuartigen Begriff mit neuen Konnotationen in die Diskurse einzuführen, auch als Vorstoß verstanden werden, ein positives Echo bei bestimmten AdressatInnen – die bislang evtl. von der Politik oder den Verbänden und Vereinen vernachlässigt wurden – hervorzurufen. Vor diesem Hintergrund verbinden sich mit jedem der verwendeten und konkurrierenden Vokabeln, die das freiwillige und nicht entgoltene Engagement von Menschen mit gemeinwohlorientierter Zielrichtung zu erfassen beanspruchen, vor allem zwei Funktionen: Einerseits dienen sie und die jeweils naheliegenden Definitionen der Standortbestimmung und geben Aufschluß über implizierte Weltbilder, andererseits besitzen sie Appellcharakter im Hinblick auf die politischen und gesellschaftlichen Akteure.

Gerade letzteres scheint immer stärker in den Vordergrund zu rücken, da über alle disziplinären und begrifflichen Annäherungen an den Themenkomplex Ehrenamt hinweg hinsichtlich des eher praktischen Interesses eine Verschiebung zu beobachten ist. Die entscheidende, handlungsmotivierende Antwort für die Forschung, die Politik oder andere Akteurskollektive in diesem Kontext wird mittlerweile weniger in dem Anschluß an die Frage gesucht, wer welche Hilfe (durch sich engagierende Menschen) bzw. Solidarität nötig hat, welche Bedarfslagen sinnvollerweise auf dem Wege und mit den Mitteln ehrenamtlichen Engagements befriedigt werden können. Statt dessen wird das Ehrenamt verstärkt als Reaktion auf die Frage diskutiert, was zu tun sei, um das Engagement der Menschen zu stärken bzw. zu fördern.[3] Mit Blick auf den eigentlichen Akt der freiwilligen, unentgeltlichen Dienstleistung, für deren Zustandekommen sowohl die KonsumentInnen als auch die ProduzentInnen i. e. S. kon-

---

3 Denn, so argumentiert etwa Beck mit Blick auf des Problem der Armut: »Materielle Einbußen sind dann verschmerzbar, wenn sie mit einem gesicherten Mehr an selbstentfalteter Sozialität einhergehen (...). Die Menschen sind zukunftsfähiger als die gesellschaftlichen Institutionen und ihre Repräsentanten. Es gilt zu entdecken und zu erkennen, daß der säkulare Wandel die Voraussetzungen zu seiner Bewältigung miterzeugt« (Beck 1997, S. 19).

stitutiv sind, hat sich somit die Aufmerksamkeit verschoben – weg von den Hilfsbedürftigen und deren Bedarf, hin zu den hilfeanbietenden Produzenten der Leistung sowie zu den Institutionen und Akteuren, die das Ehrenamt als spezifische Form einer Dienstleistung organisieren und nutzen. Überspitzt ausgedrückt: Im Gleichschritt mit der Kritik an wohlfahrtsstaatlichen Systemen und der sie fundierenden Logik verändert sich vor allem die politische Zielrichtung: Weniger die Not und die Bedürftigkeit sind Ausgangspunkt und Legitimationsgrundlage für politisches Handeln in Sachen Ehrenamt, sondern die Strukturdefizite im System sozialer Dienstleistungen bzw. im System der Engagementweckung bzw. -förderung.[4] Es erscheint aktuell nicht nur lohnend, sondern auch geboten, neben einer fundierten Bestandsaufnahme zur Lage des Ehrenamts zugleich das Zustandekommen näher ins Blickfeld zu rücken, also danach zu fragen, wie sich die Potentiale der Solidarität in sozial nützliche Aktivitäten transformieren lassen. Es geht somit vor allem um die weiter zu operationalisierende Frage, unter welchen Bedingungen sich individuelle Potentialitäten in gesellschaftlich mobilisierte Ressourcen verwandeln lassen.

Auf die zwingende Voraussetzung solcher Bemühungen – das Vorhandensein eines zu weckenden Potentials – wird häufig mit Bezug auf die »Speyerer Werteforschung« hingewiesen.[5] Nach Umfragedaten aus dem Jahr 1997 ergibt sich etwa eine Dreiteilung der Bevölkerung: Ein Drittel der Bevölkerung ab 18 Jahren engagiert sich ehrenamtlich oder in Selbsthilfegruppen, ein weiteres Drittel wäre zu einem solchen Engagement prinzipiell bereit, während das letzte Drittel keine Bereitschaft signalisiert.[6]

2.3 Ehrenamt als Reaktion auf Bürokratisierung und Kostendruck

Von besonderer Bedeutung ist die zu beobachtende Akzentverschiebung im Kontext sozialpolitischer Fragestellungen, die sich vor allem aus dem Dilemma ergeben, daß einem nach wie vor steigenden Bedarf an sozialen Dienstleistungen ein Kostenspardruck der öffentlichen Haushalte gegenübersteht.[7] Das The-

---

4 Auch hier hat sich – zeitversetzt zu den wirtschaftspolitischen Diskursen – ein Wechsel vollzogen, von nachfrageorientierten zu angebotsorientierten Perspektiven.
5 Solchen Ergebnissen, die auf Umfragen basieren, ist generell mit Vorbehalt zu begegnen. Ganz gleich, wie die Frage zur Ermittlung des Potentials konkret formuliert wird: immer wird eine Vorstellung des sozial Erwünschten die Antwort mitprägen.
6 Zur Einordnung dieser Befunde im Vergleich zu differierenden Umfragedaten vgl. Beher/Liebig/Rauschenbach (1998, S. 25 ff.); Rosenbladt (1999, S. 399 ff.).
7 Im Rahmen der Debatten zum Sozialstaat entstehen normative Kategorien, die eine breit angelegte Beschäftigung mit dem Ehrenamt fordern. Stellvertretend für viele ähnliche Äußerungen, die die negativen Seiten des Wohlfahrtsstaates hervorheben und eine neue Verteilung zwischen »inszenierter Solidarität« (vgl. Rauschenbach 1994) und kreativer Eigenverantwortung anmahnen, kann an dieser Stelle Süssmuth zitiert werden. In den Zusammenhang der konstatierten staatlichen Überregulierung »gehört auch, daß in einigen Bereichen wie beispielsweise der Sozialpolitik über das Verhältnis von gemeinschaftlicher Solidarität und Eigenverantwortung neu nachgedacht werden muß. Wenn der Staat jede Ungleichheit wettmacht, bleibt die Initiative

ma Ehrenamt ist dabei eingebettet in unterschiedliche Reformmodelle und Zukunftsszenarien. So sieht z. B. Nadai (1996) verschiedene wissenschaftliche Diskussionszusammenhänge im Bereich der Sozialpolitik, mit denen die Freiwilligenarbeit derzeit verknüpft ist. Diese wird beispielsweise thematisiert

- als gesellschaftliches Potential und unter der Frage der Rekrutierbarkeit von Freiwilligen,
- als Möglichkeit der Umverteilung gesellschaftlich notwendiger, bezahlter und unbezahlter Arbeit,
- als ökonomische und soziologische Analyse des Nonprofit-Sektors,
- als Ausdruck für das Unbehagen an der Bürokratisierung professioneller Expertensysteme,
- als Ansatz zur Neukonzeption gesellschaftlicher Solidarität,
- als Ausdruck des Verhältnisses von Individualismus und Gemeinsinn sowie Sozialintegration oder
- in der Funktion der »Freiwilligenarbeit« für Frauen aus der Geschlechterperspektive.

In all diesen Diskussionszusammenhängen kommt dem Themenkomplex Ehrenamt eine je spezifische Funktion zu, die jeweils als eine Antwort auf besondere Problemlagen im Kontext des Sozialstaats interpretiert werden kann. Die verschiedenen Arten des Engagements bzw. Ausdrucksformen solidarischen Handelns werden z. T. als zentrale Bestandteile von Modellen angesehen, die als unterschiedliche Reaktionen auf ausgemachte Defizite des sozialstaatlichen Systems entstanden sind. Dabei lassen sich grundsätzlich zwei Argumentationsstränge zur sozialstaatlichen Defizitanalyse unterscheiden, aus denen sich je eigene Positionen und Strategien mit Blick auf die Engagementformen jenseits von Haus- und Lohnarbeit, aber auch jenseits der Systeme des familiären, marktlichen und staatlichen Bedarfsausgleichs ergeben. Mit anderen Worten: Dem Themenkomplex Ehrenamt werden im Zusammenhang der Debatten um den Umbau des Sozialstaats unterschiedliche Bedeutungen zugeschrieben, die sich u. a. konsequent aus den Kritikpunkten bezüglich des sozialstaatlichen Systems entwickeln.[8] Idealtypisch betrachtet, folgen die Defizitanalysen, die deutliche Bezüge zu den freiwilligen gemeinwohlorientierten Engagementformen aufweisen, einerseits einem eher qualitativen und andererseits einem eher quantitativen Argument.

Dem realisierten sozialstaatlichen System wird vielfach vorgehalten, daß es ihm an Effektivität mangle und die mit dem wohlfahrtsstaatlichen Projekt ver-

---

der einzelnen aus, da sich ihre Leistung für sie nicht bezahlt macht... Es muß daher darum gehen, in verschiedenen Politikbereichen wieder die Balance zwischen Eigenanstrengung und Solidarität zu finden« (Süssmuth 1998b, S. 33).

8 Dabei scheint heute die gängige parteipolitische Trennung nicht sehr hilfreich zu sein. Gerade mit Blick auf die von PolitikerInnen formulierten Positionen bzw. Handlungsaufforderungen zum Themenkomplex Ehrenamt ist eine eindeutige Zuordnung dieser Äußerungen etwa zu sozialdemokratischen, konservativen oder liberalistischen Grundüberzeugungen kaum möglich.

bundenen Zielsetzungen mit den vorhandenen staatlichen Mitteln nur unzureichend erreicht werden können. Große Teile der Rede vom »Staatsversagen«, die etwa die Stichworte »Bürokratisierung«, »Verrechtlichung« oder »staatliche Steuerung« unter negativem Vorzeichen behandeln, deuten in diese Richtung. Viele dieser Kritikpunkte, die die Sozialstaatlichkeit mit qualitativen Argumenten begutachten, wurden vor allem im Umfeld der Selbsthilfebewegung mit ihrer Kritik an Expertensystemen und traditionellen Organisationsstrukturen formuliert. Dabei wurde deutlich, daß das sozialstaatlich institutionalisierte System des Bedarfsausgleichs bzw. der Steuerung gesellschaftlicher Ressourcen mit den aktuellen Mitteln vielfach nicht in der Lage ist, auf bestehende Bedürfnisse in adäquater Weise zu reagieren. Auf der anderen Seite werden vor dem Hintergrund eher quantitativer Analysen vor allem die finanziellen Grenzen des Sozialstaats thematisiert. Gerade der Blick auf die unter dem Leitbegriff der Globalisierung gefaßten Phänomene führt zur Entwicklung eines »Sachzwangs«, als dessen unausweichliche Folge der Sozialstaat unter Kostengesichtspunkten zu schrumpfen hat.

Je nach Perspektive unterscheiden sich die Konsequenzen aus den kritischen Analysen zum Sozialstaat und damit auch die Positionen, die sich zum Thema Ehrenamt anbieten. Während unter qualitativen Gesichtspunkten den Engagementformen jenseits von Haus- und Lohnarbeit ein eigenständiger Wert zuerkannt wird, der prinzipiell nicht durch eine Ausweitung sozialstaatlicher Programme – und damit auch nicht durch beruflich arbeitende Kräfte – substituiert werden kann, wird unter quantitativen Gesichtspunkten ehrenamtliche Arbeit vor allem unter dem Aspekt der Bezahlung wahrgenommen und erscheint als »Lückenfüller« im System der durch Recht und Geld gestützten verberuflichten Dienstleistungen. Während die zuerst genannte Argumentationslinie die Betonung und auch die finanzielle Stützung von Eigen*aktivität* nahelegt, ergibt sich aufgrund der zweiten Argumentationslinie vor allem die Hervorhebung von und Forderung nach Eigen*verantwortung*.

In beiden – hier idealtypisch dargestellten – Fällen wird aktuell ein Bedarf an Engagement konstatiert, der die Frage nach den förderlichen Rahmenbedingungen in den Mittelpunkt weiterer Überlegungen stellt[9] und vor allem den professionellen Kräften im »Dritten Sektor« bzw. im System der Sozialen Arbeit ein neues »Konzept des koproduktiven Helfens« nahelegt (vgl. Döbler 1997, S. 127 ff.), das gesellschaftliche, ehrenamtliche Potentiale in veränderter

---

9 Zwischen diesen beiden idealtypischen Perspektiven zu möglichen Defiziten des Wohlfahrtsstaates sind mehrere Positionen auszumachen, die das quantitative und das qualitative Argument in additiver Weise benutzen oder beide miteinander verschmelzen. So wird etwa begründet, daß staatliches Engagement grundsätzlich zu einer »Institutionalisierung« des Mißbrauchs rechtlich garantierter Leistungen führen kann (vgl. Biedenkopf 1993; Herder-Dorneich 1982) oder daß das verberuflichte System der sozialen Hilfe in dem Sinne ineffektiv arbeitet, als es Selbsthilfepotentiale eher begrenzt anstatt nutzt und fördert (vgl. Baecker 1994). Auch im Zusammenhang dieser Standpunkte legen Auswegstrategien eine Beschäftigung mit den Bedingungen der Möglichkeit von Eigenaktivität bzw. Eigenverantwortung nahe.

Form lanciert und einbindet. Damit werden die Defizitanalysen mit Blick auf sozialstaatliche Institutionalisierungsprozesse überführt und konzentriert in Defizitanalysen bezüglich der Strukturschwächen im System gesellschaftlicher Solidaritäten.[10]

2.4 Freiwilliges oder bürgerschaftliches Engagement?

Eine Identifizierung der Strukturdefizite im System der Engagementförderung bzw. -weckung ist aufs engste mit der Frage nach den Gegebenheiten, Potentialen und Werten auf der individuellen Ebene verbunden. Insofern steht die Rede vom »Strukturwandel des Ehrenamts« im Mittelpunkt der Aufmerksamkeit, da die Beschreibung der Phänomene des Wandels und vor allem die Bestimmungen der Ursachen dieser Veränderungen gerade in diesem Zusammenhang enorme Bedeutung erlangt. Es geht letztlich um die theoretisch-analytische Herleitung für ein Praxisproblem bzw. eine praktische Fragestellung: Wie lassen sich Passungsverhältnisse zwischen organisatorischen Settings und individuellen Voraussetzungen konstruieren bzw. feststellen? Eine Beantwortung dieser Frage hat sich zwangsläufig auch mit theoretisch nachvollziehbaren Begründungen für ein Engagement von Menschen auseinanderzusetzen. Bei dieser vielbeachteten Frage, die sowohl auf Aspekte der individuellen Motivation als auch auf Gehalte des »gesellschaftlich Sinnvollen oder Nützlichen« verweist, bietet A. Evers einen Systematisierungsvorschlag an.[11]

Evers sieht in der Diskussion um mögliche Begründungsformeln für ein soziales Engagement idealtypisch zwei sich gegenüberstehende Positionen, die ein breites Spektrum von Konzepten und Standpunkten dazwischen begrenzen (vgl. Evers 1997). Seine These lautet: »Die Diskussion darum, warum man sich engagieren könnte oder sollte, verläuft ... in einem von zwei Polen gebildeten Spannungsfeld. Auf der einen Seite steht ein individualistisch-liberales Verständnis, das Neigungen und Interessen des Einzelnen in den Mittelpunkt stellt, so daß soziales Engagement einen spezifischen 'Markt der Möglichkeiten' darstellt. Auf der anderen Seite steht ein stärker von der Debatte um Gemeinwohl und Bürgersinn geprägtes Verständnis; es thematisiert soziales Engagement vor allem unter dem Blickpunkt von Anforderungen der Gesellschaft und Gemeinschaft« (Evers 1998, S. 186). Die beiden Pole des Spektrums können nach Evers auf den ersten Blick dadurch grob identifiziert werden, daß die zumeist gebrauchten Adjektive in Verbindung mit dem Wort »Engagement« betrachtet

---

10 Dieses neue Konzept wird aus dem Blickwinkel der professionellen Sozialarbeit nicht nur aufgrund der Gefahr von möglichen Substituierungsprozessen, sondern auch aufgrund eines zu erwartenden Legitimationsverlustes zu begutachten sein. Denn: Je stärker sich die verberuflichte Soziale Arbeit »selbst als Koproduzent an die Deutungsprogramme praktischer Lebensformen und die Kontingenzen der Gemeinschaftsbildung bindet, desto unwahrscheinlicher wird die Identifizierbarkeit professioneller Handlungseffekte« (Döbler 1997, S. 128).
11 Seine Hinweise unterstützen die eingangs geäußerte Beobachtung in Richtung einer Erweiterung der Perspektiven, Fragestellungen und Bezüge der Ehrenamtsthematik.

werden. Der Ausdruck »freiwilliges Engagement« findet Verwendung im Kontext des individualistisch-liberalen Verständnisses, während in dem anderen Zusammenhang vom »bürgerschaftlichen Engagement« die Rede ist. In beiden Diskursen werden Bezüge sowohl zu wissenschaftlichen Argumenten und empirischen Ergebnissen als auch politischen Handlungsprogrammen hergestellt und jeweils in einem möglichst konsistenten Zusammenhang miteinander verknüpft. Im Ergebnis legen die beiden idealtypischen Positionen einer Politik, die engagementfördernde Wirkungen zeigen möchte, verschiedene Schwerpunkte und Handlungsoptionen nahe.

(1) Den Hintergrund für das *individualistisch-liberale Verständnis* bildet eine bestimmte Variante modernisierungstheoretischer Konzepte, nach denen sich – vor allem auf der Grundlage des Individualisierungsprozesses – die strukturellen und individuellen Voraussetzungen für das Engagement in grundlegender Weise verändern. Evers sieht in diesem Kontext zwei zentrale Argumentationsfiguren, deren Kerne einerseits einem eher ökonomischen und andererseits einem eher psychologischen Argument folgen. Während die erste Figur sich auf die Vorstellung eines »economic man« stützt und Engagement grundsätzlich als eine Form des Tausches interpretiert, die Solidarität als Resultat der Verfolgung von Eigeninteressen hervorbringt (vgl. Greven 1997), betont die zweite Figur den Gewinn von Lebenssinn und innerer Befriedigung durch Engagement, der als handlungsmotivierende Größe die Befolgung von moralischen Normen, Pflichten oder Geboten ablöst (vgl. Keupp 1996). Aufgrund beider Figuren erscheint die Bildung neuer, inszenierter Milieus bzw. posttraditionaler Gemeinschaften folgerichtig, deren Mitgliedschaft auf einer freien Entscheidung, auf individuellen Akten der freiwilligen Selbstbindung basiert und prinzipiell jederzeit kündbar ist. In der Konsequenz kann die »Macht« von Organisationen bzw. deren Vertretern nicht auf Zwang oder Verpflichtung gründen, sondern sie basiert auf Verführung, deren Bindungsfähigkeit prinzipiell unbeständig und kurzlebig ist. »Solidaritäten und Loyalitäten entstehen dementsprechend weniger aus existentiellen Notwendigkeiten heraus, denn aus – eher emotional als rational motivierten – situativen Entscheidungen dafür, (wiederum situativ) 'prosozial' zu handeln« (Hitzler 1998, S. 86). Diesem Verständnis folgend hat eine engagementfördernde Politik sich vor allem um das Management des Machbaren zu kümmern und so infrastrukturelle Anpassungsleistungen zu befördern.[12] »Förderung von Engagement meint dabei vor allem, eventuelle Hindernisse zu beseitigen, Engagement attraktiver zu machen und die organisatorische Infrastruktur zu verbessern... Die Frage danach, wo und vor allem wem Hilfe geleistet wird, beantwortet sich über die Entscheidungen der Einzelnen. Politik mischt sich hier nicht ein« (Evers 1998, S. 197).

---

12 So sieht etwa Beck heute in der Bevölkerung nicht nur Anspruchsträger, sondern er diagnostiziert auch Orientierungen, die »unterschwellig den Herausforderungen der zweiten Moderne entsprechen: In der Bevölkerung gewinnen Selbstverantwortung, Selbstorganisation, Selbstpolitik eine aufgeklärt-realistische Chance, die nun allerdings auch von der Politik, die überall auf ihre Grenzen trifft, in dem Sinne genutzt werden muß, Verantwortung und Macht neu zu (ver)teilen« (Beck 1997b, S. 21).

(2) Im zweiten Diskurs, dessen Zentrum in vielfacher Hinsicht dem individualistisch-liberalen Verständnis gegenübergestellt werden kann, wird versucht, *Engagement und Gemeinwesen zusammenzudenken,* um auf diese Weise
ein »Projekt der Gesellschafts- und Politikreform«[13] zu kreieren und zu starten.
Auf einem Fundament eher soziologischer Fragestellungen werden Solidarität
bzw. Hilfsbereitschaft als Folgen von geteilten Werten und sozialer Nähe verstanden, denen als empirisches Phänomen oder als Handlungsziel besondere
Bedeutung zukommt. So wird das Engagement etwa als Ausdruck bzw. als Be-
weis der Anteilnahme oder der Mitgliedschaft interpretiert, durch den ein symbolischer Beitrag zur Stärkung einer besseren, hilfsbereiteren Gesellschaft geleistet wird (vgl. Wuthnow 1997). In einem eher politologischen Kontext werden die Menschen als BürgerInnen einer politisch verfaßten Gesellschaft betrachtet, denen in dieser Rolle u. a. bestimmte Verpflichtungen für ihre eigene
Sache erwachsen. Engagement erscheint hier als Element der Bürgerschaftlich-
keit auf dem Fundament politischer Handlungsfreiheit im Gemeinwesen (vgl.
Etzioni 1997a, 1997b). Auf der Grundlage solcher Argumentationsfiguren
kommt der Politik ein relativ anspruchsvoller Stellenwert zu; Politik soll – indem sie selbst zur Bildung und Weckung von Motivationen beiträgt – den Un-
terbau einer Bürger- bzw. Zivilgesellschaft bereiten und zugleich eine neue Art
von politischer und sozialer Steuerung verwirklichen.[14]

Die begriffliche Klärung dessen, was bürgerschaftliches Engagement überhaupt ist, scheint sowohl auf einen Gegenbegriff zur Abgrenzung als auch auf
einen Referenzbegriff als Fundament verzichten zu können. Mit Blick auf die
Definitionen der Vertreter, die in irgendeiner Form in die Aktivitäten zum bürgerschaftlichen Engagement involviert sind, die wesentlich vom Land Baden-
Württemberg vorangetrieben werden, erscheint »bürgerschaftliches Engagement« als eine terminologische Kategorie, als eine übergeordnete Klammer, die
eine Begriffsdifferenzierung nur im Innenverhältnis kennt (vgl. Brosch 1995b;
Hummel 1996; Ueltzhöffer/Ascheberg 1996). Oder etwas zugespitzt formuliert:
»Bürgerschaftliches Engagement« ist alternativ- und damit konkurrenzlos; die

---

13 Damit widerspricht dieses Verständnis »jenem Diskurs, der Engagement auf das hin
   eingrenzt, was mit einer individualistischen Kultur konform geht. Das zeigt sich vor
   allem bei dem Versuch, zwei gemeinhin unterbewertete Motive anzusprechen und zu
   stärken: Hilfsbereitschaft aus lokaler mit-bürgerschaftlicher Betroffenheit und darüber hinaus vor allem ein Handeln aus Anteilnahme am politischen Gemeinwesen«
   (Evers 1998, S. 198).
14 So wurde etwa im Rahmen der Auftaktdiskussion des Projektes der Bertelsmann
   Stiftung »Verfassungspolitik und Regierungsfähigkeit« in diesem Sinne formuliert:
   »Um eine demokratische und freiheitsgarantierende Bürgergesellschaft zur Entfal-
   tung zu bringen, bedarf es einer Vielfalt kleiner Vereinigungen, Initiativen und
   Gruppen, die die pluralen Identitäten der Menschen unterstützen... Zu diesem
   Zweck müssen intermediäre Institutionen gefördert und weiterentwickelt werden.
   Weiterhin ergeben sich neue Anforderungen an die Politik: Sie muß ihre Rolle als
   Förderungsinstanz sozialer Selbstorganisation und bürgerschaftlichen Engagements
   wahrnehmen, und sie muß sich zugleich auf die pluralen, vom klassischen Modell
   der Parteiendemokratie abweichenden Formen der Interessenartikulation einstellen«
   (Schroer/Rumberg/Weidenfeld 1998, S. 17 f.).

Voraussetzungen für sein Zustandekommen besitzen kaum ausschließenden Charakter – fast alle möglichen Formen des Engagements sind unter dem Etikett »bürgerschaftliches Engagement« subsumierbar (vgl. Liebig 1999).

Auf der Grundlage dieser beiden idealtypisch und an dieser Stelle äußerst knapp beschriebenen Grundpositionen zu den Begründungsformeln ehrenamtlichen Engagements läßt sich in dem dadurch konstruierten Zwischenbereich des Spektrums mindestens ein häufig genannter Bezugspunkt lokalisieren, der Anschlüsse in beide Richtungen erlaubt. Unter dem Stichwort »Wertewandeltheorien« werden empirisch unterfütterte Modelle (vgl. Klages 1998a, 1998b; Noelle-Neumann 1995) angeboten, die nicht nur Schablonen für die Erklärung der wahrnehmbaren Veränderungsprozesse, sondern auch Begründungen für Handlungsoptionen bereitstellen. Auf der Basis solcher Konzepte lassen sich sowohl ordnungspolitische Zielvorgaben mit Aufforderungscharakter als auch ein Rückzug staatlicher Interventionen ableiten. Besonders auffällig bei der deutschen Diskussion zum Wertewandel ist, daß die sich entwickelnden Anforderungen einer modernisierten Gesellschaft an die Individuen einerseits sowie die generelle Trendrichtung des Wertewandels andererseits als zwei größtenteils parallel und gleichgerichtet verlaufende Prozesse interpretiert werden.[15]

2.5 Die neue staatliche Rolle der Engagementförderung

Trotz deutlicher Unterschiede zwischen diesen Positionen, die hier in einer idealtypischen Weise knapp vorgestellt wurden, deuten vielfach vor allem die Schlußfolgerungen bezüglich einer Staatsaktivität, die sich auf der Basis der verschiedenen Begründungsformeln ergeben, in eine gemeinsame Richtung. Stellvertretend für viele vergleichbare bzw. ähnliche Ansätze sollen hier in kurzer Form drei Vorschläge – von R. G. Heinze, W. Dettling und H. Klages – vorgestellt werden, die jeweils davon ausgehen, daß in Zukunft dem Staat eine neue Rolle zukommen muß. Nationale und internationale Herausforderungen erfordern neuartige staatliche Steuerungsansätze sowie eine gleichzeitige Erneuerung der Bürgerrolle.

(a) Auf der Basis einer modernisierungstheoretischen Analyse im Beckschen Sinne konstatiert *Heinze* mehrdimensionale Blockaden – eine Wahrnehmungs-, eine mentale und eine Interaktionsblockade der sozialpolitischen Institutionen. Eine Folge ist, daß die bestehende Grundarchitektur der deutschen Politik und der Politikumsetzung keine Antworten und Handlungskonzepte auf die neuen Herausforderungen zu geben vermag. Verknüpft mit der Warnung, eine Förderung des ehrenamtlichen Engagements als politische Rationalisierungsstrategie

---

15 Obwohl Klages sich gegen eine »evolutionistische Auffassung« des Wertewandels – wie sie die Thesen von Inglehart nahelegen – ausspricht, gewinnt er dem augenblicklich ermittelten grundsätzlichen Trend des Wandels eine positive Seite ab: »Die Fortführung und 'Optimierung' des Wertewandels kann als eine Grundbedingung der Zukunftsfähigkeit unter den Bedingungen der Globalisierung angesehen werden« (Klages 1998a, S. 708).

zu verstehen, fordert Heinze einen Paradigmenwechsel der Institutionen und einen Staat, der sich zwischen Reprivatisierung und Etatismus ansiedelt. »Gefragt ist nicht mehr der passive Wohlfahrtsstaat, vielmehr ein 'aktivierender' Staat, der eher als Regulator wirkt, statt alle möglichen sozialen Aufgaben selbst zu übernehmen« (Heinze 1998b, S. 720). Ziel einer solchermaßen verstandenen staatlichen Strategie ist eine aktivierende Förderung der assoziativen Gesellschaftsstrukturen und neuer Verhandlungssysteme. »Wir müssen in die soziale Infrastruktur investieren, und wir müssen auch die materielle Infrastruktur unterstützen« (Heinze 1997, S. 52). Dies bedeutet, daß nicht nur das ehrenamtliche Engagement selbst, sondern auch die politisch zu gestaltenden Felder gefördert werden sollten, die einen Einfluß auf individuelle Engagemententscheidungen haben. Auf diese Weise wird die Rolle der BürgerInnen in neuer Form thematisiert.

(b) In ganz ähnlicher Weise argumentiert, kommunitaristisch inspiriert, *Dettling*, nach dessen Überzeugung die notwendigen Veränderungen im 21. Jahrhundert neue Leitbilder von Staat und Gesellschaft verlangen, mit denen die alten Bestände nicht verwaltet und verteidigt werden, sondern die eine Basis für kreative Gestaltungen der ökonomischen und sozialen Bedingungen abgeben können.[16] Für den Sozialstaat bringt Dettling die von ihm favorisierten Veränderungsvorstellungen auf eine griffige Formel; sein Vorschlag ist die »Transformation des Sozialstaates in eine Wohlfahrtsgesellschaft« (Dettling 1995a, S. 191). Eine Wohlfahrtsgesellschaft hebt demzufolge die oben beschriebenen sozialstaatlichen Strukturschwächen der Lähmung und der Spaltung auf und liefert eine Antwort auf die zwei fundamentalen Fragen: nach Sinn[17] und nach Produktivität. Dies kann nach Dettlings Ansicht dann gelingen, wenn durch die Stärkung der Voraussetzungen (Institutionen und Verfahren) für den sozialen Nahbereich die kleinen Lebenswelten der Menschen als Orte des Aufbruchs und als soziale Handlungsgemeinschaften von BürgerInnen[18] fungieren können und die Gesellschaft insgesamt auf diese Weise sozial produktiver gestalten. Damit kann keinem Rückzug des Staates das Wort geredet werden, sondern die Staatstätigkeit soll einem neuen Leitbild folgen und auf veränderte Ziele hinsteuern. »Die Wohlfahrt der Menschen hängt in Zukunft mehr als bisher zum einen von einer anderen Art staatlicher Tätigkeit und zum anderen von der Tragfähigkeit kleiner Netze – alter und neuer Gemeinschaften – ab« (Dettling

---

16 »Die Idee einer wirtschaftlich und sozial erfolgreichen wie verantwortlichen Gesellschaft, die die ökonomische Dynamik und den sozialen Zusammenhalt zu verbinden trachtet, bleibt freilich nicht nur ethisch überlegen, sondern auch als Standortfaktor ökonomisch vernünftig« (Dettling 1996, S. 114).
17 Dies ist notwendig, weil der Sozialstaat ein engmaschiges soziales Netz mit Geld und Recht geknüpft hat, das den heutigen Mangel (an Zeit, Zuwendung, Geborgenheit) nicht beseitigt. Eine Ordnung jenseits von Markt und Macht erfordert eine alternative Sozialpolitik und ein soziales Netz, das Menschen füreinander aufbauen: mehr Selbsthilfe, Nächstenhilfe, Solidargemeinschaften.
18 »Wo hingegen die Wohlfahrtsgesellschaft auf den Sozialstaat schrumpft, der Zahler und Empfänger, aber keine Bürger kennt, fehlt die demokratische Perspektive« (Dettling 1995b, S. 6).

1995c, S. 57 f.). (Kommunale) Sozialpolitik hat die Aufgabe, öffentliche Räume mit Ansehen zu schaffen, zu schützen und zu stärken, die weder verstaatlicht noch kommerzialisiert sind. »Die Regierung wirkt nicht als Veranstalter von 'Maßnahmen', sondern als Katalysator für soziales Engagement« (Dettling 1998b, S. 254). Da die Bürgergesellschaft allerdings kein »Billigangebot« darstellt, muß sie durch öffentliche Gelder und eine Ordnungspolitik für den Dritten Sektor gestützt werden. Die Rolle des Staates soll die eines aktivierenden Unterstützers sein, der in Menschen und in soziale Infrastruktur investiert.

(c) *Klages* – als prominentester deutscher Vertreter der These des Wertewandels – sieht vor dem Hintergrund neuer Anforderungen der gesellschaftlichen Modernisierung die Notwendigkeit einer institutionellen Stützung des Wertewandels. Er schlägt mit einer ordnungspolitischen Stoßrichtung vor, den veralteten bzw. unattraktiven Werten der Menschen durch gewandelte Rollendefinitionen und Strukturveränderungen im öffentlichen Raum Rechnung zu tragen. Statt den »Werteverfall« – als nur eine Seite des Wertewandels – und eine mögliche Gegenreaktion ins Zentrum der Wahrnehmung zu rücken, plädiert Klages für die Entwicklung einer den aktuellen Erfordernissen gerecht werdenden »Institutionen- und Elitenethik« (vgl. Klages 1998a, S. 709). Damit gewinnt der Blick auf die faktischen persönlichen und strukturellen Hinderungsgründe für ein Engagement an Bedeutung. Aufgrund der Analysen zu den Motivbündeln der Nicht-Engagierten und dem Potential der an einem Engagement Interessierten zieht Klages Konsequenzen, die er in eine Strategie einbringt, um die großen gesellschaftlichen Ressourcen zum Leben zu erwecken und somit eine auf Erweiterung zielende Engagementförderung zu betreiben. Er schlägt die Implementierung eines »Leitbildes für BürgerInnen« im öffentlichen Raum vor, welches das Engagement nicht mehr (nur) als private Angelegenheit betrachtet, sondern auch eine entsprechende Erwartungshaltung der Gemeinschaft deutlich werden läßt. Ein solches Leitbild sollte »die Bereitschaft zu aktiver Mittätigkeit und Mitverantwortung zu einem Kernbestandteil der Bürgerrolle erheben. Es sollte Zielvereinbarungen für die Entwicklung des örtlichen Gemeinwesens zwischen der Politik, der Verwaltung und den Bürgern einschließen, gleichzeitig aber auch die persönlichen Hinwendungen zum Nächsten als ethisches Prinzip, wie auch als Chance der Selbstentfaltung hervorheben« (Klages 1998b, S. 38).

Obwohl die Stoßrichtungen der exemplarisch dargestellten Forderungen, die jeweils auf anderen theoretischen Fundamenten stehen, durchaus vergleichbare Zielpunkte erkennen lassen, sind sie nicht identisch. Die Vorstellungen, die hinter den griffigen Formeln eines »aktivierenden Staats«, einer »Wohlfahrtsgesellschaft« oder einer »Institutionen- und Elitenethik« stehen, verweisen auf notwendige Veränderungen in den Aufgabenverteilungen zwischen BürgerInnen, intermediären Organisationen und den staatlichen Agenturen, wobei diese Zuordnungen durchaus unterschiedliche Gewichtungen erfahren und durch differente Strategien zu erreichen sind. Die deutlichsten Unterschiede betreffen die jeweils angenommenen primären »Motoren« der Veränderung. Etwas vereinfacht ausgedrückt: Während im ersten Beispiel den intermediären Organisationen, die neue organisatorische Formen der Solidaritätseinbindung zu entwickeln haben, der zentrale Stellenwert im Veränderungsprozeß zukommt und der Staat (nur) anstoßen und für geeignete Rahmenbedingungen sorgen soll, behält im zweiten Fall die Sozialpolitik, die eine Transformation des Sozialstaates zu bewerkstelligen hat, als Quelle von gelenkter Veränderung eine zentrale Rolle. Im dritten Beispiel stehen vor allem die BürgerInnen selbst im Mittelpunkt, deren sich wandelnde Werthaltungen zwar für ein verstärktes Engagement im öffentlichen Raum gewonnen werden müssen, sich grundsätzlich allerdings als Anhaltspunkt zur Anpassung der kollektiven Akteure anbieten (vgl. Abb. 1).

Abbildung 1: Diskurse und Optionsmodelle zur Förderung des Ehrenamts

Theoretisch-analytische »Ausgangspositionen«	Diskurs zu modernisierungstheoretischen Konzepten	Diskurs zu Wertewandel und Wertetypen	Diskurs zu Gemeinwohl und Bürgersinn
Zentrale Begriffe der Debatten (Beispiele)	Freiwilliges Engagement, posttraditionale Gemeinschaften	Bürgerschaftliches Engagement, Bürgerrechte und -pflichten, Engagementpotential	
Strategie-Leitbilder (Beispiele)	Der aktivierende Staat	Das neue Leitbild für BürgerInnen	Transformation des Sozialstaats in eine Wohlfahrtsgesellschaft
»Motoren« des intendierten Wandels	Intermediäre Organisationen	BürgerInnen	Staat

Mit der Gegenüberstellung von idealtypischen Begründungsformeln des Ehrenamts und der Darstellung von exemplarischen Optionsmodellen der Förderung im Kontext theoretisch-analytischer Diskurse und politischer Handlungskonzepte bietet sich ein Kategorisierungsraster an, mit dessen Hilfe die unübersichtlichen Debatten zum Thema strukturierter wahrgenommen werden können. Zusammenfassend – und mit dem zu Einschränkungen nötigenden Wissen, daß dabei Idealtypen und ausformulierte konkrete Vorstellungen ein gemeinsames Bild abgeben – läßt sich dieses Raster als ein Versuch verstehen, unterschiedliche Antworten auf die wohlfahrtspolitischen Herausforderungen zu geben.

2.6 Ehrenamt und Arbeitsmarkt – Ergänzung oder Substitution?

Wenn in den bisherigen Ausführungen versucht wurde, einigen Dimensionen der Diskurse zum Ehrenamt nachzugehen, um so einen roten Faden und analytische Anhaltspunkte in einem äußerst komplexen Terrain zu gewinnen, dann wurden damit ebenfalls einige Facetten des »Strukturwandels des Ehrenamts« angesprochen, die in direkter Weise auf den Hintergrund des Ehrenamts aufmerksam machen, vor dem sich diese Komplexität erst entfaltet. Eine Annäherung an das gesellschaftliche Phänomen Ehrenamt kann nur dann gelingen, wenn der Fokus über die Beobachtung des eigentlichen, konkreten ehrenamtlichen Engagements hinausreicht und die Frage nach den Ursachen von Veränderungen und Stabilität als soziologische Fragestellung aufgegriffen wird, zu deren Beantwortung soziale Tatsachen herangezogen werden. Diesem Anspruch folgend wird in den kommenden Kapiteln versucht, auch auf die jeweils relevanten strukturellen Bedingungen und Entwicklungsprozesse einzugehen, die Einfluß sowohl auf die organisatorischen als auch auf die personellen Elemente des Verwirklichungsraums des Ehrenamts haben. Werden dazu noch die finanziellen, rechtlichen oder politischen Einflußkanäle ins Blickfeld genommen, dann gewinnt das in verschiedenen Ausprägungen an Gestalt, was man das »institutionelle Setting« des Ehrenamts nennen könnte (vgl. Beher/Liebig/Rauschenbach 1998, S. 93 ff.).

Die Aussage, daß sich die institutionellen Settings je nach gesellschaftlichem Feld, nach Organisationstyp oder nach Tätigkeitsmerkmalen voneinander unterscheiden, wird sich nicht nur in den nachfolgenden Kapiteln bestätigen, sondern erscheint auch ohne empirische Verifikation plausibel. Dennoch sind über alle Settings hinweg einige gleichgerichtete Veränderungen und einige übergreifende Spannungsfelder zu identifizieren. Wir haben versucht, diesen »Megatrends« dadurch Rechnung zu tragen, daß wir durchgängig – in unterschiedlicher Gewichtung – die strukturellen und individuellen Beziehungen sowie die quantitativen und qualitativen Substitutionsprozesse zwischen Beruf und Ehrenamt zum Thema machen.[19] Diese Einzelaussagen erhalten im jeweiligen Kontext ihre Wertigkeit und verdeutlichen relevante Elemente der Settings, sie erschließen sich allerdings nur dann als Figur und ergeben nur dann ein zusammenhängendes Bild, wenn zuvor die Eckpunkte des globaleren Rahmengeschehens verdeutlicht werden. Dementsprechend soll hier in knapper Form die Transformation im Sozial-, Erziehungs- und Gesundheitswesen als ein weiterer Hintergrundbestandteil dargestellt werden, vor dem sich der »Strukturwandel des Ehrenamts« abspielt.

Das vermutlich markanteste gesellschaftliche Segment, in dem Transformations- und Substitutionsprozesse zwischen Ehrenamt und Erwerbstätigkeit empirisch beobachtet werden können, ist der heterogene Bereich der personenbezogenen Dienste, oder, arbeitsmarktsoziologisch formuliert: das Feld der Sozial-, Erziehungs- und Gesundheitsberufe. In keinem anderen Bereich läßt sich für die zweite Hälfte des 20. Jahrhunderts eine so außergewöhnliche Expansion

---

19 Damit bietet sich u. a. in einer vergleichsweise detaillierten Erfassung die Möglichkeit, aktuelle Diskurse am Rand des Ehrenamts – wie etwa den zur »Bürgerarbeit« – mit empirischen Befunden und analytischen Instrumentarien zu unterfüttern (vgl. Beher/Liebig 1998; Jakob 1999a; Rothschuh 1998).

der Erwerbstätigkeit beobachten wie in diesem Segment der »Dienste am Menschen« (vgl. Tab. 1).

Tabelle 1: Entwicklung der Erwerbstätigkeit in den Gesundheits-, Sozial- und Erziehungsberufen (1950-1998; alte Bundesländer; Index: 1950 = 100)

Jahr	Gesamtzahl der Erwerbstätigen in Westdeutschland		Erwerbstätige in Gesundheits-, Sozial- und Erziehungsberufen BKZ '84'-'89'		
	abs.	Index	abs.	Index	% v. (2)
1	2	3	4	5	6
1950	21.800.000	100	760.000	100	3,5
1961	26.400.000	121	947.000	125	3,6
1970	26.300.000	121	1.337.000	176	5,1
1982	26.800.000	123	2.306.000	303	8,6
1991	29.700.000	136	3.068.000	404	10,3
1995	29.250.000	134	3.568.000	470	12,2
1997	29.200.000	134	3.860.000	508	13,2
1998	29.317.000	134	3.883.000	511	13,2
BKZ = Berufskennziffer der Bundesanstalt für Arbeit					

Quelle: Stat. Bundesamt, versch. Jahrgänge (Mikrozensus, Volkszählung); eigene Berechnungen

Mit einer Verfünffachung innerhalb eines knappen halben Jahrhunderts hat dieses Tätigkeitssegment in einer sich immer deutlicher als Dienstleistungsgesellschaft konturierenden Gesellschaft ein Ausmaß erreicht, das nicht nur zur Folge hat, daß inzwischen immerhin jeder achte Arbeitsplatz in diesem Bereich angesiedelt ist. Hinzu kommt vielmehr, daß es sich dabei um ein »institutionelles Setting« handelt, das gemeinhin – vor allem im Bereich der Gesundheit und des Sozialen – in Sachen Ehrenamt neben dem Sport und der Kultur auch historisch zu den wichtigsten gehört, und sich damit fast von alleine die Frage nach dem Verhältnis von Beruf und Ehrenamt in den traditionellen Bereichen des Ehrenamts aufdrängt.[20]

Verknüpft man die empirisch gut belegten Zahlen zum Wachstum dieses Segments mit den möglichen Annahmen zum zahlenmäßigen Wandel des Ehrenamts, dann ergeben sich drei unterschiedlich wahrscheinliche Optionen:

• Als erste Möglichkeit käme die *Verdrängung* des Ehrenamts durch die Erwerbstätigkeit in Betracht, derzufolge die Ehrenamtlichkeit durch ein sukzessives Wachstum der Zahl der Erwerbstätigen abgenommen hätte.
• Geht man unterdessen von einer *Expansion* des Ehrenamts aus, dann müßte daraus die logische Konsequenz gezogen werden, daß sowohl die Zahl der Ehrenamtlichen als auch der Berufstätigen gestiegen ist und dies nichts anderes bedeuten würde als die Existenz eine Dienstleistungslücke, einer Lücke,

---

20 Infolgedessen erscheint es um so bemerkenswerter, daß seit 1976 insbesondere diesen beiden Berufsfelder – das Gesundheitswesen und das Sozialwesen – an der Spitze der Expansions- und Zukunftsberufe in der Bundesrepublik Deutschland liegen (vgl. Rauschenbach 1999b).

derzufolge offenbar ein höherer Dienstleistungsbedarf besteht, als dieser bislang allein durch bezahlte Arbeit befriedigt werden kann.

- Die am wenigsten plausible Option schließlich wäre die *Substitution von Arbeitsplätzen durch das Ehrenamt*, ginge diese Möglichkeit doch von der Annahme aus, daß die Zahl der Erwerbstätigen zugunsten des Ehrenamts sinkt, was sich jedoch anhand der Daten zur Entwicklung der Erwerbstätigkeit bislang nicht belegen läßt.

Ungeachtet der Frage, welche Option letzten Endes die höchste arbeitsmarkt- und sozialpolitische Plausibilität für sich beanspruchen kann: deutlich wird auch in dieser Hinsicht, daß das Ehrenamt nicht solitär, nicht für sich, nicht allein unter dem Gesichtspunkt des Motivationswandels betrachtet werden kann. Das Ehrenamt und die sich darum rankenden anderen, neu oder neuartigen Formen des gemeinwohlorientierten, unbezahlten und freiwilligen Engagements sind ihrerseits Symbol und Ausdruck eines Wandlungsprozesses, in dem sich die Gesellschaften der Zweiten Moderne derzeit befinden.

3. Das Ehrenamt in Wohlfahrtsverbänden

Wohlfahrtsverbände und Ehrenamt – zwei Begriffe, die auf den ersten Blick hervorragend zusammenpassen und deren Bedeutungsgehalt in der Weise miteinander verbunden sind, daß häufig der eine Begriff den anderen auch unausgeprochen mittransportiert. Es existiert neben den Wohlfahrtsverbänden kaum eine andere Gruppe von Organisationen, die so eng mit dem Thema und den vielschichtigen Diskursen zum Ehrenamt verbunden ist. Wenn von Wohlfahrtsverbänden die Rede ist, wird das Ehrenamt nicht immer explizit genannt, ist aber im Hintergrund als Referenzpunkt, als Selbstverständlichkeit, als Relikt der Verbände-Vergangenheit oder als Symbol stets präsent. Diesem – wie selbstverständlich angenommenen – wechselseitigen Bezug entspricht das Wissen über das Phänomen »Ehrenamt in Wohlfahrtsverbänden«, das über die (Selbst-)Erfahrungen von ehrenamtlichen und hauptberuflichen MitarbeiterInnen hinausgeht, jedoch in keinster Weise. Erst verstärkt in den letzten Jahren investieren die Wohlfahrtsverbände Personal, Zeit und Finanzmittel zur empirischen und gedanklichen Auseinandersetzung mit »ihrem« Ehrenamt, so daß vorerst nur eine schmale Basis empirisch ermittelter Daten und Befunde zu jener »Personalgruppe« vorliegt, die im verbandlichen Selbstverständnis als eine konstitutive Säule wohlfahrtsverbandlicher Arbeit verstanden wird.[1]

Ausgangspunkt für die nachfolgenden Ausführungen zum Ehrenamt in Wohlfahrtsverbänden ist die Aussage, daß sich dieser Themenkomplex nicht durch Ableitungen oder Übertragungen von Wissenstatbeständen erschließen läßt, die sich aus einer allgemeinen Beschäftigung mit dem Phänomen Ehrenamt ergeben. Das freiwillige, gemeinwohlorientierte Engagement in Wohlfahrtsverbänden ist allein schon deshalb etwas Besonderes, da der Wohlfahrtsverband als ein spezifischer organisatorischer Verwirklichungsraum des Ehrenamts mit eigenen kulturellen, sozialen und strukturellen Dimensionen betrachtet werden muß. Ehrenamtliche Tätigkeiten, die sich im institutionellen Rahmen der Verbände realisieren, korrespondieren mit einem bzw. mit mehreren besonderen »organisatorischen Settings«, die es näher zu bestimmen gilt. M. a. W.: Eine forschende, analysierende Wahrnehmung des Phänomens »Ehrenamt in

---

1 Auch die verbandsunabhängige Forschung war bislang nicht in der Lage, die noch vorhandenen »weißen Flecken« zum Ehrenamt in der Freien Wohlfahrtspflege zu beseitigen – viel zu häufig kann aufgrund der vorgenommenen Eingrenzungen zum Untersuchungsgegenstand, zur Ehrenamts-Definition oder bezüglich den forschungsleitenden Fragen der Organisationstyp »Wohlfahrtsverband« im Vorfeld nicht identifiziert und im nachhinein nicht rekonstruiert werden. Als jüngstes Beispiel läßt sich etwa die Untersuchung im Rahmen des Johns Hopkins Comparative Nonprofit Sector Project anführen, nach der u. a. für den gesamten Dritten Sektor 1,3 Mio. Beschäftigte angegeben werden (vgl. Salomon u. a. 1999). Unter Berücksichtigung der Eigenangaben der Wohlfahrtsverbände – deren Daten in diesem Kapitel noch näher beleuchtet werden – kann diese Summe für den Dritten Sektor nicht zutreffen. Aus diesem Grund liefern in den folgenden Ausführungen die verbandsexternen Untersuchungen vielfach allenfalls Referenzgrößen oder Vergleichspunkte für die von den Wohlfahrtsverbänden selbst veranlaßten Studien.

Wohlfahrtsverbänden« hat folgerichtig den Blick notwendigerweise auch auf die organisatorischen Kontextbedingungen zu richten. Nur so lassen sich die Veränderungen im Horizont eines »Strukturwandels des Ehrenamts« erkennen. Vor diesem Hintergrund wird im folgenden nicht nur auf empirische Ergebnisse zurückzugreifen sein, die gewissermaßen einen direkten Zugang zum gemeinwohlorientierten Engagement ermöglichen, sondern auch auf Bedingungen und Veränderungsphänomene, die sich weniger direkt, aber dafür mit erklärendem Gehalt dem Ehrenamt in Wohlfahrtsverbänden annähern.

Unsere Ausführungen zum Themenkomplex Ehrenamt in Wohlfahrtsverbänden beginnen mit Hinweisen auf einige besondere Merkmale des Organisationstyps Wohlfahrtsverband, die an späterer Stelle – vor der Darstellung empirisch gewonnener Befunde zu Einzelverbänden – durch knappe einführende Hinweise zur Caritas und zum Paritätischen ergänzt werden. Dies dient nicht nur der besseren Einordnung der nachfolgend ausgeführten Ergebnisse empirischer Forschung, sondern ermöglicht auch einen Vergleich zu weiteren in dieser Studie behandelten Organisationstypen, wie etwa dem Jugendverband oder dem Sportverein. Anschließend wird das Spektrum der Diskurse zum freiwilligen gemeinwohlorientierten Engagement aus drei unterschiedlichen Perspektiven beleuchtet, für die das Ehrenamt in Wohlfahrtsverbänden vor allem eine Funktion als Beispiel und Symbol erfüllt. Dabei geht es weniger um die spezifische Rolle, die den Wohlfahrtsverbänden zukommt, sondern vielmehr um eine eher analytische Sicht auf die Diskurse selbst, die ihren Horizont erstens in der Theorie des »Dritten Sektors«, zweitens im »Sozialmarkt« und drittens in bestimmten Gesellschaftsentwürfen und -utopien finden. Diese Vorgehensweise ermöglicht eine verbandsübergreifende Bewertung und Verortung der empirischen Annäherungen an das Phänomen Ehrenamt in Wohlfahrtsverbänden und verdeutlicht einige wichtige Aspekte und Umweltbedingungen (z. B. Ökonomisierung, Verrechtlichungstendenzen) wohlfahrtsverbandlichen Handelns.

Nachdem in Ansätzen die organisationstheoretischen Rahmenbedingungen und die aktuellen Dimensionen des Themas behandelt wurden, geht es nachfolgend darum, die Bedeutung des Ehrenamts bzw. der Ehrenamtlichen in den Wohlfahrtsverbänden aufgrund mehrerer Fragestellungen zu bestimmen. Zuerst wird der Stellenwert des Ehrenamts aus Sicht der Verbände unter besonderer Berücksichtigung des Verhältnisses von Beruflichkeit und Ehrenamt dargestellt, um anschließend – vor allem mit dem Blick auf quantifizierbare Größen – auf einzelne Befunde der empirischen Verbändeforschung einzugehen. Dabei ist eine Orientierung an der vorhandenen schmalen empirischen Basis insofern unumgänglich, als die dort operationalisierten Interessenlagen die eigenen Fragestellungen beschränken und die weitere Struktur der Sekundäranalyse beeinflussen. So werden zunächst die Ehrenamtlichen der beiden christlich-konfessionellen Verbände in den neuen Bundesländern ins Blickfeld gerückt und danach verschiedene Primäruntersuchungen zu zwei exemplarisch ausgewählten Verbänden – der Caritas und des Paritätischen – im Zusammenhang analysiert.

3.1 Wohlfahrtsverbände als besonderer Organisationstyp

Da – wie beschrieben – eine äußerst enge Verbindung des Phänomens Ehrenamt mit dem organisatorischen Gebilde Wohlfahrtsverband gegeben ist, soll einleitend dieser besondere Typ von Organisation, d. h. vor allem dessen Aufbau, in kurzer Form beschrieben werden. Zu den deutschen Wohlfahrtsverbänden werden gerechnet: die Arbeiterwohlfahrt (AWO), der Deutsche Caritasverband (DCV), der Deutsche Paritätische Wohlfahrtsverband (DPWV bzw. der PARITÄTISCHE), das Deutsche Rote Kreuz (DRK), das Diakonische Werk der Evangelische Kirche in Deutschland (DW) und die Zentralwohlfahrtsstelle der Juden in Deutschland (ZWST).

Diese Verbände haben sich in der »Bundesarbeitsgemeinschaft der Freien Wohlfahrtspflege« (BAGFW) zusammengeschlossen und werden dementsprechend in ihrer Summe als »Freie Wohlfahrtspflege« bezeichnet.[2] Die Freie Wohlfahrtspflege »ist die Gesamtheit aller sozialen Hilfen, die auf frei-gemeinnütziger Grundlage und in organisierter Form in der Bundesrepublik Deutschland geleistet werden. Freie Wohlfahrtspflege unterscheidet sich einerseits von gewerblichen – auf Gewinnerzielung ausgerichteten – Angeboten und andererseits von denen öffentlicher Träger. Die Verbände der Freien Wohlfahrtspflege haben sich in sechs Spitzenverbänden zusammengeschlossen (...). Gemeinsam ist allen, daß sie unmittelbar an die Hilfsbereitschaft und an die Solidarität der Bevölkerung anknüpfen. Sie wecken und fördern solche Kräfte und ermöglichen deren Entfaltung in gezielter und koordinierter Aktivität« (BAGFW 1993, S. 9). Dem Prinzip der Gewinnmaximierung wollen die Verbände das »Prinzip des Mehr-Nutzens« für die HilfeempfängerInnen gegenüberstellen. Auf diese Art und Weise definieren sich die Wohlfahrtsverbände in einer knappen Form selbst (vgl. u. a. Spiegelhalter 1999).

Dementsprechend wird der spezifische Beitrag der Freien Wohlfahrtspflege zum Gemeinwesen – im Unterschied zu marktlichen und staatlichen bzw. kommunalen sowie öffentlich-rechtlichen Trägern (z. B. die gesetzlichen Kranken-

---

2 Diese Bezeichnung bzw. die Exklusivität der folgenden Aufzählung wird i. d. R. aktuell nicht in Frage gestellt. Dennoch sind Einschränkungen anzumerken: So nennt etwa § 23 der Umsatzsteuer-Durchführungsverordnung (UstDV) insgesamt 11 anerkannte »Verbände der freien Wohlfahrtspflege«, bei denen ohne Nachprüfung davon auszugehen ist, daß sie der freien Wohlfahrtspflege dienen und entsprechende Steuervergünstigungen in Anspruch nehmen können. Zu dieser privilegierten Gruppe von Verbänden ist demnach etwa auch der Deutsche Blindenverband e.V. oder der Verband Deutscher Wohltätigkeitsstiftungen e.V. zu zählen (vgl. Uhl/Wieneke 1993, S. 361 ff.). Weiterhin ist auch der Begriff des »Verbands« nicht eindeutig zu definieren, da eine formale Begriffsauslegung – also die Zugehörigkeit zur Bundesarbeitsgemeinschaft – eine materiale Bestimmung, die allgemeinverbindlich nicht gegeben ist, nicht ersetzen kann (vgl. Neumann 1989, S. 30). Doch selbst die Anwendung einer materialen Bestimmung würde auf semantischer Ebene kaum zu terminologischer Klarheit beitragen. Spitzen- und Dachverbände von einer Vielzahl von Vereinen und Untergliederungen sind wiederum »nur« Mitglieder anderer übergeordneter Vereine und Zusammenschlüsse, die diesen gegenüber Spitzen-, Dach- und Trägerverbandsfunktionen ausüben.

kassen oder die Rentenversicherungsanstalten) – vielfach in folgenden Gesichtspunkten gesehen:

- in der Pluralität der Träger, die durch deren weltanschaulich unterschiedlich geprägten Motivationen und Zielvorstellungen gewährleistet wird;
- in der Weckung, Förderung und Entfaltung von freiwilligem Engagement bzw. Solidarität und Hilfsbereitschaft sowie
- in den vielfältigen Formen der Mitwirkung an der Meinungsbildung und Entscheidungsfindung, in denen demokratische Beteiligung oft besser möglich und erfahrbar ist als in gesellschaftlichen Großorganisationen (vgl. BAGFW 1983, S. 11 f.).

Entsprechend dieser besonderen Merkmale, dieser »Pluspunkte« gegenüber anderen gesellschaftlichen Akteuren im Sozialsektor, die die Verbände für sich in Anspruch nehmen, betrachten sie sich als »Gemeinwohl-Agenturen«. Dies bedeutet, daß sie ihre Überzeugungen und Werthaltungen in gestaltender Weise – als Partner der Politik oder als Anwalt von unterstützungsbedürftigen Personen – der Gemeinschaft zur Verfügung stellen.

Die Wohlfahrtsverbände sind von außen am deutlichsten auf der Ebene der Spitzenverbände zu erfassen. Im Normalfall ist dementsprechend davon auszugehen, daß sich »ein Spitzenverband der freien Wohlfahrtspflege mit seinen Untergliederungen und Mitgliedern in allen wesentlichen Aufgaben der Wohlfahrtspflege betätigt. Dabei erfüllt er Beratungs-, Planungs- und Koordinationsaufgaben, sowohl innerhalb des eigenen Verbandes als auch gegenüber anderen Verbänden, Organisationen und Gruppierungen sowie gegenüber den Kommunen und den staatlichen Stellen und der allgemeinen Öffentlichkeit« (Flierl 1992, S. 21). Diese zusammenfassende Definition ist eng an die Selbstbeschreibung der Spitzenverbände angelehnt. Als Spitzenverbände der Freien Wohlfahrtspflege werden die überregional und verbandsmäßig organisierten Zusammenschlüsse frei-gemeinnütziger Träger von Diensten und Einrichtungen verstanden: Ein Spitzenverband ist aufgrund der eigenen Selbstbeschreibung der BAGFW dadurch gekennzeichnet, daß

- seine Tätigkeit sich über das gesamte Bundesgebiet erstreckt;
- der Verband im gesamten Spektrum der Wohlfahrtspflege tätig ist;
- der Verband eindeutig und umfassend in organisationsrechtlicher Hinsicht als Zusammenschluß identifizierbar sein muß und in weltanschaulicher Hinsicht als Einheit gesehen werden kann;
- der Verband die Gewähr für eine stetige, umfassende und qualifizierte Arbeit sowie eine korrekte Verwaltung bietet (vgl. BAGFW 1985, S. 12 f.).

»Die Binnenstruktur orientiert sich am System der regionalen und lokalen Verbandsgliederung (Landes-, Bezirks, Kreis- und Stadtverbände) sowie am Prinzip der Fachlichkeit (Ausschüsse). Eine horizontale Verknüpfung der einzelnen Wohlfahrtsverbände erfolgt auf den verschiedenen Ebenen der Verbandsgliederung in Arbeitsgemeinschaften (…). Die Spitzenverbände sind ferner in überörtlichen Fachgremien (z. B. Arbeitsgemeinschaft für Jugendhilfe, Deutscher

Verein für öffentliche und private Fürsorge) vertreten. Außerdem sind sie vertikal mit verschiedenen Organisationen der Europäischen und Internationalen Sozialarbeit verbunden« (Bauer 1996, S. 648). Das für die Wohlfahrtsverbände typische rechtsförmige Organisationsmittel ist der »eingetragene Verein« (e. V.)[3], obwohl auf der Ebene der Einrichtungen und Dienste, die nicht als Untergliederungen des Wohlfahrtsverbandes bzw. der Kirchen selbst, sondern als Mitglieder in freier Rechtsträgerschaft zu gelten haben, vermehrt auch andere Unternehmensformen anzutreffen sind, in besonderem Maße die gemeinnützige Gesellschaft mit beschränkter Haftung (gGmbH).[4]

Einer verbandsexternen Perspektive, die alle nationalen wohlfahrtsverbandlichen Zusammenschlüsse erfassen möchte, bietet sich ein äußerst unübersichtliches Bild, zu dem wesentlich ein föderalistisch strukturierter, an unterschiedlichen geographischen Grenzverläufen orientierter[5] und ein durch Fachverbände, inner- und interverbandlicher Arbeitsgemeinschaften und diversen Vereinigungen verschachtelter verbandlicher Aufbau beiträgt. Unter dem Dach der Wohlfahrtsverbände versammeln sich heterogene Einrichtungen, bei denen allein die äußerst unterschiedlichen Größenverhältnisse (von Selbsthilfeeinrichtungen ohne hauptamtliche Kräfte bis zu Organisationen mit mehr als 10.000 angestellten MitarbeiterInnen) ganz verschiedene Strukturen und Arbeitsweisen hervorbringen. Hinzu tritt bei mindestens vier Verbänden eine deutliche Verflechtungsbeziehung zu anderen kollektiven gesellschaftlichen Akteuren (Kirchen und Sozialdemokratie), die außerhalb des wohlfahrtsverbandlichen Tätigkeitsspektrums agieren. Diese mehr oder weniger von außen wahrzunehmenden Verbindungslinien lassen einen nebulösen Überschneidungsbereich, eine verbandliche »Zweitstruktur« entstehen, die das Erscheinungsbild und die Leistungserbringung der Wohlfahrtsverbände z. T. entscheidend prägt.

Trotz dieses offenkundig komplexen Aufbaus erscheinen die Wohlfahrtsverbände in weiten Bereichen der Außendarstellung – als Akteure in (neo)korporatistischen Arrangements oder als Verhandlungspartner mit Finanzierungsträgern des Sozialsektors – als eine homogene Gruppe. Als Gegenpol zu der konzentrierten Verhandlungs- und Nachfragestellung staatlicher Agenturen und mit Blick auf die besonderen Strukturmerkmale des »Sozialmarktes« werden die Verbände häufig als Kartell und deren Handlungsfeld als ein mit Privilegien ausgestattetes Oligopol charakterisiert (vgl. u. a. Heinze/Olk 1981; Monopol-

---

3 Auf der Ebene der Landesverbände bildet das Bayerische Rote Kreuz eine Ausnahme, das als Körperschaft des öffentlichen Rechtes organisiert ist.

4 So haben – im November 1993 – von den 465 »Mitgliedern in freier Rechtsträgerschaft« des Diakonischen Werkes Rheinland 298 (64%) die Rechtsform des eingetragenen Vereins, 21% firmieren als gGmbH, 7% als Stiftung, 5% als nicht-eingetragener Verein und 3% als alt-rechtlicher Verein. Neben diesen »Mitgliedern auf Antrag« existierten 1993 879 »Mitglieder kraft Kirchengesetz« (vgl. Dw der Evangelischen Kirche im Rheinland 1994).

5 Der Dcv und das Dw orientieren sich bei ihren regionalen Untergliederungen an den von der Katholischen bzw. Evangelischen Kirche vorgegebenen Grenzverläufen und nicht an Kreis- und Landesgrenzen.

kommission 1998). Die Betonung der Umweltbedingungen und der Besonderheiten wohlfahrtsverbandlichen Handelns verdeutlicht in vielfacher Hinsicht die Konfliktlinien struktureller Art, mit denen die Verbände umzugehen haben und die ihre Rolle als fördernde und bündelnde Organisationen für das Ehrenamt relativieren. Die Anforderungen, die den Organisationen aus der Förderung und Bündelung der Personalgruppe der ehrenamtlichen MitarbeiterInnen erwachsen, stehen in Entscheidungssituationen anderen relevanten Anforderungen und Optionen z. T. diametral gegenüber, so daß permanent Vermittlungsleistungen zu erbringen sind.

Dieser Problemkreis findet in der Literatur in verschiedenen Modellen Berücksichtigung. So ist etwa die Rede von dem grundsätzlichen Widerstreit zwischen Mandat und Mission (vgl. u. a. Pankoke 1998)[6], von der Notwendigkeit, sich gleichzeitig mit verschiedenen Medien und Bezugswerten auseinanderzusetzen (vgl. Effinger 1993; Evers 1990) oder von der unvermeidlichen Vermittlung von Sozial- und Systemintegration (vgl. Olk/Rauschenbach/Sachße 1995; Streeck 1987). Auf diese Weise erscheint das Ehrenamt zwar als ein konstitutives Merkmal eines Wohlfahrtsverbands, das allerdings das Handeln der Verbände nicht (mehr) in besonders prägender Weise bestimmt. Die Schaffung der existenznotwendigen Kontextbedingungen für das Ehrenamt, einschließlich der Befriedigung der Ansprüche Ehrenamtlicher, stellt grundsätzlich nur eine Handlungsoption neben anderen dar, deren Vollzug Ehrenamtlichkeit gegebenenfalls behindert oder befördert.

3.2 Die Diskurse zum Ehrenamt in Wohlfahrtsverbänden

Die Rede vom Ehrenamt ist in vielfältige Diskurse mit unterschiedlicher Beteiligung wissenschaftlicher Disziplinen, (sozial-)politischer Überzeugungen und PraktikerInnen verschiedener Herkunft und Berufsfelder eingebettet. Es existieren zur Zeit höchst heterogene Diskussionszusammenhänge, Handlungsvorschläge für die Praxis, politische Standpunkte oder Forschungsarbeiten, deren Gemeinsamkeit darin besteht, daß sie sich alle mit dem Themenkomplex Ehrenamt befassen und darin ihre diffuse Schnittmenge besitzen. Selbst der eingegrenzte Fokus auf das Ehrenamt in Wohlfahrtsverbänden kann durchaus als Spiegelbild dieser allgemeinen Wahrnehmung gelten. Die Wohlfahrtsverbände – als Organisationen, in denen ehrenamtliche Arbeit stattfindet – werden einer-

---

6 Mit Blick auf eine tragende Säule des deutschen Systems sozialer Hilfe – das Subsidiaritätsprinzip –, das wesentlich die besondere Stellung der Wohlfahrtsverbände begründet, formuliert Pankoke: »Subsidiarität bedeutet ... beides: nach unten im Verhältnis zu sozialen Notlagen betonen die verbandlich organisierten Freien Träger die besonderen Halte und Hilfen solidarischer Nähe; nach oben in ihrer Kostenregelung mit wohlfahrtsstaatlicher Daseinsvorsorge beanspruchen die Verbände ihre Unterstützung durch öffentliche Subsidien. In dieser Doppelbindung zwischen sozialem Engagement und wohlfahrtsstaatlicher Regulierung kommt es zu beziehungs- wie spannungsreichen Relationen zwischen Mandat und Mission, zwischen professioneller Kompetenz und solidarischem Engagement« (Pankoke 1998, S. 260).

seits als Symbol für unterschiedliche Prozesse und Entwürfe genannt, und andererseits ist das Thema Ehrenamt ebenfalls in den Verbänden selbst aktuell und bildet den Anlaß für vielfältige Entwicklungs- bzw. Veränderungsvorstellungen. Grundsätzlich läßt sich die Diskussion zum Themenkomplex Ehrenamt in Wohlfahrtsverbänden in zwei Blickfelder mit differenten Kontexten unterteilen: Einem eher wissenschaftlichen Kontext steht ein eher praxisorientierter Kontext gegenüber.[7] In einem eher wissenschaftlichen Zusammenhang wird das Ehrenamt in Wohlfahrtsverbänden als Symbol behandelt für

- die Verlagerung der Ehrenamtlichen-Ressourcen im »Dritten Sektor«,
- für Wandlungsprozesse des »Sozialmarkts« und
- für alternative Gesellschaftsentwürfe und -utopien.

Die nachfolgenden Ausführungen zur Skizzierung der Diskurse im wissenschaftlichen Kontext, die Aussagen zum Phänomen des Ehrenamts in Wohlfahrtsverbänden als Symbol oder als Handlungsanlaß benutzen, können die Breite und die vielfältigen Konnotationen der Diskurse nicht vollständig abbilden. Dementsprechend beruhen die folgenden Schilderungen der größeren Zusammenhänge, der theoretischen Konzepte oder der Thesen aus Makro- und Meso-Perspektive auf einer Auswahl und besitzen exemplarischen Charakter. Dennoch werden die entsprechenden relevanten und zentralen Schlagwörter und Schlüsselbegriffe genannt, um die – bildlich gesprochen – die Diskurse unter Hinzuziehung neuer Perspektiven oder aktueller empirischer Belege kreisen. Die kommenden Erläuterungen geben – über das einleitende Kapitel hinaus, in dem auf den besonderen Organisationstyp eingegangen wurde – weitere Hinweise zur theoretischen Erfassung und Kategorisierung der Wohlfahrtsverbände bzw. des wohlfahrtsverbandlichen Handelns. Außerdem werden dort Entwicklungen und Prozesse angesprochen und analysiert, die sich jeweils auf spezifische Funktionen der Verbände beziehen und somit deren besondere Multifunktionalität herausstellen sowie das Spannungsfeld Ehrenamt von mehreren Seiten beleuchten (vgl. Olk 1999; Pabst 1996). Die Eckpunkte dieses Spannungsfeldes sind in Veränderungen begriffen, so daß sich die Rolle und die Bedeutung des Ehrenamts in der Organisationsgestalt Wohlfahrtsverband ebenfalls wandelt.

3.2.1 Die Verlagerung der »Ehrenamtlichen-Ressourcen«

Die Grundlage der Berücksichtigung der Wohlfahrtsverbände in diesem Zusammenhang ist die sektorale Einteilung aller Güter und Dienstleistungen herstellenden menschlichen Zusammenschlüsse einer Gesellschaft unter besonderer Berücksichtigung steuerungstheoretischer Aspekte. Aufgrund dieser sekto-

---

7 Die Bedeutung des zweiten Komplexes, innerhalb dessen das Ehrenamt in einem eher praxisorientierten Kontext behandelt wird, findet seine Bedeutung auf der Basis empirischer Befunde zum Thema. Aus diesem Grund werden diese Ausführungen unter der Überschrift »Das Ehrenamt als Anlaß zu Strukturveränderungen« hinter die Darstellung ausgewählter empirischer Ergebnisse zur ehrenamtlichen Arbeit gestellt.

ralen Kategorisierung hat sich in den 70er Jahren der Terminus »Dritter Sektor« als Sammelbegriff für eine Zone zwischen Staat und privaten, gewinnorientierten Unternehmen entwickelt. Bis dahin war über die Aktivitäten und Funktionsweisen von Organisationen jenseits von Markt und staatlicher Verwaltung, die synonym auch als Nonprofit-Organisationen (NPO) bezeichnet werden, wenig bekannt. Mit der Einführung der Kategorie des »Dritten Sektors« wurde nichts Neuartiges in der Gesellschaft benannt, sondern etwas bereits Vorhandenes gewann durch die Abgrenzung von Markt und Staat an (wissenschaftlicher) Beachtung.[8] Diesem Sektor werden verschiedene Organisationen bzw. Organisationstypen zugeordnet,[9] wobei ein Großteil der Organisationsformen u. a. das freiwillige, gemeinwohlorientierte Engagement als ein Kennzeichen und als Abgrenzungskriterium gegenüber den anderen beiden Sektoren aufweist.

Mittlerweile existieren eine Fülle von Hinweisen, daß diese gesellschaftliche Ressource des freiwilligen, gemeinwohlorientierten Engagements, deren »Abschöpfung« im Dritten Sektor stattfindet, einerseits nicht als Selbstverständlichkeit, sondern als voraussetzungsvolles und evtl. labiles Phänomen angesehen werden muß und andererseits strukturellen Veränderungen unterworfen ist. Breit wirkende gesellschaftliche Wandlungsprozesse führen mit Blick auf die Ehrenamtlichen bzw. freiwillig Engagierten zu Verlagerungsprozessen und Verschiebungstendenzen innerhalb des Dritten Sektors. Die »Ehrenamtlichen-Ressourcen« sowie die Attraktivitäten innerhalb dieses gesellschaftlichen Sektors verteilen sich nach neuen Prinzipien und realisieren sich vermehrt in modernen Arrangements.

Hauptsächlich aufgrund der Entwicklung der Mitgliederzahlen unterschiedlicher Institutionen des Dritten Sektors entwickeln Priller/Zimmer (1997) die These, daß sich die augenblicklich zu beobachtenden Prozesse der Verlagerung von Interessen und Aktivitäten als Zeichen dafür zu werten sind, daß sich unsere Gesellschaft im Umbruch befindet. Vor allem der Wertewandel der Bevölkerung (vgl. Gensicke 1998; Klages 1997; Winkel 1996) und die sich daraus entwickelnden neuartigen Lebensstile und individuellen Zeitbudgets werden als Motor gesehen, daß es auf der einen Seite für bestimmte Mitgliederverbände, wie Parteien, Gewerkschaften und Kirchen, zunehmend schwieriger wird, Mitglieder und ehrenamtlich arbeitende MitarbeiterInnen zu gewinnen, während auf der anderen Seite weitere Mitgliederverbände, Initiativen und Bewegungen, wie Selbsthilfegruppen, Sportvereine oder Chöre, steigende Mitgliederzahlen aufweisen können. »Betrachtet man die Entwicklung der mitgliedschaftlichen Organisationen in Deutschland, so ist man mit einem Paradoxon konfrontiert. Während einerseits die Klagen von Partei-, Gewerkschafts- und auch Kirchenvertretern über Einbußen bei der Mitgliedschaft und ein zurückgehendes mit-

---

8 Vgl. Ronge (1988); Seibel (1990); Strachwitz (1998); Priller/Zimmer (1997).
9 Das Organisationsspektrum reicht von verselbständigten öffentlichen (Hochschule, Rundfunkanstalten, Sozialversicherungen) über staatsergänzende (TÜV, Goetheinstitut, Deutsche Forschungsgemeinschaft) und konventionelle gemeinnützige (Wohlfahrtsverbände, ADAC, Genossenschaften o. Parteien) bis zu alternativen Einrichtungen (Selbsthilfegruppen, Alternativbetriebe) (vgl. Reichard 1988; Schuppert 1989).

gliedschaftliches Engagement zunehmen, ist andererseits der Organisationsgrad der Bevölkerung seit den Anfängen der Bundesrepublik kontinuierlich gestiegen« (Priller/Zimmer 1997, S. 3).[10] Während dabei zunächst Kirchen, Parteien und Gewerkschaften von diesem kollektiven Partizipationsboom profitierten, erfolgte im Anschluß eine Trendwende – weg von den traditionellen Mitgliedsorganisationen, hin zu neuartigen Organisationsformen.

Auffällig ist, daß diejenigen Organisationen an Attraktivität verlieren, die sich durch eine direkte oder indirekte hohe politische Relevanz auszeichnen und stark in korporatistischen Arrangements auf der Makro-Ebene eingebunden sind, während gleichzeitig insgesamt der Organisationsgrad der Bevölkerung kontinuierlich steigt. Den »Verlierern« des Verlagerungsprozesses stehen unruhige Zeiten ins Haus, da sowohl ihre Legitimation als auch ihre steuerungstheoretische Relevanz in Frage gestellt wird. »Die Gewinner dieses Trends sind zum einen 'unpolitische' Organisationen des Freizeitbereichs, wie ganz prononciert die Sport-, aber auch die Gesangvereine und Chöre, sowie zum anderen Gruppen und Initiativen, die in einem sehr direkten und basisorientierten Sinn der Organisation von Betroffeneninteressen dienen, wie insbesondere Selbsthilfegruppen, aber auch andere Initiativen im Sozialbereich, wie etwa Elterngruppen oder Nachbarschaftsvereinigungen« (ebd., S. 14). Diese Befunde belegen, daß Mitgliederorganisationen mit Blick auf ihre durch Ehrenamtliche getragene Seite keineswegs »für tot« erklärt werden können, sondern – aus der Dritten-Sektor-Perspektive betrachtet – eine Verlagerung des Engagements auf den Freizeit-, Erholungs- und Vergnügungsbereich stattfindet. Diesen Verlagerungsprozessen wird durch die Rede vom »Strukturwandel des Ehrenamts« bzw. durch die Gegenüberstellung von »neuem« und »altem« Ehrenamt ein Etikett verliehen, das gleichzeitig die immanente Veränderungsrichtung anzeigt (vgl. Heinze/Strünck 1998; Olk 1989; Rauschenbach 1991c).

Obwohl die Wohlfahrtsverbände in den Ausführungen von Priller/Zimmer nicht explizit genannt werden, so trifft die allgemeine Beschreibung der »Verlierer-Organisationen« auch auf sie zu. Auch sie gehören zu den Organisationen mit korporatistischen Arrangements, innerhalb derer keine direkte und basisorientierte Berücksichtigung von Betroffeneninteressen erfolgt. Eine Gegenüberstellung und Abgrenzung der verschiedenen Muster der organisatorischen internen Partizipation verdeutlicht, daß die Wohlfahrtsverbände und ihre »paternalistische Verwaltung und Ausgestaltung sozialpolitischer Maßnahmen« (vgl. Windhoff-Héritier 1989) die »Objekte« der Leistungserbringung nicht in direkter Form als gestalterischen Faktor der Interessenvermittlung beteiligen. Im Normalfall sind die Menschen, die als KundInnen, KlientInnen oder BewohnerInnen die verschiedenen Leistungen der Wohlfahrtsverbände in Anspruch

---

10 Die Parteien verloren in den Jahren 1991-96 knapp 500.000 Mitglieder. Bei den Gewerkschaften ist nach einem vereinigungsbedingten Hoch der Mitgliederzahlen zu Beginn der 90er Jahre seither ein Mitgliederschwund von bis zu 800.000 pro Jahr zu verzeichnen. Die Veränderungen, die die Kirchen betreffen, sind nicht unbedingt an deren Mitgliederzahlen festzumachen – eine vergleichbar geringer Anteil von im Schnitt etwa 350.000 pro Jahr tritt formal und offiziell aus der Kirche aus.

nehmen, nicht als Mitglieder in die organisatorischen Strukturen involviert. Daraus folgt, daß die Verbände die Interessen ihrer Klientel höchstens mittelbar vertreten können und ihre gesellschaftliche Funktion in einer »stellvertretenden Repräsentation« dieser Gruppeninteressen besteht (vgl. beispielsweise Heinze/ Olk 1981, S. 94 ff.).

Auch Wohlfahrtsverbände sind von den beschriebenen Verlagerungsprozessen der Ressource Ehrenamt betroffen, selbst wenn sie in ihrer Gesamtheit aufgrund ihrer internen Komplexität, die sich etwa in der Vielfalt der wohlfahrtsverbandlichen Arbeitsfelder, der formalen und informellen Organisationsformen sowie der unterschiedlichen relativen Nähe zu marktlichen oder staatlichen Steuerungsprinzipien ausdrückt, vielleicht keinen absoluten Rückgang der Ehrenamtlichenzahlen zu verzeichnen haben. Deshalb sehen sie sich gezwungen, ihre Strukturen und Arbeitsweisen den gewandelten Ansprüchen, Erwartungen und Interessen der potentiell freiwillig Engagierten anzupassen und die beschriebenen Verlagerungsprozesse als Anlaß für vielfältige Reformen wahrzunehmen (vgl. u. a. Freier 1997).

3.2.2 Wandlungsprozesse innerhalb des »Sozialmarktes«

Der Begriff »Sozialmarkt« weist nach wie vor auf ein wesentlich durch den Staat geprägtes Geschehen hin. Mit Blick auf die hier interessierende Komponente des »Sozialmarktes«, die durch Freiwillige bzw. Ehrenamtliche erbrachte Arbeit, kommt dem Staat als Akteur allerdings eine ambivalente Rolle zu. Verschiedene Maßnahmen zum Umbau des Sozialstaates haben in direkter oder in indirekter Weise Einfluß auf die Rahmenbedingungen des ehrenamtlichen Engagements. Gerade am Beispiel der Wohlfahrtsverbände kann deutlich gemacht werden, wie einschneidende Wandlungsprozesse des »Sozialmarktes«, die durch staatliche Aktivitäten initiiert wurden, widersprüchliche Ergebnisse nach sich ziehen, so daß der Staat durchaus auch als Verursachungsinstanz für Verlagerungstendenzen im Dritten Sektor identifiziert werden kann:

- Auf der einen Seite führen staatliche Anreizprogramme und der Aufbau von Infrastrukturmaßnahmen – auch bei Wohlfahrtsverbänden – zur Aufwertung und zur Förderung des bürgerschaftlichen bzw. freiwilligen gemeinwohlorientierten Engagements. Dieses kann als eine Überwindungsstrategie der Rationalitätenfalle der sozialstaatlich garantierten Leistungserstellung interpretiert werden.
- Auf der anderen Seite bewirken vor allem Änderungen der rechtlichen Rahmenbedingungen wohlfahrtsverbandlichen Handelns, die sich aus einer internationalen Perspektive zeigen und die zu einer »Ökonomisierung des Sozialsektors« führen, auf Verbands- bzw. Einrichtungsebene die Einführung von betriebswirtschaftlichen Logiken, Verfahren und Instrumenten, die die Arbeit von Ehrenamtlichen zunehmend dysfunktional erscheinen lassen.

Eine Perspektive, die die Arbeit der Freiwilligen bzw. Ehrenamtlichen ins Zentrum der Betrachtung stellt, macht deutlich, daß ein Umbau des Sozialstaates im großen (durch den Einsatz staatlicher Steuerungsmittel) einen Umbau im kleinen (durch einen Funktionswandel des Ehrenamts sowie einen Strukturwandel auf wohlfahrtsverbandlicher Ebene) nach sich zieht. Zwei dieser angesprochenen und den Umbau befördernden Prozesse wollen wir exemplarisch verfolgen. Zuerst wird die Stärkung des freiwilligen gemeinwohlorientierten Engagements als mögliche Antwort auf einen »Versagens-Aspekt« der Sozialstaatlichkeit interpretiert (1), während anschließend auf die Konsequenzen der »Ökonomisierung des Sozialsektors« für die Arbeit mit und den Einsatz von Freiwilligen bzw. Ehrenamtlichen eingegangen wird (2).

(1) *Die Stärkung des Ehrenamts als Auswegstrategie:* Der Sozialstaat im allgemeinen und das System der Sozialen Arbeit im besonderen sind geprägt durch eine bestimmte Rolle des Staates bzw. der parastaatlichen Institutionen, die als Finanzierer der sozialstaatlichen Leistungen auftreten und damit in diesem gesellschaftlichen Bereich Marktmechanismen außer Kraft setzen. Die Güter, Leistungen und Dienste, die in diesem gesellschaftlichen Bereich durch politische Willensbildung bereitgestellt und durch das System der Sozialen Arbeit »verteilt« werden, haben öffentlichen Charakter, d. h. sie sind als Kollektivgüter oder als meritorische Güter[11] zu betrachten, die durch politische Entscheidung zu quasi-öffentlichen Gütern gemacht werden. Kollektiv- bzw. öffentliche Güter sind, in Gegenüberstellung zu den Individualgütern, solche Güter, deren Nutzen nicht von der Zahlung eines Entgeltes abhängig gemacht werden kann, da der Nutzungsausschluß Dritter nicht oder nur mit unverhältnismäßig hohem Aufwand durchsetzbar und der Nutzen unabhängig von der Zahl der NutzerInnen ist. Kollektivgüter und meritorische Güter produzieren einen externen Effekt in dem Sinne, daß sie nicht nur einen individuellen, sondern auch einen sozialen Nutzen für ein Kollektiv herstellen.

Hauptsächlich aufgrund dieser angesprochenen Sonderrolle des Staates und des besonderen Charakters der durch den Sozialstaat in Auftrag gegebenen und induzierten Güter sind diesem sozialstaatlich abgesicherten gesellschaftlichen Bereich mehrere Defizite und Nachteile vorgehalten worden, die unter dem Schlagwort »Staatsversagen« zusammengefaßt werden (vgl. u. a. Badelt 1992; Seibel 1994, S. 45 ff.). Ein wesentlicher »Versagens-Aspekt« ist das sogenannte »Trittbrett- oder free-rider-Phänomen«, das vor allem aus einer individuumzentrierten Perspektive heraus plausibel wird. Diese Sichtweise auf den sozialstaatlich abgesicherten gesellschaftlichen Bereich macht ein grundsätzliches Dilemma deutlich, das darin besteht, daß zwei sich widersprechende, aber prinzipiell gleichwertige Rationalitäten die Grundlage für individuell zu treffende Entscheidungen bezüglich des Beitrags zur Herstellung und der Nutzung

---

11 Meritorische Güter nehmen eine Art Zwitterstellung zwischen Kollektiv- und Individualgüter ein. »Für sie gilt zwar das Ausschlußprinzip, sie werden aber dennoch im Wege politischer Entscheidungen zu quasi-öffentlichen Gütern gemacht. Gesundheit und Bildung sind Beispiele für meritorische Güter, die individuell konsumiert werden und prinzipiell über Märkte gehandelt werden« (Finis-Siegler 1997, S. 32; vgl. auch Kaufmann 1997, S. 34).

des Kollektivgutes abgeben.[12] »So ist es einerseits zwar für die Individuen rational, ein gemeinsames Interesse zu fördern und zur Produktion eines Kollektivgutes Beiträge zu leisten. (…) Andererseits erweist sich jedoch auch für jeden das entgegengesetzte Verhalten als rational. Denn jeder kann sich ausrechnen, daß er seinen Nutzen vergrößern kann, wenn er seinen Beitrag zum Kollektivgut zurückhält und trotzdem hoffen kann, in den Genuß des Kollektivgutes zu kommen« (Herder-Dorneich 1982, S. 23). Es geht um das durch persönliche Entscheidungen aufzulösende Dilemma zwischen einzelwirtschaftlicher und gesamtwirtschaftlicher, zwischen individueller und kollektiver Rationalität (vgl. Finis-Siegler 1997, S. 90 ff.).

Dieser ambivalenten Situation hat Herder-Dorneich bereits Anfang der 80er Jahre ein Etikett verliehen:»Die Besonderheit, daß es in einer Situation zwei unterschiedliche Möglichkeiten rationalen Handelns gibt und diese sich unmittelbar widersprechen, nennen wir plastisch eine 'Rationalitätenfalle'« (Herder-Dorneich 1982, S. 23). Neben einigen anderen, mehr oder weniger erfolgversprechenden, mehr oder weniger populären Überwindungsstrategien der Rationalitätenfalle[13] wird von Herder-Dorneich auch die Strategie der »Solidaritätsappelle« genannt. Dabei geht es darum, den Wert einer der sich entgegenstehenden Rationalitäten entweder durch Anreize oder durch moralische Abwertung in positiver oder in negativer Weise zu verändern.[14] In dem Maße, wie sich eine moralische Auf- bzw. Abwertung durchsetzt, gewinnt eine moralische Präferenz die Oberhand und löst sich die Rationalitätenfalle auf.

In diesem Sinne können die mehrschichtig angelegten Aktivitäten zur Förderung und Aufwertung des ehrenamtlichen Engagements nicht nur als Strategien zur Transformation der wohlfahrtspluralistischen Arrangements bzw. des »welfare mix« angesehen werden (vgl. Evers/Olk 1996, S. 27 ff.), sondern sie können ebenso als Strategien zur Überwindung der beschriebenen Rationalitätenfalle betrachtet werden. So sind z. B. die Bemühungen um eine nationale Freiwilligenagentur, der Auftrag zu einer basalen Bevölkerungsbefragung zum Ehrenamt oder der Einsatz eines Förderprogramms zur Selbsthilfe bzw. zur Selbsthilfeunterstützung auf Bundesebene sowie diverse Programme auf Landesebene als Versuche zu sehen, durch Recht und Geld abgesicherte moralische Wertungen und Werte zu befördern bzw. zu setzen.

---

12 »Wohlfahrtsverbände verdoppeln dieses Trittbrettfahrersyndrom, weil sie Menschen gewinnen wollen, die letztlich überhaupt nichts vom Wohlfahrtsverband als Leistung zurückerhalten werden« (Halfar 1994, S. 106).

13 So werden u. a. genannt: Die Überwindungsstrategien »Kleingruppe«, »Selektive Anreize« oder »Zwang«.

14 Ein plastisches Beispiel für eine versuchte Beeinflussung des moralischen Wertes von Rationalitäten wird genannt:»Die individuelle Rationalität wird z. B. gegenüber der kollektiven Rationalität ethisch minder eingestuft. So werden die 'Trittbrettfahrer' als selbstsüchtige Egoisten abgestempelt. Sie werden als 'Außenseiter' disqualifiziert und den solidarischen Beitragszahlern als schlechtes Beispiel gegenübergestellt. Die Beitragszahler werden demgegenüber als 'verantwortungsvolle' Kollektivmitglieder herausgestellt« (Herder-Dorneich 1982, S. 32).

Parallel zu den genannten Maßnahmen, Vorhaben und Programmen hat der Gesetzgeber in den letzten Jahren rechtliche Grundlagen geschaffen, die eine systematische Förderung und Unterstützung Ehrenamtlicher festschreiben. Diese Regelungen nehmen nicht nur staatliche Agenturen in die Pflicht, sondern ebenfalls private Einrichtungen, die professionelle soziale Dienste anbieten. Der Sozialstaat legt in den neueren Regelwerken eine duale Struktur an, in der die professionell geleistete Arbeit mit der Gewinnung und Organisierung sozialen Engagements kombiniert wird (vgl. Hummel 1998, S. 24).

So ist es etwa nach dem Betreuungsgesetz von September 1990 auch für einen rechtsfähigen Verein möglich, als Betreuungsverein (mit beruflichen BetreuerInnen) anerkannt zu werden, wenn er – vergleichbar den Aufgaben des Vormundschaftsgerichts (vgl. § 1837 Abs. 1 BGB) und der zuständigen Betreuungsbehörde (vgl. § 4 BtBG) – u. a. »sich planmäßig um die Gewinnung ehrenamtlicher Betreuer bemüht, diese in ihre Aufgaben einführt und berät.«[15] Für die Erledigung dieser Querschnittsaufgabe der Vereine sind Finanzmittel vorgesehen.[16] Diese Querschnittsaufgabe erhält deshalb besonderes Gewicht und eine besondere Funktion, da die Betreuungen grundsätzlich unentgeltlich geführt werden; eine berufsmäßige Ausübung stellt nach dem ab 1.1.1999 geltenden Gesetz die Ausnahme dar.[17] Mit anderen Worten: Über die Bestimmung dessen, was gegeben sein muß, um rechtliche Betreuungen berufsmäßig ausführen zu können, wird per Gesetz eine eindeutige Trennlinie zwischen den ehrenamtlichen und den beruflichen BetreuerInnen gezogen. D. h., es ist nicht möglich, als Teilzeitkraft beruflich als BetreuerIn zu arbeiten, sofern nicht die im Gesetz aufgeführten Voraussetzungen bezüglich des Aufwands gegeben sind.[18]

---

15 Vgl. BGB, § 1908 f. Die Gewinnung ehrenamtlicher BetreuerInnen erfordert von den Vereinen die Erarbeitung von Werbekonzepten, die Erstellung und Verbreitung von Informations- und Werbematerialien, die Durchführung von Veranstaltungen, den Aufbau eines Netzes von Kontaktpersonen, die Kontaktaufnahme mit möglichen BewerberInnen, Zielgruppen, Presse, Rundfunk und Fernsehen (vgl. MAGS NRW 1996, S. 16).

16 In Nordrhein-Westfalen gilt beispielsweise: »Um den unabdingbaren Bereich der Gewinnung, Einführung, Fortbildung und Beratung ehrenamtlicher Betreuer zu stützen, fördert der Landesregierung (MAGS) den Einsatz von Personal bei anerkannten Betreuungsvereinen von Beginn, d. h. 1992, an. Die Förderung erfolgt als Projektförderung im Wege der Festbetragsfinanzierung in Form eines Zuschusses. Nach der Förderkonzeption ... betrug der Zuschuß 1992 für eine vollzeitbeschäftigte Fachkraft 18.000 DM und für eine teilzeitbeschäftigte Fachkraft 9.000 DM. Für Fachkräfte finanzschwacher Vereine erhöhte sich der Zuschuß auf 20.000 DM bzw. 10.000 DM. Die mit Landesmitteln geförderte Fachkraft muß u. a. 'ausreichend' Arbeitszeit für die Wahrnehmung der Querschnittsaufgaben verwenden« (MAGS NRW 1996, S. 17).

17 »Die Vormundschaft wird unentgeltlich geführt. Sie wird ausnahmsweise entgeltlich geführt, wenn das Gericht bei der Bestellung des Vormundes feststellt, daß der Vormund die Vormundschaft berufsmäßig ausübt« (BGB, § 1836 Abs. 1).

18 Die Ehrenamtlichen erhalten zur Zeit für ihre Arbeit mit einer bzw. einem Betreuten eine pauschale Aufwandsentschädigung von 600,- DM pro Jahr. Eine aufwandsentsprechende, kostenorientierte Abrechnung ist ausschließlich den beruflichen Kräften vorbehalten, die dokumentieren müssen, daß sie entweder mehr als zehn Betreuungen führen oder den Nachweis zu erbringen haben, daß die für die Betreuungen auf-

Im KJHG von 1990 ist im dritten Abschnitt des zweiten Kapitels – Förderung von Kindern in Tageseinrichtungen und in Tagespflege – festgelegt, daß »Mütter, Väter und andere Erziehungsberechtigte, die die Förderung von Kindern selbst organisieren wollen, beraten und unterstützt werden sollen« (vgl. § 25 SGB VIII). Weiterhin regelt das »Gesetz zur sozialen Absicherung des Risikos der Pflegebedürftigkeit (PflegeVG)« vom Mai 1994 die Verantwortungsbereiche für die pflegerische Versorgung der Bevölkerung, die als eine gesamtgesellschaftliche Aufgabe beschrieben wird. Nach § 8 des PflegeVG sind die Länder, Kommunen, Pflegeeinrichtungen, Pflegekassen und der Medizinische Dienst, also der gesamte administrative und professionelle Bereich, aufgerufen, »die Bereitschaft zu einer humanen Pflege und Betreuung durch hauptamtliche und ehrenamtliche Pflegekräfte sowie durch Angehörige, Nachbarn und Selbsthilfegruppen« zu unterstützen und zu fördern. Auf diese Weise soll eine »neue Kultur des Helfens« und der »mitmenschlichen Zuwendung« bewirkt werden.[19] Die dadurch gewünschte Pflegeabsicherung funktioniert durch ein Zusammenspiel von Budgetierung, Eigenverantwortung, Familienmoral und Subsidiarität. »Sicherheit im Sinne einer zuverlässig erwartbaren Hilfeleistung ... und Qualität als output-maximierte Größe ziehen 'Solidarität' als Versorgungs- und dritte Steuerungsressource ins sozialpolitische Kalkül« (Döbler 1997, S. 126).

Der Staat etabliert sich auf diese Weise durch vielfältige Anreizprogramme und Infrastrukturmaßnahmen gewissermaßen als »Spitzenverband bürgerschaftlichen Engagements« (Blandow 1998, S. 116) bzw. als sorgetragende, richtungsweisende Instanz für das Ehrenamt und treibt mit diesen eher »weichen« Maßnahmen in einem eher randständigen Bereich den Umbau des Sozialstaates voran, in dessen Zentrum normalerweise die eher »harten« – auf Zwang basierenden – Maßnahmen die größte Aufmerksamkeit erlangen.

(2) *Die Konsequenzen der Ökonomisierung des Sozialsektors:* Bereits seit längerer Zeit ist vom »Umbau des Sozialstaates« die Rede. Es ist ein internationales Phänomen und relativ unabhängig vom politischen Profil der gerade regierenden Parteien, daß die Mechanismen, die für soziale Gerechtigkeit und kollektive Risikobegrenzung sorgen sollen, zur Zeit massiv unter Druck stehen (vgl. Eichenhofer 1998; Schmidt-Grunert 1996). Die Sozialsysteme verschiedenster Gesellschaften stehen in der Kritik, da die Strukturprinzipien nicht

---

gewendete Zeit über 20 Wochenstunden liegt. Damit liegt eine anspruchsvolle Grenzziehung zwischen ehrenamtlicher und beruflich ausgeführter Tätigkeit im Betreuungswesen vor, die sich nicht an Qualifikationsstandards und nicht (primär) am Schwierigkeitsgrad der Betreuungen orientiert, sondern vielmehr am zeitlichen Aufwand, der für diese Art von Tätigkeit nachgewiesen werden kann. Es bleibt somit den Personen, die Betreuungen ausführen, nicht selbst überlassen, den Zeitpunkt zu bestimmen, wann sie die eigene ehrenamtliche Tätigkeit in eine berufliche Verrichtung verwandeln. Diese gesetzliche Regelung versieht den Einstieg in eine berufliche Selbständigkeit im Betreuungswesen mit erheblichen Barrieren.

19 Der Caritasverband sieht in der Summe diese gesetzlichen Neuerungen als »erste Wegmarken einer Umkehr«, die die expansive Entwicklung professioneller Dienste mindestens zum Stillstand bringt (vgl. Zentralrat des DCV 1995, S. 5 f.).

mehr zeitgemäß, die gesellschaftlichen Kosten zu hoch und die ausführenden staatlichen bzw. frei-gemeinnützigen Agenturen ineffektiv seien.

Die Begründungen für solche oder ähnliche Aussagen basieren in den meisten Fällen auf einem Argumentationsmuster, in dem ökonomische Begriffe und Annahmen dominieren. Die nationalstaatlichen Sozialsysteme werden verstanden als Wettbewerbsfaktor im internationalen Markt und entsprechend als ein nach Kostengesichtspunkten auszugestaltender Produktionsfaktor einer Volkswirtschaft bewertet. Die sozialen, solidarischen Faktoren der »sozialen Marktwirtschaft« werden instrumentalisiert für eine ökonomische Standortbestimmung auf dem Weltmarkt, der kaum politische Begrenzungen zuläßt und damit Sozialpolitik nicht kennt. Viele Märkte scheinen, in einem globalen Maßstab gedacht, kaum noch nationalstaatlichen Gesetzen zu unterliegen. Allgemein gesprochen läßt sich eine Tendenz beschreiben, die aufgrund der Globalisierung der Geld- und Kapitalmärkte immer weniger regionale Steuerungsinstanzen zuläßt. In bezug auf die nationalstaatliche Wirtschafts- und Sozialpolitik ergibt sich folgendes Bild: »Bis vor kurzem konnte der Sozialstaat die Regeln des Marktes korrigieren, jetzt regelt der globale Markt die Korrekturmöglichkeiten des Sozialstaates« (Zielke 1996, o. S.; vgl. Beck 1999).

Dem Markt und seinen Mechanismen werden mittelbar Eigenschaften zugeschrieben, die marktabhängige Organisationen auch unter betriebswirtschaftlicher Sichtweise »auf der Höhe der Zeit« halten, wollen sie dem Wettbewerb nicht zum Opfer fallen. Auf dem Markt treffen die bedürfnisanzeigende Nachfrage und das die Produktionskapazitäten anzeigende Angebot in einem bestimmten Arrangement aufeinander und handeln freiheitlich die Preise und Mengen aus.[20] Dementsprechend gilt der Markt als derjenige volkswirtschaftliche Mechanismus, der die Produktion dorthin lenkt, wo Bedürfnisse be- bzw. entstehen und zugleich das Formalziel Gewinnerwirtschaftung erfüllt werden kann. Fehlt dieser Markt und damit der externe Regulierungsfaktor, was für den Bereich der sozialen Dienste festgestellt wird[21], hat dies (negative) Auswirkun-

---

20 Idealtypisch gesehen ist der Markt derjenige gedanklich konstruierte Ort, an dem sich Angebot und Nachfrage nach Gütern und Leistungen treffen, an dem sich unter Konkurrenzbedingungen die Preise herausbilden und an dem das Geld gegen die Güter, die Eigentumsrechte und die Leistungen getauscht wird. Eine entscheidende Folge dieses Marktes stellt die latente Drohung dar, nur dann als Organisation bestehen zu können, wenn bestimmte Produkte bzw. Leistungen zu einem bestimmten Preis angeboten werden, so daß eine Nachfrage besteht. Mit anderen Worten, »der Markt-Preis-Mechanismus stimuliert also die Lern- und Anpassungsfähigkeit der Wirtschaftssubjekte, er veranlaßt sie, ihre Eigeninteressen so zu verfolgen, daß dadurch gleichzeitig die Bedürfnisse anderer Wirtschaftssubjekte befriedigt werden. Der Markt-Preis-Mechanismus ist also ... ein vergleichsweise effektives Instrument der Steuerung« (Kaufmann 1983, S. 481).

21 »Sich nicht marktgerecht verhalten zu müssen, entledigt die Träger und Einrichtungen eines offenkundigen und direkten Konkurrenz- und Leistungsdruckes; nicht in einem weisungsbefugten, zentralisierten Organisationskomplex, etwa einer Konzernstruktur oder einem Ministerium eingebunden zu sein, ermöglicht diesen sozialen 'klein- und mittelständigen Betrieben' eine eigenständige, ggf. auch eigensinnige, in jedem Fall aber nicht notwendig abgestimmte und koordinierte Entwicklung in den

gen auf die Lernfähigkeit (Responsivität) bzw. auf die Reaktionsgeschwindigkeit der Institutionen, auf die Effektivität und Effizienz der Arbeit und Arbeitsorganisation. Fehlt der externe Druck als permanenter Faktor und existiert eine politisch garantierte Ressourcenzufuhr, dann ist eben in dieser Unabhängigkeit vom Markt die Ursache für ein immer deutlicher wahrzunehmendes Steuerungsdefizit auszumachen (vgl. Seibel 1994). Aus diesem Grund werden in den letzten Jahren durch den Gesetzgeber sowie durch die staatlichen Verwaltungen und parastaatlichen Finanzierungsträger der sozialen Dienste (u. a. Krankenversicherung, Arbeitsamt) die Rahmenbedingungen für die sozialen Dienste im allgemeinen und für die Wohlfahrtsverbände im speziellen verändert. Um diese Veränderungen auf eine griffige Formel zu bringen, ist die Rede von einer »Ökonomisierung« (vgl. Maier 1995; Wohlfahrt 1997) oder von einem »Systemwechsel« (vgl. Wittenius 1998) im System der sozialen Dienste.[22] Diese Veränderungen betreffen die Wohlfahrtsverbände in besonderer Weise, da sie als relevante Leistungsanbieter einen großen Anteil der Anbieterseite des »Sozialmarkts« stellen (vgl. Meyer 1999, S. 64 ff.).

Die Wohlfahrtsverbände sind also aus unterschiedlichen Richtungen verschiedenen Prozessen ausgesetzt, die ihre privilegierte Stellung – die sich wesentlich durch die Anwendung und die gesetzliche Fixierung des Subsidiaritätsprinzips ergab – erodieren lassen.[23] Von besonderer Relevanz sind dabei zwei Veränderungen, die die Rolle der Verbände grundsätzlich transformieren: Sozialpolitische Reformen bzw. neue gesetzliche Regelungen der letzten Jahre verändern diese zentralen Mechanismen in der Form, daß es in wichtigen Sektoren des »Sozialmarktes« zu einer Liberalisierung des Marktgeschehens im Sinne einer Senkung der Zutrittsbarrieren und zu einer Umstellung der Finanzierungsmodalitäten auf Leistungsentgelte kommt.[24] Dies bedeutet einerseits

---

Nischen vor Ort. Oder anders formuliert: Es gibt keinen funktionierenden und regulierenden Markt, es gibt aber auch keine kontrollierende und korrigierende Fachinstanz, die sozusagen als anerkannte Sachautorität aufgrund ihrer Kompetenz auch weisungsbefugt, zumindest Orientierungsmaßstab wäre« (Rauschenbach 1993, S. 26; vgl. auch Finis-Siegler 1997, S. 140 ff.).

22 Diese Etiketten beschreiben einen Wechsel zweier Grundtypen wohlfahrtsstaatlicher Versorgung, der darin besteht, daß eine Ausbreitung der »Pseudo-Marktversorgung zu Lasten der traditionellen sozialstaatlichen Versorgung« realisiert wird. Die traditionelle, marktferne Versorgung gewinnt immer mehr den Status einer Basisversorgung (vgl. Krämer 1996, S. 947 ff.).

23 Die heutige Anbieterstruktur auf dem »Sozialmarkt« ist nicht als Ergebnis von Marktmechanismen, sondern als Folge einer spezifisch deutschen politischen und kulturellen Tradition der Sozialpolitik anzusehen, innerhalb dessen die Wohlfahrtsverbände in einer politisch unterstützten und geschützten Nische im Wohlfahrtssystem ihre starke Stellung ausbauen konnten. Ihre besondere Position basiert auf der sogenannten »dualen Struktur der Wohlfahrtspflege«, in der den freien Trägern eine gesetzliche Bestands- und Eigenständigkeitsgarantie zugestanden und gleichzeitig eine Förderverpflichtung der öffentlichen Träger festgeschrieben wird.

24 Diese Veränderungen erfolgen allerdings nicht in so radikaler Weise, daß von einem »echten Markt« oder von »schlüssigen Tauschbeziehungen«, sondern eher von einem »Quasi-Markt« geredet werden kann. Unangetastet bleibt vor allem die Rolle

die Verlagerung des finanziellen Risikos durch die Aufhebung des Selbstko-
stendeckungsprinzips und andererseits die Aufweichung des Subsidiaritätsprinzips. Die Rahmenbedingungen für die Wohlfahrtsverbände haben sich dadurch
insofern geändert, als sie heutzutage in weiten Teilen ihrer Aufgabenpalette mit
dem Defizitrisiko und dem Wettbewerb überleben müssen (vgl. u. a. Backhaus-
Maul/Olk 1997, S. 27 ff.). Defizitrisiko bedeutet, daß relativ kostenintensive
und unwirtschaftlich arbeitende Betriebsbereiche vermehrt Eigenmittel aufzubringen haben. Wettbewerb bedeutet in diesem Zusammenhang, daß eine Senkung der Marktzutrittsbarrieren für konkurrierende privat-gewerbliche Anbieter
durch gesetzliche Neuformulierungen erfolgt (vgl. Nährlich 1998, S. 25 ff.).
   Die Rahmenbedingungen für die Tätigkeit der Wohlfahrtsverbände haben
sich in einem erheblichen Maße gewandelt, so daß diese sich auf breiter Front
genötigt sehen, Reformstrategien der Betriebswirtschaftslehre oder der öffentlichen Verwaltung für die eigenen Belange umzusetzen (vgl. Kulbach/Wohlfahrt
1996, S. 94 ff.; Nährlich 1998, S. 36 ff.). Diese internen Reformstrategien, d. h.
das planvolle Vorantreiben von Personal- und Organisationsentwicklungspro-
zessen bzw. der Einsatz von betriebswirtschaftlichen Instrumenten, beziehen
alle Ebenen und Arbeitsbereiche der Wohlfahrtsverbände ein und werden unter
den Etiketten »Sozialmanagement« (vgl. Flösser/Otto 1992; Kühn 1995;
Schwarz 1994), »Verbetrieblichung« (vgl. Olk 1995) oder »BWL-isierung«
(vgl. Schmidt-Grunert 1996) in der Literatur behandelt.
   Die Folge dieses Einzugs betriebswirtschaftlicher Rationalität, Verfahren
und Instrumentarien in die Organisationsstrukturen der Wohlfahrtsverbände
verändert die Rolle bzw. die Stellung der dort engagierten Ehrenamtlichen in
entscheidender Weise. Mit Blick auf die in administrativen Funktionen Tätigen
läßt sich feststellen:»'Laienherrschaft' wird in der Führung zunehmend größer
und komplexer werdender Organisationen zunehmend disfunktional (…). Die
alte konzeptionelle Trennung zwischen 'Führungsverantwortung' (ehrenamtliches Leitungsgremium) und 'Ausführungsverantwortung' (hauptberufliche Lei-
tungskräfte) ist bereits in der Realität immer brüchiger geworden, obwohl am
'Mythos Ehrenamt' aus politisch-legitimatorischen Gründen von den Wohlfahrtsverbänden festgehalten werden muß« (Merchel 1992, S. 83). Das für die
Einrichtungen und für die Verbände konstitutive Ehrenamt in den Vorständen

---

und die Machtposition der Konsumenten, d. h. in der Regel besteht auch weiterhin
keine direkte Leistungsbeziehung zwischen Anbieter und den Kunden der personenbezogenen sozialen Dienstleistung, so daß keine Konsumentensouveränität gegeben
ist. Die »eigentlichen« Nachfrager wohlfahrtsverbandlicher Leistungen sind nicht
einheitlich zu definieren. In vielen Fällen sind sie etwa als Hilfesuchende, An-
spruchsberechtigte, HeimbewohnerInnen, NutzerInnen oder mit anderen Begriffen
zu beschreiben und treten mit den Institutionen unfreiwillig in Kontakt. Die Möglichkeiten, sich als »Kunde« Transparenz zu den verschiedenen Anbietern und Kriterien zur Unterscheidung von guten und schlechten Leistungen zu verschaffen, sind
minimal. Und in der Tatsache, daß oft Zahler und Nutzer nicht identisch sind und zu
den artikulationsschwachen gesellschaftlichen Minderheiten zu zählen sind, liegt eine weitere Reduzierung von »Macht« begründet (vgl. Nährlich 1998, S. 25 ff.; Finis-
Siegler 1997, S. 38 ff.).

(bei der Unternehmensform Verein) oder etwa in den Gesellschafterversammlungen (bei der Unternehmensform gGmbH) scheint den modernen Anforderungen an Leitungsfunktionen – sowohl in zeitlicher als auch in fachlicher Hinsicht – nicht mehr gewachsen (vgl. Langnickel 1999). Vor allem aus der Sicht der Leitungsfunktionen existiert ein Widerspruch zwischen professionalisiertem Apparat und ehrenamtlichem Vorstand, zwischen dem Anspruch nach strategischem und normativem Management sowie den tatsächlichen Qualifikations-, Kompetenz- und Zeitressourcen in ehrenamtlich besetzten Gremien.[25]

Aufgrund einer empirischen Untersuchung, die vornehmlich in zwei Kreis-Caritasverbänden stattfand, werden die praktischen Konsequenzen plastisch beschrieben: »Die Struktur von Kreisverbänden mit ehrenamtlichen Vorständen entstammt einer Zeit, in der der Großteil der Arbeit von Ehrenamtlichen und/oder Orden geleistet wurde. Sie leiten aber mittlerweile hochspezialisierte und professionalisierte soziale Einrichtungen, deren organisatorische und fachliche Komplexität ständig zunimmt. Das System funktioniert bislang deshalb, weil die eigentliche Leitung de facto (nicht de jure!) den Ehrenamtlichen zunehmend durch hochspezialisierte und professionalisierte Geschäftsführer abgenommen wird« (Klug 1997, S. 183). Damit ist ein aus anderen gesellschaftlichen Bereichen bekannter Sachverhalt angesprochen, der das interne Demokratie-Verständnis transformiert. In den Wohlfahrtsverbänden »reproduziert sich die aus den Parlamenten bekannte Verschiebung von Einfluß und Befugnissen von der Legislative zur Exekutive« (Brumlik 1995, S. 49).[26] Es findet auch in dieser Hinsicht eine Angleichung der Wohlfahrtsverbände an staatlich-bürokratische Strukturen statt.

Auch für die Ehrenamtlichen an der Basis der sozialen Dienste führt die Transformation der Verbände von Wertgemeinschaften zu Dienstleistungsunternehmen zu erheblichen Status- und Rollenveränderungen (vgl. Olk/Rauschenbach/Sachße 1995). Der allgemeine Professionalisierungsprozeß sozialer Dienste, der durch die Anwendung von Kontraktmanagement und Leistungsverträgen in dem Sinne befördert wird, daß verstärkt fachliche Standards und

---

25 So der Befund einer »Intensivbefragung« von 25 Geschäftsführern: »Beklagt wird auch die mangelnde Qualifikation ehrenamtlicher Vorstände, die häufig den Managementanforderungen an einen viele Millionen Mark umsetzenden sozialen Dienstleistungsbetrieb nicht mehr gewachsen sind. (...) Ehrenamtliche Vorstände sind somit in den Augen der Geschäftsführer tendenziell Störenfriede sozialer Arbeit, die aber letztlich alle wichtigen Entscheidungen über personelle, sachliche und finanzielle Ressourcen treffen« (Halfar/Koydl 1994, S. 121; vgl. auch Frank/Reis/Wolf 1994, S. 57 ff.).

26 Ein Problem dieser Verschiebung besteht darin, »daß viele Vorstände dann das verantworten müssen, was sie in voller Komplexität nicht mehr überschauen. Aus diesem Grund ist es um das Funktionieren eines Kreisverbandes willen für die Hauptamtlichen fast nicht mehr möglich, allein auf demokratische Wahlvorgänge zu vertrauen. Vielmehr bedarf es einer (meist von Hauptamtlichen betriebenen) gezielten Personalauswahl. Diese, in Verbindung mit einer immer schwächer werdenden Beteiligung der 'Basis', stellt die demokratische Sinnhaftigkeit des ehrenamtlichen Vorstands in Frage« (Klug 1997, S. 183 f.).

deren Kontrolle sowie der gekonnte Einsatz betriebswirtschaftlicher Instrumente von den Kostenträgern gefordert ist, wertet die Arbeit von hauptberuflichen MitarbeiterInnen auf. In der Folge geht den Ehrenamtlichen die Arbeit aus, immer mehr Aufgabenfelder der sozialen Arbeit »unterliegen einem Institutionalisierungsschub, der Leistungserbringer und Finanzierungsträger in einem gesetzlich vorgegebenen Vertragsrahmen zwingt, in dem ehrenamtliche Dienste nicht oder kaum integriert werden können« (Halfar/Koydl 1994, S. 119). Wohlfahrtsverbände haben effizient zu arbeiten. Diese Norm führt zu einer Etablierung routinemäßiger Arbeitsabläufe, die für Controlling- und Qualitätssicherungskonzepte greifbar sind, und zur konzeptionellen Zweiteilung der Hilfe führt – in nachweisbar effiziente Sozialdienste und ehrenamtlich erbrachte programmlose »Nächstenliebe«, die auf einem wesentlich geringeren Niveau Rationalitätsstandards zu folgen hat (vgl. Döbler 1997, S. 122 f.).

Die Funktion der ehrenamtlich erbrachten Arbeit im wohlfahrtsverbandlichen Organisationsgefüge sowie der Ehrenamtlichen selbst hat sich aufgrund der beschriebenen Prozesse in der Form gewandelt, daß – aus einer organisationstheoretischen Perspektive heraus – von einem mehrdimensionalen Bedeutungsverlust ausgegangen werden muß. Da aber gleichzeitig die Wohlfahrtsverbände in legitimatorischer, politischer und betriebswirtschaftlicher Hinsicht auf die Attraktivität des freiwilligen bzw. ehrenamtlichen Engagements in ihren Reihen angewiesen sind, entwerfen sie eine Fülle von Strategien, die diesem für sie negativen Trend entgegenwirken sollen (vgl. Kap. 3.8).

3.2.3 Die Rolle des Ehrenamts in neueren Gesellschaftsentwürfen

Die Rolle der Wohlfahrtsverbände für die Weiterentwicklung des sozialstaatlichen Systems wird – entsprechend der »Marktanteile« der Verbände und der sich darin ausdrückenden Fach- und Leistungskompetenz – von politischer Seite als bedeutend charakterisiert. So formuliert etwa die ehemalige Bundesministerin und Bundestagspräsidentin Süssmuth beispielhaft für die Diakonie: »Die diakonischen Einrichtungen mit ihren vielfältigen Formen ehrenamtlichen Engagements können unserer Gesellschaft … für die Meisterung der Problemlagen unserer Zeit – von Fragen des Umbaus des Sozialstaates über die Schaffung zivilgesellschaftlicher Strukturen bis hin zu den Sinn- und Orientierungsanfragen der Moderne – neue Impulse geben« (Süssmuth 1998a, S. 167). In diesem Zitat wird eine Verbindung zwischen dem Ehrenamt in Wohlfahrtsverbänden einerseits und großen aktuellen politischen bzw. gesellschaftlichen Herausforderungen andererseits hergestellt. Von den solidarischen, gemeinschaftlichen Potentialen der Verbände werden neue Impulse zur Lösung von Problemen auf nationalstaatlichem Niveau erwartet. Damit wird sowohl der Horizont der Verbände als auch der des »Dritten Sektors« bzw. des »Sozialmarktes« verlassen und die umfassendere Bezugsebene der Gesellschaftsentwürfe und -utopien gewählt.

Unter der Voraussetzung, daß bezüglich dieser Argumentation die Wohlfahrtsverbände als Beispiel fungieren können, geht es – allgemein formuliert –

dabei darum, daß das freiwillige gemeinnützige Engagement gewissermaßen als »Keimzelle« eine besondere Funktion für positiv bewertete gesellschaftliche Entwicklungen zugeschrieben bekommt. Die besonderen auf ehrenamtliche, freiwillige oder bürgerschaftliche Strukturen aufbauenden Arbeitsweisen und Organisationstypen werden als Elemente für zukunftsweisende Entwürfe und Strategien aufgegriffen. Genau dieser Aspekt stellt eine relevante Verbindungslinie zwischen den verschiedenen zivilgesellschaftlichen und kommunitaristischen Ansätzen dar, die das theoretisch-normative Fundament dieser »alternativen« Gesellschaftsentwürfe und -utopien abgeben (vgl. Roth 1995).

Mit einer über den Dritten Sektor hinausgehenden Betrachtungsweise werden von vielen Seiten mittlerweile Zukunftsszenarien entworfen, in denen die besondere Produktionsweise und die spezifischen Steuerungsoptionen gerade dieses Sektors als zukunftsweisend charakterisiert werden. Exemplarisch können diesbezüglich die Vorstellungen des amerikanischen Wissenschaftsjournalisten Jeremy Rifkin vorgestellt werden, der in drastischer Form beschreibt, daß in den Industriegesellschaften durch Automatisierung und Technisierung in den nächsten 20 Jahren zwei von drei Arbeitsplätzen wegfallen und infolgedessen nicht nur ökonomische Krisen, sondern auch Sinnverlust, Gewalt und soziale Krisen drohen. »Der Niedergang der Massenbeschäftigung wie der staatlichen Einflußnahme auf das Wirtschaftsleben erfordert eine grundsätzliche Neubestimmung der Grundlagen unserer Gesellschaft (…). Die Orientierung des Staates auf den Markt durch eine andere Perspektive zu ersetzen, dies wird zur vordringlichen Aufgabe aller Nationen« (Rifkin 1995a, S. 179).

Den einzigen Ausweg aus dieser bedrohlichen Misere sieht Rifkin, etwas verkürzt formuliert, in der konsequenten öffentlichen Förderung des Engagements und der Arbeit im Dritten Sektor, in dem die Sorge für die Mitmenschen und das Gemeinwesen zu den entscheidenden Merkmalen gerechnet werden kann. Im Ausbau und in der Neugestaltung des Sozialen, in der Neuformatierung der Solidarität scheint für ihn und andere Autoren ein zentraler Schlüssel für die Zukunft der Gesellschaft mit immer weniger bedarfsdeckender Industriearbeit und zugleich limitierter, produzentenorientierter Dienstleistungsarbeit zu liegen. Die Chance der Gesellschaften, die verheerenden Folgen der aktuell eingeschlagenen Entwicklungsrichtung zu umgehen, besteht darin, den Dritten Sektor auszubauen und so den Übergang zu einem »postmarktwirtschaftlichen Zeitalter« zu bereiten (vgl. Rifkin 1995b, S. 63). Der Dritte Sektor ist der Bereich der sozialen Verantwortung, in dem durch die freiwillige Mitarbeit ein Gefühl persönlicher Isolation und Entfremdung überwunden werden kann. Die wichtigsten Aufgaben dieses Sektors, den der Staat zu unterstützen hat, werden sein: die Armen zu unterstützen, die medizinische Grundversorgung sicherzustellen, für die Erziehung der Kinder zu sorgen, erschwingliche Wohnungen bereitzustellen und sich um den Umweltschutz zu kümmern (vgl. Rifkin 1995a, S. 190). »Alle Werte und Zukunftsvorstellungen, die mit der Marktwirtschaft verbunden sind, werden an Einfluß verlieren. Wenn statt dessen ein anderes Weltbild an Verbreitung gewinnen würde, das vom Ethos der persönlichen Veränderung, der Wiederherstellung der Gemeinschaft und der

Rücksichtnahme auf die Umwelt erfüllt wäre, dann könnten die geistigen Grundlagen des postmodernen Zeitalters gelegt werden« (ebd., S. 188).[27]

Diese Entwicklung ist insoweit bemerkenswert, als mit ihr ein grundlegender Wandel in der gesellschaftlichen Bedeutung des Sozialen hervortritt. Dem sozialen Faktor bzw. den solidarischen Potentialen unserer Gesellschaft wird in diesen Analysen nicht mehr – wie in den zeitgleich geführten Sozialstaatsdebatten – der »schwarze Peter« des tendenziell zu verringernden Kostenerzeugers zugeschoben, sondern diese Faktoren werden als Potentiale erkannt und erlangen die Rolle des sinnstiftenden Auswegs der Moderne aus ihren eigenen Krisen. »Es könnte jedenfalls sein, daß wir Zeitzeugen einer lautlosen Revolution werden, in der das Soziale in der politischen Arena immer deutlicher zu einer entscheidenden Größe bei der Gestaltung der Zukunft wird. Weniger das Dulden und die resignierende Hinnahme sozialer Zugeständnisse auf dem Weg weiterer Gewinnmaximierung wäre demnach die neue Rolle des Sozialen, sondern die aktiv gestaltende Rolle als Sinnstifter, gemeinwohlorientiertes Betätigungsfeld, sozialer Integrationsfaktor und zusätzlicher Arbeitsmarkt mit lokaler Standortstabilität in einer individualisierten Risikogesellschaft« (Rauschenbach 1997b, S. 481).

Diese Zukunftsmodelle und Gesellschaftsentwürfe, die die Wohlfahrtsverbände – und dort besonders die durch einen gemeinschaftlichen, solidarischen Geist geprägten Arbeitsformen – als beispielhaft und zukunftsweisend charakterisieren, wollen die Zuständigkeitsräume und Machtbereiche von Markt und Staat begrenzen. An deren Stelle rückt in diesen Konzepten eine Aufwertung der solidarischen Grundlagen unserer Gesellschaft, die vielfach durch die Betonung von demokratischen Rechten und Pflichten, von bürgerschaftlichen Ansprüchen und Verantwortungen begleitet wird. Auch wenn die Wohlfahrtsverbände nicht vorbehaltlos als Mittler oder Initiatoren des gewünschten gesellschaftlichen Zustandes genannt werden, sondern – im Gegenteil – häufig die Kritik an marktlichen oder bürokratischen Strukturen auch die Verbände trifft, sind sie als relevante Akteure in dem als vorbildlich gekennzeichneten gesellschaftlichen Sektor anerkannt.

---

27 In ähnlicher Weise argumentiert Warnfried Dettling. Er spricht von der Notwendigkeit eines »neuen Gesellschaftsvertrags«, dessen Sinn und Zweck darin besteht, daß eine öffentliche Verständigung über Grenzen und Möglichkeiten von Staat, Wirtschaft und Gesellschaft stattfindet (vgl. Dettling 1998b, S. 243 ff.). Dettling verknüpft die Zukunftshoffnung, die sich auf den Dritten Sektor stützt, mit der Idee einer Bürgergesellschaft, die sich auf lokaler Ebene realisiert. »Im Dritten Sektor der Gesellschaft, in der lokalen Gesellschaft und Ökonomie, entscheidet sich die Wohlfahrtsfrage« (ebd., S. 262). In diesem Sinne ist für ihn der Staat aufgefordert, die bereits erfolgreich im Dritten Sektor tätigen Organisationen und BürgerInnen in der Form zu unterstützen, daß deren Leistungen eine katalytische Wirkung erlangen. Durch die staatliche Unterstützung bzw. Initiierung einer aktiven Bürgergesellschaft erhält der Umbruch aller gesellschaftlichen Teilsysteme, der aufgrund international wirkender Prozesse der Globalisierung, Digitalisierung und Individualisierung nicht aufzuhalten ist, eine zukunftsweisende Richtung.

3.3 Die Bedeutung und der Wert des Ehrenamts

»Der ehrenamtliche Helfer ist der erste Wohlfahrtspfleger. Er ist der Helfer seiner notleidenden Brüder und Schwestern. (...) Die ehrenamtlichen Kräfte waren ... auch die Pioniere der beruflichen Arbeit. Das aus der Praxis geborene, durch sie gebotene tiefere Eindringen in die Probleme der Wohlfahrtspflege führte sie zu dem Wunsch nach theoretischer und praktischer Schulung für ihre Arbeit« (Ohl 1929, S. 184 f.). So wird in einem Handbuchartikel zur ehrenamtlichen Arbeit in der freien Wohlfahrtspflege aus dem Jahr 1929 die Rolle der Ehrenamtlichen beschrieben und gewürdigt. Die ehrenamtlichen Kräfte haben den hauptamtlichen, beruflichen Dienst in der Wohlfahrtspflege zuallererst hervorgebracht. Dennoch, so der Grundtenor der Ausführungen, sei die ehrenamtliche Arbeit auch künftig für die Wohlfahrtspflege unverzichtbar.

Diese auch heute noch von allen Verbänden gemeinsam geteilte pauschale und wenig präzise Feststellung, daß das Ehrenamt für die Wohlfahrtsverbände einen unverzichtbaren Faktor darstellt, führt allerdings i. d. R. nicht dazu, daß die Beschreibungen der Rolle bzw. der Funktion, die die Ehrenamtlichen vor allem in Relation zu den beruflich Arbeitenden innehaben, präzise und einheitlich ausfallen. Im Gegenteil: Die Beziehung des Ehrenamts zur Beruflichkeit bzw. dem Hauptamt und zur verbandlichen Aufgabenerfüllung mit professionellem Anspruch werden selten eindeutig, dafür allerdings häufig mit normativem Unterton ausformuliert.

Das unentgoltene Engagement in den Reihen der Wohlfahrtsverbände wurde lange Zeit in einer unhinterfragten Weise mit dem Terminus Ehrenamt gleichgesetzt, und dieser Begriff bzw. das, wofür er stand, galt als die entscheidende Legitimationsformel für die Geltung des Subsidiaritätsprinzips. Mittlerweile treffen diese eindeutigen Verbindungen nur noch mit Einschränkungen zu. Mit einem eher engen Verständnis ist davon auszugehen, daß sich neben dem Ehrenamt neue Formen des Engagements herausgebildet und etabliert haben, so daß das Ehrenamt nur noch als eine mögliche Engagementform unter anderen anzusehen ist. Mit diesem Vorverständnis muß heute festgestellt werden, daß in Wohlfahrtsverbänden das Ehrenamt zwar noch in der traditionellen und prototypischen Weise vorzufinden ist, dort aber gleichzeitig neue Engagementformen – Selbsthilfegruppen, Nachbarschaftshilfe, Laienhilfe, ehrenamtliche Hilfe, bürgerschaftliches Engagement – anzutreffen sind, denen eine gleichberechtigte legitimatorische Funktion zukommt (vgl. BAGFW 1998, S. 237). Auf der Basis eines eher breiten Ehrenamtsverständnisses dagegen erscheint die Entwicklung des Engagements sowohl innerhalb als auch außerhalb der Verbänden als ein Prozeß der Pluralisierung des Ehrenamts, das in der Folge nicht mehr auf einen Prototyp beschränkt werden kann. Bereits im Jahr 1984 wiesen die AutorInnen der von den Wohlfahrtsverbänden in Auftrag gegebenen PROGNOS-Studie – aus heutiger Sicht und unter Berücksichtigung der eben geschilderten Unterscheidung bezogen auf eine engere Ehrenamtsdefinition – auf Entwicklungsverläufe hin, bei denen sie vermuteten, daß sie in ihrer Gesamtheit zu einer Abnahme des traditionellen, prototypischen Ehrenamts führen würden:

- Da eine Zunahme der Erwerbstätigkeit von Frauen konstatiert wird, geht PROGNOS davon aus, daß das ehrenamtliche Engagement von Frauen insgesamt zurückgeht und die Wohlfahrtsverbände von dieser Veränderung in besonderem Maße und in negativer Weise betroffen werden.[28]

- Die Intensität der konfessionellen Bindung an kirchliche Institutionen nimmt insgesamt ab, wovon die beiden größten Verbände Caritas und Diakonie betroffen werden.

- Der fortschreitende Professionalisierungsprozeß, der auch die Freie Wohlfahrtspflege ergreift, hat eine Funktionstrennung von Beruflichkeit und Ehrenamt in der Weise zur Folge, daß die beruflich Arbeitenden vermehrt zentrale Funktionen besetzen und dem Ehrenamt die untergeordneten Hilfsdienste überlassen bleiben (vgl. Engels 1991, S. 112 ff.; PROGNOS 1984).

Diese prognostizierten Trends wurden Anfang der 90er Jahre mehrfach durch empirische Untersuchungen bestätigt. So stellte ein im Auftrag des Bayerischen Staatsministeriums für Arbeit und Sozialordnung durchgeführtes Forschungsprojekt fest, daß vor allem tiefgreifende und folgenreiche Verschiebungen in den Motiven für ehrenamtliche Arbeit dazu geführt haben, daß die Anzahl der Ehrenamtlichen in den Wohlfahrtsverbänden stagniert bzw. zurückgeht (vgl. Oppl/Schmid 1991, S. 30).

Dennoch wird Ehrenamtlichkeit auch heute noch als ein wichtiges Merkmal wohlfahrtsverbandlicher Arbeit und als konstitutiver Faktor der Aufgabenerfüllung betrachtet. Doch auch in den Reihen der Wohlfahrtsverbände scheint das Ehrenamt seine »Exklusivität« (vgl. Rauschenbach 1991c) verloren zu haben, denn den beruflich arbeitenden Kräften werden diese Funktionen in gleicher Weise zuerkannt. Dies kommt beispielhaft in den Leitlinien des DRKs, die im September 1995 vom Präsidium und dem Präsidialrat verabschiedet worden sind, zum Ausdruck. Dort heißt es unter der Überschrift »Die Menschen im Roten Kreuz«: »Wir können unseren Auftrag nur erfüllen, wenn wir Menschen, insbesondere als unentgeltlich tätige Freiwillige, für unsere Aufgaben gewinnen. Von ihnen wird unsere Arbeit getragen, nämlich von engagierten, fachlich und menschlich qualifizierten, ehrenamtlichen, aber auch von gleichermaßen

---

28 Die dieser Einschätzung zugrundeliegende Prämisse, daß ein ehrenamtliches Engagement und die Ausübung einer Berufstätigkeit in einem negativen Zusammenhang stehen, ist unter Berücksichtigung empirischer Befunde zumindest uneindeutig. In vielen empirischen Untersuchungen zum Ehrenamt wird einerseits darauf hingewiesen, daß der Zeitaspekt eine entscheidende Rolle bei den subjektiven Entscheidungen für oder gegen die Übernahme eines Ehrenamts einnimmt, andererseits deuten Umfrageergebnisse aber gerade auf einen positiven Zusammenhang zwischen beruflichem und ehrenamtlichem Engagement hin (vgl. Erlinghagen/Rinne/Schwarze 1997; Gaskin u. a. 1996). Bereits aufgrund einer sekundäranalytischen Auswertung der Untersuchung von Braun/Röhrig (1987) kommt Engels zu dem Schluß, daß Erwerbstätigkeit kein Hinderungsgrund für ein Engagement darstellt, sondern: »Erwerbstätige und Studierende, deren Zeit durch Arbeit und Ausbildung stark beansprucht wird, sind in öffentliche Gestaltungsprozesse stärker involviert als die übrigen Personengruppen, die zwar mehr disponible Zeit zur Verfügung haben, aber aufgrund ihres gesellschaftlichen Status in die Privatsphäre gedrängt werden« (Engels 1991, S. 53).

hauptamtlichen Mitarbeiterinnen und Mitarbeitern, deren Verhältnis untereinander von Gleichwertigkeit und gegenseitigem Vertrauen gekennzeichnet ist« (DRK 1998a, S. 1).[29] Das DW spricht in seinem Leitbild, das im Oktober 1997 von der Diakonischen Konferenz[30] angenommen wurde, gar von einer Dienstgemeinschaft[31], in der sich Frauen und Männer im Haupt- und Ehrenamt gegenseitig unterstützen (vgl. Diakonisches Werk der EKD, o. J.).

In ähnlicher Weise verweist Bock für die Caritas auf die selbstverständliche und wenig überraschende Tatsache, daß unter den Bedingungen unserer Gesellschaft und angesichts der wohlfahrtsverbandlichen Funktion im Staatswesen heutzutage die Arbeit nicht allein mit Ehrenamtlichen betrieben werden kann. Will die Caritas ihrem Auftrag als »Caritas der Kirche« treu bleiben, dann ist allerdings ehrenamtliche Arbeit ebenso notwendig (vgl. Bock 1994, S. 422 f.). Daneben sind Ehrenamtliche auch in einer anderen Funktion für den Wohlfahrtsverband wichtig, denn sie sichern verbandliche Freiräume gegenüber den öffentlichen Kostenträgern im besonderen und dem Staat im allgemeinen. »Die Ehrenamtlichen sichern einem freien Wohlfahrtsverband eine Unabhängigkeit von öffentlicher und staatlicher Förderung, eine Flexibilität, die Möglichkeit zu spezifischer Schwerpunktsetzung« (Götz 1993, S. 36 f.). Diese positiv und aus Sicht der Gesamtorganisation formulierten Funktionen der Ehrenamtlichen haben allerdings einen spezifischen Einbau der Ehrenamtlichen in die Organisationsgefüge der Verbände und Einrichtungen zur Bedingung. Aus einer organisationsstrukturellen Perspektive heraus kommt es daher – von den professionellen Leitungsebenen befördert – etwa zu folgenden Entwicklungsprozessen, wie diese aufgrund einer Befragung zum »Mythos Ehrenamt« festgestellt wurden: Die Geschäftsführer delegieren die Ehrenamtlichen zunehmend in Organisationsbereiche ohne wirtschaftliche Bedeutung, die nicht refinanziert werden können oder denen für den Bestand der Organisation bzw. des Vereins keine große funktionale Bedeutung zuerkannt wird (vgl. Halfar/Koydl 1994, S. 121).

Diese oben beschriebene programmatische Gleichbewertung und faktische Funktionsverschiebung von Ehrenamt und Beruflichkeit ist sicherlich zu erheblichen Teilen der Entwicklung der Wohlfahrtsverbände zu maßgeblichen und professionalisierten Leistungserbringern im Sozialsektor geschuldet. Die Wohlfahrtsverbände erfüllen mittlerweile eine wichtige Funktion bei der Gestaltung des Sozialstaats und der Umsetzung sozialpolitischer Aufgaben, unabhängig davon, ob sie als Dienstleistungsanbieter, als Arbeitgeber oder als Wirt-

---

29 Entsprechend dieses Leitbild-Ausschnitts werden in der Statistik des Roten Kreuzes Mitglieder, MitarbeiterInnen und weitere Förderer addiert, um auf eine Gesamtzahl von »aktiven Rotkreuz-Unterstützern« zu kommen, wobei in diese Kategorie u. a. auch Kinder und Jugendliche im Jugendrotkreuz, Rotkreuzschwestern, Fördermitglieder oder Geld- und BlutspenderInnen fallen.

30 Die Diakonische Konferenz ist das oberste Organ des DW und wird alle fünf Jahre durch Wahlen und Berufungen neu zusammengesetzt.

31 Hinter dem feststehenden Begriff der »Dienstgemeinschaft« steht das Ideal der evangelischen Kirche, daß kein Amt Herrschaft über andere Ämter ausüben soll. Dementsprechend steht die Dienstgemeinschaft für eine besondere Art der Zusammenarbeit aller Ämter und Dienste in der Kirche (vgl. u. a. Löblein 1993).

schaftsfaktoren betrachtet werden (vgl. Goll 1991; Hegner 1992; Rauschenbach/Schilling 1995). Als Ausdruck dieser exponierten Stellung kann u. a. das zahlenmäßige Wachstum der in den Wohlfahrtsverbänden beschäftigten hauptamtlichen Kräfte angesehen werden. »Dieses Wachstum täuschte zeitweise über die volkswirtschaftliche Tatsache hinweg, daß niemals alle erdenklichen sozialen Tätigkeiten professionell geleistet und entsprechend bezahlt werden können« (Götz 1993, S. 35). Die letzten Daten der Bundesarbeitsgemeinschaft der Freien Wohlfahrtspflege (zum Stichtag 1.1.1996) geben an, daß in den Einrichtungen und Gruppen der Wohlfahrtsverbände insgesamt über 1,1 Mio. Menschen beschäftigt sind (vgl. BAGFW 1997). Unter Berücksichtigung des Zuwachses an Teilzeitstellen, also aufgrund der Umrechnung in »Vollzeitfälle«[32], ergibt sich für den Zeitraum von 1970 bis 1996 das folgende Bild, das einerseits das Größenwachstum der Verbände am Indikator »(hauptberufliches) Personal« verdeutlicht und andererseits einen Anhaltspunkt für die steigende Bedeutung der Beruflichkeit darstellt (vgl. Abb. 2).[33]

Zu dem angestrebten gleichwertigen und vertrauensvollen Verhältnis von Ehren- und Hauptamt in den Reihen der Wohlfahrtsverbände erbringen die Ehrenamtlichen – nach Veröffentlichungen der BAGFW – einen spezifischen und unverzichtbaren Beitrag. »Ehrenamtliche Mitarbeiter erfüllen eine eigenständige Aufgabe in der sozialen Arbeit und stehen in wechselseitig ergänzender Beziehung zu den Fachkräften« (BAGFW 1994b, S. 4).[34] Mit anderen Worten: »Heute wird die ehrenamtliche Tätigkeit eher als Ergänzung der hauptamtlichen Arbeit verstanden, wobei weitgehend Einigkeit darüber besteht, daß weder die Hauptamtlichen die Ehrenamtlichen noch die Ehrenamtlichen die Hauptamtlichen ersetzen können« (Goll 1991, S. 151). Bei einer derartigen Beschreibung des Verhältnisses von Ehrenamt und beruflich arbeitenden Kräften wird allerdings noch nicht eindeutig klargestellt, ob die Ergänzung sich darauf gründet, daß Ehrenamtliche und Berufstätige grundsätzlich eine *qualitativ* voneinander unterscheidbare Art der Arbeit anbieten oder ob andere (evtl. organisationslogische oder finanzielle Gründe) den parallelen Einsatz von Ehrenamtlichen und beruflich arbeitenden Personal nahelegen. Im ersten Fall ließe sich Ehrenamt *prinzipiell* nicht ersetzen und die daraus folgende entscheidende Fra-

---

32 Die Vollzeitfälle ergeben sich aufgrund der folgenden Rechnung: die Anzahl der Vollzeitbeschäftigten plus die Hälfte der Teilzeitbeschäftigten.

33 Die Orientierung an den durch eine Stichtagserhebung gewonnenen Zahlen der BAGFW ist nur eine Möglichkeit, das Größenwachstum der Verbände zu dokumentieren. Eine weitere Quelle bilden die Personaldaten der Berufsgenossenschaft für Gesundheitsdienst und Wohlfahrtspflege (BGW). Beide Datenquellen operieren mit unterschiedlichen Erhebungsgrundsätzen und Zahlen (vgl. Rauschenbach/Schilling 1995, S. 329). So quantifiziert etwa Nährlich für das Jahr 1995 auf der Grundlage der BGW-Statistik für die Freie Wohlfahrtspflege (ohne die ZWST) die Anzahl der Vollbeschäftigten auf annähernd 1,28 Millionen (vgl. Nährlich 1998, S. 153).

34 Kritisch angemerkt wird etwa von Bock, daß allerdings die vorhandenen organisatorischen Strukturen die Erfahrungen der Ehrenamtlichen nicht in gebührendem Maße berücksichtigen. »So kommen die wichtigen Erfahrungen, die Ehrenamtliche aus ihrer Nähe zu Notleidenden haben, nicht genügend zur Sprache« (Bock 1994, S. 421).

ge wäre, welche Arbeitsfelder in welchem Umfang ehrenamtliche Arbeit notwendig machen, so daß ein Fehlen oder eine Verringerung der ehrenamtlich erbrachten Leistungen – evtl. trotz Aufstockung des hauptberuflich arbeitenden Personals – eine Qualitätsverschlechterung darstellt.

Abbildung 2: Das (Personal-)Wachstum der deutschen Wohlfahrtsverbände (1970-1996; in Vollzeitfällen)[35]

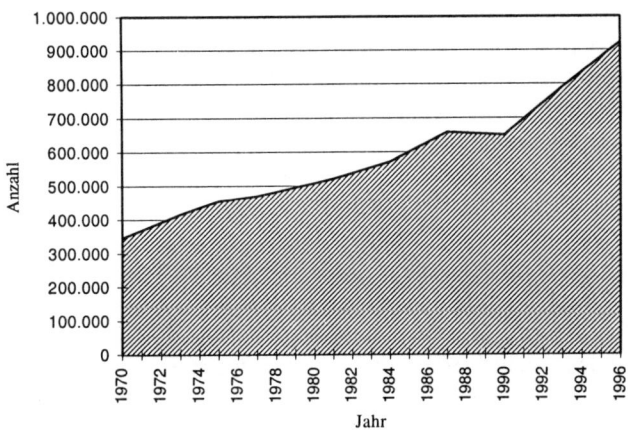

Quelle: Gesamtstatistik der BAGFW (verschiedene Jahrgänge); eigene Berechnungen

Eindeutiger fällt z. B. die Stellungnahme von Brauns, dem Hauptgeschäftsführer des Landesverbands Berlin des Paritätischen Wohlfahrtsverbands, aus. Er wendet sich gegen die häufig verwendete Formel, daß das Ehrenamt eine Ergänzung zur professionellen Arbeit darstellt. Dieser Sprachgebrauch drückt seiner Meinung nach eine Unterbewertung des Ehrenamts aus und ignoriert die Tatsache, daß Arbeitsfelder existieren, in denen es sinnvoll ist, daß ausschließlich Ehrenamtliche arbeiten und andererseits es auch Felder gibt, in denen nur die Arbeit von Professionellen angesagt ist (vgl. Brauns 1995, S. 22). Diese Unterschiede in der Bewertung der Charakterisierung des Verhältnisses von Beruflichkeit und Ehrenamt sind sicherlich auch damit zu begründen, daß den verwendeten Begriffen verschiedene Bedeutungen zugeschrieben werden.[36]

---

35 Vollzeitfälle bedeutet: Die Anzahl der Vollzeitbeschäftigten plus die Hälfte der Teilzeitbeschäftigten; insgesamt wurde eine gleichförmige Entwicklung zwischen den Erhebungszeitpunkten unterstellt; ab 1993 erfolgte eine Berücksichtigung des Personals in den neuen Bundesländern.

36 So wird beispielsweise konstatiert: Die Ehrenamtlichen »sind ein komplementärer Dienst zu den professionellen Helfern und arbeiten subsidiär« (Götz 1993, S. 36). Wenn die Ehrenamtlichen subsidiär arbeiten, dann können sie allerdings nicht als komplementär im Sinne einer »echten Ergänzung« und einer gegenseitigen Nicht-Ersetzbarkeit angesehen werden. Subsidiarität ist ein Etikett für ein Prinzip der Regelung und Steuerung und setzt gerade eine konkurrierende Kompetenz voraus – an-

3.4 Ehrenamt und das berufliche Personal

Vielfach wird dem Ehrenamt das Hauptamt gegenübergestellt (vgl. Kramer/ Sauer/Wagner 1993; Kramer/Wagner/Billeb 1998). Eine Verhältnisbestimmung zwischen diesen beiden Begriffen und MitarbeiterInnengruppen hat zuerst mit den terminologischen Undeutlichkeiten der beiden Begriffe zu kämpfen und sich damit auseinanderzusetzen, daß beide Ausdrücke als Gegensatzpaar benutzt werden, obwohl dies nicht unproblematisch ist. Das adäquate sprachliche Gegenüber von »Ehren-«Amt wäre ein »ehrloses« oder »unehrenhaftes« Amt, während das »Hauptamt« sich vor allem vom »Nebenamt« abzusetzen hat (vgl. Witt/Sturm 1998, S. 300). Beide Bedeutungsgehalte der eigentlichen Gegenbegriffe gehen allerdings an den Implikationen des konstruierten Dualismus von Haupt- und Ehrenamt vorbei, der sich vor allem auf die Dimension von bezahlter und unbezahlter Arbeit bezieht (vgl. Beher/Liebig/Rauschenbach 1998, S. 105 ff.). Um diesen Schwierigkeiten aus dem Weg zu gehen, soll hier weiterhin hauptsächlich von ehrenamtlichen und (haupt)beruflichen MitarbeiterInnen die Rede sein.[37] Dieses Begriffspaar »ehrenamtliche und (haupt)berufliche MitarbeiterInnen« bezeichnet zwei Idealtypen des Personals bzw. von MitarbeiterInnengruppen, bei denen in der Regel von unterscheidbaren Motivlagen, Interessen und Arbeitsverhältnissen ausgegangen wird. Eine erfolgreiche Zusammenarbeit dieser beiden Statusgruppen hat grundsätzlich von mehreren potentiellen Konfliktlinien auszugehen, deren Ursachen eben in verschiedenen Merkmalen der Andersartigkeit zu suchen sind. Während etwa die einen in der Tätigkeit ihren Beruf sehen und einer relativ konstanten Personal- und Erwartungsstruktur zugehören, findet die Tätigkeit der anderen in ihrer Freizeit statt und ist nur bedingt planbar.

Damit im weiteren Verlauf der Betrachtung des Ehrenamts und vor allem bei der Konfrontation der Statements mit empirischen Befunden die Termini einheitlich verwendet werden können, unterscheiden wir zwei grundsätzliche Perspektiven: Entweder die Arbeit von beruflich arbeitenden Hauptamtlichen ist gleichartig zu der ehrenamtlich geleisteten Arbeit oder beide sind verschieden. Wird von einer Gleichartigkeit ausgegangen, so lassen sich prinzipiell zwei Formen des Verhältnisses zueinander bzw. zwei Prinzipien des Einsatzes und der Wertschätzung unterscheiden: ein eher kooperatives und ein eher konflikthaftes. So ist ein paralleler Einsatz von beruflichen Kräften und Ehrenamt ebenso denkbar wie eine gegenseitige Substitution (vgl. Tab. 2).

---

sonsten wäre kein Bedarf einer Regelung gegeben (vgl. Goll 1991, S. 23 f.). Eine mögliche Begründung für die Anwendung dieses Prinzips, die darauf basiert, daß dem Ehrenamt eine qualitativ bessere oder kostengünstigere Arbeit zugestanden wird, weist dabei auf einen grundsätzlich graduellen Unterschied zwischen ehrenamtlich und hauptberuflich arbeitenden MitarbeiterInnen.

37 Andere – zumeist synonyme – begriffliche Fassungen des Gegensatzpaares finden nachfolgend dann Berücksichtigung, wenn Zitate aufgenommen oder eindeutige Bezüge zu Quellen hergestellt werden.

Tabelle 2: Das Verhältnis von beruflicher und ehrenamtlicher Mitarbeit

Perspektive	Form	Bedeutung
GLEICHARTIGKEIT (von beruflicher und ehrenamtlicher Hilfe)	KUMULATION	… versteht das Angebot bzw. die Leistung von bezahlter und unbezahlter Hilfe als gleichartige Formen der Hilfe.
	SUBSTITUTION	… bedeutet die wechselseitige Ersetzbarkeit einer Form der Hilfe durch die andere.
VERSCHIEDENARTIGKEIT (von beruflicher und ehrenamtlicher Hilfe)	KOMPLEMENTARITÄT	… meint das Sich-Ergänzen, die »Ineinander-Verzahnung« verschiedenartiger Engagements zur gemeinsamen Linderung sozialer Probleme bzw. von unterschiedlichen Aspekten desselben Problems.

Quellen: Dechamps (1989); Hegner (1986)

Diese Frage nach der Substitution (des eher konflikthaften Verhältnisses) oder nach der Komplementarität (des eher kooperativen Verhältnisses) zwischen Ehrenamt und beruflichem Personal stellt sich nicht nur mit Blick auf die Wohlfahrtsverbände, sondern wird allgemein diskutiert. Die in der vorstehenden Tabelle aufgeführten Optionen erwecken den Anschein, daß – auf welche konkreten Tätigkeiten auch immer bezogen – prinzipielle Möglichkeiten bestehen, die sich vor allem zur Status Quo-Beschreibung eignen; es ist demnach nur die eine Ausprägung oder die andere denkbar.[38] In einer eher entwicklungsorientierten Perspektive unterscheidet Bauer drei diskutierte Möglichkeiten der Wirkung von Ehrenamtlichkeit auf Hauptamtlichkeit (vgl. Bauer 1998a, S. 2):

• Demnach könnte Ehrenamtlichen – erstens – eine Pinonierfunktion zuerkannt werden, die sich auf die Entdeckung und Entwicklung von Arbeitsfeldern, Methoden und Arbeitsstellen bezieht.
• Zweitens könnten Ehrenamtliche als »Hilfstruppen« betrachtet gesehen werden, die für einfache Aufgaben zuständig sind und die Sozialprofis entlasten. Die Ehrenamtlichen mit dieser Funktion könnten ausschließlich die Arbeitsplätze von minder qualifiziertem Personal bedrohen.
• Aufgrund der dritten These könnten ehrenamtlich arbeitende Kräfte als »Jobkiller« gesehen werden.

Obwohl in Anbetracht notwendiger und eingeforderter Kompetenzen und Qualifikationen die Stellung der hauptberuflich Arbeitenden auf den ersten Blick gesichert erscheint, kommt Bauer nach einigen Einwänden zu dem Schluß, »daß der Weg vom Ehrenamt der Engagierten zum Arbeitsamt für die Professionellen kürzer ist, als es die vielen Beschwichtigungen der Befürworter der Ehrenamtlichkeit wahrhaben wollen« (Bauer 1998a, S. 2).

---

38 Dieses »Entweder-Oder« von Gleichartigkeit und Verschiedenartigkeit findet seine Begründung in der Art der Tätigkeit und der Weise ihrer Ausübung. Dieser Bezug macht eine pauschale Einordnung unmöglich, sondern verlangt differenzierte Betrachtungen und Bewertungen.

Für die Vermutung, daß zumindest in bestimmten organisatorischen Settings die Arbeit von ehrenamtlichen und beruflich arbeitenden MitarbeiterInnen als gegenseitig substituierbar angesehen werden muß, sprechen etliche Erfahrungen und Aspekte der Praxis der sozialen Dienste. In organisatorischen Settings, die sich in gängiger Formulierung durch die Bezeichnungen »Projekt« oder »Initiative« etikettieren und die sich im Vergleich zu den etablierten Strukturen sozialer Dienste als unbürokratisch, unabgesichert oder informell charakterisieren lassen, erweist sich in einer entwicklungs- und mitarbeiterorientierten Perspektive die Trennung zwischen Beruf und Ehrenamt häufig als zerbrechlich. Wie eine Evaluationsstudie zum Stiftungsprogramm »Soziale Bürgerinitiative in den neuen Bundesländern« deutlich macht, findet in dieser Art von Organisation, die u. a. durch eine absolute Ehrenamtlichen-Dominanz[39] und durch einen großen Anteil von öffentlich subventionierten Hauptamtlichenstellen gekennzeichnet werden kann, ein »reges Wechselspiel« zwischen den »Lagern« der Ehrenamtlichen und Berufstätigen statt.[40] Die Autoren der Evaluationsstudie bezeichneten dieses Phänomen als »Phasing«. Dies bedeutet: Öffentlich subventionierte Arbeitsstellen (mit Befristung) werden mit Personen aus dem Kreis der ehrenamtlich Arbeitenden besetzt, während gleichzeitig die Personen, deren befristete Arbeitsverhältnisse auslaufen, in den Kreis der Ehrenamtlichen aufgenommen werden.[41] »Durch dieses Wechseln der Mitarbeiter aus der Phase der Hauptamtlichkeit in die Phase der Ehrenamtlichkeit und zurück, bei gleichzeitigem kontinuierlichen Verbleib aller Mitarbeiter im Projekt, gelingt es den Projekten, die gewonnene Kompetenz im Projekt zu bewahren und die Arbeitsprozesse kontinuierlich zu gestalten« (Kramer/Wagner/Billeb 1998, S. 72).

Auf der Grundlage dieser Ausführungen und offensichtlichen Praxisbedingungen der Verbände lassen sich aufgrund einer analytischen Sicht grundsätzlich drei verbandliche Tätigkeitsfelder unterscheiden, die jeweils verschiedene Strukturbesonderheiten und Einsatzbedingungen für das Personal aufweisen. Gemäß dieser Dreiteilung gibt es Institutionen und Arbeitsfelder, die entweder ausschließlich mit berufstätigem Personal arbeiten, oder aber ausschließlich mit ehrenamtlichen MitarbeiterInnen besetzt sind. Dazwischen existiert aber auch ein Feld, in dem in mehr oder weniger ausgeprägter Weise eine gegenseitige Substitution möglich ist (vgl. Abb. 3). Wenn sich in diesem Zwischenbereich sowohl das beruflich arbeitende als auch das ehrenamtliche Personal befindet, dann weist das in diesem Fall nicht auf eine prinzipielle oder realisierte Zusammenarbeit dieser beiden Personalgruppen hin, sondern darin drückt sich ein Potential aus, das keine Rückschlüsse auf tatsächliche Substitutionsprozesse, Konfliktlinien oder Synergieeffekte zuläßt.

---

39 91% der »Gesamtbelegschaft« werden als »freiwillig Arbeitende« bezeichnet.

40 Nur 24% der Kategorie »Hauptamtliche« sind festangestellte MitarbeiterInnen, die überwiegende Anzahl besteht aus ABM- bzw. AFG-MitarbeiterInnen.

41 Es stellt sich die Frage, ob dieses »objektivierend« wahrgenommene Phänomen tatsächlich mit Ehrenamt in Verbindung gebracht werden kann, oder ob diese Zeiten der unbezahlten Mitarbeit nicht vielmehr als Warteschleifen für existenzsichernde Beschäftigungen zu betrachten sind. Insofern entfiele das Moment der Freiwilligkeit.

Abbildung 3: Verhältnis von Ehrenamt und Berufstätigkeit in den Arbeitsfeldern

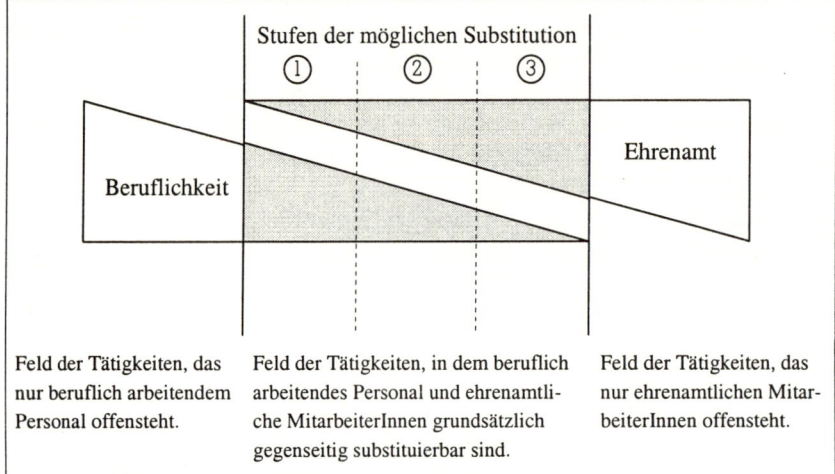

| Feld der Tätigkeiten, das nur beruflich arbeitendem Personal offensteht. | Feld der Tätigkeiten, in dem beruflich arbeitendes Personal und ehrenamtliche MitarbeiterInnen grundsätzlich gegenseitig substituierbar sind. | Feld der Tätigkeiten, das nur ehrenamtlichen MitarbeiterInnen offensteht. |

In dieser Abbildung sind drei Segmente analytisch getrennt, in denen sich jeweils u. a. Arbeitsformen, Anforderungen oder Finanzierungsbedingungen voneinander unterscheiden lassen:

- Das Segment der Tätigkeiten, das nur beruflich arbeitendem Personal offensteht ist u. a. geprägt durch relativ hohe fachliche Anforderungen und relativ gesicherte Finanzierungsstrukturen. Es bestehen Ansprüche der Finanzierungsträger bezüglich Leistung und Personal sowie explizite Aufgaben- und Kompetenzvorstellungen der Arbeitgeber-Organisation; die MitarbeiterInnen nehmen häufig Leitungs- und Führungsverantwortung wahr, und es existiert die Notwendigkeit, durch personelle Kontinuität die Außenkontakte relativ stabil zu halten.
- In dem Segment, in dem beruflich arbeitendes Personal und ehrenamtliche MitarbeiterInnen wechselseitig substituierbar sind, können u. a. Phänomene des »Phasings« beobachtet werden, und es findet sich dort der Einsatz von weiteren (nicht-beruflichen und nicht-ehrenamtlichen) Arbeitskräften (z. B. ZDLer). Dort arbeiten i. d. R. geringfügig Beschäftigte und Teilzeitkräfte sowie ein relativ großer Anteil von Arbeitskräften, die sich in öffentlich subventionierten Arbeitsverhältnissen befinden (z. B. ABM-Kräfte). In der Praxis sind in diesem Segment unterschiedliche quantitative Relationen von ehrenamtlichen und beruflichen MitarbeiterInnen anzutreffen, denen verschiedene Möglichkeitsgrade der gegenseitigen Ersetzung entsprechen, die in der Abbildung durch drei Stufen der möglichen Substitution symbolisiert werden.
- Das Segment der Tätigkeiten, das nur ehrenamtlichen MitarbeiterInnen offensteht, kann u. a. durch verhältnismäßig geringe fachliche Ansprüche und häufig durch eine relativ schmale und ausschließlich kurzfristig – evtl. aufgrund organisatorischer Eigenmittel – gesicherte finanzielle Basis geprägt sein. Die Art der Tätigkeit kann durch besonders enge (nicht-professionali-

sierte) Beziehungsstrukturen zu den »Leistungsempfängern«, eine stark ausgeprägte ideelle Zielsetzung, relativ ungünstige Arbeitszeiten sowie eine verhältnismäßig starke zeitliche Beanspruchung in einem kurzen Zeitraum (z. B. zur Planung, Vorbereitung und Durchführung eines Basars) charakterisiert werden. Daneben existieren in diesem Feld vielfach rechtlich festgelegte Funktionsanforderungen (z. B. bei einem Vorstandsposten in einem e. V.).

Mit Blick auf die Wohlfahrtsverbände und unter besonderer Berücksichtigung der Finanzierungsbedingungen der einzelnen Segmente läßt sich folgendes festhalten: Parallel zu dem Größenwachstum des nach Tarif entgoltenen, berufsmäßig arbeitenden Personals bzw. dem vergrößerten Anteil der beruflichen Arbeit an den Leistungen der Wohlfahrtsverbände und als Reaktion auf die Zunahme einer an Fach- und Qualitätsgesichtspunkten orientierten Spezifizierung der Finanzierungsbedingungen der öffentlichen Kostenträger hat sich die Rolle und Bedeutung der Ehrenamtlichkeit innerhalb der Wohlfahrtsverbände gewandelt. Heute werden die Ehrenamtlichen, die personenbezogene Dienstleistungen verrichten, von Seiten der Verbände in der Regel als die »personellen« Garanten für die freien Handlungsspielräume der Verbände betrachtet und sind insofern die Basis für die »Kürleistungen«[42], d. h. für die nicht durch öffentliche Kostenträger refinanzierten Dienste.[43] Die grundsätzliche Entscheidung, welche MitarbeiterInnen mit welchen formalen Ausbildungen und welchen Kosteneinsätzen für bestimmte wohlfahrtsverbandliche Aufgaben eingesetzt werden, ist weniger von Kriterien, wie der gesellschaftlichen Bedeutung, dem Anforderungsprofil an das Personal oder der Dauerhaftigkeit des Vorhabens abhängig, als vielmehr von fiskalischen Gesichtspunkten.[44] Insofern läßt sich das Verhältnis zwischen Beruflichkeit und Ehrenamt – unter Berücksichtigung der oben geschilderten Kategorisierungsoptionen – als eine »vorläufige Komplementari-

---

42 Die Verwendung des Begriffs »Kürleistung« bzw. »Kann-Leistung« bedeutet an dieser Stelle nicht, daß alles andere – also dort, wo Hauptamtliche eingesetzt werden – in einem strengen Sinne als »Pflichtleistungen« bzw. »Soll-Leistung« der Wohlfahrtsverbände anzusehen sind. Wohlfahrtsverbände – also deren Entscheidungszentren – entscheiden grundsätzlich frei darüber, welche Aufgaben sie zu den ihrigen machen. Auf der anderen Seite sind die Verbände als Investoren, deren Kapitaleinsatz sich amortisieren muß, als Arbeitgeber, die Vertragsbeziehungen mit ArbeitnehmerInnen eingegangen sind, und als Sozialleistungsträger, die Pflichten etwa durch den Erhalt von Zuwendungen und Entgelten auferlegt bekommen, in vielfältige Kontrakt-Beziehungen involviert, die auch von den wohlfahrtsverbandlichen Entscheidungsträgern nicht zu ignorieren sind.
43 Darin ist ein Grund für das verstärkte Bemühen der Wohlfahrtsverbände um die Ehrenamtlichen zu sehen. Da der Wandel der rechtlichen und politischen Rahmenbedingungen für die wohlfahrtsverbandliche Arbeit – einerseits durch ein Zulassen von Konkurrenz und andererseits durch eine Risikoumschichtung auf die Verbände – vor allem eine Verringerung des Handlungsspielraums der Verbände zur Folge hat, soll nun wieder die Ressource Ehrenamt gestärkt werden (vgl. Nährlich 1998).
44 Dies hat zur Folge, daß zentrale und mit hohen Kompetenzanforderungen besetzte Aufgaben (z. B. Hospizbewegung) z. T. bis heute nicht-beruflich strukturiert waren.

tät« charakterisieren.[45] Es kann von einer Verschiedenartigkeit des jeweiligen Engagements ausgegangen werden – allerdings basiert diese Verschiedenartigkeit nicht unbedingt auf der Unterschiedlichkeit der Leistungen beider Gruppen, sondern eher auf prinzipiell wandelbaren (sozialpolitischen) Festlegungen, die eine Differenz zwischen staatlich finanzierten und nicht-finanzierten Leistungen herstellen.[46] Die Arbeit der Ehrenamtlichen in administrativen Funktionen ist analog zu den angesprochenen Wandlungsprozessen anspruchsvoller, die Erwartungen der MitarbeiterInnen, der Kostenträger, der Öffentlichkeit und der Mitglieder an die Führungs- und Leitungsfunktionen vielfältiger geworden, so daß sich hier tendenziell – mit Blick auf die Aufgabenerfüllung und nicht unbedingt auf die Posten – eine allmähliche Verdrängung der ehrenamtlichen durch hauptberuflich arbeitende Kräfte stattfindet[47] und sich die »weichen« und die »harten« Aspekte der Entscheidungsstrukturen der Verbände nach betriebswirtschaftlichem Vorbild gestalten.

3.5 Die Quantität des Ehrenamts in den Verbänden

In der Antwort der Bundesregierung auf die Große Anfrage der Fraktionen der CDU/CSU und der F.D.P. zum Ehrenamt ist für die Freie Wohlfahrtspflege eine Zahl von 1,5 bis 1,7 Mio. ehrenamtlicher MitarbeiterInnen angenommen worden (vgl. BMFSFJ 1996c, S. 6). Dieser Angabe entspricht die Hochrechnung, die die BAGFW in ihrer Gesamtstatistik der Einrichtungen bis zum Stichtag 1.1.1993 veröffentlichte. Dort wurde von schätzungsweise 1,5 Mio. ehrenamtli-

---

45 Das Verhältnis von Beruf und Ehrenamt ist (aufgrund der Allensbach-Untersuchung für die Caritas, auf die in den folgenden Abschnitten noch ausführlicher eingegegangen wird) durchaus als ambivalent zu bezeichnen. Aus der Perspektive der hauptberuflich arbeitenden MitarbeiterInnen scheinen (nur) 29% der Ehrenamtlichen ihre Arbeit so zu verrichten, daß sie den Anforderungen (in vollem Umfang) gerecht werden. Aktuell wird das Ehrenamt nicht als Konkurrenz für die hauptberuflich Arbeitenden wahrgenommen. Mit Blick auf die Zukunft allerdings ändert sich diese Einschätzung. Jede/r fünfte hauptberuflich arbeitende MitarbeiterIn glaubt, daß zukünftig in verstärktem Maße beruflich arbeitende Kräfte durch ehrenamtliche ersetzt werden. Dies unterstützt die getroffene Charakterisierung des Verhältnisses von Beruf und Ehrenamt als »vorläufige Komplementarität«.
46 Eine ähnliche Feststellung ist bereits zu Beginn der 90er Jahre getroffen worden. Oppl/Schmid stellten fest, daß sich der Einsatz der Ehrenamtlichen in erster Linie auf den »Soft-Bereich«, d. h. auf im wesentlichen flankierende oder ergänzende Angebote, bezieht und beschränkt, während die beruflich Tätigen für die Kernangebote im »Hard-Bereich« eingesetzt werden. »Arbeit und Hilfeleistung im Rahmen von Wohlfahrtspflege ist in der Regel ein voll professionalisiertes Geschehen geworden, die Hauptlast der Tätigkeiten wird im Rahmen tarifvertraglich geregelter Arbeitsverhältnisse erbracht« (Oppl/Schmid 1991, S. 26).
47 Es stellt sich aus Verbändesicht u. a. die prinzipielle Frage, ob etwa ein ehrenamtlicher Vorstand eines eingetragenen Vereins mit Jahresumsätzen und Investitionsgütern in erheblichen Größenordnungen in der Lage sein kann, die fachlichen und die betriebswirtschaftlichen Aufgaben angemessen zu erledigen und zu verantworten oder ob nicht andere Rechtskonstruktionen mit anderen Verantwortungsstrukturen angemessener wären.

chen MitarbeiterInnen ausgegangen, die die Arbeit der Wohlfahrtsverbände in Deutschland unterstützen (vgl. BAGFW 1994a, S. 6).[48] In der nachfolgenden Ausgabe der Gesamtstatistik, die zum Stichtag 1.1.1996 erstellt wurde, wird dann von einer wesentlich höheren Zahl Ehrenamtlicher ausgegangen. »Die Zahl der Bürgerinnen und Bürger, die sich freiwillig und ehrenamtlich in der Freien Wohlfahrtspflege, ihren Hilfswerken und Initiativen sowie in den ihnen angeschlossenen Selbsthilfegruppen sozial engagieren, wird auf 2,5 bis 3 Millionen geschätzt« (BAGFW 1997, S. 7). Die Kritik an der Höhe und an dem Zustandekommen dieser von der BAGFW genannten Zahlen zu den Ehrenamtlichen in Reihen der Freien Wohlfahrtspflege wird noch dadurch gestärkt, wenn man die Angaben der einzelnen Verbände zu »ihren« ehrenamtlichen MitarbeiterInnen genauer betrachtet (vgl. Tab. 3):

Tabelle 3: Geschätzte Selbstangaben zur Anzahl der Ehrenamtlichen in den Wohlfahrts- verbänden (1997/98)

Verband	Anzahl
Arbeiterwohlfahrt (Awo)	100.000
Deutscher Caritasverband (Dcv)	500.000
Deutsches Rotes Kreuz (Drk)[1]	60.000
Deutscher Paritätischer Wohlfahrtsverband (Dpwv)	1.100.000
Diakonisches Werk (Dw)	350.000
Zentralwohlfahrtsstelle der Juden in Deutschland (Zwst)	1.000
Summe	2.110.000

1 Das DRK spricht insgesamt von 300.000 HelferInnen. In diese Zahl sind die Ehrenamtlichen bzw. Freiwilligen eingeschlossen, die das DRK in Einrichtungen und Diensten als nationale Rotkreuzgesellschaft (etwa in Berg- und Wasserwachten oder in Blutspendediensten) unterstützen.

• Die *Arbeiterwohlfahrt* spricht schon längere Zeit von ca. 100.000 ehrenamtlichen MitarbeiterInnen bzw. HelferInnen (vgl. u. a. Niedrig 1994, S. 304). Diese Zahl aufnehmend vermutet Freier, daß davon etwa die Hälfte eher administrative Aufgaben in Vorständen, Ausschüssen u. ä. übernommen haben und die anderen 50 Prozent in der unmittelbaren sozialen Arbeit tätig sind

---

48 Diese Zahl der ehrenamtlichen MitarbeiterInnen wurde mehrfach als unsicher bezeichnet und als Indiz für einen Bedeutungsverlust des Ehrenamts gesehen: »Allein der Umstand, daß dieser Wert seit über 15 Jahren immer wieder als Annäherungswert von den Verbänden selbst genannt wird, obgleich diese Angabe nur auf der Hochrechnung einer Allensbacher Befragung aus den siebziger Jahren basiert und das gleiche Institut 1985 – ebenfalls hochgerechnet – immerhin 2,5 Mio. ehrenamtlich Engagierte in Wohlfahrtsverbänden mutmaßte, dieser Wert aber von den Verbänden nicht übernommen wurde, erweckt den Eindruck, daß der gleichbleibende Schätzwert in Wirklichkeit einen Bedeutungsverlust des Ehrenamts innerhalb der Wohlfahrtsverbände zum Ausdruck bringt« (Rauschenbach/Schilling 1995, S. 334). Noch viel drastischer kritisiert Brauns den Wert der von der Bundesarbeitsgemeinschaft veröffentlichten Zahlen. Er schreibt: »Ich halte ... die Zahlen, die die freie Wohlfahrtspflege für Ehrenamtler nennt, für gegriffen: Diese 1,5 Millionen könnten genau so gut 150.000 sein, es könnten auch 15 Millionen sein. Irgendwo wird eine Zahl gezogen. Eine reale Grundlage hat diese Zahl nicht« (Brauns 1995, S. 23).

(vgl. Freier 1997, S. 26). Den Ehrenamtlichen der AWO stehen ca. 105.000 hauptamtlich beschäftigte MitarbeiterInnen und 7.700 Zivildienstleistende gegenüber (jeweils zum Stichtag 31.12.1997). Der Verband geht davon aus, daß seine Vereinsgliederungen und Einrichtungen von insgesamt ca. 620.000 Mitgliedern »getragen« werden.

- Der *Deutsche Caritasverband* schätzt, daß sich etwa 500.000 Menschen in den Einrichtungen, Diensten und Gruppen engagieren, die der DCV in seine Einrichtungsstatistik aufnimmt. Setzt man diese Zahl zu den insgesamt ca. 460.000 hauptberuflichen MitarbeiterInnen ins Verhältnis, dann ist, wie bei der AWO, grob ein Entsprechungsverhältnis der Ehrenamtlichen zu den beruflich Beschäftigen von 1 : 1 zu konstatieren (vgl. DCV 1996). Auf der Grundlage eigener, mehr oder weniger kleinräumiger Untersuchungen zeigt sich, »daß Frauen im mittleren Lebensalter die Garanten für Nächstenliebe in den Gemeinden weit über den Kreis der Gemeindemitglieder hinaus sind. Die Vermutung, daß diese Gruppen vom Aussterben bedroht sind, mag zwar für einzelne Gemeinden zutreffen, trifft aber aufs Ganze gesehen nicht zu« (Zentralrat des DCVs 1995, S. 8).

- Das *Deutsche Rote Kreuz* gibt in ihren »Struktur- und Leistungsdaten« für 1997 an, daß sich insgesamt 296.226 »freiwillige Helfer/innen« engagieren[49]; die gleiche Statistik weist etwa 112.000 angestellte MitarbeiterInnen und Rotkreuzschwestern aus.[50] Dabei verteilt sich das ehrenamtliche Engagement nicht gleichmäßig über die Arbeitsfelder, sondern höchst unterschiedlich. So werden etwa im Bereich des Sanitätsdienstes (inkl. Wachdienste der Berg- und Wasserwacht) nach dieser Statistik pro Jahr über 10 Mio. Stunden von Freiwilligen erbracht. Dies ist das Arbeitsfeld mit der eindeutig stärksten Beteiligung von Ehrenamtlichen. Im Rettungsdienst wird von 3,7

---

49 Diese Zahl bezieht sich auf die beiden großen Organisationsbereiche des DRKs, welches als Wohlfahrtsverband und als nationale Rotkreuzgesellschaft eine Doppelfunktion erfüllt. Die Zahlen zu den beruflich Tätigen und den Einrichtungen in der »Gesamtstatistik der Einrichtungen der Freien Wohlfahrtspflege« schließen den Bereich der nationalen Rotkreuzgesellschaft aus.

50 Die genannten Zahlen zu den freiwilligen HelferInnen, die in früheren Statistiken und den Jahrbüchern als »aktive Mitglieder« ausgewiesen wurden (vgl. DRK 1995, S. 141; 1998c, S. 111), sind allerdings als »Buchbestände« zu betrachten, die nicht unbedingt die tatsächliche Anzahl der sich freiwillig Engagierenden angeben. So werden etwa von Nährlich zwei Experten des DRK-Landesverbands NRW zitiert, nach denen die tatsächliche Zahl deutlich geringer ausfällt: »Es gibt eine hohe Zahl von Freiwilligen, die für den Katastrophenschutz zur Verfügung stehen. Sie stehen zur Verfügung und lassen sich qualifizieren. Sie sind in Karteien namentlich erfaßt und teilweise in Bereitschaften organisiert. (...) Aber wenn man das enger faßt und fragt, wer ist denn in diesem Jahr schon aktiv gewesen, dann gibt es eine ca. 50prozentige Bereinigung« (Landesbeauftragter für das Ehrenamt). »Die Bereitschaft zum Engagement ist stark rückläufig (...). Es ist total out, beim Roten Kreuz mitzumachen (...). Wenn man bedenkt, daß 70-80% verpflichtete Helfer nach § 8.2 [Katastrophenschutzgesetz] sind, die also gar nicht freiwillig bei uns sind, sondern nur weil sie nicht zur Bundeswehr wollen, können Sie sich über deren Motivation schon eine Vorstellung machen (Kreisgeschäftsführer)« (Nährlich 1998, S. 137 f.).

Mio., im Blutspendedienst von 1,7 Mio. Stunden jährlich ausgegangen (vgl. DRK 1998b). Für die Einrichtungen, die dem DRK als Wohlfahrtsverband zuzurechnen sind, wird eine Zahl von ca. 60.000 Ehrenamtlichen genannt.[51]

- Das *Diakonische Werk der EKD* spricht in seiner »Einrichtungsstatistik« zum Stichtag 1.1.1997 von »insgesamt schätzungsweise rund 300.000 bis 400.000 ehrenamtlichen Mitarbeiterinnen und Mitarbeitern« (DW der EKD 1998, S. 2; vgl. Schmitt 1997, S. 411). Im Rahmen eines Beitrags des DWs zu einer öffentlichen Anhörung des BMFSFJ zum Thema Ehrenamt ist von »grob geschätzt etwa 300.000 Frauen und 100.000 Männern« die Rede (Gohde 1998, S. 1), die sich in den diakonischen Diensten und Einrichtungen engagieren.[52] Im Rahmen der Anfrage des Bundesministeriums zum Umfang der ehrenamtlichen Arbeit und der anschließenden Recherche im DW konnte keine Abnahme der Ehrenamtlichen-Zahlen bestätigen. »Statistiken und Erfahrungsberichte belegen vielmehr steigende Zahlen« (Raichle 1997, S. 59), wobei gleichzeitig ein Wandel wahrgenommen wird: Während die Rekrutierung von Ehrenamtlichen bzw. Freiwilligen bei den klassischen Formen des Ehrenamts (u. a. Vereinsvorstände, Wahlämter, Besuchsdienste) zunehmend schwieriger ausfällt, finden neue Formen (u. a. Hospizarbeit, Selbsthilfegruppen) vermehrt Zuspruch (vgl. ebd.). »Etwa ein Fünftel der Ehrenamtlichen ist älter als 65 Jahre. (…) Nach Schätzungen sind etwa ein Drittel der ehrenamtlichen Frauen Rentnerinnen und 20% Vollzeitbeschäftigte. Von den Männern sind etwa 50% vollzeitbeschäftigt und 20% Rentner« (Gohde 1998, S. 1 f.).

- Der *Paritätische* versteht aufgrund seiner heterogenen und vielfältigen Struktur seiner Mitgliedsorganisationen das Ehrenamt im offiziellen Sprachgebrauch nur als eine Ausprägung des »freiwilligen sozialen Engagements«. Zu dieser umfassenden Kategorie zählt u. a. neben dem traditionellen Ehrenamt auch das Engagement in Selbsthilfegruppen. Dieses Verständnis vorausgesetzt, schätzt der DPWV die Anzahl der Freiwilligen, die sich in »seinen« Mitgliedsorganisationen engagieren, grob auf 1,1 Mio. Menschen.[53]

---

51 Diese Zahl wurde auf eine telephonische Anfrage im Dezember 1998 von der Verbandszentrale des DRK (Herr Otte) in Bonn genannt.

52 Nach den letzten (Einrichtungs-)Statistik des DW mit dem Stichtag 1.1.1998 arbeiten dort 419.438 Menschen hauptberuflich in Teilzeit- (41,4%) und Vollzeitstellen (58,5%). Daraus ergibt sich – vergleichbar dem DCV – ein ungefähres durchschnittliches Verhältnis der Ehrenamtlichen zu den beruflich arbeitenden Kräften von 1 : 1 (vgl. Schmitt 1997). Mit einer Erhebung zum Stichtag 1.1.1994 konnten diese groben Daten der Einrichtungsstatistik differenziert werden. Unterstellt man eine annähernd richtige Geschlechterverteilung der Ehrenamtlichenzahlen (3 von 4 Ehrenamtlichen sind Frauen), dann zeigt sich, daß diese – auf die Gesamtorganisation bezogen – ein exaktes Spiegelbild der Verteilung der hauptberuflichen MitarbeiterInnen darstellen. Die Hauptberuflichen in den Einrichtungen und Diensten der Diakonie sind zu 74,5% Frauen, wobei der Frauenanteil in den östlichen Bundesländern mit 80% noch höher liegt (vgl. Schmitt 1998, S. 250 ff.).

53 Diese Zahl wurde auf eine telephonische Anfrage im September 1998 von der Verbandszentrale des Paritätischen in Frankfurt genannt. Diese Hochrechnung basiert u. a. auf den vom ISAB (Institut für Sozialwissenschaftliche Analysen und Beratung) ermittelten Zahlen zur Selbsthilfe (vgl. Braun/Kettler/Becker 1997).

- Die Zahl der Ehrenamtlichen im Rahmen der *Zentralwohlfahrtsstelle der Juden in Deutschland* fällt in Relation zu den Größenordnungen der anderen Verbände wesentlich kleiner aus. Von der Zentrale der ZWST wird eine Zahl von ca. 1.000 Ehrenamtlichen angegeben; Agricola schätzt ihre Zahl auf ca. 600 (vgl. Agricola 1997, S. 99).

Auf der Grundlage dieser geschätzten Selbstangaben der Einzelverbände zur Anzahl der unter ihrem Dach arbeitenden Ehrenamtlichen ergibt sich die jeweilige Relation zur Anzahl der beruflich Beschäftigten. Dieses Verhältnis ist allerdings mit Blick auf die Arbeitsleistungen beider MitarbeiterInnengruppen insofern »irreführend«, als natürlich die tatsächlich geleisteten Arbeitszeiten zwischen Ehrenamtlichen und dem beruflich arbeitenden Personal stark differieren. »Die in der Öffentlichkeit geäußerte Gleichsetzung der ehrenamtlichen Arbeit mit der 'Freien Wohlfahrtspflege' muß daher relativiert werden. Insgesamt ist die Zahl der ehrenamtlich in der Wohlfahrtspflege arbeitenden Personen zwar beachtlich, das ehrenamtliche Arbeitsvolumen ist jedoch deutlich kleiner als das Arbeitsvolumen der in diesem Bereich tätigen bezahlten Arbeitskräfte« (Badelt 1997c, S. 369). Zur Errechnung der jeweiligen Arbeitsvolumina in Stunden sind neben den absoluten Zahlen für die Ehrenamtlichen und die Berufstätigen auch die kalkulierten Durchschnittswerte für das Arbeitsaufkommen pro Zeiteinheit relevant. Da unter der Voraussetzung, daß die Absolutzahlen für Teilzeitbeschäftigte bekannt sind, eine Umrechnung auf Vollzeitfälle möglich ist, bietet sich für diese MitarbeiterInnengruppe der Faktor 38,5 zur Errechnung der wöchentlichen Arbeitszeit an.

Die Antworten auf die Frage, wie lange die Ehrenamtlichen pro Zeiteinheit in »ihrem« Wohlfahrtsverband arbeiten, fallen unterschiedlich aus. Während Spiegelhalter davon ausgeht, daß das Mittel des Arbeitsaufwandes bei Ehrenamtlichen in Wohlfahrtsverbänden 15,8 Stunden im Monat beträgt (vgl. Spiegelhalter 1990, S. 28) – was einer wöchentlichen Belastung von knapp 4 Stunden entspricht –, rechnet Badelt beispielhaft für die Caritas mit einer durchschnittlichen wöchentlichen Stundenzahl von »nur« 2,5 Stunden (vgl. Badelt 1997c, S. 369). Aufgrund einer Erhebung eines Diözesan-Caritasverbands (vgl. Diözesan-Caritasverband Köln 1998) wird zwar eher die Zahl von Spiegelhalter bestätigt, wobei sich der errechnete Durchschnittswert (4,25 Stunden) allerdings nur auf die Ehrenamtlichen bezieht, die in einem regelmäßigen Turnus ihre Arbeitskraft zur Verfügung stellen.[54] Zu beachten ist hierbei, daß ein relativ großer Anteil von Menschen (33,4%), deren zeitliches Engagement nicht abgefragt, sondern nur in der Kategorie »sporadische, projektbezogene Mitarbeit« erfaßt wurde – und für die Bestimmung der absoluten Ehrenamtlichenzah-

---

[54] Die entsprechende Berechnung erfolgte aufgrund der Befunde für das Jahr 1996, indem die Mittelwerte der Kategorien zur Erfassung des zeitlichen Einsatzes mit den jeweiligen absoluten Zahlen der Ehrenamtlichen multipliziert wurden. Die sich daraus ergebenden Produkte wurden addiert und durch die Anzahl der *regelmäßig* arbeitenden ehrenamtlichen MitarbeiterInnen dividiert.

len insgesamt Berücksichtigung fand –, nicht für die Durchschnittsberechnung der Arbeitszeitbelastung einbezogen wurde.

Dagegen ist aus den Struktur- und Leistungsdaten des DRK zu entnehmen, daß dort von ca. 64 Stunden Arbeitsleistung der »freiwilligen HelferInnen« pro Jahr ausgegangen wird (vgl. DRK 1998) – dies würde eine durchschnittliche Arbeitsleistung von knapp über 1,2 Stunden pro Woche bedeuten. Auf der Grundlage des Wertesurvey 1997, also ohne eine Beschränkung auf einen bestimmten Engagement bündelnden Organisationstyp, ergibt sich ein Mittelwert von 15,68 Stunden zeitlicher Belastung pro Monat bzw. einen wöchentlichen Zeitaufwand von annähernd 4 Stunden. Dabei ist allerdings einschränkend zu bemerken, daß nach dieser Bevölkerungsbefragung der investierte Zeitaufwand gerade in den Bereichen, in denen große, etablierte Organisationen – denen die Wohlfahrtsverbände zuzurechnen sind – »durchschnittlich gesehen besonders niedrig« (Klages 1998b, S. 37) ausfällt. Dies alles berücksichtigend, scheint das von Badelt verwendete Maß von 2,5 Arbeitsstunden pro Woche einen akzeptablen Mittelwert darzustellen. Daher wird vorerst für weitere Berechnungen dieser Mittelwert angenommen, zumal um Vergleichbarkeit zu der Arbeitsleistung der beruflichen MitarbeiterInnen zu gewährleisten, nur die faktische Arbeitszeit relevant ist und nicht der häufig abgefragte subjektive zeitliche Aufwand, der evtl. auch Anfahrzeiten berücksichtigt.

Aufgrund dieser Voraussetzungen kann mit aller Vorsicht und im Bewußtsein, daß sich die bei solchen Hochrechnungen enthaltenen Fehler bzw. Ungenauigkeiten u. U. vervielfachen können, die folgende Übersicht »Vergleich der Arbeitszeitvolumina zwischen Ehrenamtlichen und Berufstätigen in ausgewählten Wohlfahrtsverbänden«[55] erstellt werden (vgl. Tab. 4).

Daraus ergibt sich, daß die Relationen der zeitlichen Arbeitseinsätze von ehrenamtlichen und beruflichen MitarbeiterInnen zwischen 1 : 9 und 1 : 14 schwanken. Dies bedeutet, daß im Schnitt dieser drei Verbände auf eine geleistete Arbeitsstunde einer ehrenamtlichen Kraft ungefähr 12 Arbeitsstunden durch hauptberufliches Personal kommen. Um diese Verhältniszahl zu plausibilisieren, bietet sich etwa das folgende Rechenbeispiel an: Angenommen, eine typische wohlfahrtsverbandliche Einrichtung beschäftigt 40 Personen mit einer regulären Wochenarbeitszeit von 38,5 Stunden sowie 10 Teilzeitbeschäftigte. Die oben stehenden Durchschnittszahlen vorausgesetzt, würden nun mit den 50 beruflichen MitarbeiterInnen[56] in dieser Einrichtung 56 ehrenamtliche Kräfte zusammenarbeiten. Mit Blick auf das Arbeitsvolumen, das der gesamten Einrichtung entspricht, leisten alle Ehrenamtlichen zusammen einen Anteil von

---

55 Bei dieser Aufstellung wurde sowohl das Deutsche Rote Kreuz und der Paritätische nicht berücksichtigt, da im ersten Fall eine halbwegs exakte Aufteilung der beiden MitarbeiterInnengruppen zwischen Wohlfahrtsverband und nationaler Rotkreuzgesellschaft kaum machbar erscheint und im zweiten Fall die notwendige Gegenüberstellung von Engagierten in Selbsthilfegruppen bzw. -initiativen und Hauptberuflichen den an dieser Stelle implizierten Sinnzusammenhang verlassen würde.
56 Die 50 Beschäftigten entsprechen in dem Modell 45 Vollzeitfällen.

7,4%[57], was – rein kalkulatorisch – der Arbeitskraft von 3,6 Vollzeit-Arbeits-kräften[58] entspricht. Wenn diese wohlfahrtsverbandliche Einrichtung etwa eine Ausweitung ihres Leistungsspektrums beabsichtigt und ein Projekt realisieren möchte, was einem zusätzlichen Arbeitsaufwand von 77 Stunden pro Woche entsprechen würde, ergeben sich folgende Überlegungen: Vorausgesetzt, daß die Art der Tätigkeit sowohl den Einsatz von ehrenamtlichem als auch von be-ruflichem Personal möglich macht, bieten sich mit Blick auf den zeitlichen Ar-beitsaufwand prinzipiell drei Optionen an. Neben der Möglichkeit, bezahlte Kräfte und Ehrenamtliche in Kombination einzusetzen, können entweder 2 be-rufliche Kräfte beschäftigt oder aber 31 Ehrenamtliche engagiert werden.[59]

Tabelle 4: Vergleich der Arbeitszeitvolumina zwischen Ehrenamtlichen und Berufstäti-gen in ausgewählten Wohlfahrtsverbänden

Verband	Ehrenamtlich tätige Personen (geschätzt) abs.	Ehrenamtliches Wochenarbeits-volumen[1] (Std. x 1.000)	Berufstätige in Vollzeitfällen (1996) abs.	Wochenarbeits-volumen der Berufstätigen (Std. x 1.000)	Arbeitszeit-vergleich (Eh-renamtliche: Berufstätige)
Awo	100.000	250	60.000[2]	2.310	1 : 09
Dcv	500.000	1.250	381.000[3]	14.669	1 : 12
Dw	350.000	875	326.000[3]	12.551	1 : 14
Insg.[4]	950.000	2.375	767.000	29.530	∅ 1 : 12

1 Bei Zugrundelegung einer durchschnittlichen Wochenarbeitszeit von 2,5 Std. pro ehrenamtli-cher MitarbeiterIn.
2 Diese Größen wurden auf der Grundlage der jeweiligen prozentualen Verteilung der Beschäf-tigten nach Wohlfahrtsverbänden und der Gesamtzahlen der BAGFW errechnet (vgl. BAGFW 1997; Rauschenbach/Schilling 1995, S. 336).
3 Diese Größen wurden auf der Grundlage statistischer Angaben von Caritas und Diakonie er-rechnet (vgl. DCV 1996; Schmitt 1997).
4 Für die drei aufgeführten Wohlfahrtsverbände (ohne DRK, DPWV, ZWST).

Dieses hypothetische Beispiel und die Rechengrößen in der Tabelle verdeutli-chen – auf einem anderen Wege als bisher geschehen – die enorme Bedeutung, die die beruflich Beschäftigten für die Wohlfahrtsverbände aktuell besitzen. Mit Blick auf die faktische, in Stunden gemessene Arbeitsleistung der Verbän-

---

57 An den Zahlen aus der Tabelle orientiert, ergibt sich die folgende (mögliche) Re-chenoperation: 2.375 Std. x 100 : (2.375 Std. + 29.530 Std.).
58 Daran orientiert, ergibt sich die folgende Rechenoperation: 56 x 2,5 Std. : 38,5 Std.
59 Dieses Rechenbeispiel ist voraussetzungsvoll, da u. a. davon ausgegangen wird, daß die anfallende Arbeit sich derart zerstückeln lassen kann, daß sie praktisch von vie-len Einzelbeiträgen mit jeweiliger zeitlicher Souveränität erledigt werden kann. Al-lerdings gilt dieses Transferproblem auch in umgekehrter Richtung: Es kann nicht ohne weiteres davon ausgegangen werden, daß eine Vollzeitkraft mit Blick auf die unterschiedlichen Alltagskompetenzen einfach die »Summe« aus rund 15 Ehrenamt-lichen darstellt. Weiterhin wurde die oben verwendete durchschnittliche wöchentli-che Stundenzahl von 2,5 vorausgesetzt. Selbst bei besonders engagierten Ehrenamt-lichen, die durchschnittlich 3,5 Stunden Zeit pro Woche einzusetzen bereit sind, müßten für das Projekt rein rechnerisch immer noch 22 Ehrenamtliche gewonnen werden.

de erscheint das Ehrenamt eindeutig als untergeordnete Größe.[60] Allein aufgrund der zuletzt angestellten Rechenoperation zeigt sich, daß eine Ausweitung des Einsatzes ehrenamtlichen Personals – neben den hier nicht thematisierten fachlichen Beschränkungen und Rekrutierungsproblemen – auf deutliche organisatorische Grenzen stoßen würde.[61] Zugespitzt formuliert: Die Rekrutierung Ehrenamtlicher sowie ihre Betreuung, Koordination und Förderung beansprucht u. U. mehr Zeit und Energie von hauptberuflichem Personal als durch das so gewonnene »kostenlose« Potential eingespart werden kann. Demzufolge wäre unter betriebswirtschaftlicher Perspektive die Pflege des Ehrenamts kontaproduktiv.[62]

3.6 Wohlfahrtsverbandliche Strukturen in Ostdeutschland

Die Betrachtung der Wohlfahrtsverbände in Ostdeutschland ist aufschlußreich, weil einige Merkmale dieser verbandlichen Einrichtungen und Dienste gewissermaßen den allgemeinen Wandel von einer Wertgemeinschaft zu einem Dienstleistungsunternehmen (vgl. Rauschenbach/Sachße/Olk 1995) in besonderer Weise verdeutlichen können. Etwas vereinfacht ausgedrückt: Einige sich allgemein abzeichnende Trends im Zusammenhang mit der »Ökonomisierung des Sozialen«, die oben beschrieben wurden, scheinen im Osten Deutschlands weiter fortgeschritten zu sein als im Westen. Insofern können diese verbandlichen Einrichtungen und Dienste – obwohl oder gerade weil sie besondere Ausgangs- und Umweltbedingungen aufweisen – in vielerlei Hinsicht den Wandel der Organisationsstruktur und der Arbeitsweise in besonders ausdrücklicher Form veranschaulichen. Nach der Darstellung der Unterschiede zu den westdeutschen Verbandsstrukturen und der wichtigsten Ursachen für die besondere ostdeutsche Situation werden in diesem Kapitel exemplarisch einige empirische Befunde zu den Ehrenamtlichen des DCVs und des DWs in den neuen Bundesländern beschrieben.

Unter Berücksichtigung sowohl verschiedener Rahmenbedingungen für die wohlfahrtsverbandliche Arbeit, als auch der Strukturbedingungen der Verbände selbst, sind Unterschiede zwischen dem Osten und dem Westen der Bundesrepublik zu konstatieren. Diese Unterschiede werden häufig dahingehend interpretiert, daß von zwei Verbandstypen mit verschiedenen Orientierungen und Strukturmerkmalen die Rede ist. »Vor dem Hintergrund fehlender eigener Res-

---

60 Natürlich sind diese Berechnungen nur so nah an der Realität, wie die Grundannahmen zutreffen. Aber selbst eine Erhöhung der angenommenen wöchentlichen Stundenzahl für die Ehrenamtlichen um eine Stunde würde den errechneten Anteil der Ehrenamtlichen an der gesamten Arbeitszeit nur minimal – um ca. 2,7% – erhöhen.

61 Ein Projekt, in dem etwa 30 Ehrenamtliche zusammenarbeiten, erfordert etwa bestimmte räumliche und strukturelle Bedingungen sowie einen immensen Aufwand an Koordination, Management und interner Öffentlichkeitsarbeit.

62 Wallimann (1999) bringt diese Überlegungen auf die Formel »kaum Verlaß und viel zu teuer« und schlägt unter volkswirtschaftlicher Perspektive vor, die Zeitspende der Ehrenamtlichen durch finanzielle Spenden zu ersetzen.

sourcen und einer spezifischen öffentlichen Förderpolitik zeichnet sich bei allen
Wohlfahrtsverbänden in den neuen Bundesländern – wenn auch in unterschiedlicher Intensität – ein dominanter Entwicklungstrend in Richtung auf den Typ
eines 'verschlankten', vorwiegend an Kostendeckung und Leistungsfähigkeit
orientierten Wohlfahrtsverbandes ab« (Backhaus-Maul/Olk 1994, S. 123). Im
Zentrum der Analyse, aus der die Konturen eines neuen Verbändetyps, der sich
deutlicher an ökonomischen Rationalitäten orientiert, hervorgehen, stehen also
einerseits die eigenen Ressourcen, zu denen wesentlich das Ehrenamt zu zählen
ist, und andererseits besondere Steuerungsbemühungen des Staates.[63]

In der Konsequenz führen diese besonderen Rahmenbedingungen dazu, daß
die Wohlfahrtsverbände sich vornehmlich als Erbringer öffentlich geförderter
Leistungen verstehen. »Über den Kernbereich öffentlicher Pflichtaufgaben hin-
ausgehend, werden von Wohlfahrtsverbänden in den neuen Bundesländern
kaum selbstgesetzte Ziele verfolgt und entsprechende Leistungen erbracht. Verbandspolitische Prioritäten und fehlende Eigenmittel dürften wichtige Gründe
für diese 'Enthaltsamkeit' sein« (Angerhausen/Backhaus-Maul/Schiebel 1995,
S. 389). Obwohl im Leistungsverständnis und in bezug auf die organisationsbezogenen Deutungsmuster zwischen den Verbänden in den neuen Bundesländern erhebliche Unterschiede bestehen, lassen sich dennoch in der Selbstzu-
schreibung der Aufgaben deutliche Gemeinsamkeiten herausarbeiten: »Wohlfahrtsverbände … beschränken sich in den neuen Bundesländern auf die Funktion eines Trägers öffentlicher Aufgaben mit einem spezifischen Leistungsverständnis, in dessen Mittelpunkt die Vorstellung von einer flächendeckenden,
standardisierten, kostendeckenden und staatlich finanzierten Grundversorgung
steht« (ebd. 1995, S. 399).

Als weitere Ursache für die Entwicklung dieses in mehrfacher Hinsicht von
den Wohlfahrtsverbänden in den alten Bundesländern abgrenzbaren Verbändetyps kann die besondere – bereits im Jahr 1989 beginnende – Entstehungsge-
schichte der Verbände auf dem Gebiet der ehemaligen DDR nach der »Wiedervereinigung« gelten. Eine freie Wohlfahrtspflege hat es in der DDR nicht gegeben; die Einrichtungen von Caritas und Diakonie erhielten ihren Bestands-
schutz aufgrund ihrer Verankerung in den beiden Kirchen, deren sozialer Arbeit
allerdings keine öffentliche, staatliche Anerkennung erfuhr.[64] In der DDR-
Gesellschaft existierte ein dichtes und verzweigtes Netz von mehr oder weniger
staatsnahen Institutionen, in deren Reihen ein breites Feld vielfältiger bürger-

---

63 Mit diesen gesetzlichen bzw. finanziellen Rahmenbedingungen wird gewissermaßen
im »Zeitraffer« und als »katalytischer Prozeß« eine Entwicklung Realität, die sich
allmählich auch in den alten Bundesländern durchgesetzt hat, nämlich »eine Dere-
gulierung und Öffnung des bislang eng begrenzten wohlfahrtspluralistischen Träger-
systems zugunsten ausgeschlossener bzw. benachteiligter gewerblicher und selbstorganisierter Träger« (Backhaus-Maul/Olk 1994, S. 131).
64 Das inoffiziell geduldete Verhältnis des Staates zu den kirchlichen sozialen Einrichtungen beruhte auf der Tatsache, »daß der Staat die mit nicht unerheblichen Transferleistungen aus dem Westen unterstützten sozialen Einrichtungen der Kirchen für
die Versorgung der Bevölkerung benötigte« (Neumann/Brockmann 1997, S. 127).

schaftlicher Engagementformen anzutreffen war (vgl. Seidenstücker 1996). »Im Prinzip sicherten alle gesellschaftlichen bzw. staatlichen Institutionen ihre Funktionsweise durch ehrenamtliche Helfer ab« (Poldrack 1993, S. 28).

Beim Aufbau der Wohlfahrtsverbände und des Systems der Freien Wohlfahrtspflege in den neuen Bundesländern handelte es sich nicht um einen spontanen Selbstgründungsprozeß, sondern vielmehr um einen Institutionentransfer[65], also eine Übertragung des bundesdeutschen Systems auf das Gebiet der ehemaligen DDR.[66] Dieser Transfer traf allerdings nicht bzw. nur in begrenztem Maße auf die vertrauten sozial-kulturellen Milieus und auf eine Bevölkerung, in der kaum Kenntnisse über Wohlfahrtsverbände vorlagen, da in dem ehemaligen Staatswesen nicht-staatliche Organisationen nur in stark limitierten Aufgabenbereichen tätig wurden (vgl. Angerhausen/Backhaus-Maul/Schiebel 1995). Ein Institutionentransfer von West- nach Ostdeutschland, der in den neuen Bundesländern »von oben nach unten« erfolgte (vgl. Neumann/Brockmann 1997), war dennoch möglich, da es sich dabei um einen extern gesteuerten Prozeß handelte, dessen relevante staatliche Akteure die grundsätzlichen Weichenstellungen bei der Institutionalisierung von Trägerstrukturen im Sozialsektor mit dem Ziel, das bewährte System der Zusammenarbeit zwischen freien und öffentlichen Trägern der Wohlfahrtspflege nach dem Vorbild der Altbundesrepublik zu

---

65 Institutionen besitzen sowohl strukturelle als auch kulturelle Dimensionen. Während die strukturelle Dimension sowohl formelle als auch informelle Strukturen des Handelns enthält und auf Aspekte wie die Regelung von Rechten und Pflichten, die Verteilung von Macht und die Zugangschancen zu Entscheidungsprozessen zielt, bezieht sich die kulturelle Dimension auf übergeordnete Leitbilder und Legitimationsmuster, in die die entsprechende Institution eingebettet ist. Diese letzte Dimension verweist auf die normativen und kulturellen Einstellungen und Werthaltungen derjenigen Menschen, die im Einflußbereich der jeweiligen Institution agieren. Unter Berücksichtigung der beiden Dimensionen hängt das Überleben von Institutionen damit an zwei Voraussetzungen: Sie müssen im Meinungsbild der beteiligten und der betroffenen Bevölkerung als sinnvolle Institutionen erscheinen sowie fähig sein, die proklamierten Aufgaben zu lösen. Damit ist auf zwei Problemkreise verwiesen, mit denen sich Institutionen auseinanderzusetzen haben, einerseits auf Probleme der sozialen Integration und andererseits auf das Problem von Effektivität und Effizienz (vgl. Angerhausen u. a. 1998, S. 57 ff.; Olk 1996b).

66 Dies läßt sich in der Weise interpretieren, daß die alte Bundesrepublik den Herausforderungen der Vereinigung dadurch begegnet ist, daß sie auf ihr in der Vergangenheit bewährtes und ausgebildetes strategisches Repertoire bzw. auf ihre staatlichen und gesellschaftlichen Problemlösungspotentiale zurückgegriffen hat. In dieser allgemeinen Formulierung erscheint die Übertragung des wohlfahrtsverbandlichen Systems auf Ostdeutschland als ein Teilbereich einer umfassenden Strategie, die alle bundesrepublikanischen Spitzenverbände gleichermaßen betrifft (vgl. Lehmbruch 1996). Für die AWO, die in der DDR nicht existent war, charakterisiert und kritisiert Thürnau den Übertragungsprozeß einer ersten Phase von West nach Ost folgendermaßen: »Nahezu ohne Reflektion und ohne die doch gegebene Chance eines großen Neuanfangs zu nutzen, wurden die verbandlichen Strukturen und Handlungsmuster der AWO West zur AWO Ost transferiert. Die Strukturen und Handlungsmuster der nach Osten ausgeweiteten westdeutschen Organisation Arbeiterwohlfahrt wurden zu keinem Zeitpunkt daraufhin überprüft, ob sie den spezifischen Bedarf an zu vermittelnden Leistungen und Funktionen einlösen« (Thürnau 1993, S. 88).

übertragen, vorgenommen haben (vgl. Angerhausen u. a. 1998; Olk 1996). Bereits bis Ende 1993 hatte sich das aus der Altbundesrepublik bekannte Spektrum wohlfahrtsverbandlicher Arbeit in den neuen Bundesländern flächendeckend etabliert[67] – auf den ersten Blick scheint mittlerweile der Aufbau der Freien Wohlfahrtspflege, die in der DDR nicht existierte, in den neuen Bundesländern abgeschlossen zu sein (vgl. u. a. Neumann/Brockmann 1997, S. 128).

Mehrere empirische Indizien deuten darauf hin, daß die Arbeit der Wohlfahrtsverbände in den neuen Bundesländern – aufgrund der angedeuteten spezifischen sozio-kulturellen Rahmenbedingungen und verbandlichen Selbstverständnisse – im Vergleich zu der Situation in den alten Ländern weniger auf dem Ehrenamt basiert, wobei sowohl die Bedeutung des Ehrenamts als auch die Anzahl der Ehrenamtlichen geringer ausfällt. Obgleich die konkreten Ergebnisse der sozialwissenschaftlichen Umfrageforschung zum Ehrenamt der Bevölkerung unterschiedlich ausfallen, so deuten die Befunde zum Engagementgrad doch auf einen Unterschied zwischen Ost- und Westdeutschland hin.[68] Die deutliche Mehrheit der Befragungen sieht im Osten eine deutlich geringere Quote von sich ehrenamtlich engagierenden Menschen.[69]

Das Institut für Sozialberichterstattung und Lebenslagenforschung (ISL) wurde von den beiden konfessionellen Wohlfahrtsverbänden (DCV und DW)

---

67 Der Aufbau wohlfahrtsverbandlicher Strukturen und Einrichtungen erfolgte in einem enormen Tempo. So existierten in den neuen Bundesländern z. B. bereits Anfang des Jahres 1991 – nur wenige Monate nach dem Inkrafttreten der nationalstaatlichen Einheit am 3.10.1990 – ein Netz von über 500 wohlfahrtsverbandlichen Sozialstationen, wovon etwa 2/5 der Diakonie zuzurechnen waren (vgl. Schwarzer 1991, S. 38).

68 Diese Ergebnisse der sozialwissenschaftlichen Umfrageforschung beziehen alle möglichen Engagementfelder ein. Beschränkt auf die neuen Bundesländer und bezogen auf die Bereitschaft zum Engagement ergibt sich folgendes Bild: Nach Daten der jährlich durchgeführten repräsentativen Befragungen des Sozialwissenschaftlichen Forschungszentrums Berlin-Brandenburg (SFZ) und der Abteilung Sozialstruktur und Sozialberichterstattung des Wissenschaftszentrums Berlin (WZB) ist mit Blick auf die letzten fünf Jahre festzustellen, daß die Bereitschaft der ostdeutschen Bevölkerung zur Mitarbeit in Organisationen relativ konstant geblieben ist. »Fast jeder dritte Ostdeutsche – dieser Anteil veränderte sich seit 1992 nur wenig – ist bereit, in Organisationen mit sozialer Ausrichtung mitzuarbeiten. Das trifft in gleichem Maße für Freizeitorganisationen zu« (Priller 1997b, S. 30). Die Befunde für das Jahr 1997 zeigen, daß mehr Frauen als Männer eine Bereitschaft äußern, sich für soziale, gemeinnützige Dienste zu engagieren. 28% aller Männer und 31% der Frauen in den neuen Bundesländern geben dementsprechend Auskunft, wobei die Bereitschaft insgesamt mit höheren Bildungsabschlüssen steigt. Während »nur« 19% der Menschen in Ostdeutschland, die keinen Berufsabschluß besitzen bzw. als TeilfacharbeiterIn kategorisiert werden, ihre Bereitschaft zur Mitarbeit in sozialen, gemeinnützigen Diensten angeben, liegt die Quote derjenigen, die über einen Hochschulabschluß verfügen, bei 44% (vgl. ebd., S. 32).

69 So werden von der Zeitbudgetstudie in Ostdeutschland eine Engagementquote von 9% (in Westdeutschland 20%), von dem Sozio-ökonomischen Panel 25% (35%) und von dem Wertesurvey 35% (39%) ermittelt (vgl. Blanke/Ehling/Schwarz 1996; Erlinghagen/Rinne/Schwarze 1997; Klages 1998b). Ein gegenläufiges Ergebnis erbrachte die Eurovol-Studie, die in Ostdeutschland eine Engagementquote von 24% und in Westdeutschland von 16% feststellte (vgl. Gaskin u. a. 1996).

beauftragt, eine Einrichtungsbefragung als Grunddatenerhebung zum Ehrenamt in den neuen Bundesländern durchzuführen. »Ein vorrangiges Ziel der Grunddatenerhebung ist die Ermittlung der Anzahl der Engagierten und verschiedener sozialer Merkmale der ehrenamtlich Tätigen« (Hübinger 1997, S. 3). Weiterhin sollte der Bedarf nach sozialem Ehrenamt und der Bestand an hauptberuflichem Personal ermittelt werden. Mit dieser Absicht fand von Juni 1996 bis März 1997 eine schriftliche Befragung mit einem vollstandardisierten Fragebogen und einem beigefügten »Erläuterungsheft« als »Einrichtungsbefragung« statt, d. h. »ein(e) verantwortliche(r) Mitarbeiter/in jeder angeschriebenen Einrichtung sollte die erforderlichen Angaben ... machen« (ebd., S. 3). »Die Grunddatenerhebung untersucht das soziale Ehrenamt und die ehrenamtliche Vorstandstätigkeit aus der Perspektive einer verantwortlichen Mitarbeiterin bzw. eines Mitarbeiters. Die Beantwortung der Fragen erfolgte relativ selten (rund 12%) von ehrenamtlich tätigen Mitarbeiter/-innen, von denen ein Teil auch hauptberuflich tätig ist; ganz überwiegend (88%) wurden die Fragen von (ausschließlich) hauptberuflichen Mitarbeiter/-innen beantwortet« (ebd., S. 15).

Die Untersuchung wurde als »Totalerhebung« (n = 2.697) angelegt[70] und bezog sich auf das »soziale Ehrenamt« sowie auf »freiwillige ehrenamtliche Vorstandstätigkeiten«.[71] Grundgesamtheit waren alle stationären (Krankenhäuser, Heime, Frauenschutzhäuser) und teilstationären (Tageseinrichtungen der Jugend- und Altenhilfe) Einrichtungen sowie die »Fachdienste«, d. h. ambulante Einrichtungen (Beratungsstellen). Ausgeschlossen wurden Tätigkeitsfelder wie z. B. Kindergärten, Unfallhilfe, Aus- und Fortbildungsstätten oder Selbsthilfegruppen.

Aufgrund dieser Befragung zeigt sich, daß rund 65% aller ostdeutschen Einrichtungen der Caritas und der Diakonie, die als Organisationen für ein soziales Ehrenamt oder für eine ehrenamtliche Vorstandstätigkeit in Frage kommen, nicht auf Ehrenamtliche zurückgreifen können, obwohl davon 61,8% einen Bedarf an Ehrenamtlichen sehen. Mit anderen Worten: Nur 35,2% der ostdeutschen Einrichtungen der Freien Wohlfahrtspflege, die den beiden konfessionellen Verbänden angehören, sind Einrichtungen mit ehrenamtlichen MitarbeiterInnen, die entweder ein soziales Ehrenamt oder eine ehrenamtliche Vor-

---

70 Die Totalerhebung bezog sich auf insgesamt 2.697 Einrichtungen, wovon 1.511 gültige Rückläufe zu verzeichnen waren. Dies bedeutet, daß von 56% der Einrichtungen der Bruttostichprobe gültige Antworten verwendet werden konnten. Deren Daten bildeten die Grundlage für Hochrechnungen, so daß sich die in den folgenden Ausführungen genannten Befunde auf die »operationale Grundgesamtheit« von insgesamt auf 2.626 Einrichtungen beziehen werden.
71 Die Eingrenzung auf das »soziale Ehrenamt« bedeutet, daß ehrenamtlich Tätige im sozialen Bereich erfaßt wurden. »Die Erhebung betrifft daher alle Ehrenamtlichen, die kontinuierlich beratende, begleitende oder unterstützende Tätigkeiten im Aufgabenbereich der Einrichtungen ausüben. Dazu gehören auch die Aufgaben von ehrenamtlichen Leitern und Leiterinnen der an die Einrichtungen angeschlossenen Selbsthilfegruppen, ebenso ehrenamtliche soziale Dienste in den Kirchengemeinden, wenn die Einrichtung für diese eine Koordinationsfunktion besitzt. Das Engagement muß freiwillig und unentgeltlich ausgeübt werden.

standstätigkeit ausführen.[72] Fast 2/3 aller Einrichtungen arbeiten ohne Ehrenamtliche, wobei davon etwa 3 von 5 einen Bedarf an Ehrenamtlichen anmelden.[73] Die quantitative Bedeutung der Ehrenamtlichen an der geleisteten Gesamtstundenzahl aller Beschäftigten der Diakonie und der Caritas in ostdeutschen Einrichtungen mit Ehrenamtlichen (= 35,2% aller Einrichtungen) beträgt ca. 2,5%. Im Durchschnitt werden in einer Einrichtung mit Ehrenamtlichen 105 Std. pro Monat an ehrenamtlicher Arbeit geleistet. Dies entspricht insgesamt 95.476 Std. pro Monat und einer durchschnittlichen Arbeitsleistung von 9,8 Std. pro MitarbeiterIn im Monat bzw. von gut zwei Stunden pro Woche.

Die Zusammenarbeit zwischen Berufstätigen und Ehrenamtlichen scheint – falls entsprechende Erfahrungen vorliegen – insgesamt positiv bewertet zu werden, da sich die Einrichtungen, die über Ehrenamtliche verfügen, zu über 85% den Einsatz weiterer ehrenamtlich Tätiger wünschen. Nur 4,8% aller Einrichtungen können auf ehrenamtliche Arbeit zurückgreifen und sehen keinen zusätzlichen Bedarf an Ehrenamtlichen. In den ostdeutschen Einrichtungen von Caritas und Diakonie, in denen Arbeit von Ehrenamtlichen stattfindet (35,2% aller Einrichtungen), beträgt das Verhältnis von hauptberuflichen Kräften zu Ehrenamtlichen – rein statistisch – 5 : 2.[74] Immerhin 24,8% aller Einrichtungen kommen zur Zeit ohne ehrenamtliche Arbeit aus und wollen diesen Zustand scheinbar nicht ändern, denn diese Organisationen haben keine Ehrenamtlichen und sehen auch keinen Bedarf an ehrenamtlich geleisteten Arbeiten (vgl. Abb. 4). Als Hauptursache für diese Feststellung, daß kein Bedarf an Ehrenamtlichen existiert, ist eindeutig der Wunsch nach Fachlichkeit bzw. Professionalität zu identifizieren. Die Aussage, daß die eigene Einrichtung ausschließlich ausgebildete Fachkräfte benötigt, wird zu 60% als Hauptgrund für den Nicht-Bedarf an Ehrenamtlichen genannt. In kleineren organisatorischen Einheiten, in denen maximal drei hauptamtliche Kräfte arbeiten und insgesamt nur 3,1% der hauptberuflichen MitarbeiterInnen aller Einrichtungen beschäftigt sind, werden allerdings 31,9% aller Ehrenamtlichen gezählt. Dies bedeutet: Je mehr hauptberufliche MitarbeiterInnen in einer Einrichtung arbeiten, desto ungünstiger ist dort die Relation von Ehren- zu Hauptamtlichen. »Das Verhältnis der Anzahl Hauptberuflicher zu Ehrenamtlichen könnte zu der Schlußfolgerung verleiten, daß wenige Hauptberufliche einer Einrichtung Ehrenamtlichen mehr Tätigkeitsfelder offenhalten und Kooperationen unproblematischer gelingen. Viele Hauptberufliche einer Einrichtung würden dagegen mehr Aufgaben im Umfeld abdecken und ließen weniger Engagement zu« (DW der EKD 1999, S. 5).

---

72 Dabei kommen – rein statistisch – 10,6 Ehrenamtliche auf eine Einrichtung (9.719 Ehrenamtliche : 913 Einrichtungen mit sozialem Ehrenamt).

73 Es zeigte sich, daß das Alter der Einrichtungen (befragt in drei Kategorien: vor Okt. 1990, von Okt. 1990 bis Ende 1992 und seit Anfang 1993 und kürzer) keinen Einfluß auf das Vorhandensein des ehrenamtlichen Engagements hat.

74 Bezogen auf die Gesamtheit der untersuchten Fälle bedeutet dies, daß auf 24.152 Hauptberufliche 9.719 Ehrenamtliche kommen.

Abbildung 4: Bedarf an Ehrenamtlichen in ostdeutschen Einrichtungen von Caritas und Diakonie (1996/97; n = 2.626 Einrichtungen)

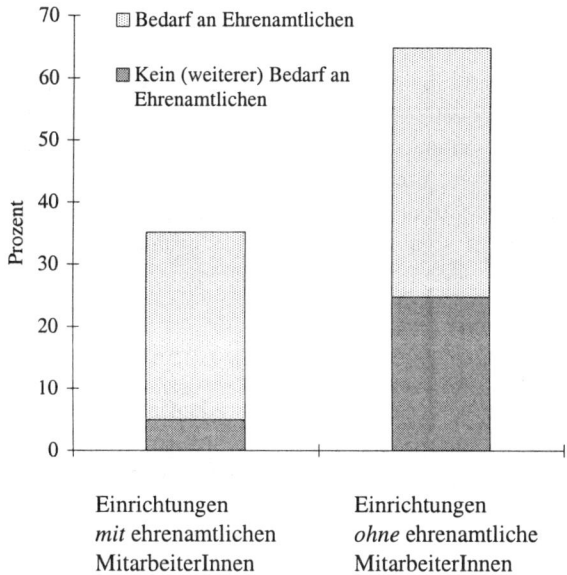

Quelle: Hübinger (1997); eigene Berechnungen

Der weitaus größte Teil der Ehrenamtlichen in den Einrichtungen in Ost-deutschland sind Frauen. Von den insgesamt 9.719 ermittelten Ehrenamtlichen sind 73% Frauen und 27% Männer.[75] 23% verfügen über eine Ausbildung mit Abschluß im sozialen Bereich. Das soziale Ehrenamt läßt sich am häufigsten in ambulanten Einrichtungen antreffen (40,7%); seltener ist es in teilstationären (38,7%) und deutlich schwächer in stationären Einrichtungen zu finden (27,3%). Die Frage nach dem Alter der Ehrenamtlichen zeigt, daß der weitaus größte Teil (41%) der Ehrenamtlichen zwischen 50 und 64 Jahre alt ist; 29%

---

75 Aufgrund der im Rahmen der Evaluation des Programms der Robert Bosch-Stiftung »Soziale Bürgerinitiative in den neuen Bundesländern« durchgeführten schriftlichen Befragung zeigt sich, daß auch in kleineren Projekten, die häuptsächlich in den Ar-beitsfeldern tätig sind, die den Wohlfahrtsverbänden zugerechnet werden können, eine deutliche Dominanz der Frauen bei den Ehrenamtlichen festzustellen ist. Von den insgesamt 7.676 erfaßten Personen, die sich ehrenamtlich oder in Selbsthilfe-gruppen engagieren, sind 65,3% Frauen. Die in diesem Projekt geförderten und eva-luierten Projekte bzw. Organisationen, sind allerdings in vielfacher Hinsicht nicht mit denjenigen zu vergleichen, die durch die Wohlfahrtsverbände-Befragung erfaßt wurden. So beträgt über alle Projekte hinweg der Anteil der »freiwillig Arbeiten-den«, d. h. der Ehrenamtler und »Selbsthelfer«, 91% der »Gesamtbelegschaft« (vgl. Kramer/Wagner/Billeb 1998, S. 135 ff.). Sowohl in ostdeutschen wohlfahrtsver-bandlichen Einrichtungen und Diensten mit ehrenamtlichen MitarbeiterInnen als auch in deutlich ehrenamtlich dominierten Projekten und (Selbsthilfe)Gruppen enga-gieren sich offenkundig weit mehr Frauen als Männer freiwillig und unentgeltlich.

sind der Alterskohorte von 30–49 Jahre zuzurechnen. Ältere Menschen (65 Jahre und älter) stellen einen Anteil von 18% der Ehrenamtlichen.[76]

Diese Strukturdaten (des DCV und des DW) zum Ehrenamt verdeutlichen die Rolle, die das Ehrenamt zur wohlfahrtsverbandlichen Leistungserbringung in den neuen Bundesländern innehat. Ein spezifisches ostdeutsches Beziehungsgeflecht, in dem sowohl die einmalige Entstehungs- bzw. Transfergeschichte der Verbände, die besonderen Lebenslagen, Einstellungen und Traditionslinien der Bevölkerung als auch eigenständige Bedingungen des »Sozialmarkts« sich gegenseitig beeinflussen, führen zu einer Situation, in der dem Ehrenamt – im Vergleich zu westdeutschen Strukturen – eine eher randständige Position zukommt und sich das organisatorische Selbstverständnis vielfach erheblich von dem westdeutschen »Mainstream« unterscheidet.

3.7 Einzelverbandliche Studien zum Ehrenamt

Nachdem im vorausgehenden Kapitel vor allem auf die besonderen – evtl. in einigen Aspekten für Westdeutschland zukunftsweisenden – Bedingungen des wohlfahrtsverbandlichen Ehrenamts in ostdeutschen Einrichtungen und exemplarisch auf deren empirisch feststellbare Konsequenzen eingegangen wurde, sollen in den nachfolgenden Ausführungen weitere Strukturdaten zu den Ehrenamtlichen aus einer einzelverbandlichen Perspektive dargestellt werden. Dabei wurden einige empirische Studien des DCV und des PARITÄTISCHEN ausgesucht, deren Beispielcharakter allerdings beschränkt ist. Eine vergleichende, zusammenfassende Interpretation der Einzeldaten ist dabei nur mit etlichen Vorbehalten möglich.[77] Es zeigt sich, daß der ausschließliche Blick auf das erhobene Datenmaterial zu den Ehrenamtlichen – selbst unter permanenter Berücksichtigung der spezifischen Erhebungsbedingungen – wenig aussagekräftig bleibt und selbst die zusammenfassende Präsentation der Befunde der Einzelstudien vielfach arbeitsfeld- und organisationsspezifische Besonderheiten unterschlägt. Insofern sind die kommenden Daten im Licht der umfassenderen Trendbeschreibungen zum Strukturwandel der Wohlfahrtsverbände als Schlaglichter zu charakterisieren, die in Einzelfällen die Richtung des Wandels bestätigen bzw. die Säulen des aktuellen Traditionsbestands beschreiben.

3.7.1 Daten zum Ehrenamt im DCV

Der DCV ist als Wohlfahrtsverband der katholischen Kirche in Deutschland die von den deutschen Bischöfen anerkannte institutionelle Zusammenfassung und Vertretung der katholischen Caritas. Entsprechend besteht eine Aufgabe des DCV laut Satzung darin, die Werke der Caritas planmäßig zu fördern und das Zusammenwirken aller sozial und caritativ tätigen Menschen und Einrichtun-

---

76 Die restlichen 12% verteilen sich zu 10% auf die Kategorie »18-29 Jahre« und zu 2% auf die Kategorie »bis 17 Jahre«. Dabei gilt es zu berücksichtigen, daß die gewählten Kategorien jeweils unterschiedliche Altersspannen angeben.

77 Zu den Gründen vgl. u. a. Beher/Liebig/Rauschenbach (1998).

gen herbeizuführen. Der organisatorische Aufbau des Caritasverbands folgt den von der katholischen Kirche vorgegebenen Strukturen. Daher gliedert sich der Verband regional den katholischen Gebietskörperschaften entsprechend in Diözesan-Caritasverbände und innerhalb dieser in Dekanats-, Bezirks- und Kreis- bzw. Ortsverbände. Weiterhin ist der Caritasverband nach einem örtlichen und einem fachlichen Gliederungsprinzip aufgebaut. 1997 gehörten dem Caritas- verband ca. 650.000 persönliche Mitglieder, 607 Untergliederungen des Ge- samtverbands, 276 caritative Ordensgemeinschaften und Vereinigungen sowie 19 zentrale anerkannte Fachverbände an.[78] Die heutige Struktur der Caritasmit- gliedschaft basiert auf der Satzungsreform des DCV von 1966 und der hierauf aufbauenden Neuregelung der Caritasmitgliedschaft von 1971, mit denen so- wohl die persönliche als auch die korporative Mitgliedschaft gefördert werden sollten.[79] Zum Stichtag 1.1.1996 wurden insgesamt fast 25.000 katholische so- ziale Einrichtungen in der Bundesrepublik gezählt, in denen über 460.000 Be- schäftigte und etwa 14.700 Ordensangehörige arbeiten (vgl. DCV 1996). Der DCV ist damit der größte Wohlfahrtsverband: Er stellt etwa 29% der Einrich- tungen und 43% des hauptberuflichen Personals der gesamten Freien Wohl- fahrtspflege.[80] Das deutlich größte Arbeitsfeld der Caritas ist der Krankenhaus- bereich, in dem etwa 45% des gesamten Caritas-Personals beschäftigt sind. An zweiter Stelle folgt mit Abstand der Bereich der Jugendhilfe mit ca. 20% des Personals (vgl. Rauschenbach/Schilling 1995, S. 334 ff.).

(1) *Strukturdaten zum Ehrenamt in einem Diözesan-Caritasverband:* Abge- sehen von einigen kleinräumigen Studien bzw. einigen Erhebungen mit spezifi- schen Fragestellungen[81], existiert insgesamt wenig Datenmaterial zu der Arbeit der Ehrenamtlichen in Einrichtungen und Diensten der Caritas und wenig Wis- sen zu den Veränderungen in bezug auf die wichtigsten Strukturdaten der Eh- renamtlichen.[82] Eine Ausnahme auf Diözesanebene[83] bildet der Diözesan-

---

78 Alle Angaben stammen aus einer Broschüre des DCV zum 100-Jahr-Jubiläum im Jahr 1997.

79 Hierin spiegelt sich die Problematik des doppelten Selbstverständnis der Wohl- fahrtsverbände, nämlich als Dachverband relativ eigenständiger kleiner Träger und als Ausdruck persönlichen Engagements. »Der Versuch, durch die Zusammenset- zung der Verbandsorgane mit korporativen und persönlichen Mitgliedern sowohl das persönliche Engagement als auch eine effiziente kirchliche Sozialplanung vor Ort zu gewährleisten, führt zu paralysierenden Effekten« (Manderscheid 1995, S. 234).

80 Berechnungsgrundlage bildet die Umrechnung in »Vollzeitfälle«.

81 Eine Übersicht über diese »punktuellen« Erhebungen zum Ehrenamt (bis 1995) fin- det sich in Zentralrat des DCVs (1995, S. 8; vgl. auch Bock 1999).

82 So stellt Roß (1995, S. 206) für die Caritas fest: »Was ... nach wie vor bis auf weni- ge Ausnahmen fehlt, sind systematisch-wissenschaftliche Untersuchungen zur Frage, wie es – jenseits von Vermutungen, Befürchtungen oder Wünschen – um das diako- nische Engagement der Gemeinden steht. Wo aber der Boden der Realitätswahrneh- mung unsicher ist, fällt es schwer, tragfähige Perspektiven für die künftige Arbeit zu entwickeln«.

83 In der kath. Kirche ist die Diözese eine Organisationsform, eine von einem Bischof geleitete Gemeinschaft von Gläubigen, die in ihrem Bereich die Kirche repräsentiert. In Deutschland existieren 27 Diözesan-Caritasverbände.

Caritasverband für das Erzbistum Köln e. V., der seit einigen Jahren in regelmäßigem Turnus Fragebögen zu den Ehrenamtlichen an Pfarrgemeinden sowie an den Initiatoren bekannte Kreise und Gruppen verschickt und auswertet.[84] Dies geschieht ausdrücklich mit dem Ziel, über den Vergleich verschiedener Jahrgänge Aussagen über Trends zu machen. Diese Fragebogenaktion kann mittlerweile auf die Daten der Jahrgänge 1993-1996 zurückgreifen, wobei sich der Rücklauf der ausgefüllten Fragebögen stetig erhöht hat. So wurden 1993 die Rückmeldungen von 466 Gruppen oder Personen berücksichtigt, während für das Jahr 1996 bereits 1.211 Fragebögen ausgewertet werden konnten.

Die letzte verfügbare Erhebung, die Daten für das Jahr 1996 abfragte, soll an dieser Stelle herangezogen werden (vgl. Diözesan-Caritasverband 1998). Die Antworten zu den Aufgabenbereichen bzw. Tätigkeitsfeldern der Ehrenamtlichen läßt ein breites Spektrum von Hilfen und Betreuungen erkennen, das scheinbar keine Bereiche in systematischer Weise ausspart. Allerdings läßt sich die Frage, inwieweit der Diözesan-Caritasverband für das Erzbistum Köln bzw. dessen Befunde zum Ehrenamt als repräsentativ für alle Diözesen bzw. für den gesamten DCV in Westdeutschland angesehen werden darf, aufgrund der vorliegenden Vergleichsdaten nicht beantworten. Für den Diözesan-Caritasverband für das Erzbistum Köln e. V. zeigt sich, daß der Großteil der ehrenamtlich engagierten Menschen zwischen 50 und 69 Jahre alt ist; dieser Altersspanne sind fast 60% (57,8%) aller Ehrenamtlichen zuzurechnen. 16% sind 70 Jahre und älter, während nur rund ¼ (26,1%) der Ehrenamtlichen jünger als 50 Jahre ist. Und gar lediglich etwa jede bzw. jeder 20. Ehrenamtliche im Diözesan-Caritasverband für das Erzbistum Köln ist jünger als 30 Jahre (vgl. Abb. 5).

Die ehrenamtliche Arbeit in dem Diözesan-Caritasverband wird hauptsächlich durch Menschen getragen, deren Alter vermuten läßt, daß sie sich in einer Lebensphase befinden, in der die unmittelbare Sorge um die eigenen Kinder nicht mehr bestimmend ist und sich die Relevanz der beruflich ausgeführten Tätigkeiten in zunehmendem Maße verringert bzw. sich so konsolidiert hat, daß eine stärkere Orientierung außerhalb des Berufs möglich wird.[85]

---

84 Als weitere Untersuchung, auf die hier bei einigen Fragestellungen eingegangen wird, ist eine vom Institut für Caritaswissenschaft der Universität Freiburg im Frühjahr 1993 durchgeführte Befragung zu Situation und Entwicklung des sozialen Engagements im Stadtdekanat Freiburg zu nennen. Dabei wurden auf der Grundlage eines Interviewleitfadens quantitative und qualitative Daten erhoben. Befragt wurden – mit einer Dauer von im Schnitt 90 Minuten – ehrenamtliche und hauptberufliche VertreterInnen von Gruppen, Ausschüssen und Gemeinden (vgl. Roß 1995).

85 Damit unterscheidet sich die Altersstruktur des Engagements innerhalb eines Diözesan-Caritasverbands (in Westdeutschland) deutlich von der typischen Altersstruktur der Engagierten. Während beispielsweise nach Angaben des SOEP im Jahr 1996 in Westdeutschland nur 22,1% aller Ehrenamtlichen in Vereinen, Verbänden und sozialen Diensten älter als 60 Jahre sind (vgl. Erlinghagen/Rinne/Schwarze 1997), beträgt der Anteil dieser Altersgruppe im Diözesan-Caritasverband immerhin 44,6%. Entsprechend unterschiedlich fallen die Prozentzahlen bei den anderen Altersgruppen aus: So ergibt die Umfrage des SOEP für bis zu 40jährigen Menschen eine Quote von 69,7%, während nach den Befunden des Diözesan-Caritasverbands dort nur etwa 11,4% der ehrenamtlich Engagierten dieser Altersgruppe zugehören.

Abbildung 5: Ehrenamtliche im Diözesan-Caritasverband Köln nach Alter
(1996; n = 20.849)

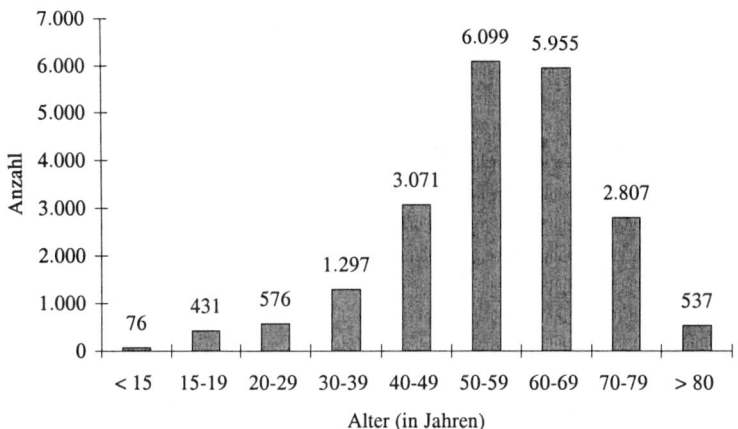

Quelle: Diözesan-Caritasverband Köln (1998); eigene Berechnungen

Unter Berücksichtigung dieser Altersverteilung im Diözesan-Caritasverband und mit Blick auf den jeweiligen Anteil der Geschlechter in den einzelnen Alterskohorten bestätigt sich eine allgemein bekannte und häufig zitierte Formel: Das ehrenamtliche Engagement in der Caritas ist heute eine Domäne von Frauen mit einem Alter von über 50 Jahren.[86] Der Anteil der Männer in den Alters-

86 Zu einzelnen Strukturdaten der ehrenamtlichen Frauen in den Reihen der Caritas gibt eine von der Katholischen Frauengemeinschaft Deutschlands (kfd) angestoßene Studie weiteren Aufschluß, deren Ziel es ist, unsichtbare (ehrenamtliche) Arbeit (von Frauen) sichtbar zu machen (vgl. kfd 1998). Im Rahmen dieser Erhebung, deren Ergebnisse auf der Auswertung von insgesamt 6.895 Nachweisbögen von fast ausschließlich ehrenamtlich tätigen Frauen basiert (zu 94,9%), sind hauptsächlich Ehrenamtliche in katholischen Trägerorganisationen berücksichtigt worden, wobei 63,5% der Befragten der Katholischen Frauengemeinschaft Deutschlands e. V. zugehören und 62,1% der Nachweishefte aus Nordrhein-Westfalen kommen. Insgesamt haben sich an der 1997 gestarteten Aktion 13 konfessionelle und nicht-konfessionelle Verbände beteiligt. Die Nachweisführung über ehrenamtlich, freiwillig und unentgeltlich geleistete Arbeit und die Teilnahme an Weiterbildungsangeboten soll kontinuierlich weitergeführt werden. »Die Anlage der Untersuchung wurde nicht nach repräsentativen Erhebungsgesichtspunkten konzipiert. Die Nachweisunterlagen wurden an die in den verschiedenen Organisationen ehrenamtlich Tätigen über eigene Verteilungswege weitergegeben. Damit verband sich die Aufforderung, ausgefüllte Unterlagen für die Auswertung zur Verfügung zu stellen. Offenbar sind dadurch vor allem die mehr aktiven Verbandspersonen erreicht worden« (kfd 1998, S. 1). Auf der Grundlage dieser Eingrenzungen und unter Berücksichtigung der eindeutigen Befunde läßt sich für die ehrenamtlich tätigen Frauen so etwas wie ein Ideal-Typus bestimmen. Die typische ehrenamtlich Tätige ist über 51 Jahre alt (65,4%) und verheiratet (78,8%) und hat Kinder (ca. 92%), wobei das durchschnittliche Alter des jüngsten Kindes deutlich über 20 Jahre liegt. Im Durchschnitt liegt die Dauer der ehren-

kategorien 50-59 und 60-69, denen zusammen immerhin ca. 58% aller männlichen Ehrenamtlichen zuzurechnen sind, bewegt sich im Jahr 1996 zwischen 10 und 15%. 86,5% aller Ehrenamtlichen im Diozäsan-Caritasverband Köln sind Frauen.[87] In allen Altersgruppen sind also die Frauen in der Mehrheit: Von 20 Menschen, die sich insgesamt im Diözesan-Caritasverband Köln ehrenamtlich engagieren, sind ca. 17 Frauen. Dieses Ungleichverhältnis besteht auch in den Alterskategorien bis 29 Jahre – allerdings in deutlich abgeschwächter Form. Die Aussage, daß das Ehrenamt in den Einrichtungen und Gruppen der Caritas durch Frauen geprägt ist, wird auch mit Blick auf die Zeitaufwendung – auf die »durchschnittliche Wochenstundenzahl für ehrenamtliche Tätigkeiten« – bestätigt. Das zeitliche Engagement der Frauen scheint durchschnittlich etwas länger auszufallen. Während 46,3% aller sich engagierenden Männer in der Woche für ihr Ehrenamt 1-3 Stunden aufbringen, beträgt die vergleichbare Quote der Frauen 42,4%. 14,1% aller Männer arbeiten 4-6 Stunden wöchentlich, wohingegen 17,6% der Frauen sich in diesem zeitlichen Umfang engagieren.

Insgesamt beträgt der Anteil der Ehrenamtlichen des Diözesan-Caritasverbands Köln, die nicht regelmäßig in Einrichtungen oder Gruppen tätig sind, 33,4%. Jede dritte Frau und jeder dritte Mann, die bzw. der die Arbeit des Diözesan-Caritasverbands unterstützt, ist nicht in einen regelmäßigen, wöchentlich wiederkehrenden Turnus eingebunden, sondern die Mitarbeit findet sporadisch oder projektbezogen statt.[88] Empirische Ergebnisse, die für das Stadtdekanat Freiburg ermittelt wurden, stellen eine solche aktuelle Bestandsaufnahme in den Zusammenhang von Entwicklungstrends. Aufgrund von Vergleichen der Arbeits- und Personalstruktur von jungen und alten Gruppen[89] konnte ein

---

amtlichen Tätigkeit bei knapp 15 Jahren, wobei etwa ein Viertel der Befragten (25,6%) einen Engagementzeitraum von 21 Jahren und mehr angibt. Die Mehrheit der Ehrenamtlichen (55,4%) übt mehr als eine ehrenamtliche Tätigkeit aus.

87 Dieser große Anteil der Frauen in diesem Diozesan-Caritasverband scheint keine Ausnahme zu sein. Auch in der bereits erwähnten Untersuchung im Stadtdekanat Freiburg wird ein Frauenanteil von 80% genannt (vgl. Roß 1995, S. 207).

88 Weiterhin läßt sich anhand der vorliegenden Befunde verdeutlichen, daß scheinbar – aufgrund der Daten für 1993/94 und 1995 – kein Rückgang der Ehrenamtlichen insgesamt zu verzeichnen ist. Die absoluten Zahlen der neu gewonnenen Ehrenamtlichen übersteigen knapp die Zahlen der ausgeschiedenen. Diese Tatsache korrespondiert mit einem enormen Anstieg derjenigen ehrenamtlich ausgeführten Tätigkeiten, die ein sporadisches bzw. projektbezogenes Engagement ermöglichen. Während – wie beschrieben – der Anteil dieser Form des Ehrenamts 1996 33,4% beträgt, betätigten sich nach den Umfrageergebnissen drei Jahre zuvor (für 1993) 20,5% aller ehrenamtlichen Frauen und Männer in dieser Form. Diese Zahlen sind allerdings nur mit Vorsicht zu interpretieren, denn es gilt zu berücksichtigen, daß sich – wie oben beschrieben – die Grundgesamtheiten der beiden Untersuchungen deutlich unterscheiden, d. h. die Anzahl der berücksichtigten Fragebögen bzw. die Zahl der beteiligten Einrichtungen ist 1996 weitaus größer.

89 Die Aussagekraft dieses Verfahrens wird selbst relativiert: »Was durch die Befragung greifbar wurde, ist die gegenwärtige Situation. Über Veränderungen bzw. Entwicklungen können, da präzise Vergleichsdaten aus zurückliegenden Jahren fehlen, nur mittelbar Aussagen gemacht werden, nämlich auf Grundlage eines Vergleichs der in den letzten Jahren entstandenen Gruppen/Initiativen und ihrer Arbeits- und

Trend zur Spezialisierung der Gruppen identifiziert werden. Die neuen, also aktuell attraktiven Gruppen realisieren ein individualisierteres und flexibleres Ehrenamt, d. h. die jeweiligen Tätigkeiten sind auf die einzelnen Ehrenamtlichen, auf ihre Begabungen, Möglichkeiten und Wünsche zugeschnitten. Bei den Antworten auf die Frage nach den Modalitäten bei der Gewinnung neuer Ehrenamtlicher zeigt sich ein Trend: »Die am häufigsten geäußerte Erfahrung: Für befristete Einzelaktionen oder einen überschaubaren Einsatz lassen sich auch heute durchaus Mitarbeiter/-innen gewinnen, für ein kontinuierliches Engagement dagegen immer weniger; und für ein absolutes Sich-zur-Verfügung-Stellen überhaupt nicht« (Roß 1995, S. 209).

(2) *Empirische Ergebnisse zum Verhältnis von Beruf und Ehrenamt:* Im Rahmen einer Untersuchung anläßlich der Inkraftsetzung des Leitbildes des Deutschen Caritasverbandes (vgl. DCV 1997a, 1997b) wurden durch das Institut für Demoskopie in Allensbach u. a. im Herbst 1995 insgesamt 1.909 Interviews mit hauptberuflichen MitarbeiterInnen verschiedener Caritasverbände durchgeführt.[90] Aufgrund einiger Fragen können – durch den Filter der beruflich Arbeitenden – auch beschränkte Aussagen zu den Ehrenamtlichen gemacht werden.

Aus der Perspektive des hauptberuflichen Personals wird die Mitarbeit ehrenamtlicher Kräfte für die Caritas insgesamt als wichtig beurteilt. Danach gefragt, wählten 88% entweder die Kategorie »sehr wichtig« oder »ziemlich wichtig«. Mit dem Blick auf den eigenen Arbeitsbereich fällt die Beurteilung allerdings anders aus; auf diese Frage reagieren deutlich weniger positiv, d. h. nur noch 51% bedienen sich mit Blick auf ihren eigenen Arbeitsalltag dieser Antwortmöglichkeiten.[91] Für T. Bock wird somit deutlich: »Auf dem Weg von diesem allgemeinen 'Bekenntnis' zur Offenheit für ehrenamtliche Mitarbeiter im eigenen Bereich gibt es … erhebliche Verluste« (vgl. DCV 1997b, S. 144). M. a. W.: Die Einschätzung ehrenamtlicher Arbeit fällt für die beruflich Tätigen dann positiv aus, wenn sie abstrakt gefragt werden. Sobald eigene Alltagserfahrungen den Maßstab für eine Wertung bilden, nimmt die Bedeutung der Ehrenamtlichen aus der Hauptamtlichen-Perspektive eindeutig ab – immerhin 21% geben an, daß ihnen im eigenen Arbeitsbereich die Zusammenarbeit mit Ehrenamtlichen »nicht besonders wichtig« ist (vgl. DCV 1997a, S. 136).

Personalstruktur mit den bereits länger bestehenden Aktivitäten. Treten dabei signifikante Unterschiede zutage, kann daraus zwar auf Tendenzen geschlossen werden, jedoch sind bei solchen Schlußfolgerungen stets Vorsicht und Verzicht auf pauschale Beurteilungen von 'früher' und 'heute' geboten« (Roß 1995, S. 208 f.).

90 Im Verhältnis zur Gesamtzahl der hauptberuflichen MitarbeiterInnen der Caritas (463.161 zum Stichtag 01.01.1996) bedeutet dies, daß in diese Untersuchung die Antworten von ca. 0,4% der Hauptberuflichen eingeflossen sind.

91 Die verwendeten Antwortkategorien sind aus zwei Gründen zumindest als ungewöhnlich zu charakterisieren. Erstens ist das Verhältnis der »positiven« zu den »negativen« Kategorien mit einem Verhältnis von 2 : 1 nicht gleichgewichtig, und in der Folge fehlt zweitens die Möglichkeit einer deutlichen Ablehnung. Die Antwortoption, daß eine Zusammenarbeit mit Ehrenamtlichen uneingeschränkt »nicht wichtig« ist, konnte überhaupt nicht gegeben werden.

Dieser Befund ist auf den ersten Blick erstaunlich, da die bereits vorgestellte »Grunddatenerhebung« der beiden konfessionellen Wohlfahrtsverbände zum Thema Ehrenamt für das Gebiet der neuen Bundesländer (einschließlich Westberlin) zu dem Ergebnis kommt, daß Erfahrungen mit dem Ehrenamt in 85,8% dazu führen, daß ein zusätzlicher Bedarf an ehrenamtlichen MitarbeiterInnen angegeben wird. Werden allein die Einrichtungen der Caritas betrachtet, dann fällt dieser Wert mit 89,1% sogar noch höher aus (vgl. Hübinger 1997, S. 31 ff.). Daraus läßt sich mit Vorbehalten der Schluß ziehen, daß Einrichtungen, die mit Ehrenamtlichen zusammenarbeiten, diese Kooperation von Beruflichkeit und Ehrenamt positiv bewerten und/oder einen Bedarf an weiteren (ehrenamtlichen) Arbeitskräften konstatieren.[92] Eine Teilerklärung dieser Ergebnisse ist sicherlich in der Tatsache zu finden, daß weit über die Hälfte der befragten Caritas-MitarbeiterInnen in ihrem Arbeitsbereich gar nicht auf Ehrenamtliche zurückgreifen. Immerhin 59% des Personals in West- und 72% in Ostdeutschland geben an, ohne Ehrenamtliche zu arbeiten; nur 37% der beruflichen MitarbeiterInnen im Westen und 19% im Osten[93] sind aktuell mit ehrenamtlichen MitarbeiterInnen zusammen tätig (vgl. DCV 1997a, S. 137). Diese Befunde variieren deutlich je nach Arbeitsbereich.[94] Eine Zusammenarbeit zwischen Hauptberuflichkeit und Ehrenamt findet in den Bereichen »Behindertenhilfe« (mit 23%), »Verwaltung« (mit 27%) und »Kinder- und Jugendhilfe« (mit 31%) am seltensten statt. Dagegen geben in den Tätigkeitsfeldern »Migrationsdienste« (mit 75%) und »Gefährdetenhilfe« (mit 60%) der überwiegende Teil der beruflich Arbeitenden an, aktuell mit Ehrenamtlichen zusammenzuarbeiten (vgl. DCV 1997a, S. 138).[95]

---

92 Die augenscheinliche Differenz zu den Befragungsergebnissen der beruflich Arbeitenden läßt sich durch drei Punkte erklären: 1. Es wird nach Unterschiedlichem gefragt. 2. Der regionale Bezug ist verschieden. 3. Der Blickwinkel der Befragten ist nicht identisch.

93 Diese erstaunlich geringe Anzahl von MitarbeiterInnen, die in ihrem Bereich mit Ehrenamtlichen zusammenarbeiten, wird durch die bereits erwähnte »Grunddatenerhebung Ehrenamt« in Ostdeutschland gestützt. Von den 734 befragten Caritas-Einrichtungen können nur 242 auf Ehrenamtliche in der sozialen Arbeit bzw. im Vorstand zurückgreifen. Dies bedeutet, daß 2/3 aller Einrichtungen in Ostdeutschland ohne Ehrenamtliche arbeitet. Da bei der Allensbach-Untersuchung nach den Arbeitsbereichen der beruflichen MitarbeiterInnen und nicht nach der größeren Einheit »Einrichtung« gefragt wurde, erscheint die weitere Reduzierung von 33% auf 19% plausibel (vgl. Hübinger 1997).

94 Die vorgenommene Unterteilung der Arbeitsbereiche orientiert sich zwar an dem in der regelmäßig erhobenen Caritas-Statistik verwendeten Sortierungsraster – allerdings nicht durchgängig. So ist es leider nicht möglich, die beiden Datenquellen miteinander zu kombinieren.

95 Entsprechend der Häufigkeit der Zusammenarbeit von beruflich und ehrenamtlich tätigem Personal wird die Wertigkeit des Ehrenamts in den unterschiedlichen Arbeitsbereichen eingestuft. Findet eine konkrete Zusammenarbeit statt, dann wird sie scheinbar auch als wichtig angesehen. Der Kommentar zu diesen quantitativen Befunden deutet dieses dahingehend, daß damit die Rolle des Ehrenamts in einem Arbeitsfeld widergespiegelt wird. Die zumindest denkbare Möglichkeit, daß die Arbeitskontexte von Beruflichkeit und Ehrenamt innerhalb eines Arbeitsfeldes in von-

Aus der Perspektive des hauptberuflichen Personals werden die Arbeitsleistungen der Ehrenamtlichen unterschiedlich beurteilt. Für immerhin 16% der Befragten steht fest, daß Ehrenamtliche den Anforderungen in ihrem Tätigkeitsbereich nicht gerecht werden können und überfordert sind. 30% der beruflich Tätigen geben an, daß die Ehrenamtlichen nur zum Teil den Anforderungen entsprechen können, während 29% eine Übereinstimmung zwischen den Fähigkeiten und Anforderungen erkennen können. Die Beurteilung der Ehrenamtlichen fällt dann etwas günstiger aus, wenn aktuell eine Zusammenarbeit der Befragten mit ehrenamtlichen Kräften stattfindet. In diesem Fall steigt der Anteil derjenigen, die meinen, daß Ehrenamtliche im großen und ganzen den Anforderungen gerecht werden können, auf 44% (vgl. DCV 1997a, S. 141). Das Urteil der beruflichen MitarbeiterInnen, die in ihrem Arbeitsbereich mit Ehrenamtlichen arbeiten, zu der Arbeitsleistung ehrenamtlicher Kräfte ist in Relation zur Vergleichsgruppe deutlich günstiger. Im Umkehrschluß bedeutet dies, daß ohne die konkrete Erfahrung der Zusammenarbeit mit Ehrenamtlichen im eigenen Arbeitsbereich das abgefragte pauschale Urteil über die Arbeitsleistungen von Ehrenamtlichen relativ schlecht ausfällt.

Auf die Frage, ob Ehrenamtliche aktuell als Konkurrenten für die Hauptberuflichen anzusehen sind, antworten nur 2% zustimmend (vgl. DCV 1997a, S. 140). Auf die Zukunft bezogen, fällt diese Einschätzung allerdings anders aus. Immerhin 20% glauben, daß in der Zukunft hauptberufliche Kräfte *verstärkt* durch ehrenamtliche Kräfte ersetzt werden; 69% der Befragten wollen sich dieser Meinung nicht anschließen (vgl. DCV 1997a, S. 144). Festzuhalten bleibt, daß die Gruppe der hauptberuflichen Caritas-MitarbeiterInnen die Ehrenamtlichen aktuell in keiner Konkurrenzsituation zu sich selbst sieht. Trotz relativ großen grundsätzlichen Vorbehalten bezüglich der Erfüllung von Arbeitsanforderungen durch Ehrenamtliche, deren Arbeit 70% als wichtige Ergänzung zu der durch beruflich Tätige geleisteten Arbeit einstufen, ist jeder 5. hauptberuflich Beschäftigte der Meinung, daß es in Zukunft dennoch zu einer Konkurrenzsituation kommen wird. Daneben sind diesbezüglich noch 11% unentschieden. Von den befragten hauptberuflichen MitarbeiterInnen geben 2% an, daß bereits jetzt die Voraussetzungen gegeben sind, daß Ehrenamtliche sich »nach ihren Fähigkeiten und Fertigkeiten zeitlich befristet oder projektbezo-

---

einander getrennten organisatorischen Strukturen anzusiedeln sind und deshalb keine Zusammenarbeit stattfindet, wird nicht verfolgt. Außerdem läßt die entsprechende Frageformulierung, in der von »ihrem Bereich« die Rede ist, mehrere Interpretationen zu, so daß nicht immer davon ausgegangen werden kann, daß eine Verneinung einer Zusammenarbeit bedeutet, daß die gesamte Einrichtung ohne Ehrenamtliche auskommt (vgl. DCV 1997a, S. 134). Entsprechend kritische Anmerkungen sind auf die interpretierenden Ausführungen von T. Bock zu übertragen. Sie addiert bei der Frage nach der Zusammenarbeit mit Ehrenamtlichen ohne Einschränkungen die Antworten in der Kategorie »weiß nicht, keine Angabe« zu denjenigen dazu, die angeben, ohne Ehrenamtliche zu arbeiten. Aufgrund dieser Rechnung und aufgrund der Übertragung einzelner persönlicher Erfahrungen auf die jeweiligen Einrichtung kommt sie u. a. zu dem Schluß, daß 81% der Einrichtungen in Ostdeutschland ohne Ehrenamtliche auskommen (vgl. DCV 1997b, S. 144).

gen« engagieren können. Über die Hälfte (55%) halten eine solche Form der Ehrenamtlichkeit für möglich, während dies 32% verneinen und 11% diesbezüglich unentschlossen sind (vgl. DCV 1997a, S. 145).

3.7.2 Daten zum Ehrenamt im PARITÄTISCHEN

Der Paritätische bzw. der DPWV entstand ursprünglich als Verband der »Übriggebliebenen« und war zunächst begrenzt auf Aktivitäten der Gesundheitspflege. Inzwischen hat sich der Paritätische hinsichtlich seines Mitgliederspektrums und seiner Handlungsbereiche quantitativ und qualitativ erheblich verändert (vgl. u. a. Merchel 1989). Gleichgeblieben ist ein spezifisches Selbstverständnis, das nach wie vor durch ein ausdrückliches und gewolltes Fehlen einer gemeinsamen Weltanschauung charakterisiert werden kann, so daß der Paritätische eine »eher schwache und diffuse normative Basis« (Strünck 1995, S. 350) sowie eine uneinheitliche Programmatik besitzt. »Wenn überhaupt, so könnte bestenfalls die ʻPluralität der Verbandsmitgliederʼ als organisationsspezifische Ideologie verstanden werden« (Boessenecker 1995, S. 73). Die Verbandsprinzipien »Pluralität – Offenheit – Toleranz« ermöglichen, daß unter dem Dach des Paritätischen unterschiedlichste und inhaltlich gegensätzliche Initiativen und Verbände organisatorische Anbindung an einen anerkannten Spitzenverband der Wohlfahrtspflege finden können. »Die Herausbildung ʻneuer sozialer Bewegungenʼ und deren Verbreitung seit den 70er Jahren war zeitweilig von der Diskussion über die Gründung eines alternativen Spitzenverbandes begleitet, führte jedoch als Folge einer letztlich vermuteten Erfolglosigkeit dieses Vorhabens zu einer Annäherung vieler Initiativen an den DPWV« (ebd., S. 79 f.). Insbesondere viele Selbsthilfegruppen sind inzwischen in den DPWV integriert, wodurch der Verband insgesamt ein neues Gesamtprofil erlangte.

Aufgrund der Uneinheitlichkeit der Programmatik und der ideologischen Zwecksetzungen mangelt es dem Paritätischen – im Vergleich zu den anderen Wohlfahrtsverbänden – an einer zentralen Steuerbarkeit. Die Verbindungen zwischen den Mitgliedsorganisationen sind auch deshalb relativ lose, da eine Anbindung an eine gemeinsame Vorfeldorganisation fehlt (z. B. Partei oder Kirche). Damit existiert kein definierter organisatorischer »Koalitionspartner« und kein »Rekrutierungsreservoir« für ehrenamtliche Kräfte, so daß insgesamt wenig Ehrenamtliche mit einem spezifischen DPWV-Bezug in den Verbandsstrukturen tätig sind (vgl. u. a. Strünck 1995, S. 352). Der Paritätische ist mittlerweile – bezogen auf die Anzahl von Einrichtungen und Personal – nach den beiden konfessionellen Verbänden der drittgrößte Wohlfahrtsverband. Etwa 21,5% der Einrichtungen und 11% des gesamten Personalaufwandes der Freien Wohlfahrtspflege sind dem Paritätischen zugehörig (vgl. Rauschenbach/Schilling 1995, S. 334 ff.). Im Vergleich zu den anderen Verbänden besitzt der Paritätische die ausgeglichenste Verteilung über alle wohlfahrtsverbandlichen Aufgabenbereiche und Arbeitsfelder hinweg. »In immerhin fünf von sieben Bereichen sind in den Einrichtungen des Paritätischen jeweils mehr als 10% des Personals tätig« (ebd., S. 346).

Zu der Arbeit des Paritätischen insgesamt und zu der Quantität und der Rolle des Ehrenamts im besonderen liegen nur wenige empirische Daten vor. Einige Anhaltspunkte können vor allem zwei Studien entnommen werden, die jeweils von einem Landesverband des Paritätischen in Auftrag gegeben worden sind:[96]

- Einerseits bekam 1991 ein Forschungsteam vom Landesverband Berlin des DPWVs den Auftrag, einen Überblick über Umfang, Wert und Charakter der ehrenamtlichen Arbeit im Bereich des Landesverbandes zu erstellen (vgl. Kramer/Sauer/Wagner 1993). Zu diesem Zweck wurden von Februar bis November 1992 durch Gruppeninterviews und durch eine schriftliche Befragung Daten aus dem Jahr 1991 abgefragt.[97]
- Andererseits fand 1998 eine empirische Untersuchung zum bürgerschaftlichen bzw. ehrenamtlichen Engagement des Landesverbands Schleswig-Holstein ihren Abschluß (vgl. Wittig-Koppe 1998), die als ein Bestandteil eines größeren Projektes »Förderung der ehrenamtlichen Arbeit im Paritätischen« konzipiert wurde.[98]

Die Definitionen von Ehrenamt, die in die beiden Untersuchungen Eingang gefunden haben, sind nicht ohne Einschränkungen identisch. Für die Berliner Studie ist der Begriff der ehrenamtlichen Arbeit gefaßt als unbezahlte Arbeit, die für andere, für die eigene Familie oder die eigene Person im Rahmen der

---

96 Da die Intentionen, die methodischen Ansätze und die konkreten Frageformulierungen der beiden Untersuchungen allerdings nur einen kleinen Überschneidungsbereich zulassen, innerhalb dessen eine vergleichende bzw. eine zusammenfassende Würdigung und Interpretation der Ergebnisse möglich wäre, sollten hier lediglich einige ausgewählte Punkte zum Ehrenamt im Paritätischen angesprochen werden.

97 Zum methodischen Vorgehen: Es wurden 11 Gruppeninterviews mit 54 Personen aus 11 Organisationen durchgeführt. Der Pre-Test wurde an 30 Organisationen verschickt, es kamen 15 Rückläufe. In der Hauptbefragung wurden Fragebögen an 324 Organisationen verschickt, der Rücklauf betrug 152 Fragebögen (Quote 51,6%). Mit den Rückläufen aus dem Pre-Test lagen Angaben von 167 Organisationen vor. Die Studie besteht dementsprechend aus einem qualitativen und einem quantitativen Teil. Da die Angaben der Mitgliedsorganisation »Volkssolidarität« stark von den anderen Ergebnissen abwichen, wurde hier nochmals ein Interview geführt. Im Endbericht werden – neben der Darstellung der für den Landesverband relevanten Ergebnisse – an wenigen Stellen ermittelte Werte auf die Spitzenverbände der Freien Wohlfahrtspflege hochgerechnet bzw. als Beispiel für besondere Probleme beschrieben, die mit der deutschen Vereinigung zusammenhängen.

98 Im Rahmen dieser Untersuchung wurden 489 Mitgliedsorganisationen des Landesverbands angeschrieben. Bei einer Rücklaufquote von 57% konnten letztlich 242 ausgefüllte Fragebögen in die Auswertung einbezogen werden. Der Erhebungsbogen verlangte, daß für jede/n in der Organisation tätigen Ehrenamtliche/n Strukturdaten auszufüllen waren. Darüber hinaus wurden neben einigen »groben« Daten zu den »Abteilungen« der Organisation und den Entschädigungen der Ehrenamtlichen zum Schluß mit offenen Fragen Informationen zur Gewinnung von, zum Bedarf an und zur Bedeutung von Ehrenamtlichen gewonnen. Der Autor des Abschlußberichts selbst erkennt einen systematischen Fehler der Untersuchung: »Große, stark regional gegliederte Mitgliedsorganisationen mit vielen Ehrenamtlichen haben häufig den Aufwand gescheut, den Fragebogen auszufüllen« (Wittig-Koppe 1998, S. 7).

Mitgliedschaft in einer dem Paritätischen angehörenden Organisation erbracht wird (vgl. Kramer/Sauer/Wagner 1993, S. 14).[99] Dagegen schließt das Ehrenamts-Verständnis der anderen Untersuchung, die explizit im Fragebogen erläutert wurde, Tätigkeiten, die primär Selbsthilfecharakter besitzen, ausdrücklich aus.[100] Die Studie in Schleswig-Holstein definiert ehrenamtlich erbrachte Arbeit als freiwillige unbezahlte Arbeit für andere, die in einem organisierten Rahmen und mit gewisser Regelmäßigkeit ausgeübt wird (vgl. Wittig-Koppe 1998, S. 5).[101] Diese verschiedenen Definitionen berücksichtigend, läßt sich vermuten, daß die Berliner Untersuchung allein schon aufgrund dieser Unterschiede einen größeren Kreis von Ehrenamtlichen einbezieht. Diese Vermutung bestätigt sich in bezug auf die Kennzahl »Ehrenamtliche pro Einrichtung« ebenso wie mit Blick auf die Funktionsbereiche des Ehrenamts.

Während in Berlin bei 324 Organisationen (Ende 1992) von über 10.000 ehrenamtlichen MitarbeiterInnen ausgegangen wird, beläuft sich die Hochrechnung für den Landesverband Schleswig-Holstein mit 489 Einrichtungen auf etwa 5.000 Ehrenamtliche. Demzufolge wurden in Berlin – rein statistisch – pro erfaßter Mitgliedsorganisation des Paritätischen 47 bzw. 17 ehrenamtliche MitarbeiterInnen angegeben[102], in Schleswig-Holstein hingegen nur ca. 10 Ehren-

---

99 Damit kommt diese Definition scheinbar derjenigen recht nahe, die der Gesamtverband für seine Schätzung des freiwilligen sozialen Engagements in Deutschland verwendet.

100 Dennoch werden Selbsthilfegruppen nicht gänzlich ausgeschlossen. In einer Übersicht zu den einzelnen sozialen Arbeitsfeldern scheinen Selbsthilfegruppen subsumiert worden zu sein, denn es tauchen Angaben zur Kategorie »Sonstige Selbsthilfegruppen« auf. In diesen Gruppen arbeiten fast nur Ehrenamtliche, da ihr zahlenmäßiges Verhältnis zu den Hauptberuflichen als eine Relation von 20 : 1 angegeben werden kann. Weiterhin wird bei einer Organisationstypologisierung von »Selbsthilfeorientierten Laiengruppen« gesprochen. Außerdem wird auf die Frage nach dem »Zugang zur Organisation« in 22% aller Nennungen angegeben, daß sich die Ehrenamtlichen aus eigener Betroffenheit engagieren. Da die möglichen Antwortkategorien zu der entsprechenden geschlossenen Frage mehrere Dimensionen beinhalten (z. B. Zugangsweg zur Organisation, Verhältnis zum Träger) waren dementsprechend Mehrfachnennungen möglich.

101 Die Frage, warum Ehrenamt im Bericht sowie im Fragebogen in der Form definiert wird und trotzdem in der Überschrift zur Ergebnispräsentation von »bürgerschaftlichem Engagement« die Rede ist, bleibt ungeklärt.

102 Die Errechnung der Mittelwerte ergibt sich aus den folgenden (wahrscheinlichen) Rechenoperationen, die im Endbericht nicht explizit deutlich gemacht werden: Insgesamt konnten die Antworten von 162 Einrichtungen ausgewertet werden. Dabei wurden bei 64 Einrichtungen (fast 40% von 162), die angaben, keine Ehrenamtlichen zu haben, entgegen der Selbstbeschreibung drei durch Ehrenamtliche ausgefüllte Vorstandspositionen unterstellt. Auf dieser Basis wurden für die antwortenden Einrichtungen 7.561 Ehrenamtliche gezählt bzw. hochgerechnet, was einem Durchschnitt von 47 Ehrenamtlichen pro Einrichtung entspricht. In dieser Rechnung ist allerdings die Volkssolidarität als eine Organisation mit 4.861 Ehrenamtlichen eingerechnet. Ohne diese Einrichtung beträgt der Mittelwert nur 17 Ehrenamtliche pro Einrichtung, da $(7.561-4.861) : (162-1) = 17$ ist. Dieser Durchschnitt bildete die Grundlage für die Hochrechnung der Ehrenamtlichen insgesamt, d.h. bezogen auf alle 324 Einrichtungen des Landesverbands Berlin. Für 323 Einrichtungen wurde

amtliche. Für Berlin muß jedoch angemerkt werden, daß die Gesamtergebnisse stark durch eine besondere Organisation – die Volkssolidarität[103] – geprägt wurden. Nach Aussagen der Autoren umfaßt sie »alleine knapp 50% aller in der Befragung erfaßten ehrenamtlichen Arbeit. Sie stellt eine echte Ausnahme dar, die gesondert zu betrachten ist« (Kramer/Sauer/Wagner 1993, S. 8). Aufgrund der verwendeten Erhebungsmethodik im Landesverband Schleswig-Holstein, die zu den bereits erwähnten systematischen Fehlern führt, ist zu vermuten, daß die gewonnenen quantitativen Daten zum Ehrenamt eine untere Grenze der realistischen Zahlen darstellen.

In Berlin beschränken etwa 45% der Mitgliedsorganisationen des Paritätischen die Einsatzbereiche für Ehrenamtliche auf die Vorstandsarbeit. Insgesamt arbeiten etwa 30% aller Ehrenamtlichen als Vorstandsmitglieder, und es werden 26,8% aller Einsatzstunden von Ehrenamtlichen in diesem Funktionsbereich geleistet. Nach der Schleswig-Holstein-Studie sind etwa die Hälfte aller Ehrenamtlichen in Vorstandstätigkeiten engagiert.[104] Bezogen auf die einzelnen sozialen Arbeitsfelder ergibt sich eine äußerst heterogene Situation. Während etwa in dem Arbeitsfeld Betreuungsvereine 20 mal mehr Ehrenamtliche als Hauptberufliche arbeiten[105], ist das Verhältnis im Arbeitsfeld Altenhilfe deutlich anders: Dort kommen auf 100 Hauptberufliche durchschnittlich nur 2 Ehrenamtliche.

3.8 Das Ehrenamt als Anlaß zu Strukturveränderungen

Über das Ehrenamt wird in der wohlfahrtsverbandlichen Praxis viel diskutiert[106] – als Beleg dieser Aussage ließen sich eine Fülle von Indizien aufzählen, die hier nicht in ihrer Gesamtheit angesprochen werden soll. An dieser Stelle können nur diejenigen Entwicklungen und Vorschläge relevant sein, die sich in den Reihen der Verbände mit einer eindeutigen Praxisausrichtung bzw. Handlungsaufforderung aus der Beschäftigung mit dem Ehrenamt ergeben haben. Damit wird eine Verbindung zwischen den eher zeitdiagnostisch-theoretischen Ehrenamts-Diskursen und den eigenen Praxisbedingungen herge-

---

der Mittelwert 17 unterstellt, so daß für diese 5.491 Ehrenamtliche angenommen werden, die mit den 4.861 Ehrenamtlichen der einen Organisationseinheit Volkssolidarität addiert eine Schätzung von über 10.000 Ehrenamtlichen ergeben.

103 Die Volkssolidarität gehörte zu DDR-Zeiten etwa neben dem DRK oder dem Demokratischen Frauenbund (DFD) zu den »quasi halbstaatlichen (Wohlfahrts-)Organisationen« (Seidenstücker 1996, S. 517).

104 »In den Mitgliedsorganisationen des Paritätischen Schleswig-Holstein sind 58% aller Vorstandssitze von Frauen besetzt« (Wittig-Koppe 1998, S. 12).

105 M. a. W.: Dort kommen 2.033 Ehrenamtliche auf 100 beruflich arbeitende Kräfte.

106 Denn, so eine Information des AWO Bundesverbands im Internet: »Das Thema 'Ehrenamt' brennt dem Verband unter den Nägeln. Der Wettbewerb auf dem 'sozialen Markt' wird größer, die Aufgaben nehmen zu und die zur Verfügung stehenden Finanzen werden immer kleiner. Gleichzeitig stoßen Strukturen traditioneller Wohlfahrtsverbände auf wachsendes Desinteresse, oft sogar auf Ablehnung« (AWO 1998a, S. 1; vgl. auch das Praxishandbuch »Initiative Ehrenamt«, AWO 1998c).

stellt.[107] In der Folge erscheint das analysierte und dem Verborgenen entrissene Wissen zum Ehrenamt als Anlaß für Veränderungen und Strategieentwicklung.[108] Diese wollen wir in drei Perspektiven behandeln. Der Themenkomplex Ehrenamt in Wohlfahrtsverbänden wird diskutiert als Anlaß

(1) zur Verbesserung des Passungsverhältnisses von Ehrenamt und Organisationsstrukturen,
(2) zur verstärkten Thematisierung der Wertigkeit des Ehrenamts und
(3) zur Initiierung von neuen Formen der Engagementförderung.

Die folgenden Ausführungen, die sich mit den vorgeschlagenen und realisierten Erneuerungen der Strukturen, Programme und Strategien der Wohlfahrtsverbände befassen, können in keinster Weise auf die Fülle aller Veränderungspunkte – und dies noch getrennt nach einzelnen Verbänden – eingehen. Statt dessen soll anhand verbandlicher Äußerungen mit exemplarischem Charakter ein grober Eindruck von den Veränderungstrends vermittelt werden. Allein auf der Grundlage dieser allenfalls beispielhaften verbandlichen Aussagen, deren Fundament eine Beschäftigung mit dem Ehrenamt darstellt, entsteht ein äußerst buntes Bild von Vorschlägen und Maßnahmen, zu deren intendierten Wirkungen und ungeplanten Effekten bislang kaum Wissen vorliegt. Die Folgen dieser z. T. weitreichenden Reformen für die wohlfahrtsverbandliche Arbeit und insbesondere für das beruflich arbeitende Personal bleiben abzuwarten.

(1) *Zur Verbesserung des Passungsverhältnisses von Ehrenamt und Organisationsstruktur:* Für die Wohlfahrtsverbände gehören die Wissensbestände, die unter der Leitformel »Strukturwandel des Ehrenamts« in abstrakter Weise analysiert und beschrieben werden, mittlerweile durchgängig zum Interpretations-Repertoire, mit dessen Hilfe die beobachtbaren Praxis-Phänomene im Zusammenhang des Ehrenamts eingeordnet und begründet werden können. Dies berücksichtigend, scheint festzustehen, daß die traditionellen wohlfahrtsverbandlichen Strukturen den sich gewandelten Bedürfnissen, Motiven, Einstellungen und Erwartungen eines Großteils der aktiven und der potentiellen Ehrenamtlichen nicht mehr gerecht werden können.[109] Einen zentralen Platz nimmt dabei die (fast überall) formulierte Aussage ein, daß sich das »alte«, pflichtethisch

---

107 Damit sind hier die Forderungen und Vorschläge aus den Reihen der Wohlfahrtsverbände zur Verbesserung der allgemeinen Rahmenbedingungen für ein freiwilliges gemeinwohlorientiertes Engagement, die sich größtenteils an den Gesetzgeber richten, ausgeschlossen (vgl. u. a. Bock 1998, S. 67 f.; Zentralrat des DCVs 1995, S. 18 ff.).

108 Wie die neueren Veröffentlichungen zu den Wohlfahrtsverbänden bzw. zur wohlfahrtsverbandlichen Arbeit zeigen, sind diese Entwicklungen, das Ehrenamt betreffend, eingebettet in umfassendere Prozesse der Strukturveränderung, Reformierung und Organisationsentwicklung (vgl. Angerhausen u. a. 1998; Klug 1997; Kulbach/Wohlfahrt 1996; Nährlich 1998; Nokielski/Pankoke 1996).

109 Da die Expansion des Paritätischen eng mit der institutionellen Etablierung der Selbsthilfebewegung verbunden ist, scheint dieser Verband aufgrund seiner besonderen korporativen Mitglieder in dieser Hinsicht den anderen einen Schritt voraus gewesen zu sein.

begründete Ehrenamt im Zustand der Erosion befindet und zunehmend von dem »neuen«, selbstbezüglich motivierten Ehrenamt verdrängt wird bzw. wurde.[110] Das Ehrenamt wird als eine Beziehung auf Gegenseitigkeit betrachtet und diese Tatsache offen verhandelt. Diese Interpretation des Wandels führt – unter der Voraussetzung, daß weiterhin am Ehrenamt festgehalten werden soll[111] – folgerichtig dazu, daß strukturelle Reformen angemahnt und Veränderungspotentiale gesucht werden, die Grundpfeiler des Bestehenden und nicht nur dessen Oberfläche betreffen.[112]

Stellvertretend für viele ähnliche Argumentationsfiguren können an dieser Stelle Überlegungen aus dem Umkreis der Diakonie genannt werden: Aus einem Vergleich zwischen zwei idealtypischen Engagementformen, d. h. mit Blick auf die Motive und Ausgestaltungen des traditionellen Ehrenamts in kirchlichen Strukturen sowie auf die Strukturprinzipien in Selbsthilfegruppen, gewinnt Dithmar für die Diakonie Handlungsanweisungen. In den Selbsthilfegruppen sieht sie einen Indikator für gesellschaftliche Legitimationszwänge, von denen auch kirchliche Strukturen betroffen sind. Ein Engagement in solchen Gruppen ist Selbsthilfe, die allerdings zugleich eine institutionenkritische Komponente in sich trägt und sich nicht einfach in bestehende Institutionen einbauen lassen wird. Insofern wird das Vorhandensein von Selbsthilfegruppen als Entwicklungsanlaß gesehen, sich über die Ansprüche des Ehrenamts an organisatorische Strukturen und an organisatorisches Handelns zu verständigen, denn: »Ehrenamt braucht die Diskurs- und Veränderungsbereitschaft einer Institution. (…) So ist die Frage nach dem Ehrenamt zugleich auch eine Frage an Kirche und Diakonie selbst. Es ist die Frage, inwieweit sie sich politischer Veränderung aktiv stellen, anstatt lediglich auf finanzielle Engpässe zu reagieren« (Dithmar 1998, S. 178, 180).

---

110 »Freiwilliges, unentgeltliches Engagement aus Pflichtbewußtsein und aus dem Willen zu helfen, wie wir es besonders in der älteren Generation noch vertreten finden, stellte in früheren Jahren das Hauptkontingent der ehrenamtlichen Mitarbeiter in Kirche und Diakonie. Die mittlere und jüngere Generation ist anders motiviert« (Hörrmann 1996, S. 116).

111 Dazu beispielhaft der Präsident des Diakonischen Werkes: »Diakonie ist ohne Ehrenamt nicht denkbar. Sie verliert ihre Wahrnehmungsfähigkeit, wenn sie ihre Ressourcen und die soziale Kompetenz der Ehrenamtlichen übersieht. Sie steht in der Gefahr, einem Prozeß der Entkonfessionalität anheim zu fallen... Deswegen gehört die Gewinnung und Begleitung von freiwillig Mitarbeitenden zu den Leitungsaufgaben der Diakonie« (Gohde 1998, S. 7).

112 So schreibt der für das Ehrenamt zuständige Fachbereichsleiter des Awo Bundesverbands: »Über lange Zeit ist ehrenamtliches Engagement als gleichsam natürlich vorhandene Ressource gesehen worden, für die keine besonderen Anstrengungen unternommen werden mußten. Scheinbar unbemerkt wandelten sich die Bedürfnisse derjenigen, die in ihrer Freizeit aktiv sein wollen... Die Traditionsvereine tun sich schwer, dem Wunsch nach Eigenständigkeit und Selbstbestimmung von Hilfswilligen zu entsprechen. Haupthandicap: Ihre traditionellen Leitbilder des Helfens wie Opferbereitschaft und Altruismus sind eine erhebliche Zugangsbarriere für Freiwilligkeit« (Pott 1998, S. 4).

Die Veränderungsbereitschaft der Organisationen ist die Bedingung der Möglichkeit, daß auch in Zukunft Ehrenamtliche für die wohlfahrtsverbandliche Arbeit gewonnen werden können. Diese Bereitschaft setzt Lernfähigkeit der Organisation voraus, es erscheint eine Anpassung auf Seiten der werbenden organisatorischen Seite notwendig, die ihre Strukturen zu modernisieren, d. h. zu synchronisieren hat.»Es ist notwendig, auf Interessen und Wünsche ehrenamtlicher Mitarbeiterinnen und Mitarbeiter intensiver einzugehen, ihnen Mitspracherechte einzuräumen und möglichst vielseitige Angebote bezüglich der Begleitung und Fortbildung sowie der Einsatzgebiete und -zeiten zur Verfügung zu stellen. Unter diesen Voraussetzungen hat das sozialcaritative Ehrenamt Zukunft« (Wöller 1996, S. 17). Ein Eingehen auf die Interessen der Ehrenamtlichen heißt danach vor allem, die Punkte Partizipation, Begleitung und Qualifikation in den Mittelpunkt zu stellen.

Freier rät den Wohlfahrtsverbänden bzw. deren Einrichtungen mit Blick auf die eher politischen Ämter, daß sie – gleich welche Gesellschaftsform sie besitzen: Verein, GmbH oder Stiftung – über die Satzungen bzw. über vergleichbare entsprechende Regelwerke Beteiligungsrechte von der Organisation nahestehenden BürgerInnen festschreiben und ermöglichen. Auf diese Weise könnten Beiräte oder Beraterkreise über die vorhandenen Gremien hinaus entstehen, deren Funktion in erster Linie nicht in der rechtlichen Absicherung des Einflusses etwa auf Geschäftsführung oder Gesellschafterversammlung gesehen wird, sondern es geht um die direkte Verbindung zur Arbeit selbst. Die BürgerInnen, die Mitglieder der Verbände sind, sollen auf diese Weise einen direkten Zugang zur Arbeit der konkreten Einrichtungen erhalten, wodurch sie dann nicht mehr über die unzureichenden indirekten Vermittlungskanäle der Trägervereine angewiesen sind, um informiert zu sein.»Für manche Bürger würde das die Mitgliedschaft im Wohlfahrtsverband attraktiver machen als die bloße Mitgliedschaft im Verband, die kaum eine Identifikation mit der in der Öffentlichkeit wahrgenommenen Arbeit zuläßt. Für die Einrichtung hätte es manchen Vorteil i. S. der immateriellen Ressourcen, aber auch als eine Art Lobby in der Mitgliedschaft des Verbandes« (Freier 1997, S. 28). In ähnlicher Weise argumentiert etwa Hörrmann, der dazu ergänzend mit Blick auf die eher direkt-sozial Tätigen feststellt, daß eine Notwendigkeit besteht, den Charakter des ehrenamtlichen Dienstes grundsätzlich zu verändern. Der von Ehrenamtlichen geleisteten Arbeit soll ein ihr zustehender Eigenwert zuerkannt werden, was in der Praxis dazu führt, daß »ehrenamtliche Mitarbeit den Charakter eines Hilfsdienstes zur Unterstützung der haupt- und nebenamtlichen Kräfte verliert« (Hörrmann 1996, S. 117). Dieser neue Charakter hat sich auch in einer institutionalisierten Berücksichtigung der Interessen und Erfahrungen von Ehrenamtlichen in der Verbandspolitik niederzuschlagen.[113]

---

113 So schreibt beispielhaft T. Bock mit Blick auf die Caritas: »Die Strukturen des Verbandes orientieren sich einseitig am Ehrenamt der Vorstände, das insgesamt weniger als 20 Prozent des ehrenamtlichen Engagements ausmacht, und an den beruflichen Mitarbeitern. So kommen die wichtigen Erfahrungen, die Ehrenamtliche aus

(2) *Zur verstärkten Thematisierung der Wertigkeit des Ehrenamts:* Die Ehrenamtlichen werden sowohl programmatisch als auch faktisch aufgewertet. Diese neue Hochschätzung kann nur in veränderten Strukturen und Programmen der Ehrenamt einsetzenden Organisation sichtbar gemacht werden. Die Aufwertung und die damit verbunden Strukturveränderungen bedürfen auf den verschiedenen Organisationsebenen Koordinationsleistungen. Aus diesem Grund sind – abgesehen von den organisatorisch relativ eigenständigen Freiwilligenzentralen – vielfach auf Bundes- und Landesebene Stellen für das »Management« des Ehrenamts eingerichtet worden bzw. wurden im Zuge von Umstrukturierungsmaßnahmen Aufgabenkomplexe, Zuständigkeiten und Kompetenzen zu Gunsten des Ehrenamts neu geschnitten sowie Arbeitsgemeinschaften gebildet.[114] Das Ehrenamt hat eine neuartige Stellung innerhalb der Organisation zu besetzen, die deutlich werden läßt: Das Ehrenamt ist wichtig und ein »Sich-Kümmern« um die Ehrenamtlichen ist ein zentrales Anliegen. Damit sind vor allem die beruflich tätigen MitarbeiterInnen angesprochen und deren Verhältnis zu dem ehrenamtlichen Personal. Gefordert wird nicht nur eine den neuen Leitsätzen entsprechende Zusammenarbeit, sondern eine eindeutige Verantwortungshaltung der Berufstätigen für das Ehrenamt. So fordert etwa U. Schmid vom Diakonischen Werk Westfalen »zwischen den Zeilen« eine radikale Erweiterung des professionellen Handlungsrahmens für die beruflich arbeitenden Kräfte, um eigene Defizite aufzufangen. »Ist es so schlimm, wenn Ehrenamtliche Arbeit machen – und zwar in der doppelten Bedeutung, die das Wort hat? Hauptamtliche Mitarbeiter in Kirche und Diakonie könnten die Ehrenamtlichen als 'neue Klienten' entdecken? Als Klienten, die soziale Kontakte und eine sinnvolle Aufgabe suchen, aber auch als Menschen, die authentische Lebenserfahrung einbringen, die sich Herausforderungen stellen und sich in vielen Fällen durch eine Lebensklugheit auszeichnen, die manchem professionellen Sozialarbeiter gut anstände« (Schmid 1997, S. 130).

Einerseits verändert sich die Beziehung der Organisation zu den Ehrenamtlichen in ihren Reihen, andererseits werden ebenfalls neuartige Beziehungsmuster zu den Menschen aufgebaut, die eine prinzipielle Bereitschaft zum Engagement in den Verbänden mitbringen, aber diese (noch) nicht umgesetzt haben. Der Zugang zur Organisation Wohlfahrtsverband soll erleichtert werden, »niederschwelliger« angelegt sein. So hat das DRK mit Blick auf die Barrieren, die

---

ihrer Nähe zu Notleidenden haben, nicht genügend zur Sprache. Sie beeinflussen zu wenig die Politik des Verbandes« (Bock 1994, S. 421).

114 Beispielhaft kann hier die »Diözesan-Arbeitsgemeinschaft der ehrenamtlichen Caritasgruppen im Erzbistum Köln (DiAG)« genannt werden, die auf Diözesanebene die Vertretung der Gruppen ehrenamtlicher CaritasmitarbeiterInnen in den Pfarrgemeinden sein soll. Laut der Arbeitsordnung (Abs. 4.3.1.) von 8/1997 hat dieses mit gewählten oder delegierten ehren- und hauptamtlichen Kräften besetzte Arbeitsgemeinschaft die Aufgabe, »die ihr angeschlossenen Caritas-Gruppierungen in der Erfüllung ihres Dienstes subsidiär zu fördern, das Gemeinschaftsbewußtsein zwischen ihnen zu pflegen und sie in den Diözesan-Gremien sowie auf Landes- und Bundesebene zu vertreten« (Diözesan-Caritasverband Köln 1997, S. 8).

einer ehrenamtlichen Arbeit in seinen Reihen im Wege stehen, eine Satzungsänderung auf Bundesebene realisiert. »Um die ehrenamtliche Mitarbeit in DRK-Einrichtungen zugänglicher zu machen, hat sich der Verband zur Entkopplung von formaler Mitgliedschaft und freiwilliger Mitarbeit entschlossen. Seit 1993 kann man sich beim DRK auch ohne mitgliedschaftliche Bindung ehrenamtlich engagieren« (Nährlich 1998, S. 139), womit scheinbar eine formaljuristische Anpassung an eine bereits verbreitete Praxis vollzogen wurde.

(3) *Zur Initiierung von neuen Formen der Engagementförderung:* Neben dem Abbau von Zutrittsbarrieren auf eher programmatischer Ebene, die letztlich doch weitgehend nur innerhalb der Organisation wahrgenommen werden, bestimmen vor allem öffentlichkeitswirksame Initiativen zum Aufbau bzw. zur Etablierung von Freiwilligenzentren die neuen Beziehungsmuster der Verbände zu dem »gesellschaftlichen Potential« der Freiwilligenarbeit.[115] Damit wird der Versuch unternommen, die veränderten gesellschaftlichen Rahmenbedingungen als Anlaß zur Schaffung von neuen Anreizstrukturen zu verstehen und diese bei der wohlfahrtsverbandlichen Arbeit zu berücksichtigen (vgl. Gleich 1998). Freiwilligenzentren bzw. -agenturen sind also als organisatorische Antwort auf den Wandel von Werten, Bedürfnissen und Erwartungen auf der individuellen Seite zu verstehen. Sie sollen nicht nur die Basis für mögliche Kontaktpunkte der Verbände mit den potentiellen Ehrenamtlichen verbreitern, sondern stehen für eine grundsätzlich neue Organisationsform für engagementbereite Menschen, die allerdings doch unter dem Dach des Verbandes anzusiedeln ist. »Freiwilligen-Zentren sind ... keine 'Rekrutierungsinstrumente' zur Deckung ehrenamtlichen Handlungsbedarfs – sie knüpfen vielmehr an den Engagementbereitschaften, -wünschen und -motiven engagierter Menschen an, schaffen vielfältige Engagement-Optionen und respektieren die unterschiedlichen weltanschaulichen Bezüge und Gestaltungsformen ehrenamtlichen Engagements« (Helmbrecht 1998, S. 93). Mit der Schaffung und Unterstützung von Freiwilligenzentren und -agenturen versuchen die Wohlfahrtsverbände, sich mit einer neuen organisatorischen Form, die teilweise eine Loslösung von ihren traditionellen Wertvorstellungen und Plausibilitätsstrukturen symbolisiert, Bevölkerungsgruppen zu nähern, die ihnen fremd geworden sind oder bislang fremd waren. Außerdem reagieren sie damit auf neue Konkurrenzsituationen auf dem »Freiwilligen-Markt« (vgl. Heinze/Strünck 1999).

Die Wohlfahrtsverbände haben damit – parallel zu ihrer Wahrnehmung, daß sich die Ehrenamtlichen nicht mehr aufgrund von Milieubindungen oder bestimmten Motivkonstellationen »wie von selbst« einfinden – das Ehrenamt durch verstärkte Thematisierung, durch Leitbildentwicklungsprozesse oder durch organisatorische Neuerungen intern aufgewertet und versucht, dem Potential an Ehrenamtlichen etwa durch neuartige Rekrutierungs-, Gratifikations-

---

115 Vgl. die Ausführungen zu dem Organisationstyp »Freiwilligenagentur« (vgl. auch Kap. 8). Auch unter dem Dach der AWO, die 1997 die »Initiative Ehrenamt« mit den Zielen Ressourcenfindung und Qualifizierung startete, existieren seit 1998 acht Freiwilligenzentralen, die sich als Vermittlungs- und Beratungsstellen für Organisationen, Einrichtungen und Dienste sowie für BürgerInnen verstehen.

und Angebotsformen näher zu kommen. Diese Aktivitätsformen können als Versuch gedeutet werden, den (drohenden) Verlagerungsströmen ehrenamtlicher Ressourcen und Potentiale im Dritten Sektor bzw. den Mechanismen hinter dem »Strukturwandel des Ehrenamts« in dem Sinne zu begegnen, daß die eigene Position auf dem »Freiwilligen-Markt« durch eine Vervielfältigung der wohlfahrtsverbandlichen Offerten gesichert werden soll.[116]

Damit wird das Ehrenamt in den Wohlfahrtsverbänden – in einem weiten Sinne gefaßt – auf eine breitere Basis gestellt. Das Werben um und das organisatorische und programmatische Angebot an (potentielle) Ehrenamtliche wird vielgestaltiger und facettenreicher – mit dem Ziel, das Spektrum der Passungsverhältnisse zwischen verbandlicher bzw. organisatorischer Struktur und den individuellen Wünschen, Erwartungen und Motiven zu verbreitern und die »individuelle« Passung zu verbessern. Damit finden sich die Verlagerungsprozesse bezüglich des tatsächlichen Engagements und der Engagementbereitschaft, die für das »große« Feld des Nonprofit-Bereichs bzw. des »Dritten Sektors« insgesamt konstatiert wurden, auch in dem »kleineren« Feld der Wohlfahrtsverbände. Zumindest mit Blick auf das freiwillige gemeinwohlorientierte Engagement scheinen die Verbände veränderungs- und lernfähig zu sein und jene Responsivität aufzubringen, die ihnen vielfach abgesprochen wird (vgl. Seibel 1994).[117] Gerade in der Etablierung reformierter Strukturen und Programmatiken wird bereits die spezifische Aufgabe für die Verbände der Freien Wohlfahrtspflege entdeckt, die sie als Unterscheidungsmerkmal etwa gegenüber aktuellen und

---

116 Dafür sprechen eine Fülle von Indizien: Etwa die vielfältigen Bemühungen der Verbände um die Integration von Freiwilligenzentren oder Selbsthilfegruppen, aber auch die Tatsache, daß bereits heute ein Großteil der ehrenamtlichen Arbeit in den verbandlichen Strukturen projektbezogen bzw. sporadisch stattfindet – in dem angeführten Beispiel des Diözesan-Caritasverbands betrifft dies 33,4% der Ehrenamtlichen. Außerdem stehen – nach der Allensbach-Befragung für die Caritas – über die Hälfte der hauptberuflich arbeitenden MitarbeiterInnen einer solchen sporadischen und projektbezogenen Form der Einbindung Ehrenamtlicher positiv gegenüber (vgl. u. a. Awo 1998b; Dcv 1997a; Diözesan-Caritasverband Köln 1998).

117 Ein Lernen erscheint an dieser Stelle allerdings auch besonders relevant zu sein. Mit dem Thema Ehrenamt geht es den Verbänden der Freien Wohlfahrtspflege nicht nur um ein Weiterführen von Traditionslinien oder um eine effektive Erfüllung sozialpolitischer Verantwortung, sondern auch um eigene strategisch-existentielle Unternehmensziele. Die »Vereinnahmung« der Ehrenamtlichen in öffentlichen Reden durch die Wohlfahrtsverbände und die verstärkten Bemühungen, durch neue Angebote den Wünschen und Werten der potentiell Engagierten zu entsprechen, sieht Blandow darin begründet, daß ein Hinnehmen der Trends bzw. ein Nicht-Reagieren der Verbände unliebsame Folgen nach sich ziehen würde. Etwas sarkastisch und zugespitzt formuliert er: »Man verliert an politischer Zuwendung und vor allem an Zuwendungen. Nicht die Ehrenamtlichen sind im Blick, sondern das Prestige, das sich mit ihnen verdienen läßt und zur Begründung des bürgernahen Charakters der Verbände und also zur Sicherung ihrer Position auf einem sich öffnenden Sozialmarkt gebraucht wird. Der Ruf nach Ehrenamtlichen in Verbänden ist im wesentlichen ein Ruf nach mehr Geld, also nach mehr Hauptamtlichen oder jedenfalls Besoldeten. Insoweit läßt sich über Ehrenamtlichkeit zwar nichts sparen, wohl aber verdienen« (Blandow 1998, S. 115).

potentiellen Konkurrenten auf den »Sozialmarkt« einsetzen können. »Die Freie Wohlfahrtspflege hat damit ihre spezifische Aufgabe in der Vernetzung von Selbsthilfe, freiwilligem Engagement und professioneller Hilfe. Diese Brückenfunktion, die zukünftig noch an Bedeutung gewinnen wird, richtet sich nicht nur auf die Ausschöpfung der Potentiale der unterschiedlichen Formen bürgerschaftlichen Engagements, sondern auf die Verknüpfung und Integration der verschiedenen Aspekte der Arbeit von Freiwilligen-Zentralen, Seniorenbüros, Kontaktstellen, Wissens- bzw. Hobbybörsen, Patientenstellen/-läden, Nachbarschaftstreffs usw.« (Wohlfahrt 1997a, S. 64). Die geschilderte inhaltliche und strukturelle Öffnung mit der Brückenfunktion und der Folge der internen »Pluralisierung des Ehrenamts« spiegelt sich u. a. in dem mehr oder weniger halbherzig vorgetragenen Versuch wider, den als angestaubt und überkommen identifizierten Begriff des Ehrenamts durch scheinbar moderne und unbelastete Begriffe zu ersetzen (vgl. u. a. Zentralrat des DCVs 1995, S. 23). Mit Blick auf alle Verbände wird in den meisten Fällen dann, wenn eine Alternative zum Ehrenamt verwendet werden soll, der Terminus »freiwilliges soziales Engagement« benutzt.

Parallel zu den Reformbestrebungen und der programmatischen Öffnung wandelt sich ebenfalls die Rolle der Verbände aus der Sicht ihrer Untergliederungen und korporativen Mitglieder. Es treten bestimmte Servicefunktionen der Dach- bzw. Spitzenverbände in den Vordergrund, die nach quasi-utilitaristischen Erwägungen den Nutzen und die Funktion der übergeordneten Ebenen bestimmen. M. a. W.: Die qualitative Erweiterung des Spektrums des freiwilligen Engagements unter dem Dach der Wohlfahrtsverbände wird mit einer Veränderung der Beziehungen zwischen den Verbandsebenen und den Mitgliedsorganisationen erkauft. Davon ist der Paritätische in besonderer Weise betroffen, da sich hier Selbsthilfegruppen und Initiativen integrieren bzw. vermengen.[118] Gerade die Funktion der Wohlfahrtsverbände, »Torwächter finanzieller Mittel« (vgl. Bischoff 1996, S. 251 f.) zu sein, befördert den »Zugewinn« neuer Formen des freiwilligen Engagements, reduziert allerdings gleichzeitig deren Beziehungen auf funktionale und formale Gesichtspunkte.[119]

---

118 So geben Heinze/Bucksteeg Interviewergebnisse mit VerbandsvertreterInnen des Paritätischen auf Kreisebene wider: Die VertreterInnen betonen, »ihre Aufgabe sei es lediglich, gegründete und in Gründung befindliche Selbsthilfegruppen oder Initiativen organisatorisch und hinsichtlich der gegebenen Förderungsmöglichkeiten zu beraten. Die Unterstützung beinhaltet die Hilfe bei der Beantragung von Fördergeldern, die Vermittlung von Räumen und Fachberatern. Typisch ist die Aussage von Engagierten in Mitgliedsorganisationen: 'Den Verband brauchen wir nur, damit ein Stempel auf unsere Förderanträge kommt'« (Heinze/Bucksteeg 1996, S. 144).

119 »Manche Selbsthilfegruppen und -verbände, wie z. B. die große und leistungsfähige Lebenshilfe, machen keinen Hehl daraus, daß sie die kostenträchtige Mitgliedschaft in einem Wohlfahrtsverband nur aufrecht erhalten, weil ihre eigenen, natürlich gleichfalls kostenträchtigen Spitzenstrukturen, die sie um einer qualitativen und nicht durch fremde Interessen gestörten Sacharbeit willen unterhalten müssen, keinen Zugang zu den Geldtöpfen haben« (Bischoff 1996, S. 252).

4. Das Ehrenamt in Jugendverbänden *(Wiebken Düx[1])*

Das Forschungsinteresse an der Situation der Ehrenamtlichen in Jugendverbänden ist in den letzten Jahren merklich gestiegen. Seit den 60er Jahren gibt es eine wachsende, mit Beginn der 80er Jahre deutlich zunehmende und in den 90ern noch einmal sprunghaft ansteigende Zahl empirischer Untersuchungen, die sich mit dem Thema »Ehrenamt/Ehrenamtliche in Jugendverbänden« beschäftigen.[2] Ebenso hat die theoretisch-analytische und zeitdiagnostische wissenschaftliche Diskussion sowie die der Jugendverbände zu diesem Themenkomplex zugenommen, und auch in der Politik erfreut sich das Thema Ehrenamt nicht nur allgemein, sondern auch speziell bezogen auf den Bereich der Jugendverbandsarbeit zunehmender Beliebtheit.

Die verschiedenen Diskurse der Politik, der Sozialwissenschaften und der Jugendverbände zum Thema Ehrenamt im Jugendverband sind oft nicht eindeutig zu trennen, da auch Politik und Jugendverbände einen Beitrag zum wissenschaftlichen Diskurs leisten (vgl. BMFSFJ 1996a; DBJR 1994) und die wissenschaftlichen Erörterungen in die Diskussion von PolitikerInnen und Verbänden einfließen. Dabei verfolgen Politik, Jugendverbände und Wissenschaft je unterschiedliche Interessen:

- Die *Politik* hat ein doppeltes Interesse an Ehrenamtlichkeit, zum einen – mit Blick auf die leeren öffentlichen Kassen – an Kostenersparnis durch ehrenamtliches Personal und zum anderen an der symbolischen Bedeutung des Ehrenamts als Ausdruck einer humanen, solidarischen Gesellschaft (vgl. Münchmeier 1988, S. 57 ff.).
- *Jugendverbände* haben aus mehreren Gründen ein Interesse am Ehrenamt: Erstens gehört es zu ihren historischen und konzeptionellen Grundlagen, zweitens sind sie organisatorisch und ökonomisch darauf angewiesen, um ihr Angebot aufrechterhalten zu können, drittens erhöht es ihre öffentliche Bedeutung und ist mit finanzieller Förderung von seiten des Staats verbunden.
- Die *Wissenschaft* hat ein Interesse an Erkenntnis, z. T. auch an einer Verbesserung der Praxis, und nähert sich dem Thema historisch, theoretisch-analytisch und empirisch.

Trotz der Zunahme der Forschungsaktivitäten zum Thema Ehrenamtlichkeit im Jugendverband stehen zur Zeit keine umfassenden, empirisch abgesicherten Erkenntnisse über den quantitativen Umfang und die qualitative Bedeutung der Ehrenamtlichkeit in diesem gesellschaftlichen Bereich zur Verfügung. Zwar liegen für einzelne Verbände und Regionen repräsentative Untersuchungen vor,

---

1 Zum gleichen Thema erscheint demnächst im Eigenverlag des Deutschen Vereins für öffentliche und private Fürsorge eine ausführlichere Fassung der Verfasserin unter dem Titel »Das Ehrenamt im Jugendverband. Ein Forschungsbericht«.
2 Der Begriff »Ehrenamtlicher« wird in den meisten Jugendverbänden für die Bezeichnung der nicht-beruflichen MitarbeiterInnen verwendet. Der Begriff »Freiwilliger« bzw. »freiwilliger Mitarbeiter«, den der Jugendring Dortmund vorschlägt (vgl. Sass 1998, S. 41), hat sich für die Mehrheit der Verbände bisher nicht durchgesetzt.

aber es existiert bisher keine vergleichend angelegte repräsentative Überblicksstudie. Eine Expertise zum Achten Jugendbericht, die sich mit der gesellschaftlichen Bedeutung der Jugendarbeit auf der Basis empirischer Daten befaßte, kam 1990 zu dem Ergebnis, daß es »befriedigend standardisierte und großflächige Erhebungsverfahren für dieses Sozialisationsfeld Jugendarbeit« nicht gibt und das »allgemeine Defizit der Datenlage« (Sauter/Schrödinger 1990, S. 297) nur Trendaussagen zuläßt, die durch die empirischen Daten höchstens plausibel gemacht, aber nicht wissenschaftlich nachgewiesen werden können. Auch N. Weigel gelangt sieben Jahre später aufgrund der von ihr gesichteten, seit 1990 erschienen empirischen Erhebungen zu dem Schluß, daß die bisher vorliegenden Studien nicht imstande sind, »repräsentative verbandsübergreifende Aussagen zur Situation von Ehrenamtlichen in Jugendverbänden zu machen« (Weigel 1997, S. 12). Von diesen Befunden ausgehend sollen die folgenden Ausführungen den theoretisch-analytischen Diskurs und die empirische Forschung zum Thema Ehrenamt im Jugendverband darstellen und aufeinander beziehen, wobei auch auf die verbandliche und politische Diskussion eingegangen wird. Da die Situation des Ehrenamts in Jugendverbänden von Entwicklungen und Veränderungen der Jugendverbandsstrukturen direkt beeinflußt wird, sollen in einem ersten Schritt die Strukturmerkmale der Organisation Jugendverband und deren Wandel dargestellt werden.

4.1 Die Organisation Jugendverband

Jugendverbände gehören wie Kirchen und Wohlfahrtsverbände zu den nichtstaatlichen, freien und gemeinnützigen Organisationen, die in Deutschland den größten Teil der sozialen Dienste erbringen. Allerdings sind Jugendverbände – anders als Wohlfahrtsverbände und Kirchen – auf die Altersgruppe der Kinder und Jugendlichen spezialisiert. Noch immer leisten sie das Gros der Jugendarbeit, obwohl sich in diesem gesellschaftlichen Arbeitsfeld auch Kirchen, Wohlfahrtsverbände, lokale Initiativen und die Jugendämter (als Träger der öffentlichen Jugendarbeit) betätigen.

Zur Zeit des deutschen Kaiserreichs sind Jugendverbände als Organisationen wert- und milieugebundenen sozialen Engagements aus den sozialkulturellen Milieus jener Zeit und der mit diesen verbundenen Vereinskultur hervorgegangen. Ihre historischen Wurzeln liegen zum einen in der bürgerlichen und sozialistischen Jugendbewegung und zum anderen in der Verbandsbildung im Rahmen der Jugendpflege. Sie wurden durch die freiwilligen Aktivitäten und Beiträge der Angehörigen ihrer jeweiligen Sozialmilieus geprägt und getragen und waren in der Regel auch auf diese begrenzt. Nach der Gleichschaltung bzw. Auflösung der Jugendverbände im Dritten Reich erfolgte in der Nachkriegszeit eine – schon in der Weimarer Republik begonnene – zunehmende Einbindung in ein Gesamtsystem staatlicher Jugendarbeit. Die ursprünglich zumeist kleinen, auf lokaler Ebene tätigen Gruppierungen und Vereine mit nur gering ausgeprägten überregionalen Verbandsstrukturen haben sich im Laufe der Zeit zu großen, auf Orts-, Kreis-, Landes- und Bundesebene agierenden Organisationen entwickelt. Seit über 100 Jahren bieten sie Heranwachsenden Räume für vielfältigste Aktivitäten und Formen der Freizeitgestaltung, und auch heute noch sind sie die »wichtigste außerschulische Sozialisationsinstanz neben der Familie« (Olk/Rauschenbach/Sachße 1995, S. 13).

Jugendverbände lassen sich beschreiben als »freiwillige Zusammenschlüsse junger Menschen mit dem Ziel, individuelle, soziale und politische Orientierung durch Erziehung und Bildung zu vermitteln« (Schäfer 1996, S. 337), um auf diese Weise zur Herausbildung persönlicher Identität und Wertorientierung Heranwachsender beizutragen.

4.1.1 Strukturmerkmale der Jugendverbände

Um einen Überblick über die bunte, vielfältige Jugendverbandslandschaft zu erhalten, bietet sich eine Systematisierung der einzelnen Verbände anhand ihrer Tätigkeitsbereiche, inhaltlichen Schwerpunkte, Ziele und Aufgaben an (vgl. Abb. 5). Entsprechend ihrer inhaltlichen Ausrichtung werden sie zum einen in fach- und sachbezogene Verbände und zum anderen in weltanschaulich orientierte Organisationen eingeteilt.[3] Eine weitere Differenzierung der Jugendverbände – danach, »ob sie in einem spezifischen Aktivitätskreis ihren ‚harten Kern' haben oder ob die Aktivitäten wechselndem multiplen Bezug unterliegen« (Schefold 1972, S. 69) – läßt sich mit der inhaltlichen Zuordnung der Verbände kombinieren

Blickt man auf die Jugendverbandsszene, so zeigt sich ein buntes Bild verbandlich organisierter Jugendarbeit. Hinsichtlich ihrer Traditionen, ihrer Größe, ihrer Tätigkeitsbereiche, Konzeptionen und Ziele, ihrer Organisationsformen und gesellschaftspolitischen Positionen stellen sich die einzelnen Verbände überaus unterschiedlich dar. Dennoch lassen sich gemeinsame Merkmale aufzeigen, die typisch für Jugendverbände sind und als Abgrenzungskriterien zu anderen Arbeitsfeldern und -formen der Jugendarbeit dienen können.

Als gemeinsame und wichtigste Grundprinzipien jugendverbandlicher Arbeit werden in der Fachliteratur und von den Verbänden selbst die folgenden genannt: Ehrenamtlichkeit (vgl. Kap. 4.2), (1) Freiwilligkeit, (2) Wertgebundenheit und (3) Selbstorganisation. Darüber hinaus lassen sich für die Mehrheit der Verbände noch weitere gemeinsame Merkmale finden: (4) eine Anbindung an Erwachsenenorganisationen, (5) ihre Organisationsform als Verein, (6) der Zusammenschluß in Jugendringen, (7) ihr Status als jugendpolitische Organisation im Sozialstaat, (8) Mischfinanzierung, (9) Erbringung sozialer Dienstleistungen für Kinder und Jugendliche[4], (10) Freizeitorientierung, (11) eine Sozialisations- und Erziehungsaufgabe sowie (12) als bevorzugte pädagogische Arbeitsform die Gruppenarbeit.

---

3 Allerdings orientieren sich auch die fach- und sachbezogenen Jugendverbände an bestimmten ideellen Konzepten, Werten und Normen.
4 Kinder im Sinne des KJHG sind Personen, die noch nicht 14 Jahre alt sind; zu den Jugendlichen zählen 14- bis 18jährige, zu jungen Volljährigen 18- bis 27jährige.

Abbildung 6: Klassifikation der Jugendverbände nach Verbandstypen (nach Tätigkeitsbereichen, Inhalten, Zielen und Aufgaben)[5]

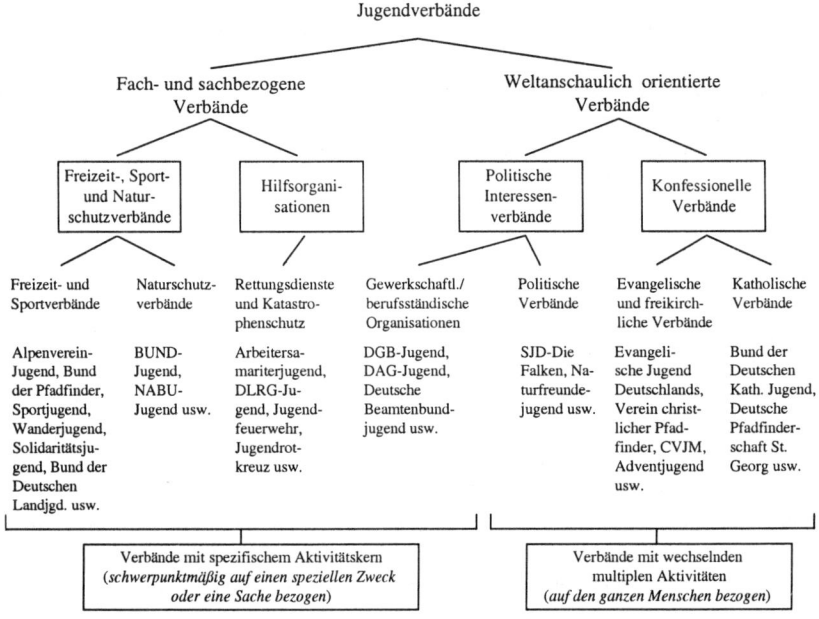

(1) *Freiwilligkeit der Teilnahme und Mitarbeit:* Im Gegensatz zum gesellschaftlich stark strukturierten und kontrollierten Erziehungsfeld Schule ist die Teilnahme an den Angeboten der Jugendverbände freiwillig. Jugendverbände müssen sich darum bemühen, auf freiwilliger Basis sowohl genügend jugendliche TeilnehmerInnen für ihre Angebote zu gewinnen als auch aus der Gruppe der TeilnehmerInnen genügend ehrenamtliche MitarbeiterInnen zu rekrutieren. Beides scheint heute zunehmend schwieriger zu werden, unter anderem auch weil sich die für die Gewinnung ehrenamtlicher MitarbeiterInnen besonders wichtige Altersgruppe der 16- bis 18jährigen verstärkt aus den Jugendverbänden zurückzieht (vgl. DBJR 1994, S. 225).

(2) *Milieunähe, Traditions- und Wertgebundenheit:* Jugendverbände entstanden aus den spezifischen sozial-moralischen Milieus des ausgehenden 19. Jahrhunderts, rekrutierten ihren Nachwuchs aus diesen Milieus und sorgten umgekehrt für die Stabilisierung und Reproduktion der Milieus. Den Jugendlichen wurden über Sach-, Lokal- und Zweckgemeinschaften, über Wert- und Gesinnungsmilieus Identifikationsmöglichkeiten geboten. Als Weltanschauungsverbände folgen Jugendverbände auch heute noch normativen Vorstellungen und Traditionen und sind bestimmten Sozialmilieus verpflichtet, die sich im Zuge

---

5 Jugendorganisationen der politischen Parteien sind im »Ring politischer Jugend« zusammengeschlossen und erhalten eine eigene staatliche Förderung für ihre Arbeit. Sie sind parteipolitisch ausgerichtet und gelten nicht als »klassische« Jugendverbände. Daher werden sie in dieser Untersuchung nicht berücksichtigt.

gesellschaftlicher Modernisierung zunehmend aufzulösen und ihre Bindungskraft für Jugendliche zu verlieren scheinen (vgl. Gängler 1995a, S. 191 ff.).

(3) *Selbstorganisation:* Neben der Ehrenamtlichkeit gilt das Prinzip der Selbstorganisation Jugendlicher als wesentliches Charakteristikum der verbandlichen Jugendarbeit. Die im KJHG festgelegte Selbstorganisation, Mitgestaltung und Mitverantwortung der Jugendverbandsarbeit durch Kinder und Jugendliche[6] entspricht auch dem Anspruch und Selbstverständnis der Jugendverbände. Im Unterschied zu anderen gesellschaftlichen Sozialisationsinstanzen (wie etwa der Schule) sind Mitbestimmung und Selbstorganisation der Kinder und Jugendlichen erklärtes Ziel der Organisation. Ehrenamtliche Mitarbeit hat funktionale Bedeutung für das Prinzip der Selbstorganisation im Jugendverband, da sie Jugendlichen Möglichkeiten der Teilnahme an Planungs-, Gestaltungs- und Entscheidungsprozessen bietet. Im programmatischen Diskurs der Jugendverbände gilt Ehrenamtlichkeit als grundlegende Voraussetzung, um den Anspruch auf Selbstorganisation zu erfüllen (vgl. DBJR 1993a, S. 63). Allerdings unterscheidet sich die Selbstorganisation im Jugendverband von der trägerunabhängigen Selbstorganisation im Bereich der Selbsthilfe durch die höhere organisatorische Eingebundenheit der Ehrenamtlichen (vgl. Rauschenbach 1993, S. 30 f.). Seit einiger Zeit wird von wachsenden Schwierigkeiten der Verbände, Ehrenamtliche für die Mitarbeit in Gremien und damit auch für Aufgaben der Selbstorganisation und verbandlichen Mitbestimmung zu gewinnen, berichtet (vgl. Galuske 1996, S. 5).

(4) *Das Verhältnis Jugendverband – Erwachsenenorganisation:* Die meisten Jugendverbände sind Gliederungen von Erwachsenenorganisationen, die ähnliche Ziele und Traditionen wie die jeweils zugehörigen Jugendverbände verfolgen. Lediglich die verschiedenen PfadfinderInnenverbände, Gruppen der bündischen Jugend und vereinzelte kleine Verbände existieren ohne Verbindung zu einer Erwachsenenorganisation. Funktionäre und erwachsene ehrenamtliche MitarbeiterInnen der Jugendverbände sind oft zugleich Mitglieder und Funktionäre der entsprechenden Erwachsenenorganisationen. Letztere rekrutieren ihren Nachwuchs zu einem großen Teil aus den zugehörigen Jugendverbänden, und zwar speziell aus der Gruppe der Ehrenamtlichen.

(5) *Vereinsförmige Organisationsform:* Jugendverbände sind wie Wohlfahrtsverbände gemeinnützige Nonprofit-Organisationen, die im »Zwischenbereich zwischen Markt, Staat und Familienhaushalten« (Olk/Rauschenbach/Sachße 1995, S. 16) angesiedelt sind und unterschiedliche Zielsetzungen und Handlungslogiken in sich vereinigen. Als Anbieter sozialer Dienstleistungen müssen sie sich am Markt gegen die Konkurrenz anderer Anbieter behaupten und in bestimmtem Ausmaß einer betriebswirtschaftlichen Rationalität von Effektivität und Effizienz folgen. Da sie für ihre Arbeit auf öffentliche Mittel angewiesen sind, können sie in ihren Programmen und Angeboten nicht nur ihren

---

6 Aus der Sicht des Gesetzgebers wird in »Jugendverbänden und Jugendgruppen ... Jugendarbeit von jungen Menschen selbst organisiert, gemeinschaftlich gestaltet und mitverantwortet« (§ 12, Abs. 2 KJHG).

eigenen Interessen und denen ihrer jugendlichen Mitglieder folgen, sondern müssen auf die staatlich festgelegten Kriterien der Subventionsvergabe Rücksicht nehmen. Gleichzeitig müssen sie sich als Wertgemeinschaften an den Anforderungen gemeinschaftlichen Handelns orientieren (vgl. ebd., S. 16 ff.). Dies findet seinen Ausdruck auch im rechtlichen Status der Jugendverbände, die als Träger der freien Jugendhilfe – obwohl staatlich angeregt und gefördert – privatrechtlich, überwiegend im Rahmen des Vereinsrechts, organisiert sind.

(6) *Zusammenschluß in Jugendringen:* In den freiwilligen Arbeitsgemeinschaften der Jugendverbände, den Jugendringen in Bund, Ländern, Kreisen und Kommunen, sind nahezu alle Jugendverbände vertreten. Der Deutsche Bundesjugendring (DBJR) ist die Bundesarbeitsgemeinschaft der meisten Jugendverbände in der Bundesrepublik.[7] Seine Arbeit ist bestimmt durch

- die Vertretung jugendpolitischer Interessen gegenüber Parlament, Regierung und Öffentlichkeit;
- die Funktion als Kommunikations- und Informationsorgan für seine Mitgliedsverbände zur Abstimmung jugendpolitisch relevanter Fragen (vgl. Jordan/Sengling 1992, S. 226).

(7) *Jugendpolitische Organisationen:* Der Bereich der Jugendarbeit ist nach dem Grundsatz der Subsidiarität und Partnerschaft zwischen öffentlichen und freien Trägern geregelt (vgl. § 4, Abs. 1 und 2 KJHG). Als Träger der Jugendhilfe sind Jugendverbände Teil des jugendpolitischen Systems im bundesrepublikanischen Sozialstaat und haben Zugang zu Ressourcen wie Geld, Material und Personal (vgl. Schefold 1995, S. 419). Das KJHG stellt die wesentliche rechtliche Grundlage für ihre Arbeit dar. Als Besonderheit der Jugendverbandsarbeit betont das KJHG neben der Selbstorganisation durch Kinder und Jugendliche das jugendpolitische Mandat der Jugendverbände (§ 12, Abs. 2).

(8) *Mischfinanzierung:* Jugendverbände finanzieren sich immer aus mehreren Quellen[8], allerdings überwiegend aus öffentlichen Mitteln. In der Regel sind alle staatlichen Ebenen an der finanziellen Förderung der Jugendarbeit beteiligt.[9] Aus der finanziellen Abhängigkeit der Jugendverbände vom Staat ergibt sich das Problem der Sicherung ihrer Autonomie. Die Angewiesenheit auf

---

7 Allerdings ist der von der Anzahl seiner Mitglieder her größte Jugendverband, die Deutsche Sportjugend (DSJ), nicht Mitglied im DBJR. Die DSJ ist aber in der Regel in Landes-, Kreis- und Stadtjugendringen vertreten. Obwohl die Sportjugend im Rahmen der Jugendverbandsarbeit eine besondere Rolle spielt und ihre Arbeit als pädagogische Arbeit umstritten ist (vgl. Dierkes 1985; Brinkhoff 1992), wird sie hier zu den Jugendverbänden gezählt.

8 Jugendverbände finanzieren sich aus Mitteln der staatlichen Jugendförderungspläne und -gesetze, aus Zuwendungen der Erwachsenenorganisation, aus Eigenmitteln wie Mitglieder- und Teilnehmerbeiträgen und aus diversen Sonder-, Modell- und Zusatzprogrammen öffentlicher und privater Geldgeber (vgl. Damm u. a. 1990, S. 130 ff.).

9 Auf Bundesebene ist das Hauptförderungsinstrument der Bundesjugendplan. Die Bundesländer haben unterschiedliche gesetzliche Regelungen (Landesjugendpläne, Jugendbildungsgesetze, Jugendprogramme etc.), i. d. R. bilden die Landesjugendpläne die Grundlage für die Förderung der Verbände (vgl. Schäfer 1996, S. 338).

öffentliche Förderung neben der Unterstützung durch die Erwachsenenverbände bedingt die strukturelle Krisenanfälligkeit der Jugendverbände. Mittelkürzungen und Prioritätenänderungen seitens des Staates wirken sich direkt auf die Arbeit der Jugendverbände aus.

(9) *Soziale Dienstleistungen für Kinder und Jugendliche:* Zielgruppe der Jugendverbandsarbeit sind Kinder und Jugendliche, wobei die verschiedenen Altersgruppen in den einzelnen Verbänden unterschiedlich stark vertreten sind.[10] In den folgenden Bereichen erbringen Jugendverbände Leistungen für Heranwachsende:

• Bildung, Erziehung und Sozialisation;
• Interessenrepräsentation und -vertretung;
• Freizeitangebote und -gestaltung;
• Alltagsberatung und -unterstützung (vgl. Gängler/Winter 1991, S. 220).

Neue, von einzelnen Jugendverbänden wahrgenommene Aufgaben sind die Ausbildung Jugendlicher und der Umgang mit Jugendarbeitslosigkeit, Drogenproblemen, Aggression, Gewalt sowie sozialer Benachteiligung. Zudem existiert auch ein breites Angebot offener Jugendarbeit der Jugendverbände. Mit diesen letztgenannten schwierigen Aufgaben, die eher in den Bereich der Jugendsozialarbeit als der Jugendarbeit gehören, sind Ehrenamtliche z. T. überfordert, hier sind beruflich qualifizierte MitarbeiterInnen gefragt.

(10) *Freizeitorientierung:* Jugendverbandsarbeit findet in der Freizeit der Kinder und Jugendlichen statt. Gemeinsame Freizeitgestaltung ist eine zentrale Aufgabe der Jugendverbände. Jugendliche können daran sowohl aktiv Anteil nehmen als auch Angebote des Verbands »konsumieren« (Gängler 1991, S. 471). Verfügung über freie Zeit, eine der Voraussetzungen ehrenamtlichen Engagements, scheint heute aufgrund der großen Auswahl an unterschiedlichsten Freizeitangeboten und der vielfältigen Freizeitinteressen und -verpflichtungen Jugendlicher ein immer knapperes Gut zu werden. Auch hierin ist einer der Gründe für die von den Jugendverbänden beklagten Schwierigkeiten der Rekrutierung Ehrenamtlicher zu sehen.

(11) *Sozialisations- und Erziehungsaufgabe:* Sozialisations- und Erziehungsaufgaben gehören seit der Erklärung von St. Martin (1962) zu Selbstverständnis und Programmatik der meisten Jugendverbände (vgl. DBJR 1962, S. 449 ff.). Der Erziehungs- und Bildungsauftrag ist auch Voraussetzung der Anerkennung als freier Träger der Jugendarbeit und der Förderungswürdigkeit durch Jugendplanmittel (vgl. § 75 KJHG). Den meisten Verbänden werden sowohl sozialintegrative als auch emanzipatorische Funktionen für die Jugendlichen zugeschrieben (vgl. Steinkamp 1991, S. 268).

---

10 Nach Damm u. a. (1990, S. 33) liegt das Alter der AdressatInnen der Jugendverbände zwischen 6 und 25 Jahren. Die Gruppe der 15- bis 18jährigen ist in allen Jugendverbänden vertreten. Es finden sich aber häufig auch noch ältere Jugendliche bzw. junge Erwachsene als NutzerInnen der Jugendverbandsangebote.

(12) *Die (Gleichaltrigen-)Gruppe als Kern der verbandlichen Jugendarbeit:* Die klassische Organisationsform Jugendlicher im Jugendverband ist die Gleichaltrigengruppe, in der sich Jugendliche in überschaubarer Zahl regelmäßig, meist wöchentlich über einen längeren Zeitraum, in der Regel unter Leitung eines oder auch mehrerer ehrenamtlicher GruppenleiterInnen auf lokaler Ebene treffen. Allerdings scheint die kontinuierliche Gruppenarbeit seit den 60er Jahren – vor allem in großstädtischen Gebieten – deutlich zurückzugehen (vgl. Bäumler/Bangert/Schwab 1994, S. 64). Neben der Gruppenarbeit finden sich heute methodisch und inhaltlich vielfältige und unterschiedliche Arbeitsansätze. Mehr und mehr kommen Projekte und kurzfristige, zeitlich begrenzte Aktivitäten hinzu.

4.1.2 Die gesellschaftliche Bedeutung der Jugendverbände

Jugendverbände erbringen wichtige soziale Dienstleistungen für die nachwachsende Generation und damit auch für die Gesellschaft. Sie erfüllen – nach eigenem wie staatlichem Verständnis – eine »öffentliche Aufgabe« im bundesdeutschen Sozialstaat und haben den Anspruch, eine Selbstorganisation der Jugend zu sein, sie zu repräsentieren und zu organisieren. Die von den Jugendverbänden gebotenen Möglichkeiten eines gesellschaftlichen Frei- und Experimentierraums, um eigene Erfahrungen mit unterschiedlichen Lebensentwürfen, Weltanschauungen und Sinnorientierungen zu machen, haben eine nach wie vor nicht zu unterschätzende Bedeutung für Kinder und Jugendliche. Jugendverbände geben den Heranwachsenden, die heute vielfach als Einzelkinder aufwachsen, die Möglichkeit, Beziehungen zu anderen Kindern und Jugendlichen sowie zum anderen Geschlecht zu knüpfen, und bieten Integrationsmuster in die Erwachsenengesellschaft an. Sie sind gleichzeitig Treffpunkt Gleichaltriger und Orte der Generationenbegegnung. Mit ihren unterschiedlichen Traditionen, Inhalten, Werten und spezifischen Profilen bieten Jugendverbände ein vielfältiges »Potential an Mustern der Lebensführung« (Schefold 1995, S. 419), Identifikationsmöglichkeiten und Orientierungen für die Heranwachsenden, wenn auch nur ein Teil der Jugendlichen diese Angebote annimmt. Veränderungen der Strukturmerkmale wirken sich sowohl auf die Beteiligung von Kindern und Jugendlichen an Angeboten der Verbände als auch auf Dauer, Formen und quantitativen Umfang ehrenamtlichen Engagements und damit auch auf die gesellschaftliche Bedeutung und Legitimation der Jugendverbände aus.

4.1.3 Jugendverbände zwischen Selbstorganisation und Dienstleistung

Im theoretischen Diskurs über Jugendverbände spielen die Dienstleistungsdebatte und in ihrem Rahmen Fragen der Professionalisierung und Organisationsentwicklung zur Zeit eine wichtige Rolle. Dabei wird für die Jugendverbände ein Wandel von Wertgemeinschaften zu Dienstleistungsunternehmen angenommen (vgl. Gängler 1995b; Rauschenbach/Sachße/Olk 1995). Diese Annahme teilen die Jugendverbände mehrheitlich nicht (vgl. DBJR 1995). Jugendverbände erbringen zwar seit jeher soziale Dienstleistungen für Kinder und Jugendliche, doch verstehen sie selbst sich nicht als Dienstleistungsunternehmen. Das »Anbieter-Abnehmer-Modell« widerspricht ihrem Anspruch auf Selbstorganisation. Kinder und Jugendliche werden nicht als KundInnen oder KonsumentInnen, sondern als Mitglieder, TeilnehmerInnen oder Beteiligte betrachtet. Jugendverbände betonen, daß sie anders als kommerzielle Dienstleister Partizipation und Mitbestimmung der Heranwachsenden und nicht Anregung und Steigerung des jugendlichen Konsums anstreben.

Programmatisch bestehen Dienstleistungen der Jugendverbände insbesondere darin, Heranwachsenden Gelegenheit, Räume, Anregungen und Unterstützung für Prozesse der Selbstorganisation zu bieten, allerdings eingebunden in die Organisation Jugendverband und in Übereinstimmung mit deren Zielen. Einige empirische Studien aus den letzten Jahren belegen, daß Jugendverbände durch die Aktivitäten Jugendlicher gestaltet, verändert und für ihren Lebensalltag, ihre Interessen und Bedürfnisse genutzt werden können (vgl. z. B. Reichwein/Freund 1992; Dörre 1995).

Selbstorganisation, demokratische Mitbestimmung und Interessenvertretung fordern aktive Beteiligung und Verantwortungsübernahme Jugendlicher, sowohl an der Basis der Verbände als auch in Entscheidungs- und Verwaltungsfunktionen. Mitarbeit in Gremien ist unverzichtbarer Bestandteil der Selbstorganisation Jugendlicher. Mit dem Rückgang der Ehrenamtlichkeit – besonders im Bereich der Gremienarbeit – ist auch das Prinzip der Selbstorganisation gefährdet (vgl. Reichwein/Freund 1992, S. 70; Homfeldt u. a. 1995, S. 35 ff.).

Jugendverbände sind aufgrund der staatlichen finanziellen Förderung unabhängiger von Spenden und Mitgliedsbeiträgen, durch ihr hauptberufliches Personal leistungs- und handlungsfähiger und durch ihr im KJHG festgeschriebenes jugendpolitisches Mandat sowie die enge Einbeziehung ins sozialstaatliche System politisch einflußreicher geworden. Ihre zunehmende wohlfahrtsstaatliche Einbindung und die wachsende Verfachlichung und Verberuflichung ihrer Arbeit haben ebenso wie die abnehmende Organisationsbereitschaft Jugendlicher die Entwicklung der Jugendorganisationen zu »Dienstleistungsunternehmen« gefördert, wenn die Verbände sich auch gegen den Begriff und seine Assoziationen in Richtung auf eine Markt- und Warenförmigkeit des »Produktes« Jugendverbandsarbeit wehren (vgl. DBJR 1995, S. 13 ff.).

Als weitere Ursachen, die den Trend der Jugendverbände zu Dienstleistungsunternehmen verstärken, werden im wissenschaftlichen Diskurs zum einen die deutsche Wiedervereinigung und zum anderen neue Steuerungsmodelle in der öffentlichen Verwaltung genannt. Mit der Vereinigung der beiden deutschen Republiken war beschlossen worden, die Jugendverbandsstrukturen der alten Bundesländer auf die neuen zu übertragen. Ohne entsprechende sozialkulturelle Milieus und Traditionen und damit auch ohne einen festen Bestand an Ehrenamtlichen mußten Jugendverbände, Jugendringe und Angebote der Jugendarbeit in den neuen Bundesländern – zumeist mit Hilfe staatlicher Sonderprogramme – eingeführt und institutionalisiert werden (vgl. Olk/Rauschenbach/Sachße 1995, S. 22 ff.).

Im Gefolge der Modernisierung und Rationalisierung der öffentlichen Administration und der Zunahme der ökonomischen Rationalität im Feld der Sozialen Arbeit und Sozialpolitik müssen sich die Jugendverbände mit Personal- und Organisationsentwicklung, mit Budgetierung, Produktmanagement und neuen Steuerungsmodellen beschäftigen, um von den anderen Anbietern nicht vom Freizeitmarkt verdrängt zu werden. Einige Wissenschaftler sehen eine Zukunftschance für die Jugendverbände in der Verbindung von Dienstleistung und Wertorientierung, indem diese ihre Angebote einerseits professionell und qualitativ hochwertig und andererseits lebensweltnah und normativ begründet erbringen (vgl. ebd., S. 28 ff.). Ob dieser Vorschlag allerdings ohne eine Modifizierung der Prinzipien Ehrenamtlichkeit und Selbstorganisation und eine Aufwertung und Ausweitung der beruflichen Arbeit im Jugendverband zu realisieren ist, erscheint fraglich.

4.2 Das Prinzip der Ehrenamtlichkeit im Jugendverband

Ehrenamtlichkeit erscheint auch heute noch als »tragende Säule« (DBJR 1993b, S. 105) der Jugendverbandsarbeit, sowohl im Selbstverständnis der Verbände als auch in der öffentlich-politischen Wahrnehmung. In der wissenschaftlichen Diskussion wird allerdings eine eher abnehmende Bedeutung der Ehrenamtlichkeit im Jugendverband konstatiert (vgl. Müller 1991; Gängler 1995b, S. 75; Galuske 1996, S. 8). Ehrenamtliche MitarbeiterInnen tragen die Jugendverbandsarbeit seit Bestehen der Verbände durch ihre Arbeit mit den Jugendlichen, durch die Übernahme von Leitungs- und Verwaltungsfunktionen und durch jugend- und verbandspolitische Interessenvertretung. Auch heute noch wird – anders als bei den Wohlfahrtsverbänden und in der kommunalen Jugendarbeit – der weitaus größte Teil der Jugendverbandsarbeit ehrenamtlich erbracht. Hierfür lassen sich (1) historische, (2) konzeptionelle und (3) funktionale, d. h. praktisch-ökonomische Gründe anführen.

(1) *Historische Gründe:* Im Deutschland des ausgehenden 19. und beginnenden 20. Jahrhunderts war ehrenamtliches Engagement allgemeiner und selbstverständlicher Bestandteil des sich bildenden Vereins- und Verbandswesens. Die ehrenamtliche Arbeit in den Vereinen und Verbänden war eingebunden in Wert- und Lokalgemeinschaften in verhältnismäßig stabilen und homogenen Milieus, in denen die Menschen eine gemeinsame Weltanschauung, Werte- und Sinnorientierung und oft auch gemeinsame biographische oder sozial-räumliche Lebenswelten teilten (vgl. Rauschenbach 1991d, S. 287).

Von den beiden Traditionslinien der Jugendverbände hat die Tradition der kommunalen Jugendpflege die organisatorische Entwicklung der Ehrenamtlichkeit im Jugendverband beeinflußt, die Tradition der Jugendbewegung mit ihrer Herausbildung einer autonomen Jugendkultur hat die jugendkulturelle Seite des Ehrenamts geprägt. Die Tradition der Jugendbewegung hat ihre Anfänge um 1900 und führte um 1920 zu Institutionalisierungsformen. Ihre Prinzipien waren: »Jugend erzieht Jugend« und »Jugend führt Jugend«. Der Grundsatz der wechselseitigen Unterstützung und Hilfe Gleichbetroffener enthielt Elemente von Selbsthilfe und Selbstorganisation. Jugendverbände beziehen sich in ihren programmatischen Äußerungen oft auf diese Traditionslinie der Ehrenamtlichkeit. Historisch ist aber eher der Bezug zur staatlich geförderten und von gesellschaftlichen Organisationen durchgeführten Jugendpflege belegt. Schon der Jugendpflegeerlaß von 1911 bestimmte, daß die Arbeit in der Jugendpflege in der Regel ehrenamtlich zu leisten sei, und zielte damit auf pädagogisch interessierte und engagierte Erwachsene, die man für die Jugendpflege gewinnen wollte. Beide Traditionen vereinigen sich in der heutigen Jugendverbandsarbeit (vgl. Gängler 1993, S. 15).

(2) *Konzeptionelle Gründe:* Betrachtet man die Grundsatzerklärungen der Jugendverbände, so wird klar das Prinzip der Ehrenamtlichkeit als unverzichtbares, »konstitutives Element und herausragendes Wesensmerkmal« (Frank-Mantowski 1994, S. 64) der Jugendverbandsarbeit betont, zu dem es »keine realistische und wünschenswerte Alternative« (DBJR 1993b, S. 103) gibt. Ehrenamtlichkeit stellt danach die Voraussetzung für Freiwilligkeit, Selbstbestimmung, Selbstorganisation und »Eigensozialisation« von Kindern und Jugendlichen dar. Jugendverbände sehen sich als nahezu einzige Organisationsform, in der »umfassendes institutionelles Lernen in und an der Praxis der Organisation« (Corsa 1998, S. 333) durch das ehrenamtliche Engagement Jugendlicher ermöglicht wird. Durch die Übernahme ehrenamtlicher Tätigkeiten im Jugendverband bieten sich den Jugendlichen – nach dem Selbstverständnis der Verbände – Möglichkeiten des Erlernens und Erprobens von Demokratie, gesellschaftlicher Verantwortung und Solidarität. Ein Verzicht auf Ehrenamtlichkeit entzieht nach Einschätzung des derzeitigen Vorsitzenden des Deutschen Bundesjugendrings der Jugendverbandsarbeit die »Existenzgrundlage« (vgl. ebd., S. 39).

(3) *Praktisch-ökonomische Gründe:* Jugendverbände können zur Zeit sowohl aus organisatorischen wie finanziellen Gründen nicht auf ehrenamtliche MitarbeiterInnen verzichten, denn ohne deren unentgeltliche Arbeit wären die Angebote der Jugendarbeit angesichts leerer öffentlicher Kassen nicht im heutigen Maße aufrechtzuerhalten. Daraus leitet sich eine doppelte Bedeutung des ehrenamtlichen Engagements für die Verbände ab: Einerseits dienen ehrenamtlich erbrachte Leistungen der Verbände als Legitimation gegenüber den öffentlichen Geldgebern und andererseits ersparen ehrenamtliche MitarbeiterInnen Kosten, die sonst für zusätzliches bezahltes Personal aufgebracht werden müßten (vgl. Rauschenbach/Schilling 1995, S. 347). Auch das KJHG fordert und fördert die Unterstützung Ehrenamtlicher.[11] Eine vollständige Verberuflichung der gesamten ehrenamtlich geleisteten Jugendarbeit ist zur Zeit weder bezahlbar noch entspräche dies dem Interesse von Jugendverbänden und Politik.

---

11 Nach § 73 KJHG sollen ehrenamtlich tätige Personen bei ihrer Tätigkeit unterstützt, nach § 4, Abs. 3 KJHG sollen die verschiedenen Formen der Selbsthilfe gestärkt und nach § 74, Abs. 1 KJHG soll die freiwillige Tätigkeit gefördert werden.

4.2.1 Formen und Tätigkeitsfelder des Ehrenamts im Jugendverband

Ehrenamtliches Engagement findet auf allen Ebenen der Organisation »Jugendverband« statt. Dabei lassen sich, ebenso wie in anderen gesellschaftlichen Bereichen, personenbezogene und sachbezogene Ehrenämter unterscheiden.

Das *personenbezogene Ehrenamt* erscheint im Jugendverband vor allem als *pädagogisches Ehrenamt*, das sich auf die Bereiche Bildung, Erziehung und Sozialisation bezieht. Es findet zumeist an der Basis der Verbände, auf Ortsebene statt. Zum pädagogischen Ehrenamt gehört vor allem die Tätigkeit als GruppenleiterIn, Mitarbeit bei Bildungsveranstaltungen, Projekten und Aktionen, bei Freizeiten, Tagungen und Seminaren, internationalen Begegnungen, aber auch in der offenen Jugendarbeit und bei sonstigen Veranstaltungen sowie Alltagsberatung und Unterstützung. Die Jugendarbeit der Ehrenamtlichen umfaßt sowohl pädagogische Arbeit als auch die Vermittlung der spezifischen Inhalte und Werte des jeweiligen Verbands (z. B. Feuerwehrtechnik, sportliches Training, christliche Verkündigung). Eine weitere Ausprägung der personenbezogenen Ehrenamtlichkeit, die sich insbesondere bei den Hilfsorganisationen zeigt, besteht in der *direkten Hilfe* für andere. Beispielsweise leisten das Jugendrotkreuz mit Erste-Hilfe-Maßnahmen und die DLRG-Jugend durch die Rettung Ertrinkender direkte Hilfen von Mensch zu Mensch.

Daneben findet sich in den Jugendorganisationen eine Form der ehrenamtlichen Tätigkeit, die den Menschen und Organisationen indirekt, über die »Sache« vermittelt, zugute kommt. Diese Form der Ehrenamtlichkeit läßt sich als *sachbezogenes Ehrenamt* bezeichnen und umfaßt einen großen Teil der *fachspezifischen Aufgaben* der Verbände (wie z. B. die Überwachung öffentlicher Badestrände durch die DLRG-Jugend oder Feuerlöschen durch die Jugendfeuerwehr), aber auch andere *indirekte* Dienstleistungen. Zu den sachbezogenen Ehrenämtern können sowohl die politischen als auch die administrativen Ehrenämter gezählt werden.

Das *politische* Ehrenamt im Jugendverband beinhaltet die Arbeit in Leitungsausschüssen und -gremien, in Vorständen und Delegiertenversammlungen auf allen Ebenen der Organisation. Dazu gehört die Repräsentation und Vertretung der Interessen des Verbands und der Jugendlichen in der Öffentlichkeit wie auch die Interessenvertretung Jugendlicher innerhalb des Jugendverbands und gegenüber der Erwachsenenorganisation. Ins politische Ehrenamt gelangen die MitarbeiterInnen in der Regel durch Wahl, aber auch durch Berufung oder Kooptation.

Ähnlich stellt sich der Zugang zum *administrativen Ehrenamt* dar, das sich ebenfalls auf allen Ebenen des Verbands findet. Während im politischen Ehrenamt Entscheidungen für den Verband getroffen werden, bestehen die Aufgaben im administrativen Ehrenamt in Planung und organisatorischer Umsetzung der Entscheidungen, in Verwaltung und Finanzierung der Verbandsarbeit. Nicht immer lassen sich administratives und politisches Ehrenamt inhaltlich und personell eindeutig trennen. Oft gehören ehrenamtliche Verbandsfunktionäre gleichzeitig zu beiden Tätigkeitsbereichen.

Die Formen des ehrenamtlichen Engagements im Jugendverband haben sich im Verlauf der Zeit gewandelt. Zu Beginn waren Ehrenamtliche »reputierliche Erwachsene«, d. h. vor allem erwachsene Männer. Als Folge der Jugendbewegung mit ihrem Anspruch »Jugend führt Jugend« engagierten sich viele Jugendliche ehrenamtlich. Dies führte zu einer Aufteilung der ehrenamtlichen Tätigkeiten: Die Erwachsenen übernahmen Verbandsfunktionen, Leitungsgremien, Organisations- und Führungsaufgaben und die Interessenvertretung nach außen, also das politische Ehrenamt. Die pädagogische ehrenamtliche Arbeit dagegen (Jugendgruppe und Fahrt) wurde als Feld der Jugendlichen und jungen Erwachsenen angesehen. Im Jugendverband stellt sich das Ehrenamt heute somit in zweistufiger, altersdifferenzierter Form dar: Auf der Ebene der Verbandsorganisation wird durch das politische Ehrenamt von Erwachsenen eine Organisationsform geschaffen, die den Rahmen für das pädagogische Ehrenamt der Jugendlichen bildet, d. h. ehrenamtliche pädagogische Arbeit von Jugendlichen wird überwiegend von ehrenamtlichen und hauptamtlichen Erwachsenen organisiert (vgl. Gängler 1995a, S. 193).

4.2.2 Ehrenamtliche und berufliche MitarbeiterInnen – ungleiche KooperationspartnerInnen im Jugendverband

Neben den Ehrenamtlichen arbeiten in vielen Jugendverbänden haupt- und nebenberufliche MitarbeiterInnen. Haupt- und Ehrenamtliche sind ungleiche KooperationspartnerInnen, die unter strukturell ungleichen Bedingungen arbeiten, sowohl vom zeitlichen Einsatz her gesehen wie von der Kontinuität, der Qualifikation, dem Verpflichtungsgrad und der Vergütung der Arbeit. Die Ehrenamtlichen stellen zwar die Mehrheit der MitarbeiterInnen, doch ist dabei zu berücksichtigen, daß der zeitliche Aufwand der einzelnen Hauptamtlichen[12] normalerweise weit über dem Zeitaufwand der einzelnen Ehrenamtlichen liegt.[13]

Die hauptberuflichen MitarbeiterInnen sind für pädagogische, politisch-repräsentative, organisatorische und administrative Tätigkeiten, oft als BildungsreferentInnen, bei den Jugendverbänden angestellt. In der Regel haben sie eine pädagogische oder sozialwissenschaftliche Ausbildung mit Fachhochschul- oder Hochschulabschluß. Je nach Verbandsprofil besitzen sie aber auch andere spezifische Qualifikationen, z. B. in den konfessionellen Jugendorganisationen als TheologIn oder als SportlehrerIn bei der Sportjugend. Nebenberufliche MitarbeiterInnen sind auf Honorarbasis oder nur mit einem kleinen Teil ihrer Arbeitszeit in der Jugendarbeit tätig. Sie übernehmen zumeist spezielle Aufgaben im Verband, während die Hauptamtlichen für alle möglichen anfallenden Auf-

---

12 Zur Problematik des Begriffs »Hauptamtlicher« vgl. Kap. 3.4. Da die Bezeichnung »Hauptamtlicher« für die meisten (haupt)beruflichen MitarbeiterInnen in Jugendverbänden aber als terminus technicus in Abgrenzung zu den Ehrenamtlichen nach wie vor üblich ist, wird sie auch in diesem Kapitel benutzt.
13 Rauschenbach (1991a) schließt aus dem Anwachsen der beruflich in der Jugendarbeit Beschäftigten auf eine Annäherung des zeitlichen Umfangs der Arbeit von Haupt- und Ehrenamtlichen.

gaben zuständig sind. Nach der Grundsatzerklärung des Deutschen Bundesjugendrings von 1993 sollen die hauptberuflichen MitarbeiterInnen die Ehrenamtlichen aus- und fortbilden, beraten, unterstützen und begleiten sowie bei den organisatorischen Aufgaben und der Arbeit mit »schwierigen Zielgruppen« entlasten (vgl. DBJR 1993a, S. 65 ff.).

Da einerseits eine Fülle von Aufgaben von den hauptberuflichen MitarbeiterInnen zu bewältigen ist, es andererseits aber oft an klaren Aufgabenprofilen der Verbände für ihre Hauptamtlichen fehlt, führt dies zu einer Reihe von Spannungen zwischen den beruflich in den Jugendverbänden Tätigen und den (leitenden) Ehrenamtlichen sowie zu hoher Fluktuation der beruflichen MitarbeiterInnen. Selbst wenn ehrenamtliche Funktionäre in Leitungspositionen formal den beruflichen MitarbeiterInnen vorgesetzt sind, sind die tatsächlichen Machtverhältnisse und Kompetenzen in vielen Fällen nicht eindeutig geklärt. Hauptberufliche MitarbeiterInnen verfügen durch ihre Fachlichkeit, Erfahrung, Kontakte im Arbeitsfeld, kontinuierliche Anwesenheit und Zugang zu Informationen über viel (indirekte) Macht im Verband. Zudem kann das doppelte Mandat der angestellten MitarbeiterInnen – Vertretung der Interessen des Trägers wie der Jugendlichen – zu Konflikten führen.

4.2.3 Spezifische Merkmale des Ehrenamts im Jugendverband

Das Ehrenamt im Jugendverband ist – im Unterschied zu vielen anderen Feldern der Sozialen Arbeit – seit jeher kein karitatives für soziale Randgruppen oder Notlagen, sondern für »normale« Jugendliche. Es unterscheidet sich vom Ehrenamt in anderen gesellschaftlichen Bereichen nicht nur dadurch, daß hier nach wie vor überwiegend ehrenamtlich gearbeitet wird und die AdressatInnengruppe ausschließlich aus Kindern und Jugendlichen besteht, sondern auch dadurch, daß die Ehrenamtlichen selbst in ihrer Mehrheit Jugendliche und junge Erwachsene sind. Charakteristische Merkmale der Ehrenamtlichkeit in diesem gesellschaftlichen Bereich sind (1) die »Gleichaltrigenerziehung« sowie (2) die Möglichkeit, als Jugendlicher Status und Anerkennung zu gewinnen und (3) pädagogische, kreative, soziale und politische Fähigkeiten zu erproben.

(1) *Gleichaltrigenerziehung:* Das aus der Jugendbewegung stammende Konzept der Selbstorganisation und Selbsterziehung Jugendlicher bedeutet in der Gegenwart, daß im Jugendverband Kinder und Jugendliche durch andere, ihnen altersmäßig nahe Jugendliche erzogen werden. Ohne den Status, die Erfahrung und den Altersvorsprung Erwachsener zu besitzen, übernehmen Jugendliche eine Erziehungsrolle. Diese Form der pädagogischen Beziehung ermöglicht Lernprozesse, die durch eine »intergenerative« Erziehung nicht vermittelt werden können. Jugendliche geben ihre Erfahrungen an andere Heranwachsende weiter, denen sie alters- und statusmäßig nahe sind. Zugleich unterscheidet sich die Gleichaltrigenerziehung auch von der Sozialisation in der Clique, da die Kinder- und Jugendgruppen im Verband als pädagogisches Verhältnis von Jugendlichen zu anderen Jugendlichen organisiert werden, z. B. durch Schulung der ehrenamtlichen Jugendlichen (vgl. Gängler 1988, S. 127 ff.).

(2) *Anerkennung und Statusgewinn durch ehrenamtliches Engagement:* Ehrenamtliches Engagement stellt für Jugendliche eine Möglichkeit der Gewinnung sozialer Anerkennung dar, besonders innerhalb des Verbands, seltener auch in der lokalen Öffentlichkeit (vgl. Funk/Winter 1993; Sass 1994, 1995).

(3) *Möglichkeiten des Experimentierens mit eigenen Fähigkeiten und Interessen:* Jugendverbände ermöglichen Heranwachsenden, »Ersterfahrungen in Sachen gesellschaftlichen Engagements« zu machen (Corsa 1998, S. 333), vor Beginn von Berufstätigkeit und Familiengründung pädagogische, soziale und politische Fähigkeiten einzuüben, eigene Interessen und Begabungen zu erproben sowie Verantwortung für bestimmte Aufgaben zu übernehmen. Die pädagogischen Kompetenzen und Qualifikationen, die Ehrenamtliche im Jugendverband erwerben, können – abgesehen von der Ausbildung für pädagogische Berufe – sonst in keinem anderen gesellschaftlichen Bereich erworben werden. Zudem scheint die ehrenamtliche Jugendarbeit auch motivierend für das Ergreifen pädagogischer und sozialer Berufe zu wirken (vgl. Gängler 1993, S. 18).[14]

4.3 Empirische Studien zum Ehrenamt im Jugendverband

Um die These vom subjektiv-individuellen wie objektiv-strukturellen Wandel des Ehrenamts zu überprüfen, wurden 40 empirische Studien (sowohl wissenschaftlich legitimierte als auch sogenannte »graue« Literatur), die Ehrenamtlichkeit/Ehrenamtliche im Jugendverband im Zeitraum zwischen 1958 und 1998 untersucht haben, gesichtet und miteinander verglichen (vgl. Tab. 5).

Die Mehrheit der Studien wurde im Rahmen der Hochschulforschung angefertigt. Dabei läßt sich ein wachsendes Interesse der empirischen Wissenschaft am Thema Ehrenamt im Jugendverband feststellen.[15] Daß auch die Jugendverbände selbst, verstärkt seit Beginn der 90er Jahre, Untersuchungen durchführen und/oder an WissenschaftlerInnen Forschungsaufträge vergeben, demonstriert den Wunsch, ihre Situation zu erkennen und zu verbessern, aber auch, ihre Arbeit zu legitimieren und in der Öffentlichkeit darzustellen (vgl. Kreisjugendring Pinneberg 1997, S. 108). Als Erhebungseinheiten geraten hauptsächlich Personen in den Blick der Forschenden, während die Jugendverbände als ehrenamtlich konstituierte Organisationen kaum untersucht werden. Die große Mehrheit der Studien betrachtet (ausschließlich oder unter anderen) ehrenamtlich tätige Personen in unterschiedlichen, nicht nur verbandlichen Arbeitsfeldern und Funktionen, vor allem als GruppenleiterInnen.

---

14 Nach einer Untersuchung in Baden-Württemberg erwarben 37% aller ehrenamtlichen MitarbeiterInnen in der Jugendarbeit eine berufliche pädagogische Qualifikation oder hatten bereits einen pädagogischen Beruf (vgl. Oswald/Schinzler 1987).

15 Böhnisch/Gängler/Rauschenbach (1991, S. 162 ff.) und Gängler (1994, S. 31 ff.) weisen darauf hin, daß dies nicht immer so war, sondern daß bis zu Beginn der 90er Jahre die Jugendverbände sich der wissenschaftlichen Erforschung zum Teil entzogen haben, daß aber umgekehrt auch Wissenschaft und Forschung kein großes Interesse an Jugendverbänden gezeigt haben.

Tabelle 5: Empirische Studien zum Ehrenamt in Jugendverbänden (n = 40)

Jahr	AutorInnen	Thema	Verbandstyp
1958	Pfeiffer	Die Situation der Gruppenführerin im BDKJ	BDKJ
1961	Wurzbacher	Funktion d. CP f. Gesellschaft u. Individuum	Christl. Pfadfinder
1969	Mollenhauer u. a.	Struktur und Wirkung der ev. Jugendarbeit	Ev. Jugendarbeit
1978	Sielert	Situation u. Qualifikation der Mitarbeiter	-
1979	Rüppel	Ausbildung der Ehrenamtlichen	Ev. Jugendarbeit
1981	Reckmann	Funktion verbandlicher Sozialisation	-
1982	Hamburger u. a.	Selbstverständnis der Ehrenamtlichen	-
1983	Beck/Wulf	Ehrenamtliche i. d. präventiven Jugendarbeit	-
1983	Kliemann	Identität der Gruppenleiter	Ev. Jugendarbeit
1984	Gernert	Selbstverständnis ehrenamtl. Gruppenleiter	-
1985	Beck/Wulf	Selbstverständnis der Mitarbeiter	BDKJ
1985	Dierkes	Konzeptionelle Grundlagen d. Sportjugend	Sportjugend
1985	Niklaus	Identitätsentwicklung der Gruppenleiter	Christl. Pfadfinder
1986	Sauter	Funktion des Ehrenamts im Jugendverband	-
1986	Wulf	Bedingungen der Unterstützung Ehrenamtl.	-
1988	Brusten/Hugo	Kooperation: Jugendverbände/Kommune	-
1990	Trauernicht/Wieneke	Situation der Mädchen im Jugendverband	-
1991	Sinkwitz	Situation der Landjugendgruppen	Landjugend
1991	Stüwe/Weigel	Aufgaben und Struktur der Jugendverbände	-
1992	Brinkhoff	Alltag Jugendlicher u. Ehrenamtl. im Sport	Sportjugend
1992	Reichwein/Freund	Biograph. Bedeutung der Mitgliedschaft	DLRG
1993	Funk/Winter	Entfaltung und Anerkennung im Ehrenamt	DPSG
1993	Hennen/Sudek	Motivation zur Beteiligung im Verband	-
1993	Landesjugendpfarramt	Situation der ev. Jugendarbeit	Ev. Jugendarbeit
1993	Lang	Situation ehrenamtlicher Mitarbeiter	-
1993	Schulz	Konzept. Orientierungen Ehrenamtlicher	Ev. Jugendarbeit
1994	Bäumler u. a.	Bedeutung ev. Jugendarbeit für Jugendliche	Ev. Jugendarbeit
1994	Niemeyer	Ehrenamtliches Engagement von Frauen	-
1994	Sass	Situation der Dortmunder Jugendverbände	-
1995	Dörre	Biographie u. gewerkschaftl. Engagement	Gewerkschaft
1995	Homfeldt u. a.	Situation der Jugendfeuerwehr	Jugendfeuerwehr
1996	Flösser u. a.	Bestandsaufnahme der ev. Jugendarbeit	Ev. Jugendarbeit
1997	Auerbach/Wiedemann	Ehrenamtl. Engagement von Schülern	-
1997	Jugendrotkreuz	Situation des Jugendverbands	Jugendrotkreuz
1997	KJR Pinneberg	Ehrenamtliche in Jugendverbänden	-
1997	KJR Rems-Murr	Offene- und Verbandsjugendarbeit	-
1997	Nörber	Ehrenamtl. Engagement im Jugendverband	-
1997	Pape	Arbeitsmotivation jugendl. Ehrenamtlicher	DAG
1997	Stein/Schneider	Bestandsaufnahme der kath. Jugendarbeit	Kath. Jugendarbeit
1997	Vogt/Ziergiebel	Situation des Ehrenamts im Sportverein	Sportjugend

Betrachtet man die Studien nach Verbands- *und* Regionalbezug, so zeigt sich, daß es keine auf die gesamte Bundesrepublik bezogene verbandsübergreifende Untersuchung gibt, sondern bundesweite Befragungen stets nur für einen Verband durchgeführt wurden. Die Sichtung der verbandsspezifischen Studien macht deutlich, daß sich das Forschungsinteresse vor allem auf die konfessio-

nellen, insbesondere evangelischen Jugendverbände konzentriert. Gut erforscht
ist auch der Bereich der Rettungsdienste. Hier liegen drei neuere bundesweite,
repräsentative Untersuchungen der Jugendorganisationen vor. Insgesamt ließen
sich vier repräsentative Erhebungen einzelner Jugendverbände, die sich auf die
gesamte Bundesrepublik beziehen, finden: das Landjugendporträt '90 von Sinkwitz (1991), die DLRG-Studie von Reichwein/Freund (1992), die Jugendfeuer-
wehrstudie von Homfeldt u. a. (1995) und die (nur eingeschränkt repräsentative) Jugendrotkreuzuntersuchung (1997). Die beiden letzteren Untersuchungen
schließen auch schon die neuen Bundesländer mit ein. Weniger erforscht sind
die Jugendverbände im Freizeit- und Sportbereich sowie in der Gewerkschaftsjugend. Für die politischen und Naturschutzverbände konnten kaum empirische Daten ausfindig gemacht werden. Ebenso fehlen weitgehend Untersuchungen zum Umfang wie zur Bedeutung der Ehrenamtlichkeit in den Jugendverbänden der neuen Bundesländer.[16] In die verbandsübergreifenden Untersuchungen sind – mit Ausnahme der Jugendorganisationen der Naturschutzverbände – fast durchgehend alle Jugendverbandstypen einbezogen worden.

4.4 Ausgewählte empirische Ergebnisse

Ein Vergleich der empirischen Studien ist nicht unproblematisch, da diese inhaltlich, methodisch und wissenschaftlich höchst unterschiedlich angelegt sind.
Die Erhebungen stellen in der Regel punktuelle Querschnittuntersuchungen dar,
Langzeit- bzw. Wiederholungsuntersuchungen liegen bis auf eine Ausnahme
(vgl. Sinkwitz 1991) nicht vor, d. h. das Entwicklungstendenzen von der Datenlage her nur bruchstückhaft nachvollzogen werden können.

4.4.1 Ehrenamtliche und berufliche MitarbeiterInnen im Jugendverband – die
quantitative Dimension

Um das quantitative Ausmaß ehrenamtlichen Engagements festzustellen, reichen die Angaben aus den vorliegenden empirischen Studien zum Ehrenamt im
Jugendverband nicht aus. Da diese sich entweder nur auf eine bestimmte Region und/oder einen speziellen Verband beziehen und zudem nur Stichproben erheben, liefern sie kaum Anhaltspunkte zur Gesamtzahl der Ehrenamtlichen in
Jugendverbänden. Deshalb wurden auch allgemeine empirische Untersuchungen zur Ehrenamtlichkeit zu Rate gezogen.
   Genaue, allgemeingültige und akzeptierte Aussagen über die Anzahl der Ehrenamtlichen in Jugendverbänden liegen nicht vor. Ihre Gesamtzahl läßt sich
nach wie vor nur annäherungsweise schätzen (vgl. Rauschenbach/Schilling
1995, S. 347). Die Zahl der beruflich in der Jugendverbandsarbeit Tätigen
wächst seit Ende der 60er Jahre stetig, während bei aller Ungewißheit über die

---

16 Als einzige verbandsspezifische Untersuchung aus den neuen Bundesländern ist eine
   Erhebung der Sportjugend Mecklenburg-Vorpommern zu nennen (vgl. Vogt/Zier-
   giebel 1997). Zu den widersprüchlichen Aussagen zum quantitativen Ausmaß ehrenamtlichen Engagements in den neuen Bundesländern vgl. Corsa (1998, S. 324).

tatsächliche Anzahl der Ehrenamtlichen ihre Zahl doch in vielen Verbänden abzunehmen oder zumindest zu stagnieren scheint.[17] Angaben über den Anteil Ehrenamtlicher an der Gesamtzahl der MitarbeiterInnen schwanken zwischen 87% und 99%.[18]

Die Schwierigkeiten der zahlenmäßigen Erfassung der Ehrenamtlichen und die Unterschiedlichkeit der in der Fachliteratur genannten Zahlen sind auch darin begründet, daß nicht klar ist, wer überhaupt zu zählen ist: Sind nur die sich über Jahre engagierenden GruppenleiterInnen und Funktionäre in Gremien zu berücksichtigen oder auch MitarbeiterInnen, die nur einmal im Jahr bei einer Freizeit mitmachen? Zudem scheint auch die fast ausschließlich ehrenamtliche Struktur einiger Jugendverbände eine regelmäßige Erfassung der MitarbeiterInnen zu erschweren. Darüber hinaus ist es fraglich, inwieweit Jugendverbände überhaupt ein Interesse an einer genauen Erfassung ihrer MitarbeiterInnen haben, da ihnen negative Bilanzen politisch und finanziell schaden könnten (vgl. Rauschenbach 1991b, S. 119).

Ebenfalls unklar ist die Anzahl ihrer Mitglieder, aus denen sich i. d. R. die ehrenamtlichen MitarbeiterInnen rekrutieren. In manchen Angaben zur Anzahl der Ehrenamtlichen wird von der Anzahl der Mitglieder auf die Zahl der Ehrenamtlichen geschlossen, zumeist in einem Verhältnis von 10 : 1, d. h. daß ein Ehrenamtlicher auf 10 Mitglieder gerechnet wird, so z. B. in der Expertise von Sauter/Schrödinger (1990, S. 319). Bei der Erfassung der Mitglieder der Jugendverbände stellt sich das Problem, daß die Kinder und Jugendlichen, die an Angeboten der Verbände teilnehmen, sehr unterschiedlich stark formal organisiert und deshalb auch schwierig zu zählen sind. Z. T. nehmen sie die Angebote der Jugendverbände wahr oder engagieren sich ehrenamtlich – besonders bei den konfessionellen Verbänden –, ohne Mitglied zu sein, während umgekehrt an Sportveranstaltungen der Sportverbände, aber auch bei den PfadfinderInnen fast nur feste Mitglieder teilnehmen (vgl. Hennen/Sudek 1993, S. 64 ff.).

Schäfer (1996, S. 338) zufolge deuten Erfahrungswerte der Jugendverbände auf eine Zahl von 30% bis 40% aller Kinder und Jugendlichen, die an Angeboten der Jugendverbände teilnehmen, hin. Sauter/Schrödinger (1990, S. 303) weisen etwa 50% der Jugendlichen von 12 bis 25 Jahren als in Jugendverbänden organisiert aus. Auf diese Zahl kommen sie durch eine sekundäranalytische Auswertung quantitativer Untersuchungen zur Jugendarbeit. Nach einer 1987 vom Emnid-Institut durchgeführten Primärstudie beteiligten sich 42% dieser

---

17 Vgl. DBJR (1994, S. 26); Stüwe/Weigel (1991, S. 50 f.); Funk/Winter (1993, S. 9 ff.); Kreisjugendring Rems-Murr (1997, S. 125).

18 Corsa (1998, S. 334) geht davon aus, daß im Schnitt auf 100 Ehrenamtliche höchstens ein Hauptamtlicher kommt. Kuhn (1996, S. 443) nennt für die kirchliche Jugendarbeit in Bayern ein Zahlenverhälnis von 50 Ehrenamtlichen pro Hauptamtlichem. 87% ehrenamtliche MitarbeiterInnen in Jugendverbänden, davon 92% in den alten und 78% in den neuen Bundesländern, geben Seckinger u. a. (1998, S. 37) an.

Alterskohorte in Jugendorganisationen (vgl. EMNID-Institut 1987, S. 52).[19] Der Neunte Jugendbericht nennt einen Organisationsgrad von 43% der männlichen und 31% der weiblichen Jugend in den alten Bundesländern, in den neuen Bundesländern sind danach nur 24% der männlichen und 14% der weiblichen Jugendlichen vereinsmäßig organisiert.[20] Laut Shell-Studie '97 sind männliche Jugendliche mit 48% weit stärker in Vereinen organisiert als weibliche Jugendliche mit 37% (vgl. Jugendwerk der Deutschen Shell 1997, S. 358). Diese großen Zahlen dürften vor allem durch den hohen Organisationsgrad Heranwachsender in Sportvereinen zustandekommen.

Auch die verschiedenen Angaben über die Anzahl ehrenamtlicher MitarbeiterInnen unterscheiden sich deutlich voneinander. Die Schätzungen reichen für die Bundesrepublik von 200.000 bis zu 600.000 und mehr.[21] Die Zeitbudget-Studie weist für Jugendliche und junge Erwachsene zwischen 12 und 20 Jahren in der Bundesrepublik einen Prozentsatz von 3,8% ehrenamtlich Engagierter aus (vgl. Blanke/Ehling/Schwarz 1996, S. 175 f.).[22] Das entspricht für den Untersuchungszeitpunkt 1991 einer Gesamtzahl von ca. 300.000 ehrenamtlichen Jugendlichen. In einer Umfrage des Instituts für Entwicklungsplanung und Strukturforschung in Hannover (IPOS) sind von 3.000 jungen Menschen in Niedersachsen zwischen 14 und 26 Jahren 19% ehrenamtlich tätig.[23] Die unterschiedlichen Daten erklären sich nicht nur aus den unterschiedlichen Alterskohorten, sondern auch aus den verschiedenen Grundgesamtheiten (Ehrenamtliche in Jugendverbänden, ehrenamtlich engagierte Jugendliche, Mitglieder in Jugendverbänden, jugendliche Mitglieder in Organisationen), unterschiedlichen Fallzahlen, Erhebungszeitpunkten und Regionen. Die folgende Abbildung veranschaulicht die Bandbreite der Zahlenangaben, die sich in der Literatur zum ehrenamtlichen Engagement in der Jugend(verbands)arbeit bzw. zum Engagement Jugendlicher in Organisationen finden lassen (vgl. Abb. 7).

---

19 Beide Studien beziehen sich nur auf Jugendliche; Kinder unter 12 Jahren fehlen. Zudem sind die genannten Zahlen umstritten und ihre Erhebung ist darüber hinaus methodisch angreifbar.

20 Die Daten sind der Shell-Studie von 1992 und der IPOS-Studie von 1993 entnommen (vgl. BMFSFJ 1994, S. 52).

21 Vgl. z. B. Sass (1995d, S. 111); Gernert (1993, S. 11). Die Zahl von 600.000 wird im Rahmen einer Expertise zum Achten Jugendbericht von Sauter/Schrödinger (1990) genannt und seitdem häufig zitiert, allerdings wegen der vielen Annahmen und Unsicherheiten von Rauschenbach/Schilling kritisiert, die – unter Rückgriff auf die Daten der Jugendhilfestatistik von 1974 – eine für die Gegenwart ebenfalls spekulative Zahl von ca. 200.000 nennen (vgl. Rauschenbach/Schilling 1995, S. 347 ff.). Unter Bezug auf die Untersuchung von Kammerer/Deutsch (1986) schätzt der Achte Jugendbericht die Zahl der ehrenamtlichen MitarbeiterInnen in der Jugend- und Familienhilfe auf 400.000 (vgl. BMJFFG 1990, S. 162). Die Zahl von einer Million Ehrenamtlicher in der Kinder- und Jugendarbeit nennt die Ministerin für Frauen, Jugend, Wohnungs- und Städtebau des Landes Schleswig-Holstein (vgl. Birk 1998, S. 8).

22 Hier wird allerdings das gesamte ehrenamtliche Engagement Jugendlicher erhoben.

23 Vgl. Niedersächsisches Kultusministerium (1996, S. 56 ff.). Nach dieser Untersuchung stieg die Ehrenamtlichkeit Jugendlicher von 1984 bis 1994 fast auf das Doppelte (von knapp 11% auf rund 20% bei leicht geänderter Fragestellung).

Abbildung 7: Angaben zum Umfang der Ehrenamtlichen in der Jugendarbeit

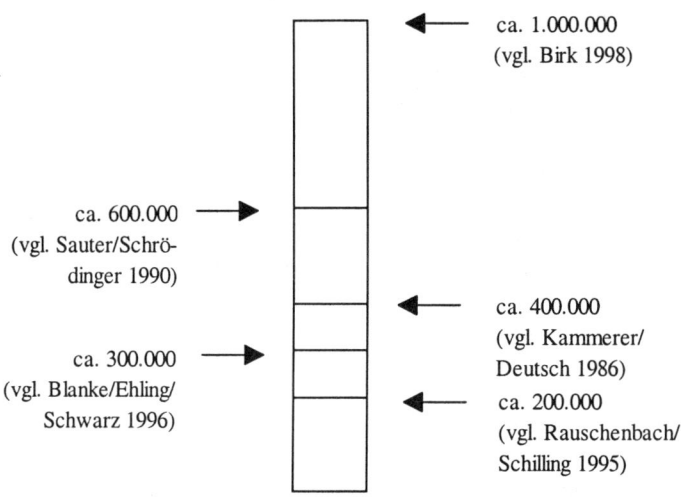

Die Jugendhilfestatistik hat zum ersten Mal 1974 die in der Jugendhilfe tätigen Personen erhoben und – bis heute einmalig – auch die ehrenamtlichen MitarbeiterInnen der außerschulischen Jugendarbeit bundesweit erfaßt. Demzufolge wurden für die gesamte Jugendhilfe 222.674 Personen in Beschäftigungsverhältnissen sowie in der außerschulischen Jugendarbeit zusätzlich 256.029 ehrenamtlich tätige Personen gezählt, die zum größten Teil in Jugendverbänden arbeiteten. Ihnen standen etwa 12.000 haupt- und nebenberufliche MitarbeiterInnen in der außerschulischen Jugendarbeit gegenüber (vgl. Statistisches Bundesamt 1976, S. 687 f.).

Während 1966 nur 1.000 hauptberufliche MitarbeiterInnen in Jugendverbänden registriert worden sind, waren, laut Jugendhilfestatistik 1994, im gesamten Bundesgebiet ca. 4.530 Personen hauptberuflich in freien Jugendgruppen, -verbänden und -ringen tätig. Die Anzahl des gesamten beruflichen Personals bei freien Trägern der Jugendarbeit (incl. Arbeitsgemeinschaften, Geschäftsstellen und anderen Zusammenschlüssen der Jugendverbände, -ringe und -gruppen) stieg in der Zeit von 1982 bis 1994 in den westlichen Bundesländern hingegen um fast 60%, von 8.448 auf 13.446 (vgl. Statistisches Bundesamt 1996). Damit zeichnet sich eine zunehmende Verberuflichung und Verfachlichung der Jugendarbeit der freien Träger ab. Und obwohl die Jugendverbände über das Schwinden des Ehrenamts klagen, sind sie doch in zunehmendem Maße auf berufliches Personal angewiesen, da die Arbeit ohne die strukturellen Vorteile der Beruflichkeit wie institutionelle Erwartbarkeit, Zuverlässigkeit und Kontinuität heute kaum noch zu leisten ist (vgl. Rauschenbach 1995a, S. 28).

Eine weitere gesellschaftliche Entwicklung, die sich auf die Jugendverbände auswirkt, ist die seit Jahren sinkende Zahl der Geburten in Deutschland. Die

Altersgruppe der Jugendlichen von 6 bis 25 Jahren hat sich in den alten Bundesländern seit 1980 um 19% von 17,5 Millionen auf 14,1 Millionen im Jahr 1993 verringert, in den neuen Ländern um 37% von 6 Millionen im Jahr 1980 auf 3,8 Millionen im Jahre 1993 (vgl. Görtler/Lebok 1996, S. 162 ff.). Von 1993 bis 1997 hat sich diese Altersgruppe in der gesamten Bundesrepublik noch einmal um etwa 180.000 Menschen reduziert (vgl. Statistisches Bundesamt 1998). Durch den Rückgang der Zahl der Kinder und Jugendlichen wird es für Jugendverbände zunehmend schwieriger, den Mitgliederbestand zu halten und den Nachwuchs an ehrenamtlichen MitarbeiterInnen zu sichern. Hinzu kommt die sinkende Organisationsbereitschaft Jugendlicher.

4.4.2 Zeitdauer und -umfang des Engagements

Die Annahme, daß die Zeitdauer ehrenamtlichen Engagements abnehme und ein größeres Interesse an zeitlich befristeter Mitarbeit bestehe, läßt sich nur anhand einer Untersuchung belegen: In der Landjugendstudie wird 1990 im Zeitvergleich mit 1970 und 1980 eine abnehmende Tendenz der Verweildauer im Ehrenamt festgestellt. Danach sank die zeitliche Dauer der ehrenamtlichen Mitarbeit in den Jahren 1970 bis 1990 von 2,1 auf 1,6 Jahre (vgl. Sinkwitz 1991, S. 63). Dagegen kommt eine in Hessen durchgeführte Erhebung von 1997 im Vergleich mit älteren Studien zu dem Befund, daß die Ehrenamtlichen heute durchschnittlich 6,6 Jahre und damit länger als früher im Amt sind.[24] Die Dauer des Engagements ist je nach Verband und Untersuchung, aber auch nach Alter und Geschlecht der Ehrenamtlichen unterschiedlich, zumeist liegt sie schwerpunktmäßig zwischen zwei und acht Jahren. Deutlich wird eine Zunahme der Amtsdauer mit steigendem Alter der Ehrenamtlichen. Zudem zeigt sich eine kürzere Verweildauer der weiblichen gegenüber den männlichen Ehrenamtlichen. Insgesamt läßt sich anhand der Studien jedoch nicht belegen, ob die Dauer des Engagements gegenüber früher steigt oder fällt. Auch die Angaben zur Zahl der Stunden, die pro Woche ehrenamtlich geleistet werden, schwanken beträchtlich. Die Bandbreite erstreckt sich von zwei Stunden bis zum Zeitumfang einer Halbtagsstelle. Mehrheitlich scheinen Ehrenamtliche heute zwischen drei und sechs Stunden wöchentlich für den Jugendverband tätig zu sein (vgl. Corsa 1998, S. 324). Auch hier läßt sich kein Wandel gegenüber früheren Erhebungen nachweisen.

4.4.3 Soziale Position und Ausbildung der Ehrenamtlichen

Fast immer handelt es sich bei den Ehrenamtlichen in Jugendverbänden um Angehörige der sogenannten Mittelschicht mit mittleren bis höheren Bildungsabschlüssen bzw. mittlerer bis höherer Schulbildung. Gemessen an der normalen gesellschaftlichen Verteilung sind ArbeiterInnen, Arbeiterkinder, Lehrlinge und Arbeitslose unterrepräsentiert (vgl. Auerbach/Wiedemann 1997, S. 393).

---

24 Nörber (1997) vergleicht seine Ergebnisse mit denen von Wulf (1986), allerdings ohne daß es sich dabei um eine Replikationsstudie handelt.

Besonders stark vertreten sind ehrenamtliche SchülerInnen und StudentInnen in den konfessionellen Jugendverbänden. In der DLRG-Jugend und der Jugendfeuerwehr finden sich dafür mehr Berufstätige mit unteren bis mittleren Bildungsabschlüssen. In bezug auf Sportvereine kommt eine neuere repräsentative Befragung zum Sport in Nordrhein-Westfalen zu dem Ergebnis, daß GymnasialschülerInnen im Vergleich zu ihrem Anteil an der Gesamtpopulation in NRW mit einem Anteil von 45% der Mitglieder in Sportvereinen überrepräsentiert, HauptschülerInnen mit 31% unterrepräsentiert sind (vgl. MSKS NRW 1996, S. 81). Geht man davon aus, daß sich die Ehrenamtlichen größtenteils aus der Gruppe der Mitglieder rekrutieren, so scheinen auch im sportlichen Ehrenamt die Mittelschichtangehörigen zu überwiegen.

4.4.4 Das Alter der Ehrenamtlichen

In der wissenschaftlichen Literatur zum Alter der Ehrenamtlichen in Jugendverbänden wird allgemein davon ausgegangen, daß sich in diesem gesellschaftlichen Bereich überwiegend Jugendliche und junge Erwachsene engagieren. Corsa (1998, S. 32) nimmt an, daß die 16-22jährigen den größten Teil der ehrenamtlichen MitarbeiterInnen stellen.

Das Durchschnittsalter der ehrenamtlichen MitarbeiterInnen in der Sportjugend, den Hilfsorganisationen und den Freizeit- und Naturschutzverbänden liegt zwischen 25 und 34 Jahren. Für die Landjugend werden dagegen die meisten Ehrenamtlichen im Alter zwischen 18 und 21 Jahren nachgewiesen (vgl. Sinkwitz 1991, S. 6). In der Gewerkschaftsjugend sind die ehrenamtlich Engagierten mit etwa 25 Jahren im Schnitt etwas jünger als im Sport. Die ehrenamtlichen MitarbeiterInnen der konfessionellen und PfadfinderInnenverbände sind stark in der Altersklasse der knapp 20jährigen vertreten. Ähnliche Altersangaben finden sich für die Ehrenamtlichen der politischen Jugendverbände. In allen verbandsübergreifenden Studien gehören die Ehrenamtlichen der Sportjugend und der übrigen sach- und fachbezogenen Verbände zu den ältesten MitarbeiterInnen, dagegen sind in den konfessionellen und politischen Verbänden (z. B. SJD, Die Falken) und bei den PfadfinderInnen die jüngsten.

Die Altersstruktur der drei untersuchten Hilfsorganisationen erweist sich als heterogen. In der Deutschen Lebens-Rettungs-Gesellschaft engagiert sich die große Mehrheit (knapp 88%) zwischen 17 und 25 Jahren. Die Ehrenamtlichen der Jugendfeuerwehr sind mit einem Altersdurchschnitt von 31,6 Jahren älter als in den meisten anderen Verbänden. Im Jugendrotkreuz sind demgegenüber weit mehr junge Ehrenamtliche aktiv, mehrheitlich in der Altersgruppe der 15-21jährigen (vgl. Jugendrotkreuz 1997, S. 16).

Verbandsspezifische Zugangsvoraussetzungen zu ehrenamtlichen Funktionen und die damit implizit enthaltenen Vorstellungen von Verbandsarbeit und -pädagogik haben Auswirkungen auf die Altersstruktur der Ehrenamtlichen. So können sich bei der DLRG Ehrenamtliche erst mit frühestens 16, teilweise auch erst mit 18 Jahren Qualifikationen für die Übernahme ehrenamtlicher Aufgaben im fachspezifischen Bereich und in der Jugendarbeit aneignen (vgl. Reichwein/Freund 1992, S. 75); bei der Jugendfeuerwehr und beim Sport ist dies in der Regel ab 18 Jahren möglich. In den konfessionellen Verbänden dagegen beginnt die Mitarbeit der Ehrenamtlichen besonders früh, z. T. schon unter 16, oft mit 16 oder 17 Jahren.

Es wird fast ausnahmslos festgestellt, daß die weiblichen Ehrenamtlichen mehrheitlich jünger als die männlichen Ehrenamtlichen sind. Während weibliche Ehrenamtliche in den unteren Altersgruppen oft die Mehrheit der Ehrenamtlichen stellen, verringert sich ihre Zahl mit zunehmendem Alter. Die Angaben, ab welchem Alter die Zahl der ehrenamtlichen Frauen rückläufig ist, schwanken je nach Verband zwischen dem Alter von 18 und 27 Jahren. Als Gründe für den Ausstieg der Frauen werden das Ende der Schulzeit oder Ausbildung, Berufseinstieg, Partnerschaft und Familiengründung genannt. Diese biographischen Einschnitte wirken sich auch auf das Engagement der männlichen Ehrenamtlichen aus. Für Frauen ist ihre ehrenamtliche Tätigkeit im Jugendverband aber deutlicher als für Männer mit der Phase der Vorerwerbstätigkeit, der Zeit vor Familiengründung und eigenen Kindern verbunden. Sie haben offensichtlich nach wie vor mehr Schwierigkeiten als Männer, Familie, Ehrenamt und Beruf zu vereinbaren (vgl. Niemeyer 1994, S. 48).

Die These von der lebensphasenabhängigen Ausprägung des Ehrenamts (vgl. Jakob 1991, S. 26) läßt sich zum einen mit der hohen Zahl jugendlicher Ehrenamtlicher in Jugendverbänden belegen, zum anderen mit den überwiegend biographisch bedingten Gründen für den Ausstieg. Die biographische Passung des Ehrenamts im Lebenslauf ist für die MitarbeiterInnen der Jugendverbände allerdings kein neues Phänomen, sondern hier galt schon immer, daß sich viele Jugendliche in der Phase der Ausbildung und Vorerwerbstätigkeit engagierten und nach einigen Jahren den Verband verließen. Das Ende der Jugend war oft auch das Ende der Mitarbeit im Jugendverband.

In den verschiedenen Tätigkeitsfeldern im Jugendverband unterscheiden sich die Angaben zum Alter der Ehrenamtlichen in Leitungsfunktionen von den Altersdaten der Ehrenamtlichen in der direkten pädagogischen Jugendarbeit an der Basis der Verbände. Die Ehrenamtlichen in Vorständen und leitenden Gremien sind deutlich älter als im pädagogischen Bereich (vgl. Niemeyer 1994, S. 139; Sauter 1986, S. 15; Gängler 1995a, S. 193). Dieser Altersunterschied verweist auf den Zusammenhang von Alter, Geschlecht und Gremienarbeit. Dem jüngeren Durchschnittsalter der Frauen entspricht ihre geringere Präsenz in den durchschnittlich weit älteren Leitungsgremien der Jugendverbände.

Vor allem bei den konfessionellen Jugendverbänden gehört eine altersmäßige Nähe der Ehrenamtlichen zu den AdressatInnen traditionellerweise zum programmatischen Kern der Gruppenarbeit. Für die mehrheitlich jugendlichen ehrenamtlichen GruppenleiterInnen und TeamerInnen bei den kirchlichen Jugendverbänden, den PfadfinderInnen und beim Jugendrotkreuz scheint die altersmäßige Nähe der Ehrenamtlichen zur Zielgruppe der Jugendverbandsarbeit und damit das Prinzip der Gleichaltrigenerziehung nach wie vor zuzutreffen. Ebenso wird der Anspruch der Jugendverbände, Kindern und Jugendlichen Möglichkeiten der Selbstorganisation, der Mitgestaltung und Mitbestimmung der

Arbeit zu bieten, am ehesten in diesen Verbänden realisiert. Dagegen ist für die Sportjugend, die Jugendverbände der Hilfsorganisationen (mit Ausnahme des Jugendrotkreuz) und der Gewerkschaften eine deutlich erwachsenengeprägte Ehrenamtlichenstruktur charakteristisch.

Als Fazit läßt sich festhalten, daß Ehrenamtlichkeit in Jugendverbänden ein breites Altersspektrum von 13 bis 65 Jahren (und in Einzelfällen noch darüber) umfaßt, jedoch bilden Jugendliche und junge Erwachsene (bis 27 Jahre) die Mehrheit. Die Altersstruktur der Ehrenamtlichen in den einzelnen Verbänden wird von verschiedenen Faktoren wie Geschlecht, Tätigkeitsbereich, verbandsspezifischen Voraussetzungen und Anforderungen an bestimmte Qualifikationen beeinflußt. Die biographische Phase der Ausbildung und Vorerwerbstätigkeit bildet und begrenzt für die Mehrheit der Ehrenamtlichen im Jugendverband die Zeit ihres Engagements. Die insgesamt überwiegend junge Altersstruktur unterscheidet die Ehrenamtlichkeit im Jugendverband von anderen gesellschaftlichen Bereichen (vgl. Oswald/Schinzler 1987, S. 47 f.; Blanke/Ehling/Schwarz 1996, S. 176).

4.4.5 Frauen im Ehrenamt des Jugendverbands

Die Frage nach den Unterschieden ehrenamtlichen Engagements von Frauen und Männern wird in den letzten Jahren in Politik, Wissenschaft und Jugendverbänden viel diskutiert. Während die Mehrzahl empirischer Studien sich unterschiedlich intensiv mit dem Thema beschäftigt, stellt eine Reihe neuerer Untersuchungen das Thema Frauen im Jugendverband ins Zentrum ihres Interesses (vgl. Trauernicht/Wieneke 1990; Funk/Winter 1993; Niemeyer 1994). In einer 1985 erschienenen Studie über weibliche Ehrenamtliche im VCP erscheint als zentrale Frage die nach der Bedeutung der Tätigkeit als Gruppenleiterin für die Entwicklung weiblicher Identität (vgl. Niklaus 1985). Damit geraten im Zusammenhang mit der neuen Frauenbewegung speziell Mädchen und Frauen in den Blick der empirischen Jugendverbandsforschung und hiermit verbunden die Frage nach der geschlechtsspezifischen Bedeutung der Jugendverbände für Sozialisation und Identitätsentwicklung der Mitglieder und Ehrenamtlichen. Diese Frage wird in den 90er Jahren – oft aus einer explizit feministischen Perspektive – aufgegriffen (vgl. Trauernicht/Wieneke 1990; Niemeyer 1994). Auch in einigen anderen Studien wird – neben anderen Schwerpunkten – speziell nach der Situation der Frauen im Verband gefragt (vgl. Homfeldt u. a. 1995; Jugendrotkreuz 1997).

In der Fachliteratur wird davon ausgegangen, daß das soziale Ehrenamt ähnlich wie die berufliche Sozialarbeit eine Frauendomäne (ca. 80% Frauen) und damit Spiegelbild einer geschlechtshierarchischen Gesellschaft ist, in der Männer in Leitungs- und Verwaltungsgremien und Frauen in der unmittelbaren praktischen Arbeit an der Basis, dort wo haus- und erziehungsarbeitsnahe Fähigkeiten benötigt werden, tätig sind (vgl. Backes 1987; Notz 1989, S. 41; Rauschenbach 1991c, S. 5). Obwohl sich in der Jugendarbeit die ehrenamtlichen Tätigkeiten überwiegend auf erziehungsnahe Aufgaben erstrecken, sieht das

Zahlenverhältnis von Männern und Frauen doch anders aus als in den meisten anderen Bereichen des sozialen Ehrenamts. Vogt nennt einen Anteil von 70% männlichen Ehrenamtlichen in der gesamten Jugendhilfe und stellt fest, daß sich mehrheitlich dort Männer ehrenamtlich engagieren, wo sie auch den Großteil der Klientel stellen (vgl. Vogt 1991, S. 112). Dies trifft für die Jugendverbände zu, da hier nach wie vor weit mehr männliche als weibliche Heranwachsende organisiert sind.

Bedeutung und Rolle der weiblichen Ehrenamtlichen im Jugendverband lassen sich (1) an ihrem Anteil an der Gesamtzahl der Ehrenamtlichen in den verschiedenen Verbänden, (2) an der Verteilung von Männern und Frauen auf die unterschiedlichen Tätigkeitsfelder und Aufgabenbereiche sowie (3) an den Möglichkeiten der Frauen, männlich geprägte Jugendverbandsstrukturen zu verändern, beurteilen.

(1) *Der Anteil von Männern und Frauen in den verschiedenen Verbänden:* Der Zeitbudget-Studie zufolge sind nur 3,4% der jungen Frauen von 12 bis 20 Jahren ehrenamtlich engagiert, dagegen 4,3% der jungen Männer dieser Altersgruppe (vgl. Blanke/Ehling/Schwarz 1996, S. 175).[25] In einer Untersuchung des Niedersächsischen Kultusministeriums (1996, S. 56 ff.) finden sich im Alter von 14 bis 26 Jahren 17% weibliche Ehrenamtliche und 22% männliche. Dabei unterscheidet sich der prozentuale Anteil der ehrenamtlichen Frauen an der Gesamtzahl der Ehrenamtlichen je nach Verbandstyp. Insgesamt zeigt sich in den genannten Erhebungen fast durchweg (bis auf Ausnahmen in der kirchlichen Jugendarbeit) ein quantitativ höheres Engagement der männlichen Ehrenamtlichen.

In den drei neueren Erhebungen im Bereich der Hilfsorganisationen unterscheidet sich der jeweilige Anteil an weiblichen Ehrenamtlichen sehr deutlich: Beim Jugendrotkreuz finden sich 54% Mädchen/Frauen, bei der DLRG 35% und bei der Jugendfeuerwehr nur 4%. Hier zeigt sich die in unserer Gesellschaft immer noch vorhandene geschlechtsspezifische Aufgaben- und Arbeitsteilung: Feuerwehrtechnik und Feuer löschen sind Aufgaben für »Männer«, beim Roten Kreuz dürfen Mädchen und Frauen (wie Krankenschwestern) Erste Hilfe leisten und Kranke bzw. Verletzte versorgen. An Badestränden Aufsicht führen und Ertrinkende retten sind mehrheitlich immer noch Aufgaben der männlichen Ehrenamtlichen. Allerdings nimmt der Frauenanteil bei allen drei Verbänden zu.

Betrachtet man die empirischen Untersuchungen, die überhaupt Aussagen zum Zahlenverhältnis der Geschlechter in bezug auf ehrenamtliches Engagement machen, in chronologischer Reihenfolge (vgl. Tab. 6), so scheint sich als Trend, wenn auch nicht durchgehend, abzuzeichnen, daß der Anteil der ehrenamtlich tätigen Mädchen/Frauen in Jugendverbänden in den letzten Jahren gestiegen ist. Von 1994-1997 finden sich sieben Studien, in denen Frauen zu fast 50% oder mehr im Ehrenamt vertreten sind.

---

25 Die Angaben beziehen sich allerdings auf das gesamte gesellschaftliche Engagement Jugendlicher und nicht speziell auf Jugendverbände.

Tabelle 6: Ehrenamtliches Engagement in Jugendverbänden nach Geschlecht (n=25)

Jahr	AutorInnen	Männer : Frauen in %	Verband
1978	Sielert	71 : 29	-
1982	Hamburger u. a.	67 : 33	-
1983	Beck/Wulf	67 : 33	-
1983	Kliemann	60 : 40	Ev. Jugendarbeit
1984	Gernert	63 : 37	-
1985	Beck/Wulf	67 : 33	BDKJ (katholisch)
1985	Niklaus	67 : 33	VCP (evangelisch)
1985	Dierkes	67 : 33	Sportjugend
1986	Sauter	86 : 14	-
1986	Wulf	68 : 32	-
1992	Reichwein/Freund	65 : 35	DLRG
1993	Lang	58 : 42	-
1993	Schulz	62 : 38	Ev. Jugendarbeit
1994	Niemeyer	< 50 : > 50	-
1994/95	Sass	63 : 37	-
1995	Homfeldt u. a.	96 : 4	Jugendfeuerwehr
1996	Flösser u. a.	50 : 50	Ev. Jugendarbeit
1997	Auerbach/Wiedemann	42 : 58	-
1997	Jugendrotkreuz	46 : 54	Jugendrotkreuz
1997	KJR Pinneberg	51 : 49	-
1997	KJR Rems-Murr	< 50 : > 50	-
1997	Stein/Schneider	65 : 35	Kath. Jugendarbeit
1997	Vogt/Ziergiebel	66 : 34	Sportjugend
1997	Nörber	53 : 47	-
1998	Nörber	59 : 41	-

Im Jugendrotkreuz und z. T. in der evangelischen Jugendarbeit sind mindestens ebenso viele Frauen wie Männer ehrenamtlich aktiv; in den katholischen Verbänden ist der Frauenanteil nicht ganz so hoch (zwischen 33-40%). Dagegen scheint sich in der Gewerkschaftsjugend seit Mitte der 90er Jahre ein Mitgliederverlust, besonders bei gewerkschaftlich aktiven jüngeren Frauen, bemerkbar zu machen (vgl. Dörre 1995). Hier und in den politischen Jugendverbänden engagieren sich, mit Ausnahme der Jugendfeuerwehr, nach wie vor prozentual die wenigsten Frauen ehrenamtlich (20-25%). Damit liegen sie noch hinter der Sportjugend (25-34%).

Zusammenfassend läßt sich feststellen, daß sich das Zahlenverhältnis in den letzten 20 Jahren in den meisten Verbänden zugunsten der Frauen verschoben hat. Ob das allerdings zu einer Zunahme der Absolutzahl der weiblichen Ehrenamtlichen in den Jugendverbänden führt oder ob nur die Anzahl männlicher Ehrenamtlicher stärker abgenommen hat und der weibliche Anteil an der Gesamtheit der Ehrenamtlichen deshalb größer wird, läßt sich nicht nachprüfen, da es hierzu keine Zeitreihenuntersuchungen gibt. Da aber in vielen Verbänden von einer abnehmenden oder stagnierenden Anzahl der Ehrenamtlichen die Rede ist, läßt sich vermuten, daß der weibliche Anteil Ehrenamtlicher überwiegend aufgrund des Rückzugs der männlichen Ehrenamtlichen gestiegen ist.

(2) *Tätigkeitsfelder und Aufgabenbereiche von Männern und Frauen:* Die Verteilung der Tätigkeitsfelder und Aufgabenbereiche zwischen weiblichen und männlichen Ehrenamtlichen ist innerhalb der Verbände deutlich nach Geschlechtszugehörigkeit gegliedert. So betreuen fast durchgehend mehrheitlich Gruppenleiterinnen die jüngeren Altersgruppen, d. h. vor allem Kindergruppen, und Gruppenleiter die ihnen altersmäßig näheren Jugendgruppen. Parallel zur Zunahme des Mädchen- und Frauenanteils in den Verbänden läuft eine weitere Entwicklung: die »Verjüngung« der AdressatInnen der Jugendverbandsarbeit. Die Zahl Jugendlicher nimmt ab, die Zahl der Kinder nimmt zu (vgl. Stüwe/ Weigel 1992; Homfeldt u. a. 1995). Welche Folgen das für die Personalstruktur der Verbände haben wird, ist noch nicht abzusehen; bisher hat sich nur gezeigt, daß die Kinderarbeit im Jugendverband eine Frauendomäne ist.[26]

Auch in den übrigen Tätigkeitsfeldern des Jugendverbands zeigt sich eine geschlechtsspezifische Aufgaben- und Rollenverteilung: So finden sich in höheren Positionen, in Leitungsgremien und Vorständen nur sehr wenige Frauen. Es lassen sich je höher die Ebene ist, desto seltener Frauen antreffen. Diese Feststellung wurde 1985 für den BDKJ getroffen (vgl. Beck/Wulf 1985, S. 401) und seitdem in vielen Studien für fast alle (koedukativen) Verbände belegt. Selbst in der Landjugend, in der die Vorstände auf allen Verbandsebenen von der Ortsgruppe bis zum Bundesvorstand paritätisch besetzt sind, sind die Aktivitäten nach Geschlecht verteilt: Männer organisieren die großen Veranstaltungen, leiten Sitzungen und nehmen öffentliche Auftritte wahr, Frauen bereiten die Gruppenabende vor, führen Protokoll und räumen auf (vgl. Sinkwitz 1991, S. 65 u. 77). Als Gründe für die geringe Beteiligung von Frauen in Leitungsgremien werden zum einen eine geschlechtsspezifische Sozialisation und gesellschaftliche Rollenzuweisungen gesehen, die Frauen davon abhalten, Führungspositionen anzustreben, zum anderen ein männlich dominierter Leitungs- und Kommunikationsstil in den Gremien, den Frauen oft ablehnen.[27] Festgeschriebene strukturelle Behinderungen von Frauen kommen nur noch selten vor.

(3) *Frauen im Jugendverband – zwischen Tradition und Veränderung:* Jugendverbände scheinen einerseits die traditionellen Geschlechtsrollen zu reproduzieren, andererseits aber auch Chancen und Möglichkeiten der Veränderung zu bieten. Schwanken die von Niklaus (1985, S. 354) befragten Gruppenleiterinnen noch zwischen traditionell Frauen zugeschriebener »Aufopferung und Selbstverleugnung für Andere« und den Möglichkeiten von »Selbstverwirklichung« und »Selbsterfahrung«, so erkennen 1994 die ehrenamtlichen Frauen in Leitungspositionen in Schleswig-Holsteiner Jugendverbänden, daß ihre Arbeit ihnen die Chance einer Teilhabe an demokratischen Entscheidungs- und Vertretungsprozessen, an Politikgestaltung und Macht sowie eine Erweiterung ihrer

---

26 Es gibt natürlich Vereine, in denen im Ganzen mehr ehrenamtliche Männer als Frauen in der Kinderarbeit tätig sind, weil es hier insgesamt nur wenige Frauen im Ehrenamt gibt. Aber auch in diesen Vereinen ist der größte Teil der ehrenamtlichen Frauen in der Kinderarbeit tätig (vgl. Vogt/Ziergiebel 1997, S. 24).

27 Niemeyer stellt fest, daß die Strukturen der Jugendverbände eher frauengerecht sind als die der übergeordneten Organisationsebenen (vgl. Niemeyer 1994, S. 152).

Handlungsmöglichkeiten und sozialen Kompetenzen gewährt (vgl. Niemeyer 1994, S. 153). Zudem scheint sich eine Entwicklung anzubahnen, derzufolge die weiblichen Ehrenamtlichen eher zu den progressiven MitarbeiterInnen gehören und sich stärker als die männlichen Ehrenamtlichen an den neuen sozialen Bewegungen und weniger an Verbandstraditionen orientieren (vgl. Funk/ Winter 1993; Dörre 1995; Stein/Schneider 1997).

Insgesamt aber scheint sich die in der Fachliteratur beschriebene geschlechtshierarchische Arbeitsteilung und Aufgabenzuschreibung unserer Gesellschaft im Ehrenamt des Jugendverbands widerzuspiegeln (vgl. Funk 1991, S. 428 ff.). Dies erweist sich sowohl in der Verteilung der weiblichen und männlichen Ehrenamtlichen auf die verschiedenen Verbandstypen als auch auf die unterschiedlichen Tätigkeitsbereiche in den Verbänden: Mädchen und Frauen im kirchlichen und helfenden Ehrenamt, Jungen und Männer da, wo Technik und körperlicher Einsatz oder politisches Engagement und öffentliche Interessenvertretung verlangt werden. Stellt man pädagogisches (soziales) und politisches Ehrenamt (Arbeit in Leitungsgremien) einander gegenüber, so wird deutlich, daß mehrheitlich Männer im politischen Bereich auf allen Ebenen der Verbandshierarchie agieren, die Frauen sind dagegen hauptsächlich im pädagogischen Bereich »vor Ort« in den Kinder- und Jugendgruppen aktiv, und auch da wieder vor allem in der Kinderarbeit.

Betrachtet man die historische Entwicklung der Partizipation von Frauen an Leitungsfunktionen anhand der empirischen Studien, so läßt sich ein deutliches Anwachsen des Frauenanteils erkennen. Dies scheint auf eine Tendenz zur Veränderung bestehender männlich geprägter Strukturen der Jugendverbände hin zu einer eher gleichberechtigten Teilhabe von Männern und Frauen hinzuweisen, d. h. Frauen erobern sich im Ehrenamt – ähnlich wie im Berufsleben – langsam, aber stetig von Männern dominierte Arbeitsbereiche. Jedoch ist noch nichts davon zu merken, daß Männer sich auch in gleichem Maße an traditionell eher weiblich bestimmten Tätigkeiten wie der Kinderarbeit beteiligen.

4.4.6 Die Motivation der Ehrenamtlichen

Als Hauptmotiv für eine ehrenamtliche Tätigkeit erscheint ganz eindeutig der Wunsch nach sozialen Kontakten, Geselligkeit und Gemeinschaft. Zumeist vermischen sich altruistische und auf die eigene Person bezogene Beweggründe. Fast so häufig wie der Wunsch nach Geselligkeit und Gemeinschaft wird der Wunsch nach einer sinnvollen Freizeitgestaltung geäußert. Seit den 80er Jahren taucht das Motiv »Spaß und Freude an der Arbeit« sehr oft als ausschlaggebender Grund für die Mitarbeit im Jugendverband auf. Das Engagement wird genutzt, um die eigene Persönlichkeit zu entwickeln, um eigene Interessen, Wünsche und Fähigkeiten zu realisieren, auch um persönliche Probleme und biographische Krisen zu bearbeiten. Utilitaristische, pragmatische Motive wie Erwerb und Ausbildung von Kompetenzen, Anerkennung, Nutzen des Ehrenamts für Erfolg, Karriere und Beruf spielen ebenfalls eine wesentliche Rolle. Während öffentliche Anerkennung als Motiv für ein Engagement im Jugendverband heute eher unwichtig zu sein scheint, bestätigen die Befunde der neueren Studien die entscheidende Bedeutung der verbandsinternen Anerkennung als Motiv Jugendlicher für eine ehrenamtliche Tätigkeit.

Die pädagogische Arbeit mit Kindern und Jugendlichen wird von einer Reihe der Befragten als ein Grund, sich ehrenamtlich zu betätigen, angegeben. Das Interesse an den speziellen Inhalten der Verbände führt, vor allem bei den Hilfsorganisationen und im Sport, ebenfalls oft zu ehrenamtlicher Mitarbeit. Die fachspezifischen Inhalte sind neben persönlichen Kontakten auch häufig ausschlaggebend für eine erste Teilnahme an Angeboten dieser Organisationen (vgl. Reichwein/Freund 1992, S. 283). Auch der Wunsch, über den eigenen Aufgabenbereich mitzubestimmen und mitzuentscheiden, taucht als Begründung für die ehrenamtlichen Aktivitäten auf. Dabei steigt die Motivation der Ehrenamtlichen mit der Größe des Spielraums für die eigenen Gestaltungsmöglichkeiten und der Menge der übertragenen Verantwortung. Für die politische Interessenvertretung interessieren sich nur wenige Ehrenamtliche, daher zeigt sich auch in einer Reihe der Verbände ein Mangel an Ehrenamtlichen in Gremien und Ausschüssen (vgl. ebd.). Bindung an den Verband, die besonders in ländlichen Gebieten noch immer durch Tradition und Milieu entsteht und aufrecht erhalten wird, spielt in einigen älteren wie neueren Studien als Motiv für ein Engagement eine Rolle. Oft kommen die Ehrenamtlichen aus dem Verband (»waren schon als Kinder dabei«) und wollen das weitergeben, was sie vom Verband bekommen haben. Tendenziell tritt Verbandsbindung als Motiv aber zunehmend hinter den auf die eigene Person gerichteten Motiven zurück (vgl. Brinkhoff 1992, S. 226; Sass 1995d, S. 3; Dörre 1995, S. 402 f.).

Bilanzierend läßt sich festhalten, daß ehrenamtliches Engagement nicht von einzelnen Motivationsaspekten bestimmt wird, sondern zumeist komplexe Motivationsbündel vorliegen. In unterschiedlicher Zusammensetzung und Gewichtung vermischen sich auf andere Menschen, auf die eigene Person, die Inhalte der Arbeit oder den Verband bezogene Motive. Die wichtigsten Beweggründe für ehrenamtliches Engagement liegen im Erleben von Geselligkeit, Freundschaft und Gemeinschaft, in sinnvoller Freizeitgestaltung und in Spaß und Freude an der Arbeit. Eine Rückerstattungserwartung ist zumeist vorhanden, es herrschen klar selbstbezogene Motive vor, aber stärker auf Selbstverwirlichung und den Eigenwert der Tätigkeit gerichtete als rein utilitaristische und pragmatische. Im allgemeinen wollen die Ehrenamtlichen im Jugendverband nicht so sehr etwas *für* andere tun (dem klassischen Ehrenamtsverständnis entsprechend), sondern zusammen *mit* anderen etwas für sich *und* andere. Individualisierung und Selbstbezogenheit der Motive, Wünsche nach Selbstverwirklichung, Spaß und Geselligkeit schließen demnach altruistische Orientierungen nicht aus, sondern lassen sich im ehrenamtlichen Engagement verbinden.

4.4.7 Gratifikationen für ehrenamtliches Engagement im Jugendverband

Als wesentliche Bedingung für das Zustandekommen ehrenamtlicher Tätigkeit werden im theoretisch-analytischen Diskurs materielle Absicherung, Verfügung über freie Zeit und eine individuell attraktive Rückerstattung genannt. Für den Bereich der Jugendverbände soll im folgenden überprüft werden, welche diversen verbandsinternen und -externen Gratifikationen die Ehrenamtlichen de facto erhalten und welche sie sich wünschen. Dabei werden (1) materielle, aber nicht-monetäre, (2) materiell-monetäre und (3) immaterielle Ausprägungen unterschieden (vgl. Rauschenbach/Müller/Otto 1988, S. 226). Unter Gratifikation soll Vergütung, Honorierung oder Rückerstattung in irgendeiner Form verstanden werden. Klar geäußerte Wünsche nach einer Gratifikation für ehrenamtliches Engagement finden sich in den vorliegenden Studien erst seit 1984 (vgl. Gernert 1984). Dieses bis dahin von der Forschung nicht beachtete Motiv taucht seitdem in vielen Untersuchungen auf und wird nicht nur in der Wissenschaft, sondern auch von Politik und Verbänden thematisiert, da es zunehmend wichtiger für die Gewinnung Ehrenamtlicher zu werden scheint.

(1) *Materielle, nicht-monetäre Gratifikationen:* Zu den materiellen, nicht direkt finanziellen Vergütungen, die die Ehrenamtlichen von ihren Verbänden erhalten haben, gehören gemeinsame Ausflüge, Reisen, Feiern, Essen gehen und Geschenke; in einer Untersuchung zum Sport wird auch Sportbekleidung genannt (vgl. Brinkhoff 1992, S. 179). Eine von einem Teil der Ehrenamtlichen in Anspruch genommene verbandsexterne Vergünstigung ist der Sonderurlaub. Als verbandsinterne Gratifikationen werden von den ehrenamtlichen MitarbeiterInnen der evangelischen Jugendarbeit in Bielefeld mehr Freizeiten und Ausflüge für die MitarbeiterInnen gewünscht (vgl. Flösser/Frohloff/Wandersleb 1996, S. 106). In anderen Studien zeigt sich, daß viele Ehrenamtliche bestimmte verbandsexterne Gratifikationen wie z. B. verbilligten Eintritt in öffentliche Einrichtungen, Anrechnung der ehrenamtlichen Tätigkeit auf Wehr-/Zivildienst und Studienwartezeiten befürworten.

(2) *Materiell-monetäre Gratifikationen:* Soziales Ehrenamt wird zwar in der Regel besonders durch das Kriterium der Unentgeltlichkeit definiert (vgl. Bock 1986, S. 223; Olk 1996a, S. 150), doch wird von Ehrenamt auch dann noch gesprochen, wenn Beträge für Aufwandsentschädigung oder Auslagenersatz, Taschengeld oder ein im Vergleich zu tariflicher Vergütung geringes Entgelt bezahlt werden. Geld für ihre Mitarbeit erhalten ehrenamtliche MitarbeiterInnen vor allem im Sportbereich (vgl. Brinkhoff 1992, S. 179; Sass 1994a, S. 36), aber auch bei kirchlichen Ferien- und Freizeitmaßnahmen. Des öfteren werden auch Honorare für gelegentliche Einsätze bei Seminaren und ähnlichen Veranstaltungen gezahlt (vgl. Sass 1995b, S. 25). Aufwandsentschädigung bzw. Unkostenerstattung für die ehrenamtliche Tätigkeit scheint nur in einer Minderheit der befragten Jugendverbände zu erfolgen. Die Mehrheit aller Ehrenamtlichen investiert statt dessen noch Geld in ihre Arbeit. Eine verbandsexterne finanzielle Vergütung erhielten ehrenamtliche MitarbeiterInnen in Dortmunder Jugendverbänden von der Kommune (vgl. ebd., S. 6 ff.). Außerdem gibt es eine Freizeithelfervergütung im Landesjugendplan NRW.

Direkte Wünsche nach finanzieller Vergütung der ehrenamtlichen Tätigkeit werden selten geäußert. Eine Ausnahme bilden die ehrenamtlichen MitarbeiterInnen bei der Jugendfeuerwehr (vgl. Homfeldt u. a. 1995, S. 78). Eine Aufwandsentschädigung wird allerdings von vielen gewünscht. Andere Formen der Vergütung erscheinen den Ehrenamtlichen ebenfalls akzeptabel, wie beispielsweise Fahrtkostenerstattung, Taschengeld für die FreizeitteamerInnen, Kostenerstattung bei Aus- und Weiterbildungsmaßnahmen. Eine ungenügende öffentliche Förderung der ehrenamtlichen Arbeit und Mittelkürzungen für die Arbeit der Jugendverbände werden in einer Reihe der Studien kritisiert (vgl. Sass 1995b, S. 13; Nörber 1998a). Die hohe öffentliche Wertschätzung der ehrenamtlichen Tätigkeit und ihre herausragende gesellschaftliche Bedeutung, die Politiker verbal immer wieder betonen, erscheint fragwürdig, wenn gleichzeitig Gelder für die ehrenamtliche Jugendverbandsarbeit gestrichen werden.

(3) *Immaterielle Gratifikationen:* Ehrenamtlichkeit kann eine Fülle immaterieller Gratifikationen beinhalten wie Anerkennung, Möglichkeiten der Selbstverwirklichung und Selbstentfaltung, Erwerb von Kompetenzen, soziale Kontakte, Spaß und Freude an der Arbeit. In der Studie von Brinkhoff (1992, S. 179) stellt öffentliche Würdigung eine Form der Belohnung dar. Bei anderen wird die verbandsinterne Anerkennung der Mitarbeit als wichtige Gratifikation genannt (vgl. Flösser/Frohloff/Wandersleb 1996, S. 23). Gewünschte Gratifikationen beziehen sich häufig auf eine stärkere öffentliche Anerkennung und Würdigung der ehrenamtlich geleisteten Arbeit, aber auch auf Schulungen und Erfahrungsaustausch.

Betrachtet man die erhaltenen und erwünschten verbandsinternen und -externen Gratifikationen insgesamt, so wird deutlich, daß die Ehrenamtlichen mehrheitlich finanzielle Vergütungen weder erhalten noch erwarten. Nicht-monetäre materielle Vergütungen spielen ebenfalls keine große Rolle. Am deutlichsten erwünscht sind immaterielle Rückerstattungen. Die Annahme, daß Ehrenamtliche ohne Geld nicht mehr zu haben sind, trifft somit für das gesellschaftliche Arbeitsfeld der Jugendverbände (noch) nicht zu. Allerdings ist Ehrenamtlichkeit selbst keineswegs kostenlos für die Jugendverbände, da diese die Kosten für die infrastrukturellen Voraussetzungen ehrenamtlicher Arbeit wie beispielsweise Aus- und Weiterbildung, Beratung, Unterstützung und Aufwandsentschädigung aufbringen müssen.

4.4.8 Die Qualifikation der Ehrenamtlichen

Jugendverbände haben als Organisationen mit bestimmten Aufgaben und Zielen ein originäres Interesse, ihre Verbandsziele und -inhalte umzusetzen und weiterzuvermitteln. Daher versuchen sie, möglichst vielen Kindern und Jugendlichen eine interessante, attraktive und qualifizierte Jugendarbeit zu bieten. Die Erbringung qualifizierter Jugendarbeitsangebote setzt jedoch qualifizierte MitarbeiterInnen voraus. Die Jugendverbände haben daher schon immer versucht, ihre MitarbeiterInnen zu schulen und auf ihre Aufgaben vorzubereiten. Der Aus- und Weiterbildung der Ehrenamtlichen kommt eine doppelte Bedeutung zu: Zum einen sind die Jugendverbände daran interessiert, ihre MitarbeiterInnen für die anfallenden Aufgaben zu qualifizieren, zum anderen sollen die Ehrenamtlichen mit dem Verband, seinen Werten und Normen vertraut gemacht und enger an den Verband gebunden werden (vgl. Wulf 1986, S. 153). Vor dem Hintergrund der zunehmenden Professionalisierung der Jugendarbeit seit Anfang der 70er Jahre sowie durch die Zunahme der kommerziellen Angebote und den »Strukturwandel der Jugendphase« scheint die Qualifizierung der ehrenamtlichen MitarbeiterInnen zunehmend wichtiger zu werden.[28]

Die Frage der Qualifikation der Ehrenamtlichen taucht regelmäßig in den verschiedenen Diskursen der Verbände, der Politik und der Wissenschaft auf[29] und wird bis heute fast durchgehend in allen Studien diskutiert. Schon in den 20er Jahren wird in einer empirischen Erhebung nach der Ausbildung der ehrenamtlichen MitarbeiterInnen gefragt.[30] In der Mehrheit der neueren Studien gehen die Forschenden von einer Erhöhung der Ansprüche an die Jugendarbeit und damit auch an die Qualifikation der MitarbeiterInnen aus. Im Rahmen der empirischen Untersuchungen stellen sich in bezug auf die Qualifikation der Ehrenamtlichen eine Reihe von Fragen:

(1) Wie stellt sich das Verhältnis der konkreten Ausbildungpraxis im Vergleich mit den programmatischen Äußerungen der Verbände zum Thema Qualifikation dar?

(2) Welche Qualifikationen besitzen die Ehrenamtlichen?

(3) Genügen die Qualitätsstandards der ehrenamtlichen Arbeit den Anforderungen an eine qualifizierte Jugendarbeit?

(4) Wie unterscheiden sich in einem Arbeitsfeld, in dem sich ehrenamtlich und beruflich erbrachte Leistungen teilweise überschneiden, die Kompetenzen und Qualifikationen der Ehren- und Hauptamtlichen?

(5) Welche Vorstellungen und Wünsche haben die Ehrenamtlichen hinsichtlich ihrer Ausbildung, ihrer Qualifikationen und Kompetenzen?

(6) Welche Perspektiven in bezug auf die Aus- und Weiterbildung der Ehrenamtlichen zeichnen sich ab?

(1) *Ausbildungspraxis und programmatische Äußerungen der Verbände zur Qualifikation:* In fast jedem Verband gibt es ein Bildungskonzept für die Qualifizierung der ehrenamtlichen MitarbeiterInnen. Die unterschiedlichen Zielsetzungen und Tätigkeitsfelder der Jugendverbände prägen auch die Aus- und Fortbildungsangebote für die Ehrenamtlichen. Dabei existieren große Unter-

---

28 Auch das KJHG betont die Wichtigkeit der Qualifizierung Ehrenamtlicher. Nach § 73 KJHG sollen ehrenamtlich tätige Personen bei ihrer Tätigkeit angeleitet, beraten und unterstützt werden, nach § 74, Abs. 6 KJHG soll die Förderung anerkannter Träger der Jugendhilfe auch Mittel für die Fortbildung der MitarbeiterInnen einschließen.

29 Betrachtet man den Diskurs der Verbände, so weisen vor allem die vielen Handreichungen, Arbeits- und Praxishilfen sowie Anregungen zur Aus- und Weiterbildung auf eine unverminderte Bedeutung der Qualifizierung ehrenamtlicher MitarbeiterInnen hin (vgl. z. B. Neumann 1997; Landesjugendring Schleswig-Holstein 1993; Nörber 1998c).

30 Die Ergebnisse einer schriftlichen Erhebung, in der die Jugendverbände »ueber die Ausbildung von Jugendführern und -führerinnen« in den beiden Jahren 1924 und 1925 befragt wurden, wurden 1925 in der Zeitschrift »das junge Deutschland« zusammengefaßt (vgl. Wiegand 1926, S. 106 ff.).

|schiede| in bezug auf die Inhalte, den zeitlichen Rahmen, das Mindestalter der Teilnehmenden, die Kosten und die Praxis der Aus- und Weiterbildung (vgl. Nörber 1998b, S. 23). Alle Jugendverbände vertreten programmatisch den Anspruch, pädagogisch qualifizierte Jugendarbeit zu betreiben; zugleich sollen die verbandsspezifischen Inhalte weitervermittelt werden. Diese duale Anforderung an die Jugendarbeit wird in der Realität oft nicht gleichmäßig erfüllt. Bei den Hilfsorganisationen und in den Sportverbänden können die Ehrenamtlichen vor allem fachlich-verbandsspezifische und weniger pädagogische Qualifikationen vorweisen.

(2) *Qualifikationen der Ehrenamtlichen:* Es herrscht eine große Bandbreite an Ausbildungsangeboten. Die Qualifikationen der Ehrenamtlichen reichen vom Besuch eines GruppenleiterInnengrundkurses über die Teilnahme an Aufbau- und Fortbildungsseminaren (zu pädagogischen, rechtlichen, politischen und verbandsbezogenen Themen) bis zu pädagogischen bzw. fachlich entsprechenden Studiengängen und Berufen. Auch die Zeitdauer der verbandsbezogenen Ausbildungsmaßnahmen ist höchst unterschiedlich. Sie umfaßt ein Spektrum von einigen Stunden bis zu mehrwöchigen Seminaren. An den verbandsinternen Schulungen haben durchschnittlich zwischen 60% und 80% der Ehrenamtlichen teilgenommen, wobei sich im Vergleich der älteren und neueren Studien keine Zu- oder Abnahme der Teilnehmenden erkennen läßt. War die Beteiligung der weiblichen Ehrenamtlichen an Aus- und Fortbildungen früher geringer als die der männlichen, so hat sich dies im Lauf der Zeit gewandelt. In neueren empirischen Untersuchungen sind Mädchen/Frauen für die Jugendarbeit oft besser qualifiziert als Jungen/Männer (vgl. Sass 1994b, S. 52; Nörber 1997, S. 6). Besonders viele verbandsintern geschulte MitarbeiterInnen finden sich bei der Gewerkschaftsjugend und in den konfessionellen Verbänden. Etwa 10-15% aller ehrenamtlichen MitarbeiterInnen können eine pädagogische Berufsausbildung vorweisen. Es finden sich aber auch Jugendverbände, in denen viele Ehrenamtliche keine Ausbildung absolviert, sondern ihre Kompetenzen für die Jugendarbeit durch »learning by doing« erworben haben (vgl. Funk/Winter 1993, S. 51).

(3) *Zur Qualität der ehrenamtlichen Arbeit:* In alten wie neuen empirischen Studien wird Kritik an der Qualifikation der Ehrenamtlichen geübt. Während in den älteren Untersuchungen eine mangelnde persönliche Eignung der ehrenamtlichen Jugendlichen kritisiert wird, bezieht sich die Kritik in den neueren Studien stärker auf die Ausbildungsangebote und -konzepte der Verbände. Vor allem in den sach- und fachbezogenen Verbänden werden deutliche Mängel im Bereich qualifizierter pädagogischer Grundausbildung nachgewiesen.

(4) *Ehrenamtliche und berufliche MitarbeiterInnen:* Der Begriff Ehrenamtliche(r) oder Professionelle(r) sagt noch nichts über die individuellen Fähigkeiten, die Qualität und Kompetenz des jeweiligen Handelns aus, zumal auch eine Reihe Ehrenamtlicher eine (formale) pädagogische Qualifikation besitzen. Die Ehrenamtlichen kritisieren die beruflichen MitarbeiterInnen häufig. Letzteren wird mangelndes Verständnis für die Ehrenamtlichen, unzulängliches Eingehen auf die Bedürfnisse der Jugendlichen, »theoretische Kopflastigkeit« und unen-

gagierte, lediglich pflichtgemäße Ausübung der Arbeit vorgeworfen. Im Umgang mit Kindern und Jugendlichen sehen sich die Ehrenamtlichen teilweise als die kompetenteren MitarbeiterInnen an. Die meisten Ehrenamtlichen betrachten die beruflichen MitarbeiterInnen zwar als unentbehrlich für die Arbeit, da diese sonst nicht zu bewältigen ist, doch werden den Hauptamtlichen klar administrative, organisatorische, bürokratische Aufgaben sowie Service- und Unterstützungsleistungen für die Ehrenamtlichen zugewiesen, während die pädagogische Arbeit mit Kindern und Jugendlichen für die ehrenamtlichen MitarbeiterInnen reklamiert wird (vgl. etwa Bäumler/Bangert/Schwab 1994, S. 61 f.; Homfeldt u. a. 1995, S. 78; Jugendrotkreuz 1997, S. 19). Dies entspricht in der Tendenz auch den programmatischen Äußerungen der Verbände zu Aufgabe und Funktion der bezahlten MitarbeiterInnen.

(5) *Weiterbildungswünsche der Ehrenamtlichen:* Die Wünsche der Ehrenamtlichen an Aus- und Weiterbildung sind hauptsächlich auf den konkreten Verbandsalltag bezogen. So werden praktische Hilfen im methodisch-didaktischen Bereich, bei der Programmgestaltung und den Inhalten der Arbeit gewünscht. Oft bestehen Diskrepanzen zwischen den Qualifizierungsangeboten und den Wünschen der Ehrenamtlichen (vgl. Jugendrotkreuz 1997, S. 18 ff.).

(6) *Perspektiven für die Aus- und Weiterbildung:* Im Kontext der Diskussion zur Qualitätssicherung in der Kinder- und Jugendhilfe ist für die Ausbildung der GruppenleiterInnen in hessischen Jugendverbänden die Einführung einer an zeitlich und inhaltlich verbindlichen Mindeststandards orientierten Ausbildung geplant. Die MitarbeiterInnen sollen in einer 60stündigen Grundausbildung ihre »Selbst-«, »Sozial-«, »Methoden-« und »Fachkompetenz« erweitern. Eine an diesen Standards ausgerichtete Ausbildung soll zur Grundlage der Vergabe des amtlichen JugendleiterInnenausweises bzw. der JugendleiterInnencard werden (vgl. Nörber 1998c, S. 24 ff.). Mit der 1999 von den Ländern eingeführten bundeseinheitlichen JugendleiterInnencard, die den seit 1982 gültigen JugendgruppenleiterInnenausweis ersetzt, soll eine Aufwertung von Ehrenamtlichkeit sowie Qualifikation, Legitimierung und Unterstützung der Ehrenamtlichen erreicht werden.[31] Den einzelnen Ländern bleibt es überlassen, die Qualifikationsanforderungen zu füllen. Für das Land Mecklenburg-Vorpommern werden für folgende Bereiche verbindliche Mindestanforderungen der Ausbildung genannt: Pädagogik, Psychologie, Organisation, Verwaltung, Recht und Erste Hilfe (vgl. DBJR 1998, S. 33 ff.).

Um den immer noch wachsenden Ansprüchen an Jugendarbeit zu genügen, scheint ständige Weiterbildung der Ehrenamtlichen ebenso wie eine kontinuierliche Fortentwicklung der Aus- und Weiterbildung unumgänglich. Burkhard Müllers Kritik, daß der Versuch, den Ehrenamtlichen all die für die Jugendarbeit erforderlichen Qualifikationen zu vermitteln, auf ein »Programm der

---

31 »Die Inhaberin bzw. der Inhaber der Card muß eine ausreichende praktische und theoretische Qualifizierung für die Aufgabe als Jugendleiterin bzw. als Jugendleiter erhalten haben und in der Lage sein, verantwortlich Aktivitäten mit Kindern und Jugendlichen zu gestalten« (Deutscher Bundesjugendring 1998, S. 58). Zudem wird das Alter von 16 Jahren als untere Altersgrenze für den Erwerb der Card gesetzt.

Professionalisierung von Ehrenamtlichen« hinauslaufe (Müller 1991, S. 796), erscheint noch immer zutreffend, doch bedeuten Erwerb und Ausbildung von Qualifikationen und Kompetenzen für viele MitarbeiterInnen auch Bereicherung und Gewinn.

4.5 Gesellschaftliche Modernisierung und Ehrenamt

Im Zusammenhang mit der abnehmenden Bereitschaft der Heranwachsenden, sich längerfristig als Mitglieder und ehrenamtliche MitarbeiterInnen an einen Jugendverband zu binden[32], ist häufig von einer »Krise« der Jugendverbände die Rede. Allerdings scheint der Attraktivitätsverlust des Ehrenamts im Jugendverband vorrangig ein Problem der Jugendorganisationen selbst und ihrer z. T. veralteten Strukturen zu sein (vgl. Jugendwerk der Deutschen Shell 1997, S. 18; Nörber/Sturzenhecker 1997, S. 280 ff.). Zudem nimmt das ehrenamtliche Engagement nicht in allen Verbänden und Tätigkeitsfeldern gleichermaßen ab[33], sondern vor allem im Bereich des politisch-organisatorischen Ehrenamts. Die Krise des Ehrenamts im Jugendverband stellt sich also erstens als quantitatives Problem eines Rückgangs der Anzahl der Ehrenamtlichen, zweitens als Modernisierungsrückstand der Verbände und drittens als Krise des politischen und weniger des pädagogischen und fachspezifischen Ehrenamts dar.

In bezug auf den Strukturwandel des Ehrenamts als Folge gesellschaftlicher Modernisierungsprozesse lassen sich fünf Dilemmata ausmachen, die die Jugendverbandsarbeit entscheidend beeinflussen: (1) das Rekrutierungsdilemma, (2) das Konkurrenzdilemma, (3) das Gratifikationsdilemma, (4) das Verberuflichungsdilemma, (5) das Qualifizierungsdilemma.

(1) *Das Rekrutierungsdilemma:* Schon die normale alters- und lebensphasenbedingte Fluktuation der Ehrenamtlichen ist in Verbänden recht hoch, so daß sich das Problem der Kontinuität der Arbeit und der Rekrutierung Ehrenamtlicher stets von neuem stellt. Allerdings konnte man früher davon ausgehen, daß sich aus der Gruppe der Mitglieder immer wieder neue MitarbeiterInnen gewinnen ließen. Durch gesellschaftliche Individualisierungstendenzen und die Erosion der wert- und lokalgebundenen Milieus hat das bis in die 60er Jahre fast selbstverständliche Nachwachsen der Ehrenamtlichen aus den eigenen Reihen des Milieus und der Organisation merklich nachgelassen. Heute müssen die Verbände verstärkte Anstrengungen unternehmen, Ehrenamtliche zu gewinnen.

(2) *Das Konkurrenzdilemma:* Nachdem Jugendverbände bei der Rekrutierung ihrer Mitglieder und insbesondere ihrer ehrenamtlichen MitarbeiterInnen nicht mehr auf gewachsene Milieus zurückgreifen können, sehen sie sich einer zunehmenden Konkurrenz vor allem von seiten der Freizeitindustrie ausgesetzt.

---

32 Für die neuen Bundesländer vgl. BMFSFJ (1994, S. 52); für die BRD insgesamt vgl. Jugendwerk der Deutschen Shell (1997, S. 356 ff.).
33 Es gibt auch Verbände, die keine MitarbeiterInnenprobleme haben und bei denen die Zahl der Kinder und Jugendlichen steigt, z. B. bei manchen PfadfinderInnenverbänden, bei der Naturfreundejugend oder der Jugendfeuerwehr (vgl. Sass 1996, S. 157).

So sind sie heute nur noch ein Anbieter von Freizeitaktivitäten unter vielen anderen. Ihr Angebot ist nicht mehr exklusiv, wie es bis in die 60er Jahre hinein war, sondern muß sich – insbesondere in städtischen Regionen – in Konkurrenz zu anderen »Weltbildproduzenten und Lebensstilanbietern« (Rauschenbach 1997a, S. 20), aber auch zu informellen Cliquen, Szenen der Jugendkultur, schulischen Angeboten, den Medien und konsumorientierten Möglichkeiten der Freizeitgestaltung behaupten. Die vielfältigen kommerziellen Angebote im Freizeitbereich zwingen die Jugendverbände zur Erhöhung der Qualität und Effizienz ihrer Arbeit, um wettbewerbsfähig zu bleiben. Sie können nicht mehr nur ihren eigenen verbandsspezifischen Zielvorstellungen folgen, sondern müssen ihre Angebote verstärkt nach ökonomischen Kriterien ausrichten.

(3) *Das Gratifikationsdilemma:* Ehrenamtliche Tätigkeit ist nicht mehr umsonst zu haben. Die Ehrenamtlichen im Jugendverband erwarten je unterschiedliche Gratifikationen sowohl materieller wie immaterieller Art. Die Jugendverbände haben das Thema Gratifikation in den letzten Jahren verstärkt aufgegriffen und eine Reihe von Forderungen aufgestellt wie z. B. Freistellungsregelungen durch Schule und Arbeitgeber, Vergünstigungen bei der Nutzung öffentlicher Verkehrsmittel und kommunaler Veranstaltungen etc. Allerdings sind darüber hinaus auch eigene Anstrengungen der Verbände wie etwa die Übernahme der Aus- und Weiterbildungskosten erforderlich, um die ehrenamtliche Mitarbeit attraktiver zu machen.

(4) *Das Verberuflichungsdilemma:* Die zunehmende Verberuflichung der Sozialen Arbeit hat die Position der Ehrenamtlichen im Verband verändert und zu neuen strukturellen Konflikten zwischen den beiden MitarbeiterInnengruppen der Haupt- und Ehrenamtlichen geführt. Legitimation und Professionalität beruflicher MitarbeiterInnen werden in einem ehrenamtlich geprägten Arbeitsfeld in Frage gestellt. Die Frage, ob die durch die wachsende Komplexität und Kompliziertheit unserer Gesellschaft erhöhten Anforderungen an Qualität, Zuverlässigkeit und Fachlichkeit der Jugendarbeit bei gleichzeitig sinkender Attraktivität ehrenamtlichen Engagements zum Anwachsen der Anzahl beruflicher MitarbeiterInnen geführt haben oder ob die Zahl der Ehrenamtlichen rückläufig ist, weil sie von den Hauptamtlichen und deren professionellen Standards verdrängt werden, ist noch nicht endgültig geklärt.[34] Aber auch in den Jugendverbänden wird festgestellt, daß die Arbeit vielfach nicht mehr ohne Hauptamtliche zu leisten ist (vgl. DBJR 1993a, S. 63 ff.; Corsa 1998, S. 327 ff.). So erreichen die Organisations- und Planungsprozesse in den größeren Verbänden eine solche Komplexität, daß sie nur noch in Ausnahmefällen von Ehrenamtlichen allein zu bewältigen sind. Wenn die öffentliche Bezuschussung sich an der Anzahl der Mitglieder und Maßnahmen ausrichtet, steigt der »Effizienzdruck« in den Jugendverbänden. Die Folgen sind »Hierarchisierung, Bürokratisierung

---

34 Nach Münchmeier bedeutet Professionalisierung der Jugendverbände nicht die Ersetzung Ehrenamtlicher durch Hauptamtliche, sondern die Herausbildung einer neuen Struktur neben und zusätzlich zur Ehrenamtlichkeit mit anderen Aufgaben und Funktionen für die hauptamtlichen MitarbeiterInnen als für die ehrenamtlichen (vgl. Münchmeier 1992, S. 379).

und Professionalisierung in den Verbänden selbst. Denn die Verhandlungen mit den öffentlichen Entscheidungsträgern erfordern es, daß die Verbandsspitzen bzw. Leitungsgremien Wissensbestände, Kompetenzen und administrative Rahmenbedingungen herausbilden, die für erfolgreiche Interessenvertretung im politischen Feld benötigt werden« (Olk 1988, S. 202). Die Wahrnehmung der Verbandsinteressen nach außen wird daher zunehmend professionellen MitarbeiterInnen zugewiesen. Obwohl die Jugendverbände – programmatisch – viel Wert auf eine demokratische Strukturierung ihrer Arbeit und die konzeptionelle Leitung durch Ehrenamtliche legen, tragen doch inzwischen in vielen Verbänden die beruflichen MitarbeiterInnen die Verantwortung für die Kontinuität der Arbeit und sichern die Infrastruktur der Verbände (vgl. Brenner 1993, S. 79 ff.). Doch erhöhen sich zugleich mit der zunehmenden Professionalisierung die Anforderungen an die Arbeit und damit der Leistungsdruck auf die Ehrenamtlichen. Zudem sind die Jugendverbände durch die gewachsene Zahl ihrer beruflichen MitarbeiterInnen von öffentlichen Finanzen abhängiger geworden und können deshalb auch in Zeiten leerer öffentlicher Kassen durch bestimmte staatliche Finanzierungstechniken und -programme »sozialstaatlich funktionalisiert« werden (Gängler 1995a, S. 196).

(5) *Das Qualifizierungsdilemma:* Ehrenamtlichkeit gerät zunehmend unter Qualifizierungsdruck, denn die Qualität der Jugendverbandsarbeit ist entscheidend für ihre Konkurrenzfähigkeit zu anderen Anbietern. Gesellschaftliche Modernisierungsprozesse der Verrechtlichung, Verfachlichung, Verwissenschaftlichung, Professionalisierung und Institutionalisierung der Jugendarbeit haben dazu geführt, daß die Anforderungen an die Qualifikation der Ehrenamtlichen auf allen Ebenen der Jugendverbandsarbeit gestiegen sind:

- auf der *pädagogischen* Ebene im Umgang mit Kindern und Jugendlichen durch sich wandelnde Sozialisationsbedingungen und höhere Ansprüche der Heranwachsenden;
- auf der *administrativen* Ebene durch die Notwendigkeit höheren Verwaltungswissens im Umgang mit Gesetzen, Versicherungen und Finanzen sowie durch zunehmende Bürokratisierung der Jugendverbandsarbeit;
- auf der *politischen* Ebene durch erhöhte Anforderungen im Bereich der politischen Interessenvertretung (vgl. Nörber 1998c, S. 24).

Die Zulassung zum Ehrenamt wird zu einer entscheidenden Frage: Einerseits dürfen zur Erfüllung der Verbandsziele und zur Wahrung bestimmter Standards in der pädagogischen Arbeit die Anforderungen an die Ehrenamtlichen nicht zu niedrig angesetzt werden, andererseits verschärfen zu hohe Qualifikationsanforderungen den MitarbeiterInnenmangel und führen z. T. zu Überforderung oder »Semi-Professionalität« der Ehrenamtlichen (vgl. Müller 1991, S. 795 ff.).

Zusammenfassend läßt sich konstatieren, daß die »klassische« Form des Ehrenamts im Jugendverband – aus Verantwortung, Überzeugung, Pflichtgefühl oder Verbandsidentifikation – als langfristiges institutionengebundenes Engagement für andere außerhalb des privaten Umfelds ohne direkte Rückerstattung und ohne spezielle Qualifikation mehr und mehr zu schwinden scheint.

4.6 Wandel der Jugendphase und Engagementbereitschaft

Um den Strukturwandel des Ehrenamts im Bereich der Jugendverbände zu erfassen, ist neben einem Blick auf die Organisation auch ein Blick auf Lebenslage und -situation Jugendlicher notwendig, da sich in Jugendverbänden vor allem Jugendliche engagieren. Daher sollen im folgenden die Auswirkungen des gesellschaftlichen Wandels der Jugendphase auf die Bereitschaft der Heranwachsenden zu Beteiligung und Mitarbeit in Jugendverbänden zusammenfassend diskutiert werden.

Seit den 80er Jahren konstatieren Jugendtheoretiker im Zusammenhang mit gesamtgesellschaftlichen Wandlungsprozessen der Zweiten Moderne einen tiefgreifenden »Strukturwandel« der Jugend[35], verursacht durch

- die Expansion des Bildungswesens,
- die Verlängerung von Schul- und Ausbildungszeit,
- die schwieriger gewordenen Übergänge in den Beruf (Verschiebung des Berufseintritts, Veränderungen der beruflichen Anforderungsstrukturen),
- den sozialen und kulturellen Wandel in den Familien (Entstehen neuartiger und vielfältiger Formen des Zusammenlebens),
- die Enttraditionalisierung und Erosion sozial-moralischer Milieus,
- einen Wandel von Werten, Orientierungen und Sinndeutungsmustern,
- Veränderungen der ökonomischen Situation (allgemeines Anwachsen der Einkommen verbunden mit gestiegenem Lebensstandard),
- erweiterte Zugangsmöglichkeiten zu Freizeitaktivitäten und Massenkonsum,
- gestiegene soziale und geographische Mobilität (vgl. Heitmeyer/Olk 1990).

Vom Beckschen Individualisierungstheorem ausgehend wird der Strukturwandel der Jugendphase als Folge des gesellschaftlichen Individualisierungsprozesses begriffen. Danach lösen sich in modernen Gesellschaften traditionelle soziale Bindungen und kollektive Orientierungsmuster sowie ehemals klassen- bzw. schichtspezifische Sozialisationsmuster auf. Die Lebensstile sind weniger als früher durch soziale Gruppenzugehörigkeit geprägt; individuelle Wahlmöglichkeiten haben zugenommen. Dies führt zu stärker individualistischen als kollektiven Formen der Identitätsbildung Jugendlicher. Die These vom Strukturwandel der Jugend besagt, daß die jugendliche Normalbiographie sich entstandardisiert hat, vor allem durch die Bildungsexpansion und Veränderungen des Arbeitsmarkts. Dies hat zu einer Verlängerung der Jugendphase geführt. Das klassische Modell von Jugend als einheitlicher Statusübergang verliert zugunsten einer Vielschichtigkeit von Lebensstilen, Lebenslagen und Verlaufsformen mehr und mehr an Erklärungskraft (vgl. Hurrelmann 1994, S. 291).

---

35 Außer von einem »Strukturwandel« der Jugend ist im sozialwissenschaftlichen Diskurs in bezug auf die gesellschaftlichen Veränderungen jugendlicher Lebensbedingungen u. a von »Destandardisierung«, »Dechronologisierung«, »Entstrukturierung«, »Differenzierung«, »Biographisierung« und »Individualisierung« der Jugendphase sowie von einer »Jugend im Plural« die Rede (vgl. Ferchhoff/Olk 1988, S. 71; Hornstein 1988, S. 71; Heitmeyer/Olk 1990; Münchmeier 1998, S. 12).

(1) *Familie*: Obwohl die große Mehrheit der Kinder und Jugendlichen nach wie vor in Familien aufwächst, hat diese sich in den vergangenen 20 Jahren deutlich gewandelt (vgl. Peukert 1996). So hat u. a. die durchschnittliche Kinderzahl abgenommen (Familien mit drei und mehr Kindern werden selten), während die Zahl der Einzelkinder gewachsen ist. Jugendliche sind heute zwar länger von ihren Eltern ökonomisch abhängig, doch haben sie gegenüber früheren Jugendgenerationen mehr Handlungsmöglichkeiten und Freiheiten in bezug auf den politischen und religiösen Bereich, auf Freizeitgestaltung, Konsum, Lebensstile, Wahl der FreundInnen, PartnerInnen und Gleichaltrigengruppen sowie Jugendszenen und Medien (vgl. Münchmeier 1998, S. 11 f.).

(2) *Schule*: Die auffälligste Veränderung der Lebensbedingungen Jugendlicher ist ihr längerer Verbleib im Bildungssystem und der damit hinausgeschobene Einstieg in das Arbeits- bzw. Berufsleben. Jungsein heißt heute überwiegend Schülersein. Schule erscheint als zentrale gesellschaftliche Organisation des Jugendalters. An die Stelle erwerbsmäßiger Arbeit, die noch bis in die 60er Jahre hinein für die Mehrheit der Jugendlichen strukturtypisch war, ist die schulisch-kognitive Lernarbeit getreten (vgl. Münchmeier 1998). Die Bildungsmobilisierung der 60er Jahre führte dazu, daß viele Jugendliche ihren traditionellen Milieus und den zugehörigen Organisationen entwachsen sind. Da Schule individuelle Leistungsmotivation, Konkurrenz- und Karriereorientierung fördert, trägt sie zu eher individualistischen anstelle kollektiver Formen der Identitätsbildung bei.

(3) *Erwerbstätigkeit:* Auf dem deutschen Arbeitsmarkt ist es in den letzten 20 Jahren zu starken Veränderungen gekommen. Die Erwerbsbeteiligung junger Frauen hat zugenommen, die Zahl der arbeitslosen Jugendlichen hat sich erhöht. Gleichzeitig mit dem Anwachsen höherer Bildungsabschlüsse für immer mehr junge Menschen ist das Angebot an Ausbildungs- und Arbeitsplätzen gesunken. Angesichts der Massenarbeitslosigkeit besteht für die Heranwachsenden ein Widerspruch zwischen den wachsenden Möglichkeiten auf Bildung, Freiräume und Entfaltung und den sinkenden Chancen auf einen ihren Qualifikationen entsprechenden Arbeitsplatz (vgl. Jugendwerk der Deutschen Shell 1997, S. 380). Arbeit als unmittelbarer Erfahrungsbereich erleidet einen Bedeutungsverlust, damit auch die Formen kollektiver und solidarischer Beteiligungs- und Handlungsstrategien, wie sie in größeren Betrieben anzutreffen sind.

(4) *Freizeit*: Die längere Schulzeit hat auch zu mehr Freizeit für Jugendliche geführt. Dennoch haben viele Jugendliche einen vollen Terminplan, da die Freizeitangebote, besonders der kommerziellen Anbieter, seither deutlich zugenommen haben. Sportliche Aktivitäten werden von vielen Kindern und Jugendlichen wahrgenommen. Schule greift mit ihren Lernanforderungen auch in die Freizeit der Kinder und Jugendlichen ein. Zudem belasten Probleme der Lebensbewältigung, der sozialen und materiellen Existenzsicherung die Jugendlichen mit zunehmendem Alter immer stärker (vgl. ebd., S. 279 f.).

(5) *Medien*: Die Hälfte der Freizeit wird mit dem Konsum von Medien verbracht (vgl. Auerbach/Wiedemann 1997, S. 136). Der Einfluß der Medien auf Kinder und Jugendliche findet immer früher statt, die Grenze zur Welt der Er-

wachsenen löst sich auf. Durch die Massenmedien transportierte, über Musik und Mode ausdifferenzierte Lebensstile übernehmen anstelle der traditionell-kollektiven Lebensformen für viele Jugendliche eine quasi-identitätsstiftende Funktion und ersetzen damit teilweise die Jugendorganisationen.

(6) *Gleichaltrigenkultur:* In der Kindheit ist die Familie noch immer die primäre Sozialisationsinstanz, in der Jugendzeit werden Freunde und die Clique zunehmend wichtiger. Durch den Trend zur Ein-Kind-Familie sind Kinder früher auf Gleichaltrige verwiesen. Die Zunahme der informellen peer-groups (eine früher vor allem männliche Vergesellschaftungsform) findet sich heute gleichermaßen bei männlichen wie weiblichen Jugendlichen (vgl. Brinkhoff/Ferchhoff 1990, S. 114). Gemeinsame Freizeit und Lebensstile beeinflussen die normativen Standards und Verhaltensformen Jugendlicher. Jugendkulturelle Stile erscheinen als schnellebig und unverbindlich, viele Jugendliche wechseln häufig Szenen, Gruppen und Stile (vgl. Jugendwerk der Deutschen Shell 1997, S. 20). Dies führt zu abnehmender Kontinuität der Teilnahme und Mitarbeit in den traditionellen Organisationen. Gleichaltrigengesellligkeit wird in informellen Cliquen, institutionellen Angeboten der Kinder- und Jugendarbeit sowie kommerziellen Angeboten eines expandierenden Freizeitmarktes teilweise gleichzeitig und nebeneinander realisiert.

(7) *Konsum:* Der Lebensabschnitt Jugend ist heute für die meisten mit hohen Freiheitsgraden im Freizeit- und Konsumbereich verbunden. Die materiellen Lebensbedingungen haben sich seit Kriegsende stetig verbessert: Die Heranwachsenden verfügen über weit mehr Geld als frühere Jugendgenerationen. Daher hat sich ein differenzierter Freizeit- und Konsumsektor für Jugendliche entwickelt. Die Ansprüche an Konsum und Unterhaltung sind deutlich gestiegen. Die lebensaltersspezifisch gesehen immer frühere Teilnahme an kommerziellen Angeboten sichert den Status im sozialen Umfeld. Freizeitaktivitäten wie Sport und Konsum werden zunehmend zum Medium sozialer Positionierung (vgl. Auerbach/Wiedemann 1997). Jugendliche bevorzugen Aktivitäten, die Spaß machen, Zerstreuung und Unterhaltung bieten, einen unkomplizierten Umgang mit Gleichgesinnten ermöglichen, ohne längerfristige Verpflichtungen zu beinhalten (vgl. Jugendwerk der Deutschen Shell 1997, S. 20 f.). Hier können Jugendverbände oft nicht mit den genau auf die Wünsche Jugendlicher zugeschnittenen kommerziellen Angeboten mithalten.

(8) *Engagement in Organisationen:* Die veränderte Lebenswirklichkeit von Kindern und Jugendlichen hat auch Auswirkungen auf Mitgliedschaft und Engagement in Jugendverbänden. Seit Jahren belegt die Jugendforschung eine skeptische Distanz der Jugend zu gesellschaftlichen Institutionen und Organisationen (vgl. Hoffmann-Lange 1995, S. 250 ff.). Hinsichtlich aller gesellschaftlichen Beteiligungsformen gilt, daß Jugendliche sich im Schnitt sozial und politisch weniger engagieren als Erwachsene (vgl. Blanke/Ehling/Schwarz 1996, S. 175 f.). Es besteht ein Mißtrauen gegenüber klassischen Formen der politischen Interessenvertretung. Von der »Organisationsfreude« der 80er Jahre ist in den 90ern nicht mehr viel übriggeblieben. Auch die in den 80er Jahren noch hohe Identifikation der Heranwachsenden mit den sozialen Bewegungen ist

rückläufig. »Charakteristisch für die heutige Jugend scheint weniger die Haltung des überzeugten Mitglieds und Akteurs zu sein, ... sondern vielmehr die Position des Zuschauers und begrenzten Nutzers« (Jugendwerk der Deutschen Shell 1997, S. 21). Der Zusammenhang zwischen politischem Wissen und Engagementbereitschaft, Wertorientierungen und Beteiligungsformen, Einstellungen und Verhaltensmustern ist nicht mehr eindeutig gegeben. Die Befürwortung gesellschaftlichen Engagements wird nicht unbedingt in konkretes Handeln umgesetzt. Jugendliche äußern zwar Interesse an der Mitarbeit in Vereinen und Organisationen, doch lehnen sie die Sozialisation durch deren Verhaltensnormen mehrheitlich ab (vgl. ebd., S. 16 ff.).

Individualisierungstendenzen in Familie, Schule, Freizeit und Arbeit werden als Ursachen für zurückgehendes Engagement junger Menschen in Jugendverbänden benannt. Der Wegfall der sozial-moralischen Milieus und ihrer Traditionen, Verhaltensmuster und Leitbilder hat eine wachsende Entfremdung Jugendlicher von althergebrachten Gesellungsformen zur Folge. Zudem tragen die sich erweiternden Wahlmöglichkeiten der Freizeitgestaltung zu einer Abnahme der Beteiligung in gesellschaftlich etablierten Vereinen und Organisationen wie Jugendverbänden bei.

Die wachsende Toleranz der Eltern und der gestiegene materielle Lebensstandard ermöglichen Jugendlichen Freiräume (z. B. eigenes Zimmer) in bezug auf Konsum, Freundschaft, Sexualität, Mediennutzung und Verfügung über die eigene Zeit. Gelegenheiten, mit Gleichaltrigen beiderlei Geschlechts zusammenzusein, bieten sich in Schule, Ausbildung und Freizeit (Cliquen, Discos). Insgesamt sind Jugendliche heute weniger als früher zur Befriedigung ihrer Bedürfnisse und Interessen auf Jugendverbände und Jugendhäuser angewiesen. Jugendverbänden haftet häufig ein altmodisches, verstaubtes Image an, sie stellen im öffentlichen Bewußtsein keine Gegenwelten zur Erwachsenengesellschaft dar. Mitarbeit im Jugendverband trägt kaum noch zur Anerkennung im sozialen Umfeld, besonders von Jugendlichen bei (vgl. Funk/Winter 1993; Sass 1995b; Nörber 1997). Von daher nimmt die Attraktivität des Ehrenamts im Jugendverband für viele Jugendliche ab.

Die identitätsstiftende Funktion der Jugendverbände wird von wechselnden Jugendszenen (besonders im Musik- und Modebereich) übernommen. Auch in bezug auf ihre Freizeit sind viele Heranwachsende in der Lage, diese selbständig zu organisieren und zwischen unterschiedlichen Angeboten zu entscheiden. Unter diesen Voraussetzungen ändert sich auch die Haltung zu Mitgliedschaft oder Mitarbeit in einem Jugendverband. »Wenn die Mitgliedschaft in einem Jugendverband nicht mehr den mehr oder weniger naturwüchsigen Ausdruck der Lebenspraxis in einem religiös bzw. politisch-weltanschaulich geprägten sozialen Milieu darstellt und die Jugendverbände in vielen Hinsichten in Konkurrenz zu anderen Einrichtungen und Institutionen treten, dann schwächt sich die Organisationstreue ab und macht einem dienstleistungsorientierten Mitgliedschaftsverständnis Platz. Anstelle des dauerhaften, durch formale Mitgliedschaft sanktionierten Mitgliedschaftsverständnisses tritt das punktuelle, gebrauchswertorientierte Engagement bei konkreten Aktionen, Projekten und

Veranstaltungen« (Olk 1988, S. 206 f.). Die Beziehung zum Verband wird unverbindlicher und sporadisch. Die Tendenz geht vom traditionellen langfristigen Engagement im Jugendverband zum gelegentlichen Mitmachen bei bestimmten zeitlich begrenzten Aktionen und Projekten bis hin zur individuellen Nutzung der Angebote und Dienstleistungen des Verbands. Viele Jugendliche lehnen längerfristige Verbindlichkeit wie formelle Mitgliedschaft in Organisationen ab. Mehrheitlich verweigern sie die übliche Vereins- und Verbandskarriere. Die Unverbindlichkeit der Teilnahme widerspricht den Erwartungen der Jugendverbände an Loyalität, Mitgliedschaft und kontinuierliches Engagement. Zudem wollen Jugendverbände den Heranwachsenden nicht nur Erlebnis und Spaß ermöglichen, sondern auch ihren pädagogischen Anspruch an Jugendarbeit verwirklichen. Dies weist darauf hin, daß die Jugendverbände mit Einstellungen, Bedürfnissen, Interessen und Verhaltensweisen Jugendlicher konfrontiert werden, die mit den bisherigen Traditionen, Zielsetzungen und Organisationsstrukturen nicht mehr unbedingt übereinstimmen.

4.7 Strukturwandel des Ehrenamts im Jugendverband?

Das Prinzip der Ehrenamtlichkeit bildet nach wie vor sowohl im Verständnis der Jugendverbände als auch in der öffentlichen Wahrnehmung und der wissenschaftlichen Diskussion die wesentliche Grundlage der Jugendverbandsarbeit. Doch haben die gesellschaftlichen Veränderungen seit Ende der 60er Jahre auch die Jugendverbände nicht unberührt gelassen. Verberuflichung und Professionalisierung der Sozialen Arbeit, die Auflösung sozial-kultureller Milieus, die Freisetzung der Menschen aus traditionellen Bindungen, Individualisierung der Lebensstile und Pluralisierung der Lebenslagen wirken sich auf die Angebots-, Mitglieds- und Personalstruktur der Jugendverbände aus.

Bezieht man die These vom Strukturwandel des Ehrenamts auf die Jugendverbände, so zeigen sich einige Entsprechungen: Das Ehrenamt in den Jugendverbänden scheint sich aufgrund gesellschaftlicher Modernisierungsprozesse in einem Umbruch zu befinden; eine Reihe der Verbände klagen über einen Mangel an Ehrenamtlichen und über Schwierigkeiten, neue zu rekrutieren. Aufgrund der demographischen Entwicklungen dürften sich diese Probleme für viele Verbände in den kommenden Jahren noch verstärken. Die Verberuflichung nimmt zu, wenn auch vorerst in geringerem Ausmaß als in anderen gesellschaftlichen Bereichen. Die Anforderungen an die Qualifikation der Ehrenamtlichen sind gestiegen; fast alle Verbände unternehmen Anstrengungen, ihre ehrenamtlichen MitarbeiterInnen fortzubilden. Der Qualifizierungsdruck wird durch die wachsende Konkurrenz anderer Anbieter noch verstärkt.

Von der Anzahl der Mitglieder und Ehrenamtlichen her sind Jugendverbände nicht mehr unbedingt *Jungenverbände*, der Anteil der Teilnehmerinnen und weiblichen Ehrenamtlichen steigt (bis teilweise über 50%), allerdings recht unterschiedlich je nach Verband. Die Zunahme der Kinderarbeit und der gleichzeitige Rückgang der jugendlichen Mitglieder in Jugendverbänden scheint mit dem wachsenden Desinteresse junger Männer an ehrenamtlichem Engagement zu korrespondieren.

Die Abnahme der kontinuierlichen Gruppenarbeit, einst Hauptbetätigungs-feld der jugendlichen Ehrenamtlichen, und das Anwachsen zeitlich begrenzter Projekte, kurzfristiger Aktionen und Maßnahmen implizieren eine Verringe-rung kontinuierlichen Engagements und begünstigen die Herausbildung unver-bindlicher sporadischer Beteiligungsformen Heranwachsender. Ebenso vermin-dern der Attraktivitätsverlust etablierter Organisationen, der Mangel an öffentli-cher Anerkennung des Ehrenamts und die sinkende Bindungsbereitschaft Ju-gendlicher das Potential an Ehrenamtlichen.

Nicht so sehr Tradition, Zugehörigkeit zu einem bestimmten Milieu und Verbandsidentifikation, sondern individuelle Bedürfnisse und Interessen, die Passung des Ehrenamts in den biographischen Lebenskontext scheinen auch im Jugendverband den Ausschlag für ein Engagement zu geben. Doch kann man bezüglich der Motivation kaum von einem Wandel sprechen, da das Ehrenamt im Jugendverband schon immer von selbstbezogenen *und* altruistischen Moti-ven, von gegenseitiger Hilfe Gleichbetroffener (»Jugend führt Jugend«), von Wünschen nach sozialen Kontakten und Geselligkeit sowie nach Selbstorgani-sation, Selbstbestimmung und Selbstverwirklichung geprägt war. Allerdings scheint Verbandsidentifikation als Motiv für ehrenamtliche Mitarbeit mehr und mehr zu schwinden.

Jugendverbände bieten Kindern und Jugendlichen noch immer Möglichkei-ten der Mitgestaltung und Selbstorganisation, doch ist mit dem Rückgang der Ehrenamtlichkeit und der zunehmenden Professionalisierung auch das Prinzip der Selbstorganisation einem Wandel ausgesetzt. Die Verbände, denen es noch gelingt, MitarbeiterInnen aus dem eigenen Nachwuchs zu rekrutieren, sie aus-zubilden und sukzessive an Verantwortung zu beteiligen, scheinen über das sta-bilste MitarbeiterInnenpotential zu verfügen. Dort, wo Cliquen und Freundes-kreise gemeinsam aus den Jugendgruppen ins Ehrenamt einsteigen, wo die Mit-arbeiterInnen im lokalen Verbandskontext in soziale Beziehungen eingebunden sind, funktioniert die ehrenamtliche Mitarbeit zumeist noch gut (vgl. Sass 1995e, S. 115; Reichwein/Freund 1992, S. 114 f.). Ehrenamtlichkeit wird von denjenigen Ehrenamtlichen überwiegend positiv gesehen, die in ihrem direkten Tätigkeitsbereich – und nicht nur in Gremien – weitreichend selbstverantwort-lich handeln und selbständig über Finanzen, Räume, Materialien und Angebote entscheiden können. Zudem verstärken vielfältige Nutzungsmöglichkeiten des Ehrenamts für die eigenen Interessen und Bedürfnisse sowie eine für Jugendli-che einsichtige gesellschaftlich sinnvolle Aufgabenstellung des Jugendverbands die Bereitschaft zur Mitarbeit (vgl. ebd. 1992, S. 246 ff.; Dörre 1995, S. 402 f.).

In einer Reihe der neueren Untersuchungen wird das Wechselverhältnis zwi-schen gesellschaftlichen Änderungsprozessen und den Einstellungen, Motiven und Tätigkeiten der Menschen in den Blick genommen (vgl. Brinkhoff 1992; Reichwein/Freund 1992; Funk/Winter 1993; Dörre 1995; Auerbach/Wiede-mann 1997). Im Zusammenhang mit der Individualisierungsdebatte scheint die Frage nach der subjektiven, individuellen Bedeutung einer Mitgliedschaft oder

Mitarbeit im Jugendverband wichtig. Von daher läßt sich auch die Zunahme der qualitativen Studien, die dieser Frage nachgehen, erklären. Demgegenüber läßt sich ein Mangel an empirischen Untersuchungen zum »organisatorischen setting«, zu den rechtlichen, finanziellen und personellen Voraussetzungen und Veränderungen der Jugendverbandsarbeit konstatieren. Durch die fast ausschließlich personenbezogenen Befragungen lassen sich die Auswirkungen der gesellschaftlichen Modernisierungsprozesse auf die organisatorischen Strukturen und Rahmenbedingungen der Ehrenamtlichkeit in diesem gesellschaftlichen Bereich kaum überprüfen. Strukturelle Änderungen, die sich für die Jugendverbände und damit auch für das Prinzip der Ehrenamtlichkeit in diesem Arbeitsfeld durch den gesellschaftlichen Wandel ergeben, wie z. B. die sozialpolitische Inpflichtnahme der Jugendverbände, indem ihnen die Arbeit mit »schwierigen« Jugendlichen zugewiesen oder der Nachweis der Effizienz ihrer Arbeit verlangt wird, werden durch die empirischen Untersuchungen nicht erfaßt. Auch zu den heute aktuellen Themen der Organisations- und Personalentwicklung, des Qualitätsmanagements sowie der Dienstleistungsorientierung in Jugendverbänden liegen keine empirischen Befunde vor.

Für einzelne Aspekte der Ehrenamtlichkeit in Jugendverbänden scheint die These eines Wandels plausibel, doch lassen sich insgesamt anhand der vorliegenden empirischen Studien Veränderungen des Ehrenamts aufgrund der Unterschiedlichkeit der Erhebungen, ihrer mangelnden Repräsentativität[36], der Ungewißheit über die Grundgesamtheit der Ehrenamtlichen, des Fehlens entwicklungsorientierter Zeitreihenuntersuchungen sowie organisationsbezogener Befragungen lediglich teilweise und fast nur auf der Subjektebene erfassen. Beim derzeitigen Stand der empirischen Forschung läßt sich infolgedessen der Strukturwandel des Ehrenamts im Jugendverband nur in Ansätzen sichtbar machen und plausibilisieren.

---

36 Die Ergebnisse der neueren, wissenschaftlich seriösen und repräsentativen Erhebungen lassen sich in der Regel nicht verallgemeinern, da sie sich entweder auf einen speziellen Verband mit seinen besonderen Aufgaben, Strukturen und Rahmenbedingungen (vgl. etwa Homfeldt u. a. 1995) oder auf eine bestimmte Region mit ihren spezifischen infrastrukturellen Voraussetzungen (vgl. Auerbach/Wiedemann 1997) beziehen.

5. Das Ehrenamt im Sport

Im Unterschied zu den bislang betrachteten Engagementfeldern werden Sport und Bewegung nicht dem Gesundheits- und Sozialwesen, sondern vorrangig dem Freizeitsektor zugerechnet. Bezugspunkt der ehrenamtlichen Arbeit ist damit primär die Organisation freizeitbezogener Interessen in der nicht durch Beruf oder Haushalt gebundenen Zeit. Unter den verschiedenen Möglichkeiten diese zu nutzen und zu gestalten, spielen Sport und Bewegung in der Bundesrepublik eine wichtige Rolle und stellen zugleich einen bedeutsamen gesellschaftlichen Teilbereich dar, dessen Attraktivität in der Bevölkerung möglicherweise eine günstige Voraussetzung für das ehrenamtliche Engagement bildet.[1] Allerdings klaffen die Einschätzungen zur Bedeutung und zum Umfang sportlichen Interesses und aktiver Betätigung weit auseinander (vgl. Größing 1995). Ausschlaggebend für die verschiedenen Meinungen und Befunde – und damit auch zur Verortung gemeinwohlorientierten Engagements – ist dabei das zugrundeliegende Verständnis bzw. der verwendete, eher enge oder weite Sportbegriff.

Beispiele für ein breites Spektrum sportlicher Neigungen und Betätigungen sind etwa das Gespräch über Fußball mit FreundInnen, der Konsum von Sportsendungen, das Baden im öffentlichen Hallenbad, das Stretchingprogramm im Fitneßcenter, der Langstreckenlauf im Wald, der Meditationskurs in der Volkshochschule, das Schachspielen im Verein, das »Pöhlen« mit der Thekenmannschaft auf der Wiese, der Skateboard-Parcours im Jugendzentrum, das Free-Climbing im Jugendverband, die Ruder-AG in der Schule, das Mobilitätstraining in der Rehabilitationseinrichtung, die Olympiade der Behinderten im internationalen Vergleich, der Fußball in der Bundesligamannschaft oder das Handballturnier im Sportverein. Diese keineswegs vollständige Aufsummierung signalisiert bereits die Vielschichtigkeit sportlichen Handelns, infolge derer »Sport« nicht mehr als einheitliches und undifferenziertes Etikett für die vielen sportpraktischen Aktivitäten, die mannigfaltigen Sportstätten und -orte sowie die verschiedenen Beweggründe, Sport zu betreiben bzw. sich mit diesem Thema zu beschäftigen, verwendet werden kann (vgl. Kreft 1996). Bewegungsorientierte Aktivitäten können sich in verschiedenen sozialen und organisatorischen Settings vollziehen, die zugleich unterschiedliche Voraussetzungen für eine ehrenamtliche Tätigkeit bieten bzw. verschiedene Formen gemeinwohlorientierten Engagements binden. So kann sportliches Handeln

---

1 So dokumentiert beispielsweise die Zeitbudgetstudie des Statistischen Bundesamtes, daß »Sport, Spiel und Spazierengehen« unter den einzelnen Freizeitbeschäftigungen nach der »Mediennutzung« und vor »Musik und Kultur« an zweiter Stelle rangieren. Die befragten Personen ab 12 Jahren verbrachten durchschnittlich – d. h. über alle Personen und Wochentage hinweg – täglich über eine halbe Stunde mit derartigen Aktivitäten, davon die Männer etwas mehr als die Frauen. Werden innerhalb dieser Gesamtkategorie nur diejenigen Personen betrachtet, die tatsächlich auch aktiv Sport betrieben haben, so erhöht sich der zeitliche Aufwand pro Tag auf 1¾ Stunden bei den Männern und 1¼ Stunden bei den Frauen (vgl. Ehling 1996).

- zum einen individuell oder in informellen Gruppierungen (wie beim Freizeitsport unter FreundInnen oder in der Familie) stattfinden, d. h. an allen Orten,
wo sich eher spontan, improvisiert und unkontrolliert Sportgelegenheiten
finden bzw. Partnerschaften ergeben,
- zum anderen eher geplant und reglementiert in formalen Organisationen erfolgen, die entweder vorrangig andere Ziele verfolgen (wie der Schul- und
Hochschulsport, die Bewegungserziehung in Kindertageseinrichtungen, der
Sport in Jugendverbänden oder im Strafvollzug) oder sich primär über den
Sport definieren (wie Sportvereine, -verbände oder Fitneß- und Tanzstudios)
(vgl. Brinkhoff/Sack 1996; Gebhard 1995; Kreft 1996).

Die Uneindeutigkeiten des Sportbegriffs und die vielfältigen Erscheinungsformen des Sports spiegeln sich auch in Versuchen, über die Konstruktion verschiedener Sportmodelle bzw. -welten, die sich jeweils durch spezifische Zielsetzungen und Merkmale auszeichnen, einen begrifflichen und strukturierenden
Zugang zu diesem Bereich zu erschließen. So typologisiert beispielsweise Kreft
(1996) – mit Blick auf die verschiedenen Sportsysteme – danach, ob es sich um
»Spitzen- oder Hochleistungssport« (oftmals zugleich der Bereich »nationaler
Repräsentanz«), »Breiten- und Wettkampfsport« (mit dem überwiegend der in
den traditionellen Sportvereinen organisierte Sport bezeichnet wird), »Freizeit-
bzw. Jedermannssport« (mit dem in der Regel der Sport für Nichtorganisierte
gemeint ist) oder »kommunikativen Sport« (als Bestandteil der alltäglichen Unterhaltung, etwa in den Medien oder als Schauspiel) handelt. Einen etwas anderen Weg der Konzeptionalisierung verfolgen Jütting/Strob (1994a), die zwischen »Hochleistungssport« als Bestandteil des professionellen Showsportsy-
stems, »Breitensport-/Wettkampfsport« als Komponente des alltagskulturellen
Vereinssportsystems sowie »Kursangeboten« und »Gesundheitssport« als Beispiele für das lebensstilorientierte, sportive Dienstleistungssystem differenzieren. Und schließlich trennt Digel (1986) in Leistungs-, Medien-, Freizeit- und
instrumentellen Sport, denen er jeweils eigene Charakteristika zuordnet.

Diese »neue«, nur schwer faßbare begriffliche Heterogenität stellt sich als
Produkt eines tiefgreifenden und widersprüchlichen Prozesses dar, der auch als
»Strukturwandel des Sports« bezeichnet wird und dazu geführt hat, daß sich
das etablierte, unter dem Dach des Deutschen Sportbundes organisierte Vereinswesen und die traditionellen Sportvereine plötzlich in einer gewandelten
Umgebung wiederfinden[2], die sie selbst und »das Ehrenamt bisweilen als einen
überkommenen Anachronismus erscheinen läßt« (Rauschenbach 1996, S. 69).

---

2 Der Deutsche Sportbund (DSB) bildet das Dach für die 16 Landessportbünde, die 55
Spitzenverbände (wie dem DFB), die 12 Sportverbände mit besonderer Aufgabenstellung (z. B. dem Allgemeinen Deutschen Hochschulverband), die 6 Verbände für
Bildung und Wissenschaft (wie der Deutschen Sportlehrerverband) sowie die 2 För-
derverbände (u. a. die Deutsche Olympische Gesellschaft) (vgl. DSB 1999). Für den
besonderen Arbeitsbereich des Jugendsports ist die Deutsche Sportjugend (DSJ) zuständig, die als größte Jugendorganisation in der BRD gilt. Als zweiter Dachverband
neben dem DSB fungiert das Nationale Olympische Komitee (vgl. Troisen 1995).

»Sport« wird eben nicht mehr – gleichsam automatisch – mit dem ehrenamtlich organisierten Sportverein vor Ort und der Turnhalle »um die Ecke« assoziiert. Der vereinsgebundene Sport stellt nunmehr nur noch ein Segment der Sportwirklichkeit in der BRD dar. Der etwas antiquierte Charakter des Vereinswesens resultiert aber auch daraus, daß der organisierte Sport im öffentlichen Bewußtsein oftmals noch mit einem eindimensionalen Vereinsbild und einem pyramidenförmigen Sportkonzept in Verbindung gebracht wird. Dies erfaßt nicht unbedingt die Realität insbesondere jener Vereine, die sich von den gründerzeitlichen Idealen des Sports längst entfernt, sich auf den langen Weg »von der Gesinnungsgemeinschaft zum Dienstleistungsunternehmen« (Pankoke 1996, S. 34) gemacht haben und innerhalb des veränderten Umfelds ihren Platz und ein neues Ehrenamtsverständnis suchen, da sich mit der Entwicklung und Umstrukturierung dieses Bereichs zugleich auch die strukturellen und kulturellen Grundlagen des sportlichen Ehrenamts verändert haben (vgl. Rauschenbach 1996; Rittner 1998).

5.1 Das sportliche Ehrenamt im Horizont empirischer Studien

Obgleich sich gemeinwohlorientiertes Engagement in vielen Settings und Organisationsformen – sei es im Tanz- und Fitneßstudio oder im Wettbewerb der Thekenmannschaften – findet, gilt die Institution des Ehrenamts seit den Anfängen der bürgerlichen und proletarischen Turn- und Sportbewegung im letzten Jahrhundert als konstitutives Element für die vielfältigen Sportvereine und -verbände. Die empirische Erfassung des sportlichen Ehrenamts ist dementsprechend eng verknüpft mit der wissenschaftlichen Auseinandersetzung mit den Vereinen. Während sich allerdings die Sportvereinsforschung als anspruchsvolle empirische Forschung seit Mitte der 70er Jahre entwickelt und zunehmend verbreitet hat[3], ist die Anzahl der Beiträge, die sich explizit mit dem ehrenamtlichen Engagement in dieser Organisationsform beschäftigen, vergleichsweise übersichtlich geblieben. So wird das Thema »Ehrenamtlichkeit« zugunsten anderer Fragestellungen eher am Rande abgehandelt (vgl. u. a. Hennen/Sudek 1993; Kurz/Sack/Brinkhoff 1996), werden häufig lokal begrenzte und landesbezogene Untersuchungen durchgeführt (vgl. beispielsweise Jütting 1994b; Rittner 1998) oder werden empirische Befunde verstreut in Kurzbeiträgen in Sammelbänden oder in speziellen Verbandzeitschriften publiziert (vgl. Jaeger-Kaske 1998; Kemper 1998; Zipprich 1998). Im Kontrast zum Stellenwert des Ehrenamts für die Sportorganisationen befassen sich insgesamt nur wenige Studien ausführlich und umfassend mit Fragen der ehrenamtlichen Arbeit.

---

3 Den Auftakt bildeten hierbei Lenks (1972) Beitrag zur Hamburger Turnerschaft sowie die Veröffentlichungen von Schlagenhauff (1977) und Timm (1979), mit denen erstmals repräsentatives empirisches Datenmaterial zur Struktur des Sportvereinswesens in der BRD vorgelegt worden ist. Vgl. zum Stand der Forschung zu Sportvereinen und sportlichem Ehrenamt Jütting (1994b) sowie Strob (1999).

In den folgenden Ausführungen wird vor allem auf die Finanz- und Struktur-analyse der Sportvereine von Heinemann/Schubert (1994) Bezug genommen, die an die bisherige Tradition der FISAS anknüpft, möglichst umfangreiche und repräsentative Daten zur Situation der Sportvereine in Deutschland zu gewinnen.[4] Die Veröffentlichung stellt aufgrund ihres bundesweiten Charakters und differenzierten Instrumentariums auch mit Blick auf die ehrenamtliche Mitarbeit eine informative und ergiebige Quelle dar, die den Stand von 1992 abbildet.[5] Inhaltlich schließt sie an die Veröffentlichung Heinemann/Schuberts (1992) zur Frage der Haupt- und Ehrenamtlichkeit in Sportvereinen sowie an die Publikation Heinemann/Horchs (1991) zum Ressourcencharakter der ehrenamtlichen Arbeit für freiwillige Vereinigungen an.[6]

Einen zweiten Schwerpunkt bilden die Ausführungen Jüttings u. a., die zum einen auf einer im Jahr 1993 durchgeführten Vollerhebung aller im Stadtsport-bund Münster organisierten Sportvereine (vgl. Jütting 1994a) und zum anderen auf einer Erfassung neugegründeter Sportvereine in Nordrhein-Westfalen aus dem Jahr 1994/95 beruhen (vgl. Jütting 1998) und differenzierte Aussagen zum ehrenamtlichen Engagement umfassen.[7] Das Bundesland Nordrhein-Westfalen steht auch bei Friedrich/Puxi (1994) im Vordergrund, die 1991 eine schriftliche Befragung zum ehrenamtlichen Engagement in nordrhein-westfälischen Sport-vereinen durchgeführt haben.[8] Speziell mit der Lage und den Problemen der

4 Im Rahmen der »Finanz- und Strukturanalysen der Sportvereine (FISAS)«, wurden 1978, 1982, 1986, 1992 und zuletzt 1996 repräsentative Erhebungen zu verschiede-nen Fragestellungen des Sportvereinswesens durchgeführt, die wesentlich zur Erhö-hung des Wissens über Sportvereine beigetragen haben (vgl. Heinemann/Schubert 1994; Emrich 1999). Zur FISAS 1996 liegen zwar erste Teilfassungen vor, die einer breiteren Öffentlichkeit jedoch noch nicht zur Verfügung stehen (vgl. Emrich 1999).

5 Die im Jahr 1992 im Auftrag des Deutschen Sportbundes, der angeschlossenen Lan-dessportbünde vom Bundesinstitut für Sportwissenschaft durchgeführte Erhebung gründet sich auf einer 5%igen Stichprobe (n = 2.880) aller westlichen und einer 15%igen Stichprobe (n = 1.207) aller östlichen Sportvereine und ist insofern für das Bundesgebiet mit Ausnahme Bayerns repräsentativ. Der bayerische Landessportbund hat sich nicht an der Befragung beteiligt (vgl. Heinemann/Schubert 1994).

6 Die Untersuchung Heinemann/Schuberts (1992) intendiert – auf der Grundlage einer 1988 durchgeführten schriftlichen Befragung von Sportvereinen in Hamburg (n = 389) und Norddeutschland (n = 480) und der wissenschaftlichen Begleitung eines ABM-Modellprojektes in Hamburg (mittels qualitativer Interviews und Tagebuchaus-wertungen) – den Prozeß der Verberuflichung und Professionalisierung in Sportver-einen nach Vereinstypen zu skizzieren und Probleme zwischen beiden MitarbeiterIn-nengruppen aufzuzeigen. Gegenstand der auf unterschiedliche methodische Ansätze beruhenden Untersuchung Heinemann/Horchs (1991) ist die Ressourcenstruktur von Vereinen (darunter auch die Ausprägungsform der ehrenamtlichen Mitarbeit).

7 Die Münsteraner Studie beruht auf einer schriftlichen Befragung, bei der eine Rück-laufquote von 66% (n = 120) erzielt werden konnte (vgl. Jütting 1994b). Die Unter-suchung der neugegründeten Sportvereine basiert dagegen auf 222 auswertbaren Fra-gebögen (vgl. Jütting 1997).

8 Die Erhebung zum ehrenamtlichen Engagement, die sich auf den Aussagen von 595 Vereinen und eine Rücklaufquote von 29% gründet, war Bestandteil einer umfassen-deren Studie, in der die Veränderungen in der Arbeitswelt und im Freizeitverhalten in ihren Auswirkungen auf Sportvereine im Mittelpunkt standen.

Sportvereine in Ostdeutschland (darunter auch der MitarbeiterInnenfrage) befassen sich Baur/Koch/Telschow (1995)[9] sowie Baur/Braun (1999). Für letztere steht allerdings primär der »Zweite Arbeitsmarkt« in Brandenburg im Vordergrund bzw. das »Programm zur Förderung der Jugendarbeit im Sport«, nach dem gemäß § 249 h Arbeitsförderungsgesetz (AFG) in Ostdeutschland befristete Arbeitsplätze für rund 100 MitarbeiterInnen geschaffen worden sind.[10]

Für die Analyse ehrenamtlicher Mitarbeit im Sport ist darüber hinaus die bereits 1979 durchgeführte Erhebung Winklers (1988) von Bedeutung, die sich jedoch ausdrücklich auf den Kreis der ehrenamtlichen FunktionsträgerInnen beim Deutschen Sportbund, den Landessportbünden sowie den Bundesfachverbänden bezieht.[11] Mit einer anderen speziellen Gruppe im Sport – und zwar den ÜbungsleiterInnen und TrainerInnen im praktischen Sportbetrieb der Vereine – setzen sich dagegen Mrazek/Rittner (1991) auseinander.[12] In den 90er Jahren sind schließlich noch zwei verbandsbezogene Studien publiziert worden: Hierzu gehören die Untersuchung Digels u. a. (1992) zu den Mitgliedsverbänden im Deutschen Turnerbund sowie die Veröffentlichung Gabler/Timms (1993) zum Tennisbund.

Über die begrenzte Anzahl der Untersuchungen hinaus liegen die Probleme bei der empirischen Verortung allerdings auch in der Tragweite und Vielschichtigkeit des sportlichen Ehrenamts. So reicht das Spektrum ehrenamtlicher Funktionen und Tätigkeiten im Vereinsleben vom Vorsitz eines mehrspartigen Großvereins mit Millionenetat über den Gerätewart bis hin zur Frau des aktiven Sportlers, die sich zur Mitarbeit bei der Vorbereitung der Weihnachtsfeier bereit erklärt (vgl. Jütting/Jochinke 1996). In den vorliegenden Studien werden dabei häufig die formellen, d. h. an bestimmte Ämter oder Positionen gebundenen Aufgaben und Tätigkeiten erfaßt, die auf der Grundlage von Wahl, Delegation, Ernennung, Berufung oder Selbstergänzung zugewiesen werden (vgl. Heinemann/Schubert 1992).[13]

---

9 Im Zuge der Untersuchung erfolgten u. a. 1993 eine schriftliche Befragung von 90 Vereinen (mit einer Rücklaufquote von 41%) aus Potsdam und Neuruppin sowie Interviews mit Funktionsträgern aus 30 Vereinen (vgl. Baur/Koch/Telschow 1995).

10 Die empirische Grundlage der Untersuchung bilden u. a. 1997 und 1998 durchgeführte Interviews mit 16 AFG-MitarbeiterInnen und 14 ehrenamtlichen FunktionsträgerInnen sowie 84 ausgewertete Personalfragebögen (vgl. Baur/Braun 1999).

11 Die Untersuchung Winklers (1988), die an Winkler/Karhausen (1985) anschließt, basiert auf 1.303 ausgewerteten Fragebögen bei einer Rücklaufquote von rund 63%.

12 Im Rahmen der Forschungstätigkeit des Instituts für Sportsoziologie, Deutsche Sporthochschule Köln, sind insbesondere im Kreis Neuss unterschiedliche Erhebungen zu Sportvereinen initiiert worden (vgl. Rittner 1998).

13 Hierbei handelt es sich im Sprachgebrauch der Sportvereinsforschung und im Verständnis der Vereine um ehrenamtliche Arbeit im eigentlichen Sinne. Der Begriff »Freiwilligenarbeit« – so eine begriffliche Besonderheit in der Sportvereinsforschung – umfaßt dagegen informelle, also auf Spontanität und Einzelabsprachen beruhende, bei Bedarf erbrachte individuelle und kollektive Leistungen, die i. d. R. nicht erhoben werden (können) (vgl. u. a. Heinemann/Schubert 1992). Strob (1999) favorisiert dagegen den Terminus »Gemeinschaftsarbeit«, unter er alle Typen der Freiwilligenarbeit subsumiert.

Zu den einzelnen vertikal und horizontal gegliederten Funktionsbereichen, denen jeweils spezifische ehrenamtliche Tätigkeiten zugeordnet werden können, zählen

- der nach den Vorschriften des bürgerlichen Gesetzbuches obligatorische Vereinsvorstand, dem als demokratisches, von der Mitgliederversammlung gewähltes Organ die Umsetzung satzungsmäßiger Aufgaben, Verwaltung und Management sowie die gerichtliche und außergerichtliche Vertretung des Vereins obliegen. Zum Kernvorstand gehören in der Regel der erste und zweite Vereinsvorsitzende sowie der Schatzmeister bzw. Kassenwart. Diese ehrenamtlichen Positionen können durch weitere Ämter – etwa das des Schriftführers oder des Frauen-, Presse- und Jugendwarts etc. – komplettiert werden (vgl. Heinemann/Schubert 1994, Jütting 1994c);
- der sonstige Verwaltungsbereich, in dem die über die Vorstandstätigkeit hinaus anfallenden administrativen und exekutiven Arbeiten erledigt werden. In großen Sportvereinen und -verbänden können derartige Tätigkeiten auch in den Zuständigkeitsbereich einer hauptamtlichen Geschäftsführung fallen (vgl. Jütting 1994c);
- die verschiedenen Abteilungen mit eigener Leitung sowie besondere Gremien und Ausschüsse (zum Beispiel der Wirtschafts- oder Ältestenrat), die je nach Größe und Satzung des Vereins vom Vorstand oder der Mitgliederversammlung zur Unterstützung der Vorstandsarbeit berufen werden können;
- der Übungsbetrieb, in dem TrainerInnen, ÜbungsleiterInnen, Betreuungspersonen und SchiedsrichterInnen aus den einzelnen Abteilungen und Gruppen für die Aufrechterhaltung des Sportbetriebs und die Vermittlung fachlicher Inhalte an die Mitglieder zuständig sind (vgl. Mrazek/Rittner 1991);
- der Bereich der Wartung und Pflege, in den Tätigkeiten wie die Errichtung und der Erhalt der Sport- und Außenanlagen oder die Instandhaltung der Sportgeräte fallen. Im Vergleich zum sozialen Ehrenamt besteht hierbei eine Eigenheit des Sports – wie des Vereinswesens allgemein – darin, daß derartige ehrenamtliche Tätigkeiten oftmals in ihrer Freiwilligkeit wiederum durch die Definition von Mitgliedspflichten eingeschränkt werden (vgl. Jütting 1994c).[14] Inwieweit sich Mitglieder von diesen Pflichten freikaufen können, also eine Abkehr von den Prinzipien der Selbstorganisation und Solidargemeinschaft erfolgt, ist allerdings empirisch nur schwer zu erfassen.[15]

Diese überwiegend tätigkeits- und funktionsorientierte Erfassung entspricht – wie Heinemann/Horch (1991) im Vergleich zu anderen Vereinstypen und Zu-

---

14 So bejahten in der Münsteraner Vereinsumfrage rund 53% der Vereine (n = 116) die Frage, ob »regelmäßige Arbeitsleistungen für den Verein zu den Pflichten der Mitglieder« gehören, 43% verneinten dies und 3,3% machten hierzu keine Angaben (vgl. Lichtenauer 1994).

15 In der Münsteraner Studie antworteten auf die Nachfrage, ob sich »die Mitglieder von diesen Pflichten 'freikaufen'« können, 17% der Vereine (n = 71) mit »ja«, rund 43% mit »nein«. Allerdings war der Anteil der Vereine, die hierzu keine Angaben machten mit rund 41% außerordentlich hoch (vgl. Lichtenauer 1994).

sammenschlüssen (wie Selbsthilfevereinen, Interessenvereinen und Vereinen für Dritte) auch empirisch herausgearbeitet haben – der hochgradig funktionalen Differenzierung von Sportvereinen. Sie hat jedoch den Nachteil, daß beispielsweise regelmäßige und unregelmäßige ehrenamtliche Tätigkeiten von (Nicht-)Mitgliedern, wie die Organisation von Fahrdiensten (etwa von Eltern für ihre Kinder zu Fußballspielen) oder die Durchführung besonderer Projekte, nicht erfaßt werden (vgl. BMFSFJ 1996). Auch der Rückgriff auf die vielfältigen beruflichen Erfahrungen, Qualifikationen und Kontakte derjenigen Vereinsmitglieder, die dem Vorstand und dem Verein (etwa als Finanzfachmann, Steuerprüfer) ohne Einbindung in Ämter und Positionen mit Rat und Tat zur Verfügung stehen, wird in der Regel nicht erhoben, obwohl dies ein durchaus gängiges Muster in Vereinen darstellt (vgl. Jütting/Jochinke 1996). Die Beschränkung der Untersuchungen auf die hoch institutionalisierten ehrenamtlichen Tätigkeiten hat nicht nur zur Folge, daß der Gesamtumfang ehrenamtlichen Engagements nur unzureichend abgebildet wird. Darüber hinaus sind auch qualitative Verzerrungen – zum Beispiel bei der quantitativen Einschätzung des ehrenamtlichen Engagements von Frauen oder jugendlichen Vereinsmitgliedern – zu erwarten (vgl. hierzu Kap. 5.5). Den Hintergrund für die Erfassung und Analyse des ehrenamtlichen Engagements bilden Diskurse und Beiträge, in denen grundlegende gesellschaftliche Veränderungen aufgegriffen und in ihrer Konsequenz für die Sportlandschaft thematisiert werden und auf die in einem Teil der Studien mehr oder minder dezidiert Bezug genommen wird.

5.2 Der »Strukturwandel des Sports«

Die ökonomischen, soziostrukturellen und kulturellen Umbrüche und Prozesse gesellschaftlicher Modernisierung und Differenzierung, die insbesondere seit den 70er Jahren in der BRD zu verzeichnen sind, haben auch den Bereich des Sports zutiefst berührt und zu einem allgemeinen Bedeutungszuwachs von Freizeit und Bewegung im Bewußtsein und Lebensalltag der Bevölkerung sowie zur Herausbildung unterschiedlicher Freizeitstile und sportiver Praxen beigetragen. Bei der Suche nach Erklärungen für diese Entwicklungen orientiert sich die Debatte auch in diesem Bereich an Theorien »komplexer Gesellschaften«, kreist um »Wertewandel«, »Pluralisierung« und »Individualisierung« oder bezieht sich auf die Eigenheiten von »Dienstleistungsgesellschaften«. Im Unterschied zum Sozial- und Gesundheitsbereich werden zur Beschreibung von Modernisierungsphänomenen häufig Erkenntnisse der freizeitwissenschaftlichen Forschung herangezogen und die hieraus resultierenden Konsequenzen für den Sport aufgezeigt. Die vorliegenden Konzepte, Deutungen und Begründungszusammenhänge sind dabei ebenso vielfältig wie das Erscheinungsbild des Sports selbst. Vereinfachend lassen sich Diskurse unterscheiden,

- die unter volkswirtschaftlichen Aspekten von einem gleitenden Übergang von der Industrie- zur Dienstleistungsgesellschaft bzw. sektoralen Verschiebungen zugunsten des tertiären und zu Lasten des primären Sektors ausgehen und die hieraus resultierenden Umschichtungen in den Tätigkeitsstrukturen, Beschäftigungsanforderungen und Reproduktionsbedürfnissen der Erwerbstätigen mit Blick auf den Freizeitbereich und die Freizeitstile analysieren (vgl. Agricola 1997; Friedrich/Puxi 1994; Wagner 1990)[16];

- die den Umbruch zur Dienstleistungsgesellschaft mit einer erwünschten (z. B. im Rahmen der Arbeitszeitverkürzung) oder erzwungenen Zunahme (u. a. durch Arbeitslosigkeit) der frei verfügbaren Zeit in Verbindung bringen und das hiermit verbundene höhere Zeitbudget zum einen als wesentliche Voraussetzung für die Aufwertung von Freizeit und Bewegung zum prägenden Merkmal des Lebensstils erachten und zum anderen als notwendige Bedingung für die quantitative Ausweitung und die Konkurrenz der verschiedenen Freizeitmöglichkeiten ansehen (vgl. Friedrich/Puxi 1994; Wagner 1990);

- die auf ein verändertes Erleben von Körper und Natur in einer urbanisierten und ökologisch bedrohten Umwelt sowie ein verändertes Krankheitspanorama in der entwickelten und überalternden Industriegesellschaft hinweisen und hieraus die Entstehung neuer Körperideale und modifizierter Gesundheitseinstellungen sowie die hohe Popularität von Bewegung und Sport ableiten (vgl. Rittner 1987);

- die veränderte Werte, Normen und Traditionen als Erklärung für ein gewandeltes Freizeitverhalten fokussieren und für den Sportbereich schlußfolgern, daß das frühere, relativ homogene und allgemein anerkannte Wertemuster[17] über Prozesse des Verlustes, der Substitution, der Ent- und Neubewertung einem vielschichtigeren Wertegefüge gewichen ist, dessen Grad an Komplexität zugleich dadurch gestiegen ist, daß die klassischen Pflicht-, Akzeptanz- und Anpassungswerte an Zustimmung eingebüßt und individualistisch-hedonistische Orientierungen (Persönlichkeitsentfaltung, Selbstbestimmung, Genuß oder Lebensfreude) an Attraktivität gewonnen haben (vgl. Digel 1990);

- die – in Erweiterung des Wertewandels – die Entwicklung eines spezifischen freizeitkulturellen Lebensstils in der individualisierten »Erlebnisgesellschaft« in den Vordergrund stellen, in der Vorstellungen und Lebensprinzipien, wie Abwechslung, Intensität und Spannung, eine höhere Bedeutung erlangt und eine Veränderung des Sportangebots sowie die Entstehung neuer Sportarten begünstigt haben (vgl. Friedrich/Puxi 1994; Norden/Schulz 1988);

- die von einer Subjektivierung sozialer Strukturen in einer desintegrativen Gesellschaft ausgehen, die aufgrund der abnehmenden Identifikationsmöglichkeiten verstärkte Anstrengungen bei der Persönlichkeitsentwicklung und Identitätssuche erfordert, in deren Rahmen der eigene (möglichst aktive,

---

16 Eine Variante stellen Beiträge dar, die einen phasenhaften Wandel von einer eher erholungsorientierten, die körperlichen Anstrengungen des Berufslebens kompensierenden Freizeitgestaltung der 50er und 60er Jahre, über mehr konsumorientierte Formen der 70er Jahre bis hin zu erlebnisorientierten Aktivitäten seit den 80er Jahren akzentuieren (vgl. Friedrich/Puxi 1994).

17 Digel (1990, S. 62) kennzeichnet das traditionelle Orientierungsmuster mit Begriffen wie »Leistung, Wetteifer, Konkurrenz, Disziplin, Unterordnung, Bedürfnisaufschub, Solidarität und Selbstzweck«.

straffe und gesunde) Körper zu einem neuen Garanten der individuellen Existenz wird und der (sportive) Lebensstil als entscheidende Vermittlungsinstanz des Selbsterlebens fungiert (vgl. Rittner 1987).

Die Konsequenzen für das Sportwesen im engeren Sinne lassen sich durch folgende zentrale Entwicklungen und Phänomene beschreiben:

- der Ausweitung des Freizeit- und Jedermannsports, die erstmals an der vom Deutschen Sportbund im Jahr 1970 ins Leben gerufenen, äußerst erfolgreichen »Trimm-Dich-Aktion« sichtbar wurde, die ein dichtes Netz an offenen »Lauf-Treffs«, »Trimm-Trabs«, »Trimm-Spielen«, »Spielfesten« etc. für Menschen jeglichen Alters sowie eine Vielfalt individueller Fitneßprogramme zur Kompensation des Alltagsstreß nach sich gezogen hat (vgl. Agricola 1987; Jütting 1994a; Kämmerer/Palm/Wedekind 1987; Rauschenbach 1996);
- der quantitativen Expansion des Vereinssports, die mit einer Lösung von der bis dahin stark dominierenden Bindung an bestimmte Lebensalter (Jugend, junge Erwachsene) und einer verstärkten Förderung eines vielseitigeren Breitensports einherging, deren programmatischer Startschuß vom Hauptausschuß des DSB bereits im Jahr 1966 in der Charta des Deutschen Sports unter der griffigen Formel »Sport für alle« abgegeben wurde (vgl. Jütting 1994a; Kämmerer/Palm/Wedekind 1987);
- dem korrespondierenden zunehmenden Interesse »neuer« Gruppen an sportlicher Betätigung im Verein (und in anderen Institutionen), wie etwa Behinderte, AusländerInnen, Frauen oder Familien, die zugleich unterschiedliche Kompetenzen, Leistungsorientierungen, Inhalte, Motivationen und Bereitschaften in den Sport eingebracht und zu einer Pluralisierung und Individualisierung der Bewegungsbedürfnisse und Sportinteressen beigetragen haben (vgl. Heinemann/Schubert 1994)[18];
- der Entwicklung neuer Sportangebote sowie differenzierter Sportkonzepte, in denen Leistungssteigerung und -vergleich neben Spiel, Bewegung, Entspannung und Ästhetik, Körpertraining und -formung, Spaß und Wohlbefinden, Abenteuer und Abwechslung in unterschiedlichen Kombinationen rangieren, um den veränderten Interessen Rechnung zu tragen (vgl. ebd.);
- der Lösung von einem engen Verständnis und starren Formen der Sportausübung, nach denen Sport fast ausschließlich als Synonym für Leistungs- und Wettkampfsport auf der Grundlage eines festen Regelwerks galt (und zwar unabhängig davon, ob er in der Olympiamannschaft oder in der Altherrenmannschaft ausgeübt wurde) zu Gunsten eines weniger autoritär-disziplinierenden Trainingsablaufs, der eher den Wünschen der Sporttreibenden nach mehr Selbsterleben, Selbstbestimmung und Partizipation entgegenkommt (vgl. Digel 1990; Heinemann/Schubert 1994);

---

18 Ein Indikator für das wachsende Sportinteresse behinderter Menschen ist die Entwicklung der Mitgliederzahl des Behindertensportverbands NRW, die in nur 10 Jahren von rund 45.000 (1986) auf ca. 84.000 stieg. Zeitgleich hat sich die Zahl der angeschlossenen Vereine von 439 auf 634 erhöht (vgl. MSKS NRW 1998).

- dem Identitätsverlust des Sports durch die Instrumentalisierung für andere Zielsetzungen etwa im Rahmen der Jugendarbeit, im Bereich der Therapie und Rehabilitation sowie die Verbindung mit anderen Formen der Freizeitgestaltung wie Tanz, Theater, Meditation als Beispiele für den begrifflichen, strukturellen und organisatorischen Bruch des Sportsystems und für eine auslappende und unübersichtliche Sportkultur (vgl. Digel 1990; Heinemann/Schubert 1994);
- die bildungs- und sozialpolitische »Inpflichtnahme« der Vereine durch zunehmende Kooperations- und Vernetzungsanforderungen mit anderen Institutionen wie Schule, Jugendzentren oder Kindertageseinrichtungen (vgl. Fessler 1997; Fessler/Albrecht 1998; Waschler 1996);
- der Kommerzialisierung des Sports und dessen Funktionalisierung als attraktiven Werbeträger sowie die Formierung eines dienstleistungsorientierten Erlebnis- und Freizeitmarktes, der für wechselnde sportliche Trends und Modeerscheinungen offen ist und auf dem selbstorganisierte, staatliche und privat-gewerbliche Anbieter um anspruchsvollere, wählerischere KundInnen konkurrieren (vgl. Dietrich 1988; Friedrich/Puxi 1994; Norden/Schulz 1988; Wagner 1990);
- dem Bruch mit den Sport- und Vereinstraditionen der DDR nach der Deutschen Einheit und die rapide erfolgende Umgestaltung der Sportlandschaft in Richtung eines Prozesses nachholender Modernisierung in Ostdeutschland (vgl. Baur/Koch/Telschow 1995).

Von der – wie Grupe (1988) zusammenfassend formuliert – »Versportung der Gesellschaft« und der »Entsportung des Sports« haben zunächst alle Sportsysteme profitiert. Gleichwohl sind es vor allem die etablierten Sportvereine, die durch die gewandelten gesellschaftlichen Strukturen unter Organisations- und Problemdruck geraten sind. Die externen Veränderungen der Sportlandschaft und die vereinsinternen Umstrukturierungsprozesse haben sowohl zu neuen Unsicherheiten der zukünftigen Vereinsentwicklung beigetragen als auch Versuche nach sich gezogen, sich auf der Grundlage einer attraktiven Vereinskonzeption und eines variantenreichen Sportangebots den neuen Gegebenheiten anzupassen. Die idealtypische Gegenüberstellung von »traditionalen« und »modernitätsorientierten« Sportvereinen (Baur/Koch/Telschow 1995) symbolisiert dabei das Spannungsfeld, in dem sich die einzelnen Vereine lokalisieren lassen. In der Sportpraxis verbergen sich zwischen den beiden Polen jedoch höchst unterschiedliche Sportvereine, deren Spektrum vom kleinen Turnverein bis hin zum großen Bundesligaverein auf dem Weg zur Kapitalgesellschaft reicht, um – so der Präsident von Borussia Dortmund Gerd Niebaum im Interview – »die Führungsstrukturen aus den Zeiten von Turnvater Jahn« (Rupert 1998, S. 18) den heutigen Gegebenheiten des »Unternehmens Bundesliga« anzupassen. Dem Element der Ehrenamtlichkeit und der Mitgliedschaft werden zwar in beiden Vereinsbeispielen wichtige – z. B. identitätsstiftende – Funktionen zugeschrieben, der jeweilige Stellenwert des Ehrenamts ist angesichts der unterschiedlichen Voraussetzungen der Vereine jedoch ein anderer.

5.3 Zum Umfang und zur Entwicklung des sportlichen Ehrenamts

Die Frage der Quantitäten ehrenamtlichen Engagements in Sportvereinen wird äußerst ambivalent bewertet: So wird einerseits auf die negativen Erfahrungen von Sportfunktionären und VereinsvertreterInnen bei der Gewinnung ehrenamtlicher MitarbeiterInnen verwiesen und die Ursachen für eine wachsende Distanz gegenüber dem sportlichen Ehrenamt in der Transformation sozialer Milieus, veränderter Sozialbeziehungen und heterogenerer Mitgliederstrukturen etc. verortet (vgl. Jütting/Jochinke 1996; Pankoke 1996; Rauschenbach 1996; v. Richthofen 1996). Andererseits gelten Sportvereine als Beispiel für einen Organisationstyp, der sich im Gegensatz zu den mitgliederstarken Großorganisationen, wie Parteien und Kirchen, einer wachsenden Attraktivität erfreut. Aus dieser Perspektive profitieren vor allem lokale Vereinigungen von einem veränderten Partizipationsverhalten, das sich u. a. in einem »Boom mitgliedschaftlicher, freiwilliger Vereinigungen« im Gesundheits-, Freizeit- und Sportbereich niederschlagen soll. Mit der Neugründung von Sportvereinen entsteht – so die These – zugleich ehrenamtliches Engagement, da dieses eine wesentliche rechtliche Voraussetzung für die Existenz der Vereine ist (vgl. Priller/Zimmer 1997; Jütting 1998). In diesem Horizont stellt sich die empirische Frage nach den quantitativen Dimensionen des sportlichen Ehrenamts also aus doppelter Perspektive, nämlich dem Verlauf der Vereins- und Mitgliederzahlen in Sportvereinen im internen und externen Vergleich zum einen sowie dem Umfang und der Entwicklung der ehrenamtlichen Mitarbeit zum anderen.

5.3.1 Vereins- und Mitgliederentwicklung in Sportvereinen

Sportvereine werden in der Regel den »lokalen Freizeitvereinen« zugerechnet und sind als eingetragene Vereine überwiegend gemeinnützig anerkannt. In ihnen schließen sich – so die Grundphilosophie – sportlich interessierte Menschen freiwillig zusammen, die ihre Zeit, ihre Fähigkeiten und Kenntnisse sowie ihre Mitgliedsbeiträge investieren, um auf diese Weise die Zwecke und Ziele, die sie sich als Gemeinschaft gesetzt haben, gemeinsam zu verfolgen (vgl. Jütting 1996). Diesen Ideen steht – etwa einer Befragung der Deutschen Gesellschaft für Freizeit zufolge – auch in der Sportpraxis ein großer Teil der Bevölkerung aufgeschlossen gegenüber: So gaben im Jahr 1996 fast 14% der befragten Personen ab 14 Jahren (n = 2.600) an, Mitglied in einem Sportverein zu sein. Im Vergleich zu anderen freiwilligen Vereinigungen, wie Kegelclubs, kirchlichen Vereinen, Schützen- oder Kleingartenvereinen, rangierten Sportvereine zugleich mit Abstand an erster Stelle unter den in der Befragung vorgegebenen verschiedenen Möglichkeiten der Freizeitgestaltung und Gemeinschaftserfahrung (vgl. Agricola 1997).

Neben den konkurrierenden Vereins- und Freizeitangeboten haben – sozusagen im Schatten des organisierten Sports – zunehmend marktwirtschaftlich orientierte Anbieter an Terrain gewonnen. So wird seit Mitte der 80er Jahre von SportwissenschaftlerInnen und -funktionären u. a. verstärkt auf die gewerblichen Fitneßunternehmen hingewiesen, deren Zahl – nach Angaben des Deutschen Sportstudio-Verbands – von etwa 2.500 bis 3.000 im Jahr 1987 auf über 6.200 Fitness- und Racket-Anlagen für 1996 gestiegen ist. Allein in den Fitness-Anlagen trainierten 1996 rund 3,4 Millionen Mitglieder; die Racketsportangebote wurden schätzungsweise von 2,9 Millionen SpielerInnen genutzt (vgl. Deutscher Sportstudio Verband 1996; Dietrich 1988). Obgleich die Anzahl der Studios und die Teilnehmerzahlen in den Anlagen bislang bei weitem noch nicht die Größenordnungen des vereinsgebundenen Sports erreichen, bilden sie mittlerweile eine ernstzunehmende Konkurrenz. Weit weniger Aufmerksamkeit hat zudem der Aufschwung derjenigen Angebote gefunden, die nicht aus der traditionellen Sportbewegung erwachsen sind, wie etwa die klassischen und modernen Tanz- und Gymnastikschulen, deren Ursprünge eher im kulturellen und ästhetischen Bereich liegen oder die Reiseanbieter, in deren Programmen auch Urlaubsfahrten mit integriertem Sportangebot zu finden sind (vgl. Dietrich 1988). Aktuelle Befunde zum Gesamtumfang des marktwirtschaftlichen Sektors liegen allerdings nicht vor, so daß Verluste bzw. Gewinne der Sportvereine in Relation zu den anderen Anbietergruppen nicht nachweisbar sind.[19]

Im Spiegel der internen Statistiken des Deutschen Sportbundes schneiden die Sportvereine jedoch eher positiv ab, wie die folgenden Angaben zur Größenordnung des organisierten Sports verdeutlichen: Hiernach bestanden im Jahr 1998 bundesweit über 86.200 Turn- und Sportvereine, davon rund 73.200 bzw. 85% in den alten und 13.000 bzw. 15% in den neuen Ländern. Werden frühere Bestandsdaten hinzugezogen, dann zeigt sich für Westdeutschland, daß sich in den letzten fast 50 Jahren mit rund 19.900 Vereinen für 1950 und rund 39.200 Vereinen des Jahres 1970 tatsächlich eine eindrucksvolle Expansion des Vereinssports vollzogen hat (vgl. DSB 1995). Wie Tabelle 7 für den aktuelleren Zeitraum ab 1980 auch mit Blick auf einzelne Bundesländer im Detail dokumentiert, sind insbesondere zwischen 1980 und 1989 hohe Steigerungsquoten zu verzeichnen. Allerdings hat sich dieser Wachstumsprozeß von 1990 bis 1998 mit bundes- und landesweiten Zuwachsraten in einstelliger Höhe wesentlich verlangsamt und läßt sich seit Mitte der 90er Jahre insgesamt eher durch Stagnationstendenzen kennzeichnen. Auch in den neuen Bundesländern erfolgte nach der Auflösung des Deutschen Turn- und Sportbundes der DDR in kürzester Zeit die Gründung der fünf Landessportbünde, die bereits im Dezember 1990 dem Deutschen Sportbund beitraten. Durch die Neu- und Wiedergründung zahlreicher Sportvereine ist seitdem die Zahl der Vereine zwar von rund 6.800 für 1990 auf über 13.000 des Jahres 1998 geklettert und hat sich in Sachsen und

---

19 Für 1984/85 ermittelte Dietrich am Beispiel Hamburgs per Anzeigenanalyse über 400 private Anbieter, denen mehr als 600 dem örtlichen Stadtsportbund angeschlossene Vereine gegenüberstanden. Innerhalb des privaten Anbieterspektrums bildeten die modernen Tanz- und Gymnastik-, die Fitneß- und Bodybuildingstudios und die einspartigen Sportschulen (Reiten, Segeln, Boxen etc.) die größten Gruppen. Diese quantitativen Angaben lassen sich jedoch aufgrund der Spezifika eines Ballungsgebietes nicht auf die bundesweite Situation übertragen, verdeutlichen aber die Größe des marktförmig organisierten Segments für eine Großstadt (vgl. Dietrich 1988).

Thüringen sogar mehr als verdoppelt. Diese Zuwächse erfolgten jedoch hauptsächlich bis Mitte der 90er Jahre. Seit 1996 entwickelt die Zahl der ostdeutschen Vereine insgesamt rückläufig, wobei dieser Trend allerdings hauptsächlich auf das Land Brandenburg rückführbar ist.

Tabelle 7: Entwicklung der Vereinszahlen des Deutschen Sportbundes von 1980 bis 1998 nach Bundesländern (Stand 15.11.98)

LSB-LSV	1980	1983	1986	1989	Zuwachs 80-89 in %	1990	1993	1996	1998	Zuwachs 90-98 in %
BW	7.952	8.186	9.100	9.822	23,5	10.033	10.414	10.713	10.899	8,6
BY	8.315	8.853	9.639	10.080	21,2	10.234	10.640	10.980	11.244	9,9
BL	1.201	1.332	1.356	1.400	16,6	1.777	1.700	1.845	1.931	8,7
BRE	328	349	394	402	22,6	414	424	430	425	2,7
HH	554	605	646	689	24,4	699	725	740	759	8,6
HE	5.693	6.212	6.831	7.144	25,5	7.272	7.495	7.674	7.743	6,5
NI	6.016	7.206	7.757	8.286	37,7	8.453	8.668	8.828	8.894	5,2
NW	15.335	16.586	17.670	18.835	22,8	18.972	19.185	20.431	20.405	7,6
RP	4.501	4.929	5.421	5.631	25,1	5.688	5.839	6.013	6.162	8,3
SL	1.572	1.650	1.797	1.920	22,1	1.971	2.110	2.186	2.119	7,5
SH	1.984	2.183	2.319	2.443	23,1	2.471	2.531	2.606	2.634	6,6
West	53.451	58.091	62.930	66.652	24,7	67.984	69.731	72.446	73.215	7,7
BB	–	–	–	–	–	1.639	3.360	3.640	2.406	46,8
MV	–	–	–	–	–	924	1.147	1.448	1.582	71,2
SN	–	–	–	–	–	1.498	2.701	3.275	3.478	132,2
ST	–	–	–	–	–	1.522	2.066	2.480	2.670	75,4
TH	–	–	–	–	–	1.235	2.066	2.649	2.885	133,6
Ost	–	–	–	–	–	6.818	11.340	13.492	13.021	91,0
BRD	53.451	58.091	62.930	66.652	24,7	74.802	81.071	85.938	86.236	15,3

Quelle: DSB, Bestandserhebung 1998, Frankfurt am Main 1998.

Die günstige Vereinsentwicklung der letzten Jahrzehnte spiegelt sich auch in den Mitgliederzahlen, die jedoch vor allem bezüglich der Ost-West-Unterschiede ein etwas differenzierteres Bild vermitteln (vgl. Tab. 8):

• So hatten die Mitgliedsorganisationen und die Landessportbünde im Jahr 1998 insgesamt rund 26,7 Mio. Mitglieder. Werden – um Überschneidungen (so weit wie möglich) auszuschließen – allein die Landessportbünde betrachtet, dann reduziert sich das Mitgliedervolumen auf rund 23,1 Mio. Personen, von denen sich rund 93% west- und 7% ostdeutschen Sportvereinen angeschlossen haben. Rein rechnerisch sind damit – wie sich über das Verhältnis der Mitgliederzahlen in Relation zur Verteilung der Sportvereine bestimmen läßt – ostdeutsche Vereine im Durchschnitt kleiner als ihre westdeutschen Pendants.

Tabelle 8: Entwicklung der Mitgliedszahlen des Deutschen Sportbundes von 1980-1998 nach Bundesländern (Stand 15.11.98)

LSB-LSV	1980	1983	1986	1989	Zuwachs 80-89 in %	1990	1993	1996	1998	Zuwachs 90-98 in %	Bevölkerung in %
BW	2.251.582	2.513.503	2.745.748	3.016.514	34,0	3.100.826	3.312.264	3.478.006	3.557.104	14,7	34,3
BY	2.507.489	2.825.926	3.162.704	3.458.809	37,9	3.557.695	3.850.922	4.057.273	4.168.290	17,2	34,6
BL	339.378	347.527	357.726	369.432	8,9	515.461	494.647	520.525	525.385	1,9	15,2
BRE	164.736	176.365	177.082	177.448	7,7	184.230	186.969	189.548	179.073	-2,8	26,4
HH	314.606	316.360	318.939	407.559	29,5	411.747	433.872	475.861	479.444	16,4	28,1
HE	1.443.843	1.595.958	1.721.890	1.848.097	28,0	1.882.960	1.982.773	2.071.550	2.096.622	11,3	34,8
NI	1.868.014	2.088.843	2.232.028	2.386.552	27,8	2.441.132	2.578.768	2.679.268	2.742.072	12,3	35,1
NRW	3.500.925	3.871.018	4.078.875	4.316.185	23,3	4.382.363	4.620.508	4.831.689	4.901.691	11,9	27,3
RP	1.008.277	1.093.552	1.156.009	1.253.703	24,3	1.285.256	1.366.468	1.437.252	1.471.592	14,5	36,8
SL	358.215	370.491	379.801	404.075	12,8	411.877	439.637	430.759	442.617	7,5	40,8
SH	684.153	744.577	765.149	783.569	14,5	794.182	829.729	866.844	878.479	10,6	32,0
West	14.441.218	15.944.120	17.095.951	18.421.943	27,6	18.967.729	20.096.557	21.038.575	21.442.369	13,0	-,-
BB	-,-	-,-	-,-	-,-	-,-	404.803	265.040	318.052	257.124	-36,5	10,1
MV	-,-	-,-	-,-	-,-	-,-	204.153	130.750	163.066	185.199	-9,3	10,2
SN	-,-	-,-	-,-	-,-	-,-	649.307	380.775	477.098	503.024	-22,5	11,1
ST	-,-	-,-	-,-	-,-	-,-	441.276	253.989	318.587	361.963	-18,0	13,3
TH	-,-	-,-	-,-	-,-	-,-	365.176	230.057	316.660	345.574	-5,4	13,9
Ost	-,-	-,-	-,-	-,-	-,-	2.064.715	1.260.611	1.593.463	1.652.884	-19,9	-,-
D (LSB)	14.441.218	15.944.120	17.095.951	18.421.943	27,6	21.032.444	21.357.168	22.632.038	23.095.253	9,8	27,6
MO¹	2.482.809	2.431.150	2.492.656	2.543.479	2,4	2.744.934	3.015.148	3.646.354	3.583.615	30,6	-,-
DSB	16.924.027	18.375.270	19.588.607	20.965.422	23,9	23.777.378	24.372.316	26.278.392	26.678.868	12,2	-,-

1 Mitgliedsorganisationen: Mitglieder teilweise von den Landessportbünden erfaßt.

Quelle: DSB, Bestandserhebung 1998, Frankfurt a. M. 1998

156

Bezogen auf den Mitgliederanteil an der Bevölkerung ist der Organisationsgrad in den Landessportbünden mit bundesweit 27,6% ausgesprochen hoch[20], bewegt sich jedoch im Westen – trotz Attraktivitätsunterschieden zwischen einzelnen Ländern – insgesamt merklich oberhalb der Beteiligungsraten im Osten.

- Der Blick auf die Mitgliederentwicklung veranschaulicht für das frühere Bundesgebiet, daß die Anzahl der Vereinsmitglieder von 5,3 Mio. im Jahr 1960, über 10 Mio. für 1970 auf über 21,4 Mio. im Jahr 1998 gestiegen ist und damit in ihrem Verlauf – mit höheren Zuwachsquoten in den 80er Jahren und niedrigeren in den 90er Jahren – tendenziell der bereits oben skizzierten Vereinsentwicklung entspricht. Ausnahmen vom ungebrochenen Mitgliederzulauf bilden mit unterdurchschnittlichen Zuwächsen seit 1990 das Saarland und Berlin sowie mit rückläufiger Quote der Stadtstaat Bremen.
- In Ostdeutschland ist (und zwar entgegen der Vereinsentwicklung in der Mehrheit der neuen Länder) die Zahl der Mitglieder rückläufig. Dieser Trend zeigt sich wiederum besonders ausgeprägt im Bundesland Brandenburg, in dem sich das Mitgliedschaftsvolumen um fast 37% reduziert hat, sowie in Sachsen und Sachsen-Anhalt mit Rückgängen in Höhe von 23% und 18%. Zugleich hat der Sportverein in der ost- im Vergleich zur westdeutschen Bevölkerung insgesamt einen geringeren Stellenwert bei der Freizeitgestaltung.

Im Horizont der Bestandsstatistiken des Deutschen Sportbundes bilden Sportvereine – trotz der seit 1990 erkennbaren Attraktivitätsunterschiede zwischen West- und Ostdeutschland sowie der zu verzeichnenden Wachstumseinbußen, in denen sich erste Sättigungs- und Stagnationserscheinungen des organisierten Sports abzeichnen – also nach wie vor ein dichtes »Netz selbstorganisierten geselligen Lebens« (Jütting 1994b, S. 6), das insgesamt von der Erfolgsbilanz des Sportvereinswesens in der Bundesrepublik zeugt. Zugleich gewinnt mit der dynamischen Vereinsentwicklung die These an Plausibilität, daß mit der Expansion der Sportvereine »neue Formen des freiwilligen Zusammenschlusses, der Selbstorganisation jenseits von Staat und Markt und damit des freiwilligen sozialen Engagements« (Jütting 1998, S. 274) entstanden sind. Aus dieser Perspektive bildet das sportliche Ehrenamt ein lebendiges und innovatives Element einer expandierenden Sportvereinslandschaft. Zur Quantifizierung des ehrenamtlichen Engagements stellt die Vereinsentwicklung allerdings nur einen sehr indirekten und singulären Indikator dar, der durch weitere empirische Befunde zur Lage des sportlichen Ehrenamts bzw. zusätzliche Kennzahlen – etwa zum erwerbstätigen Personal (vgl. Kap. 5.6) – ergänzungsbedürftig ist.

5.3.2 Umfang und Entwicklung ehrenamtlichen Engagements

Auf semantischer Ebene gilt – etwa laut Deutschem Sportbund – das Ehrenamt als tragende Säule der Sportvereine, die es ermöglicht, »den vielfältigen Erwar-

---

20 De facto ist der Organisationsgrad aufgrund Doppel- und Mehrfachvereinsmitgliedschaften jedoch geringer.

tungen und wechselnden Anforderungen ein facettenreiches Sportangebot gegenüberzustellen. Gleichzeitig bietet es engagierten Mitmenschen ein reizvolles Betätigungsfeld« (DSB 1999). Im Gegensatz zur allgemeinen Wertschätzung der Ehrenamtlichkeit in öffentlichen Verlautbarungen sind die vorliegenden Informationen zum Gesamtumfang der ehrenamtlichen Mitarbeit in Sportvereinen jedoch eher begrenzt und ungenau. So beziffert der Deutsche Sportbund – auf der Basis einer nicht näher ausgewiesenen Hochrechnung – die Anzahl der ehrenamtlichen MitarbeiterInnen für das gesamte Bundesgebiet auf rund 2,6 Mio. Menschen, die auf unterschiedlichen Ebenen des organisierten Sports ehrenamtlich tätig sind (vgl. ebd.) und geht damit von einer Größenordnung des sportlichen Ehrenamts aus, die in etwa dem Engagement in Wohlfahrtsverbänden entspricht (vgl. Kap. 3.5) und bei weitem die Zahl der ehrenamtlichen MitarbeiterInnen in Jugendverbänden übertrifft (vgl. Kap. 4.4.1). Während die vom DSB publizierten Angaben aufgrund ihres öffentlichkeitswirksamen Charakters vermutlich zu hoch anzusetzen sind, bildet die von Heinemann/Schubert (1994) auf der Grundlage ihrer Untersuchungsergebnisse vorgenommene Schätzung wohl eher die untere Grenze ehrenamtlicher Mitarbeit.[21] Sie quantifizieren das Volumen ehrenamtlicher Mitarbeit in Sportvereinen auf rund 1,15 Mio. tätige Personen in West- und 232.500 in Ostdeutschland. Der Umfang ehrenamtlichen Engagements im Sportvereinswesen bewegt sich nach den vorliegenden Werten demzufolge innerhalb einer Spanne von rund 1,4 Mio. und 2,6 Mio. ehrenamtlich tätiger Personen, denen im 1998 rund 23,1 Mio. Mitglieder in den Landessportbünden gegenüber standen.

Werden weitere Parameter zur Lage des sportlichen Ehrenamtes hinzugezogen, dann werden – auch als Ausdruck der Vielfältigkeit des Vereinswesens – teilweise erhebliche regionale und organisationsbezogene Unterschiede ersichtlich. Bei Heinemann/Schubert (1994) deutet sich gemessen am Mitarbeitsquotienten, also der Relation der Mitglieder zu den ehrenamtlichen MitarbeiterInnen, eine höhere Bedeutung des Ehrenamts innerhalb des Sportvereinswesens in den neuen Ländern an: So betätigt sich durchschnittlich jedes 18. in den alten und jedes 9. Mitglied in den neuen Ländern ehrenamtlich, ist das Verhältnis ehrenamtlich Engagierter zu Mitgliedern in Ostdeutschland also merklich günstiger. Der höhere Nutzen der Freiwilligenarbeit für die ostdeutschen Vereine dokumentiert sich auch im investierten zeitlichen Aufwand für das Engagement: Während im Westen in einem Verein im Durchschnitt 323 Stunden pro Monat für die ehrenamtliche Arbeit insgesamt aufgewendet werden, sind es im Osten rund 369 Stunden. Die Pro-Kopf-Berechnung verdeutlicht, daß eine MitarbeiterIn im Westen durchschnittlich 16 Stunden und im Osten 21 Stunden im Monat im Verein tätig ist. Die konstatierten Ost-West-Diskrepanzen lassen sich zum Teil wohl auch auf die abweichenden Vereinsstrukturen zurückführen. So kri-

---

21 So hat sich der bayerische Landessportbund nicht an der Erhebung beteiligt, wird die Situation in den neuen Ländern aufgrund des relativ frühen Untersuchungszeitpunkts (1992) nur eingeschränkt abgebildet und lediglich das formale Engagement in Sportvereinen erfaßt (vgl. Heinemann/Schubert 1994).

stallisierten sich in dieser Untersuchung als weitere wesentliche Einflußfaktoren auf den Engagementkoeffizienten (bzw. den Umfang der geleisteten Arbeitsstunden pro Mitglied) vor allem die Vereinsgröße sowie die hiermit korrespondierenden Variablen der Abteilungszahl und des Alters des Sportvereins heraus: Je größer und älter der Verein ist, je mehr Abteilungen bzw. Sparten er hat, je höher der Frauenanteil unter den Mitgliedern und die Einwohnerzahlen in der Gemeinde sind, desto niedriger ist die Bereitschaft, Möglichkeit oder Notwendigkeit des einzelnen Mitglieds, sich dort ehrenamtlich zu engagieren (vgl. ebd.).[22]

Die zu verzeichnenden empirischen Ungewißheiten setzen sich auch mit Blick auf die Entwicklung des ehrenamtlichen Engagements fort. Werden etwa frühere Informationen des Deutschen Sportbundes hinzugezogen, dann hat sich die Zahl der ehrenamtlich Tätigen von rund 1,5 Mio. Personen im früheren Bundesgebiet auf 2,6 Mio. in Gesamtdeutschland erhöht. Nach den auf der Basis früherer Finanz- und Strukturanalysen vollzogenen Berechnungen Friedrich/Puxis (1994) ist der Umfang der ehrenamtlichen Mitarbeit zwischen 1982 und 1986 bundesweit im Volumen von rund 14,7% zurückgegangen. Dieser rückläufige Trend hat sich nach den Befunden der letzten FISAS (Stand: 1992) mit 1,15 Mio. ehrenamtlichen MitarbeiterInnen für Westdeutschland (vgl. Heinemann/Schubert 1994) in dieser Form nicht fortgesetzt, sondern ist eher Stagnationstendenzen gewichen. In Nordrhein-Westfalen ist – so wiederum Friedrich/Puxi (1994) – die Zahl der Engagierten von 1986 bis 1991 allerdings um 2,7% gestiegen und von durchschnittlich 35,7% ehrenamtlichen MitarbeiterInnen pro Verein für 1986 auf 36,6% für 1991 geklettert. Der möglicherweise durch die Sondersituation dieses Bundeslandes bedingte Anstieg ehrenamtlicher Mitarbeit ist allerdings nicht auf die gesamtdeutsche Situation übertragbar. Und schließlich ist nach ersten Befunden der FISAS 1996 die Gesamtzahl der ehrenamtlichen MitarbeiterInnen von 1991 bis 1996 bundesweit gestiegen (vgl. Enke 1999).[23] Insgesamt sind jedoch aufgrund der zu verzeichnenden Widersprüchlichkeiten (und unterschiedlichen methodischen Ansätze) letztlich keine verallgemeinerungsfähigen und übergreifenden Aussagen darüber möglich, ob das ehrenamtliche Engagement im Sport nun steigt, stagniert oder sinkt.

Auch bei der Beantwortung der Frage, ob angesichts des Größenwachstums der Vereinslandschaft in den letzten Jahrzehnten genügend Mitglieder bereit sind, die anfallenden Aufgaben ehrenamtlich zu organisieren, ergibt sich ein

---

22 Auf der Grundlage dieser Ergebnisse lassen sich vermutlich folgende Zusammenhänge rekonstruieren: In kleineren Vereinen mit größerer Engagementbereitschaft sind der individuelle Beitrag zum Erfolg sichtbarer, die soziale Kontrolle und die Erwartungen höher sowie die Mitgliederschaft homogener. Jüngere Vereine sind kleiner und zeichnen sich wahrscheinlich durch eine engagementfördernde Aufbruchstimmung bzw. den Pioniergeist, etwas Neues zu schaffen, aus. Die Gemeindegröße bildet wiederum einen Indikator für die vielfältigen Funktionen des Vereins in ländlichen Regionen, in denen das Angebot an alternativen Freizeitmöglichkeiten überwiegend geringer ist als in Ballungsgebieten (vgl. Heinemann/Schubert 1994).
23 Diese Angaben sind einem Vortragsmanuskript mit ersten, eher thesenartigen Befunden zur FISAS entnommen (vgl. Enke 1999).

ambivalentes Bild. Wird das rechnerische Verhältnis von ehrenamtlich Tätigen zu Mitgliedern fokussiert, dann hat sich nach den Angaben des Deutschen Sportbundes dieses in den letzten 16 Jahren leicht verbessert. Während 1982 im früheren Bundesgebiet die Relation zwischen ehrenamtlichen MitarbeiterInnen und Mitgliedern 1 : 10,4 betrug (bei rund 1,5 Mio. Ehrenamtlichen in »nur« 59.900 Vereinen mit 15,5 Mio. Mitgliedern der Landessportbünde), so entsprach diese Quote im Jahr 1998 bundesweit 1 : 8,9 (mit 2,6 Mio. Ehrenamtlichen, 23,1 Mio. Mitgliedern und 86.200 Vereinen). Gewendet auf die Vereinsperspektive hat sich die durchschnittliche Zahl der Ehrenamtlichen pro Sportverein von 25 für 1982 auf rund 30 des Jahres 1998 erhöht. In Nordrhein-Westfalen reicht der von Friedrich/Puxi (1994) ermittelte Anstieg ehrenamtlicher Mitarbeit nicht aus, den gravierenden Rückgang Ehrenamtlicher in der Vergangenheit zu kompensieren, da die Zahl der Vereinsmitglieder zwischen 1986 und 1991 und der Bedarf an ehrenamtlich Tätigen überdurchschnittlich zugenommen haben.

Werden VereinsvertreterInnen zu den Problemen ihres Sportvereins befragt, dann rangiert das Ehrenamt stets auf den ersten Plätzen. So benannten – befragt nach den Hauptproblemen ihres Vereins – rund 72% der VertreterInnen aus nordrhein-westfälischen Sportvereinen unter verschiedenen Antwortvorgaben die Rekrutierungsschwierigkeiten ehrenamtlicher MitarbeiterInnen an erster Stelle. Als die vier Hauptgründe (unter neun Antwortvorgaben) bezeichneten diejenigen Vereine mit unzureichender Mitarbeiterzahl die mangelnde Attraktivität des Ehrenamtes (86%), die Schwierigkeit, Heranwachsende aus der vereinseigenen Jugendarbeit für die ehrenamtliche Mitarbeit zu gewinnen (76%), die gestiegenen Qualifikationsanforderungen (53%) sowie die Konkurrenz zu nicht-kommerziellen Sportanbietern (43%).[24] Mit Blick auf den Bedarf kommen Friedrich/Puxi zu dem Ergebnis, daß in Nordrhein-Westfalen den Sportorganisationen pro Verein durchschnittlich 7,3 ehrenamtliche Mitarbeitende, darunter insbesondere Betreuungspersonen und ÜbungsleiterInnen, fehlen. Ein etwas geringerer, aber durchaus spürbares Defizit besteht auch bei den Führungskräften. Die Nachfrage nach OrganisationsleiterInnen mit und ohne Lizenz ist dagegen gering. Der zusätzliche Bedarf an ehrenamtlichen MitarbeiterInnen korrespondiert mit der Vereinsgröße und ist bei Vereinen über 1.000 Mitglieder am größten (vgl. Friedrich/Puxi 1994).

Auch in Brandenburg leiden – so die Aussagen von FunktionsträgerInnen und GruppenleiterInnen aus Neuruppin und Potsdam – die Sportvereine unter einem spürbaren MitarbeiterInnenmangel. So nimmt die Gewinnung und Bin-

---

24 Die VereinsvertreterInnen erachteten dabei den Wettbewerb mit kommerziellen Anbietern (mit 28%) als weit weniger bedeutsam als den mit der nicht-gewerblichen Konkurrenz. Die differenzierte Nachfrage ergab, daß vor allem bei den ÜbungsleiterInnen (65%) sowie den Betreuungspersonen/SchiedsrichterInnen und den JugendleiterInnen (jeweils 42%) ein starker Konkurrenzdruck besteht. Bei den Führungskräften und OrganisationsleiterInnen ist die Rivalität dagegen geringer (vgl. Friedrich/Puxi 1994). Im Unterschied zu dieser Befragung wurde in Münster die Konkurrenz mit anderen Sportvereinen am größten empfunden (vgl. Jütting/Strob 1994b).

dung ehrenamtlicher MitarbeiterInnen auf der Problemliste der Vereine den 3. Rang ein und zählt für dreiviertel der Sportvereine zu den wichtigen Aufgaben, die in Zukunft angegangen werden müssen. Die zu verzeichnenden Engpässe lassen sich auch auf die Sondersituation nach dem politischen Umbruch zurückführen: Insbesondere für diejenigen, die sich im DDR-Sport engagiert haben, standen nach der Deutschen Einheit die Sicherung der eigenen beruflichen Existenz und die Bewältigung der neuen Lebenssituation bei nunmehr engerem Zeitbudget (etwa durch den Wegfall der in der DDR üblichen Freistellung für die Übernahme ehrenamtlicher Aufgaben in den Betriebssportgemeinschaften) im Vordergrund. Für ausscheidende ehrenamtliche MitarbeiterInnen läßt sich – bei einer geringen Bereitschaft jüngerer Mitglieder nachzurücken – kaum Ersatz finden. Der MitarbeiterInnenmangel manifestiert sich sowohl im Organisationsbereich (zum Beispiel im Personalmangel für bestimmte Positionen oder der Leitung des Vereins als Ein-, Zwei- oder Dreimann-Betrieb), als auch im Betreuungsbereich, in dem aufgrund des reduzierten Finanzrahmens die Weiterbeschäftigung von ehemals hauptamtlich tätigen BetreuerInnen nicht möglich war und es nunmehr schwer ist, neue GruppenleiterInnen zu finden (vgl. Baur/Koch/Telschow 1995).

In Münster bezeichneten von den befragten 117 Vereinen fast 56% die Besetzung der Vorstandsämter als schwierig, rund 15% stellten Probleme bei bestimmten Ämtern fest und 29% erachteten die Besetzung der Vorstandspositionen in ihrem Verein als unproblematisch. Allerdings – so der pragmatische Einwand Jüttings – gelingt es den Vereinen offensichtlich dennoch relativ gut, MitarbeiterInnen für die Vorstandsarbeit zu gewinnen, da rund 95% dieser Ämter und Funktionen besetzt sind. Zu den Nicht-Besetzten gehören vor allem die Positionen des/der Presse-, Frauen- und JugendwartIn. Auf der Vorstandsebene stellte sich das Problem der MitarbeiterInnenrekrutierung in Münster de facto also eher unproblematisch dar. Im Sportbetrieb sind die Schwierigkeiten, ehrenamtliche MitarbeiterInnen zu gewinnen, dagegen größer, und zwar wiederum in großen Vereinen mehr als in kleinen (vgl. Jütting 1994c; Jütting/Strob 1994b). Für die Gruppe der MitarbeiterInnen im Sportbetrieb wurden in der Münsteraner Befragung als Haupthindernisse bei der Gewinnung »Geldmangel« und mit deutlichem Abstand ein »zu hoher zeitlicher Aufwand« sowie »Mangel an Bereitschaft und Interesse« angegeben (vgl. Jütting/Strob 1994b).[25] Aus der Perspektive der Vereine wird in der Bilanz also ein mehr oder minder ausgeprägter Bedarf an ehrenamtlichen MitarbeiterInnen deutlich, der sich jedoch nicht unbedingt als allgemeine Krise des ehrenamtlichen Engagements manifestiert, sondern eher im Betreuungs-, Übungs- und Trainingsbereich zu lokalisieren ist und wiederum mit der Vereinsgröße zusammenhängt.

Insgesamt verbleibt mit Blick auf die Quantitäten des sportlichen Ehrenamts ein eher zwiespältiger Eindruck: Einerseits stellt der Vereinssport ein erfolgrei-

---

25 Nur 2 von 10 Vereinen in der nordrhein-westfälischen Befragung sind dagegen der Meinung, daß zu hohe finanzielle Forderungen der ehrenamtlichen MitarbeiterInnen für die Probleme verantwortlich sind (vgl. Friedrich/Puxi 1994).

ches Beispiel gemeinwohlorientiertes Engagements dar, da bei wachsendem Interesse am vereinsgebundenen Sport in den letzten Jahrzehnten über die Neugründung von Vereinen kontinuierlich ehrenamtliche Ressourcen aktiviert werden konnten und es den Vereinen offensichtlich weiterhin gelingt, wesentliche Ämter zu besetzen. Andererseits besteht in der Wahrnehmung der Organisationen und VereinsvertreterInnen dagegen ein erheblicher Problemdruck bei der MitarbeiterInnenfrage. Inwieweit diese Diskrepanz tatsächlich auf eine »Erosion« des Ehrenamts zurückzuführen ist, bleibt auf der Grundlage des vorhandenen empirischen Materials jedoch weiterhin offen. So läßt sich nicht schlüssig belegen, ob die Engagementbereitschaft der Mitglieder im Verhältnis zur Nachfrage letztlich ausreicht oder ehrenamtliche MitarbeiterInnen (für bestimmte Positionen mit angemessener Qualifikation) fehlen, die Rekrutierung ehrenamtlich Tätiger im Vergleich zur Vergangenheit verstärkte Anstrengungen (etwa in Form von Gratifikationen) erfordert oder ein Spezifikum des Rekrutierungsprozesses ist (wie die »Überredung« zum Amt), mögliche Engpässe durch andere Faktoren und Entwicklungen (etwa Verberuflichungs- und Professionalisierungsphänomene) aufgefangen werden oder ob die unterschiedlichen Perspektiven auf eine erhöhte Sensibilisierung für das Thema Ehrenamt in der öffentlichen Diskussion zurückzuführen sind, die zu einer Sichtweise der FunktionsträgerInnen beigetragen hat, die eher Züge einer »dramatisierenden Krisenrhetorik« aufweist (Heinemann/Schubert 1999, S. 93).

5.4 Motivation, Rekrutierung und Bindung beim sportlichen Ehrenamt

Die Palette der Motive, sich in Sportvereinen ehrenamtlich zu betätigen, ist ohne Zweifel ebenso breit und vielfältig wie in den anderen Engagementfeldern und läßt sich auch hier nicht auf altruistische Grundhaltungen reduzieren: Die Befriedigung von Bewegungsbedürfnissen, das Wohlergehen der eigenen Kinder, die Entwicklung einer Sportart, die Aufrechterhaltung eines geselligen Zusammenhangs, die Förderung einer gesunden Lebensführung sind in diesem Zusammenhang Beispiele für subjektive Deutungsmuster, die Jütting (1998) aus sechs Interviews mit Vorsitzenden von Sportvereinen gewonnen hat, die in den 90er Jahren gegründet worden sind. Neben den individuellen Motiven, sich zu engagieren, spielen in der Sportvereinsforschung die Faktoren, Prozesse und Mechanismen zur Gewinnung und Auswahl ehrenamtlicher MitarbeiterInnen für bestimmte Positionen eine Rolle. Die hierzu vorliegenden Befunde beziehen sich dabei auf die drei Hauptgruppen ehrenamtlicher MitarbeiterInnen: (1) die Verbandsfunktionäre auf Bundes- und Landesebene, (2) die VorstandsmitarbeiterInnen und (3) die MitarbeiterInnen im Übungsbetrieb.

(1) Auf das ehrenamtliche Engagement der Verbandsfunktionäre zielt die Arbeit Winklers (1988), in der das sportliche Ehrenamt durch eine enge Verbindung von Status, Prestige und Lebensstil charakterisiert wird, bei der die Karriere im Ehrenamt stark an den beruflichen Erfolg im Arbeitsleben gekop-

pelt ist. Diese stark berufsbezogene und männlich zentrierte Perspektive ist auch darauf zurückzuführen, daß – wie die Untersuchung ergab – das ehrenamtliche Engagement in diesem Bereich zu 91% von Männern, die fast vollständig erwerbstätig waren, geprägt wird. Sowohl die ausgeprägte berufliche Leistungsorientierung als auch die Bereitschaft; ehrenamtlich zu handeln, speisen sich dabei aus einer allgemeinen protestantischen Ethik der Lebensführung.[26] Neben dem Interesse am Sport wird die ehrenamtliche Tätigkeit häufig als gesellschaftliche interpretiert. Verbandfunktionäre sind desto eher bereit, ehrenamtliche Funktionen – die zwar mit zusätzlicher Arbeit, nicht aber unbedingt mit materiellen Gratifikationen verbunden sind – zu übernehmen, je höher der Stellenwert dieser freiwilligen Organisationen mit quasi-öffentlichen Aufgaben in der Gesellschaft eingeschätzt wird. Ausschlaggebend für die Wahl der FunktionsträgerInnen in ihre Ämter und die Einbindung in den Verein sind dabei funktionale Kompetenzen, die aus der Berufstätigkeit abgeleitet werden. Über die funktionsspezifischen Rekrutierungsmechanismen kommt die Bindung an das Organisationssystem des Sports hinzu, die durch eine langjährige Mitgliedschaft und eine Ämterkarriere sichergestellt wird. Die relativ frühe Bindung an den Sport(-verein) ist dabei notwendige Bedingung. Häufig waren bereits die Väter Mitglied in Sportvereinen bzw. ehrenamtlich tätig (vgl. Winkler 1990).

Sportvereine und -verbände sind mit Blick auf ihre verbandspolitischen Interessen zugleich stark an den aus dem Berufsleben resultierenden Kontakten der Ehrenamtlichen interessiert. Dementsprechend sind fast 70% der befragten FunktionsträgerInnen (n = 1.271) zugleich in anderen Organisationen Mitglied. Mit ihrer Stellung in der Ämterhierarchie steigt tendenziell auch die Zahl weiterer Mitgliedschaften in anderen Bereichen. Auch diejenigen, die bereits mehrere Ämter innerhalb des Sportbereichs ausfüllen, haben noch Mehrfachmitgliedschaften außerhalb des Sportsystems vorzuweisen. Über die reine Mitgliedschaft hinaus sind sie dort – etwa in politischen Parteien oder in karitativen und sozialen Verbänden – auch häufig ehrenamtlich tätig. Besonders ausgeprägt ist die Verbindung zum politischen Bereich. So sind unter den FunktionsträgerInnen oftmals politische MandatsträgerInnen (überwiegend aus Stadt- und Gemeinderäten). Die Bereitschaft zur ehrenamtlichen Betätigung reduziert also nicht das Interesse für andere Organisationen des öffentlichen Lebens. Im Gegenteil: Sie steht sogar in engem Zusammenhang mit der Neigung, weitere Mitgliedschaften einzugehen, zusätzliche Ämter zu übernehmen und politische Mandate zu besetzen. Dieser hohe Grad an gesellschaftlicher Beteiligung läßt vermuten – so Winkler –, daß es sich über eine Freizeitbeschäftigung und einen Ausgleich für berufliche Tätigkeiten hinaus um einen Lebensstil handelt, der

---

26 In der Untersuchung waren nicht nur Personen mit überdurchschnittlich hoher beruflicher Stellung, sondern auch überproportional viele Protestanten vertreten (vgl. Winkler 1988). Der Zusammenhang zwischen Konfessionsangehörigkeit und aktivem Sportengagement wurde insbesondere in den 70er Jahren kontrovers diskutiert, konnte allerdings aufgrund der widersprüchlichen Befunde statistisch nur unzureichend geklärt werden (vgl. Heinemann 1990).

gesellschaftliches Engagement und Berufsleben auf spezifische Weise verknüpft (vgl. ebd.).

Die hierzu notwendige freie Zeit wird nach Auskunft der Befragten vor allem in den Domänen des Privatlebens – also von Hobbys (50%), vom Urlaub (32%) und von der Familie (31%) – abgezweigt. Fast ein Drittel der Befragten sieht allerdings keine Belastung der Familie und des Berufs durch die ehrenamtlichen Tätigkeiten. Obwohl rund zwei Drittel der FunktionsträgerInnen schon einmal daran gedacht haben, aus ihrer Tätigkeit für die Sportorganisationen auszuscheiden, würden fast 90% das Amt wieder übernehmen. Mit dieser ausgesprochenen Organisationsfreudigkeit »schillert uns«, so Winkler (ebd., S. 114), »ein Menschentyp entgegen, der die Öffentlichkeit höher schätzt als die Privatheit«.

(2) Für Heinemann/Schubert (1994) hängt die Gewinnung und Motivation ehrenamtlicher MitarbeiterInnen in Sportvereinen von der Art und dem Anreiz der jeweiligen Aufgabe, der Integration der Mitglieder in den Verein (die wiederum mit der Dauer der Vereinszugehörigkeit und dem jeweiligen Vereinskonzept korrespondiert) sowie der Bindung an den Sport ab. Am Beispiel des Vereinsvorsitzenden dokumentieren sie, daß

- 68% der Vorsitzenden im Westen bzw. 58% im Osten dieses Amt bereits länger als vier Jahre ausüben und mehrheitlich zuvor schon andere Ämter im Verein innehatten[27];
- 74% der Vorsitzenden in den alten und 71% in den neuen Bundesländern mehr als 10 Jahre Vereinsmitglied und dementsprechend langjährig mit ihm verwachsen sind, wobei sich die Biographien der West- und Ostvorsitzenden trotz des unterschiedlichen politischen und institutionellen Kontextes nur unwesentlich voneinander unterscheiden (vgl. Heinemann/Schubert 1994).[28]

Ebenso wie bei Winkler (1988) ist also auch in dieser Studie die Übernahme einer Position im Vorstand bzw. die Wahl zum Vorsitzenden an eine individuelle »Vereinskarriere« im jeweiligen Sportverein gebunden, in deren Verlauf die erforderlichen Kompetenzen, das benötigte Erfahrungswissen und -können, eine besondere Engagementbereitschaft erworben sowie eine emotionale Bindung an den Verein aufgebaut werden.[29] Aus der Organisationsperspektive stellen die Ressourcen, die die BewerberInnen einbringen, d. h. vor allem die in-

---

27 In Münsteraner Sportvereinen beträgt die durchschnittliche Verweildauer innerhalb des Gesamtvorstands 6,3 Jahre. Am längsten sind die Oberturnwarte und die Vorsitzenden im Amt. Hinter diesen Durchschnittswerten verbergen sich allerdings hohe Varianzen (vgl. Jütting 1994c).

28 Rund 28% der Vorsitzenden im Westen bzw. 34% im Osten sind bereits länger als 25 Jahre Vereinsmitglied. Bei 10% der Vorsitzenden in den alten und 12% in den neuen Ländern lag die Mitgliedschaftsdauer dagegen unter fünf Jahren (vgl. Heinemann/Schubert (1994).

29 »Es gibt also auch in der ehrenamtlichen Arbeit eine Art Karriere, die in der Zeit einer längeren Zugehörigkeit zum Verein über verschiedene ehrenamtliche Tätigkeiten durchlaufen wird und daher erst im fortgeschrittteneren Lebensalter in die Position eines Vorstandsvorsitzenden führt« (Heinemann/Schubert 1994, S. 220).

formellen Beziehungen der Vereinsmitglieder bzw. des Amtsinhabers zu wichtigen Personen aus Institutionen der kommunalen Sportverwaltung, Parteien oder Geschäftswelt wichtige Kriterien für die Wahl des Vorsitzenden dar (vgl. Heinemann/Schubert 1994).

(3) Nach Mrazek/Rittner (1991) bilden die GruppenleiterInnen die Träger und Garanten des Übungsbetriebs und nehmen insofern eine Schlüsselposition in den Vereinen ein. Auch für die ÜbungsleiterInnen und TrainerInnen ist überwiegend ein »traditionales Karrieremuster« (Baur 1996, S. 99) kennzeichnend: »Im Anschluß an ihre meist längerdauernde Karriere als Sportler bzw. Leistungssportler steigen sie in eine Betreuerkarriere um, die zur Fortsetzung ihrer eigenen (Leistungs-)Sportkarriere wird« (ebd.).[30] Die eigene langjährige Zugehörigkeit zum Verein, das kontinuierliche Hereinwachsen in eine Sportart, das fachliche Wissen über diesen Sport, das sportpraktische Können, die erworbenen Erfahrungen und Kenntnisse über das engere und weitere soziale Umfeld des Vereins und die korrespondierenden Beziehungsnetze (inkl. der Fähigkeit, sich in diesen zu bewegen) fördern eine latent vorhandene Bereitschaft, das eigene Engagement und Interesse im Training und an die Gruppe weiterzugeben bzw. sich für den Nachwuchs und den Sportverein einzusetzen. Der Betreuer wird – so die Selbst- und Fremdeinschätzung – auf der Basis eines gemeinsam geteilten, am Leistungssport orientierten Bild des Sports von der Gruppe akzeptiert. Die Übernahme der Betreuertätigkeit wird nicht als vorübergehende, sondern langfristige Verpflichtung angesehen. Im Verlauf der Betreuertätigkeit werden die erworbenen Kompetenzen durch die Teilnahme an Fortbildungsveranstaltungen abgesichert. Bei diesem bindungsstarken und identifikationsfördernden Muster setzt sich in der ehrenamtlichen Tätigkeit nahezu bruchlos die ehemalige Sportlerbiographie und -karriere fort. Dieser Typus ehrenamtlichen Engagements stellt zugleich das Pendant zum traditionellen, solidargemeinschaftlichen, kleinen Sportverein dar, in dessen überschaubarem Rahmen noch spürbar etwas zu bewegen ist – sei es die Wettkampfmannschaft eine Runde weiterzubringen oder eine neue Jugendgruppe aufzubauen. Der Betreuer und seine Tätigkeit fügen sich nahtlos in das Vereinsleben und den Sportverein ein, in den er eingebunden ist und dem er sich stark verbunden fühlt (vgl. ebd.).

Zusammenfassend läßt sich für alle Formen des sportlichen Ehrenamts festhalten, daß die Gewinnung ehrenamtlicher MitarbeiterInnen und die Übernahme einer Position wesentlich von einer langjährigen Mitgliedschaft im Sportverein und der Verbindung mit einer Sportart abhängen, über die eine Identifikation mit dem Verein erfolgen kann, die wiederum eine Voraussetzung zur ehrenamtlichen Mitarbeit darstellt, die sich in Ämtern manifestiert, sofern die Ehrenamtlichen die hierzu erforderlichen Ressourcen mitbringen (vgl. Heinemann/Schubert 1994, S. 220 f.).

---

30 Nach Mrazek/Rittner (1991) verfügen beispielsweise 98% der GruppenleiterInnen über eigene sportliche Erfahrungen, fast drei Viertel über spezielle Erfahrungen im Leistungssport. Im Durchschnitt sind sie seit ihrem 12. Lebensjahr sportlich aktiv. Nahezu 84% betreuen und »unterrichten« in nur einer Sportart.

Diese bewährten Rekrutierungs- und Bindungsmuster geraten – so die These – jedoch durch Modernisierungstendenzen in der Vereinslandschaft aus dem Gleichgewicht, und zwar in mehrfacher Hinsicht: So besteht durch die heterogeneren Mitgliederstrukturen, die vielfältigeren Bewegungsmotive und Interessen sowie die veränderten Einstellungen zum Sport die Gefahr einer geringeren Identifikation mit den jeweiligen Vereinszielen bzw. einer höheren Distanz zum Verein. Die gestiegene Fluktuation der Vereinsmitglieder erschwert aufgrund der fehlenden Vereinsbiographie die herkömmliche Bindung an den Verein und dessen spezifische Kultur. Die Bereitschaft und die Kompetenz zur Übernahme eines Amtes oder einer Position können sich somit viel schwerer entfalten (vgl. ebd.). Die fortschreitende Differenzierung des Sports und die zunehmende Auffächerung des Sportangebots erzeugen zudem neue Anforderungen an die Vereine, die zu einer Begrenzung des traditionellen Karrieremusters im Leistungs- und im Breitensport führen. So verlangen etwa die Dynamisierung des Breitensports oder das Aufkommen neuer Sportarten Erfahrungen, die nur begrenzt im Rahmen der eigenen Sportlerkarriere erworben werden können. Da sich Identifikationspotential kaum entwickeln kann, muß das bindungsstarke herkömmliche Karrieremuster bespielsweise im Übungsleitungs- und Trainingsbereich zunehmend durch andere Bindungsformen ergänzt werden, die einen kurzfristigeren, vorläufigeren und fluktuierenderen Charakter haben (vgl. Baur 1996). Im Zuge des kulturellen Wandel zur postmodernen Erlebnisgesellschaft könnte es zudem ohnehin schwieriger werden, für die Verbindlichkeit ehrenamtlicher Pflichten kompetente und zugleich engagementbereite Mitglieder zu gewinnen. Auch aus dieser Perspektive gilt es Motivationsmuster zu entwerfen, die das »neue Bedürfnis nach 'Selbstverwirklichung' und die Bereitschaft zu sportverbandlichem Engagement neu vermitteln können« (Panko-ke 1996, S. 34).

Inwieweit sich diese Entwicklungen auf die quantitative Dimension des Engagements auswirken werden, ist nur schwer abzuschätzen, zumal momentan nicht von einer allgemein rückläufigen Bindungsbereitschaft der Ehrenamtlichen ausgegangen werden kann. In einer differenzierten Vereinslandschaft werden Modernisierungstendenzen vor allem von den größeren, dienstleistungsorientierteren Vereinen aufgenommen. In kleinen Vereinen sind demgegenüber viele traditionelle Elemente wie die Konzentration auf wenige (Leistungs-) Sportarten oder ein entsprechendes Klientel noch lebendig (vgl. Baur 1996).

5.5 Soziostrukturelle Merkmale der Ehrenamtlichen – Alter und Geschlecht

Zum Sozialprofil der ehrenamtlichen MitarbeiterInnen liegen nur wenige Befunde aus den 80er Jahren vor. Danach zeichnet sich beispielsweise nach Winkler (1990) der Kreis der ehrenamtlich tätigen FunktionsträgerInnen im Vergleich zur Gesamtbevölkerung durch ein hohes schulisches und berufliches Bildungsniveau aus. FunktionsträgerInnen kommen eher aus gehobenen sozialen

Schichten bzw. der qualifizierten Arbeiterschaft, sind überdurchschnittlich häufig erwerbstätig und haben im Berufssystem oftmals gehobene Positionen inne. Insgesamt ist das Sozialprofil der ehrenamtlichen FunktionsträgerInnen mit dem anderer gesellschaftlicher Funktionseliten vergleichbar. Auch für die GruppenleiterInnen sind – nach Mrazek/Rittner (1991) – Berufstätigkeit sowie eine qualifizierte schulische und berufliche Ausbildung zentrale Kennzeichen. Unter diesen finden sich in Relation zum Durchschnitt der Bevölkerung besonders häufig Angestellte und Beamte. Die ehrenamtliche Mitarbeit in Sportvereinen ist also – wie in Nonprofit-Organisationen allgemein – durch einen ausgesprochenen Mittelschicht-Bias gekennzeichnet (vgl. Bauer 1996). Wesentlich umfangreichere und aktuellere Befunde stehen zur Altersstruktur und zum Geschlechterverhältnis im sportlichen Ehrenamt zur Verfügung.

5.5.1 Jüngere und ältere Menschen im sportlichen Ehrenamt

Während die Mitgliedsstrukturen in Sportvereinen stark durch Heranwachsende und junge Erwachsene geprägt werden, stellt das Ehrenamt einen Wirkungsbereich älterer Vereinsangehöriger im mittleren und höheren Lebensabschnitt dar. Mit Blick auf das Altersgefüge in Sportvereinen verdeutlicht Tabelle 9 im einzelnen den Organisationsgrad verschiedener Altersgruppen nach Geschlecht im Bestand der Landessportbünde sowie die überdurchschnittlichen Anteile der jüngeren Alterskohorten an der Mitgliedschaft: So rekrutieren sich von den rund 22,8 Mio. Sportvereinsmitgliedern des Jahres 1998 fast 42% aus der Gruppe der Heranwachsenden und jungen Erwachsenen bis 26 Jahre, unter denen (gemessen an ihrem Anteil an der Gesamtbevölkerung) insbesondere die 7- bis 18jährigen (mit Anteilen weit über 60% bei den männlichen und über 40% bei den weiblichen Kindern und Jugendlichen), äußerst sportbegeistert sind (vgl. DSB 1998). In allen Altersgruppen zeigen sich darüber hinaus zum Teil erhebliche geschlechtsspezifische Unterschiede, wobei mit zunehmenden Alter der Anteil der weiblichen Mitglieder im Vergleich zu ihren männlichen Sportkollegen sinkt (vgl. Tab. 9).

Tabelle 9: Mitglieder in Sportvereinen der LSB nach Alter und Geschlecht (BRD, 1998)

Altersgruppen	Insgesamt		Männer		Frauen	
	abs.	in %	abs.	in %	abs.	in %
≤ 6 J.	1.007.599	4,4	519.766	52,0	476.171	48,0
7-14 J.	4.255.748	18,4	2.472.690	59,3	1.696.082	40,7
15-18 J.	1.964.852	8,5	1.192.719	62,0	731.003	38,0
19-26 J.	2.458.964	10,6	1.632.783	64,6	898.945	35,4
27-40 J.	5.226.611	22,6	3.192.627	60,8	2.043.627	39,2
41-60 J.	5.939.656	25,7	3.729.689	62,8	2.166.353	37,2
> 60 J.	2.241.823	9,7	1.387.363	66,2	693.324	33,8
Insgesamt	23.095.253	100,0	14.127.637	61,7	8.705.505	38,3

Quelle: DSB, Bestandserhebung (1998); Frankfurt a. M. 1998; eigene Berechnungen

Vor dem Hintergrund der eher durch jüngere Mitglieder dominierten Vereinsstrukturen veranschaulicht der Blick auf die Alterszusammensetzung der ehrenamtlichen MitarbeiterInnen dagegen folgende Zusammenhänge (vgl. Tab. 10):

- Führungskräfte in Sportvereinen, so der Befund aus Münster, sind durchschnittlich 44 Jahre alt. Im Vergleich zu den etablierten Vereinen ist das Durchschnittsalter der ehrenamtlichen VorstandsmitarbeiterInnen in den neugegründeten nordrhein-westfälischen Sportvereinen mit einem Wert von 37,2 Jahren merklich niedriger (vgl. Jütting 1994c, 1998).
- Differenziert nach Ämtern sind Oberturnwarte mit durchschnittlich 57,7 Jahren und Vereinsvorsitzende mit 51 Jahren am ältesten. In den neugegründeten Vereinen liegt der Altersschnitt bei der Besetzung dieser Positionen mit 39,5 Jahren für den Oberturnwart und 41,1 Jahren beim Vereinsvorsitzenden deutlich darunter (vgl. Jütting 1994c, 1998).
- Auch nach Heinemann/Schubert (1994) bildet die Altersgruppe der 36- bis 50jährigen mit 45% im Westen und 46% im Osten die Mehrzahl der Vorsitzenden, gefolgt von den über 50jährigen, die insgesamt auf einen Anteil von 40% im Westen und 36% im Osten kommen. Vereinsvorsitzende sind vor allem in norddeutschen Großstadt-, Groß- und Mehrspartenvereinen sowie in Vereinen mit niedriger Eigenfinanzierung und geringem Professionalisierungsgrad merklich älter. Vereinsmitglieder unter 35 sowie über 60 Jahren befinden sich (mit 14% im Westen und 17% im Osten bzw. 12% im Westen und 10% im Osten) dagegen vergleichsweise selten in der Position des Vereinsvorsitzenden.

Tabelle 10: Durchschnittsalter in Vorstandsämtern in Münsteraner Sportvereinen (1993; n =120) und in neugegründeten Sportvereinen in NRW (1994/95; n =222)

Vorstandsamt	Durchschnittsalter in	
	Münster	NRW
1. Vorsitzende/r	50,6	41,1
2. Vorsitzende/r	46,6	38,5
GeschäftsführerIn	41,0	37,1
SchriftführerIn	40,8	35,2
KassenwartIn	44,8	39,1
OberturnwartIn	57,7	39,5
SportwartIn	40,2	37,3
SpielwartIn	35,8	35,2
JugendwartIn	33,9	34,4
Frauenwartin	42,5	38,3
PressewartIn	41,5	33,5
KulturwartIn	43,2	-,-
FestwartIn	47,6	-,-
Insgesamt	43,5	37,2

Quelle: Isw-Erhebungen »Sportvereine in Münster«, »Neugegründete Sportvereine in NRW« (vgl. Jütting 1994c, 1998).

Zwischen der Mitglieder- und Altersstruktur in Sportvereinen – so ein erstes Fazit – besteht also eine beträchtliche Diskrepanz. Gestaffelt nach Ämtern deutet sich darüber hinaus »das Prinzip der Seniorität an: die Ältesten stehen an der Spitze und haben die wichtigsten Ämter inne« (Jütting 1998, S. 275). Hierin spiegelt sich zugleich die bereits im vorangegangenen Kapitel beschriebene und für das sportliche Ehrenamt so bedeutsame Vereinskarriere, in deren Verlauf verschiedene Ehrenämter wahrgenommen werden, die erst im fortgeschrittenen Alter in relevante Positionen führen.

Werden demgegenüber jugendliche Sportvereinsmitglieder – wie in der nordrhein-westfälischen Jugendsportstudie von 1992 – nach ihrem ehrenamtlichen Engagement befragt, dann zeigt sich im Kontrast zu diesen Befunden, daß auch bei dieser Gruppe »in der Summe ein beachtliches Engagement ... 'im Vorhof des Ehrenamts' für ihren Sport im Verein sichtbar« wird (Kurz/Sonneck 1996, S. 151).[31] So

* hat im Durchschnitt nur ein Viertel der Jugendlichen noch nie eine Aufgabe im Verein übernommen (ein Wert, der mit zunehmendem Alter der Befragten erwartungsgemäß rückläufig ist),
* engagieren sich zwar mehr Jungen als Mädchen, erklären sich aber beide Geschlechter etwa im vergleichbaren Umfang dazu bereit, in Zukunft für ein Amt zur Verfügung zu stehen,
* betätigen sich jugendliche WettkampfsportlerInnen stärker ehrenamtlich als BreitensportlerInnen und weisen zugleich eine höhere Bereitschaft auf, später einmal eine Aufgabe zu übernehmen (vgl. ebd.).

Der vereinsgebundene Breitensport – so die Interpretation Kurz/Sonnecks – bietet den Jugendlichen strukturell geringere Chancen, sich in Ämtern ehrenamtlich zu engagieren. Bei gleicher Bereitschaft zur Mitarbeit sind darüber hinaus Jungen aktiver oder werden möglicherweise »für entsprechende Aufgaben häufiger herangezogen« (ebd., S. 153). Befragt nach der Art der ehrenamtlichen Mitarbeit (vgl. Tab. 11), benannten die Heranwachsenden mit Abstand am häufigsten die Aufgabe der Mannschaftsführung bzw. des Gruppensprechers. Den zweiten Rang bildete die Funktion des Schieds-/Kampfrichters und Wettkampfhelfers (vgl. ebd.). Bei einer Reihe der aufgeführten Aufgaben handelt es sich um informelle ehrenamtliche Tätigkeiten, die in der Regel in den bislang vorgestellten empirischen Sportstudien nicht erfaßt werden. Die konstatierte Unterrepräsentanz Jugendlicher und jüngerer Erwachsener beim ehrenamtlichen Engagement wird hierdurch nur ansatzweise relativiert, zumal den Befunden keine Hinweise auf die Häufigkeit und den Zeitraum der ehrenamtlichen Betätigung zu entnehmen sind. Diese Einschätzung wird auch dadurch gestützt, daß bei den in Kapitel 5.3.2 aufgelisteten Gründen für die Rekrutierungsschwierigkeiten ehrenamtlich tätiger Personen der fehlende Nachwuchs aus der

---

31 Im Rahmen der Jugendsportstudie wurden Kinder (n = 1.205) und Jugendliche (n = 2.425) in NRW zu verschiedenen Aspekten ihrer sportlichen Betätigung um Auskunft gebeten (vgl. Brinkhoff/Sack 1996).

eigenen Jugend von den Befragten als eine Ursache für die Krise des ehrenamtlichen Engagements benannt wurde.

Tabelle 11: Aufgaben jugendlicher Sportvereinsmitglieder des 7.-13. Schuljahrs in nordrhein-westfälischen Sportvereinen (n = 959; Mehrfachnennungen möglich)

Kreuze bitte alle Aufgaben an, die Du jemals im Sportverein wahrgenommen hast.	in %
MannschaftsführerIn, SprecherIn der Gruppe/Riegenführer o. ä.	43
BetreuerIn/GruppenhelferIn	16
ÜbungsleiterIn/TrainerIn	17
JugendsprecherIn/-vertreterIn im Vereinsvorstand bzw. der Abteilung	12
WettkampfhelferIn/SchiedsrichterIn/KampfrichterIn	27
VerwalterIn der Mannschaftskasse	11
mitverantwortlich f. d. Organisation v. Freizeitaktivitäten unseres Vereins	19
Sonstiges	8

Quelle: Jugendsportstudie NRW 1992 (vgl. Kurz/Sonneck 1996)

Aufgrund des geringeren formalen Engagements dieser Zielgruppe wird der
Heranführung junger Mitglieder an ehrenamtliche Aufgaben auch in den Programmatiken der Organisationen und Untergliederungen des DSB ein hoher
Stellenwert eingeräumt. Der erfolgreichen Umsetzung dieser Vorstellungen stehen allerdings beträchtliche Partizipations- und Informationsdefizite gegenüber:

• Folgt man den empirischen Befunden zu den Mitwirkungsmöglichkeiten Jugendlicher im Verein, dann werden ihre Interessen zwar formal in 73% der
  Vereine über die Jugendwarte im Gesamtvorstand vertreten. Nur in knapp
  der Hälfte der Vereine wählen die Jugendlichen jedoch den Jugendwart
  selbst. Bei den weitergehenden Mitbestimmungsmöglichkeiten verschlechtert sich das Bild zunehmend: So werden lediglich in einem Viertel und weniger der Vereine der/die JugendsprecherIn aus den Reihen der Jugendlichen
  rekrutiert, ein eigener Jugendvorstand gebildet oder Sonderregelungen zum
  Stimmrecht Heranwachsender in der Hauptversammlung verankert (vgl. Jütting 1994c). Vergleichbare Ergebnisse ermittelte bereits Timm (1979), so
  daß anzunehmen ist, daß sich die Mitwirkungsmöglichkeiten Jugendlicher
  seit Ende der 70er Jahre nur unwesentlich verbessert haben.
• In der nordrhein-westfälischen Jugendsportstudie, in der die Heranwachsenden u. a. nach verschiedenen Merkmalen einer jugendfreundlichen, mitbe-
  stimmungsorientierten Vereinsstruktur befragt wurden, stellte sich vor allem
  die Antwortvorgabe »weiß nicht« als aufschlußreich heraus: Hiernach war
  28% der jugendlichen Mitgliedern in Sportvereinen (n = 959) nicht bekannt,
  ob sie »aus ihrem Kreis einen älteren Jugendlichen, der speziell für Jugendliche Veranstaltungen organisiert und an den man sich wenden kann, wenn
  man im Verein Probleme oder Ärger hat« wählen können. 40% wußten nicht,
  ob »so ein Jugendvertreter im Vorstand oder in der Abteilungsleitung« ihres
  Sportvereins sitzt (Kurz/Sonneck 1996, S. 153 f.).

Die Erweiterung der Mitwirkungsformen Jugendlicher im Verein und eine offensive Informationspolitik der Jugendlichen über ihre Beteiligungsmöglichkeiten und Rechte stellen wesentliche Elemente einer Jugendarbeit dar, deren Zielsetzung im Rahmen einer langfristigen Personalplanung darin besteht, Heranwachsende behutsam mit ehrenamtlichen Aufgaben vertraut zu machen. Wie darüber hinaus die Jugendsportstudie verdeutlichen kann, betreiben Heranwachsende im Alter von 8 bis 19 Jahren zwar im bemerkenswerten Umfang im Verein Sport (40%). Neben diesem spielen im Kindes- und Jugendalter jedoch vielfältige andere Sportgelegenheiten und -orte eine Rolle, wie die gemeinsame Aktivität in der Freundes- und Gleichaltrigengruppe (36%) oder auch der Besuch kommerzieller Einrichtungen (20%) (vgl. Kurz/Sonneck 1996). Die aus den verschiedenen Formen sportlicher Betätigung und unterschiedlichen Anbietergruppen möglicherweise erwachsende Konkurrenz für die Sportvereine, die durch die demographische Entwicklung noch verschärft wird, könnte mittelfristig zu einem Rückgang dieser Mitgliedergruppe im Vereinssport beitragen, durch den wiederum das Reservoir Heranwachsender für die Übernahme ehrenamtlicher Aufgaben stark reduziert wird. Der möglicherweise zu erwartende Verlust der Monopolstellung der Vereine könnte darüber hinaus in Verbindung mit dem gesteigerten Fluktuationsverhalten Jugendlicher (mit einem häufigeren Wechsel der Sportgelegenheiten, -vereine und -arten) zur Herausbildung neuer lebenslaufbezogener Muster von Sportengagement und -karrieren führen (vgl. Baur/Brettschneider 1994), die den herkömmlichen Motivlagen und Rekrutierungsprozessen ehrenamtlichen Engagements entgegenlaufen.

5.5.2 Frauen im sportlichen Ehrenamt

Vereinssport und sportliches Ehrenamt sind – so das übereinstimmende Fazit sportwissenschaftlicher Untersuchungen – eindeutig männlich geprägte Domänen, obwohl sich seit den Anfängen einer »körperlichen Ertüchtigung des weiblichen Geschlechts« in den 30er Jahren des letzten Jahrhunderts zweifellos viel verändert hat (Pfister 1995, S. 4). Während der Zugang zum Turnen als bestimmendes pädagogisches und politisches, eng mit Wehrhaftigkeit und Männlichkeit verbundenes Konzept der Bewegungskultur im 19. Jahrhundert von Frauen erst erkämpft und grundsätzlich und ausführlich über die Zauberformel »Gesundheit und Anmut« legitimiert sowie mit den herrschenden Weiblichkeitsidealen in Einklang gebracht werden mußte, werden Gymnastik und Turnen heute sogar von Frauen bevorzugt. Auch von den aus England importierten wettkampforientierten Sportarten, die sich aufgrund der weitaus stärkeren Verknüpfung mit Männlichkeitsassoziationen noch weniger mit den damaligen Idealen und weiblichen Verhaltensvorschriften vereinbaren ließen, sind Frauen nicht mehr ausgeschlossen, obwohl bestehende Tabus bei einigen Sportarten – etwa beim Frauenboxen oder Ringen – noch nicht vollends überwunden sind (vgl. ebd.).

In der Bundesrepublik haben sich die Turn- und Sportvereine in den letzten 30 Jahren auf breiterer Ebene für Frauen geöffnet und ihr Programm um frauenbezogene Sportangebote erweitert, obgleich Frauen und Mädchen in den Sportvereinen – wie die Mitgliederzahlen signalisieren – offensichtlich »nicht das finden, was sie sich wünschen« (Endrikat 1995, S. 28). Dennoch sind Frauen heute in den Vereinen deutlich häufiger organisiert als ihre Mütter und Großmütter: Während im Jahr 1950 nur rund 300.000 Frauen Mitglied im Deutschen Sportbund waren, wurden 1998 über 8,7 Mio. gezählt. Obwohl der weibliche Organisationsgrad stetig nach oben geklettert ist, sind sie auch weiterhin mit einem Anteil von rund 38% unter den Mitgliedern unverkennbar unterrepräsentiert (vgl. Tab. 12). Der weibliche Organisationsgrad schwankt zudem je nach Bundesland und bewegt sich zwischen 29% in Sachsen-Anhalt und fast 43% in Schleswig-Holstein.

Tabelle 12: Mitglieder in den Landessportbünden des DSB nach Geschlecht (1998)

Landes-sportbünde	Gesamt	Frauen		Männer
	abs.	abs.	in %	abs.
BW	3.557.104	1.349.950	38,0	2.207.154
BA	4.168.290	1.594.019	38,2	2.574.271
BL	525.385	179.400	34,1	345.985
BRE	179.073	73.466	41,0	105.607
HH	479.444	193.790	40,4	285.654
HE	2.096.622	809.591	38,6	1.287.031
NI	2.742.072	1.151.845	42,0	1.590.227
NW	4.901.691	1.880.016	38,4	3.021.675
RP	1.471.592	548.067	37,2	923.525
SL	442.617	170.433	38,5	272.184
SH	878.479	375.085	42,7	503.394
BB	257.124	80.140	31,2	176.984
MV	185.199	60.827	32,8	124.372
SN	503.024	172.947	34,4	330.077
ST	361.963	106.935	29,5	255.028
TH	345.574	102.758	29,7	242.816
Insgesamt	23.095.253	8.849.269	38,3	14.245.984

Quelle: DSB, Bestandserhebung (1998), Frankfurt a. M. 1998; eigene Berechnungen

Im Vergleich zu 1996 (mit 8.580.601 weiblichen Mitgliedern bzw. einer Rate in Höhe von 37,9%) ist der (im Vergleich zu den Männern) überdurchschnittliche Mitgliederzuwachs bei den Frauen ungebrochen, so daß mittelfristig eine Angleichung der geschlechtsspezifischen Quoten im vereinsgebundenen Sport zu erhoffen ist, sofern nicht alternative Anbieter (s. u.) das wachsende weibliche Sportinteresse abschöpfen.

Noch weit schärfer als bei der allgemeinen Mitgliederentwicklung manifestiert sich die Distanz der Frauen gegenüber dem organisierten Sport beim Ehrenamt. Am offenkundigsten zeigt sich die unterdurchschnittliche ehrenamtliche Beteiligung in den »Führungsetagen« der Verbände und Vereine:

- Von den ehrenamtlichen Positionen in den Spitzenverbänden des DSB waren
  – nach der bereits Ende der 70er Jahre durchgeführten Erhebung Winklers
  (1988) – nur 9% von Frauen besetzt, davon mehr als die Hälfte in Zuständigkeit für die geschlechtsspezifischen Engagementfelder des Frauen- (35,5%)
  und Jugendsports (16,4%). Mitte der 90er Jahre hat sich die Lage der Frauen
  in den gehobenen Ämtern des Deutschen Sportbundes, der Landes- und Spitzenverbände nur unwesentlich verbessert (vgl. Kraus 1995; Rose 1995).
- An der Basis der Sportvereine liegt – wie auch Tabelle 13 veranschaulicht –
  nach den Befunden zu den Sportvereinen aus Münster der Frauenanteil in
  den Vorständen bei 19,2%. In den neugegründeten nordrhein-westfälischen
  Sportvereinen sind die Frauen mit einem Wert von 22,6% zwar etwas stärker
  vertreten. Doch auch dieser Wert befindet sich noch weit unter der weiblichen Mitgliedschaftsrate (vgl. Jütting 1994c, 1998).

Tabelle 13: Frauen in Ämtern und Positionen in Sportvereinen in Münster (1993) und
neugegründeten Vereinen in NRW (1994/95)

Vorstandsamt	Sportvereine in Münster 1993				Neugegründete Sportvereine in NRW 1994/95			
	Männer		Frauen		Männer		Frauen	
	abs.	in %	abs.	in %	abs.	in %	abs.	in %
1. Vorsitzende/r	109	95,6	5	4,4	199	92,6	16	7,4
2. Vorsitzende/r	94	89,5	11	10,5	157	80,1	39	19,9
Geschäftsführ.	51	81,0	12	19,0	87	81,3	20	18,7
SchriftführerIn	40	63,5	23	36,5	73	61,3	46	38,7
KassenwartIn	84	83,2	17	16,8	124	70,5	52	29,5
OberturnwartIn	3	75,0	1	25,0	10	47,6	11	52,4
SportwartIn	50	89,3	6	11,7	51	83,6	10	16,4
SpielwartIn	9	-,-	k.A.	-,-	12	85,7	2	14,3
JugendwartIn	57	74,0	20	26,0	43	69,4	19	30,6
Frauenwartin	k.A.	-,-	17	-,-	-.-	-,-	6	100,0
PressewartIn	36	81,8	8	19,2	20	76,9	6	23,1
KulturwartIn	9	60,0	6	40,0	-.-	-,-	-.-	-,-
FestwartIn	16	69,6	7	31,4	-.-	-,-	-.-	-,-
Gesamt	558	80,8	133	19,2	776	77,4	227	22,6

Quelle: ISW-Erhebungen »Sportvereine in Münster«, »Neugegründete Sportvereine in NRW« (vgl.
Jütting 1994c, 1998, S. 275)

- Innerhalb des Vorstands treten Frauen vor allem in der prestigeträchtigen,
  mit einem hohen Grad an Verantwortung und Außenwirkung verbundenen
  Funktion des/der Vereinsvorsitzenden mit einem Anteil von 5% in Westdeutschland und 7% in Ostdeutschland kaum in Erscheinung (vgl. Tab. 14).
  Werden die wenigen reinen Frauensportvereine ausgeklammert, dann sind
  unter 100 Vereinsvorsitzenden nur vier Frauen zu finden (vgl. Heinemann/
  Schubert 1994). Dieser Befund wird – wie Tabelle 13 verdeutlicht – ebenfalls durch die Untersuchungen aus der Stadt Münster und dem Land Nordrhein-Westfalen in der Tendenz bestätigt (vgl. Jütting 1994c, 1998).

- Auch beim stellvertretenden Vorsitz liegen die Quoten mit 10% im Westen und 11% im Osten – nach Heinemann/Schubert (vgl. Tab. 14) – nur unwesentlich höher. Allerdings weicht bei diesem Amt der Frauenanteil bei den neugegründeten nordrhein-westfälischen Vereinen mit fast 20% merklich nach oben ab (vgl. Tab. 13). Sofern Frauen bereit sind, ehrenamtliche Aufgaben im Vorstand zu übernehmen und hierfür auch gewählt werden, dann ist es mit 36% in den alten und überdurchschnittlichen 46% in den neuen Ländern häufig das »ungeliebte« Amt der SchriftführerIn oder mit 24% im Westen und 38% im Osten die Kassenführung (vgl. Tab. 14, Tab. 13 für Münster und Nordrhein-Westfalen).

Ähnliche Tendenzen zeigen sich auch im Übungsbereich: Unter den ehrenamtlichen MitarbeiterInnen im praktischen Sportbetrieb sind Frauen in der autoritätsorientierten Funktion der Schiedsrichterin wiederum mit 11% in West- und 14% in Ostdeutschland kaum präsent.[32] Deutlich mehr Frauen bevorzugen mit 22% bzw. 21% in den alten und neuen Ländern dagegen die Position der Übungsleiterin, obgleich sie auch dort unterrepräsentiert sind (vgl. Tab. 14). Mrazek/Rittner (1991) ermittelten für die Gruppenleitung vergleichbare 23%, wobei Frauen und Männer jeweils verschiedene Sportwelten repräsentieren: Während weibliche GruppenleiterInnen eher in der Übungsleitung und dem Freizeit- und Breitensport zu finden sind, bevorzugen männliche mehr das Training bzw. den Wettkampf- und Leistungssport. Diese Differenzierung entspricht, so Jaeger-Kaske (1998), einer sportinternen Hierarchie, in der der Freizeit- und Breitensport im Prestige und in der finanziellen Ausstattung untergeordnet sind.

Tabelle 14: Anteil ehrenamtlich tätiger Frauen in Sportvereinen in West- und Ostdeutschland (in %)

	West in %	Ost in %
Vorsitzende/r	5	7
stellv. Vorsitz	10	11
SchriftführerIn	36	46
Kassenwart	24	38
sonst. Vorstand	21	19
JugendleiterIn	22	15
Abt. Vorstand	25	25
SchiedsrichterIn	11	14
ÜbungsleiterIn	22	21
Sonstige	20	17

Quelle: Heinemann/Schubert (1994)

---

32 Kemper (1998) geht z. B. für den Bereich des Fußballs für 1996 von 1.140 Schiedsrichterinnen aus, denen fast 75.000 männliche Schiedsrichter gegenüberstehen.

Bilanzierend läßt sich auf der Grundlage der vorliegenden Befunde zum ehrenamtlichen Engagement von Frauen im Sport festhalten, daß die Vorstöße von Frauen oder die Kampagnen des Spitzenverbandes und der Landessportbünde für eine höhere Beteiligung an der Verbands- und Vereinsleitung insgesamt somit relativ erfolglos geblieben sind[33], obwohl sich die Rahmenbedingungen für das weibliche Engagement rein quantitativ verbessert haben dürften. So hat sich aufgrund des höheren Mitgliederanteils die für die ehrenamtliche Tätigkeit potentiell rekrutierbare Gruppe der Frauen vergrößert, sind die Macht- und Stimmverhältnisse zur Überwindung von Vorbehalten gegenüber einer stärkeren weiblichen Beteiligung an Ämtern und Positionen infolgedessen günstiger und der Zugang zu den Ämtern und Positionen aufgrund der allgemein beklagten Rekrutierungsprobleme ehrenamtlich Tätiger vermutlich leichter. Dem entgegen sind Frauen in vielen Ämtern und Positionen des sportlichen Vereinswesens weiterhin hartnäckig unterrepräsentiert.

Die Gründe für die mangelnde Resonanz der verschiedenen Frauenförderprogramme und die unterdurchschnittliche Präsenz von Frauen im sportlichen Ehrenamt werden dabei einerseits auf Charakteristika des weiblichen Lebenszusammenhangs, wie die Doppelbelastung durch Beruf und Familie, die keinen Raum für ehrenamtliche Aktivitäten im Sportverein mehr zuläßt, oder äußere Bedingungen, wie die Auswahlkriterien für Führungs- und Leitungspositionen auf den verschiedenen Ebenen des Sportvereinswesens (wie hoher beruflicher Status und hiermit verbundene Außenkontakte, vgl. Kap. 5.4), zurückgeführt, denen Frauen oftmals nicht gerecht werden (vgl. Heinemann/Schubert 1994; Kraus 1995; Winkler 1988). Andererseits wird auf geschlechtsspezifische Unterschiede in den Freizeitpräferenzen sowie sozialisationsbedingte Einstellungen und Verhaltensweisen im Umgang mit Karriere und Macht hingewiesen, die sich auch auf das sportliche Ehrenamt auswirken (vgl. Kraus 1995).[34] Obwohl hierin ohne Zweifel wichtige Hinweise auf die Gründe für die Differenzen in der Beteiligung von Männern und Frauen enthalten sind, stellt sich das weibliche Ehrenamt im Sport insgesamt noch als ein weitgehend unerforschtes Feld dar (vgl. Heinemann/Schubert 1994; Kraus 1995). Zur Erklärung der weiblichen Zurückhaltung gegenüber dem Engagement werden eher indirekt Thesen aus den (besser dokumentierten) Interessen und Motiven der Frauen, sich sportlich zu betätigen, formuliert (vgl. Pfister 1995). Wesentliche Befunde sind in diesem Kontext:

---

33 Spätestens seit dem Zukunftskongreß des Deutschen Sportbundes Mitte der 80er Jahre gehört Frauenförderung zu den erklärten Aufgabenschwerpunkten des Deutschen Sportbundes (vgl. DSB 1988; Forum 2: Politik für Frauen 1988). Ein aktuelles Beispiel für die offiziellen Bemühungen zur Förderung des weiblichen Ehrenamts stellt die vom Bundestag des DSB in Leipzig 1996 unter dem Motto »Mädchen und Frauen im Sport: Mit uns in die Zukunft!« erarbeitete Satzungsänderung dar, durch die mehr Frauen für Führungsämter gewonnen werden sollten.

34 Nach Friedrich/Puxi (1994) bevorzugen Frauen in ihrer Freizeit vor allem familiäre Aktivitäten, Stadtbummeln oder Einkaufen, während bei Männern der Besuch von Sportveranstaltungen bzw. aktive -betätigung ranggleich an erster Stelle stehen.

- Frauen fühlen sich innerhalb und außerhalb des organisierten Sports zu anderen Sportarten als Männer hingezogen. Hierbei handelt es sich um jene Formen, bei denen die »ästhetische Körperpräsentation und -modellierung im Mittelpunkt steht und die sich damit durch einen relativ hohen Grad der Selbstbezüglichkeit charakterisieren lassen« (Rose 1995, S. 19). Das weibliche Körper- und Bewegungserleben orientiert sich im ausgeprägten Maße an ästhetischen Normen und korrespondiert infolgedessen mit den vorherrschenden weiblichen Schönheitsidealen (vgl. ebd.), wie sich auch an den Mitgliedszahlen des Deutschen Turnerbunds, in dem Frauen ausgesprochen stark vertreten sind, ablesen läßt. Kennzeichnend für Frauen ist ein instrumentelles Sportverständnis, das sich darin äußert, etwas »für sich selbst«, die Figur, das körperliche Wohlbefinden, die Gesundheit zu tun. Sie sind deshalb vermutlich weniger für ein ehrenamtliches Engagement »für andere« zu gewinnen (vgl. Dietrich/Heinemann/Schubert 1990; Endrikat 1995; Heinemann/Schubert 1994).
- Mädchen und Frauen neigen eher zum Breiten- statt zum Wettkampfsport, orientieren sich weniger an Spitzenleistungen und dem Austesten der eigenen Grenzen, sind eher am sozialen Charakter des Sports (z. B. an Freundschaften) interessiert, fühlen sich weniger an eine Sportart gebunden bzw. wechseln häufiger den Verein (vgl. Brettschneider/Bräutigam 1990; Kurz/Sack/Brinkhoff 1996; Endrikat 1995; Rose 1995). Leistungssport und langjährige Vereinszugehörigkeit sind jedoch wiederum wichtige Motive für die Übernahme eines Ehrenamts und zugleich Voraussetzungen für eine ehrenamtliche Karriere im Sportverein (vgl. Kap. 5.4 sowie Baur 1996; Heinemann/Schubert 1994).
- Mädchen und Frauen sind nicht unsportlicher als Jungen und Männer, sondern bevorzugen andere Orte als den Verein: So beträgt der Anteil der Frauen unter den BesucherInnen von Fitneß- und Sportstudios über 60%, kommen über 70% der Frauen zwei- bis dreimal pro Woche zum Training, bei dem sie – ihren Sportinteressen folgend – vor allem Kraftsport und Gymnastik sowie Aerobic und Fitneß präferieren (vgl. DSSV 1996).[35] Diesen Organisationen gelingt es offenbar besser, die Sport- und Bewegungsmotive von Frauen aufzugreifen. Dies verdeutlicht auch der hohe Anteil von reinen Frauenfitneßstudios im Deutschen Sportstudioverband, der bei 12% der 700 erfaßten Studios liegt (vgl. ebd.). Im Sportvereinswesen stellen Frauenvereine mit Anteilen von 1,2% in West- und 2,4% in Ostdeutschland dagegen die Ausnahme dar (vgl. Heinemann/Schubert 1994).
- Auch innerhalb des Vereinswesens favorisieren Frauen scheinbar einen Vereinstyp, der vom klassischen Idealverein möglichst weit entfernt und durch einen hohen Dienstleistungscharakter gekennzeichnet ist, mit einem zweck-

---

35 Sie korrespondieren zugleich besser mit den höheren weiblichen Ansprüchen an Bewegungsräume (z. B. mit Blick auf die Zugänglichkeit der Anlagen, eine angstfreie und sichere Umgebung, eine im Vergleich zu den sportfunktionalistisch ausgestatteten Sport- und Turnhallen ansprechendere, innenarchitektonische Gestaltung der Sporträume (vgl. Rose 1995).

rationalen Konsumentenverhalten korrespondiert und damit Affinitäten zu den kommerziellen Sportanbietern aufweist. So steigt – nach der FISAS – der Anteil weiblicher Mitglieder mit wachsender Vereinsgröße und zunehmender Abteilungszahl, die zugleich mit einem höheren Grad an Differenzierung und somit einem bedürfnisgerechteren Angebot für Frauen verbunden sind. Es handelt sich jedoch zugleich um diejenigen Vereine, in denen die Mitgliederstrukturen heterogener, die soziale Distanz größer sowie die Mitarbeits- und Engagementsquotienten geringer sind (vgl. ebd.).

5.6 Bezahlung und Qualifizierung der MitarbeiterInnen in Sportvereinen

»Lassen Sie es mich deshalb hart und klar aussprechen: Wir brauchen in weit größerem Maße die Mithilfe haupt- und nebenberuflicher Übungsleiter«, formulierte Willi Daume bereits im Jahr 1962 als Entwicklungsanforderung an den organisierten Sport (zit. nach Strob 1999, S. 238). Über 35 Jahre später wird die aktuelle Diskussion nach wie vor durch den Themenkreis »Ehrenamtlichkeit«, »Verberuflichung« und »Professionalisierung« bestimmt (vgl. Heinemann/Schubert 1992, 1994; Rittner 1998; Strob 1999). Die Debatte bewegt sich dabei im Dreieck zwischen

- der »Krise des Ehrenamts« als Ausdruck für den quantitativen Mangel an ehrenamtlichen MitarbeiterInnen und der Notwendigkeit die Attraktivität der ehrenamtlichen Arbeit durch monetäre Anreize, wie Kostenerstattungen und Aufwandsentschädigungen, zu erhöhen,
- der Beschäftigung hauptamtlicher MitarbeiterInnen als Ersatz für die fehlenden und zur Entlastung der vorhandenen ehrenamtlichen Kräfte von den Auswirkungen eines zunehmenden Bürokratisierungs- und Verrechtlichungsprozesses innerhalb und außerhalb der Sportorganisationen[36], der – so der Deutsche Sportbund bereits im Jahre 1982 – den besonderen Bedingungen ehrenamtlicher Arbeit nicht entspricht, zur Überforderung des guten Willens und der Leistungskraft ehrenamtlicher MitarbeiterInnen führt, die Freude am Mitmachen verdrängt und die Bereitschaft zur ehrenamtlichen Arbeit einschränkt (vgl. Kappler 1996),
- der durch die höheren Erwartungen der Mitglieder erforderlichen Qualitätssicherung und Leistungserweiterung des Sportangebots, der entweder durch die Einstellung einschlägig qualifizierter MitarbeiterInnen oder die Höherqualifizierung der Ehrenamtlichen Rechnung getragen werden kann.

---

36 So gibt es »für den Sportbetrieb ein umfangreiches Paß- und Meldewesen, für das Finanzwesen ein entwickeltes Zuschußsystem, für die Mitarbeiter ein Qualifizierungssystem und für Streitigkeiten ein Schiedsgerichtswesen« (Jütting 1996, S. 158). Die Partizipation an staatlichen Leistungen und Subventionen wiederum setzt oftmals den Aufbau einer eigenen Verwaltung bzw. die Einrichtung von Geschäftsstellen voraus. So verfügen nach Jütting (1996) bereits 37% der Sportvereine in Münster über eine eigene Geschäftsstelle.

5.6.1 Ehrenamt und Erwerbstätigkeit

Charakteristisch für Non-Profit-Organisationen ist in der Regel ein breites Spektrum von Beschäftigungs- und Arbeitsformen (vgl. Zimmer/Priller 1999), das auch in Sportvereinen anzutreffen ist, in denen der Übergang zwischen Ehrenamt und Hauptamt, freiwilliger und vertraglich gebundener Arbeit in der Regel fließend erfolgt: So stellen Aufwandsentschädigungen den ersten Schritt in eine bezahlte Ehrenamtlichkeit als Grauzone zwischen ehrenamtlichem Selbstverständnis und arbeitsbezogener Bewertung der Leistung dar. Weitere Etappen auf dem Wege zur Verberuflichung bilden die Beschäftigung von Honorarkräften auf Werkvertragsbasis sowie die Einstellung von Teilzeit- und Vollzeitkräften (vgl. Heinemann/Schubert 1994). Allerdings ist – werden die Befunde Zimmer/Prillers (1999) zu den Personalstrukturen in gemeinnützigen Organisationen zugrundegelegt – der Anteil der hauptberuflichen Vollzeit- und Teilzeitbeschäftigten an den »Belegschaften« im Sport im Vergleich zu anderen gesellschaftlichen Tätigkeitsfeldern von Non-Profit-Organisationen (wie Wirtschaftsverbände und Gewerkschaften, Wohnungswesen, internationale Aktivitäten, Gesundheitswesen etc.) vergleichsweise gering.[37]

Ähnliche überschaubare Größenordnungen verberuflichter Arbeit im organisierten Sport signalisieren auch die relativ begrenzten und singulären Informationen zur hauptberuflichen Beschäftigung anderer Quellen. So quantifiziert etwa Jütting (1997) die Zahl der sozialversicherungspflichtig Beschäftigten in Sportorganisationen auf etwa 12.000 bis 15.000 tätige Personen. Weber u. a. (1995) schätzen das Volumen der Beschäftigten in den Sportverbänden auf Bundes-, Landes- und Kreisebene auf etwa 6.000. Nach der Hochrechnung Heinemann/Schuberts (1994) sind rund 3.450 Vollzeit- und 4.800 Teilzeitkräfte in westdeutschen Vereinen tätig, die meisten von ihnen im Trainings- und Übungsbereich (mit 1.400 Vollzeit- und 1.800 Teilzeitbeschäftigten) sowie im Funktionsbereich Technik und Wartung (mit rund 1.200 Vollzeit- und 1.600 Teilzeitbeschäftigten). Die Mehrzahl der angestellten Beschäftigten hat ihren Arbeitsplatz in Vereinen mit über 1.000 Mitgliedern, wobei diese Größenabhängigkeit der hauptamtlichen Mitarbeit ein bundesweites Phänomen darstellt. Aus der Perspektive des regulären Arbeitsmarktes sind, so die Autoren, die sich in Sportvereinen eröffnenden Beschäftigungschancen somit vergleichsweise gering.

Gleichwohl hat die Mehrzahl der Vereine vom rein ehrenamtlichen Profil bereits Abschied genommen, wenngleich dies durch Etiketten wie Aufwands-

---

37 Die Befunde beruhen auf einer 1998 durchgeführten bundesweiten schriftlichen Befragung von Non-Profit-Organisationen verschiedenster Aktivitätsbereiche (und 2.440 verwertbaren Fragebögen). Ermittelt wurden für alle erfaßten Non-Profit-Organisationen rund 48% Vollzeitbeschäftigte, 25% Teilzeitbeschäftigte, 10% Honorarkräfte, 6% geringfügig Beschäftigte, 3% ABM-MitarbeiterInnen sowie 8% sonstige MitarbeiterInnen (nach §242s oder 249h geförderte MitarbeiterInnen, Zivildienstleistende, PraktikantInnen, MitarbeiterInnen im FSJ bzw. FÖJ; vgl. Zimmer/ Priller 1999).

entschädigung, Übungsleiterpauschale oder Honorare etc. nicht immer offenkundig wird. So vergüten von den befragten Vereinen 74% in West- und 52% in Ostdeutschland ihre MitarbeiterInnen in unterschiedlicher Form. Differenziert nach Funktionsbereichen ist das Phänomen der bezahlten Mitarbeit wiederum am stärksten bei den Betreuungskräften (mit 59% im Westen und 38% im Osten) zu beobachten (vgl. ebd.). Auch die Ergebnisse anderer Untersuchungen verweisen in eine ähnliche Richtung, obwohl der empirische Zugang zu diesem Themenkreis durch die konkurrierenden Begrifflichkeiten und unterschiedlichen inhaltlichen Kategorien beeinträchtigt wird, die einen entwicklungsorientierten Vergleich zwischen den einzelnen Studien erschweren:

- In nordrhein-westfälischen Sportvereinen waren im Jahr 1991 rund 84% der in Sportvereinen zur Verfügung stehenden Positionen (in den Vorständen und im Sportbetrieb) durch ehrenamtliche MitarbeiterInnen besetzt. Der Anteil der nebenberuflichen Kräfte an der Gesamtzahl der MitarbeiterInnen umfaßte demgegenüber 14,5% und der des hauptberuflichen Personal 1,2%. Der Vergleich zu 1986 verdeutlicht jedoch, daß im Jahr 1986 die Gruppe der Ehrenamtlichen unter den GesamtmitarbeiterInnen mit rund 88% einen prozentual höheren Wert ausmachte, während die Anteile der nebenberuflichen mit rund 12% und der hauptberuflichen Kräfte mit 0,8% geringer waren (vgl. Friedrich/Puxi 1994).
- Im Übungsbetrieb der Münsteraner Sportvereine dominiert mit rund 56% die Entlohnungsform der unentgeltlichen Mitarbeit, gefolgt von der Aufwandsentschädigung (bis 15,- DM/Stunde) mit gerundet 34%. Der Anteil der MitarbeiterInnen mit Nebenverdienst (über 15,- DM/Stunde) umfaßt 9%, der Prozentwert der Hauptberuflichen dagegen nur 0,5% (vgl. Jütting/Strob 1994c). Aus der Perspektive dieser Studie hat bereits Anfang der 90er Jahre fast die Hälfte der MitarbeiterInnen in Sportvereinen gegen Geld gearbeitet.
- Eine vergleichbare Tendenz konnte Rittner (1998) im Rahmen seiner Übungsleiter/Trainerbefragungen ermitteln, nach denen im Jahr 1985 nur rund 34% der ÜbungsleiterInnen einen Honoraranspruch hatten, 1997 waren es bereits 59%. Umgekehrt erhielten 1985 fast 36% der ÜbungsleiterInnen keinerlei Entgelt, 1997 dagegen waren es nur noch 15%. Während die Honoraransprüche in den letzten 12 Jahren also stark gestiegen sind, hat sich der Anteil der TrainerInnen/ÜbungsleiterInnen mit Aufwandsentschädigung kaum verändert: So wurden 1985 rund 27% und 1997 ca. 26% der GruppenleiterInnen für den anfallenden Aufwand entschädigt.

Wie die einzelnen Befunde verdeutlichen, spielt Ehrenamtlichkeit zwar immer noch eine wichtige Rolle im Sportvereinswesen. Sie wird jedoch von unterschiedlichen Bezahlungs- und Entlohnungsformen überlagert, deren Bedeutung und Anteil je nach Untersuchung schwankt. Die Lage des Ehrenamts und der Professionalisierungsdruck auf die Vereine unterscheidet sich zudem nach Organisationsgröße und Einsatzbereich der MitarbeiterInnen: So ist der Transformationszwang in den großen Vereinen und im Übungs- und Betreuungsbetrieb am stärksten und das Phänomen des »bezahlten Ehrenamts« am weitesten verbreitet. Hierin spiegeln sich auch die sich ändernden allgemeinen Bedingungen des sportlichen Arbeitsmarktes, da finanzielle Anreize grundsätzlich an Opportunitätsüberlegungen gekoppelt sind. Referenzpunkte sind beispielsweise die Bezahlung der ÜbungsleiterInnen in Fitneßcentern oder an Volkshochschulen. Aus dieser Perspektive kann die wachsende Bedeutung monetärer Gratifikationen als Folgeerscheinung des Strukturwandels des Sports und des Modernisierungsprozesses freiwilliger Organisationen betrachtet werden (vgl. Jütting/Jochinke 1996; Wehling 1996).

Obgleich das hauptberuflich beschäftigte Personal bislang noch eine vergleichsweise kleine MitarbeiterInnengruppe bildet und sich die Sportvereine im Vergleich zu anderen Organisationen des Dritten Sektors wenig professionalisiert darstellen, ist angesichts der dramatisch wachsenden Zahl der Honorarkräfte von einer rasch voranschreitenden Verberuflichung und Monetarisierung in Sportorganisationen auszugehen. Die optimistischen Erwartungen an eine günstige Beschäftigungsentwicklung werden allerdings dadurch eingeschränkt, daß viele der westdeutschen, insbesondere der kleineren Vereine und die meisten der ostdeutschen Vereine nur über unzureichende finanzielle Mittel verfügen, um Arbeitsplätze zu schaffen. Nach Baur/Braun (1999) bietet in diesem Kontext vor allem der zweite Arbeitsmarkt die Möglichkeit, hauptberuflich tätige MitarbeiterInnen zu beschäftigen und auf diese Weise dem Professionalisierungsbedarf der Vereine entgegenzukommen und als Anschubfinanzierung dazu beizutragen, reguläre Arbeitsplätze zu schaffen. Einen ersten Schritt in diese Richtung stellt die Einbeziehung der Jugendarbeit von Sportorganisationen in die Arbeitsförderung »Jugendhilfe Ost« dar. Auch im sportpolitischen Bereich scheinen die brachliegenden arbeitsmarktpolitischen Ressourcen des organisierten Sports erkannt worden zu sein. So sollen – wie beispielsweise die nordrhein-westfälische Sportministerin Brusis auf der Essener Tagung »Beschäftigungspotentiale im organisierten Sport« 1999 formuliert hat –, die Möglichkeiten, Arbeitsplätze zu schaffen, zukünftig noch besser genutzt und durch Landesprogramme gestützt werden (vgl. MASSKS NRW 1999).

5.6.2 Die Qualifizierung der ehrenamtlichen MitarbeiterInnen

In der Tendenz zu einer wachsenden Professionalisierung in Sportvereinen spiegelt sich zugleich der Wunsch bzw. der Bedarf nach mehr Fachlichkeit (vgl. Friedrich/Puxi 1994; Heinemann/Schubert 1992, 1994), und zwar in beiden für die Vereine zentralen Einsatzbereichen der MitarbeiterInnen:

- Im Zuge des Wandels zur modernen Organisationsgesellschaft und der Tendenz zur Kommerzialisierung werden im Vereinsvorstand »neue Fähigkeiten, wie Management und Marketing, wie sie vom älteren Ehrenamt weder gekonnt noch gewollt waren«, immer wichtiger (Rauschenbach 1996, S. 69).
- Im Übungs- und Betreuungsbereich steigt durch die Diversifizierung des Sportangebots auch die Komplexität der Aufgaben bzw. die Anforderungen an die Kompetenz der ehrenamtlichen MitarbeiterInnen (zum Beispiel mit Blick auf eine bedürfnis- und fachgerechte Anleitung).

Damit rücken Aus- und Weiterbildung als wesentliche Elemente einer Personalentwicklung, die zugleich die Gewinnung, Bindung, Motivation und Gratifikation der ehrenamtlichen MitarbeiterInnen sowie die Qualifizierung der hauptamtlich Beschäftigten umfaßt, in Sportorganisationen stärker in den Vordergrund. Im Gegensatz zum Sozial- und Gesundheitswesen steht für die Qualifizierung der ehrenamtlichen MitarbeiterInnen im Sport ein eigenes, gegliedertes Aus- und Weiterbildungssystem zur Verfügung. So wurde mit den vom Deutschen Sportbund verabschiedeten »Rahmenrichtlinien für die Ausbildung« eine Konzeption für unterschiedliche Ausbildungsgänge für FunktionsträgerInnen entwickelt und ein verbindlicher Mindestrahmen zur Verfügung gestellt, der viele äußere und innere Merkmale des schulischen und beruflichen Ausbildungswesens aufweist. Charakteristisch für dieses Aus-, Fort- und Weiterbildungssystem sind Ausbildungsabschlüsse und Lizenzvergaben nach Durchlauf der Ausbildungsmaßnahme (vgl. Kreiß 1996; Jütting/Jochinke 1996). Der Kern dieses Qualifizierungssystems ist ein gestuftes Lizenzwesen, mit dem den Bedürfnissen und Anforderungen der Praxis und den Weiterbildungszielen des Bundes und der Länder Rechnung getragen werden soll. Die einzelnen Abschlüsse und Lizenzen werden gegenseitig – d. h. durch den Spitzenverband und die Landessportbünde – anerkannt. Die Struktur des Aus- und Fortbildungswesens orientiert sich an wesentlichen Aufgabenfeldern der Sportorganisationen, wie dem Leistungs-, Spitzen- und Breitensport sowie den Bereichen der Gesundheit/Prävention, Rehabilitation, Organisation/Management/Öffentlichkeitsarbeit und Jugendbetreuung. Die unterschiedlichen Ebenen des Lizenzsystems korrespondieren wiederum mit verschiedenen Statusformen der Tätigkeit. Mit höherer Lizenz wächst zugleich die Tendenz zu beruflichen und bezahlten Positionen – wie insbesondere am Leistungssport deutlich wird (vgl. Kreiß 1996).

In der Praxis des Sportvereinswesens bietet das Qualifizierungswesen ein unübersichtliches Bild, da zum einen der Markt offener geworden ist und zum anderen die Konturen zwischen beruflichen, vorberuflichen und verbandlichen Ausbildungsformen fließend sind. Neben den staatlichen Qualifizierungsmöglichkeiten an Hochschulen (wie den SportlehrerInnen) sowie Ausbildungsangeboten im dualen und vollzeitschulischen Berufsausbildungssystem (z. B. GymnastiklehrerInnen, MotopädInnen) mit anerkannten Berufsabschlüssen stehen privatwirtschaftliche Qualifizierungsangebote mit Lizenzvergabe (wie die Ausbildungsangebote des Deutschen Sportstudioverbandes), Bildungsangebote auf der Grundlage der Weiterbildungsgesetze der Länder sowie verbandlich organisierte Ausbildungen. Unter den verschiedenen Qualifizierungsmöglichkeiten sind insbesondere die Aktivitäten im Rahmen der Weiterbildungsgesetze der Länder und der Verbände auf die Gruppe der ehrenamtlichen MitarbeiterInnen in den Sportvereinen zugeschnitten. Das Ziel derartiger Maßnahmen liegt vor allem darin, neue und unerfahrene Ehrenamtliche auf die anfallenden Organisations- und Betreuungsaufgaben im Verein vorzubereiten und bereits längerfristig ehrenamtlich Tätige weiter zu qualifizieren (vgl. ebd.).

Einen Eindruck über die vielfältigen Möglichkeiten der Zusatzqualifikation für Ehrenamtliche vermittelt Abbildung 8 zum Qualifizierungsprogramm des Landessportbundes Nordrhein-Westfalen. In dem umfangreichen Angebotskatalog mit unterschiedlichen Grund-, Zusatz- und Sonderausbildungen sowie Tagesveranstaltungen und Lehrgängen zu aktuellen Fragen der Sportentwicklung und Sportpraxis spiegelt sich nicht nur die Auslappung des Sportbereichs, sondern auch der wachsende Qualifizierungsbedarf der ehrenamtlichen MitarbeiterInnen. So haben beispielsweise die nordrhein-westfälische Landesregierung und der Landessportbund ein gemeinsames Handlungsprogramm zur Förderung und Sicherung ehrenamtlichen Engagements entwickelt, in dessen Rahmen u. a. Seminare zur »modernen Vereinsführung« angeboten werden. Im Jahr 1996 wurden über 230 Veranstaltungen mit fast 5.000 TeilnehmerInnen durchgeführt. Diese Zahlen wurden 1997 noch deutlich überschritten (vgl. MSKS NRW 1998).

Abbildung 8: Qualifizierungsmöglichkeiten in Nordrhein-Westfalen

»Für die 400.000 ehrenamtlichen Mitarbeiterinnen und Mitarbeiter in den Sportorganisationen in Nordrhein-Westfalen bieten wir vielfältige Möglichkeiten zur Qualifizierung, Aus- und Fortbildung an:

Übungsleiter-Ausbildung Breitensport

Zusatz- und Sonderausbildungen für Übungsleiterinnen und Übungsleiter in den Bereichen

- Ambulanter Herzsport
- Herz-Kreislauf-Prävention
- Sport in der Krebsnachsorge
- Fitness
- Bewegungserziehung im Kleinkind- und Vorschulalter
- Abenteuersport

Qualifizierung von Führungskräften

- Organisationsleiter-Ausbildung
- Qualifizierungslehrgänge in den Bereichen: Führung; Organisation/Verwaltung; Finanzen, Steuern, Recht; Öffentlichkeitsarbeit; der moderne Sportverein
- Seminarreihe KURZ UND GUT Lehrgänge

Qualifizierung von Mitarbeiterinnen und Mitarbeitern in der Jugendarbeit

- Jugendleiter-Ausbildung
- Qualifizierungslehrgänge: Gruppenhelfer; aktuelle Themen

Qualifizierung von Mitarbeiterinnen und Mitarbeitern in Ferienfreizeiten

- Teamer
- Fachreferenten

Unser Qualifizierungsprogramm enthält darüber hinaus zahlreiche Tagesveranstaltungen und Kurzlehrgänge zu aktuellen Fragen der Sportentwicklung und Sportpraxis«.

Quelle: Landessportbund Nordrhein-Westfalen (1999)

5.7 Neuralgische Punkte des sportlichen Ehrenamts

Das Prinzip der Ehrenamtlichkeit und die Ressource der »freiwilligen Mitarbeit« sind für Sportvereine als freiwillige Vereinigungen nach wie vor konstitutiv und unverzichtbar. Die hohe Wertschätzung des Ehrenamts in öffentlichen Verlautbarungen und in der Realität des Vereinslebens darf jedoch nicht den Blick darauf versperren, daß diese Form der Freiwilligenarbeit zugleich an Gestaltungs- und Leistungskraft eingebüßt hat. Die Irritationen am Ehrenamt korrespondieren dabei im hohen Maße mit den strukturellen und kulturellen Veränderungen im Bereich des Sports, die zum einen zu einem allgemeinen Bedeutungszuwachs von Freizeit und Sport im Lebensalltag der Bevölkerung und zur Herausbildung vielfältiger Lebensstile geführt sowie zum anderen zur Formung einer heterogenen Sportlandschaft und auslappenden Sportkultur beigetragen haben. Mit diesen Entwicklungen, von denen zunächst alle Sportsysteme rein quantitativ profitiert haben, sind zugleich neue qualitative Anforderungen an die Vereine einhergegangen. Mit den gestiegenen und divergierenden Ansprüchen der Sportinteressenten, den heterogeneren und flukturierenderen Mitgliederstrukturen sowie der zunehmenden Kommerzialisierung und verschärften Wettbewerbssituation auf einem für wechselnde sportliche Trends und Modeerscheinungen offenen Erlebnis- und Freizeitmarkt korrespondiert ein hoher externer und interner Veränderungs- und Organisationsdruck auf die Vereine, der zugleich die exponierte Stellung des sportlichen Ehrenamts beeinflußt.

Ob und inwieweit allerdings von einer quantitativen Krise des sportlichen Ehrenamts gesprochen werden kann, läßt sich auf der Grundlage der vorliegenden empirischen Hinweise nicht eindeutig beantworten: So deutet einerseits die insgesamt eher positive Vereins- und Mitgliederentwicklung darauf hin, daß es dem organisierten Sport angesichts eines erweiterten Angebotsspektrums und veränderter interner Strukturen der Vereine auch weiterhin gelingt, im beachtlichen Umfang ehrenamtliches Engagement zu mobilisieren und wichtige Positionen und Ämter ehrenamtlich zu besetzen.

Anders stellt sich die Lage des sportlichen Ehrenamts jedoch aus der Perspektive der befragten VereinsvertreterInnen dar, für die die Attraktivität des Ehrenamtes und die Gewinnung ehrenamtlicher MitarbeiterInnen zentrale Problemfelder bilden. Neuralgische Punkte der Vereinsentwicklung und des sportlichen Ehrenamts zeigen sich beispielsweise am

* *Feminisierungsdilemma*, d. h. der Kluft zwischen der (bei weiterhin geringeren Organisationsgrad) letztlich dennoch erfolgreichen Integration von Frauen in die Vereine, die wesentlich zur Expansion des organisierten Sports beigetragen hat, und der Distanz weiblicher Mitglieder gegenüber dem formalen sportlichen Ehrenamt;
* *Bindungsdilemma*, d. h. dem großen Interesse Heranwachsender an sportlicher Betätigung, dem ein wachsendes und attraktives Angebot an Sportmöglichkeiten und -gelegenheiten außerhalb des organisierten Sports gegenübersteht, das langfristig zu einem Monopolverlust der Sportvereine für diese Zielgruppe führen könnte;

- *Nachwuchsdilemma*, d. h. den von den Vereinen beklagten Schwierigkeiten bei der Besetzung ehrenamtlicher Ämter und Positionen durch jüngere Mitglieder, die zum einen durch beträchtliche Partizipations- und Informationsdefizite auf Seiten der Jugendlichen noch befördert und zum anderen mit Blick auf die Zukunft durch ein gesteigertes Fluktuationsverhalten bei häufigerem Vereins- und Sportartenwechsel noch verschärft werden könnten;
- *Rekrutierungsdilemma*, d. h. der generellen Frage der Zukunftsfähigkeit tradierter Rekrutierungs- und Bindungsmuster des sportlichen Ehrenamts (wie etwa lange Vereinszugehörigkeit mit entsprechender Ehrenamtskarriere oder die enge Verbindung mit einer Sportart auf der Grundlage einer langjährigen Leistungssportbiographie), denen veränderte und wechselnde Präferenzen (etwa breitensportlicher Art oder mit Blick auf sportmodische Praxen) und hiermit korrespondierende unterschiedliche Biographien der Mitglieder und SportinteressentInnen gegenüberstehen;
- *Qualifikationsdilemma*, d. h. den höheren Erwartungen und Ansprüchen der Mitglieder an die Qualität der Leistungen und die fachliche Kompetenz der ehrenamtlichen MitarbeiterInnen und die hieraus resultierenden Qualifikations- und Professionalisierungsanforderungen;
- *Gratifikationsdilemma*, d. h. dem Trend zur bezahlten Ehrenamtlichkeit und einem beginnenden Verberuflichungsprozeß zur Ergänzung, Entlastung und Begleitung der ehrenamtlichen Mitarbeit vor dem Hintergrund einer verschärften Wettbewerbssituation.
- *Kommerzialisierungsdilemma*, d. h. die wachsende Vermarktung des Sports und der Einsatz immer größerer Geldmengen in den Spitzenvereinen, die das sportliche Ehrenamt immer dysfunktionaler erscheinen lassen.

Allerdings tangiert der zu verzeichnende Organisationsdruck nicht alle Vereine gleichermaßen, sondern vor allem große Vereine mit mehreren Abteilungen und Sparten. Zugleich werden aus den vorliegenden Befunden erhebliche Diskrepanzen zwischen West- und Ostdeutschland ersichtlich, die zum einen auf eine höhere Bedeutung des sportlichen Ehrenamts (etwa im Verhältnis zur Mitgliederzahl oder mit Blick auf den ökonomischen Nutzen) und zum anderen auf größere personelle, finanzielle und qualifikatorische Schwierigkeiten der Vereine hinweisen (vgl. Baur u. a. 1996; Heinemann/Schubert 1994). Die Öffnung für Neues erfordert für die Vereine und ihre Kultur sowie für das hierin eingelagerte ehrenamtliche Engagement insgesamt sowohl einen grundsätzlichen Umdenkungsprozeß als auch eine ausgeprägte Sensibilität für die neuen Entwicklungen, wobei die Überwindung der schon fast »tradierten« Probleme des sportlichen Ehrenamts (wie die Distanz Jugendlicher und Frauen zu den ehrenamtlichen Führungsetagen) weiterhin wichtige Vereinsaufgaben bilden. Eine allgemeinverbindliche und übergreifende Strategie zur Bewältigung der neuen Anforderungen gibt es angesichts der Heterogenität der Vereinslandschaft allerdings ebenso wenig wie die idealtypische Gegenüberstellung von Traditions- und Dienstleistungsverein die lokale Realität vieler Vereine trifft.

6. Frauen im Ehrenamt

Wenn in den 70er Jahren von »Ehrenamtlichkeit« die Rede war, so stand dieser Begriff in vielen gesellschaftlichen Bereichen und Organisationen – nahezu automatisch – stellvertretend für ehrenamtlich tätige Männer, die in Parteien, Gewerkschaften, Sportvereinen und anderen Institutionen öffentlichen Lebens ein Amt inne hatten. Die ehrenamtliche Mitarbeit von Frauen kam in vielen Handlungsfeldern entweder kaum vor oder wurde nur am Rande wahrgenommen. Sofern das »weibliche« Ehrenamt in der Öffentlichkeit überhaupt präsent war, dann allenfalls im sozialen und/oder kirchlichen Bereich. Doch auch hier dominierte ein festgeschriebenes und wenig differenziertes Idealbild, auf das – auch in wissenschaftlichen Publikationen – gerne zurückgegriffen wurde. So galt lange Zeit das Klischee von der finanziell ausreichend abgesicherten bürgerlichen Hausfrau ab 50 Jahren, die im sozialen Handlungsfeld – vorwiegend in Kirchengemeinden und Wohlfahrtsverbänden – in der »aufopferungsvollen Hilfe für andere« eine sinnvolle Beschäftigung in der nachelterlichen Phase sieht. Frauen galten – aus der Perspektive dieser Träger und Institutionen – als nahezu selbstverständliche Ressource ehrenamtlichen Engagements, auf die jederzeit zurückgegriffen werden konnte und die weder in den Verbänden und Kirchen noch in der Wissenschaft in größerem Umfang Beachtung fand (vgl. Ballhausen u. a. 1986; Olk 1987a; Olk/Heinze 1989; Reihs 1993; Vogt 1987).

Diese Sichtweise änderte sich im Verlauf der 80er Jahre sowohl im öffentlichen Diskurs als auch in der Wissenschaft insbesondere aus drei Gründen:

(1) So bestand erstens ein Verdienst der neuen Frauenbewegung und der mit ihr korrespondierenden Sensibilitäten für die gesellschaftliche Diskriminierung von Frauen darin, sich kritisch mit den herkömmlichen Denkmustern und den hierarchischen Strukturen in verschiedenen öffentlichen Bereichen und Institutionen auseinanderzusetzen. In deren Folge meldeten sich zunehmend auch die ehrenamtlich tätigen Frauen kritisch zu Wort und bekundeten auf Tagungen und Hearings ihren Veränderungswillen. Von der Unzufriedenheit der Frauen sowie den Zwiespältigkeiten des weiblichen Ehrenamts zeugen dabei bereits die Titel einschlägiger Fachtagungen und Redebeiträge sowie die hiermit korrespondierenden wissenschaftlichen Veröffentlichungen, deren Tenor sich von Mitte der 80er Jahre bis heute kaum verändert hat.[1]

(2) Unterstützt und befördert wurden derartige Initiativen zum zweiten durch die sich in enger Verbindung mit der Frauenbewegung entwickelnde und sich sukzessiv etablierende Frauenforschung. Wichtige Impulse für die Ehrenamts-

---

1 In diesem Zusammenhang können z. B. Überschriften und Leitformeln benannt werden, wie »Erst war ich selbstlos – jetzt geh' ich selbst los« (Landesregierung NRW 1987), »Frauenarbeit zum Nulltarif« (Notz 1986), »Frauen im sozialen Ehrenamt: viel Amt – wenig Ehre?« (Bayerisches Staatsministerium für Arbeit und Sozialordnung 1995), »Wem gebührt die Ehre?« (Stolterfoht 1998), »Die 'Kultur des Helfens' ruht auf schwachen Schultern« (Faerber-Husemann 1995) oder mit Blick auf die Frauenerfahrungen in der Kirche »Im Schatten von Freiheit und Erfüllung« (Reihs 1995) und »Zwischen Engagement und Enttäuschung« (Hieber/Lukatis 1994).

debatte lieferte dabei die sozialwissenschaftlich orientierte Frauenforschung, die zum einen vor allem für den sozialen Bereich die verschiedenen Formen unentgeltlicher Arbeit in der Grauzone des Arbeitsmarktes hinterfragte und den zugrundeliegenden, männlich dominierten Arbeitsbegriff problematisierte. Im Anschluß an die Debatte unbezahlter Haus- und Erziehungsarbeit wurde nunmehr auch die fortgesetzte Ausnutzung des weiblichen Arbeitsvermögens im Ehrenamt beleuchtet und als gesellschaftlich notwendige Arbeit in einen größeren sozialpolitischen Zusammenhang gestellt (vgl. Backes 1987; Geiger/Göpfert 1982; Müller/Rauschenbach 1988; Notz 1989; Rabe-Kleberg 1988; Vogt 1987). Zum anderen wurden die geringe Präsenz der Frauen unter den Mitgliedern und FunktionsträgerInnen von Parteien, Gewerkschaften, Sportvereinen oder Jugendverbänden, die weiblichen Erfahrungen mit Benachteiligungen und die geschlechtsspezifischen Zugangsbarrieren zu Ämtern zunehmendend thematisiert (vgl. etwa Ballhausen u. a. 1986). Auch in anderen Bereichen richtete sich das Interesse verstärkt auf die Situation der ehrenamtlich tätigen Frauen. So wurde etwa im Rahmen der »feministischen Theologie« u. a. die geschlechtsspezifische Rollen- und Machtverteilung in der Kirche aufgezeigt und die unterschiedliche Position der Geschlechter prägnant in der Formel »Frauen dienen, Männer leiten« zusammengefaßt (vgl. Hieber/Lukatis 1994).

(3) Und schließlich wuchs zum dritten vor allem in den Kirchen und Wohlfahrtsverbänden die durch Umfrageergebnisse gestützte Erkenntnis,[2] daß Frauen nicht mehr ohne weiteres für eine ehrenamtliche Betätigung zu gewinnen sind und die ehemals schier unerschöpflich erscheinende Quelle engagementbereiter und unermüdlich tätiger Frauen zu versiegen drohe. Die Rekrutierungsschwierigkeiten bei den ehrenamtlichen Mitarbeiterinnen, Prognosen über einen zu erwartenden Rückgang des weiblichen Engagements sowie die veränderten Ansprüche und formulierten Erwartungen der engagierten Frauen zwangen auch die VertreterInnen der etablierten Institutionen im kirchlichen und sozialen Bereich, das weibliche Ehrenamt wahrzunehmen und ihr Bild von der selbstlos tätigen Hausfrau zu revidieren.[3] Den Dialog über die Schattenseiten des weiblichen Ehrenamts und dessen Veränderungsnotwendigkeiten führten die engagierten Frauen jedoch oftmals unter sich.

Allgemein wichen die stereotypen Vorstellungen vom weiblichen Ehrenamt zunehmend einer differenzierteren Sichtweise, bei der zum einen die unterschiedlichen Interessenlagen und Gruppen ehrenamtlich tätiger Frauen stärker in den Vordergrund rückten und zum anderen das Engagement eher mit biographischen Stationen im weiblichen Lebenslauf in Verbindung gebracht wurden (vgl. Jakob 1991; Krüger 1991, 1993; Notz 1989; Olk 1988; Wessels 1994b).

---

2 So wurde etwa in der von den Wohlfahrtsverbänden in Auftrag gegebenen Prognosstudie (1984) ein Rückgang des weiblichen Engagements ermittelt.
3 Dies wird beispielsweise an den Stellungnahmen und Positionspapieren der Evangelischen Kirche Deutschlands deutlich (vgl. Reihs 1993).

6.1 Das weibliche Ehrenamt im Horizont empirischer Studien

Werden empirischen Studien, die über das weibliche Engagement Auskunft geben, zusammengestellt, dann lassen sich zunächst einmal zwei Untersuchungsarten unterscheiden:

(1) Hierzu gehören einerseits Veröffentlichungen, die sich explizit mit dem Thema »Frauen im Ehrenamt« auseinandersetzen (vgl. Backes 1987; Ballhausen u. a. 1986; Hieber/Lukatis 1994; Niemeyer 1994; Notz 1989; Trauernicht/ Wieneke 1990). Eine Sonderstellung nehmen hierbei Untersuchungen ein, die sich entweder auf die Mitglieds- und Ehrenamtsstrukturen in reinen Frauenorganisationen beziehen (vgl. Katholische Frauengemeinschaft Deutschlands 1992; Schreiber u. a. 1992) oder Selbsthilfeprojekte und Initiativen im Frauenbereich bzw. im Umfeld der Frauenbewegung beleuchten. Letztere Beiträge, in denen beispielsweise die besonderen Arbeitsformen in Mütterzentren, die Entwicklung von Engagement und Hauptberuflichkeit in Frauenhäusern oder die alltags- und handlungsorientierten Lernprozesse einer feministischen Frauenbildungsarbeit thematisiert werden (vgl. Becker-Richter/Kortendiek 1994; Helbrecht-Jordan u. a. 1995; Jaeckel/Lang/Hönigschmidt o. J.; Jansen-Schulz 1995), stehen zumeist vergleichsweise isoliert neben dem allgemeinen Mainstream des Ehrenamtsdiskurses.

(2) Andererseits liegen Studien vor, in denen der Variable »Geschlecht« neben anderen Untersuchungskomponenten in unterschiedlichem Umfang Raum eingeräumt wird. Diesem Typ kann der weitaus größte Teil der Publikationen zugeordnet werden (vgl. Funk/Winter 1993; Gaskin u. a. 1996; Homfeldt u. a. 1995; Hübinger 1997; Nadai 1996; Zander/Notz 1997). Sie haben teilweise den Nachteil, daß weitergehende Korrelationen zwischen der Variable »Geschlecht« und anderen Merkmalen nicht vorgenommen werden.

Unter inhaltlichen Aspekten richtet sich eine vergleichsweise große Anzahl der Studien auf den *sozialen Bereich* und trägt somit – unbeabsichtigt oder unter Rückgriff auf teilweise detaillierte historische Bezüge – zum einen der Tatsache Rechnung, daß die ehrenamtliche Frauenarbeit eng mit der Herausbildung des Wohlfahrtsstaates und der Schaffung eines eigenen beruflichen Qualifizierungs- und Beschäftigungssegments für Frauen verknüpft ist, und zum anderen, daß sich in diesem Untersuchungsfeld auch gegenwärtig noch viele Frauen engagieren (s. u.). Unter diesen Veröffentlichungen befinden sich auch die im Verlauf der 80er Jahre publizierten »Klassiker« zum weiblichen Engagement, deren Definitionsversuche und theoretischen Grundannahmen die Empirie bis heute prägen. Hierzu zählen u. a. die gesellschaftskritischen und frauenpolitisch engagierten Publikationen von

- Ballhausen u. a. (1986), die das soziale und politische Engagement von Frauen mit Blick auf ihre Motivationslagen und Partizipationsverläufe und -barrieren in verschiedenen Organisationen zu erfassen suchten[4];

---

4   In die zwischen 1984 bis 1986 durchgeführte Institutionen- und Personenbefragung im Stadtgebiet von Hannover wurde mit Wohlfahrtsverbänden, Kirchengemeinden,

- Backes (1987), der es darum ging, die objektiven Bedingungen und die subjektive Bedeutung des sozialen Ehrenamts als ambivalente und widersprüchliche Arbeitsform für Frauen in der kapitalistisch-patriarchalischen Gesellschaft aufzuzeigen und hierbei mit der Differenzierung zwischen sozialem und politischem Engagement eine Typologie vorgelegt hat, die zur Beschreibung der vertikalen Segregation der Geschlechterstrukturen im Ehrenamt große Resonanz gefunden hat (s. u.);[5]
- Notz (1989), deren Studie darauf zielte, die geschlechtshierarchischen Strukturen ehrenamtlicher sozialer Arbeit von Frauen als »eine Form gesellschaftlich notwendiger Arbeit ..., die neben anderen Formen bezahlter und unbezahlter Arbeit besteht« (S. 38) sichtbar zu machen und ihre arbeitsmarkt- und sozialpolitische Relevanz sowie individuelle Bedeutung zu beleuchten.[6]

Auch für die *Jugendverbandsarbeit* als besonderem Teilgebiet des Sozialbereichs und für die *Kirchen* hat sich die Forschungslage zum weiblichen Ehrenamt in den letzten Jahren verbessert. Während beispielsweise in älteren Studien zur Verbandsarbeit die Variable »Geschlecht« kaum Berücksichtigung fand, sind seit Mitte der 80er Jahre und verstärkt in den 90er Jahren zunehmend Untersuchungen durchgeführt worden, in denen die geschlechtsspezifische Bedeutung der Jugendverbände für die Sozialisation und Identitätsentwicklung der Mädchen und Frauen thematisiert sowie die Frage weiblichen Engagements aufgegriffen wurde (vgl. Funk/Winter 1993; Homfeldt u. a. 1995; Niklaus 1985; Trauernicht/Wieneke 1990 sowie Kap. 4.4.5).

Neben diesen Veröffentlichungen sind vor allem im *kirchlichen Bereich* eine Reihe von Studien erschienen, die sich insbesondere mit dem weiblichen Engagement in der evangelischen »Kirche« auseinandersetzen und eine Reaktion auf die bis zu diesem Zeitpunkt bestehenden gravierenden Forschungsdefizite in diesem Feld darstellen (vgl. Reihs 1993).[7] Stellvertretend für dieses Untersuchungsfeld und zugleich auch für das zugrundeliegende breite methodische Spektrum, können die Untersuchungen von Rhiemeier (1991), die im Auftrag der Westfälischen Kirche von Westfalen sechs Frauen aus der ehrenamtlichen Arbeit intensiv zu ihren Erfahrungen befragte, die Studie von Hieber/Lukatis

---

Parteien, Gewerkschaften, politischen und sozialen Vereinen, Initiativen, Gruppen, Selbsthilfeprojekten und Frauenverbänden ein breites Spektrum unterschiedlicher Organisationen erfaßt (vgl. Ballhausen u. a. 1986).

5   Die Untersuchung basiert auf offenen Interviews mit engagierten Frauen, teilnehmender Beobachtung der Qualifizierung Ehrenamtlicher und der theoretischen Auseinandersetzung mit der Frauenarbeit (vgl. Backes 1987, 1992).

6   Eine weitere zentrale Zielsetzung bestand darin, gemeinsam mit den engagierten Frauen zukunftsorientierte Entwürfe zur Gestaltung des Ehrenamts zu entwickeln.

7   Nachdem in frühen kirchensoziologischen Studien ermittelt wurde, daß Frauen eine positivere Einstellung gegenüber Religion und Kirche haben und sich stärker am kirchlichen Leben und der Gemeindearbeit beteiligen als Männer, wurden weitergehende empirische Untersuchungen – in Gewißheit einer hohen weiblichen Zustimmung und Unterstützungsbereitschaft – nicht durchgeführt bzw. zielten eher auf das problematischere männliche Ehrenamt (vgl. Hieber/Lukatis 1994).

(1994), die rund 4.000 Frauen, darunter mehr als die Hälfte ehrenamtlich tätig, in der Evangelisch-Lutherischen Landeskirche Hannovers schriftlich unter ähnlicher Fragestellung um Auskunft gebeten haben sowie die Arbeit von Reihs (1995), die sich für die evangelische Kirche in Bayern u. a. mit den Gemeinsamkeiten und Unterschieden des ehrenamtlichen Engagements von Männern und Frauen in Kirchengemeinden auf der Grundlage einer schriftlichen Befragung von rund 2.000 Ehrenamtlichen auseinandergesetzt hat, herangezogen werden. Auf sekundäranalytischem Wege nähert sich dagegen Hilpert-Fröhlich (1995) der Problematik, die sechs Berichte bzw. empirische Untersuchungen auswertet, die im Zeitraum zwischen 1987 und 1994 veröffentlicht worden sind und die Lage der ehrenamtlich und hauptberuflich tätigen Frauen sowie der Ehefrauen kirchlicher Mitarbeiter in verschiedenen, wiederum evangelischen Landessynoden bzw. -kirchen beschreiben (Berlin-Brandenburg, Bremen, Lippe, Oldenburg, Württemberg, Rheinland und Pfalz).

Obgleich sich die Zahl der Studien zum weiblichen Ehrenamt in einigen Feldern deutlich erhöht hat, ist der Umfang an empirischen Arbeiten in anderen Bereichen (wie dem Sport) und zu spezifischen Organisationsformen (etwa den Wohlfahrtsverbänden) vergleichsweise übersichtlich geblieben.

6.2 Frauen und Männer im Ehrenamt – zum Gesamtumfang ehrenamtlicher Beteiligung

Seit Anfang der 90er Jahre sind eine Reihe von Untersuchungen und Befragungen zum ehrenamtlichen Engagement durchgeführt worden, die einen Überblick über den Umfang des »weiblichen« im Vergleich zum »männlichen« Ehrenamt vermitteln. Hierzu gehören

- die sogenannte »Eurovol-Studie« – eine vergleichende Untersuchung über Ausmaß, Gestaltung und Bedeutung des »Volunteering« in ausgewählten Ländern Europas, darunter auch die BRD –, in der u. a. der Beteiligungsgrad von Frauen und Männern erhoben wird (vgl. Gaskin u. a. 1996),
- die Zeitbudget-Studie des Statistischen Bundesamtes, die den Vorteil bietet, den Gesamtumfang »unbezahlter Arbeit« in geschlechtsdifferenzierender Form zu beleuchten (vgl. Blanke/Ehling/Schwarz 1996),
- das Sozio-ökonomische Panel (SOEP), mittels dessen für die alten Länder seit 1985 und für Ostdeutschland seit 1990 im zweijährigen Abstand u. a. zum einen die ehrenamtliche Mitarbeit »in Vereinen, Verbänden und sozialen Diensten« und zum anderen die eher politische »Beteiligung in Bürgerinitiativen, in Parteien, in der Kommunalpolitik« im zeitlichen Verlauf nach Geschlecht erfaßt wird (vgl. Erlinghagen/Rinne/Schwarze 1997).

(1) *Die Eurovol-Studie:* Die zwischen 1993 und 1995 durchgeführte Eurovol-Studie, die u. a. auf einer repräsentativen Stichprobenbefragung der Bevölkerung in neun ausgewählten Ländern beruht, erlaubt eine vergleichende Analyse des »Volunteering« bzw. der Freiwilligenarbeit über die Grenzen der Bundes-

republik hinaus.[8] Nach den Befunden dieser Untersuchung liegt der Anteil derjenigen Personen ab 15 Jahren, die sich freiwillig und ehrenamtlich betätigen, insgesamt bei 27% (vgl. Tab. 15). Differenziert nach Geschlecht erscheint das Verhältnis zwischen dem ehrenamtlichen Engagement der Frauen mit 26% und dem der Männer mit 27% auf gesamteuropäischer Ebene fast ausgeglichen. Hinter diesen Durchschnittswerten verbergen sich jedoch erhebliche Schwankungen in der Bedeutung der Freiwilligenarbeit und den geschlechtsspezifischen Beteiligungsraten in den einzelnen Ländern: Während beispielsweise in Belgien und England die Frauenquote wesentlich höher ist als die der Männer, sind die Geschlechteranteile in der Slowakei identisch. In der Mehrzahl der Länder überwiegt jedoch das männliche Engagement. In diese Gruppe fällt auch die Bundesrepublik, in der sich der Frauenanteil mit 17% – ebenso wie der Gesamtbeteiligungsgrad in Höhe von 18% – am unteren Ende der europäischen »Volunteeringskala« bewegt. Geschlechtsspezifische Unterschiede zeigen sich vor allem zwischen West- und Ostdeutschland: Während für das frühere Bundesgebiet eine Frauen- und Männerquote in Höhe von 16% und 17% ermittelt wurde, die Beteiligungsunterschiede zwischen den Geschlechtern also vergleichsweise gering ausfallen, lagen demgegenüber die Prozentwerte für Ostdeutschland bei 23% engagierter Frauen und 27% aktiver Männer (vgl. Gaskin u. a. 1996).

Tabelle 15: Volunteering in Europa (Eurovol-Studie; in % aller Antwortgebenden)

Land	Frauen	Männer	Insgesamt
Belgien	35	27	32
Bulgarien	18	21	19
Dänemark	27	29	28
Bundesrepublik	17	18	18
West	16	17	16
Ost	23	27	24
Republik Irland	24	28	25
Holland	34	43	38
Slowakei	12	12	12
Schweden	32	38	36
England	36	31	34
Insgesamt	26	27	27

Quelle: Gaskin u. a. (1996)

(2) *Die Zeitbudgeterhebung:* Im Vergleich zur Eurovol-Studie basiert diese 1991/92 durchgeführte Erhebung auf einem gänzlich anderen Erkenntnisinteresse. Im Mittelpunkt dieser Untersuchung stehen die – bis dato statistisch unsichtbaren – unentgeltlichen Leistungen privater Haushalte, die sowohl im all-

---

8 Die Befunde beruhen u. a. auf einer schriftlichen Bevölkerungsbefragung in 9 Ländern, deren Fallzahl pro Land zwischen 870 und 1.843 Personen (insgesamt 10.996 befragte Personen) beträgt. An diesem Teil der Untersuchung konnte sich Frankreich aufgrund fehlender Mittel nicht beteiligen (vgl. Gaskin u. a. 1996).

täglichen Tagesablauf von Frauen als auch von Männern eine große Rolle spielen (vgl. Tab. 16). So sind Personen ab 12 Jahren in privaten Haushalten durchschnittlich 4 Stunden pro Tag mit hauswirtschaftlichen, handwerklichen, pflegerischen und betreuerischen sowie ehrenamtlichen Tätigkeiten beschäftigt. Im Vergleich hierzu binden Qualifikation (wie Schule, Studium oder Fort- und Weiterbildung) und Erwerbstätigkeit täglich »nur« eine ½ Stunde bzw. 3¼ Stunden. Aufgeschlüsselt nach Geschlecht wird allerdings auch im Spiegel der Statistik deutlich, daß unbezahlte Arbeit in weitaus höherem Umfang von Frauen geleistet wird. Während Frauen täglich 5 Stunden mit derartigen Tätigkeiten befaßt sind, bemißt sich dieser Wert bei Männern auf 2¾ Stunden. Über den höheren Zeitaufwand der Frauen hinaus folgt die Verteilung der einzelnen Tätigkeiten innerhalb des zeitlichen Budgets beider Geschlechter deutlich den Mustern der traditionellen Rollenverteilung: Dies zeigt sich vor allem bei den hauswirtschaftlichen Tätigkeiten, die fast 83% der unbezahlten Arbeit von Frauen ausmachen, sowie der Betreuung von Kindern und Pflegebedürftigen, die rund 12% der unbezahlten weiblichen Arbeitskraft fordern. In beide Einzelposten investieren Frauen jeweils mehr als doppelt soviel Zeit wie Männer.[9]

Tabelle 16: Durchschnittliche tägliche Zeitverwendung für unbezahlte Arbeit (Personen ab 12 Jahren, nach Geschlecht; Zeitbudgetstudie)

| Aktivität | Zeitverwendung pro Tag | | | | | |
| | in Stunden : Minuten | | | in % | | |
	insg.	Frauen	Männer	insg.	Frauen	Männer
Hauswirtschaftliche Tätigkeiten	3:01	4:08	1:46	76,1	82,7	63,1
Handwerkliche Tätigkeiten	0:21	0.08	0:35	8,8	2,7	20,8
Pflege und Betreuung von Personen	0:27	0:37	0:16	11,3	12,3	9,5
Ehrenamt/soziale Hilfeleistungen	0:09	0:07	0:11	3,8	2,3	6,5
Unbezahlte Arbeit insgesamt	3:58	5:00	2:48	100,0	100,0	100,0

Quelle: Schwarz (1996c)

Anders sieht es dagegen – fast erwartungsgemäß – bei den handwerklichen Tätigkeiten sowie dem ehrenamtlichen und sozialen Engagement aus: Während Frauen »nur« einen Anteil von 2,7% bzw. 2,3% ihrer Zeit für derartige Tätigkeiten aufwenden, summieren sich diese Aktivitäten bei den Männern auf fast 21% für den handwerklichen Bereich und 6,5% für das Ehrenamt bzw. soziale Hilfeleistungen. Bei beiden Geschlechtern bilden die ehrenamtlichen und sozialen Hilfeleistungen jedoch den kleinsten Tätigkeitskomplex innerhalb der

---

9 Die Daten basieren auf der jeweiligen Hauptaktivität, d. h. simultane Arbeiten, wie Haushaltsführung und Kinderbetreuung, werden nur einmal erfaßt.

insgesamt geleisteten unbezahlten Arbeit (vgl. Schwarz 1996c). Auf das ehren-amtliche Engagement, unter das in der Zeitbudgetstudie »Aufgaben und Funk-tionen im Rahmen von Organisationen – wie Vereinen, Kirchen – und öffentli-chen Ämtern« gefaßt werden (Schwarz 1996a, S. 169 f.), entfallen 90% der wahrgenommenen Tätigkeiten. Die verbleibende Zeit wird von sozialen Hilfe-leistungen, die sich auf die praktische Unterstützung bzw. »direkte Betreuung und Pflege von Personen im Rahmen von Institutionen« richten (vgl. ebd., S. 170), gebunden.

Werden die Befunde der Zeitbudgetstudie auf die bundesdeutsche Gesamt-bevölkerung ab 12 Jahren übertragen, dann übten 1991/92 rund 17% dieser Gruppe ein Ehrenamt aus. Frauen betätigten sich dabei mit einem Anteil von 15% in geringerem Umfang ehrenamtlich als Männer mit rund 20% (vgl. Schwarz 1996a). Während Frauen nur 3,75 Stunden wöchentlich ehrenamtlich aktiv sind, engagieren sich Männer dagegen im Volumen von rund 5 Stunden (ohne Wegezeiten). Allerdings wird in diesen Daten der Bereich der sozialen Hilfe nicht berücksichtigt, in dem Frauen traditionell stärker engagiert sind als Männer, so daß davon auszugehen ist, daß der tatsächliche Anteil ehren-amtlicher Frauen an der Bevölkerung höher liegt und die Differenz zwischen beiden Geschlechtern etwas geringer ausfällt (vgl. Schwarz 1996a). Während Frauen im Vergleich zu Männern also insgesamt mehr Zeit in unbezahlte Arbeit (insbesondere Hausarbeit sowie Pflege und Betreuung) investieren, sind sie dennoch weniger bereit oder in der Lage, diese für das Ehrenamt und soziale Hilfeleistungen zu verwenden.

(3) *Sozio-ökonomisches Panel (SOEP):* Im Vergleich zur Eurovol- und zur Zeitbudgetstudie werden die größten Differenzen zwischen den Geschlechtern durch das sozio-ökonomische Panel ausgewiesen, mittels dessen durch die Be-fragung von Personen in Haushalten, die 16 Jahre und älter sind, repräsentative Quer- und Längsschnittdaten für die deutsche und ausländische Wohnbevölke-rung gewonnen werden. Die auf der Grundlage dieses Instrumentariums ge-wonnenen Daten lassen zunächst für das frühere Bundesgebiet, für das im Ge-gensatz zur Eurovolstudie durchweg höhere Quoten als in den neuen Ländern ausgewiesen werden (vgl. Tab. 17), die folgenden Rückschlüsse zu:

- Während der Anteil ehrenamtlich tätiger Frauen an der Bevölkerung in Westdeutschland im Jahr 1996 bei rund 30% liegt, bemißt sich die Quote der Männer auf 41%. Gestaffelt nach Bereichen beteiligen sich in »Vereinen, Verbänden, sozialen Diensten« im selben Jahr rund 28% der Frauen an der ehrenamtlichen Arbeit, in »Parteien, Bürgerinitiativen und in der Kommunal-politik« sind es dagegen nur 8%. Bei den männlichen Ehrenamtlichen be-tätigen sich rund 38% im ersten Feld und 15% im eher politischen Bereich.
- Der Zeitvergleich zwischen 1985 und 1996 dokumentiert, daß das Engage-ment bei beiden Geschlechtern zugenommen hat, bei den Frauen mit einem Anstieg von 18% auf rund 30% in Relation zu den Männern mit einer Zunah-me von 33% auf 41% jedoch überproportional angestiegen ist. Die Zunahme bei den Frauen gründet sich vor allem auf die beträchtliche Steigerung bei

der Mitarbeit in »Vereinen, Verbänden und sozialen Diensten«, einem Feld, in dem der weibliche Anteil in den zugrundeliegenden mehr als 10 Jahren von 16% auf knapp 28% geklettert ist und dort merklich über dem Zuwachs bei den Männer liegt. In »Parteien, Bürgerinitiativen und in der Kommunalpolitik« sieht es dagegen umgekehrt aus: Hier ist der Anteil der männlichen Ehrenamtlichen gegenüber der weiblichen Beteiligung stärker gewachsen.

Tabelle 17: Das ehrenamtliche Engagement von Frauen (sozio-ökonomisches Panel in %)

	Die ehrenamtliche Beteiligung ...											
	in Vereinen, Verbänden oder sozialen Diensten				in Parteien, Bürgerinitiativen oder der Kommunalpolitik				insgesamt			
	West		Ost		West		Ost		West		Ost	
	1985	1996	1992	1996	1985	1996	1992	1996	1985	1996	1992	1996
Engagement:												
Frauen	16,3	27,7	13,0	16,9	5,6	8,4	6,9	6,9	18,4	29,6	16,3	18,8
Männer	29,8	38,0	23,1	28,2	11,5	15,3	10,6	12,0	33,0	40,6	25,9	31,2
dar.: regelm.¹												
Frauen	9,5	13,5	5,9	6,8	1,8	1,4	2,4	1,8	10,2	14,0	7,2	7,3
Männer	20,0	20,5	12,8	15,4	4,4	3,1	4,6	3,7	21,2	21,5	14,4	16,5
dar.: seltener												
Frauen	6,8	4,2	7,1	10,1	3,8	7,0	4,5	5,1	8,2	15,6	9,1	11,5
Männer	9,8	17,5	10,3	12,8	7,1	12,2	6,0	8,3	11,8	19,1	11,5	14,7

1 Die Kategorie »regelmäßiges« Engagement umfaßt die Antwortmöglichkeiten »jede Woche« und »jeden Monat«.

Quelle: Erlinghagen/Rinne/Schwarze (1997)

- Im Jahr 1996 überwiegt bei den Frauen insgesamt das eher »seltenere« (16%) gegenüber dem regelmäßigen (14%) Engagement. In »Vereinen, Verbänden oder sozialen Diensten« übersteigt das regelmäßige (14%) jedoch bei weitem die unregelmäßige ehrenamtliche Beteiligung (4%). Im Kontrast zu diesen Befunden sind Männer insgesamt zu einem höheren Anteil regelmäßig (22%) statt sporadisch aktiv (19%). Eine Ausnahme jedoch bildet hier mit Prozentwerten von 3% bei der regelmäßigen und 13% bei der seltenen Beteiligung die Mitarbeit in »Parteien, Bürgerinitiativen oder der Kommunalpolitik«.
- Sowohl bei den Frauen als auch bei den Männern ist insgesamt im betrachteten Untersuchungszeitraum die Steigerungsrate beim sporadischen Engagement am höchsten, allerdings für die männlichen noch weit ausgeprägter als für die weiblichen Ehrenamtlichen, für die in den »Vereinen, Verbänden oder sozialen Diensten« sogar ein Anstieg bei der »regelmäßigen« bzw. ein Rückgang bei der »seltenen« Beteiligung zu verzeichnen ist.

Wird nunmehr die Entwicklung in Ostdeutschland fokussiert, dann zeigen sich die folgenden Gemeinsamkeiten und Unterschiede zur westdeutschen Lage:

- Im Jahr 1996 sind rund 19% der Ehrenamtlichen in der Bevölkerung weiblich und 31% männlich, d. h. die Differenz zwischen den Geschlechtern entspricht bei geringerem Beteiligungsniveau in etwa den geschlechtsspezifischen Unterschieden im früheren Bundesgebiet. Die ehrenamtlich tätigen Frauen sind 1996 – wiederum betrachtet nach den beiden ausgewiesenen Handlungsfeldern – zu knapp 17% in »Vereinen, Verbänden und sozialen Diensten« und zu rund 7% in »Parteien, Bürgerinitiativen und oder der Kommunalpolitik« engagiert. Männer erreichen dagegen im ersten Teilbereich einen Beteiligungsgrad von 28% und im politischen Bereich von 12%.

- Seit 1992 ist die Mitarbeit der Frauen bis 1996 insgesamt von rund 16% auf fast 19% – ebenso wie in Westdeutschland – nach oben gegangen. Bei den männlichen, ehrenamtlich tätigen Personen hat die Beteiligung dagegen von rund 26% auf 31% zugenommen und ist damit im Unterschied zu den alten Ländern stärker als bei den weiblichen Ehrenamtlichen gestiegen. Dieser Trend läßt sich bei beiden Geschlechtern vor allem auf die positive Entwicklung bei den »Vereinen, Verbänden oder sozialen Diensten« zurückführen. Die Beteiligung in »Parteien, Bürgerinitiativen oder der Kommunalpolitik« stagniert dagegen bei den Frauen bei einem Wert von rund 7% und ist auch bei den Männern nur geringfügig gestiegen.

- Sowohl beim Gesamtengagement als auch in den beiden separat ausgewiesenen Bereichen überwiegt bei den ostdeutschen Frauen im Jahr 1996 die eher »seltenere« Beteiligung. Bei den Männern übersteigt dagegen – mit Ausnahme der ehrenamtlichen Beteiligung in der Politik – die »regelmäßige« Beteiligung das sporadische Engagement.

- Während die höhere Beteiligung der Frauen in den betrachteten vier Jahren fast allein auf das »seltenere« Engagement zurückzuführen ist, haben Männer sowohl bei den »regelmäßigen« als auch bei den »unregelmäßigen« Tätigkeiten zugelegt (vgl. Erlinghagen/Rinne/Schwarze 1997).

Auf der Grundlage des Datenmaterials des SOEP läßt sich also die These einer Krise des weiblichen Ehrenamts nicht bestätigen, da die Beteiligung der Frauen insgesamt sowohl in den alten als auch in den neuen Ländern zugenommen hat. Aus entwicklungsorientierter Perspektive scheinen sich zudem zumindest in Westdeutschland die geschlechtsspezifischen Unterschiede zwischen Frauen und Männern langsam zu nivellieren. Für Ostdeutschland zeichnen sich derartige Tendenzen jedoch nicht ab. Von dieser Entwicklung haben vor allem die Verbände, Vereinigungen und sozialen Dienste profitiert. Darüber hinaus veranschaulichen die Ergebnisse mit Blick auf die Art des Engagements, daß das wachsende Engagement weniger auf die formstabilen, sondern eher auf die sporadischen, wechselhafteren Arrangements zurückzuführen ist. Allerdings verbergen sich hinter dieser Gesamttendenz sowohl Differenzen im Ost-West-Vergleich als auch zwischen den beiden ausgewiesenen Handlungsfeldern.

Ähnliche Trends in Richtung einer Angleichung geschlechtsspezifischer Unterschiede zeigen sich auch in einigen empirischen Studien und demoskopischen Befunden zur Engagementbereitschaft:

- So läßt sich in Untersuchungen zur Jugendverbandsarbeit ein steigender Anteil von ehrenamtlich tätigen Mädchen und Frauen nachweisen. Inwieweit es sich hierbei tatsächlich um eine zunehmende weibliche Beteiligung oder um einen verstärkten Rückzug von Jungen und Männern aus der Verbandsarbeit handelt, ist diesen Bestandsaufnahmen allerdings nicht zu entnehmen (vgl. Kap. 4.4.5).

- Mit Blick auf die Engagementbereitschaft hat das Allensbacher Institut für Demoskopie im Auftrag des Deutschen Caritasverbandes Mitte der 90er Jahre eine bundesweite Bevölkerungsumfrage durchgeführt (n = 1.050), nach der sich deutliche Unterschiede in punkto Geschlecht zeigen: So beantworteten 18,8% der Frauen die Frage, ob eine ehrenamtliche Tätigkeit vorstellbar ist, mit »ja« und weitere 28,6% mit »vielleicht«. Mit »nein« äußerten sich dagegen unterdurchschnittliche 43% der Frauen. Im Gegensatz hierzu war die Zustimmung bei den Männern geringer bzw. eine ablehnende Haltung häufiger: 11,2% konnten sich eine ehrenamtliche Arbeit bei der Caritas oder einer anderen Hilfsorganisation vorstellen, 18% »vielleicht« und 59,5% verneinten (vgl. DCV 1997a, 1997b).

- Im Horizont einer repräsentativen Befragung des Sozialwissenschaftlichen Forschungszentrums Berlin-Brandenburg und des Wissenschaftszentrums Berlin konnte bezogen auf Ostdeutschland im Jahr 1997 ermittelt werden, daß mehr Frauen (31%) als Männer (28%) dazu bereit sind, sich in sozialen, gemeinnützigen Diensten zu engagieren (vgl. Priller 1997a, 1997b sowie ausführlicher Kap. 3.6).

Inwieweit bei derartigen Umfragen zur Engagementbereitschaft tatsächlich ein höheres weibliches Interesse an einer zukünftigen ehrenamtlichen Tätigkeit ermittelt werden kann oder ob sich hierin nicht vielmehr eine ausgeprägtere Tendenz von Frauen zur »sozial erwünschten« Antwort spiegelt, bleibt jedoch zwangsläufig offen.

6.3 Frauen im Ehrenamt in ausgewählten Tätigkeitsfeldern und Organisationsformen

Über die vorgestellten Erhebungen und Befunde hinaus liegen eine Reihe von empirischen Studien oder verbandsbezogenen Schätzungen vor, die sich auf (1) einzelne gesellschaftliche Bereiche, (2) ausgewählte Tätigkeitsfelder und/oder (3) spezifische Organisations- und Engagementformen beziehen und aus dieser Perspektive auch Hinweise auf den Umfang und das Ausmaß des ehrenamtlichen Engagements von Frauen beinhalten. Der Nachteil vieler Untersuchungen besteht darin, daß zwar die Anzahl und Anteile der beteiligten Frauen und Männer ausgewiesen werden, aufgrund des Auswahlverfahrens jedoch kaum Rückschlüsse auf die Grundgesamtheit möglich sind.[10] Die vielfältigen Einzelaussagen sind aufgrund der unterschiedlichen Zielsetzungen, methodischen Ansätze und Untersuchungszeiträume zudem kaum vergleichbar, so daß letztlich lediglich die horizontale Segregation des Engagements deutlich wird.

(1) *Bereichsspezifische Unterschiede:* Auf die Polarisierung des ehrenamtlichen Engagements in ausgesprochene Männer- und ausgeprägte Frauendomänen wurde in empirischen Studien bereits Mitte der 80er Jahre hingewiesen. Auch heute noch stellen Mädchen und Frauen etwa in der Jugendarbeit und in den -verbänden insgesamt unter den Mitgliedern und den ehrenamtlichen MitarbeiterInnen eine Minderheit dar, obgleich angesichts des breiten Spektrums der Organisationen die Beteiligungsquote je nach inhaltlichem Schwerpunkt und Verband zwischen 4% und 58% variiert. So liegt beispielsweise in den konfessionell geprägten Jugendorganisationen der Frauenanteil höher als in der Gewerkschafts-, Partei- oder Sportjugend (vgl. Kap. 4.4.5). Hiermit korrespondierend, zeigt sich auch auf den verschiedenen Ebenen des organisierten Sports – d. h. der Dachorganisation des Deutschen Sportbundes, den Landessportbünden und Spitzenverbänden sowie den Sportvereinen vor Ort – sehr deutlich, daß Frauen in diesem Bereich hartnäckig unterrepräsentiert sind (vgl. Kap. 5.5.2). Auch in den Parteien sind Frauen insgesamt noch immer unterdurchschnittlich vertreten, allerdings mit deutlichen Unterschieden zwischen einzelnen Parteien und trotz verstärkter Mitgliederwerbung und Quotierungsregelungen zur Erhöhung des weiblichen Anteils in den Parteiämtern (mit Quoten zwischen 30% und 50%), die mit Ausnahme der CSU und der FDP alle Parteien verabschiedet haben (vgl. Ballhausen u. a. 1986; Gabriel/Niedermayer 1997; Herzog 1997).

Im Gegensatz zu den vorgestellten gesellschaftlichen Bereichen stellen sich das Sozial- und Gesundheitswesen sowie die Kirchen als ausgesprochen weiblich dominierte Felder dar. So zeigt etwa die bereits 1987 von Braun/Röhrig zum Ehrenamt und zur Selbsthilfe innerhalb des Sozial- und Gesundheitswesens publizierte Studie, daß hier die Quote der Frauen mit 20% höher ausfällt als die der Männer mit 16%. Aktuelleres Datenmaterial ist der Publikation von Schumacher/Stiehr (1996) zu entnehmen, in der – bezogen auf ehrenamtliche soziale Dienste in den Städten Frankfurt am Main und Heidelberg – der Anteil der Frauen an den erfaßten Engagierten bei 72% liegt.[11] Für den Bereich der evangelischen Kirche wird – nach Reihs (1995) – in der Regel ein Verhältnis von 80% Frauen zu 20% Männern unterstellt.[12]

---

10 Ein aktuelles Beispiel für dieses Problem stellt die bundesweite Untersuchung zum Nachweis ehrenamtlicher Arbeit dar, an der sich überwiegend Frauen aus NRW beteiligt haben (vgl. Kath. Frauengemeinschaft Deutschlands 1998).

11 Schumacher/Stiehr (1996) untersuchten im Rahmen ihres Projektes »Ältere Menschen im sozialen Ehrenamt« die Bedingungen ehrenamtlichen Engagements exemplarisch an drei Standorten. Die repräsentative Vollerhebung ehrenamtlicher sozialer Dienste bildete einen Untersuchungsbestandteil innerhalb des Gesamtprojektes. In Frankfurt und Heidelberg wurden 250 ehrenamtliche soziale Dienste mit 4.539 freiwilligen HelferInnen aller Altersgruppen erfaßt.

12 Im Rahmen der vom Sozialwissenschaftlichen Institut der evangelischen Kirche Deutschlands für den Einzugsbereich der Evangelisch-Lutherischen Landeskirche im

(2) *Tätigkeitsfeldbezogene Unterschiede:* Die verschiedenen Interessenlagen von Frauen und Männern sind auch innerhalb einzelner gesellschaftlicher Teilsysteme feststellbar. So gruppiert sich das weibliche Engagement vor allem um die Tätigkeitsgebiete der Familien-, Alten- und Krankenhilfe, die Affinitäten zu den vertrauten informellen Leistungsschemata des familiären Kontextes und – im Horizont der Zeitbudgetstudie – den Verteilungsmustern unbezahlter Arbeit aufweisen (vgl. Heinze/Bucksteeg 1996; Schwarz 1996c; Vogt 1987). Dieser Zusammenhang wird im Detail u. a. bei Braun/Röhrig (1987) ersichtlich. Während Frauen eindeutig in der Alten(selbst)hilfe mit 63%, beim Engagement in Elterninitiativen mit 61%, im Bereich der Nachbarschaftshilfe mit 60% sowie in der Kranken- und Gesundheitshilfe mit einem Anteil von 55% dominieren, sind Männer dagegen beim Engagement für Personen in besonderen sozialen Situationen mit einem Wert von 54% und im Behindertenbereich mit 58% überdurchschnittlich aktiv. Zu ähnlichen Ergebnissen kommt auch Vogt (1987).

(3) *Organisations- und institutionenbezogene Unterschiede:* Während Organisationstypen wie Parteien, Sportvereine und Jugendverbände sich für Frauen als engagementhemmend erweisen, ist die Beteiligung in Selbsthilfegruppen, Diensten, Einrichtungen und Kirchen eher hoch. Die Wirksamkeit geschlechtsspezifischer Filter läßt sich in diesem Kontext exemplarisch an den nach institutioneller Einbindung gestaffelten Befunden Schumacher/Stiehrs (1996) sowie am Beispiel konfessioneller Wohlfahrtsverbände verdeutlichen:

- So lag der Anteil engagierter Frauen in den von den evangelischen und katholischen Kirchengemeinden organisierten ehrenamtlichen Diensten bei über 85% und in den stationären Diensten (wie Alten- und Pflegeheime, Übergangsheime für AsylbewerberInnen und Übersiedler etc.) bei fast 80%. In den ambulanten Diensten (wie Pflegedienste und Beratungsstellen) entsprach der Beteiligungsgrad der Frauen dem ermittelten Durchschnittswert in Höhe von 72%. Weitgehend ausgeglichen war das Geschlechterverhältnis in den Initiativen, unter die Zusammenschlüsse und Selbsthilfegruppen mit vorwiegend lokaler Identität gefaßt wurden. Nur ein Viertel der Frauen engagierte sich in den Ortsgruppen der bundesweit organisierten Verbände (wie der Arbeiterwohlfahrt, dem Verband der Kriegs- und Wehrdienstopfer, Behinderten und RentnerInnen oder dem Deutschen Guttempler-Orden).
- Unter den Wohlfahrtsverbänden schätzt das Diakonische Werk die Zahl der ehrenamtlich in den Einrichtungen und Diensten tätigen Frauen für 1997 auf rund 300.000, denen »nur« 100.000 Männer gegenüberstehen (vgl. Kap. 3.5).[13] Nach der Befragung des Diözesan-Caritasverbands für das Erz-

---

Jahr 1991/1992 durchgeführten schriftlichen Befragung fiel der ermittelte prozentuale Anteil für die Frauen im kirchlichen Ehrenamt mit rund 65% dagegen überraschend »niedrig« aus. Bei der Untersuchung handelt es sich um eine Stichprobenbefragung ehrenamtlich Tätiger in bayerischen Kirchengemeinden. Die Ergebnisse basieren auf den Angaben aus 1.967 ausgewerteten Fragebögen (vgl. Reihs 1995).

13 Insbesondere für die Wohlfahrtsverbände als Organisationstyp läßt sich feststellen, daß die vorhandenen Daten zu den Strukturmerkmalen ehrenamtlich Tätiger allge-

bistum Köln e. V. mit Stand des Jahres 1996 betrug die Frauenrate an den ehrenamtlichen MitarbeiterInnen rund 87% bzw. der Männeranteil 13% (vgl. zur Studie und zu weiteren Strukturmerkmalen der im Diözesan-Caritasverband engagierten Ehrenamtlichen Kap. 3.5). Im Rahmen der vom Institut für Sozialberichterstattung 1996/1997 durchgeführten Befragung ergab sich bezogen auf ostdeutsche Einrichtungen des Diakonischen Werkes und des Caritas-Verbands für die ermittelten rund 9.700 Ehrenamtlichen eine Frauenquote von 73% und ein Männeranteil von 27% (vgl. Hübinger 1997 sowie die detaillierte Darstellung der Untersuchung in Kap. 3.6).

Werden die vorgestellten Aussagen und Tendenzen noch einmal zusammengefaßt, dann zeigen sich ausgesprochen weibliche und männliche »Ehrenamtsvorlieben«, die sich, wie der Vergleich zwischen älteren und jüngeren Studien dokumentiert, als äußerst resistent erweisen. Werden die vom Allensbacher Institut ermittelten Befunde zur Engagementbereitschaft hinzugezogen (s. o.), dann ist auch zukünftig mit keiner grundlegenden Veränderung der Geschlechterverteilung im sozialen Bereich zu rechnen (vgl. Deutscher Caritasverband 1997a, 1997b).[14] Allerdings bleibt neben einer allgemeinen »Datenkritik« kritisch anzumerken, daß auf der Grundlage der vorliegenden Studien die Frage, ob und inwieweit die zu verzeichnenden geschlechtsspezifischen Attraktivitätsunterschiede jedoch tatsächlich auf den einzelnen Organisationstyp mit seinen jeweiligen Merkmalen (wie Größe, Interaktionsbeziehungen, Hierarchisierungsgrad etc.), auf die »Anziehungskraft« des Arbeitsfeldes für ein Geschlecht (etwa Art des Personenbezugs) oder auf ein spezifisches Wechselverhältnis zwischen beidem zurückzuführen sind, nicht beantwortet werden kann. Diese Einschätzung läßt sich u. a. an den Selbsthilfegruppen als Beispiel für eine neuartige Organisationsform, die für Frauen äußerst attraktiv ist[15], verdeutlichen.

---

mein und mit Blick auf die Variable »Geschlecht« äußerst spärlich sind. Zu dieser Bewertung gelangten bereits Ballhausen u. a. Mitte der 80er Jahre. Seit diesem Zeitpunkt hat sich die Datenlage kaum verbessert.

14 Nach denjenigen Tätigkeitsfeldern/Hilfsdiensten befragt, in denen ein Engagement vorstellbar wäre, waren die geschlechtsspezifischen Unterschiede besonders groß bei der Nachbarschaftshilfe (59,7% Frauen, 46,4% Männer), den Besuchsdiensten (46,8% Frauen, 23,8% Männer), der Kinderbetreuung (46,3% Frauen, 19,6% Männer), der Arbeit im Haushalt (24,5% Frauen, 11,9% Männer) sowie im Frauenhaus (25,4% Frauen, 4,6% Männer) (vgl. Deutscher Caritasverband 1997a, 1997b).

15 Mit Blick auf den Selbsthilfebereich haben Braun/Opielka (1992) im Zuge ihrer Evaluation von 20 Selbsthilfekontaktstellen im Modellprogramm auch Informationen zur Soziodemographie der weiblichen Selbsthilfeinteressentinnen erfaßt (vgl. Kap. 8), die auf Erhebungen zwischen April 1988 und März 1991 in den alten Bundesländern beruhen (n = 10.855). Von den Personen, die sich während dieses Zeitraums bei einer Kontaktstelle gemeldet und Interesse an Selbsthilfe bzw. einer Mitarbeit in Selbsthilfegruppen bekundet haben, waren rund 75% Frauen und nur 25% Männer (vgl. Braun/Opielka 1992). Im konzeptionell vergleichbaren fünfjährigen Forschungsprojekt in den neuen Ländern, an dem sich 17 Kontaktstellen beteiligten, ergab sich für die Demographie der SelbsthilfeinteressentInnen mit einem Anteil der Frauen von 72% und der Männer von 28% ein vergleichbares Bild (n = 11.482; vgl. Braun/Kettler/Becker 1997).

Aufgrund der dieser Engagementform zugrundeliegenden spezifischen Strukturen – wie der geringere Formalisierungsgrad oder die größere Überschaubarkeit (vgl. Kap. 8.1) – und des spezifischen Arbeitsansatzes (insbesondere bei den betroffenenorientierten Gruppen) erscheint es zwar plausibel, daß sie in hohem Grade mit den Interessen und Vorlieben von Frauen korrespondieren, belegen läßt sich dieser Zusammenhang jedoch nicht. So beziehen sich die beiden herangezogenen und für diesen Sektor zentralen Studien schwerpunktmäßig auf die Selbsthilfeaktivitäten im Gesundheits- und Sozialbereich, in dem wiederum generell das weibliche Engagement hoch ist.

6.4 Die Art des Engagements

In enger Verbindung zu den horizontalen Attraktivitätsunterschieden bestimmter gesellschaftlicher Bereiche und Arbeitsfelder für Frauen und Männer hat die Frage nach den vertikalen, geschlechtshierarchischen Verteilungsmustern der ehrenamtlichen Arbeit in der Diskussion um das weibliche Engagement einen hohen Stellenwert. Hierbei hat sich die Unterscheidung zwischen »politischem« und »sozialem« Ehrenamt weitgehend durchgesetzt, die allerdings auch kritisch bewertet worden ist.[16] Nach Backes umfaßt das hierarchisch übergeordnete »politische Ehrenamt« die Beteiligung an Planungs-, Organisations- und Entscheidungsfunktionen in Vorständen, Aufsichtsräten und sonstigen kulturellen, politischen, wissenschaftlichen etc. Funktionsbereichen, weist deutliche Parallelen zur Erwerbsarbeit auf, wird bevorzugt von Männern ausgeübt und bringt »mehr ʻEhreʼ im Sinne von Ansehen, Macht oder Vorteilen für das berufliche Weiterkommen« (Backes 1992b, S. 7). Dagegen läßt sich das untergeordnete soziale Ehrenamt als typisches Frauen-Ehrenamt eher der Privatsphäre bzw. Hausarbeit zuordnen, da es vor allem hausarbeitsnahe, meist mit der unmittelbaren Sorge für andere Menschen verbundene Tätigkeiten der Beziehungs-, Betreuungs- und sonstigen sozialen (Dienstleistungs-)Arbeit einschließt. »Dies gilt bezüglich der Inhalte (wie Pflegen, Helfen), den erforderlichen Qualifikationen, der Arbeitsweise und der Rahmenbedingungen (vereinzeltes Arbeiten, tendenziell unbegrenzte Verfügbarkeit, wenig Einfluß auf Gestaltung der Arbeit). Und es gilt hinsichtlich der ʻBelohnungʼ (scheinbar ʻEhreʼ, zwiespältige Anerkennung)« (ebd.). Im Vergleich zum politischen Ehrenamt ist es zudem »mit geringeren Gratifikationen – wie Macht, Einfluß oder Aufwandsentschädigungen – verbunden« (ebd.). Die zumeist auf verbaler Ebene

---

16 Nach Nadai trägt die Differenzierung zwischen sozialer Basisarbeit und politischem Ehrenamt zur allgemeinen Begriffsverwirrung freiwilligen Engagements bei. Als problematisch betrachtet sie es darüber hinaus, »wenn die faktische Spaltung des Freiwilligensektors in ʻweiblicheʼ und ʻmännlicheʼ Bereiche auf der konzeptionellen Ebene einfach nachvollzogen wird. Man könnte geradezu von ʻfrauenspezifischenʼ versus ʻmännerspezifschenʼ Erklärungsansätzen zur Freiwilligenarbeit sprechen: Männliches Engagement wird tendenziell mit beruflichen und politischen Konzepten in Verbindung gebracht, weibliches in Termini wie Helfen und Altruismus« gekleidet (Nadai 1996, S. 27).

erfolgende soziale Anerkennung der unbezahlten ehrenamtlichen Arbeit bleibt faktisch zumeist ebenso gering wie die »Möglichkeit, die Erfahrung im Hinblick auf berufliche Einbindung zu nutzen« (ebd.).

Auch auf empirischer Ebene finden sich eine Reihe von Hinweisen, die in der Tendenz eindeutig sind (vgl. auch Kap. 4.4.5 und 5.5.2): So sind Frauen in Jugendverbänden in höheren Positionen, Leitungsgremien und Vorständen selten anzutreffen, und zwar um so deutlicher, je höher die Verbandsebene ist. Bei der Gruppenleitung betreuen ehrenamtlich tätige Frauen überwiegend die jüngeren Alters- bzw. Kindergruppen, männliche Ehrenamtliche dagegen eher Jugendgruppen. Ähnlich fällt die Bilanz für den Sportbereich aus, in dem Frauen in den Führungsetagen auf den verschiedenen Ebenen des Sportverbands- und Vereinswesens stark unterrepräsentiert sind. In den lokalen Sportvereinen offenbart sich die Distanz der Frauen zum sportlichen Ehrenamt nicht nur im praktischen Sportbetrieb, sondern vor allem in den Vorständen, in denen sie – gemessen am Frauenanteil unter den Mitgliedern – unterdurchschnittlich vertreten sind. Am ausgeprägtesten spiegelt sich die Unterrepräsentanz jedoch in der relativ prestigeträchtigen Position des Vereinsvorsitzes. Die informellen Tätigkeiten in den Sportvereinen, bei denen eine höhere weibliche Beteiligung vermutet wird, werden in den vorliegenden Studien in der Regel nicht erfaßt.

Für den kirchlichen Bereich vermittelt die Untersuchung des Sozialwissenschaftlichen Instituts der Evangelischen Kirche Deutschlands bezogen auf Bayern einen Eindruck darüber, in welchen Bereichen Frauen und Männer ehrenamtlich tätig sind (vgl. Reihs 1993, 1995). Während in der Vorstands- und Synodenarbeit – also in den Organen, in denen wesentliche kirchliche Entscheidungsprozesse ablaufen –, zusammengenommen über 64% der Männer tätig sind, wird dieser Bereich nur von knapp 27% der Frauen benannt. Die »Vorlieben« der Frauen erstrecken sich dagegen, gemessen an den drei Spitzenreitern, auf Kuchenbacken, Gemeindebriefe austragen und Feste organisieren, wobei es sich – um diesen schon fast ironisch anmutenden Befund wieder etwas zu relativieren – um Tätigkeiten handelt, die, fragebogentechnisch betrachtet im Sinne von »auch schon gemacht«, gut ankreuzbar sind, insbesondere sofern die Möglichkeit von Mehrfachnennungen besteht. Reihs interpretiert ihre Befunde in Richtung geringerer ausgeprägter weiblicher Präferenzen für einzelne Arbeitsfelder bzw. einem breiteren Interessenspektrum, das sich auch darin manifestierte, daß Frauen auf die Frage nach der persönlichen Bedeutung einzelner Bereiche eine weitaus ausgeglichenere Wertschätzung an den Tag legten als die ehrenamtlich tätigen Männer. Wichtig war diesen vor allem die Arbeit im Kirchenvorstand und in der Jugendarbeit (vgl. Reihs 1993).[17] In der

---

17 Nach Hieber/Lukatis (1994) benannten 28% der befragten Frauen Leitungsämter (Kirchenvorstand, Gemeindebeirat, Kindergartenbeirat, Kirchenkreistag, Synode etc.). Im Vergleich zu den anderen Bereichen kirchlichen Lebens wurden Leitungsämter damit am häufigsten von den Frauen angekreuzt. Allerdings ist davon auszugehen, daß ehrenamtliche Frauen mit Leitungsverantwortung sich überdurchschnittlich an der Untersuchung beteiligt haben. Ein großer Teil der Befragten gab bei einem arithmetischen Mittelwert von 1,6 Nennungen pro Person mehrere Bereiche an.

Untersuchung von Hieber/Lukatis wird im Zusammenhang mit den ermittelten Negativerfahrungen unter dem am häufigsten benannten Kritikpunkt »mangelnde Gleichberechtigung« u. a. deutlich, daß die ehrenamtlich tätigen Frauen sich durch starke Erwartungen auf die Rolle als Zuarbeiterin und Hilfskraft festgelegt fühlen und die innerkirchlichen Strukturen bzw. die Mechanismen der Machtverteilung und -erhaltung zu ihren Ungunsten als männerdominiert erleben (vgl. Hieber/Lukatis 1994).

Werden vergleichend die von Hilpert-Fröhlich sekundäranalytisch erfaßten Quoten zur Beteiligung der Frauen an der evangelischen Gremienarbeit hinzugezogen, dann zeigen sich – etwa mit 50% in Berlin, 40% in Bremen und 24% in Lippe – stark schwankende Angaben. In Verbindung mit der Variable »Alter« dokumentieren die Studien jedoch übereinstimmend, daß jüngere Frauen mehr in den Bereichen Gremien-, Kinder-, Jugendarbeit und Musik sowie in Initiativgruppen und theologischen Arbeitskreisen engagiert sind. Frauen mittleren Alters sind am häufigsten in den praktisch organisatorischen Tätigkeiten der Gremien- und Frauenarbeit und im musikalischen Bereich zu finden, weniger in der Kinder- und Jugendarbeit. Bei den älteren Jahrgängen steht die Frauenarbeit eindeutig an erster Stelle. Daneben sind sie in Gremien und schließlich – an dritter Stelle – in Besuchsdiensten tätig (vgl. Hilpert-Fröhlich 1995).

Für den sozialen und politischen Bereich kommen Brandes/Schreiber (1986) bereits 1986 – ungeachtet der ansonsten von ihnen herausgearbeiteten Unterschiede zwischen beiden Handlungsfeldern und in Übereinstimmung mit den hier bereits vorgestellten Ergebnissen in Jugendverbänden, in der Kirche und im Sport – bei diesem Themenkomplex zu folgendem Gesamtbefund: »Je höher die Funktion in der jeweiligen Hierarchie und/oder in der allgemeinen oder institutionellen Status- und Prestigezuweisung angesiedelt ist, desto weniger ist diese mit Frauen besetzt« (ebd., S. 48). Dieser Zusammenhang scheint sich in der Grundtendenz bis heute nicht verändert zu haben, obgleich, wie Meyer für den politischen Bereich konstatiert, im Vergleich zu den 50er Jahren und als Folge der neuen Frauenbewegung ein Wandel der politischen Gesamtkultur eingetreten und die Präsenz der Frauen in der Öffentlichkeit unübersehbar geworden ist. Bei der Besetzung der innerparteilichen Führungspositionen oder überparteilichen Ämtern auf den verschiedenen politischen Ebenen sind die Aufstiegsbarrieren für Frauen nach wie vor – trotz gradueller Verbesserungen, wie dem Anstieg von Parlamentarierinnen – vorhanden (vgl. Meyer 1993).

Bei den Gründen für die Unterrepräsentanz von Frauen in den Führungs- und Leitungsämtern werden in den verschiedenen Engagementbereichen vergleichbare Zusammenhänge aufgezeigt: So wird häufig auf Auswahlkriterien – wie ein hoher Berufsstatus, langjährige Mitgliedschaft etc. – verwiesen, denen Frauen aufgrund ihres spezifischen Lebenszusammenhangs häufig nicht gerecht werden können (vgl. Kap. 5.5.2). Insbesondere bei den prestigeträchtigen Positionen werden Qualifikationen und berufliche Kontakte vorausgesetzt, die Frauen aufgrund der geschlechtsspezifischen Teilung und den Diskriminierungsmechanismen des Arbeitsmarktes fehlen. So wirken sich etwa die Diskontinuitäten in der Erwerbsbiographie und die Bevorzugung männlicher Bewerber negativ auf die weiblichen Karrierechancen im Beruf aus, reduziert die Konzentration auf frauentypische Berufe mit beschränkten Aufstiegsmöglichkeiten den Erwerb von Erfahrungen im Umgang mit Macht(-strukturen). Geschlechtsspezifische Sozialisation, gesellschaftliche Rollenzuweisungen und Ausschlußprozesse tragen dazu bei, daß sich das weibliche Engagement überwiegend auf den unteren Ebenen der Organisationshierarchie realisiert. Sie halten zugleich Frauen davon ab, sich in männlich dominierte Strukturen mit spezifischen Leitungs- und Kommunikationsstilen zu begeben und Führungspositionen zu übernehmen (vgl. Ballhausen u. a. 1986; Nadai 1996 sowie Kap. 4.4.5 und 5.5.2).

Inwieweit sich die höhere Erwerbsquote ostdeutscher Frauen auf die weibliche Präsenz in Leitungspositionen auswirkt, bleibt offen. Für den sozialen Bereich finden sich in der von Zander/Notz (1997) publizierten qualitativen Explorations- und Pilotstudie zum Engagement in Wohlfahrtsverbänden, Selbsthilfegruppen und Initiativen jedoch Hinweise, daß in Thüringen engagierte Frauen in sozialen Einrichtungen und Initiativen häufiger Leitungsfunktionen innehaben als in Westdeutschland. In Selbsthilfegruppen wurde diese Frage mit Hinweis auf die gleichberechtigten Strukturen überwiegend zurückgewiesen.[18]

6.5 Zum Sozialprofil der Frauen im Ehrenamt

Werden die wenigen vorliegenden Hinweise und empirischen Belege zum Kreis der ehrenamtlich tätigen Frauen zusammengestellt, dann zeichnen sich folgende Schwerpunkte und Problemzonen des weiblichen Ehrenamts ab:

(1) *Altersstruktur*: Unter dem Stichwort »Ehrenamtsnachwuchs« ist das geringere Interesse jüngerer Frauen an der ehrenamtlichen Arbeit vergleichsweise gut dokumentierbar, das vor allem in Verbänden und Institutionen im sozialkirchlichen Bereich beklagt und erfaßt wird (vgl. Hieber/Lukatis 1994; Hilpert-Fröhlich 1995; Kath. Frauengemeinschaft Deutschlands 1998), jedoch auch bereichsübergreifend von Relevanz ist. So zeigt sich etwa im Spiegel der Zeitbudgetuntersuchung (vgl. Tab. 18), daß – mit Ausnahme der hochaltrigen weiblichen Engagierten – der Anteil ehrenamtlich aktiver Frauen an der jeweiligen Altersklasse sinkt, je jünger die Ehrenamtlichen werden. Beteiligen sich bereits Frauen von 20 bis unter 40 Jahren mit 12% nur noch unterdurchschnittlich, so ist die Distanz bei den Mädchen und jungen Frauen in der Gruppe der 12 bis unter 20jährigen mit etwas über 3% noch weitaus ausgeprägter. Demgegenüber zählen – wiederum gemessen am Anteil an der entsprechenden Alterskohorte – Frauen zwischen 40 bis 69 Jahren zu den Kerngruppen des weiblichen Ehrenamts. Allerdings sind es bei näherer Betrachtung weniger die Frauen im mittleren Lebensalter von 40 bis 60 Jahren (rund 18%), also dem Altersabschnitt, in den bei der Teilgruppe der Mütter mehrheitlich der Abschluß der aktiven Erziehungsphase fällt, sondern insbesondere die älteren Frauen der Altersgruppe

---

18 Das Untersuchungsdesign bestand aus einer Kombination von ExpertInneninterviews, einer nicht-repräsentativen schriftlichen Befragung Ehrenamtlicher sowie Leitfadeninterviews mit den Engagierten (vgl. Zander/Notz 1997).

der 60- bis unter 70jährigen, die mit rund 20% den höchsten Beteiligungsgrad aufweisen. Werden vergleichend Studien aus dem sozial-kirchlichen Bereich zu Rate gezogen, so zeigen sich bei der Frage, ob es eher die Frauen in der Empty-Nest-Phase oder im Rentenalter sind, die sich mehr engagieren, im Detail Unterschiede, wobei allerdings offen bleibt, ob es sich um bereichsspezifische oder methodische Diskrepanzen handelt (vgl. Hieber/Lukatis 1994; Hilpert-Fröhlich 1995; Kath. Frauengemeinschaft Deutschlands 1998), so daß letztlich nur festgehalten werden kann, daß sich Frauen ab 40 Jahren über- und unter 40 Jahren unterdurchschnittlich engagieren. Abweichungen von diesem Schema deuten sich allerdings beim Selbsthilfebereich an, in dem die Selbsthilfeinteressentinnen häufiger der untersten Altersklasse angehören. Die mittlere Altersgruppe ist wiederum so ungünstig geschnitten, daß ein direkter Vergleich mit den anderen ausgewiesenen Daten nicht möglich ist.[19]

(2) *Erwerbstätigkeit:* Ob die wachsende Frauenerwerbstätigkeit zu einem Rückgang des weiblichen Ehrenamts beigetragen hat oder nicht, ist den vorliegenden empirischen Befunden nicht zu entnehmen. Allerdings signalisieren eine Reihe von Studien, daß der Nicht-Erwerbstätigenstatus unter den ehrenamtlich tätigen Frauen dominiert. So wird – wiederum auf der Grundlage der Zeitbudgetuntersuchung – ersichtlich (vgl. Tab. 18), daß nicht-erwerbstätige Frauen mit 16% weit öfter ein Ehrenamt übernehmen und sich mit 4¼ Stunden zugleich zeitlich wesentlich intensiver engagieren als erwerbstätige Frauen mit rund 13% und einem Aufwand von 2¾ Stunden. Demgegenüber überwiegt – angesichts der nach wie vor bestehenden Unterschiede in den Berufs- und Erwerbsbiographien der Geschlechter fast erwartungsgemäß – bei den Männern mit rund 22% die Erwerbstätigkeit in Relation zur Nicht-Erwerbstätigkeit (rund 17%). Innerhalb der Gruppe der nicht-erwerbstätigen Ehrenamtlichen sind es mit einem Beteiligungsgrad von 19% und hohem zeitlichen Aufwand (4¾ Stunden) vor allem die Hausfrauen, die für ein Ehrenamt zur Verfügung stehen. Die zweithöchsten Anteile stellen – korrespondierend mit der Altersstruktur – die Rentnerinnen. Eine »Problemgruppe« bilden wiederum die Schülerinnen und Studentinnen mit einem Beteiligungsgrad von 5%. In der Gruppe der berufstätigen Frauen sind es die Beamtinnen, die sich überdurchschnittlich ehrenamtlich betätigen und dafür viel Zeit investieren (4 Stunden).[20] Bezogen auf

---

19 Mit Blick auf die Altersstruktur der weiblichen Selbsthilfeinteressentinnen zeigte sich in den bereits oben vorgestellten Evaluationsstudien, daß im früheren Bundesgebiet rund 31% der Frauen der Altersgruppe bis 30 Jahre angehörten, 52% waren 31 bis 50 Jahre sowie nur 18% über 50 Jahre alt. Aus dieser Perspektive stellt sich Selbsthilfe als ein Phänomen jüngerer und mittlerer Altersgruppen dar. Dieses Ergebnis traf allerdings auch auf die selbsthilfeinteressierten Männer zu. In den neuen Bundesländern sind die interessierten Frauen zu 22% bis 30 Jahre, zu 50% zwischen 31 und 50 Jahre und zu 28% über 50 Jahre alt und damit älter als in Westdeutschland. Auch hier waren also die geschlechtsspezifischen Unterschiede nur graduell (vgl. Braun/Opielka 1992; Braun/Kettler/Becker 1997).

20 Unter den nicht-erwerbstätigen Männern treten hauptsächlich die Rentner/Pensionäre (23%) in Erscheinung, die nicht nur aktiver als Rentnerinnen (17%) sind, sondern sich (mit 7¼ Stunden in der Woche gegenüber 3¾ Stunden bei den Rentnerinnen)

einzelne Felder liegen auch mit Blick auf die Berufstätigkeit der ehrenamtlich tätigen Frauen schwankende Angaben vor, die insgesamt für den sozial-kirchlichen Bereich darauf hinweisen, daß Familienfrauen und RentnerInnen auch in diesem Sektor in der Mehrzahl sind[21] und bei den jüngeren ehrenamtlich tätigen Frauen Berufstätigkeit weitaus selbstverständlicher ist (vgl. Hilpert-Fröhlich 1995). Mit Blick auf zukünftige Untersuchungen sollte zumindest der Zusammenhang zwischen Beschäftigungsumfang (Vollzeit-, Teilzeit- oder geringfügige Beschäftigung) und ehrenamtliche Betätigung sowie Ost-West-Unterschiede berücksichtigt werden, wie u. a. die Untersuchungen zur Selbsthilfe verdeutlichen.[22]

(3) *Haushaltstyp:* Ob alleinstehende oder verheiratete Frauen, Mütter oder kinderlose Frauen besonders für ein Ehrenamt mobilisierbar sind, erfaßt wiederum die Zeitbudgetstudie (vgl. Tab. 18), in der die Daten nach Haushaltstyp (diesmal bezogen auf die über 18jährigen) ausgewiesen werden. Nach dieser Studie liegt der Beteiligungsgrad von Frauen im Haushaltstyp »Ehepaar mit Kindern unter 18 Jahren« ebenso wie bei der Gruppe der »Alleinlebenden« mit etwas über 18% am höchsten. Am wenigsten aktiv sind verheiratete Frauen aus Haushalten, in denen entweder beide PartnerInnen erwerbstätig (13,6%) oder keine Kinder vorhanden sind (rund 13%). Bei letzterem Typ zeigen sich zugleich zugunsten des männlichen Ehrenamts (mit 23% gegenüber 13%) erhebliche Diskrepanzen zwischen den Geschlechtern. Die zweitgrößte Differenz wird bei der weiteren Untergliederung des Typs der Ehepaare mit jüngeren Kindern deutlich: Ist bei Ehepaaren mit Kindern unter 6 Jahren ein Partner erwerbstätig (wobei anzunehmen ist, daß dies überwiegend der Mann ist), dann liegt der männliche Aktivitätsgrad bei rund 24%, die weibliche Quote dagegen

---

auch zeitlich intensiver betätigen. Bei den berufstätigen Männern geraten mit einer Beteiligungsquote von 36% bei einem zeitlichen Umfang des Engagements von 6 Stunden – weit stärker als bei den Frauen – die Beamten sowie im Unterschied zum weiblichen Ehrenamt die Selbständigen (mit fast 30%) in das Blickfeld, die jedoch – vermutlich berufsbedingt – die wenigste Zeit für die ehrenamtliche Betätigung aufwenden (3¼ Stunden).

21 So sind etwa nach Angaben des Diakonischen Werkes ein Fünftel der ehrenamtlich tätigen Frauen Vollzeitbeschäftigte und ein Drittel Rentnerinnen (vgl. Kap. 3). In der Untersuchung zum »Nachweis ehrenamtlicher Arbeit« dominierten unter den rund 6.800 ehrenamtlich Tätigen mit 40% die Familienfrauen und mit 21% die Rentnerinnen. Im Rahmen eines Vollzeitbeschäftigungsverhältnisses waren rund 6%, in Teilzeitform 12% und im geringfügigen Umfang 11% tätig. Insgesamt überwiegt also deutlich der Nicht-Erwerbstätigenstatus (kfd 1998).

22 So ermittelten Braun/Opielka (1992) zum Erwerbstatus der weiblichen Selbsthilfeinteressentinnen in den alten Ländern rund 42% erwerbstätige und 58% nicht-erwerbstätige Frauen. Bei den Männern sieht das Verhältnis mit 59% Erwerbstätigen zu 41% Nicht-Erwerbstätigen genau umgekehrt aus. Braun/Kettler/Becker (1997) wiesen für die neuen Länder dagegen den Anteil der nicht-erwerbstätigen Frauen mit 32% und den der erwerbstätigen mit 68% aus (50% erwerbstätig und 18% arbeitslos). Im Vergleich zu den westdeutschen Frauen dominiert also der Erwerbstätigenstatus. Bei den Männern sind mit 45% weniger erwerbstätig, mit 26% mehr arbeitslos und mit 29% etwas weniger nicht-erwerbstätig als bei den Frauen (vgl. ebd.).

nur bei 15%. Hierbei handelt es sich zugleich um diejenige Haushaltskonstellation, bei der Männer die höchste Beteiligungsquote überhaupt aufweisen.

Tabelle 18: Beteiligungsgrad an ehrenamtlichen Tätigkeiten nach Geschlecht und ausgewählten Variablen nach den Daten der Zeitbudgeterhebung 1991/1992

Merkmal	Beteiligungsgrad (in %)		
	insg.	Frauen	Männer
Altersgruppe (von ... bis unter ... Jahren)[1]			
12 bis <20 Jahre	3,8	3,4	4,3
20 bis <40 Jahre	14,2	12,3	16,1
40 bis <60 Jahre	22,1	17,8	26,4
60 bis <70 Jahre	21,8	19,5	25,3
≥70 Jahre	16,4	13,9	20,8
Haushaltstyp[2]			
Alleinlebende	19,9	(18,4)	(23,4)
Alleinerziehende	(17,4)	-,-	-,-
Ehepaare ohne Kinder	18,2	13,3	22,9
Ehepaare mit Kindern < 18 Jahren	20,7	18,4	22,7
dar.: Ehepaare m. jüngst. Kind < 6 Jahre	17,4	14,4	20,3
dar.: ein Partner erwerbstätig	18,6	(14,5)	(23,5)
Beide Ehepartner erwerbstätig	16,2	(13,6)	(18,1)
Soziale Stellung[3]			
Erwerbstätige insgesamt[4]	18,2	12,6	21,6
darunter:			
Selbständige	25,9	-,-	29,6
Beamte	31,9	(23,2)	36,2
Angestellte	18,2	13,4	24,2
ArbeiterInnen	15,0	-,-	16,9
Nicht-Erwerbstätige insgesamt[5]	16,0	15,6	16,9
darunter:			
RentnerInnen/PensionärInnen	19,2	17,0	22,5
Arbeitslose	(12,7)	-,-	-,-
Hausfrauen/-männer	18,6	18,6	-,-
SchülerInnen/Studierende	(6,3)	(5,3)	(7,2)

1 Anteil der Personen an der jeweil. Alterskohorte, die ein Ehrenamt ausüben.
2 Anteil der über 18jährigen im jeweil. Haushaltstyp, die ein Ehrenamt ausüben.
3 Anteil der über 12jährigen nach sozialer Stellung, die ein Ehrenamt ausüben.
4 Personen, die ihren überwiegenden Lebensunterhalt aus Erwerbstätigkeit bestreiten.
5 Personen, die ihren überwiegenden Lebensunterhalt nicht aus Erwerbstätigkeit bestreiten

Quelle: Schwarz (1996b)

(4) *Bildung:* Eine der größten Forschungslücken zum weiblichen Ehrenamt besteht bei der Erfassung des Bildungsstands der ehrenamtlich tätigen Frauen. Ob das seit 1970 gestiegene Bildungsniveau jüngerer Frauen neue Anforderungen an die Art und Inhalte der ehrenamtlichen Tätigkeit nachsichgezogen hat, ist somit empirisch kaum nachweisbar, da zur schulischen und beruflichen Vorbildung der ehrenamtlichen Mitarbeiterinnen nur wenig Datenmaterial vorliegt. Eher thesenhaft läßt sich daher auf der Grundlage einzelner Studien vermuten,

daß ehrenamtlich tätige Frauen im sozial-kirchlichen Bereich mehrheitlich über eine qualifizierte Berufsausbildung verfügen, die Art und Höhe der Schulabschlüsse je nach Organisation und Arbeitsfeld merklich schwankt (vgl. Kath. Frauengemeinschaft Deutschlands 1998), Frauen mit niedrigerem Bildungsabschluß in höherem Maße Tätigkeiten mit zeitlich geringerem Aufwand (zum Beispiel Kaffeekochen) bevorzugen, höher qualifizierte Frauen dagegen eher bereit sind, in größerem zeitlichen und kontinuierlicherem Umfang zu arbeiten (z. B. im Rahmen der Gremienarbeit; vgl. Hilpert-Fröhlich 1995). Für den Selbsthilfebereich dokumentieren die beiden hierzu vorliegenden Studien, daß im früheren Bundesgebiet mit höherem Bildungsniveau das Interesse an Selbsthilfe steigt: 41% der Frauen hatten Abitur, 37% mittlere Reife und 22% einen Hauptschulabschluß.[23] In den neuen Bundesländern verfügten die Selbsthilfeinteressentinnen dagegen mit 74% mehrheitlich über einen mittleren Bildungsabschluß, das Abitur (bzw. einen vergleichbaren Abschluß) hatten 16% und einen Hauptschulabschluß ca. 10% (vgl. Braun/Kettler/Becker 1997).

Die »Krise des Ehrenamts«, so die Bilanz, manifestiert sich vor allem in der geringeren Präsenz jüngerer Frauen, die sowohl arbeitsfeldübergreifend als auch bezogen auf den sozial-kirchlichen Bereich in Erscheinung tritt. Dieses Phänomen ist allerdings für die Selbsthilfe von untergeordneter Bedeutung. Weitere Problemgruppen des weiblichen Ehrenamts bilden zum einen verheiratete Frauen ohne Kinder sowie zum anderen mit kleinen Kindern, bei denen der Aktivitätsgrad erkennbar nach unten absackt. Männer sind von der Doppelbelastung durch Beruf und Kinder unter 6 Jahren dagegen nicht betroffen. Für sie bietet dieser Haushaltstyp die besten Voraussetzungen zum Engagement. Sind allerdings beide Ehepartner in dieser Haushaltskonstellation erwerbstätig, dann ergeben sich für Frauen und Männer die niedrigsten Beteiligungsquoten. Als Kerngruppen ehrenamtlichen Engagements erweisen sich (nach Erwerbsstatus) Hausfrauen, (nach Haushaltstyp) Hausfrauen mit größeren Kindern, Frauen über 40 Jahre, Rentnerinnen und Alleinlebende. Die Frage, ob und inwieweit zwischen diesen Variablen Korrelationen bestehen, kann auf der Grundlage des vorliegenden Datenmaterials nicht beantwortet werden. Ebensowenig ist es möglich, Veränderungen im Kreis der engagierten Frauen und Umschichtungen in der Struktur des Engagements entwicklungsorientiert abzuleiten.

6.6 Motivationen ehrenamtlichen Engagements

Gerade angesichts der lange Zeit dominierenden stereotypen Vorstellungen zu den Beweggründen von Frauen, sich ehrenamtlich zu betätigen, ist die Frage eines Motivationswandels des weiblichen Ehrenamtes von besonderem Interesse, wobei allein die Tatsache, daß der »Nutzen« ehrenamtlichen Engagements erörtert und reflektiert wird, bereits Ausdruck gesellschaftlicher Veränderung

---

23 Von der Tendenz ähnlich sieht die Verteilung bei den erfaßten Männern aus, wobei der Anteil der Abiturienten mit 48% noch höher ist. 31% können mittlere Reife und 21% einen Hauptschulabschluß vorweisen (vgl. Braun/Opielka 1992).

und erroierender Wert- und Normzusammenhänge ist. Das eigentlich Neue bei der Behandlung der Thematik besteht darin, daß das Ehrenamt als Instrument zur bewußten Biographiegestaltung im Zusammenhang mit der gegenwärtigen Lebenssituation, den vergangenen Erfahrungen und den zukünftigen Erwartungen betrachtet wird (vgl. Jakob 1991; Nadai 1996; Wessels 1994b).

Bei der Erfassung der Motive und Gründe wird allerdings – insbesondere in den quantitativ orientierten Untersuchungen – nach wie vor häufig eine Vorgehensweise gewählt, bei der eine Anzahl von Einzelmotiven erfragt, zusammengefaßt und relativ kontextunabhängig zu jeweils anderen Motivbündeln verarbeitet werden, unter denen dann altruistische Einstellungen zumeist nur eine Komponente bilden (vgl. Nadai 1996). Unabhängig davon sollen nunmehr drei Untersuchungen vorgestellt werden, die einen Einblick in die Spannbreite der zugrundeliegenden Interessen und Motive gewähren, die beim weiblichen Engagement zum Tragen kommen:

Notz (1989) beleuchtet – orientiert an den vielfältigen weiblichen Arbeitsverhältnissen – vor allem das Spektrum der ehrenamtlich tätigen Frauen. So typologisiert sie für den sozialen Bereich zwischen

- Frauen, die aufgrund zu großer zeitlicher, physischer, psychischer und emotionaler Belastung nicht in der Lage sind, Haus-, Pflege- und Berufsarbeit miteinander zu vereinbaren und für die die ehrenamtliche Arbeit eine Möglichkeit darstellt, am öffentlichen Leben teilzunehmen;
- Frauen im mittleren Lebensalter, die durch den Verdienst des Ehepartners abgesichert sind, nach Abschluß der aktiven Familien- und Erziehungsphase ein neues Betätigungsfeld gefunden haben und keine Chance zur Aufnahme einer eigenen, bezahlten Erwerbstätigkeit sehen;
- älteren Frauen nach beendeter Berufstätigkeit, die auf der Grundlage einer ausreichenden Rente im Ehrenamt eine sinnvolle, anerkannte und befriedigende Beschäftigung finden;
- beruflich tätigen Frauen, die als Ausgleich für fremdbestimmte Arbeitsbedingungen ehrenamtlich engagiert sind;
- Frauen in der Ausbildungsphase, die Erfahrungen für die spätere Erwerbstätigkeit sammeln möchten und sich zugleich verbesserte Beschäftigungsmöglichkeiten erhoffen;
- erwerbslosen Frauen, die ihren Arbeitsplatz verloren haben oder nach Ausbildung und Studium keinen bezahlten Arbeitsplatz finden.

Bei allen diesen Typen sind es weniger karitative und religiöse Motive, die im Ehrenamt zum Tragen kommen, sondern eher objektive Notwendigkeiten und Formen subjektiver Bedürfnisbefriedigung. So kompensieren die befragten Frauen durch die Aufnahme einer ehrenamtlichen, sozialen Tätigkeit in unterschiedlicher Form Defizite ihrer gegenwärtigen Arbeitssituation, sei es in der Erwerbs- oder Hausarbeit (vgl. Notz 1989).

Im Gegensatz zu Notz werden in den Untersuchungen von Backes und Wessels jeweils spezifische Frauengruppen in Relation zu einer bestimmten Lebensphase betrachtet. So beschäftigt sich Backes (1992b) intensiv mit den

Handlungsperspektiven alter und älterer Frauen im 5. und 6. Lebensjahrzehnt, bei dem es sich um einen Zeitabschnitt handelt, in dem zumeist eine Entlastung von familiären Aufgaben erfolgt und in dem häufig – so ein Ergebnis des vorangegangenen Kapitels – eine ehrenamtliche Tätigkeit aufgenommen wird. Zugleich sind in dieser Phase, in der wesentliche Grundentscheidungen für das Alter getroffen werden, die »physischen und psychischen Energien, das Interesse an Neuem, ... bei vielen so ausgeprägt, daß Handlungsalternativen – auch zur ggf. (noch) ausgeübten Erwerbsarbeit – erwogen und entwickelt werden« (ebd., S. 7). In diesem Zusammenhang systematisiert sie zwischen drei Frauentypen, die dem Ehrenamt eine unterschiedliche Bedeutung beimessen und zugleich verdeutlichen, daß das Engagement keine Sinn- und Beschäftigungsperspektive für alle Frauen jenseits der Erwerbs- und/oder Familienarbeit darstellt. Hierbei handelt es sich, um

- Frauen, für die das Ehrenamt »Ergänzung, Erweiterung und Bereicherung des weiblichen Lebens und Arbeitens« darstellt und genau das ist, was sie für sich als sinnvoll und auch leistbar erachten (wie die Teilnahme an Fort- und Weiterbildungsveranstaltungen, die Mitarbeit in der Seniorenvertretung);
- Frauen, die durch das Engagement Defizite in Haus- und Erwerbsarbeit kompensieren und es als bewußt gewählten Kompromiß im Umgang mit den Widersprüchlichkeiten des weiblichen Lebens und Arbeitens empfinden (etwa bei verpaßtem beruflichen Wiedereinstieg);
- Frauen, die das Ehrenamt zwar als sinnvoll betrachten und gerne ausüben würden, es jedoch angesichts ihrer Lebensumstände als unerreichbaren Luxus einschätzen sich zu engagieren, da ihnen entweder die materiellen und zeitlichen Voraussetzungen oder die persönlichen Handlungsressourcen fehlen (geringe Rente, Zwang zum »Dazuverdienen«).

Charakterisiert wird also vor allem die Bedürfnispalette familienzentrierter Frauen, für die das Ehrenamt im günstigen Fall die Chance zur Selbstveränderung und -hilfe birgt und insofern einen Beitrag zur Verbesserung ihrer Lebenssituation darstellt (z. B. bei der sozialen Integration, Gesundheitsförderung, Sinnfindung). Zugleich beinhaltet es auch Risiken, wie die Stabilisierung und Fortsetzung geschlechtlicher Arbeitsteilung im Ehrenamt (vgl. ebd.).

Für die spezielle Zielgruppe qualifizierter, ehrenamtlich tätiger Frauen aus dem Bereich der Sozialen Arbeit, die sich in der Familienphase befinden und ihre Erwerbstätigkeit unterbrochen haben, untersucht Wessels (1994b) u. a. die Rolle und Funktion der ehrenamtlichen Arbeit bei der Gestaltung der Erwerbsbiographie.[24] Auch für diese Frauen zeigte sich, daß beim ehrenamtlichen Engagement fast immer ein Motivbündel zum Tragen kommt. Hierbei dif-

---

24 Die Studie basiert auf 10, im Raum Trier-Koblenz-Saarbrücken 1992/93 durchgeführten Interviews mit Diplom-Pädagoginnen, Sozialpädagoginnen/-arbeiterinnen und einer Diplom-Psychologin zwischen 35 und 49 Jahren, die ein bis vier Kinder haben und über ihren Ehemann finanziell abgesichert sind. Die Frauen engagieren sich in verschiedenen Feldern Sozialer Arbeit in relativ angesehenen Positionen, die Verantwortung und selbständiges Handeln erfordern (vgl. Wessels 1994b, 1994c).

ferenzierte Wessels zwischen unterschiedlichen Schwerpunkten: (1) So wurden von der Befragtengruppe zwar karitativ-religiöse Helfermotive benannt, jedoch nur selten als vorrangig bewertet. Demgegenüber dominierte sowohl für die berufliche als auch für die ehrenamtliche Arbeit eher eine kritische Distanz zu den kirchlichen Organisationen, mit denen sie primär zusammenarbeiten. (2) Einen weiteren Zusammenhang stellten Motive dar, bei denen das ehrenamtliche Engagement als Ergebnis einer objektiven Notwendigkeit bzw. einer Notsituation betrachtet wird, in der es die Frauen als ihre Bürgerinnenpflicht empfanden, Verantwortung zu übernehmen (beispielsweise beim Erziehungsbeistand). (3) Und schließlich artikulierten die Befragten als dominierende Motivkonstellation subjektive und selbstbezogene Bedürfnisse, die sich wiederum in familiale Einstellungen, subjektives Wohlbefinden (wie Kontaktsuche, Überwindung der häuslichen Isolation) sowie berufliche Orientierungen differenzieren lassen.

Unter letzteren stellten sich vor allem diejenigen Muster als zentrale Momente für die Motivation der Frauen in der Untersuchungsgruppe heraus, bei denen das ehrenamtliche Engagement in Relation zur beruflichen Orientierung interpretiert wurde. Insbesondere im Kontext mit dem geplanten beruflichen Wiedereinstieg nach der Familienphase erwiesen sich wiederum die folgenden drei Funktionen als bedeutend:

- der Erhalt, die Anwendung und der Ausbau der fachlichen Qualifikationen, um dem durch die Unterbrechung der Erwerbstätigkeit drohenden Verlust der erworbenen Fähigkeiten und Fertigkeiten entgegenzuwirken;
- die Sicherung und der Aufbau von formellen und informellen Kontakten zu Berufsverbänden, Institutionen Sozialer Arbeit und früheren KollegInnen, die mit Blick auf zukünftige Beschäftigungsmöglichkeiten als Informationsbörse über freie Stellen, Fort- und Weiterbildungsangebote oder Honorartätigkeiten wichtig sind;
- die Erzeugung berufsbiographischer Kontinuität durch die ehrenamtliche Arbeit oder die Übernahme von Honorartätigkeiten, die als Normalisierungsanstrengungen unstetiger Erwerbsverläufe im Sinne eines biographischen Kleinarbeitens der Diskontinuitäten interpretiert werden können, um potentiellen ArbeitgeberInnen ein auch während der Erziehungspause bestehendes Interesse an Erwerbstätigkeit zu signalisieren.

Von den engagierten Frauen wird das Ehrenamt somit als sinnvolle und bewußte Strategie für den geplanten beruflichen Wiedereinstieg betrachtet. Zugleich handelt es sich um ein vorübergehendes Engagement, das beendet wird, wenn es die eigene Familiensituation erlaubt (vgl. Wessels 1994b). Ersichtlich werden – wie auch in den zwei anderen vorgestellten Untersuchungen – der instrumentelle Charakter des Ehrenamts und die enge Verbindung zur jeweils aktuellen Lebenslage der einzelnen Frauen im gesellschaftlichen Kontext.

6.7 Frauen und gesellschaftlicher Wandel

Kennzeichnend für den derzeitigen Forschungsstand zum weiblichen Ehrenamt ist eine oftmals relativ unvermittelte Zweiteilung der vorliegenden Beiträge und Studien, bei der zum einen – z. T. unter ausführlichem Rückgriff auf zusätzliches sekundäranalytisches Datenmaterial – auf die strukturellen Veränderungen, die sich seit 1970 in der BRD vollzogen und zur veränderten gesellschaftlichen Stellung von Frauen beigetragen haben, Bezug genommen wird und zum anderen die jeweils gewonnenen Untersuchungsergebnisse zum Ehrenamt vorgestellt werden. Der auf diese Weise konstruierte Zusammenhang zwischen sozialem Wandel und neu positioniertem Ehrenamt erscheint zwar folgerichtig, wird für die Seite des gemeinwohlorientierten Engagements empirisch letztlich jedoch nicht belegt und verbleibt somit auf eher thesenhaftem Niveau. Gleichwohl stellen diese gesellschaftlichen Entwicklungen grundlegende Parameter zur Erklärung des Wandels des weiblichen Ehrenamts dar. In diesem Zusammenhang fallen vor allem die folgenden sozialen Transformationsprozesse:

(1) Zu den markantesten Veränderungen, die den Lebensalltag von Frauen beeinflußt haben und insbesondere das frühere Bundesgebiet betreffen, gehören das *gewandelte Erwerbsverhalten*[25], das bereits anhand einiger ausgewählter Eckdaten statistisch dokumentierbar ist: Wie etwa Rauschenbach (1999b) auf der Grundlage des Mikrozensus verdeutlicht, hat zwischen 1976 und 1997 in Westdeutschland die Frauenerwerbsquote von einst 37,2% auf zuletzt 42,1% zugenommen (bzw. für Gesamtdeutschland auf 42,6%). Zeitgleich expandierte die Zahl der Frauenarbeitsplätze in den alten Ländern von 9,58 Mio. auf 12,29 Mio. Personen. Dieser Zuwachs im Volumen von 2,72 Mio. überstieg bei weitem die Zahl der neu geschaffenen Stellen bei den Männern (rd. 740.000), so daß die in den letzten 20 Jahren zu verzeichnenden positiven arbeitsmarktpolitischen Effekte in Westdeutschland überwiegend auf Seiten der Frauenerwerbstätigkeit zu verbuchen waren. Zudem: Von den 2,72 Mio. neuen Arbeitsplätzen der letzten 20 Jahre sind im früheren Bundesgebiet rund 1,5 Mio., also fast die Hälfte, den Sozial-, Erziehungs- und Gesundheitsberufen zu Gute gekommen. Der Zuwachs erfolgte demzufolge schwerpunktmäßig in einer »Branche«, in der traditionell sowohl die Rate der erwerbstätigen Frauen hoch ist (63,5% für

---

25 Im Unterschied zur BRD wurde in der DDR das Leitbild der erwerbstätigen Frau und Mutter bereits seit Mitte der 60er Jahre vertreten und die Einbeziehung der Frauen in den Produktionsprozeß durch ordnungs-, sozial- und jugendhilfepolitische Regelungen staatlich unterstützt (etwa durch erweiterte Freistellungsmöglichkeiten und Lohnfortzahlung bei Krankheit der Kinder, ein umfassendes Kinderbetreuungssystem etc.). Die hohe weibliche Berufsorientierung in der DDR, die sich u. a. in einer Frauenerwerbsquote in Höhe von 90% spiegelte, läßt sich dabei nicht allein durch eine mehr oder minder staatlich verordnete weibliche »Normalbiographie« begründen, sondern gehörte (auch in Verbindung mit Mutterschaft) durchaus zum internalisierten Lebenskonzept und den zentralen weiblichen Leitmotiven, zumal die Teilhabe am Erwerbsleben die Grundlage für die soziale Integration darstellte bzw. der Betrieb und das Arbeitskollektiv den Rahmen für gesellige und kulturelle Aktivitäten bildeten (vgl. Helbrecht-Jordan u. a. 1995).

1976; 68,9% für 1997) als auch das weibliche Ehrenamt einen bedeutsamen Faktor und ein – im Horizont des sozioökonomischen Panels (als allerdings einzigem vorliegenden Indikator) – wachsendes Phänomen darstellt. Obwohl die positiven Arbeitsmarkteffekte zum Teil wiederum durch die Ausdehnung der Teilzeitarbeitsplätze relativiert werden, hat sich durch die verstärkte Integration in den Arbeitsmarkt grundsätzlich das Verhältnis der Frauen zur öffentlichen Sphäre verändert und damit der Zugang zu gesellschaftlich anerkannter Arbeit bzw. die Möglichkeiten der Teilhabe erweitert.[26]

Dies zeigt sich besonders stark an der höheren Erwerbsbeteiligung der Mütter (insbesondere mit Kindern im Schulalter), bei der zwischen 1972 und 1995 starke Zuwächse zu verzeichnen waren (vgl. Engstler 1997; Nave-Herz 1994). In Relation zur Generation ihrer Mütter »treten die jüngeren westdeutschen Frauenjahrgänge erst in einem höheren Alter ins Berufsleben ein, bleiben dann aber auch als Mütter häufiger erwerbstätig bzw. unterbrechen kürzer« (Engstler 1997, S. 94).[27] Eine differenzierte Analyse der individuellen Bewältigungsstrategien von Frauen in der Familienphase verdeutlicht, daß das weibliche Erwerbsverhalten an den verschiedenen Schwellen (wie der Geburt von Kindern, dem Kindergartenbesuch, der Einschulung etc.) eher durch kurzfristige (innerhalb von 6 Monaten) und häufige Übergänge zwischen der reinen Familientätigkeit und der Kombination von Familien- und Erwerbsarbeit gekennzeichnet ist. Charakteristisch sind zudem wiederholte Wechsel im Erwerbsbeteiligungsumfang zwischen Vollzeit-, Teilzeit- und nicht-versicherungspflichtiger Beschäftigung sowie familienfreundlicheren und weniger günstigen Arbeitsplätzen, die insgesamt »der Tendenz Ausdruck (geben), selbst in dieser Phase 'mit einem Bein' im Arbeitsmarkt zu bleiben« (Krüger 1992b, S. 34). Jede Unterbrechung verdoppelt allerdings »das Risiko, nicht entsprechend qualifiziert, nicht auf dem entsprechenden Niveau und nicht im entsprechenden Beruf wieder einsteigen zu können« und bedeutet den Anfang eines unaufhaltsamen Abstiegs in der Erwerbskarriere (ebd.). In den neuen Bundesländern, in denen auch nach der Deutschen Einheit die Frauen (trotz der Erweiterung des prinzipiell denk- und praktizierbaren Spektrums der Lebensmodelle und wohl nicht zuletzt angesichts der diskriminierenden Erfahrungen auf dem bundesdeutschen Arbeitsmarkt) ihren Berufswunsch ausgesprochen deutlich formulierten (vgl.

---

26 So ist die allgemeine Quote der teilzeiterwerbstätigen Frauen in den alten Ländern in den Jahren 1976-1997 von 29,3% auf 40,4% geklettert (vgl. Rauschenbach 1999a).
27 Diese Befunde zur Erwerbstätigkeit von Frauen in der Familienphase wertet Engstler u. a. als Indikatoren für eine quantitative Verlagerung vom Modell der bürgerlichen »Hausfrauen- und Versorger-Ehe« mit nichterwerbstätigen Müttern in Richtung eines Modells der »Zuverdiener-Ehe« mit teilzeit- und geringfügiger Beschäftigung (vgl. Engstler 1997). Axhausen (1992) und Krüger (1992b) wenden sich vor allem gegen das sogenannte »Dreiphasen-Modell«, nach dem Frauen vor der Familienphase berufstätig sind und nach Abschluß dieses Lebensabschnitts wieder in den Beruf einsteigen, das nicht den individuellen Abfolgemustern zwischen Erwerbsarbeit und Familie bzw. den faktischen Erwerbsverlaufsmustern im weiblichen Lebenslauf entspricht und die aus den Unterbrechungen der Erwerbstätigkeit resultierenden Beeinträchtigungen in der Qualität der späteren Berufstätigkeit verdeckt.

Helbrecht-Jordan u. a. 1995), sind nach wie vor ostdeutsche häufiger als westdeutsche Mütter erwerbstätig, und zwar überwiegend im Rahmen einer Vollzeitbeschäftigung. Zugleich sind sie häufiger arbeitslos (vgl. Engstler 1997).

Im Unterschied zu früheren Jahrzehnten und im Vergleich zur männlichen Erwerbsbiographie, die bundesweit durch eine hohe Kontinuität und eine lebenslange Vollzeitberufsperspektive geprägt ist[28], ist das weibliche Erwerbsleben vor allem im früheren Bundesgebiet also durch eher phasenweise und diskontinuierliche Tätigkeiten im privaten Lebensbereich und in der Erwerbssphäre gekennzeichnet. Die doppelte Präsenz in beiden Lebensbereichen erfordert von den Frauen bei einer weiterhin bestimmenden geschlechtlichen Arbeitsteilung – so Oechsle – zugleich verstärkte und eigenständige Orientierungsleistungen, um einen Bezug zur Berufs- und Erwerbsarbeit herzustellen und spezifische Handlungsorientierungen zu entwickeln, da sie weder individuell lebensgeschichtlich noch als gesellschaftliche Teilgruppe in größerem Umfang auf vorgefertigte Modelle und zentrale Organisationsmuster zurückgreifen können. So zeigt sich beispielsweise auch auf empirischer Ebene für die relativ homogene Untersuchungsgruppe jüngerer Frauen ohne Kinder[29], daß Erwerbsarbeit für Frauen in ein und derselben Lebensphase eine unterschiedliche Bedeutung hat und sich die Erwerbsorientierungen von Frauen erheblich ausdifferenziert haben.[30] Mit der wachsenden Verankerung und doppelten Sozialisation der Frauen in beiden Lebensbereichen ist zugleich das »weibliche Arbeitsvermögen« Transformationsprozessen unterworfen.[31]

---

28 So dokumentiert der vergleichende Blick auf das Erwerbsverhalten von Männern, daß Väter sowohl in West- als auch in Ostdeutschland (sofern sie nicht arbeitslos oder verrentet sind) in über 9 von 10 Fällen einer Ganztagstätigkeit nachgehen, und zwar unabhängig von der Anzahl und dem Alter der Kinder oder der Erwerbstätigkeit der Frau (vgl. Engstler 1997).

29 Die Befunde resultieren aus einem 1989 durchgeführten Projekt der Universität Bremen zur »Lebensplanung junger Frauen« und beruhen auf Leitfadeninterviews mit 77 Frauen zwischen 20 bis 30 Jahren, die erwerbstätig sind oder sich in einer Umschulung befinden, keine Hochschul- oder Fachhochschulausbildung haben und kinderlos sind (vgl. Oechsle 1995).

30 Oechsle typologisiert in diesem Kontext zwischen Frauen, die a) Erwerbsarbeit als Grundlage eigener Autonomie und sozialer Verselbständigung im jungen Erwachsenenalter betrachten, b) die Erwerbsarbeit eher als Übergang in den angestrebten Status als Ehefrau und Mutter sehen und nicht von einer lebenslangen und kontinuierlichen Tätigkeit ausgehen, c) die der Erwerbsarbeit das Primat der Existenzsicherung zuschreiben und eine lebenslange und kontinuierliche Erwerbstätigkeit anstreben, d) die die Arbeit als Mittel der Selbstverwirklichung betrachten und nach den jeweiligen Handlungsspielräumen und persönlichen Entwicklungsmöglichkeiten beurteilen (vgl. Oechsle 1995).

31 Nach dem Konzept der doppelten Vergesellschaftung entwickelt sich das weibliche »Arbeitsvermögen … als komplexes in Auseinandersetzung mit den Anforderungen beider Lebensbereiche. Die geschlechtsspezifische Sozialisation von Frauen muß deshalb als 'doppelte Sozialisation' (Knapp 1990) gedacht werden; sie bezieht sich nicht mehr nur auf die Sozialisation von Weiblichkeit und Mütterlichkeit, sondern umfaßt die Sozialisation von Berufsorientierungen, von Arbeits- und Arbeitszeitnormen und bestimmten Qualifikationen« (Oechsle 1995, S. 10).

Mit Blick auf das ehrenamtliche Engagement als Kehrseite des Erwerbs- und Berufslebens auf der Suche nach öffentlicher Teilhabe und gesellschaftlicher Anerkennung haben sich durch den veränderten Stellenwert der Erwerbsarbeit und die vielfältigeren Berufsorientierungen für die Frauen zugleich die Bedeutungsinhalte gemeinwohlorientierten Engagements multipliziert und in ihrer Abhängigkeit von der jeweiligen Lebenssituation und individuellen Einstellungen dynamisiert. Bei anhaltend hoher Arbeitslosenquote und den nach wie vor schlechteren Beschäftigungschancen von Frauen auf dem regulären Arbeitsmarkt steigt zudem die Bedeutung des Engagements als Eintrittskarte und Zugangsmöglichkeit zu Erwerb und Transfereinkommen (vgl. Olk 1989). Instrumentalisierungstendenzen zeigen sich – nach Rabe-Kleberg (1988) – beispielsweise auch daran, daß eine wachsende Anzahl sozial(-pädagogischer) Fachkräfte und Absolventinnen von Universitäten und Fachhochschulen mangels Alternativen auf dem Arbeitsmarkt gezwungen sei, sich ehrenamtlich zu betätigen. In dieser Entwicklung spiegelt sich – wie auch an anderen Deregulierungserscheinungen des Arbeitsmarktes – gleichermaßen eine Diffusion des Verhältnisses von unbezahlter und bezahlter bzw. beruflicher und nicht-beruflicher Arbeit (vgl. Rabe-Kleberg 1988).

Zugleich erhöhen sich aufgrund der häufigeren Brüche in den weiblichen Erwerbsbiographien die Anforderungen an die Inhalte und Zeitstrukturen eines wechselhafteren Engagements. Sie sind – so Heinze/Bucksteeg (1996) – grundsätzlich mit dem Ehrenamt gut vereinbar und könnten (etwa mit Blick auf die Aktualisierung/Anpassung individueller beruflicher und sozialer Kompetenzen) von denjenigen Organisationen, die auf die ehrenamtliche Arbeit zurückgreifen, im Rahmen eines modernisierten ehrenamtlichen Engagements verstärkt aufgegriffen werden, um so den Bedürfnissen der Frauen entgegenzukommen und die Attraktivität des Ehrenamts zu erhöhen. Gleichzeitig verringern sich durch die gestiegene Erwerbsbeteiligung und die verstärkten Anstrengungen, Beruf und Familie zu vereinbaren, jedoch die zeitlichen Ressourcen für die ehrenamtliche Betätigung.

(2) Nach Beck zählt die »geradezu revolutionäre *Angleichung in den Bildungschancen*« zu den einschneidensten Ereignissen in der Geschichte der Bundesrepublik (Beck 1986, S. 165), die es gemessen an der Ausgangssituation und vor allem mit Blick auf die allgemeinbildenden Schulen erlaubt, »von einer Feminisierung der Bildung in den 60er und 70er Jahren zu sprechen« (ebd. S. 166). Die weibliche Bildungsrevolution weist – trotz aller im Detail erzielten Fortschritte – jedoch auch heute noch deutliche Ambivalenzen auf, die insbesondere das berufliche Ausbildungssegment und die hiermit korrespondierende geschlechtsspezifische Segregation des Arbeitsmarkt- und Beschäftigungssystems betreffen, wie etwa die Konzentration auf die traditionellen Ausbildungsgänge und Berufe für Frauen mit ihren spezifischen Problemen (etwa die Benachteiligung der Mädchen und jungen Frauen durch die innere Struktur des beruflichen Bildungswesens, die mangelnde gesellschaftliche Anerkennung beispielsweise in sozialen oder pflegerischen Berufen) oder die Unterrepräsen-

tanz in Führungs- und Leitungspositionen.[32] Wie Metz-Göckel/Müller (1987, S. 232) bereits Mitte der 80er Jahre bilanzierend zusammenfassen, trifft »die – historisch gesehen – bestausgebildete Generation junger Frauen … auf die relativ schlechtesten Ausbildungs- und Arbeitschancen seit Bestehen der Bundesrepublik«, eine Tatsache, die in den 90er Jahren vermutlich noch mehr Gültigkeit besitzt.

Die Widersprüchlichkeiten einer »geschlechtsständischen Gesetzmäßigkeit der umgekehrten Hierarchie« (Beck 1986, S. 166) im Berufsleben finden sich auch beim Ehrenamt, bei dem – etwa im Sport – mit wachsender Zentralität und Einflußreichtum einer Position die Frauenanteile sinken. Inwieweit die Töchter der Bildungsreform – im Vergleich zu den Frauen aus den Vorkriegs- und Kriegsjahrgängen – eine größere Durchsetzungsfähigkeit und veränderte Erwartungshaltungen bezüglich des Status sowie der Art, Form und Inhalte des Engagements aufweisen, bleibt in den vorliegenden Studien letztlich jedoch weitgehend unbeantwortet. Diese Einschätzung betrifft auch die möglicherweise unterschiedlichen Ressourcenstrukturen jüngerer und älterer Frauen, die sich als spezifische Stärken, Fähigkeiten und Tätigkeitsschwerpunkte im ehrenamtlichen Engagement spiegeln (etwa ein höheres Selbstbewußtsein im Umgang mit Behörden; die Fähigkeit, Lösungsvorschläge zu erarbeiten bei den jüngeren oder die Bevorzugung passiver Hilfeleistungen und Gespräche bei den älteren Frauen) und durch das höhere Bildungsniveau sowie auf Verhaltensmuster und individuelle Lösungsstrategien, die während der Berufstätigkeit erlernt worden sind, bedingt sein könnten (vgl. Heinze/Bucksteeg 1996).

(3) Auch die Institution der »Familie« stellt einen Kristallisationspunkt für gleich in mehrfacher Weise aufeinandertreffende gesellschaftliche Entwicklungen dar[33], deren Auswirkungen auf den weiblichen Lebenszusammenhang aufgrund der qua Geschlecht definierten Hauptzuständigkeit auf die private Sphäre bzw. Haushalt, Kinderbetreuung und Pflege weitaus größer sind als auf den männlichen Lebensalltag. So hat sich beispielsweise die »eigentliche« Familienphase, d. h. die Zeit für die Kindererziehung, bei Frauen aufgrund der geringeren Kinderzahl und der längeren Lebenserwartung in den letzten Jahrzehnten deutlich verkürzt, wurde das vorschulische Betreuungssystem stark ausgebaut,

---

32 Vgl. zu Frauen in Führungs- und Leitungspositionen Ehrhardt (1994); zur Geschlechtsspezifik im beruflichen Bildungswesen den Herausgeberband von Krüger (1992a) sowie zum Verhältnis von Geschlecht und Beruf in traditionellen Frauenberufen Rabe-Kleberg (1992).

33 Hierzu gehören etwa die sich u. a. in den vielfältigeren familialen Lebensverhältnissen, -konstellationen und -entwürfen, der Liberalisierung der Geschlechterbeziehungen zwischen Frauen und Männern, der Verzögerung bzw. Vervielfältigung der Familienbildungsprozesse (etwa mit Blick auf das Eheschließungsverhalten oder durch die Zunahme von Scheidung und Wiederheirat), der Verringerung der Familiengröße durch die Abnahme der durchschnittlichen Kinderzahl oder der Verschärfung sozialer Risiken und Probleme für diese gesellschaftliche Teilgruppe – zum Beispiel durch die krisenhafte Arbeitsmarktsituation oder »neue« Armutserscheinungen, von denen überdurchschnittlich alleinerziehende Frauen oder kinderreiche Familien betroffen sind (vgl. BM für Familie und Senioren 1995; Nave-Herz 1994).

sind es in der Regel Frauen, die mit ihren Kindern nach der Trennung im Familienhaushalt zusammenleben (vgl. etwa BM für Familie und Senioren 1995; Nave- Herz 1994).

Auch bei den zum Teil mit hohen Belastungen verbundenen Unterstützungsleistungen für ältere Verwandte, die teilweise oder ganz die Fähigkeit zur selbständigen Lebensführung verloren haben, zeichnen sich Veränderungen ab. Obwohl in diesem Bereich nach wie vor hochgradig geschlechtsspezifische Zuweisungsmechanismen wirksam sind, die sich darin äußern, daß – je nach Alter der Pflegebedürftigen – mehr Mütter, Lebenspartnerinnen, Töchter und Schwiegertöchter als ihre jeweils männlichen Pendants die Verantwortung für die Pflege und Betreuung der Angehörigen übernehmen, wird durch den demographisch zu erwartenden Anstieg hochbetagter Menschen mit gesundheitlichen Einschränkungen bei gleichzeitigem Rückgang des Leistungspotentials primärer und sekundärer Netze eine weitere Überforderung der Familien befürchtet, die durch die gestiegene Frauenerwerbstätigkeit noch verschärft wird (zumal kaum Hinweise darauf vorliegen, daß die wachsende Berufsbeteiligung der Frauen durch eine stärkere Mitwirkung der Männer an der Pflege ausgeglichen wird; vgl. etwa BM für Familie und Senioren 1995; Schneekloth u. a. 1996).

Die begrenzteren zeitlichen Ressourcen der Frauen und die Kapazitätseinbußen der neuen Lebens- und Familienformen (wie den Einelternfamilien) gegenüber der Normal- und Kleinfamilie könnten sich wiederum hemmend auf Ehrenamt und Selbsthilfe sowie die private Hilfe in der Familie, in der Nachbarschaft und im Freundeskreis auswirken. Aufgrund der hohen und wachsenden beruflichen und sozialen Mobilitätserfordernisse, die der Aufrechterhaltung der traditionellen Beziehungssysteme, dem Aufbau neuer stabiler Netzwerke sowie einem kontinuierlichen Engagement entgegenstehen, erscheint der Rückgriff auf diese Engagementformen und Beziehungsgeflechte in Zukunft problematisch (vgl. Wessels 1994c). In der positiven Variante ist wiederum ein verstärktes ehrenamtliches Engagement vorstellbar, da – wie die Existenz der Mütterzentren und die Diskussion um die Weiterentwicklung von Kindertageseinrichtungen zu Nachbarschafts- oder Familienzentren verdeutlichen – gerade durch die Erosion der traditionellen Netze und der abnehmenden Kontaktmöglichkeiten durchaus ein Interesse von Frauen und Müttern an künstlich inszenierten Netzwerken vorhanden und eine verstärkte dauerhafte, kontinuierliche Mitarbeit oder auch ein befristetes und unregelmäßiges Engagement denkbar sind.

Angesichts des komplexen Verhältnisses der Frauen zu Familie, Erwerbsarbeit und Beruf wird deutlich, daß auch mit Blick auf die ehrenamtliche Arbeit als abhängige Variable eindimensionale und vereinfachende Modelle zur Beschreibung der Gründe, Motive und Funktionen ehrenamtlicher Betätigung nicht ausreichen, um dieses Phänomen angemessen abzubilden und weiterhin Forschungsbedarf besteht.

6.8 Zwischen Stagnation und Veränderungswunsch – Fazit und Ausblick

Das weibliche Ehrenamt als Gegenstand der Forschung stellt – so die Bilanz – nach wie vor eine Thematik dar, der bislang nur unzureichend Rechnung getragen worden ist, obwohl sich die Zahl der Studien, die sich auf diese Fragestellung richten bzw. in denen das Merkmal »Geschlecht« berücksichtigt wird, vermehrt hat und sich die Befunde und Deutungsmuster ausdifferenziert haben (etwa mit Blick auf die innergeschlechtlichen Unterschiede zwischen einzelnen Frauengruppen). Diese Einschätzung läßt sich sowohl für das Gesamtengagement von Frauen als auch für einzelne Handlungsfelder festhalten (wie dem politischen oder sportlichen Bereich; vgl. Kap. 5.5.2). Charakteristisch für den derzeitigen Forschungstand ist überwiegend eine punktuelle Betrachtungsweise, bei der – wie Nadai nachdrücklich feststellt – auf der einen Seite der Kreis der engagierten Frauen durch ausgewählte sozio-strukturelle Variablen beschrieben wird, denen auf der anderen Seite die Beweggründe der handelnden Frauen gegenübergestellt werden, »womit unausgesprochen die Annahme verbunden ist, es bestehe ein kausaler Zusammenhang: Motive und soziodemographische Merkmale steuerten ganz direkt, für was und in welchem Umfang sich ein Individuum engagiere« (Nadai 1996, S. 51). Durch diese Vorgehensweise werde nicht nur die Art der Beziehung zwischen den Variablen vernachlässigt, sondern auch die Freiwilligenkarriere in ihrem biographischen Kontext: So handle es sich beim ehrenamtlichen Engagement nicht nur um eine einmalige Episode oder zufällige Ansammlung und Abfolge von Tätigkeiten, sondern um das »Zusammenspiel der Faktoren Lebenssituation, Ressourcen, Motivation, Handlungsmuster und Organisation« (ebd., S. 240), das die Freiwilligenkarriere konstituiert und in das die Variable »Geschlecht« vielfach eingeflochten ist.

Die Beschäftigung mit dem weiblichen Engagement steht darüber hinaus sowohl in der aktuellen Debatte als auch mit Blick auf die veränderte gesellschaftliche Stellung von Frauen in einem Spannungsverhältnis von Ungleichzeitigkeiten und Ambivalenzen. So war und ist wohl kaum ein gemeinwohlorientierter Diskurs – zumindest bei den Betroffenen – derartig mit Emotionen verbunden wie die Diskussion um das weibliche Ehrenamt. Obwohl die individuelle Bedeutung des Engagements von den befragten Frauen in der Regel hoch eingeschätzt wird, werden in zahlreichen Studien und auf Tagungen zugleich Skepsis gegenüber den zugrundeliegenden Rahmenbedingungen formuliert und Modernisierungserfordernisse angemahnt. Für den Jugendverbandsbereich deutet sich sogar an, daß es vor allem die ehrenamtlich tätigen Frauen sind, die in den Organisationen zu den fortschrittlichen, innovationsorientierten Akteuren gehören, während die männlichen Ehrenamtlichen eher konservativ und verbandskonform agieren (vgl. Kap. 4.4.5).

Ob und inwieweit sich dieser Trend auch auf die anderen Bereiche gesellschaftlichen Engagements übertragen läßt, ist auf der Grundlage der vorliegenden Studien nicht zu beantworten. Sichtbar wird jedoch, daß auch Frauen im sozialen und kirchlichen Ehrenamt eine Veränderung des ehrenamtlichen Engagements anstreben. Dies wird u. a. an den umfangreichen Forderungskatalogen erkenntlich, die sich in verschiedenen Veröffentlichungen wiederfinden und auf die höhere Anerkennung der unbezahlten ehrenamtlichen Arbeit von Frauen zielen. Das Spektrum derartiger Vorschläge reicht hierbei etwa von einer vermehrten Beteiligung der Frauen an der Planung und Entscheidung über Inhalte und Fragen, die die ehrenamtliche Arbeit betreffen, die Schaffung flexibilisierterer Zeitstrukturen und -modelle beim ehrenamtlichen Engagement und im Erwerbsleben, verbesserte steuer- und (sozial-)versicherungsrechtliche Voraussetzungen für die ehrenamtlich tätigen Frauen, die Gewährleistung eines Kinderbetreuungsangebots, Bescheinigungen und Zertifikate über die ausgeübten Tätigkeiten und erlangten Qualifikationen mit Blick auf den Wiedereinstieg ins Berufsleben bis hin zur Quotierung des Ehrenamts und die gezielte Qualifizierung von Frauen in Fragen der Vereinsführung und für die Mitarbeit in den Entscheidungsgremien der Verbände (vgl. Bayerisches Staatsministerium für Arbeit und Sozialordnung 1995; Helbrecht-Jordan 1992; Hilpert-Fröhlich 1995). Aus der Sicht der engagierten Frauen, so könnte zugleich angesichts der umfangreichen Forderungslisten abgeleitet werden, äußert sich die »Krise des Ehrenamts« vor allem in den Strukturen, die sie in den Organisationen antreffen und den Rahmenbedingungen, unter denen sie sich betätigen. Die Frage, ob und inwieweit insbesondere jüngere Frauen in Zukunft bereit sein werden, sich unter den oftmals ungünstigen Voraussetzungen weiterhin zu engagieren, entscheidet sich somit auch und nicht zuletzt an der Innovationsfähigkeit der etablierten Organisationen.

Zwiespältigkeiten des weiblichen Ehrenamts zeigen sich zudem auch in der aktuellen Debatte zur Zukunft der Arbeitsgesellschaft und des Sozialen, in der sowohl die Suche nach gemeinschaftsstiftender Solidarität als auch nach neuartigen Formen und Arrangements jenseits der regulären Erwerbsarbeit im Vordergrund stehen.[34] Im Horizont dieser Diskussion gelten Frauen wiederum als hoffnungsvolle Ressource gemeinwohlorientierten Engagements. So wird beispielsweise in den 1997 veröffentlichten Vorstellungen der Kommission »für Zukunftsfragen der Freistaaten Bayern und Sachsen« unter Verweis auf Beck der Bürgerarbeit als Form freiwilligen Engagements u. a. die Funktion zugesprochen, den Bedeutungsschwund der Erwerbsarbeit zu mildern und eine Veränderung der Arbeitsgesellschaft einzuleiten. BürgerarbeiterInnen werden nicht »entlohnt«, sondern über immaterielle Rückerstattungen (wie Ehrungen) oder Favor Credits (z. B. kostenlose Inanspruchnahme eines Kindergartenplatzes) »belohnt«. Diejenigen BürgerarbeiterInnen, die über kein existenzsicherndes Einkommen verfügen, sollen ein dem Niveau der Sozial- oder Arbeitslosenhilfe

---

34 Diese Auseinandersetzung vollzieht sich zum einen in der Tradition der seit Ende der 70er Jahre formulierten Ideen einer alternativen, informellen Ökonomie, in der angesichts der krisenhaften Entwicklung der Arbeitsgesellschaft Vorstellungen über eine Umverteilung der Arbeit entwickelt wurden. Zum anderen wurde ein ähnlicher Diskurs etwa zeitgleich im Zuge der Frauenbewegung mit dem Ziel einer Neubewertung der unbezahlten Haus- und Familienarbeit geführt. In beiden Konzepten stand die einseitige Konzentration auf Erwerbsarbeit im Mittelpunkt (vgl. Jakob 1999a).

entsprechendes »Bürgergeld« bekommen. Als zentrale Personengruppen, die die notwendige Zeit und prinzipielle Motivierbarkeit für Bürgerarbeit mitbringen, werden neben Arbeitslosen, RentnerInnen, SozialhilfeempfängerInnen, Jugendlichen ausdrücklich Hausfrauen aufgeführt (vgl. Jakob 1999a; Kommission für Zukunftsfragen 1997).

Aus dieser Perspektive könnten Frauen aufgrund ihrer diskontinuierlichen Erwerbsbiographien sozusagen als »Avantgarde« der neuen Arbeitsgesellschaft und als »Vorreiterinnen« einer flexibleren Orientierung gegenüber der Erwerbsarbeit eingeordnet werden. Angesichts der vorliegenden Befunde einer wachsenden Erwerbs- und Berufsorientierung erscheinen sie dagegen eher als »Nachzüglerinnen«, die vehement einen stärkeren Zugang zur bezahlten Arbeit und die Integration in die reguläre Erwerbssphäre suchen. Solange die geschlechtliche Arbeitsteilung nicht überwunden, weiterhin frauendiskriminierende und -ausgrenzende Mechanismen im Beschäftigungssystem wirksam sind und derartige Fragestellungen aus Konzepten zur Umverteilung der Arbeit ausgeblendet werden, handelt es sich – wie Notz polemisch formuliert – bei derartigen Vorstellungen allerdings um »alten Wein in neuen Schläuchen« (Notz 1998, S. 317). Zu schnell drängt sich der alte Verdacht auf, daß durch die verstärkte Forcierung ehrenamtlicher, freiwilliger und bürgerschaftlicher Arbeit Frauenerwerbslosigkeit verdeckt und ihnen das Ausscheiden aus dem Arbeitsmarkt unter neuem Etikett schmackhaft gemacht werden soll (vgl. Notz 1986). Solidarisches Engagement ist letztlich nur glaubwürdig, wenn es tatsächlich freiwillig erfolgt und keinen Ersatz für geringere und verpaßte Chancen auf dem regulären Arbeitsmarkt darstellt.

7. Ältere Menschen im Ehrenamt

Bei der Rede vom freiwilligen Engagement spielen ältere Menschen inzwischen eine hervorgehobene Rolle. In der Gewißheit, daß aufgrund der demographischen Entwicklung allein der quantitative Stellenwert älterer Menschen in naher Zukunft anwachsen wird[1], geben die augenblicklich und die zukünftig Alten weiten Teilen der gesellschafts- und sozialpolitischen Diskurse das Thema und die Richtung vor. Deutlich ist, daß sich der Altersaufbau in einer Weise verändert hat und verändern wird, daß vielfältige Rückwirkungen auf das soziale Leben und die gesellschaftlichen Institutionen zu erwarten sind. Die alten Menschen und das Altern sind Bestandteil der öffentlichen Erörterungen geworden. Die Diskussionen zur Einführung der Pflegeversicherung als vierte Säule des Sozialversicherungssystems oder die anhaltende Debatte um ein tragfähiges Modell der Rentenversicherung können hier als herausragende Beispiele angeführt werden[2], in denen ältere Menschen als Zielgruppe wohlfahrtsstaatlicher Systeme und als »Konsumenten« des bezahlten oder entschädigten Engagements zumeist jüngerer Menschen eine Rolle zugewiesen bekommen.

Diese »Problem-Perspektive«, die u. a. Benachteiligungen, Gefährdungen, Defizite und soziale Probleme in den Vordergrund der Betrachtung rückt, wird in den letzten Jahren durch eine »Ressourcen-Perspektive« ergänzt, durch die manifeste und latente Fähigkeiten und Fertigkeiten, Aktivitäten und Potentiale älterer Menschen ins Blickfeld geraten (vgl. Schmitz-Scherzer u. a. 1994). So sind vermehrt Diskussionen sowie gesellschaftliche und staatliche Aktivitäten zu beobachten, die den älteren Menschen in einer entgegengesetzten Funktion sehen: als »Produzent« von freiwillig ausgeführten Tätigkeiten, von denen neben den Produzenten bzw. Engagierten selbst auch andere Menschen »profitieren«. Mit Blick auf die öffentlich geführten Diskurse hat es den Anschein, daß zur Zeit beide Perspektiven, also sowohl die problem- als auch die ressourcenbetonende, gleichberechtigt nebeneinander stehen. Gerade die Wahrnehmung der Grenzen einer wohlfahrtsstaatlich motivierten Umverteilungspolitik, die sich auf die Steuerungsmedien Recht und Geld stützen kann, befördert die Suche nach Alternativen zu den realisierten Möglichkeiten und Gestaltungen. Dabei geraten – insbesondere im Zusammenhang mit älteren Menschen – solidarische Ressourcen jenseits der Formen beruflich »inszenierter Solidarität« (vgl. Rauschenbach 1994) ins Blickfeld und werden als Selbsthilfe-Potentiale vermehrt (wieder-)entdeckt.

Mit der »Ressourcen-Perspektive« ist der Fokus dieses Kapitels benannt, in dem Daten und Befunde zum Engagement älterer Menschen sowie Programme

---

1 »Demographisch altert unsere Gesellschaft dreifach: Wir werden absolut und relativ mehr ältere Menschen in Zukunft haben, und zudem wird der Anteil Hochaltriger steigen« (Tews 1995, S. 83).

2 Die zentrale Problemlage dieser Debatten wird bestimmt durch die Frage, wie es gelingen kann, einen gerechten und realisierbaren »intergenerativen Ausgleich bei absehbarer Zunahme gesellschaftlicher Belastungen (auch) durch Alter« herzustellen (ebd., S. 81).

und Initiativen zur Förderung dieses Engagements dargestellt und diskutiert werden. Es geht an dieser Stelle also nicht primär um ältere Menschen als Problemgruppe wohlfahrtsstaatlicher Institutionen oder als Zielpunkte ehrenamtlicher bzw. bürgerschaftlicher Aktivitäten, sondern im Zentrum stehen die Potentiale und die freiwilligen, gemeinnützigen Aktivitäten von älteren Menschen. Wenn das Ehrenamt dieser gesellschaftlichen Gruppe zu einem öffentlich diskutierten Faktum wird und demzufolge Veränderungen in den Werten, Einstellungen und Bedürfnissen älterer Menschen Aufmerksamkeit erlangen, dann sind allerdings damit ausschließlich Symptome einer tieferliegenden Entwicklung angesprochen. Gewandelt hat sich die gesamte Lebensphase, das Eingebundensein älterer Menschen in berufliche bzw. soziale Zusammenhänge, ihre Lebenslagen und ihre gesellschaftliche Rolle. Der Wandel dieser Faktoren, die den neueren Entwicklungen im ehrenamtlichen Engagement älterer Menschen vorausgehen und gewissermaßen die Relation von Alter und Ehrenamt in neuer Weise ausgestalten, gilt es zuallererst ins Blickfeld zu rücken.

Für eine informative Verknüpfung der beiden Begriffe Ehrenamt und ältere Menschen kann es nicht ausreichend sein, wenn ausschließlich die quantitative Dimension des nachberuflichen Engagements oder die Wandlungen der Motive betrachtet werden. Abgesehen davon, daß die Datenlage hierzu wenig Detailwissen zur Verfügung stellt, können auf diese Weise nur Entwicklungen festgestellt, aber keinesfalls erklärt werden. Daher erscheint es uns notwendig, auch auf die demographischen Verschiebungen, auf bestimmte Bereiche der Altenpolitik (insbesondere auf Strategien zur Engagementförderung) oder auf einige sozial-kulturelle Aspekte des Altseins einzugehen.

Es wird zunächst dargestellt, in welcher Form gesellschaftliche Wandlungsprozesse die Situation der älteren Menschen in unserer Gesellschaft verändern bzw. verändern werden und – als Symbol für die daraus erwachsenden Folgen – welche terminologischen Konsequenzen und Probleme sich daraus entwickeln. Danach werden repräsentative Befunde verschiedener Untersuchungen der sozialwissenschaftlichen Umfrageforschung zum freiwilligen Engagement und zur Engagementbereitschaft älterer Menschen insgesamt präsentiert, die anschließend mit Fragen zur Motivation und zu Aufnahmevoraussetzungen des Ehrenamts präzisiert werden. Den Abschluß bildet die knappe Vorstellung von Programmen und Initiativen zur Förderung des Engagements älterer Menschen sowie deren Diskussion und Bewertung.[3]

7.1 Ältere Menschen und gesellschaftlicher Wandel

Die Bezeichnung alte oder ältere Menschen deutet auf eine Verhältnisbestimmung hin. Die benutzten Adjektive sind relationale Begriffe, die in industriali-

---

3 Um das Verständnis der Analysen zu erhöhen und eine Verbindung des hier gestellten Themas zum allgemein geführten Ehrenamt-Diskurs zu erleichtern, wurde der Fokus der Ausführungen zu den Motivbündeln und zu den Formen der Förderung und Würdigung des freiwilligen Engagements erweitert.

sierten Ländern i. d. R. dazu dienen, Menschen zu kennzeichnen, die sich in einer bestimmten Lebensphase befinden, die wesentlich durch das Fehlen beruflicher Pflichten geprägt wird. Diese nachberufliche Lebensphase gewinnt aktuell einerseits aufgrund der Zunahme der Lebenserwartung und andererseits aufgrund der Vorverlegung beruflicher Altersgrenzen sowohl für den einzelnen Menschen als auch für die Gesellschaft an Gewicht und Bedeutung. So zeigt sich beispielhaft mit Blick auf die Erwerbsbeteiligung älterer Menschen – auf der Grundlage einer Repräsentativbefragung von Betrieben –, daß die »Erwerbstätigkeit ab 65jähriger, die in den 60er Jahren noch eine nennenswerte Größenordnung darstellte, sehr selten geworden ist; die Mehrzahl der in diesem Alter noch Erwerbstätigen sind Selbständige oder mithelfende Familienangehörige. Seit den 70er Jahren ist auch die Erwerbstätigkeit der 60- bis 64jährigen stark zurückgegangen. 1992 waren nur noch gut 1/3 der Männer dieser Altersgruppe und weniger als 20% der Frauen erwerbstätig« (Baur u. a. 1996, S. 5).

Eines der prägenden Merkmale der kommenden Jahrzehnte bzw. unserer zukünftigen Gesellschaft wird die deutliche Zunahme des Anteils älterer und hochbetagter Menschen sein. Während für das Gebiet der heutigen Bundesrepublik etwa im Jahr 1970 19,9% der Bevölkerung 60 Jahre und älter waren, gehen Prognosen davon aus, daß sich dieser Anteil in Zukunft erheblich vergrößern wird. Im Jahr 2030 wird etwa jeder Dritte dieser Alterskohorte zugehören (vgl. Tab. 19).

Tabelle 19: Tatsächliche und prognostizierte Entwicklung der Zahl und des Anteils der älteren Menschen (ab 60 Jahre) für das Bundesgebiet vom 03.10.1990

Jahr	Bevölkerung in Mio.	darunter: 60jährige und Ältere	
		in Mio.	Anteil in %
1970	78,1	15,6	19,9
1980	78,4	15,1	19,4
1990	79,8	16,3	20,4
2000	82,3	19,1	23,2
2010	79,9	20,3	25,4
2020	76,0	22,0	28,9
2030	70,8	24,4	34,5

Quelle: Höhn/Roloff (1997); eigene Berechnungen

»Die zu erwartende Veränderung der Altersstruktur unserer Bevölkerung ist ein langfristiger Prozeß, der schon seit vielen Jahrzehnten in unserer demographischen Entwicklung angelegt ist, sich aber erst in den nächsten 20 bis 40 Jahren verstärkt auswirken wird« (Höhn 1996, S. 13).[4] Die empirisch ermittelten demographischen und sozialen Wandlungsprozesse lassen sich auf eine einfache Formel bringen: Immer mehr Menschen werden in einem früheren Alter zu Menschen im Ruhestand und haben zugleich eine immer längere Lebensphase

---

4   Vgl. auch Geißler (1996, S. 342 ff.); Höhn/Roloff (1997); Roloff (1996, S. 7 ff.); Tews (1995).

bis zu ihrem Lebensende vor sich. Damit hat sich das »Alter« aufgrund einer zunehmenden Lebenserwartung und veränderter Rahmenbedingungen des Berufsausstiegs sowohl nach oben als auch nach unten hin ausgeweitet.[5] Diese quantitativen Fakten korrespondieren zwangsläufig mit qualitativen Gesichtspunkten.

Alter wird in unserer Gesellschaft aufgrund verschiedener Einschnitte und Strukturveränderungen »breiter«. Neben den in knapper Form bereits angeführten sozio-strukturellen Veränderungen wandelt sich die innere Struktur der Altenpopulation und in der Folge das interne und externe Bild von den älteren Menschen. »Es gibt ein neues Alter... Es gibt eine Feminisierung des Alters, denn die Altersgesellschaft ist heute eine Zweidrittel- oder gar Dreiviertel-Frauen-Gesellschaft. Und in positiver, aber auch in negativer Hinsicht hat sich das Alter verjüngt: Die Alten sind in mehrfacher Hinsicht jünger geworden. Ältere Menschen werden heute früher mit 'Altersproblemen' konfrontiert – so durch die frühe Berufsaufgabe und das frühe Ende der Erziehungsphase bei wenigen Kindern« (Tews 1990, S. 478). Diese Sachverhalte finden ihre wissenschaftliche Beachtung in unterschiedlichen Entwürfen und Theorien. Die Rede vom »Strukturwandel des Alter(n)s« stützt sich neben den bereits genannten Aspekten auch auf Konzepte, deren Etikette verschiedene Entwicklungen beschreiben, wie etwa »Verjüngung«, »Entberuflichung« und »Hochaltrigkeit«.

Parallel zu und in Verbindung mit diesen Veränderungen und deren theoretischer Erfassung wandelte sich ebenfalls das öffentliche Bild und der gesellschaftliche Umgang von und mit älteren Menschen. Das vorwiegend defizitorientierte Altersstereotyp[6] wurde für einen Großteil der älteren Menschen sukzessive von einem Bild abgelöst, das zwar weiterhin von einzelnen Abbauprozessen ausgeht, aber wesentlicher etwa durch Aktivität oder Unabhängigkeit geformt ist.[7] Wenn Defizite da sind, dann liegen diese nicht mehr länger in der physischen oder psychischen Leistungsfähigkeit bzw. -willigkeit der älteren

---

5 Eine Konsequenz, die bereits längere Zeit als politisch brisant bezeichnet werden kann, lautet: Hochrechnungen ergeben, daß – unabhängig von der Arbeitsmarktentwicklung – etwa ab dem Jahr 2035 zwei unabhängig voneinander entwickelnde Trends, die sich allerdings mit Blick auf die Säule unseres Sozialversicherungssystems – das Rentenversicherungssytem – gegenseitig verstärken, voll zum Tragen kommen werden, d. h. daß sowohl der Anstieg der Lebenserwartung als auch der Bevölkerungsrückgang die Schere zwischen der Anzahl der EmpfängerInnen und EinzahlerInnen weit auseinandertreten lassen werden.

6 Den defizitorientierten Stereotypen liegt die grundsätzliche Annahme zugrunde, daß alle Veränderungen biologisch-physiologischer oder kognitiver Art als natürlich auftretende, altersbedingte Abbauprozesse zu verstehen sind.

7 Für mehrere Untergruppen der älteren Menschen trifft dies nicht zu. »Statt der Älteren werden nun die Hochbetagten, Pflegebedürftigen, Dementen von der ganzen Härte der Defizit-Theorie getroffen. Ihnen wenden sich die Institutionen der sozialen Fürsorge mit kaum verändertem, allenfalls vorsichtig modernisiertem Berufsverständnis vormundschaftlich zu. Auch diejenigen unter den jüngeren Alten, die den Normen des Altersaktivismus nicht nachkommen wollen oder können, stehen in der Gefahr, in die alte Abhängigkeit oder Ausgrenzung zurückgestoßen zu werden« (Dettling 1995a, S. 141).

Menschen begründet, sondern sie charakterisieren vielmehr die Lebensumstände derjenigen Menschen, die aufgrund von beruflicher Entpflichtung aus dem statussichernden gesellschaftlichen Funktions- und Rollenkontext ausgegliedert sind. Diesen Menschen, die das eigene Alter vermehrt als Chance sehen, wird – so kann es pointiert ausgedrückt werden – »voreiligerweise ein 'Lebensabend' schon am Lebensnachmittag zugemutet« (Klages 1996b, S. 10).

Diese Entwicklung wird u. a. unter den Stichworten von den »jungen Alten« bzw. den »neuen Alten« oder unter der Differenz zwischen dem »Dritten« und dem »Vierten Alter«[8] diskutiert und findet dort ihren Niederschlag (vgl. u. a. Otto 1997, S. 44). Mit der Rede von den »jungen Alten« wird angedeutet, daß sich im Vergleich zu früheren Zeiten nicht nur die relative quantitative Größe der Kohorte der Alten mit Blick auf die Alterszusammensetzung unserer Gesellschaft verändert[9], sondern gleichermaßen qualitative Veränderungen auszumachen und vorherzusehen sind.[10] »Es wird erwartet, daß sich der durchschnittliche Bildungsstand kommender Kohorten ebenso in positiver Weise von früheren und heutigen unterscheidet wie ihr Gesundheitszustand im dritten Lebensalter« (ebd., S. 46; vgl. auch Höhn 1996, S. 22 ff.; Roloff 1996, S. 11). Die Alten der Zukunft – insbesondere die Frauen – werden im Vergleich zur heutigen Situation über eine höhere formale Bildung verfügen, was u. a. mit Veränderungen in der Interessenstruktur, dem Freizeitverhalten und den Werthaltungen korrespondieren wird (vgl. u. a. Höhn/Roloff 1997, S. 136 ff.).

Die angesprochenen Veränderungen bezüglich des Alters bzw. bezüglich älterer Menschen werden häufig mit dem Wandel der handlungsleitenden Werte[11] und Interessen in Verbindung gebracht und erklärt. Die empirische Analyse der Veränderungen der Wertorientierungen der Bevölkerung im Zeitvergleich seit etwa Mitte der 60er Jahre führte zu der häufig zitierten These vom »Wer-

---

8 »Das Dritte Alter ist nicht vollständig durch den Kalender definiert, und ebensowenig sind seine wahren Grenzen durch Geburtstage festzulegen. (...) Es kann nur in der Gemeinschaft einer landesweiten Gesellschaft derjenigen erfahren werden, die die Neigung, die Freiheit und die Mittel haben, in entsprechender Weise zu handeln. (...) Dementsprechend sollte das Auftreten des Dritten Alters in der Geschichte eher als Entwicklung, denn als Ereignis angesehen werden, als Zusammenfügen von Wandlungen im intellektuellen und kulturellen, im ökonomischen und demographischen Leben zu einem bislang unbekannten, allgemeinen Muster« (Laslett 1995, S. 129).

9 Es bleibt festzuhalten, daß sich Aussagen über die alten Menschen unserer Gesellschaft im Moment zu über 2/3 auf »junge« alte Menschen mit einem Alter von 60 bis 75 Jahre beziehen (vgl. Tews 1995, S. 82).

10 Für Tews bezeichnet die Rede von den »neuen Alten« eine innovative Minderheit der älteren Menschen, die allerdings das heutige Bild des älteren Menschen wesentlich mitformt und deren aktuelle Verhaltensmodelle vielleicht diejenigen eines größeren Teils von morgen sein werden (vgl. Tews 1990, S. 491).

11 Werte werden in diesem Zusammenhang verstanden als individuelle, aber gesamtgesellschaftlich oder subkulturell vermittelte Orientierungsleitlinien, die die Realitätssicht, die Einstellungen und Bedürfnisse sowie die Handlungen einer Person steuern. Sie sind dauerhafte Orientierungen von Gesellschaftsmitgliedern mit verhaltenssteuernder Funktion (vgl. Winkel 1996, S. 12 ff.).

tewandel«.[12] »Stark zugenommen haben im Wertewandel Bedürfnisse nach 'Selbstentfaltung', d. h. Bedürfnisse nach individueller Handlungs- und Entscheidungsautonomie, nach der Möglichkeit, das eigene Leben nach eigenen Vorstellungen zu gestalten und nach der Chance, dem, was einem widerfährt, einen persönlichen 'Sinn' abzugewinnen, kurz, Bedürfnisse nach der Möglichkeit, 'Subjekt des eigenen Handelns' sein zu können« (Klages 1996a, S. 53 f.).[13] Dies bedeutet, daß ein autozentrisches Selbst- und Weltverständnis die eigenen Lebensinteressen zur Leitinstanz des Denkens und Handelns aufwertet. Gleichzeitig hat die Bereitschaft zur Akzeptanz autoritätsbezogener Vorgaben und hierarchisch begründeter Folgsamkeits- und Fügsamkeitsansprüche stark abgenommen, so daß die Individuen den Identifikations- und Akzeptanzwünschen der Organisations- und Institutionssysteme mit wachsender Distanz kritisch gegenüberstehen (vgl. u. a. Hepp 1996).

Eine nach Alter differenzierte Perspektive macht allerdings deutlich, daß dieser in der beschriebenen Tendenz stattgefundene bzw. stattfindende Wertewandel nicht ohne erhebliche Einschränkungen auf die heutige Kohorte der älteren Menschen zu übertragen ist. Die oben beschriebenen, dominanter werdenden Bedürfnisse bedürfen der Grundlage von bestimmten Ressourcen, um relevant werden zu können. Es lassen sich – mit anderen Worten – eine dem Wertewandel ideal angemessene biopsychische Konstitution sowie soziale und monetäre Ressourcen zuordnen, über die längst nicht alle alten Menschen verfügen. Dementsprechend formuliert Klages: »Typischerweise denken wir augenblicklich, wenn wir an Veränderungstrends des Alterns denken, bevorzugt an die sogenannten 'neuen Alten'[14] mit relativ intaktem Sozialumfeld, mit hohem unmittelbar einsetzbarem Handlungspotential und vor allem auch mit einem verhältnismäßig guten gesundheitlichen Zustand« (Klages 1996a, S. 56).

---

12 Zur empirischen Untermauerung dieser These vgl. u. a. Gensicke (1997).

13 Dieser – in einer allgemeinen und eher undifferenzierten Weise formulierte – Wertewandel läßt sich am deutlichsten bei jüngeren Menschen nachweisen, so daß sich mit Blick auf die alten Menschen die Frage stellt, ob es sich beim Wertewandel um einen »Kohorteneffekt« oder um einen »lebenszyklischen Effekt« handelt. Je nach Effekt fallen die Prognosen für zukünftige ältere Generationen verschieden aus. Nach statistischen Berechnungen von Klages lassen sich beide Effekte nachweisen, wobei sich – jedenfalls gegenüber der allgemeinen Richtung des Wertewandels – der Kohorteneffekt als dominant erweist. »Die jungen Menschen von heute sind, pauschal ausgedrückt, anders als die jungen Menschen von gestern, weil sie der Wertewandel geprägt hat, und sie werden als Alte von morgen anders sein als die Alten von gestern und heute, weil diese Prägung andauern wird« (Klages 1996a, S. 54).

14 »Es sind die jungen, aktiven, geistig mobilen, kontaktreichen, kommunikativen, gesunden, körperlich fitten und sportlichen, mitunter auch politisch aufmüpfigen Alten, derer sich auch die Medien gern annehmen. Das 'neue Alter' ist demnach durch Kreativität und Aktivität, ausgeweitetes Verhaltenspotential, Unabhängigkeit und Eigenständigkeit, Freisein von fremdem Hilfebedarf, soziale Eingebundenheit, Interessenvielfalt, Freizeit- und Konsumorientierung, zudem durch vergleichsweise gute Einkommens- und Vermögensverhältnisse gekennzeichnet« (Dieck/Naegele 1993, zit. n. Rosenmayr 1994, S. 38).

7.2 Nachberufliche Tätigkeitsfelder – begriffliche Präzisierungen

Das Phänomen »nachberufliche Tätigkeit« ist nicht neu; dennoch ist die Forschung dazu bislang außerordentlich lückenhaft geblieben.[15] »Die Kenntnis der
Felder, in denen sich die nachberuflichen Tätigkeiten abspielen, der Bedingungen, unter denen sie stehen, und der Reichweite, die sie haben, ist nach wie vor
zu spärlich und verstreut« (Kohli/Künemund 1996, S. 1). Diese empirische Unsicherheit bezüglich der nachberuflichen Lebensphase gewinnt auch dadurch an
Relevanz, daß der Begriff der »nachberuflichen Tätigkeit« aufgrund verschiedener gesellschaftlicher Entwicklungen und beschäftigungspolitischer Strategi-
en, die die Übergangsphase vom Beruf in den Ruhestand betreffen, alles andere
als eindeutig ist.[16] Es ist heute nicht mehr schnell und einleuchtend zu beantworten, wann etwa die Lebensphase nach dem Beruf beginnt oder die Berufstätigkeit zu Ende geht – es bieten sich ganz unterschiedliche, miteinander konkurrierende Merkmale der Abgrenzung und somit verschiedene Definitionen
an.[17] Eine besondere Schwierigkeit ergibt sich aus der Entkoppelung der Definition der Lebensphase des Alters mit einem Gegenbegriff zum Erwerbsdasein,
dem Ruhestand. Bis etwa gegen Ende der 60er Jahre galt eine »Generalisierung
des Ruhestands als normaler Phase im Lebenslauf, die maßgeblich von den Altersgrenzen des Alterssicherungssystems bestimmt wurde (...). Die Renten-
grenze wurde also allgemein zur faktischen Grenze der Beteiligung am Er-
werbssystem« (ebd., S. 10).

Von dieser Selbstverständlichkeit der Übereinstimmung kann heute aus
mehreren Gründen nicht mehr ausgegangen werden, da sich die Übergangsphase in den Ruhestand aufgrund mehrerer Faktoren gewandelt hat. Einerseits existiert ein Trend zum frühen Ruhestand, der die Übergangsphase in den Ruhestand verlängert, und andererseits haben sich die sozialpolitischen Institutionen,

---

15 Die Rede von der »nachberuflichen Tätigkeit« macht deutlich, daß vornehmlich eine
Orientierung an einem idealtypischen Lebensverlauf von Männern stattfindet. Für
einen Großteil von derzeit älteren Frauen wäre evtl. der Ausdruck »nachfamiliale Tätigkeit« zutreffender. Wenn in diesem Kapitel weiterhin von nachberuflichen Tätigkeiten gesprochen wird, geschieht dies im Anschluß an zentrale Untersuchungen und
in einem ältere Frauen einschließenden Sinn.

16 Dieser Sachverhalt und die Tatsachen, daß es sich einerseits bei dem Adjektiv »alt«
sowieso um einen Relationalbegriff handelt und andererseits die Rede von den »jungen Alten« auch für eine Neubewertung des Alters steht, führen dazu, daß wir in den
folgenden Ausführungen hauptsächlich den Ausdruck »ältere Menschen« verwenden, um festzustellen, über welche Menschen Aussagen getroffen werden.

17 »Die beobachtbaren Entwicklungen deuten darauf hin, daß es zu einer deutlichen
Veränderung des Drei-Phasen-Modells des Lebenslaufs kommt, indem Grenzen zwischen ökonomischer Aktivität und ʼInaktivitätʼ zunehmend verschwimmen. An die
Stelle eines eindeutigen Übergangsmechanismus (Alterspensionierung) vom Erwerbsleben in den Ruhestand tritt eine Phase der Ungesichertheit und Unplanbarkeit,
in der Wohlfahrts-Subsysteme, wie Arbeitslosenversicherung, Sicherung bei Berufs-
und Erwerbsunfähigkeit, Sondermaßnahmen usw., in Kompensation zum versagen-
den Arbeitsmarkt die Menschen ʼauffangenʼ und die Zeit bis zur Erreichung des gesetzlichen Pensionsalters ganz oder teilweise überbrücken« (BMFSFJ 1996b, S. 93).

die Pfade, auf denen der Übergang zum Ruhestandsdasein stattfindet, diversifiziert, und in der Folge kommt es zu einer gewissen Flexibilisierung des Übergangs (vgl. ebd., S. 10 ff.). Aufgrund neuer bzw. modifizierter rechtlicher Grundlagen existiert heute ein breites Spektrum sozialpolitischer Instrumente (Erwerbs- und Berufsunfähigkeit mit gesundheitlichen und arbeitsmarktbezogenen Kriterien, diverse Vorruhestandsregelungen oder betriebs- und branchenspezifische Regelungen[18]), welches Wahlmöglichkeiten bezüglich des Zeitpunktes und des Grades des Übergangs aus dem Berufsleben eröffnet.

Die Vielfältigkeit der Verrentungs- bzw. der Arbeitsaustrittsstrukturen ist ein Spiegelbild der rückläufigen Erwerbsbeteiligung älterer Menschen; die beiden für diesen Entkopplungsprozeß wesentlichen Entwicklungen – die rückläufige Alterserwerbsarbeit und die steigenden Frühverrentungsquoten – sind nur durch ein Konglomerat unterschiedlicher Verursachungszusammenhänge zu erklären.»So vermischen sich subjektive Bedürfnisse nach einem 'verdienten frühen Ruhestand', von dem man 'möglichst lange etwas haben' will, oder der Wunsch, den Berufsaustrittszeitpunkt mit dem (Ehe)Partner/der (Ehe)Partnerin zu synchronisieren, mit solchen objektiven Zwängen, die von der eigenen Gesundheit, betrieblichen Beschäftigungsstrategien und damit verbundenem Ausgliederungsdruck sowie insbesondere von der globalen Arbeitsmarktlage ausgehen« (Naegele 1994, S. 115). Diese Wandlungsprozesse finden ihren Ausdruck in dem – bereits genannten – Konzept der »Entberuflichung«, das, weil es bezüglich der Lebensverläufe immer früher einsetzt, auf eine wachsende Zahl von Menschen zutrifft und zwei Aspekte miteinander verknüpft:

- Das Alter – als Lebensphase ohne Berufstätigkeit – betrifft einen immer größeren Teil der Bevölkerung, da insgesamt der Zeitpunkt der Berufsaufgabe im individuellen Lebenslauf nach vorne verlegt wurde und eine erhöhte durchschnittliche Lebenszeit erwartet werden kann.[19]
- Der Prozeß der Berufsaufgabe selbst hat sich – wie beschrieben – diversifiziert, die Zwänge und Wahlmöglichkeiten bezüglich der Formen der Berufsaufgabe erfordern vermehrt Anpassungsstrategien an die nachberufliche Lebensphase und an nachberufliche Tätigkeiten (vgl. u. a. Tews 1990, S. 484).

Baur (1996) differenzieren auf der Grundlage einer eher deskriptiven Herangehensweise grundsätzlich fünf Bereiche nachberuflicher Tätigkeit, deren Grenzen in der Praxis Überschneidungen zulassen, um den eigenen Untersuchungsgegenstand eingrenzen zu können.[20] Neben dem primären, sozialen Nahbereich

---

18 Knappe Erläuterungen zu diesen Instrumenten finden sich in Kohli/Künemund (1996, S. 12 f.).

19 »Die Erwerbsbeteiligung älterer Arbeitnehmer hat laufend abgenommen, lediglich durch die Frauenerwerbsquote 'abgebremst'. Dieser Trend ist auch international nachweisbar« (Tews 1990, S. 484).

20 Die Untersuchung der Prognos AG zur motivationalen und institutionellen Förderung nachberuflicher Tätigkeitsfelder hatte das Ziel, den Ist-Zustand und die Entwicklungsmöglichkeiten nachberuflicher Tätigkeitsfelder zu durchleuchten und die fördernden und hemmenden Faktoren aufzuzeigen. Unter Berücksichtigung einiger Ab-

(u. a. Familie, Nachbarschaft), dem Arbeiten in abhängigen oder selbständigen betrieblichen Strukturen[21] und dem Tätigsein im vielgestaltigen Hobby-Bereich werden zwei weitere Tätigkeitsfelder genannt: das Ehrenamt und das Tätigsein in Organisationen bzw. Initiativen. In diesen beiden Kategorien findet sich das freiwillig ausgeführte, gemeinwohlorientierte Engagement älterer Menschen[22], das außerhalb des sozialen Nahraums stattfindet und im weiteren Verlauf von Interesse ist (vgl. Tab. 20).

Tabelle 20: Bereiche nachberuflicher Tätigkeit

Tätigkeitsbereiche	Beschreibung
Primärer Bereich	Darunter fallen Hilfeleistungen von älteren Menschen im Rahmen von Familie und Nachbarschaft. Hauptsächlich handelt es sich um Hilfeleistungen, wie die Pflege von kranken PartnerInnen und Familienangehörigen, die Versorgung und Betreuung von Enkelkindern oder die Hilfe im Haushalt der Kinder.
Betriebliche Tätigkeitsfelder	Darunter fallen Arbeitsplätze bzw. Tätigkeitsbereiche in betrieblichen Strukturen. Merkmale sind verbindliche Arbeitszeiten und Entlohnung der Tätigkeit. Zu diesem Typ zählt ebenso das über den Ruhestand hinausgehende Tätigsein von Selbständigen und Freiberufler.
Hobby-Bereich	Darunter fällt ein breites Spektrum an Tätigkeiten mit unterschiedlichsten Organisationsstrukturen und Institutionalisierungsgraden. Die Spannbreite reicht vom Sportverein bis zu Hobby-Feldern (als Verein oder nicht als Verein organisiert), wie das Briefmarkensammeln.
Ehrenamtliche Tätigkeitsfelder	Darunter fallen typischerweise freiwillige, nicht auf Entgelt ausgerichtete Tätigkeiten im Rahmen von wohlfahrtsverbandlichen und kirchlichen Organisationen bzw. Einrichtungen.
Organisationen/ Initiativen	Darunter fallen Zusammenschlüsse von Ruheständlern zu spezifischen, nach außen gerichteten Tätigkeiten. Dabei kann es sich um Angebote mit organisatorischer Anbindung (Kirche, Sozialamt, Kammer etc.) handeln oder um Initiativen von Ruheständlern selbst, die ihrerseits gegebenenfalls eine Form der Trägerschaft gewählt haben.

Quelle: Baur u. a. (1997)

Insgesamt sortieren die fünf voneinander abgegrenzten Bereiche der nachberuflichen Tätigkeit in plausibler Art und Weise, allerdings ist die Zweiteilung für den Komplex des freiwilligen, gemeinnützigen Engagements wenig überzeu-

---

grenzungskriterien konzentriert sich die Studie ausschließlich auf die Typen 2 (betriebliche Tätigkeitsfelder) und 5 (Organisationen/Initiativen) (vgl. Baur u. a. 1996).
21 Die Prämisse für eine Einordnung in dieser Kategorie bleibt bestehen, da es sich um nachberufliche Tätigkeiten handelt. Gemeint sind u. a. Tätigkeiten in (alten oder neuen) betrieblichen Strukturen in einem solch geringen Umfang, daß der dadurch erarbeitete Nebenverdienst die Höhe der Rentenzahlungen nicht beeinflußt.
22 Zur Abgrenzung möglicher Definitionen zum freiwilligen, gemeinwohlorientierten Engagement vgl. Beher/Liebig/Rauschenbach (1998, S. 149).

gend. Die dort vorgenommene Grenzziehung scheint eher aus der Festlegung des eigenen Untersuchungsgegenstands (Untersuchung zur motivationalen und institutionellen Förderung nachberuflicher Tätigkeitsfelder) als einer fundierten Analyse zu entspringen und orientiert sich dementsprechend nicht an gängigen Unterscheidungsdimensionen (Fremd- oder Selbsthilfe, mit oder ohne organisatorische Anbindung, in formal oder in nicht-formal legitimierten Funktionen).

Eine andere – aufgrund einer eher analytischen Herangehensweise gewonnene – Typologie bieten Kohli/Künemund an.[23] Sie benutzen zur Klassifizierung drei Gegensatzpaare (öffentlich-privat, berufsnah-berufsfern, produktiv-konsumtiv) und gewinnen auf diese Weise eine Sechs-Felder-Tafel (vgl. Tab. 21). Das Ehrenamt, aber etwa auch die Selbsthilfe erscheinen aufgrund dieser Kategorisierung als produktive und berufsferne Tätigkeiten im öffentlichen Raum.

Tabelle 21: Typologie nachberuflicher Tätigkeitsfelder

| | berufsnah | berufsfern | |
		»produktiv«	»konsumtiv«
»öffentlich«	Erwerbsarbeit	Ehrenamt, Selbsthilfe, Seniorenpolitik	Hobby, Bildung, Sport
»privat«	Eigenarbeit	Hausarbeit, Pflege, Betreuung	Medienkonsum, Stammtisch

Quelle: Kohli/Künemund (1996)

Diese Typologien von Tätigkeitsfeldern sind zur Systematisierung von Aktivitäten in der nachberuflichen Lebensphase erstellt worden. Sie dienen uns im folgenden dazu, den Fokus der Betrachtung zu verdeutlichen, also das Spektrum des Geltungsbereichs einzugrenzen und zu plausiblisieren.

7.3 Rahmenbedingungen des Engagements älterer Menschen

Dem publik gemachten gesellschaftlichen Wandel, der vor allem in der zunehmenden quantitativen Bedeutung älterer Menschen seinen Ausdruck findet, und den »internen« Wandlungsprozessen dieser Altersgruppe entspricht eine Vermehrung und Intensivierung von Angeboten. Das Spektrum der Angebote und Tätigkeitsfelder, bei denen Ältere heute aktiv werden können, hat sich ausgeweitet (vgl. Tews 1995, S. 111). Dies betrifft nicht nur die Angebote der Altenhilfe von caritativen oder kommunalen Trägern bzw. die institutionellen Ergebnisse der »engagementfördernden« staatlichen Programme für ältere Menschen – von denen einige später dargestellt werden –, sondern auch die Offerten, die

---

23 Ihre Untersuchung konzentriert sich auf die Erwerbsarbeit und die berufsfernen, produktiven Tätigkeiten.

auf einem Markt von privatgewerblichen Anbietern für ältere Menschen geschaffen wurden. Für die nachberuflichen Tätigkeitsfelder – gleich, ob sie produktiv oder konsumtiv ausgerichtet sind – entwickelt sich ein Marktgeschehen.

Das Engagement älterer Menschen in den produktiven Tätigkeitsfeldern ist einerseits vor dem Hintergrund der bisherigen Lebensgeschichte zu sehen und andererseits im Zusammenhang mit den darin angelegten zukunftsgerichteten Erwartungen zu begreifen. Der zunehmend nach individualisierten Mustern sich vollziehende Übergang vom Erwerbsleben in den Ruhestand spielt hierbei eine entscheidende Rolle. »Denn hiermit verändern sich die Anforderungen der alltäglichen Lebensführung, die individuellen Erwartungen an den weiteren Lebenslauf und vor allem auch die soziale Position in der Gesellschaft« (Olk 1997, S. 73). In diesem Zusammenhang drückt beispielhaft die Rede vom »Pensionsschock«, als ein vorerst vor allem Männer betreffenden Anhaltspunkt für einen biographischen Bruch, auch aus, daß dieses Schockerlebnis von Suchprozessen nach Ersatz, nach »sinnvoller und nützlicher Tätigkeit« begleitet werden kann (vgl. u. a. Heinze/Bucksteeg 1996, S. 108 ff.). In diesem Fall wird das Engagement als das Herstellen eines individuellen Passungsverhältnisses, als Ausdruck des Bedürfnisses nach Kontinuität im persönlichen Wandel und nach sozialer Teilhabe verstanden.

Viele Anzeichen sprechen dafür, daß die Organisation des eigenen nachberuflichen Lebens vor allem durch Momente biographischer Kontinuität dominiert wird. »Im Zuge solcher Biographiearbeit 'produzieren' und gestalten die Ruheständler heute ein neues Lebensalter: nämlich das Lebensalter zwischen der institutionalisierten Erwerbsphase und dem Altsein« (Langehennig/Kohli 1989, S. 220). Dieses Bemühen nach der Herstellung eines durch biographische Momente geprägten, individuellen Passungsverhältnisses zwischen Bedürfnissen und Engagementmöglichkeiten in dieser »neuen Lebensphase« korrespondiert allerdings mit zunehmenden strukturellen Schwierigkeiten.[24] Diese treten in besonderem Maße deutlich hervor, sobald die Partizipationsmöglichkeiten älterer Menschen durch eine direkte Vertretung in Positionen auf höheren Hierarchieebenen betrachtet werden.

Die strukturellen Bedingungen für die Partizipation älterer Menschen in wirtschaftlichen, politischen und sozialen Mitgliedsorganisationen im Sinne der Besetzung von Leitungs- bzw. Führungspositionen haben sich spätestens mit dem Übergang von den 60er zu den 70er Jahren verschlechtert. Bis in die 50er hinein Jahre waren die Chancen für Posten als (Spitzen-)Funktionäre aufgrund tradierter Rekrutierungs- und Aufstiegsmechanismen für langjährige Organisa-

---

24 Ein ungewöhnliches und gleichzeitig interessantes Forschungsdesign, um die strukturellen Barrieren eines Engagements (in Österreich) u. a. aus der Sicht älterer Menschen selbst zu enttarnen, wurde für die wissenschaftliche Begleitung des Projekts »Mitsprache« gewählt. Auf der Basis konzeptioneller Anleitungen von »Zukunftswerkstätten« und »Focus Groups« wurden in einer Forschungsphase mehrere Workshops mit älteren Menschen durchgeführt, u. a. um durch eine spezifische Methodik auch im Forschungsprozeß selbst eine bestimmte Form der Mitsprache für SeniorInnen zu realisieren (vgl. Bahr/Leichsenring/Strümpel 1996, S. 67 ff.).

tionsmitglieder mit persönlicher Autorität und Erfahrungswissen relativ groß. Diese Mechanismen wurden ausgetauscht zugunsten von funktionalem Experten- und strategischem Managementwissen. »Eine neue Generation von akademisch geschulten Funktionären führte moderne Managementkonzepte, betriebswirtschaftliches Wissen und organisationssoziologisch begründete Organisationspolitiken in die Welt der Organisationen in Wirtschaft, Politik und Soziales ein. Da ein auf wissenschaftlich begründetem Wissen basierendes strategisches Managementwissen gefordert wird, werden ältere Menschen tendenziell benachteiligt« (Olk 1997, S. 64).

Diese Tendenzen, die sich in der veränderten Rolle älterer Menschen in verschiedenen Mitgliedsorganisationen zeigen, werden begleitet von immer noch bedeutsamen Strukturrestriktionen, die das Politikfeld »Altenpolitik« prägen. »Ein nach wie vor noch nicht auf allen Ebenen und in allen Bereichen wirkendes neues Bild vom Alter, ein noch nicht umfassend etabliertes Verständnis von einer modernen Altenpolitik sowie traditionelle und zum Teil überholte Zuständigkeits- und Ressortregelungen« (Holz 1996, S. 47) werden dafür verantwortlich gemacht. Entgegen dieser allgemeinen Feststellung zeichnet sich, aus einer lokalen Ebene und aus Formen von Selbstinitiativen erwachsend, ein neuartiger konzeptioneller Umgang mit älteren Menschen ab, der auf Elemente einer zunehmenden Demokratisierung bzw. Selbstbestimmung verweist. »Es zeigen sich … zumindest Tendenzen dafür, daß die bisherige Dominanz des advokatorischen Politikstils im Bereich der Altenpolitik – also die Politik für alte Menschen – durch einen aktiven Politikstil der direkten Vertretung eigener Interessen – also einer Politik durch alte Menschen – 'Konkurrenz' bekommt« (Olk 1997, S. 59). Als Beispiel lassen sich etwa die vielfältigen Formen der Seniorenvertretungen anführen, die u. a. auch Funktionen einer vorparlamentarischen Beteiligung älterer BürgerInnen erfüllen.[25] Weiterhin deuten die vielschichtigen Bemühungen der Parteien, ältere Menschen in ihren Reihen neue Partizipationsmöglichkeiten zu geben, auf diesen neuen Politikstil hin.[26]

7.4 Die Engagementbereitschaft älterer Menschen

Die Lebensphasen, in der sich ältere Menschen befinden, sowie die älteren Menschen selbst, deren Bedürfnisse, deren nicht realisierte Potentiale oder de-

---

25 Für Dettbarn-Reggentin (1997, S. 91) stellen die Seniorenvertretungen »ein Lernmodell gemeinwesenorientierter Aktivbürgerschaft älterer Bürger dar, das die Ebenen der produktiven Selbstgestaltung mit der Sozialgestaltung verknüpft«. Die Zahl dieser Vertretungen ist in den letzten Jahren angewachsen; 1996 wurden auf den verschiedenen Ebenen des förderalen Aufbaus 735 Seniorenvertretungen gezählt (vgl. Mayer 1997, S. 17). Zur Kritik dieser »Spezialinstitutionen der politischen Sondermacht« vgl. Naegele (1999), der für eine Integration älterer Menschen in etablierte politische Institutionen plädiert.

26 Als Beispiel kann hier die Arbeitsgemeinschaft »60 plus« der SPD genannt werden, die 1994 gegründet wurde und der – auf eigenen Wunsch – jedes SPD-Mitglied ab 60 Jahre angehört, aber prinzipiell auch Jüngeren offensteht.

ren Kaufkraft werden vermehrt wahrgenommen und thematisiert. Mit diesem vergrößerten Interesse kann allerdings das empirisch gesicherte Wissen zum ehrenamtlichen Engagement und zur Engagementbereitschaft älterer Menschen nicht mithalten. Es existiert bislang nur eine geringe Anzahl von quantitativen Datenquellen, auf die sich Aussagen dazu stützen können. In der vielzähligen Literatur zu älteren Menschen wird immer wieder auf die wenigen, gleichen Quellen zum Themengebiet Ehrenamt verwiesen, deren Befunde z. T. als widersprüchlich angesehen werden müssen und deren zeitliche Bezüge u. U. weit in die Vergangenheit zurückreichen (vgl. die Ausführungen zum ehrenamtlichen Engagement älterer Menschen in Baur u. a. 1997; EMNID 1993; Kohli/Künemund 1996; Wilk 1995).

In den nachfolgenden Ausführungen wird aus dem großen Spektrum der damit korrespondierenden Tätigkeitsfelder älterer Menschen das besondere Augenmerk auf die produktiven, berufsfernen Aktivitäten im öffentlichen Raum und damit auf die ehrenamtlichen sowie die nach außen gerichteten anderen Tätigkeiten in Organisationen oder Initiativen gerichtet. Zunächst sollen aufgrund der Befunde verschiedener für Deutschland repräsentativer Untersuchungen im Rahmen der amtlichen und sozialwissenschaftlichen Umfrageforschung quantitative Aspekte des ehrenamtlichen Engagements und der Engagementbereitschaft älterer Menschen beleuchtet werden. Nach dem einführenden Aufriß zur Bedeutung der nachberuflichen Lebensphase und begrifflichen Präzisierungen stellen diese Daten gewissermaßen das auf Durchschnittsberechnungen beruhende Fundament für weitere Debatten zum Ehrenamt älterer Menschen dar.

Die Zeitbudgeterhebung des Statistischen Bundesamtes (vgl. Blanke/Ehling/ Schwarz 1996) arbeitet mit dem Terminus »unbezahlte Arbeit«, was – auf die vorstehende »Typologie nachberuflicher Tätigkeitsfelder« bezogen – bedeutet, daß die als berufsfern und produktiv klassifizierten Tätigkeiten gemeint sind.[27] Diese Tätigkeiten (von Ehrenamt und Selbsthilfe bis zu Hausarbeit und Pflegetätigkeiten) nehmen bei den 60- bis unter 70jährigen Männern im Durchschnitt täglich rund 4 Stunden in Anspruch, wobei es bei den gleichaltrigen Frauen knapp 6 Stunden sind. Während diese Zeitverwendungsdaten bei den älteren Männern (70 Jahre und älter) konstant bleiben, reduziert sich die Zeitaufwendung bei den Frauen um etwa eine Stunde (vgl. ebd., S. 76 f.). In diesen Daten sind die Zeitaufwendungen für Ehrenämter enthalten.[28] Etwa ¼ (25,3%) der 60- bis unter 70jährigen Männer engagieren sich laut Zeitbudgeterhebung ehrenamtlich[29], wobei sie im Durchschnitt ca. sieben Stunden wöchentlich für

27 Die als berufsnah eingestuften Tätigkeiten sollen sich dadurch kennzeichnen und unterscheiden lassen, daß sie auf Arbeitsmärkten nachgefragt und bezahlt werden (vgl. Kohli/Künemund 1996, S. 18).
28 »Unter Ehrenamt werden Aufgaben und Funktionen im Rahmen von Organisationen – wie Vereinen, Kirchen – und öffentlichen Ämtern verstanden« (Blanke/Ehling/ Schwarz 1996, S. 169 f.).
29 Die Hauptaufgabe der Zeitbudgeterhebung bestand in dem Aufbau eines Satellitensystems Haushaltsproduktion für die volkswirtschaftlichen Gesamtrechnungen. Die Ermöglichung von Aussagen zum ehrenamtlichen Engagement stellt somit nur einen

diese Art der unbezahlten Arbeit bzw. für diesen speziellen Typ der berufsfernen und produktiven Tätigkeiten aufwenden.[30] Bei den Frauen dieser Altersklasse engagieren sich 19,5% ehrenamtlich mit durchschnittlich 4 Stunden pro Woche (vgl. Tab. 22).

Tabelle 22: Ausgewählte Aspekte der Zeitverwendung älterer Menschen über 60 Jahre aufgrund der Zeitbudgeterhebung

Altersgruppe	Frauen		Männer	
	60-<70 J.	≥70 J.	60-<70 J.	≥70 J.
Durchschnittliche Zeitverwendung für »unbezahlte Arbeit« pro Woche (in Std.)	40:57 Std.	35:07 Std.	28:28 Std.	28:07 Std.
Beteiligungsgrad an ehrenamtlichen Tätigkeiten (in % der Alterskohorte)	19,5%	13,9%	25,3%	20,8%
Durchschnittliche Zeitverwendung der ehrenamtlich Engagierten für Ehrenämter pro Woche (in Std.)	4:00 Std.	5:05 Std.	7:10 Std.	6:15 Std.

Quelle: Blanke/Ehling/Schwarz (1996, S. 174 ff.); eigene Berechnungen

Wie bereits erwähnt, ermöglichen die Daten der Zeitbudgetstudie aus den Jahren 1991/92 keine Aussagen über die Verteilung des ehrenamtlichen Engagements auf unterschiedliche Organisationen bzw. auf verschiedene Engagementformen. Festhalten lassen sich allerdings, neben der generellen geringen Abnahme des Beteiligungsgrades mit zunehmendem Alter ab 40 Jahren[31], erhebliche Geschlechterunterschiede – bezogen auf die Engagementbereitschaft der je-

---

Teilaspekt dieser Untersuchung dar, womit sich die vorhandenen, erheblichen statistischen und methodischen Probleme bzw. Einschränkungen bezüglich der Auswertung zum Ehrenamt erklären lassen. So lag den Befragten keine eindeutige Definition des Begriffes Ehrenamt vor, Auskünfte dazu beruhten auf eigenen Einschätzungen und impliziten Definitionen. Die Größe der Stichprobe erlaubt in vielen Fällen keine Aussagen in gewünschter demographischer Tiefe, und es ist nicht möglich, nach den Formen des ehrenamtlichen Engagements zu unterscheiden, da hiernach die Befragung nicht differenziert wurde. So liegen zwar Daten zu der täglichen Zeitverwendung für ehrenamtliche Tätigkeiten und Hilfeleistungen vor, es ist allerdings unmöglich zu ermitteln, wie sich das Ehrenamt etwa auf Sportvereine, politische Tätigkeiten oder aber Wohlfahrtsverbände verteilt. Außerdem wurde das Ehrenamt von der sozialen Hilfe unterschieden, womit Tätigkeitsbereiche, die normalerweise zum Ehrenamt gerechnet werden, nicht subsumiert wurden. Insofern ist davon auszugehen, daß der Anteil ehrenamtlich tätiger Frauen systematisch untererfaßt wurde (vgl. u. a. Ehling 1990; Schwarz 1996b).

30 Nicht berechnet wurden die notwendigen Wegezeiten zur Erfüllung des Ehrenamts.
31 Die Altersgruppe von 40 bis unter 60 Jahren engagiert sich mit Blick auf den jeweiligen Beteiligungsgrad laut Zeitbudgetstudie am stärksten. Bei einem deutlichen Übergewicht des für die Männer festgestellten Prozentwertes wird insgesamt für diese Altersphase ein Beteiligungsgrad an ehrenamtlichen Tätigkeiten von 22,1% angegeben.

weiligen Alterskohorte als auch auf die durchschnittliche Zeitverwendung für das Ehrenamt (vgl. u. a. Baur u. a. 1996, S. 142 ff.; Engels 1991).[32]

Neuere und in mancher Hinsicht differenziertere Daten zur Quantität des ehrenamtlichen Engagements liefert das Sozio-ökonomische Panel (SOEP). Die ermittelten Werte für das Engagement von älteren Menschen sind – unter Berücksichtigung einiger methodologischer und methodischer Unterschiede[33] – durchaus miteinander zu vergleichen. Für das Jahr 1992 liegt – auf der Grundlage des SOEP – das Engagement der Menschen, die 60 Jahre und älter sind, bei 19,7% im Westen und 14,6% im Osten. Die entsprechenden Werte für das Jahr 1996 zeigen, daß die Bereitschaft der älteren Menschen, sich ehrenamtlich zu engagieren, zugenommen hat. Der Engagementgrad im Osten erreicht 1996 etwa den Wert des Westens von 1992 (19,9%), während im Westen fast jeder vierte (24,4%) ältere Mensch (ab 60 Jahre) ehrenamtlich tätig ist. Dieses Engagement findet größtenteils in Vereinen, Verbänden oder sozialen Diensten statt. Dies entspricht einem allgemeinen Trend über alle Alterskohorten hinweg, wobei allerdings bei genauerem Hinsehen erwartbare Unterschiede in der Verteilung zu erkennen sind. So sind scheinbar die älteren Menschen im Vergleich diejenigen, deren Engagement überdurchschnittlich häufig in Parteien, Bürgerinitiativen oder in der Kommunalpolitik stattfindet (vgl. Erlinghagen/Rinne/Schwarze 1997, S. 35).[34] Im Westen arbeitet mehr als ein Fünftel der älteren Menschen (22,1%) dort ehrenamtlich, 10,3% sind in Parteien, Bürgerinitiativen oder in der Kommunalpolitik aktiv. Ähnlich verteilt sich das Engagement im Osten: Dort arbeiten 17,2% in Vereinen, Verbänden oder sozialen Diensten, 9% im alternativ angegebenen gesellschaftlichen Bereich (vgl. Tab. 23).

---

32 Diese Unterschiede zwischen den Geschlechtern werden durch eine EMNID-Umfrage grundsätzlich bestätigt. Dagegen belegt diese Studie mit Blick auf den Beteiligungsgrad der 50- bis 69jährigen älteren Menschen andere Befunde (vgl. EMNID 1993; Wilk 1995, S. 63 ff.).

33 Am auffälligsten ist die unterschiedliche Altersabgrenzung: Während das SOEP in die vergleichbare Kategorie »ältere Menschen« die genau 60 Jahre alten Menschen nicht einschließt, wird diese Altersgruppe bei der Zeitbudgeterhebung in der Kategorie »60 bis unter 70 Jahre« erfaßt. Daneben deutet ein Vergleich darauf hin, daß unter »Berücksichtigung der konzeptionellen Unterschiede zwischen SOEP und ZBE (Zeitbudgeterhebung – d. V.) hinsichtlich der Altersabgrenzung und der Erhebungsmethode ... die Daten des SOEP demnach eine untere Grenze des Umfangs ehrenamtlicher Tätigkeit wiederzugeben« scheinen (Erlinghagen/Rinne/Schwarze 1997, S. 12).

34 Aus diesem statistischen Befund allerdings den Schluß zu ziehen, daß ältere Menschen überproportional in (politischen) Machtpositionen vertreten sind, ginge an der Realität vorbei: »Einstweilen läßt sich nur feststellen, daß der bereits erreichten numerischen Macht der Älteren zumindest zur Zeit noch keine entsprechende Beteiligung an der politischen Macht entspricht, so daß allenfalls von einer latenten Macht der Alten in der gegenwärtigen bundesrepublikanischen Gesellschaft gesprochen werden kann« (Olk 1997, S. 59). Für diese Aussage spricht u. a., daß – obwohl etwa in der CDU, der SPD und der PDS der Anteil der älteren Parteimitglieder höher liegt als in der Wahlbevölkerung insgesamt – diese Altersgruppe unter den Abgeordneten des Deutschen Bundestags und der Landtage unterproportional vertreten ist (vgl. Dettbarn-Reggentin 1997, S. 77 ff.; Olk 1997, S. 61 f.; Wiesendahl 1997, S. 357 ff.).

Tabelle 23: Engagementquoten älterer Menschen ab 60 Jahre im Ehrenamt (nach den Daten des SOEP 1992-1996; in %)

	Zeitlicher Umfang ehrenamtlichen Engagements in ...											
	Vereinen, Verbänden, sozialen Diensten				Parteien, Initiativen, Kommunalpolitik				insgesamt			
	West		Ost		West		Ost		West		Ost	
	'92	'96	'92	'96	'92	'96	'92	'96	'92	'96	'92	'96
Gesamt-engagement	17,8	22,1	11,9	17,2	6,8	10,3	5,4	9,0	19,7	24,4	14,6	19,9
davon: regelmäßig[1]	11,8	13,5	8,1	10,6	2,7	1,7	$3,1^2$	$4,0^2$	12,5	14,1	9,9	11,9
seltener	6,0	8,6	3,8	6,6	4,1	8,6	$2,3^2$	5,0	7,2	10,3	4,7	8,0

1 Dies umfaßt die Antwortmöglichkeiten »jede Woche« und »jeden Monat«.
2 Die Prozentzahlen beziehen sich auf weniger als 30 Fälle.

Quelle: Erlinghagen/Rinne/Schwarze (1997)

Das Engagement der älteren Menschen folgt mit Einschränkungen dem allgemein zu beobachtenden Trend[35], der besagt, daß sich das Ehrenamt weniger in selbstgewählten Verpflichtungen äußert, die ein regelmäßiges Engagement erfordern, sondern eher in einem unregelmäßigen Einsatz, so daß sich die Ehrenamtlichen im Zeitvergleich heute weniger häufig als monatlich oder gar wöchentlich engagieren. Waren es 1985 in den alten Bundesländern insgesamt 59,1% der ehrenamtlich tätigen älteren Menschen, die sich regelmäßig (wöchentlich oder monatlich) engagierten, sind es 11 Jahre später noch 57,8%. Diese geringe Veränderung läßt sich vor allem auf ein gewandeltes Engagementverhalten in Parteien, Bürgerinitiativen bzw. in der Kommunalpolitik zurückführen. Während dort im Jahr 1985 65,8% der älteren Ehrenamtlichen seltener als monatlich tätig waren, beläuft sich deren Anteil 1996 auf 83,5% (vgl. Tab. 24).[36]

Im Osten Deutschlands zeigt sich der Trend zu eher sporadischem, unregelmäßigem Engagement deutlicher als im Westen. Auffällig ist dabei, daß die größeren Unterschiede im Osten scheinbar darauf zurückzuführen sind, daß dort von einem höheren Niveau sich regelmäßig engagierender älterer Menschen in früheren Jahren ausgegangen werden muß. Waren dort 1992 noch über

---

35 Über alle Alterskategorien hinweg zeigen die Daten des SOEP eindeutig, daß eine Tendenz zu einem unregelmäßig, selten stattfindenden Engagement auszumachen ist. Während für einen Zeitraum von 11 Jahren (von 1985 bis 1996) festzustellen ist, daß – bei insgesamt steigenden Ehrenamtlichenzahlen – das regelmäßig stattfindende Engagement von 15,4% in 1985 auf 17,5% angewachsen ist, stieg die Prozentzahl für das selten stattfindende Engagement von 9,9% auf 17,2%. Dies bedeutet – etwas vereinfachend –, daß sich von allen Ehrenamtlichen in Deutschland etwa ein Viertel jede Woche, ein weiteres Viertel jeden Monat und ca. die Hälfte seltener engagiert.

36 Aus diesen Daten läßt sich vorsichtig im Umkehrschluß folgern, daß sich die Organisation der Ehrenamtlichkeit für ältere Menschen in Parteien, Bürgerinitiativen oder in der Kommunalpolitik dazu eignet, sporadisches, unregelmäßiges Engagement zu ermöglichen.

zwei Drittel (67,8%) der älteren Menschen regelmäßig ehrenamtlich tätig, sinkt deren Anteil bis 1996 auf 59,8%. Auch im Osten fallen die Veränderungen im gesellschaftlichen Bereich Politik deutlicher aus als in Vereinen, Verbänden oder sozialen Diensten, obwohl dort der Anteil derer, die sich regelmäßig engagieren, mit 44,4% noch vergleichsweise hoch ausfällt. Da die absoluten Zahlen der engagierten älteren Menschen im gesellschaftlichen Bereich Politik allerdings in Relation zu dem Engagement in Vereinen, Verbänden und sozialen Diensten etwa in einem Verhältnis von 1 : 2 kleiner ausfallen, läßt sich insgesamt festhalten, daß sich 1996 die Zahlen zum zeitlichen Aufwand für das Ehrenamt in Ost und West angeglichen haben.

Tabelle 24: Zeitliche Intensität des Engagements ehrenamtlich tätiger älterer Menschen ab 60 Jahre (nach den Daten SOEP 1985-1996; in %)

	Zeitlicher Umfang ehrenamtlichen Engagements in …											
	Vereinen, Verbänden, sozialen Diensten				Parteien, Initiativen, der Kommunalpolitik				insgesamt			
	West		Ost		West		Ost		West		Ost	
	'85	'96	'92	'96	'85	'96	'92	'96	'85	'96	'92	'96
regelmäßiges Engagement[1]	62,3	61,1	68,1	61,6	34,2[2]	16,5	57,4[2]	44,4[2]	59,1	57,8	67,8	59,8
seltenes Engagement	37,7	38,9	31,9	38,4	65,8	83,5	42,6[2]	55,6	40,9	42,2	32,2	40,2

1 Dies umfaßt die Antwortmöglichkeiten »jede Woche« und »jeden Monat«.
2 Die Prozentzahlen beziehen sich auf weniger als 30 Fälle.

Quelle: Erlinghagen/Rinne/Schwarze (1997); eigene Berechnungen

Höhere Werte bezüglich des Engagementsgrades ermittelte eine im Rahmen des Surveys »Wertewandel und bürgerschaftliches Engagement« bzw. des Wertesurveys durchgeführte Untersuchung der Hochschule für Verwaltungswissenschaften Speyer (vgl. Klages/Gensicke 1997). Im Vergleich mit den anderen Alterskohorten[37] (ab 18 Jahre) zeigt die Kategorie der über 65jährigen Menschen zwar den geringsten Engagementgrad[38], dieser liegt allerdings bei 30%. Mit anderen Worten: Von den älteren Menschen mit über 65 Jahren engagieren sich 3 von 10 freiwillig und unentgeltlich. Von denjenigen dieser Altersgruppe, die kein solches Engagement zeigen, können sich 71% auch kein Engagement vorstellen; für 22% ist es vorstellbar.[39] Auf der Grundlage dieser Daten kann also zur Frage nach dem Engagementpotential festgestellt werden, daß aus der Alterskohorte der über 65jährigen Bevölkerung neben den 30% Engagierten noch weitere 15,4% bereit wären, sich unter Umständen ehrenamtlich (freiwillig und unentgeltlich) zu betätigen. Etwa die Hälfte (49,7%) der älteren Men-

---

37 Als Kategorien wurden gebildet: 18-30, 31-45, 45-65 sowie über 66 Jahre.
38 Diese Tendenz wird durch die Daten des SOEP bestätigt.
39 7% haben zu dieser Frage keine Angaben gemacht. Die Basis dieser Frage nach der Engagementbereitschaft bildeten 61% der insgesamt 3.000 Befragten.

schen (66 Jahre und älter) kann sich jedoch kein ehrenamtliches bzw. bürgerschaftliches Engagement vorstellen (vgl. Abb. 9).

Abbildung 9: Engagement und Engagementbereitschaft der über 65jährigen
Bevölkerung

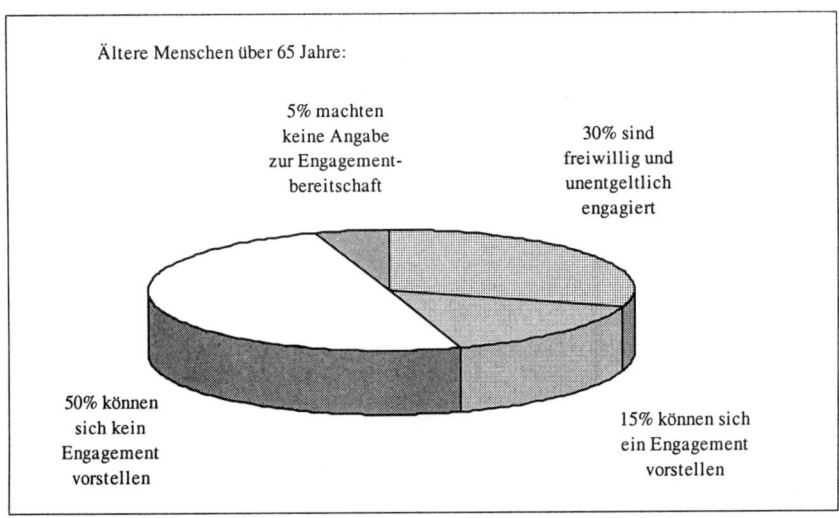

Ältere Menschen über 65 Jahre:

5% machten
keine Angabe
zur Engagement-
bereitschaft

30% sind
freiwillig und
unentgeltlich
engagiert

50% können
sich kein
Engagement
vorstellen

15% können sich
ein Engagement
vorstellen

Quelle: Klages/Gensicke (1997); eigene Berechnungen

Bilanz: Aus den in dem letzten Abschnitt dargestellten Befunden verschiedener Quellen der sozialwissenschaftlichen Umfrageforschung zum Ehrenamt älterer Menschen lassen sich – ohne eine detaillierte Berücksichtigung der unterschiedlichen methodologischen und methodischen Forschungsanlagen – folgende Punkte festhalten:

• Das Engagement der Menschen, die 60 Jahre und älter sind, dürfte z. Z. etwa zwischen 20% und 30% dieser Alterskohorte liegen, wobei der Engagementgrad von Frauen ca. 5% unter dem der Männer liegt.
• Im Westen engagieren sich – gemessen an der Prozentzahl der ehrenamtlich Tätigen in dieser Alterskohorte – mehr ältere Menschen als im Osten, wobei in beiden Landesteilen Zunahmen des Engagementgrades zu verzeichnen sind. Diese Zunahme gründet insbesondere auf einem Anstieg des Engagements, das seltener als einmal im Monat stattfindet. Der Anteil des regelmäßigen Engagements nimmt sowohl im Westen als auch im Osten ab.
• Im Vergleich mit anderen Altersgruppen scheinen sich ältere Menschen überproportional häufig in Parteien, Bürgerinitiativen oder in der Kommunalpolitik ehrenamtlich zu engagieren. Dennoch sind von ihnen etwa doppelt so viele in Vereinen, Verbänden oder sozialen Diensten tätig.
• Für etwa die Hälfte der älteren Menschen stellt das ehrenamtliche Engagement keine Möglichkeit für die persönliche Lebensplanung dar; sie können

sich kein eigenes Engagement vorstellen. Das noch nicht aktivierte Engagementpotential liegt im Falle der älteren Menschen bei ca. 15%.

• Der allgemeine Trend im Zeitvergleich, der in einer überdurchschnittlichen Zunahme des sporadischen, unregelmäßigen Engagements liegt, findet sich – in abgeschwächter Form – auch bei älteren Menschen. Diese Tendenz erklärt sich u. a. aus einem gewandelten Ehrenamt in Parteien, Bürgerinitiativen oder in der Kommunalpolitik.

• Die aktuellen Zahlen zum zeitlichen Aufwand bzw. zum Turnus des Ehrenamts in Ost- und Westdeutschland haben sich mittlerweile insgesamt angeglichen, obwohl im Osten das Engagement älterer Menschen im gesellschaftlichen Bereich Politik deutlich regelmäßiger stattfindet als im Westen.

• Insgesamt muß festgestellt werden, daß die Datenlage zum ehrenamtlichen Engagement älterer Menschen nicht befriedigen kann. Folgerichtig ist wenig Detailwissen vorhanden und die offensichtlichen Differenzen bzw. Widersprüche des Datenmaterials sind vielfach kaum abgesichert zu begründen.

7.5 Motivbündel ehrenamtlichen Engagements älterer Menschen

Die Frage nach den Motiven, die einem ehrenamtlichen Engagement zugrunde liegen, wird in empirischen Untersuchungen häufig gestellt. Selten geht allerdings der Fragestellung und der Bewertung der ermittelten Daten ein nachvollziehbarer Theoriebezug voraus. Die Frage nach der Motivation, die zu freiwilligem Engagement führt, wird in quantitativen Studien häufig – wenn nicht mehrheitlich – in einem sozialpsychologischen Horizont und kontextunabhängig gestellt (vgl. u. a. Moschner 1994), d. h. Motivation kann nicht als Ergebnis lebensgeschichtlicher Erfahrungen begriffen werden, so daß das Engagement verkürzt als Funktion des Motivs, als Resultat »innerer Antriebskräfte« dargestellt wird (vgl. Jakob 1993, S. 23). Diese »inneren Antriebskräfte« können nicht als in sich unabgegrenzte, individuelle Motivbündel abgefragt, sondern müssen auf isolierte Aspekte reduziert werden. »Dabei wird die Motivation relativ willkürlich in einzelne Aspekte zergliedert, die sozusagen kontextunabhängig bestehen und im nachhinein in einem additiven Verfahren wieder zu 'passenden' Motiven gebündelt werden« (Nadai 1996, S. 24).[40] Damit verschwinden häufig subjektive Prioritätensetzungen, biographische Aspekte und/oder situative Gelegenheitsstrukturen. Die Abfrage der isolierten Motivdi-

---

40 »Die meisten Studien zur Freiwilligenproblematik operieren implizit mit einem simplen Modell, das auf der Seite der Akteure Motive und soziodemographische Merkmale berücksichtigt, auf der Seite der Freiwilligentätigkeit den zeitlichen Umfang und die inhaltliche Ausrichtung der Arbeit. Die beiden Seiten werden umstandslos nebeneinander gestellt, womit unausgesprochen die Annahme verbunden ist, es bestehe ein kausaler Zusammenhang: Motive und soziodemographische Merkmale steuerten ganz direkt, für was und in welchem Umfang sich ein Individuum engagiere. Mit einem solchen Modell ist jedoch noch nicht geklärt, welcher Art die Verknüpfung zwischen den Variablen ist« (Nadai 1996, S. 51).

mensionen erfolgt häufig durch eine Konfrontation mit einem positiv formulierten Angebot an Begründungen. Es ist zu vermuten, daß bei einem solchen Verfahren die »soziale Erwünschtheit« als Motiv bei der Beantwortung des Motivs für Engagement Einfluß gewinnt.

Vor diesem begrenzenden und kritischen Hintergrund sind die folgenden Ausführungen zur Motivation zu verstehen. Eine gewisse Distanz zu engen sozialpsychologischen Modellen und eine Anschlußfähigkeit zu Theorien des Wertewandels bietet der Rekurs auf Motivbündel bzw. Einstellungsbereiche, auf den an dieser Stelle eingegangen werden soll. Bierhoff/Burkart/Wörsdörfer weisen auf die grundsätzliche Unterscheidung zwischen zwei Motivbündel, zwei Einstellungsbereichen hin, die für ehrenamtliche Tätigkeiten in Hilfsorganisationen förderlich sind: »Traditionell humanitäre Einstellungen, die durch den Begriff der Verantwortung für andere gekennzeichnet sind, und hedonistische Einstellungen, die unmittelbar der eigenen Bedürfnisbefriedigung dienen. Von den hedonistischen Einstellungen wird angenommen, daß sie sich verschiedenen inhaltlichen Bereichen zuordnen lassen (z. B. Abenteuer, soziale Einbindung und gesellschaftlich Anerkennung), die untereinander positiv korrelieren« (Bierhoff/Burkart/Wörsdörfer 1995, S. 375).[41] Ehrenamtliche Arbeit ist bezüglich ihrer Motivation nur durch einen mehrdimensionalen Ansatz zu erklären. Dementsprechend wurden von ihnen im Rahmen einer Befragung von Ehrenamtlichen in vier unterschiedlichen Organisationen (Freiwillige Feuerwehr, DRK[42], DLRG und amnesty international) vier Einstellungsdimensionen unterschieden (vgl. Tab. 25). Nach dieser Studie ist die Einstellung, die die Verantwortung im Sinne einer Verpflichtung, Menschen in Not helfen zu wollen, für die Ehrenamtlichen aller untersuchten Hilfsorganisationen von großer Bedeutung. Diese Orientierung war bei allen Ehrenamtlichen – unabhängig von der spezifischen Organisation – in ähnlicher Weise ausgeprägt, so daß sie so etwas wie eine Basis ehrenamtlicher Arbeit bildet. Das andere Motivbündel, das

---

41 Wie aus den Beispielen der Statements in der kommenden Abbildung hervorgeht, wurde in dieser Untersuchung rückwärtsgewand gefragt – die Motivation bezüglich eines aktuell und evtl. längerfristigen Engagements muß nicht unbedingt mit den dort abgefragten Einstellungen identisch sein. Durch die Wahrnehmung von für die eigene Person positiver Nebenprodukte der ehrenamtlich ausgeführten Hilfeleistungen bzw. durch das Offenbarwerden der »Helferrückwirkung« kann die ursprüngliche Motivation zur Aufnahme des Engagements verstärkt und evtl. die Dauer des Engagements verlängert werden. Müller-Kohlenberg vertritt aufgrund sekundäranalytischer Recherchen die These, daß in helfenden Beziehungen in einem nicht-beruflichen Kontext auch die Helfenden selbst von ihren Tätigkeiten bzw. ihren Leistungen »profitieren«. Sie benennt dieses Phänomen als »Helferrückwirkung«. »Die Persönlichkeitsförderung der Helfer bezieht sich etwa auf Gebiete wie Zufriedenheit, Rehabilitation, Selbstkonzept oder Kompetenzerweiterung in bestimmten Bereichen. Der Empfänger von Hilfeleistungen, der das Ziel der Hilfeleistungen ist, ist zugleich auch Medium von Hilfe (für den Helfer)« (Müller-Kohlenberg 1990, S. 212).

42 Die Befragten des DRK arbeiteten im Sanitätsdienst, im Schnell-Einsatz-Zug, im Technischen Dienst oder im Rettungsdienst – also wurde das DRK nicht in erster Linie in seiner Funktion als Wohlfahrtsverband, sondern in seiner Funktion als nationale Rotkreuzgesellschaft in die Untersuchung einbezogen.

als hedonistische Einstellung etikettiert wurde, variiert deutlich zwischen den untersuchten Hilfsorganisationen.

Tabelle 25: Typologie von Einstellungen Ehrenamtlicher

Einstellungs-bereich	Einstellungsdimension	Entsprechende Statements mit hoher Zustimmung (Beispiele)
Humanitäre Einstellung	*Verantwortung* im Sinne der Verpflich-tung, Menschen in Not zu helfen	Ich fühlte mich verpflichtet, gesundheitlich oder in anderer Weise in Not geratenen Menschen zu helfen. Die sinnvolle Tätigkeit in dieser Organisati-on war für mich das Entscheidende. Ich wollte mich für die Gemeinschaft nütz-lich machen.
Hedoni-stische Einstellung	*Abenteuer* im Sinne von Neugier auf Unbe-kanntes und »Sensation Seeking«	Die Erfahrung mit schwierigen Situationen und wie ich in solchen reagiere, reizt mich. Ich wollte durch aktives Handeln Erfahrun-gen über mich sammeln, insbesondere im Hinblick auf mein soziales Engagement. Ich wünschte mir, daß andere meinen Ein-satz anerkennen.
	Anerkennung durch Freunde und Gesell-schaft	Berichte über mutige Einsätze und Aktivitä-ten dieser oder ähnlicher Organisationen ha-ben mein Interesse geweckt. Ich wollte mit Menschen zusammenkom-men, die Courage beweisen. Ich stelle es mir angenehm vor, meinen Freunden von meiner Mitarbeit zu berichten.
	Soziale Bindung im Sinne von sozialer Integration	Ich wollte eine nette Gemeinschaft finden. Ich freute mich darauf, Menschen kennen-zulernen und Bekanntschaften zu schließen. Geselligkeit ist mir wichtig; in meiner Orga-nisation glaubte ich, diese zu finden.

Quelle: Bierhoff/Burkart/Wörsdörfer (1995)

»Das spricht dafür, daß die ehrenamtliche Tätigkeit jeweils spezifische Motive der Helfer anspricht, die mit dem Inhalt der Tätigkeit zusammenhängen. (...) Insgesamt kann festgestellt werden, daß die verschiedenen Hilfsorganisationen ein erkennbares Motivprofil aufweisen« (Bierhoff/Burkart/Wörsdörfer 1995, S. 383). Mit anderen Worten: Während eine gewisse humanitäre Einstellung durchgehend bei allen Ehrenamtlichen von Hilfsorganisationen vorhanden ist – als Kennzeichen der Ehrenamtlichen insgesamt –, korrespondieren bestimmte Organisationstypen mit bestimmten Ausprägungen der hedonistischen Einstel-lung, die als spezifizierende Kennzeichen der Organisation zu werten sind. »Der hohe Stellenwert, der der sozialen Verantwortung in allen Organisationen zukommt, läßt vermuten, daß sie eine primäre altruistische Orientierung dar-stellt, die die Bereitschaft zur Mitarbeit im ehrenamtlichen Bereich erhöht. Demgegenüber kommt den weiteren Einstellungsbereichen eine ergänzende

Rolle zu, deren Bedeutung insbesondere auch von den Spezifika der Aufgabenstellung in den einzelnen Organisationen abhängig ist« (ebd., S. 385).[43]

Ältere Menschen in der nachberuflichen Phase zeichnen sich dadurch aus, daß sie über ein relativ großes Maß an Freiheit verfügen, über die Zeitverwendung eigenständig zu entscheiden. Diese Freiheit wird in der Regel als ein hochgeschätztes Gut, als eine wertvolle Eigenschaft des Ruhestandsdaseins betrachtet, das die Ruheständler nicht wieder eingeschränkt wissen wollen. Sich in einer relativ verpflichtungsfreien Lebensphase zu befinden, bedeutet nicht, daß die Übernahme von Verpflichtungen zusätzliche Attraktivität gewinnt. Dies verweist auf eine »ambivalente Situation, in der sich Ältere befinden. Gleichsam befreit von den Zwängen des mittleren Lebensalters will man sich neuen Verpflichtungen nicht oder doch nur sehr begrenzt unterwerfen – zudem dann nicht als Fremd-, sondern allenfalls als 'Selbstverpflichtung mit Kündigungsrecht'« (Tews 1995, S. 119). Trotz dieser zwiespältigen Haltung gegenüber Angeboten, die verpflichtende Aspekte besitzen, ist grundsätzlich ein Eigeninteresse älterer Menschen an gesellschaftlicher Mitwirkung zu konstatieren. Vor allem nach der Phase des Erwerbslebens und in eingeschränkterem Maße auch nach der Phase des Familienlebens, die beide »Anhaltspunkte« im öffentlichen Leben bereitstellen, ist davon auszugehen, daß der Wunsch nach Alternativen bzw. nach Teilhabe an der (lokalen) Öffentlichkeit als wichtige Motivationsgrundlage für ein Engagement anzusehen ist. Diese besondere Situation bzw. Lebensphase, in der sich ältere Menschen befinden, macht die Frage nach möglichen Motivationen unumgänglich, an denen sich in der Folge die Angebotsstrukturen für Ehrenamtliche, die sich an eben diese Menschen richten, orientieren können.

Nach der Untersuchung von Schumacher/Stiehr (1996, S. 91 ff.), die insgesamt 200 Befragungsergebnisse[44] aus Frankfurt a. M. und Heilbronn auswerten konnten, geht hervor, daß ältere Menschen im Ruhestand ihre nachberuflichen Tätigkeiten hauptsächlich nicht aufgrund von Bezahlung oder offizieller Anerkennung aufgenommen haben. Eine Mixtur aus Wünschen nach sinnvoller Zeitverwendung, nach Kontakt und Kommunikation, etwas für andere tun zu wollen und nach der Verwirklichung eigener Bedürfnisse und Interessen ist eindeutig dominierend.[45] Eine Gratifikation durch Bezahlung oder durch offizielle Anerkennung erscheint dagegen als unbedeutend. »Nur« etwa 24% bzw. 48% der befragten älteren Menschen sehen diese möglichen Motivationsgrundlagen für ein ehrenamtliches soziales Engagement als »sehr wichtig« oder »wichtig«

---

43 Zu vermuten ist weiterhin, daß die Zufriedenheit der ehrenamtlich Tätigen von dem Entsprechungsverhältnis der eigenen hedonistischen Einstellungen und der Angebotsstruktur der Organisation abhängig ist. Je stärker diese Einstellungen durch die Organisation angesprochen und bestätigt werden, desto größer wird die Zufriedenheit und die Wahrscheinlichkeit eines kontinuierlichen Engagements ausfallen.

44 Es wurden in diesen beiden Städten 133 Frauen und 77 Männer befragt.

45 Diese Antwortmöglichkeiten wurden in allen Fällen von etwa 90% der Befragten als »sehr wichtig« oder »wichtig« eingestuft.

an.[46] »Frauen hielten die Möglichkeit, etwas Neues zu lernen, für wichtiger als Männer, dagegen ist ihr Wunsch, früher erworbene Fähigkeiten weiterhin einzusetzen, weniger ausgeprägt« (Schumacher/Stiehr 1996, S. 94).[47] Dem entspricht der Befund, daß für deutlich mehr Männer als Frauen ehrenamtliche Tätigkeiten Attraktivität besitzen, in denen das eigene Wissen weitergegeben werden kann.

Diese Ergebnisse werden durch Befunde der »Geislingen-Studie« mit Einschränkungen bestätigt (vgl. Ueltzhöffer/Ascheberg 1996). Über alle Altersgruppen hinweg sehen demnach wesentlich mehr engagierte und nicht-engagierte Männer als Frauen das berufliche Wissen als eine Ressource für bürgerschaftliches Engagement.[48] Für 36% bzw. 35% der älteren Menschen (60-69 Jahre bzw. 70 Jahre und älter) stellt dieser Punkt eine Reserve für das Engagement dar. Insgesamt wird aufgrund der telefonischen Befragung von 807 Geislinger BürgerInnen auch die plausible Annahme bestätigt, daß neben der Zeit das Lebensalter eine »massiv restriktiv wirkende Variable« darstellt. »Von den über 70jährigen ohne Engagementbereitschaft (dies sind rund zwei Drittel dieser Altersgruppe) nannten u. a. 62% das Lebensalter als Hinderungsgrund« für ein eigenes Engagement (ebd., S. 94). Das heißt, daß ca. 6 von 10 nicht-engagierten Menschen, die 70 Jahre und älter sind, die angebotene Aussage »Dafür bin ich schon zu alt« als mehr oder weniger zutreffend[49] für sich in Anspruch nahmen, während »nur« 35% der 60- bis 69jährigen Menschen dort Zustimmung äußerten.

Aufgrund der Bündelung von Fragen bzw. Statements werden in der Geislingen-Studie vier Motivkreise identifiziert, die auf der individuellen Ebene ineinander greifen, die aber bezüglich des Alters der Befragten »generational unterschiedliche Schwerpunktsetzungen« deutlich werden lassen (vgl. ebd., S. 110). Für ältere Menschen über 60 Jahre ist der Motivkreis »Helfen«[50] am deutlichsten ausgeprägt. Für die über 70jährigen Menschen ist auch der Motivkreis »Pflichtgefühl«[51] von Relevanz. Entsprechend weniger wichtig erschei-

---

46 Die Dominanz der Motive, die um eine »sinnvolle Zeitverwendung«, um »Gemeinschaftszugehörigkeit«, um »Kontakte« oder um das Bedürfnis, »etwas für andere tun zu wollen«, kreisen, wird auch von anderen Untersuchungen bestätigt. Das mögliche Motiv »Bezahlung« findet wenig Zustimmung (vgl. Tews 1995, S. 118).

47 »91% der Frauen, aber nur 68% der Männer äußerten den Wunsch, neue Qualifikationen zu erwerben; 68% der Frauen, aber 75% der Männer wollten ihre bereits früher erworbenen Kompetenzen einsetzen« (Schumacher/Stiehr 1996, S. 94).

48 Für 55% der Männer und für 42% der Frauen bildet das berufliche Wissen eine mögliche Ressource.

49 Dies bedeutet, daß die Antwortkategorien »trifft ganz genau zu« oder »trifft eher zu« gewählt wurden.

50 Dieser Motivkreis umschließt die Statements »Um Menschen in Not zu helfen«, »Weil es mir Spaß macht, anderen zu helfen« und »Um etwas nützliches zu tun«.

51 Dieser Motivkreis umschließt die Statements »Weil alles besser klappt, wenn sich die Bürger selbst um etwas kümmern«, »Weil Stadt und Land Geld sparen müssen« und »Weil es Bürgerpflicht ist«.

nen für ältere Menschen die Motivkreise »Gestaltungswille«[52] und »Ich-Bezug«[53], die bei jüngeren eine Rolle spielen. Übersetzt in die oben dargestellte Terminologie von Bierhoff/Burkart/Wörsdörfer bedeuten diese Befunde, daß scheinbar nicht nur bestimmte Organisationstypen mit bestimmten Einstellungsbereichen der Ehrenamtlichen korrespondieren, sondern die Motivbündel auch mit dem Alter der Ehrenamtlichen in Verbindung gebracht werden können. Während für ältere Menschen hedonistische Einstellungen eine untergeordnete Rolle spielen, sind humanitäre Einstellungen präsent, die im Vergleich zu anderen Altersgruppen eine dominantere Rolle spielen.

Backes weist auf die besondere Situation von älteren Frauen hin, die sich vor allem aus den – das Älterwerden begleitenden – geschlechtsspezifisch erlebten Rollenveränderungen ergibt. Grundsätzlich ist eine sinnvolle Freizeitgestaltung bzw. die Übernahme eines Ehrenamts nicht nur als Funktion von »freier Zeit« zu sehen, sondern ein solches Engagement erfordert bestimmte andere Ressourcen und Kompetenzen. Ohne eine finanziell abgesicherte Lebensgrundlage und eine biographisch entwickelte Fähigkeit zu solchen Aktivitäten ist es kaum möglich, diese in der Umbruchphase nach dem Abschluß der eigenen Erwerbsarbeit und/oder der des Ehemannes »zu dem zu machen, was den Alltag strukturieren und ihm einen Sinn geben soll« (Backes 1992a, S. 94). Mit Blick auf die Ressourcen und Kompetenzen unterscheidet Backes – aufgrund von offenen Interviews und teilnehmender Beobachtung – drei Idealtypen von Frauen, deren Lebenswirklichkeit und deren Motive bzw. Möglichkeiten für ein ehrenamtliches Engagement differieren und verdeutlichen, wie widersprüchlich und vielschichtig die Bedeutungen der Handlungsperspektive ehrenamtliches Engagement für ältere Frauen ausfallen:

- Im ersten Fall ist das Ehrenamt als Ergänzung, Erweiterung und Bereicherung des weiblichen Lebens und Arbeitens zu bezeichnen. Ehrenamt stellt aus der persönlichen Perspektive nicht die einzig verfügbare Antwort auf Sinn-, Kontakt- und Beschäftigungsprobleme dar, sondern ist die gewählte Form, sich sinnvoll zu betätigen, die sich die Frau auch gut leisten kann.
- Für den zweiten Typ ist das Ehrenamt eine Art von Kompromiß im Umgang mit den Widersprüchen des weiblichen Lebens und Arbeitens. Da es ihr darum geht, immateriell oder materiell Fehlendes in Haus- und Erwerbsarbeit zu kompensieren, ist das Ehrenamt eine spezifische Form der Selbsthilfe älterer Frauen.

---

52 Dieser Motivkreis umschließt die Statements »Weil ich gerne frei und unbürokratisch arbeite«, »Weil es mir Spaß macht, gemeinsam mit anderen Probleme zu lösen«, »Um meine persönlichen Fähigkeiten einzubringen« und »Weil ich in Geislingen mitgestalten möchte«.

53 Dieser Motivkreis umschließt die Statements »Um neue Leute kennenzulernen«, »Weil es um meine eigenen Interessen geht«, »Um aus dem Haus herauszukommen«, »Um mit meinen eigenen Problemen besser fertig zu werden« und »Um Anerkennung zu finden«.

- Im letzten Fall erscheint das Ehrenamt zwar als wünschenswerte und sinnvolle Tätigkeit, ist aber in Anbetracht der konkreten Lebensbedingungen älterer Frauen ein nicht erreichbarer »Luxus«. Entweder fehlen die materiellen Voraussetzungen oder die notwendigen persönlichen Handlungsressourcen, wie etwa ein gewisses Bildungsniveau oder die Routine, sich außerhalb der Familie zu betätigen (vgl. Backes 1992a, S. 100 ff.).

7.6 Programme und Institutionen zur Förderung des ehrenamtlichen Engagements älterer Menschen

Den älteren Menschen in unserer Gesellschaft wird – im Vergleich mit jüngeren Erwachsenen – ein großes und zum Teil unausgeschöpftes Potential zugeschrieben, das u. a. in erheblichen zeitlichen Ressourcen mit Souveränität begründet ist. »Immer wieder wird belegt, daß die Älteren über die meiste Freizeit unter den Erwachsenen verfügen« (Tews 1995, S. 89). So weisen die Befunde der Zeitbudgeterhebung darauf hin, daß der Freizeitanteil älterer Menschen immer noch und trotz der langfristig zu beobachtenden Verkürzung von Tages-, Jahres- und Lebensarbeitszeit im Vergleich einen großen Teil der Zeitverwendung ausmacht. Diese Zeit ist durch eine persönliche Verfügungsmöglichkeit und durch selbstbestimmte Aktivitäten geprägt. »Freizeit ist das durch gesellschaftliche Übereinkunft ermöglichte Zeitquantum außerhalb der Arbeitszeit, über das der einzelne selbst frei entscheiden kann, um es für sein Wohlbefinden zu verwenden« (Blanke/Ehling/Schwarz 1996, S. 219). Diese Definition von Freizeit vorausgesetzt, gehört zu einem durchschnittlichen Tagesablauf von älteren Menschen ein Freizeitanteil von täglich knapp über 6 Stunden.[54] Diese Zeitverwendung älterer Menschen, die nur einen Aspekt der möglichen, für das Gemeinwesen unausgeschöpften Ressourcen darstellt, wird vermehrt als gesellschaftliches Potential gesehen, das durch geeignete Programme und Maßnahmen geweckt und so für die Allgemeinheit fruchtbar eingesetzt werden kann.[55] Im weiteren Verlauf dieses Kapitels werden einige dieser speziell ältere Menschen ansprechenden Bundes- und Landesprogramme sowie Initiativen, die sich teilweise ähneln, teilweise aber auch deutlich unterschiedliche Ansätze aufweisen, exemplarisch vorgestellt.[56] Es handelt sich dabei um

---

54 Für die Altersgruppe der 60- bis 70jährigen wurden 6:04 Stunden und für die Gruppe der über 70jährigen 6:14 Stunden Freizeit pro Tag ermittelt (vgl. Blanke/Ehling/ Schwarz 1996, S. 222).

55 Auch oder gerade für das Engagement älterer Menschen gilt, daß dies nicht voraussetzungslos erfolgt: »Die Bereitschaft, die Fähigkeit und die Möglichkeit der Bürgerinnen und Bürger, sich zu sich selbst und mit anderen zusammen für das Gemeinwesen zu engagieren, ist an Voraussetzungen und Rahmenbedingungen gebunden« (Hummel 1995b, S. 14).

56 Weiterhin wären etwa zu nennen: das Programm des Berliner Senats »Erfahrungswissen älterer Menschen nutzen« (vgl. Knopf 1989) oder das Projekt »Zwischen Arbeit und Ruhestand (ZWAR)« in Nordrhein-Westfalen (vgl. Klehm/Schünemann-Flake 1989).

- die »Aktion 55 – Sachsen braucht Sie« des Freistaates Sachsen;
- das Programm »55 Aufwärts« des Landes Brandenburg;
- das Modellprogramm »Seniorenbüro« des Bundes;
- das Landesprogramm »Seniorengenossenschaften« in Baden-Württemberg.

Das gemeinsame Kennzeichen aller Programme bzw. Initiativen ist die Grundüberzeugung, daß im Bereich der offenen Altenhilfe bzw. bei den öffentlichen, infrastrukturellen Angeboten für ältere Menschen ein bewußt gesteuerter Wechsel von Gesellungs- und Neigungsangeboten hin zur Aktivierung für ein »geselliges Alter« und zu produktivitätsorientierten Angeboten stattzufinden hat.[57] Damit kann das freiwillige (soziale) Engagement als ein gesellschaftliches Potential gesehen werden, zu dem ältere Menschen in besonderer Weise beitragen können. Die freie Zeit älterer Menschen und ihr gleichzeitiges Bedürfnis nach sinnvoller Aktivität für die lange Spanne des Ruhestandes greift in hervorragender Weise ineinander (vgl. Hedtke-Becker/Titz 1994, S. 344). Damit findet eine Verzahnung zwischen kollektiv unterstellten Bedürfnislagen und individuell zu nutzenden Engagementofferten statt, die – wie in weiten Teilen der Sozialpolitik insgesamt – durch die Arbeit von traditionellen oder neuen intermediären Institutionen realisiert und vermittelt werden. Allen Förderprogrammen ist gemeinsam, daß sie relativ unkonkrete Richtungen bzw. Arbeitsfelder für eine finanzielle Unterstützung festlegen, die die jeweiligen Antragssteller konkret zu projektieren haben. »Im groben läuft dies in allen Beispielen darauf hinaus, eine Infrastruktur zu entwickeln, die Interessen und Anstrengungen Älterer, sich und anderen nachberufliche Tätigkeitsfelder zu erarbeiten, fokussiert« (Schmidt 1994, S. 143). Mit der staatlichen Förderung für ehrenamtliches bzw. bürgerschaftliches Engagement für ältere Menschen wird deutlich ein neues Dreiecksverhältnis begründet, dem das freiwillige, gemeinwohlorientierte Engagement als Ergebnis von Anreizprogrammen als mehrstufiger Prozeß entspringt.

7.6.1 Die »Aktion 55 – Sachsen braucht Sie« des Freistaates Sachsen

Das Programm startete Ende im April 1993 und fördert die ehrenamtliche Mitarbeit von 55- bis 60jährigen Menschen, die vorzeitig in den Ruhestand gehen mußten oder arbeitslos sind. In einem Vorwort zu einer Broschüre, in der die »Aktion 55« dargestellt wird, schreibt der Sächsische Staatsminister für So-

---

57 Damit korrespondiert – wie bereits beschrieben – eine neuartige Definition des Alters bzw. des Altseins. So erfolgt in diesem Zusammenhang eine Einteilung des letzten menschlichen Lebensabschnitts in zwei Stufen, wird von dem »dritten« und »vierten« Lebensalter gesprochen. Das »dritte« Lebensalter (ca. 55 bis 75 Jahre) wird dabei als Schlüsselzeit verstanden, in der neue Formen freiwilliger Gemeinschaft mit Engagement für sich und andere, die Bildung von Gruppen mit gleichen Interessen sowie der Aufbau von neuen Kontaktnetzen realisiert werden können. Im »dritten« Lebensalter werden somit individuelle und soziale Weichen für das »vierte« Lebensalter gestellt, die Aktivität im »dritten« Lebensalter soll selbständigeres Leben im »vierten« Lebensalter ermöglichen (vgl. Karl 1995, S. 370).

ziales, Gesundheit und Familie, Geisler: »Das Anliegen dieser Aktion ist es, frühzeitig aus dem Berufsleben ausgeschiedene Menschen im Alter von 55 bis 60 Jahren aus häuslicher Isolation herauszuholen und sie zu ehrenamtlicher, gemeinnütziger Tätigkeit zu motivieren« (Sächs. Staatsminist. für Soziales, Gesundheit und Familie 1997, S. 3). Dieses Anliegen erfüllt, nach den Aussagen des Ministers, zwei wichtige Ziele zur gleichen Zeit. »Zum einen setzen Menschen im Alter ... ihre reichen Lebenserfahrungen, Kenntnisse und Fähigkeiten für Menschen im sozialen Nahbereich ein. Zum anderen erfahren die in der Aktion Engagierten mit ihrer ehrenamtlichen Hilfe und Mitarbeit die Dankbarkeit der Mitbürger und nicht selten neuen Lebenssinn« (ebd. 1996, S. 3).

Gemeinnützige Vereine und Organisationen sowie Gemeinden unter 2.000 EinwohnerInnen können als Antragssteller bei den Bewilligungsstellen (Regierungspräsidien und Landratsämter) auftreten und ihre Projekte beantragen. Gefördert werden sowohl bereits bestehende als auch neue Projekte und Programme aus unterschiedlichen Bereichen, von der Betreuung von AusländerInnen, AsylbewerberInnen oder AussiedlerInnen über die Betreuung von Alten, Kranken oder Behinderten bis zu Umwelterziehung und -beobachtung. Ehrenamtliche Mitwirkende an Aktions-Projekten können (zur Zeit) Arbeitslose und BezieherInnen von Altersübergangsgeld, betrieblichen Vorruhestandsgeldern oder Berufsunfähigkeits-, Erwerbsunfähigkeits- und Invalidenrenten sein. Diesen Personen wird augenblicklich eine Aufwandsentschädigung von monatlich 150 DM[58] steuerfrei gewährt, sofern der jährliche steuerfreie Höchstbetrag für nebenberufliche, gemeinnützige Tätigkeiten von zur Zeit 2.400 DM nicht überschritten wird.[59] Nachdem der Freistaat Sachsen für dieses Programm im ersten Jahr 1993 Fördermittel in der Höhe von 16,9 Mio. DM zur Verfügung stellte, waren es nach z. T. enormen Steigerungsraten in den nachfolgenden Jahren[60] 1997 noch 19,6 Mio. DM. Die schnell erreichte Akzeptanz des Programms[61] läßt die Prognos AG zu dem Schluß kommen, daß »mit der Aktion 55 ehrenamtliche Tätigkeit als eigenständiges, strukturiertes, öffentlich legitimiertes und gefördertes Feld etabliert wurde und daß quasi ein 'Markt' fürs Ehrenamt geschaffen wurde« (Baur u. a. 1996, S. 175).

7.6.2 Das Programm »55 Aufwärts« des Landes Brandenburg

Trotz eines ähnlichen Titels und deutlicher Parallelen ist das Programm »55 Aufwärts«, das seit 1994 im Land Brandenburg existiert, nicht mit dem eben

---

58 Bis Ende 1996 wurde eine monatliche Aufwandsentschädigung von 200 DM gewährt.

59 Vgl. die entsprechende Verwaltungsvorschrift der Sächsischen Staatsregierung zur »Aktion 55« in der Fassung vom 17.06.1997.

60 Das Land gewährte 1994 Fördermittel in der Höhe von 43, 1995 von 32,4 und 1996 von 31,9 Mio. DM (laut Auskunft des Staatsministeriums vom 24.06.1998).

61 So wurden bereits im Jahr 1993 7.729 und 1994 8.282 Projekte unterstützt, während ab dann eine kontinuierliche Abnahme zu verzeichnen ist, so daß 1997 noch 4.928 Projekte Gelder aus diesem Programm erhielten (laut Auskunft des Staatsministeriums vom 24.06.1998).

vorgestellten identisch. Unterschiedlich sind vor allem die Zielgruppen der Programme. In Brandenburg reicht die Spanne des Alters der durch die Projekte unterstützten Personen von 50 bis zu 85 Jahren.[62] Entsprechend heißt es in den Richtlinien des Ministeriums für Arbeit, Soziales, Gesundheit und Frauen (MASGF) zum Ziel des Programms eher unspezifisch: »Ältere Menschen und Bürger, die frühzeitig aus dem Erwerbsleben ausgeschieden sind, sollen durch das Programm '55 Aufwärts' ermutigt werden, für Träger von Einrichtungen und Maßnahmen, die der Förderung und Stärkung der Sozialstruktur in Brandenburg dienen, ehrenamtlich tätig zu werden.«[63]

Im Mittelpunkt der Förderung durch das Programm, die über vorhandene öffentliche oder als gemeinnützig anerkannte freie Träger eine maximale monatliche Aufwandsentschädigung von 200 DM[64] (pro Person) vorsieht, steht die Aktivierung des sozialen Engagements für sehr unterschiedliche Zielgruppen. So soll das Engagement in Projekten für SeniorInnen, Behinderte und kranke Menschen, für Kinder und Jugendliche, für AusländerInnen und AussiedlerInnen, für Inhaftierte und Haftentlassene, für Obdachlose und für Familien in schwierigen Situationen[65] gefördert werden, wobei diese öffentlichen Gelder nicht als Vergütung der ehrenamtlichen Tätigkeiten, sondern als öffentliche Anerkennung verstanden werden sollen (vgl. MASGF 1998, S. 41). Nach Aussagen des Ministeriums hat die Anbindung des Programms an vorhandene Trägerstrukturen (u. a. Verbände, Vereine, Kirchengemeinden, Gebietskörperschaften) sich insgesamt als sinnvoll erwiesen, da dadurch »ehrenamtliche Mithilfe in wichtige Praxisfelder der Sozialarbeit und in – teilweise noch im Aufbau begriffene – Strukturen des gesellschaftlichen Lebens, wie Vereine und Selbsthilfegruppen, Kultur- und Freizeitgruppen«, vermittelt werden konnte (ebd., S. 38).[66]

7.6.3 Das Modellprogramm »Seniorenbüro«

Das Modellprogramm »Seniorenbüro« wurde 1992 durch das damalige Bundesministerium für Familie und Senioren (BMFuS) ausgeschrieben. Gefördert

---

62 Allerdings sind – aufgrund der (vorläufigen) Daten für das Jahr 1997 – über zwei Drittel der EmpfängerInnen der Aufwandsentschädigungen in einem Alter zwischen 55 und 65 Jahren (vgl. MASGF 1998, S. 40).

63 Richtlinie des MASGF in der Fassung vom 01.01.1995. Dabei muß das gemeinnützige Engagement mindestens 20 Stunden pro Monat umfassen.

64 Derzeit beträgt die durchschnittliche monatliche Aufwandsentschädigung ca. 100 DM. In den Jahren 1994 bis 1997 wurden vom Land Brandenburg für dieses Programm knapp 18 Mio. DM zur Verfügung gestellt, wobei sich die jährliche Gesamtzahl der von den Aufwandsentschädigungen profitierenden Personen durchschnittlich auf etwa 3.000 Personen beläuft. Die Mehrheit der durch dieses Projekt indirekt geförderten älteren Menschen sind Frauen, durchschnittlich beträgt der Frauenanteil ca. 55%.

65 Vgl. die entsprechenden Richtlinien des MASGF in der Fassung vom 01.01.1995.

66 »Wenngleich der Großteil von '55 Aufwärts'-Maßnahmen im Wirkungskreis der großen Wohlfahrtsverbände angesiedelt ist, so ermöglichte die Förderrichtlinie des MASGF doch von Anfang an zahlreiche Projekte des freiwilligen Engagements außerhalb der großen Organisationen« (MASGF 1998, S. 38).

wurden – jeweils für drei Jahre – in zwei Phasen insgesamt 44 Seniorenbüros, verteilt auf alle Bundesländer, in unterschiedlichen Trägerschaften (Wohlfahrtsverbände, Kommunen, Kirchengemeinden, diverse Seniorenorganisationen und Vereine) und bezogen auf verschiedene Regionen (ländliche Räume, Stadtgebiete und Großstädte). Das mit dem Modellprogramm verbundene Ziel war, neue Wege zur Förderung und Aktivierung des freiwilligen Engagements von SeniorInnen zu erproben. Vor allem durch finanzielle Unterstützung sollte die Entwicklung von Seniorenbüros vorangetrieben werden, die geeignete Anreizstrukturen, Gelegenheiten und Rahmenbedingungen für vielfältige Aktivitäten von und für ältere Menschen bereitzustellen haben. Insofern sollen die Seniorenbüros eine Art Katalysatorfunktion wahrnehmen und richten sich an Menschen, »die nach den Lebensphasen Beruf und Familie etwas für sich und andere tun wollen und ihre Erfahrungen, Kenntnisse und Kompetenzen weitergeben möchten. Diesem Bedürfnis der älteren Generation bieten die Seniorenbüros Entfaltungsmöglichkeiten, indem sie Konzepte und Strategien zur Aktivierung und Engagementförderung entwickeln und umsetzen« (Braun/Claussen 1997, S. 37; vgl. auch Fachinger 1994). Klages sieht die Aufgabe der Seniorenbüros darin, daß sie gewissermaßen als »Pfadfinder« vielfältige Wege in ein aktives Alter aufzufinden sowie zu erproben haben und daß sie als Brückenköpfe einer neuartigen Form von Staatstätigkeit, die auf eigenverantwortliche Problemlösung und Selbsthilfe setzt, fungieren sollen (vgl. Klages 1996b). Karl (1995, S. 372) sieht entsprechend die Schwerpunkte darin, daß sie

- nachberufliche Tätigkeitsfelder und Ehrenamt durch Information, Rekrutierung, Beratung, Vermittlung und Begleitung miteinander verbinden,
- Beratung und Förderung von Selbsthilfeaktivitäten und -gruppen sowie den Aufbau einer kommunikativen Infrastruktur betreiben und
- eine Integration von Personen mit eingeschränkter Mobilität bzw. älteren Menschen in soziale Nachbarschaften und Beziehungsnetze fördern.

In der konkreten Arbeit der Seniorenbüros bedeutet die Förderung des freiwilligen Engagements, daß vier Hauptziele verfolgt werden. Relevante, selbstgestellte Aufgaben der Seniorenbüros sind also die Aktivierung von SeniorInnen, die Erschließung von Tätigkeitsfeldern für SeniorInnen, die lokale Vernetzung und die Aufwertung der Anerkennung des freiwilligen Engagements (vgl. Braun/Claussen 1997, S. 37 ff.; Friedrich 1995; Hedtke-Becker/Titz 1994; Helmbrecht 1995). Engagementförderung erscheint deshalb sinnvoll, weil von einer großen Kluft zwischen der Bereitschaft zum freiwilligen Engagement und dem tatsächlichen Engagement ausgegangen wird.

Das Institut für Sozialwissenschaftliche Analysen und Beratung (ISAB) wurde mit der wissenschaftlichen Begleitung beauftragt.[67] Das Resümee des ISAB

---

67 Dies bedeutet in diesem Fall konkret: »Im Rahmen dieser wissenschaftlichen Begleitung sollten die Erfahrungen der verschiedenen Seniorenbüros koordiniert, die Seniorenbüros beraten und eine Evaluierung des Verlaufs, ihrer Wirkungen und Leistungen vorgenommen werden« (Braun/Claussen 1997, S. 22). Aufgrund dieser an-

zu der Arbeit der Seniorenbüros fällt durchweg positiv aus. Es wird der dem Modellprogramm zugrundeliegenden Konzeption Angemessenheit und Umsetzungsfähigkeit bescheinigt. »Seniorenbüros haben sich als neuer, zukunftsfähiger Organisationstyp der offenen Altenarbeit bewährt.[68] (...) Von ihnen gehen Impulse zur Übernahme von gesellschaftlicher Mitverantwortung durch Ältere aus, die zeigen, daß individuell befriedigende und gesellschaftlich sinnvolle Aktivitäten eine Synthese eingehen können« (ebd., S. 7 f.). Mit den Seniorenbüros liegen – nach den Auswertungen der wissenschaftlichen Begleitung – Angebote eines neuen Typs vor, die in besonderem Maße auf die gewandelten Bedürfnisse der alten Menschen reagieren und die in der bewußt genutzten Bezeichnung »Senioren« ihren Ausdruck finden.[69] Die sogenannten »neuen Alten« bzw. SeniorInnen repräsentieren eine anwachsende Zahl von Menschen, die nach Familienarbeit und Beruf weiterhin aktiv sowie Subjekt des eigenen Handelns sein wollen und in der Folge ein gestiegenes Selbständigkeits- und Selbstverwirklichungsbedürfnis zeigen. Klages betrachtet die bisherige Entwicklung der modellhaft geförderten Seniorenbüros, denen er eine Vorbild- und Impulsfunktion für eine Neuorientierung der gesamten »Szene« der Altenarbeit zuschreibt, uneingeschränkt als eine »Erfolgsstory« (Klages 1996b, S. 10). Nach einer Information der Bundesarbeitsgemeinschaft Seniorenbüros (BaS) existierten im Herbst 1998 114 Seniorenbüros in Deutschland.

7.6.4 Das Programm »Seniorengenossenschaften«

Das Projekt »Seniorengenossenschaften« ist ein Teil vielfältiger Initiativen des Ministeriums für Arbeit, Gesundheit und Sozialordnung sowie des Sozialministeriums in Baden-Württemberg zur Förderung des »bürgerschaftlichen Engagements«.[70] Es wurde im Juni 1990 beschlossen und im Dezember des selben

---

spruchsvollen und verzweigten Zielsetzung ergab sich die Notwendigkeit, »prozeßbegleitende Beratungs- und Unterstützungsleistungen mit Forschungs- und Evaluierungsaufgaben zu verknüpfen« (Braun/Claussen 1997, S. 24).

68 Einschränkend wird erwähnt, daß 21,2%, also sieben der geförderten und wissenschaftlich begleitenden 33 Seniorenbüros, der ersten Förderphase nicht als Einrichtungen eines »neuen Typs« charakterisiert werden können, da sich ihr Angebotsspektrum nicht von denen bestehender, »alter« Einrichtungen unterscheidet. Mit anderen Worten: In über einem Fünftel der Seniorenbüros mangelt es an einer übergreifenden Aktivierungsstrategie, die Engagementförderung steht nicht im Zentrum ihrer Bemühungen (vgl. ebd., S. 32).

69 Neben der bereits angesprochenen übergreifenden Aktivierungsstrategie zeichnen sich die Seniorenbüros dadurch aus, daß sie – im Unterschied zu den traditionellen Formen der Altenarbeit – ihren Schwerpunkt auf die Entwicklung von Angeboten von Älteren für Ältere legen. »Solidarisierung, Übernahme von Verantwortung für sich und andere und letztlich der Aufbau von informellen Netzwerken sind die Ziele der Förderung von Interessengruppen und Projekten. Damit erhalten diese Zusammenschlüsse Selbsthilfecharakter, auch wenn dies nicht das Motiv für die Gruppengründung war« (ebd., S. 6).

70 Vgl. u. a. Ministerium für Arbeit, Gesundheit und Sozialordnung Baden-Württemberg (1994, 1995); Sozialministerium Baden-Württemberg (1996, 1997, 1999). Aufgrund der Praxiserfahrungen in Baden-Württemberg, wo nach eigenen Aussagen in

Jahres begonnen.[71] Ziel war, daß innerhalb von vier Jahren selbständig arbeitende Seniorengenossenschaften hervorgehen sollten. Nach einer Ausschreibung wurden 12 Modellprojekte ausgewählt, die die Auswahlkriterien des Ministeriums erfüllten: Die zu gründenden Seniorengenossenschaften sollten das Ziel haben, gegenleistungsorientiert, kostendeckend, offen und vernetzt zu arbeiten (vgl. u. a. Hedtke-Becker/Titz 1994). Dabei sollten die Seniorengenossenschaften von Beginn an ihre eigenen Interessen und Fähigkeiten artikulieren (vgl. Hummel 1995b, S. 31). Die durch das Sozialministerium zu fördernden Projekte sollten folgende Anforderungen erfüllen:

- Hilfen auf Gegenseitigkeit vor Ort ermöglichen,
- eine Erklärung abgeben, das Projekt auf mindestens zwei Jahre anzulegen,
- in organisatorischen Strukturen mit eigenen Rechtsformen (Genossenschaft, GmbH oder e.V.) durchgeführt werden und
- vielfältige Dienstleistungen von Wohnbetreuungsdiensten über leichte Alltagspflegeleistungen bis zu Kultur- und Bildungsaustausch anbieten.

Den Seniorengenossenschaften steht die Formel »Ältere helfen Alten« vor, und sie verstehen sich »als eine Gemeinschaft von Menschen, die sich verpflichtet hat, zusammen Dienste zur Alltagsbewältigung im Alter zu erbringen und diese so miteinander zu organisieren, daß die Mitglieder einen gegenseitigen Nutzen davon haben« (ebd., S. 25). Dieser allgemeinen Zielsetzung entspricht das breite Spektrum an geförderten Projekten bzw. Trägern, das von einer Alzheimer-Initiative über einen Stadtteilverein bis zu Tauschringen reicht. Gerade das Zulassen von Aktivierungs- und Hilfe-Strukturen, die sich an ein Zeittausch- bzw. an ein Punkttauschverfahren anlehnen, spricht für ein konsequentes Innovationsförderkonzept, das auch eine »biographische Brücke« zu Werten und Tätigkeiten der Erwerbsphase darstellen kann.[72] Dahinter steht die Erkenntnis, daß die relativ abgeschlossenen Grenzen der eigenen Wohnung und von Vereinsstrukturen einem gelingenden und ausreichenden kommunikativen und leistungsorientierten Austausch entgegenstehen. Durch die Schaffung von institutionellen bzw. politischen Rahmenbedingungen soll es dem einzelnen Men-

---

kurzer Zeit die Strecke zwischen Idee und Programm durchlaufen wurde, setzt sich Hummel kritisch mit dem Begriff »bürgerschaftliches Engagement« auseinander: »Das bürgerschaftliche Engagement erscheint als ein Begriff leidenschaftlich diskutierender Feuilletons, erfahrbar, fotografierbar und in Reportagen zu fassen, im aktiven Handeln kleiner Minderheiten. Im 'herrschenden Alltag' allerdings verkommt der Begriff zu einem Golddekor rund um gewohnte Bilder von Pflicht, Hilfe und Selbstlosigkeit« (Hummel 1998, S. 23).

71 Die gemeinwesenorientierte Altenarbeit wird neben dem Programm »Seniorengenossenschaften« u. a. seit 1992 mit dem Programm »Älter werden in Europa« und seit 1993 mit der »Initiative 3. Lebensalter« unterstützt.

72 »Abstrakt ausgedrückt handelt es sich hierbei um den Versuch, eingebrachte Leistungen oder Aktivitäten den jeweiligen Erbringern auf einem 'Zeitkonto' gutzuschreiben. Die Gutschrift soll im Bedarfsfalle zum äquivalenten Bezug von Dienstleistungen der Seniorengenossenschaften berechtigen und institutionalisiert damit die Erwartung gegenseitigen dauerhaften Hilfeversprechens« (Otto 1992, S. 120).

schen erleichtert werden, an vielerlei Einsatz- und Austauschstellen von Kontakten, Fertigkeiten und Kompetenzen aktiv teilzuhaben.[73]

Die Entwicklung der Seniorengenossenschaften als Selbsthilfeprojekte von SeniorInnen für SeniorInnen ging und geht in den letzten Jahren in die Richtung eines bürgerschaftlichen Engagements, das nicht nur auf SeniorInnen beschränkt ist und damit mittlerweile keine altersbezogene Zielgruppenfestlegung mehr besitzt (vgl. Hedtke-Becker/Titz 1994, S. 350). Neben Beziehungen im Rahmen der freiwilligen Tätigkeit mit den Dienstleistungsempfängern entstehen Kontakte mit anderen aktiven Mitgliedern unterschiedlichen Alters sowie Interaktionsstrukturen im Rahmen von Gruppenprozessen durch externe Aktivitäten, wie Fortbildungen und Tagungen (vgl. Fred 1995, S. 25 f.). Zudem gibt es einen Zusammenhang zwischen Tätigsein und Lernen, denn den aktiven BürgerInnen, die zunächst auf ihre vorhandenen Wissensbestände und Talente zurückgreifen, eröffnet sich häufig auch die Möglichkeit der persönlichen Entwicklung in weiteren Feldern (vgl. Schmidt 1995b, S. 176). Mit der Einrichtung der Seniorengenossenschaften ist es – nach Aussagen der Initiatoren – gelungen, »eine Initiativenform in der sozialen Landschaft zu installieren, die sich weit vom Altenhilfe- und -dienst-Image löste und ein Beispiel für bürgerschaftliches Engagement wurde« (Hummel 1995b, S. 33).

7.7 Förderung oder Würdigung des freiwilligen Engagements?

Grundsätzlich besteht eine Fülle an Möglichkeiten von Seiten mehrerer Akteure, das freiwillige, gemeinnützige Engagement aufzuwerten, zu fördern bzw. zu unterstützen. Sowohl die Gesetzgeber als auch die staatlichen Agenturen auf den unterschiedlichen föderalen Ebenen, die Ehrenamt organisierenden, gemeinnützigen Kirchen, Verbände und Vereine sowie die Tarifpartner, die Versicherungen, die Schulen oder die Arbeitsverwaltung – alle hier beispielhaft angeführten Akteure sind in der Lage, durch große oder kleine Anstrengungen bzw. durch die Akzeptanz von eigenen Belastungen im Rahmen ihrer Möglichkeiten zu einer strukturell tragfähigen Basis des Ehrenamts beizutragen. Dieses aus vielen Komponenten zusammengesetzte Fundament stellt – individuell betrachtet als auch mit Blick auf ein Kollektiv – die Bedingung der Möglichkeit für freiwilliges, gemeinwohlorientiertes Engagement dar. Diese Aussage scheint in der getroffenen, wenig differenzierten Formulierung unbestritten und wird von etlichen empirischen Befunden bestätigt.[74]

Von Interesse sind an dieser Stelle die Optionen des Staates, die Basis des Ehrenamts zu gestalten. Prinzipiell stehen dem Staat, dessen originäre Steue-

---

73 Als gutes Beispiel für eine solche innovative Institutionalisierung von gegenseitigem Hilfeversprechen kann die Seniorengenossenschaft Ulm-Wiblingen e.V. gelten, die im Oktober 1991 als Stadtteilprojekt mit umfassenden sozialen Diensten gegründet wurde (vgl. Wiech 1995).

74 Die Bestätigungen finden sich (verstreut) an mehreren Stellen dieser Arbeit (vgl. Backes 1992a; Erlinghagen/Rinne/Schwarze 1997).

rungsmedien Recht und Geld sind, vor allem zwei Unterstützungsmöglichkeiten bzw. Gratifikationsoptionen zur Verfügung: die (finanzielle) Förderung und die Würdigung des freiwilligen gemeinwohlorientierten Engagements.[75] Während bei der Förderung des Engagements der Einsatz finanzieller Mittel in direkter Weise und offensichtlich erfolgt, vollzieht sich der Finanzeinsatz bei der Würdigung eher im Hintergrund.[76] Diesen beiden Möglichkeiten entsprechen zwei verschiedene Programmformen staatlicher Aktivität: Die Förderung passiert über Anreizprogramme, die Würdigung über persuative Programme.[77]

Das Anreizprogramm wird vor allem dann eingesetzt, wenn Eigeninitiative oder Innovation gefördert werden soll. Es handelt sich i. d. R. um negative oder positive fiskalische Anreize, wobei letztere in der Form von Steuervergünstigungen, Zuschüssen, Darlehen oder Aufwendungshilfen realisiert werden. Voraussetzung für den Erfolg sind einerseits Kenntnisse zu den Interessenlagen und Motiven der jeweiligen AdressatInnen und andererseits entsprechende finanzielle Ressourcen sowie Kontrollinstanzen, die die Bedingungen für Gewährung prüfen. Die Form des persuativen Programms umfaßt sowohl emotional oder rational ausgerichtete Überzeugungsprogramme, die i. d. R. auf langfristige Einstellungsänderungen bzw. Prozesse des Wertewandels zielen, als auch Informationsprogramme.[78] Prinzipiell problematisch bei dieser Programmform erscheint eine Erfolgskontrolle. Dennoch formuliert etwa Olk bezüglich solcher Programme begründet pessimistisch: »Die bisher gemachten Erfahrungen weisen übereinstimmend darauf hin, daß insbesondere generelle, breit gestreute Appelle in den Massenmedien wenig dazu beitragen können, um Personen relativ direkt zur Übernahme konkreter ehrenamtlicher Tätigkeiten anzuregen. Die besonderen Perzeptionsbarrieren und -bereitschaften einzelner Bevölkerungsgruppen bzw. das Wirken eventueller gegenläufiger Faktoren können bei ... ungezielten Überzeugungsprogrammen zu wenig berücksichtigt und modifiziert werden. Solche Programme verpuffen daher entweder folgenlos, oder sie produzieren 'Strohfeuereffekte'« (Olk 1990, S. 255 f.).

Mit Blick auf das Möglichkeitsspektrum der staatlichen Agenturen zur Unterstützung des freiwilligen, gemeinwohlorientierten Engagements bietet sich mit dieser getroffenen analytischen Unterscheidung die Bildung eines Kategori-

---

75 Bereits 1990 stellte Olk fest, daß der Unterstützungsbedarf von Selbsthilfeaktivitäten und ehrenamtlichem Engagement als sozialpolitische Aufgabe anerkannt wird (vgl. Olk 1990, S. 260 f.).

76 Diese beiden prinzipiellen Möglichkeiten werden häufig nicht getrennt. »Unklar bleibt, ob die Förderung eine Würdigung oder die Würdigung eine Förderung ist. Diese Vermischung verdeutlicht, daß im öffentlichen Raum zur Zeit meist nicht getrennt, zweckfrei und unvoreingenommen über die Förderung des freiwilligen Engagements, die Förderung der Engagierten und die Würdigung des Engagements und der Engagierten« diskutiert wird (Brosch 1995a, S. 241).

77 Der Logik dieser Unterscheidung folgend, entsteht ein Klassifikationsschema, zu dem neben den beiden genannten Programmformen noch die regulativen Programme, die Leistungsprogramme und die prozeduralen Programme gehören (vgl. u. a. König/Dose 1993, S. 88 ff.).

78 Bekannt sind Aktivitäten in den Bereichen der Verbraucher- oder Umweltberatung.

sierungsrasters an, mit dessen Hilfe Gratifikationsoptionen – sowohl eingesetzte oder geplante als auch fiktive – sortiert werden können. Zur Erstellung dieser Matrix bedarf es einer Differenzierung der Zielpunkte staatlicher Programme. Entweder werden hauptsächlich Personen gefördert bzw. gewürdigt, sobald sie freiwillig gemeinwohlorientierte Tätigkeiten ausüben, oder aber die Förderung bzw. Würdigung bezieht sich auf Organisationen oder Initiativen. Der dritte Zielpunkt ist weniger konkret, fördernde bzw.»würdigende« Programme zielen hier auf die»Infrastruktur des Ehrenamts«, die gewissermaßen auf einer Metaebene angesiedelt werden kann. Entsprechend dieser Kategorisierung entsteht eine Sechs-Felder-Tafel, die Typen von Unterstützungsmöglichkeiten des freiwilligen, gemeinwohlorientierten Engagements aufgrund der Merkmale Programmform und Zielpunkte differenziert (vgl. Abb. 10).[79] Diese Typenbildung macht u. a. deutlich, daß die neueren Maßnahmen von staatlicher Seite vor allem auf den Dimensionen ehrenamtliche Personen und»infrastrukturelle Metaebene« anzusiedeln sind, während die eher traditionellen Mittel der Engagementförderung und -würdigung vor allem Organisationen bzw. Initiativen zum Zielpunkt hatten.[80]

Abbildung 10: Beispiele für Programmformen staatlicher Unterstützung des Ehrenamts

Programmform — Hauptziel Ansatzpunkt der Förderung	Anreizprogramm Förderung	Persuatives Programm Würdigung
Personen	Aufwandsentschädigungen, Steuervorteile, Versicherungsanrechte	Urkunden, Zeugniszusätze, Auszeichnungen
Organisationen	Zuwendungen für Projekte, institutionelle Förderung	Anerkennung des Subsidiaritätsprinzips
Infrastruktur	Nationale Freiwilligenagentur, Senioren- und Bürgerbüros, Selbsthilfekontaktstellen	Tag des Ehrenamts, Werbung für das Ehrenamt

79 Auf der Grundlage einer unterschiedlichen Typologisierung mit der gleichen Zielrichtung führt Olk einen hier nicht berücksichtigten »harten« Typ staatlicher Steuerungsmöglichkeiten auf: »Strategien der Zwangsverpflichtung«. Mit Blick auf die sozialen Wirkungen der auf Zwangsverpflichtung gründenden Maßnahmen ist eine negative Korrelation zu erwarten. »Bewertet man solche 'harten' Strategien der Mobilisierung sozialer Pflege- und Betreuungsleistungen also nicht lediglich unter quantitativen, sondern auch unter qualitativen Gesichtspunkten, so verlieren sie erheblich an Attraktivität und Akzeptanz« (Olk 1990, S. 260).
80 Bei der Würdigung von Organisationen/Initiativen scheint es sich um eine zunehmend »unmoderne« Form zu handeln. Parallel zur »Ökonomisierung des Sozialsektors« und zur Einführung von Modellen der »Neuen Steuerung« verliert dieses Prinzip als Anhaltspunkt für Entscheidungen staatlicher Agenturen an Wertigkeit.

Gemäß dieser Typologisierung sind die vier vorgestellten Strategien/Aktionen als Anreizprogramme zu charakterisieren, die in erster Linie entweder den ehrenamtlichen Personen zugedacht sind oder eine Förderung des Ehrenamts bzw. der selbstbestimmten Produktivität über die »infrastrukturelle Metaebene« anstreben. Werden sämtliche staatlichen Aktivitäten zur Unterstützung des freiwilligen gemeinwohlorientierten bzw. Gemeinnützigkeit als Nebenfolge produzierenden Engagements – unabhängig von einer bestimmten Bevölkerungs- oder Altersgruppe – zusammenfassend betrachtet, ergibt sich ein komplexes Bild, in dem sich die staatliche Unterstützung als ein Maßnahmen-Mix darstellt. Zurückgeführt auf die basalen Medien staatlichen Handelns und in Zusammenhang mit den staatlichen Garantieleistungen deutet sich allerdings eine noch in ihrem Verlauf zu bestimmende prinzipielle Grenze an: Staatliche Würdigung und Förderung sind nicht bezüglich aller möglichen Ziele und Begründungen im Hintergrund kompatibel mit der Logik des ehrenamtlichen Engagements. »Das zentrale Problem einer Politik der Förderung und Unterstützung sowohl von Selbsthilfe als auch von ehrenamtlichem Engagement besteht also darin, einerseits die besondere Produktivität und den 'Eigensinn' solcher Formen freiwilliger sozialer Tätigkeiten erhalten zu müssen, um deren Produktivitätspotential zur Entfaltung bringen zu können, und gleichzeitig Ziele wie flächendeckende Versorgung und Einhaltung eines bestimmten durchschnittlichen Qualitätsniveaus dieser Leistungen zu garantieren« (Olk 1990, S. 262).

7.8 Das Ehrenamt-Potential älterer Menschen

Den häufig zu hörenden oder zu lesenden Problemaufrissen, die mögliche Folgen des demographischen Wandels unter eingehende Formeln – wie »Krieg der Generationen« oder die »Vergreisung der Gesellschaft« – etikettieren, wird ebenso häufig mit positiven alternativen Szenarien geantwortet. »Die oft beklagte Überalterung der Gesellschaft … bietet ja zugleich auch die Möglichkeit, daß immer mehr Ältere als aktive Bürger in Erscheinung treten. Wenn allein von 1991 bis 1995 die Zahl der über 65jährigen um über eine Million Bürger anwuchs, wird deutlich, welch großes Potential für ehrenamtliches Engagement vor allem auch im sozialen Bereich vorhanden ist« (Süssmuth 1998a, S. 171). Neben der Betonung der potentiellen und realisierten Kaufkraft älterer Menschen[81] ist vor allem der Hinweis auf deren Potential für das Gemeinwohl auch als Symbol dafür zu sehen, eine (weitere) drohende Stigmatisierung des Alters bzw. der Alten zu vermeiden.[82]

---

81 In der Stellungnahme der Bundesregierung zum Bericht der Sachverständigenkommission zum Ersten Altenbericht heißt es: »Insgesamt hat sich die wirtschaftliche Lage älterer Menschen in den alten Bundesländern im Vergleich zu den 70er und 80er Jahren spürbar verbessert« (BMFSFJ 1996b, S. 17).
82 So wird etwa in der Kurzfassung zum Bericht der Sachverständigenkommission zum Ersten Altenbericht zum Altersbild unserer Gesellschaft ausgeführt: »In der öffentlichen Diskussion wird das Alter häufig als Belastung für die Gesellschaft dargestellt. Die Medien tendieren auch eher dazu, die verschiedenen Aufgabengebiete der Alten-

253

Die Betonung des weitgehend ungenutzten Potentials, das ältere Menschen für die Gesellschaft darstellen, fand nicht nur in der theoretischen Diskussion bzw. in unterschiedlichen Theorien zum Alter (am deutlichsten vielleicht in der sog. »Aktivitätstheorie«) ihren Niederschlag, sondern, darauf aufbauend, auch in einer Fülle von professionalisierten, programmatischen und institutionalisierten Angeboten zur Aktivierung. Dabei sollten parallel zwei Ziele erreicht werden: Neben der Befriedigung individueller Wünsche und Bedürfnisse stand ebenfalls eine Nutzbarmachung latent vorhandener Kompetenzen und Qualitäten älterer Menschen an.[83] Dieses zweigleisige Vorhaben scheint allerdings bislang wenig erfolgreich verlaufen zu sein. »Zumindestens für die zeitlich stark ausgeweitete nachberufliche Lebensphase gibt es bislang kaum gesellschaftlich anerkannte und für alle geeignete Modelle der individuell befriedigenden wie gesellschaftlich sinnvollen und produktiven Nutzung des Alters jenseits der Erwerbsarbeit. Nicht nur in Westdeutschland, sondern in nahezu allen Staaten mit hoher Frühverrentung bemühen sich seit Jahren professionelle Experten aus der Gerontologie und/oder aus dem Bildungs-, Freizeit- und Pädagogiksektor mit – zumindest quantitativ – äußerst geringen Erfolgsquoten um die Entwicklung geeigneter Angebote für das 'gesellschaftliche Nutzlosigkeitspotential' der Älteren, das in der bisherigen Geschichte noch nie so groß war. Insgesamt scheint sich die Schere zwischen gesellschaftlich potentieller und tatsächlich praktizierter Nützlichkeit immer weiter zu öffnen« (Naegele 1994, S. 126 f.).

Um diese Schere zwischen dem als Potential für die Gesellschaft erkannten und dem tatsächlich aktivierten Engagement zu schließen, setzen gemeinnützige Organisationen und staatliche Instanzen in vermehrtem Maße auf eine neue Generation von Aktivierungsstrategien – wie sie in den vorstehenden Ausführungen knapp und in exemplarischer Weise dargestellt wurden. Das Neue an diesen Aktivierungsstrategien ist im Fall der vorgestellten Programme aus Sachsen und Brandenburg, daß staatliche Gelder dabei den älteren Menschen, die sich in gemeinnützige Projekte einbringen, in direkter Weise zugedacht werden.[84] Die Finanzmittel fließen nicht zu öffentlichen oder privaten Trägern,

---

hilfe – und damit indirekt den hilfebedürftigen Menschen – in den Vordergrund ihrer Berichterstattung zu stellen. Aus Meinungsumfragen geht hervor, daß innerhalb der Bevölkerung der Lebensabschnitt 'Alter' sehr verschiedenartig wahrgenommen wird. Eine Sichtweise verbindet mit dem Alter vorwiegend Defizite, Abbau und Armut und die Überzeugung, eine hohe Anzahl älterer Menschen lebe in Heimen« (BMFSFJ 1996b, S. 42).

83 Diese Nutzbarmachung des Potentials wird mittlerweile vermehrt unter normativen bzw. moralischen Fragestellungen diskutiert: Sind die älteren Menschen mit Blick auf ihre »überproportionale Existenz« produktiv genug (vgl. Barkholdt 1999)? Vor diesem Hintergrund erscheinen auch die ehrenamtlichen Tätigkeiten älterer Menschen in der nachberuflichen bzw. nachfamiliären Lebensphase als Legitimationsgrund für die Transferleistungen jüngerer Menschen, und die individuell erbrachten Produktivitätsleistungen der Vergangenheit verlieren an Gewicht – und damit ebenso ein traditioneller Grundsatz im Zusammenleben der Generationen.

84 In Anbetracht der Beschäftigungssituation in Ostdeutschland sind die beiden Programme in Sachsen und Brandenburg auch als Beitrag zu deuten, einer besonderen Problemgruppe des Arbeitsmarkts – nämlich älteren ArbeitnehmerInnen ab 50 bzw.

welche damit Profis, Ausstattung oder sonstige Kosten für ihre Arbeit mit Älteren refinanzieren können, sondern deren Funktion ist wesentlich eingeschränkter. Die Menschen, die ehrenamtlich bzw. freiwillig tätig sind, werden mit diesen Programmen finanziell unterstützt, nicht die Arbeit mit ihnen und auch nicht die Arbeit für ältere Menschen. Das macht scheinbar die Ehrenamtlichen selbst interessant, da – nach Aussagen der Prognos AG – ein Markt entstanden ist.[85] Den »Trägerorganisationen des Ehrenamts« wird durch öffentliche Finanzmittel ein (großer) Teil der monetären Sorge um die Gratifikation des Ehrenamts abgenommen und den öffentlichen Agenturen ein zusätzlicher Steuerungskanal eröffnet, dessen Effekte – etwa bei den Wohlfahrtsverbänden als Projektträger – über Organisationen des Dritten Sektors hinaus auch in die gesellschaftliche Sphäre des Privaten i. e. S. hineinreichen. Für die Programme Seniorenbüro und Seniorengenossenschaften bleibt festzuhalten, daß sie sich ebenfalls zwar etablierter Institutionen des Dritten Sektors bedienen, aber die Aktivierung der Potentiale für eigenverantwortliche Problemlösung, unkonventionelle Bedürfnisbefriedigung (Tauschring) und Selbsthilfe im Vordergrund stehen. Die staatlichen Anreizprogramme dieser neuen Generation bedürfen zwar Mittlerorganisationen für ihre Realisierung, die Anreize richten sich allerdings – im Vergleich zu »alten« Programmen – in direkterer Weise an die letztlich Angesprochenen, konkret an (ältere) Menschen, die willens sind, etwas für andere Menschen zu tun.

Die neuen »Impulse zur Innovation von Lebenswelten« (vgl. Schmidt 1994, S. 142 ff.) appellieren nicht mehr nur an die Mitmachbereitschaft älterer Menschen in vorgeplanten Strukturen, sondern die »Initiierung von zielgerichteten Innovationen im lebensweltlichen Kontext verlangt statt dessen die Konstituierung eines weitergefaßten Rahmens, in dem motivierte Angehörige dieser Lebenswelten über Prozesse der Selbstverständigung und das Erschließen von Gestaltungsräumen eine vorgegebene, aber eher allgemein gehaltene Programmatik handelnd interpretieren« (ebd., S. 143).[86] Die Rolle der Alten, die durch diese neue Generation von staatlichen Programmen angesprochen werden (sollen), ermöglicht die Realisierung von kreativen und aktiven Aspekten.

---

55 Jahren – (Arbeits-)Möglichkeiten zu bieten, die aus individueller Perspektive sinnvoll sind und finanziell honoriert sowie gleichzeitig aus der Sicht des Gemeinwesens als nützlich angesehen werden.

85 Diese Form der Ehrenamts- bzw. Engagementförderung (vgl. Abb. 10) ließe sich aus einem anderen Blickwinkel auch als Honorartätigkeit beschreiben und wirft die Frage nach den definitorischen Grenzen des Ehrenamts auf (vgl. Beher/Liebig/Rauschenbach 1998, S. 105 ff.)

86 Vor allem mit Blick auf die jeweiligen Ausschreibungstexte für diese Programme zur Implementierung von Tätigkeitskonzepten kritisiert Schmidt die gebräuchliche Semantik, die als Symbol dafür gelten kann, daß eine gewisse Undeutlichkeit als durchaus funktional angesehen werden kann. Ein mehr oder weniger neues Begriffsrepertoire, das unscharf präsentiert wird, steht dabei für das Bemühen, Gewohntes modern und zeitgemäß, nicht vormundschaftlich und selbstbestimmt zu initiieren. »Was das dann sein könnte, darauf hätten sich die Menschen und Vereinigungen vor Ort zu verständigen« (Schmidt 1994, S. 145).

Der neuen Generation dieser Anreizprogramme der staatlichen Agenturen geht es um eine spezielle Balance zwischen öffentlicher und privater Initiative, bei der durch Umverteilung finanzieller Mittel (Steuereinnahmen) im Rahmen relativ unkonkreter Vorgaben (unspezifizierter Etat) die kreativen gesellschaftlichen Ressourcen (von Assoziationen) sowohl für private Ziele (subjektiver Nutzen) als auch für das Gemeinwohl (kollektiver Nutzen) genutzt werden sollen. Die intendierten Ziele sollen also durch ein Zusammenwirken mehrerer AkteurInnen bewirkt werden, die alle durch einen mehrstufigen Prozeß davon profitieren können. Damit begegnet die Politik – nach Frenz/Hummel (1994) – einer möglichen Versuchung, nämlich altenpolitische Maßnahmen anzuhängen, die die Schere zwischen dem Potential und dem Tatsächlichen trotz Veränderungen nicht zu schließen in der Lage sind. »Die Gefahr derzeitiger Politik ist, daß sie die Kaffee- und Kuchen-Altenarbeit auslaufen läßt, die Leistungen dem einzelnen finanziell zur Verfügung stellt und die Qualität der Infrastruktur allein dem Spiel des Marktes und den 'Fürsorgekorporativen' (Verbände) überläßt. Gerade aber die künftige Kleingruppenarbeit, die bürgerschaftliche Öffnung über die Generationen und die praktische Beteiligung am Gemeinwesen geht nicht ohne Abstimmung von Politik, Markt und Bürger, d. h. eine planende und fördernde Unterstützung vor allem durch die Kommunalpolitik« (ebd., S. 229). Gerade diese Versuche, kooperative sozialpolitische Aktivitäten mit Strategien, die gewissermaßen »von oben« angestoßen werden, dauerhaft zu implementieren, befinden sich in einem problematischen Kontext. Denn diese Aktivitäten bewegen sich in einem Politikfeld, »das durch zersplitterte politische Zuständigkeiten, konkurrierende Träger und korporatistische Strukturen hochgradig vermachtet ist« (Otto 1992, S. 116).

Die vorgestellten Programme bzw. Initiativen fördern Engagement und Engagementbereitschaft entweder auf der Basis vorhandener traditioneller oder neu geschaffener Organisationsstrukturen, die als Mittler zur Antragstellung und Finanzierung konstitutiv sind, oder sie ermöglichen durch den Aufbau von zentralen Agenturen Netzwerke des Engagements. In beiden Fällen lassen sich die tatsächlich fördernden Strukturen allerdings dadurch charakterisieren, daß sie auf eine gewisse kreative Vorleistung von Organisationen oder Personen angewiesen sind. Dementsprechend wird in der Zielumsetzung eine Konzentration auf Personen mit bereits vorhandener Motivation und grundsätzlichem Interesse kritisiert. Die Projekte greifen vermutlich auf Interessenprofile, Bildungshintergründe und Lebenserfahrungen zurück, die als »mittelschichtsorientiert« und »städtisch« bezeichnet werden können, da sich grundsätzlich von einer »Komm-Struktur« bereits aktive und über materielle und intellektuelle Ressourcen verfügende Menschen angesprochen fühlen. Ein damit korrespondierendes »positives Altersstereotyp« – so kritische Statements – darf nicht dazu beitragen, daß Menschen in benachteiligten Lebensumständen von den Protagonisten der »Ressourcen-Perspektive« vergessen oder als Randgruppe stigmatisiert werden, wenn sie nicht der neuen Norm des aktiven und kompetenten Seniors entsprechen (vgl. Karl 1995, S. 372 f.).

Nach Blandow können die Bemühungen um die umworbene Gruppe der »jungen Alten« in besonderem Maße als Symbol dafür gelesen werden, daß bürgerschaftliches Engagement funktionalisiert wird und die ungenutzten gesellschaftlichen Potentiale dieser Gruppe genutzt werden sollen. In den verschiedenen geförderten Modellprojekten durch die Bundes- und Landesministerien kann demnach der Versuch gesehen werden, das »frei flottierende« Engagement außerhalb der Verbände, das nicht in einer »Pflichtethik«, sondern einer »Verantwortungsethik« für das eigene Wohlbefinden in der Gesellschaft ihren Motivkern findet, zu verallgemeinern und zu verfestigen. »Die Politik, so scheint es, hat sich angeschickt, den zersplitterten und darum dysfunktionalen neuen Engagementformen ein neues Dach zu bauen: Der Staat als Spitzenverband bürgerschaftlichen Engagements« (Blandow 1998, S. 116).

Den Staat als Spitzenverband zu betrachten, der sich in fördernder und zusammenführender Funktion, gewissermaßen in paternalistischer Weise dem Potential des bürgerschaftlichen Engagements nähert, kommt einigen kommunitarischen Vorstellungen nahe, die vor dem Hintergrund international wirkender Megastrukturen der Staatstätigkeit eine neue Rolle zukommen lassen wollen. Es steht eine Transformation gesellschaftlicher Strukturen, konkreter: die Stärkung desjenigen gesellschaftlichen Bereichs an, in dem u. a. durch bürgerschaftliches Engagement die negativen Folgen der Modernisierung kompensiert werden. Dabei können sich vor allem ältere Menschen in besonderer Weise einbringen, denn sie verfügen, wie kaum eine andere Altersgruppe der Bevölkerung, über die Ressource, die als ein Gradmesser für gesellschaftlichen Reichtum gelten kann – die Zeit. So fordert etwa Dettling einen neuen Gesellschaftsvertrag, der u. a. festschreibt, nach welchen Grundsätzen Anteile an der Wohlfahrtsproduktion verteilt werden. Dies soll nach dem Motto geschehen: »Ein jeder soll geben, was er (in Fülle) hat. Ein jeder soll das bekommen, woran er Mangel leidet« (Dettling 1998b, S. 297). Diesen Vorstellungen folgend, erscheinen die Ansätze, den Staat als Spitzenverband des bürgerschaftlichen Engagements für ältere Menschen zu etablieren, als Vorboten einer neuartigen Staatstätigkeit für die gesamte Gesellschaft, die über bislang vernachlässigte Kanäle die Aufstockung des gesellschaftlichen Reichtums verfolgt.

Ob aufgrund der vorliegenden Erfahrungen mit den beschriebenen Programmen, die sich bisher – insgesamt betrachtet – auf einen winzigen Teil des freiwilligen, gemeinnützigen Engagements beziehen, der Erfolg dieser neuen Steuerungskanäle vorhergesagt werden kann, bleibt allerdings fraglich. Die oben geschilderten Veränderungsprozesse, die etwa die öffentliche Wahrnehmung älterer Menschen oder die politische Strategien zur Engagementaktivierung betreffen, sind als Ausdruck eines Strukturwandels zu verstehen, dessen Entwicklungen (natürlich) auch die Grundlage für das Ehrenamt älterer Menschen verwandeln. Die Tatsachen, daß die Zahl der älteren Menschen stetig zunimmt bzw. zunehmen wird, daß sich die Phase nach der Erwerbs- bzw. Familientätigkeit verlängert und daß sich das Selbstverständnis und die Bedürfnisse der Alten (zumindest in Teilen) modifizieren, führen zu einer parallelen Ausweitung des Ehrenamt-Potentials und des Bedarfs an ehrenamtlichem Engagement, was unter den aktuellen politischen Gegebenheiten (Spargebot der öffentlichen Haushalte, Reform des Sozialversicherungssystems) eine Fokussierung auf die »Ressourcen-Perspektive« nahelegt. Sollen die älteren Menschen durch Formen des ehrenamtlichen Engagements in öffentliche Strukturen und Kommunikation eingebunden werden, dann sind die Passungsverhältnisse zwischen den Ehrenamt einsetzenden Organisationen und den Bedürfnissen und Lebenslagen ins Blickfeld zu nehmen. Vieles spricht dafür, daß in Zukunft zur Herstellung des gewünschten Passungsverhältnisses bzw. zur Aktivierung des Ehrenamts-Potentials bei älteren Menschen eine Menge innovativer Anstrengungen notwendig sein werden.

8. Modernisierungsstrategien: Selbsthilfe, Kontaktstellen, Freiwilligenagenturen

Im Zuge und als Ausdruck des Wandels gemeinwohlorientierten Engagements sind in der Bundesrepublik eine Reihe »neuer« Engagement- und Organisationsformen entstanden. Unter ihnen bildet vor allem die Selbsthilfe eine schillernde Facette und einen gewichtigen Argumentationsstrang im Diskurs um Transformationserscheinungen der ehrenamtlichen Arbeit. In Verbindung mit einer behaupteten »Pluralisierung und Ausdifferenzierung ehrenamtlichen Engagements« oder auch einer »Verlagerung der ehrenamtlichen Mitarbeit vom klassischen, verbandlich organisierten Ehrenamt hin zu attraktiveren Engagementformen« gelten Selbsthilfezusammenschlüsse als Paradebeispiel für derartige »neue« Organisationsformen.

Neben den verschiedenen Selbsthilfeaktivitäten haben sich mittlerweile so unterschiedliche Angebote und Institutionen wie Stiftungen[1], Wissensbörsen, Seniorenbüros und -genossenschaften (vgl. Kap. 7.6), Bürgerbüros, Mütter- und Nachbarschaftszentren oder auch Kooperations- und Tauschringe konstituiert, die sich aus verschiedenen Entwicklungszusammenhängen als Reflex auf sozialen Wandel herausgebildet haben und sich als jeweils spezifische Ausprägungs- und Unterstützungsformen gemeinwohlorientierten Engagements beschreiben lassen. Sie haben in ihrer Gesamtheit inzwischen eine nicht zu unterschätzende Größenordnung erreicht, wie etwa die vielfältigen Kooperationsringe verdeutlichen, die innerhalb kürzester Zeit an Attraktivität gewonnen haben.[2] Eine Sonderstellung unter diesen Angeboten nehmen diejenigen Vermittlungsstellen ein, die es sich explizit zur Aufgabe gemacht haben, Selbsthilfeaktivitäten und Freiwilligenarbeit umfassend zu fördern und zu bündeln. Hierzu gehören im Fahrwasser der Selbsthilfe die »Kontakt- und Unterstützungsstellen« sowie, als jüngstes Produkt der Diskussion eines modernisierten Ehrenamts, die »Freiwilligenagenturen«. Bei beiden Vermittlungsagenturen steht der Gedanke im Vordergrund, die Barrieren zwischen formuliertem Interesse und

---

1 Hierunter fallen sowohl die bundesweit operierenden Stiftungen der Selbsthilfe und des Bürgerengagements (wie die bereits 1963 ins Leben gerufene Stiftung »Mitarbeit« und die Stiftung »Bürger für Bürger«) als auch die Ehrenamtsaktivitäten einzelner Stiftungen (z. B. der Bosch Stiftung) oder die sogenannten Stadtstiftungen (etwa Gütersloh oder Hannover).

2 So sind in der entsprechenden Internet-Kontaktliste (www.tauschring.de) derzeit unter Etiketten wie Talente- und Zeitbörse, TauschRausch und TauschWatt oder Gib- und Nimm-Zentrale bundesweit rund 240 Adressen verzeichnet. Diese spezifischen Gemeinschaftsnetzwerke stellen ein bedarfsorientiertes Konzept alternativen Wirtschaftens dar, das auf der Grundlage eigener »Währungen« auf dem Tauschprinzip bzw. der konsequenten Reziprozität von Geben und Nehmen basiert. Getauscht werden so unterschiedliche Leistungen wie Babysitting gegen Word-Einführung, selbstgebackenes Brot gegen Reparatur tropfender Wasserhähne etc. Als Vergleichs- und Abrechnungsmaßstab der investierten Leistungen dienen »Währungen« wie »Kooperationsmarken« oder »Taler«, die in der Regel pro Hilfestunde gutgeschrieben werden (vgl. Krüger 1993; Otto 1992; Offe/Heinze 1990).

tatsächlichem Engagement abzubauen. Sie sind damit sowohl Instrument einer quantitativ orientierten Förderung gemeinwohlorientierten Engagements als auch Ausdruck für die Verschiebung von fremd- zu selbstbestimmteren Formen freiwilliger Betätigung. Insofern stellen beide Varianten jeweils spezifische infrastrukturelle Antworten einer neu zu etablierenden »Kultur des Sozialen« mit unterschiedlichem Entstehungskontext dar, die nunmehr neben der Selbsthilfe exemplarisch für Modernisierungsstrategien gemeinwohlorientierten Engagements herausgegriffen werden sollen.

8.1 Selbsthilfe

Ebenso wie das Ehrenamt kann auch die kollektiv organisierte Selbsthilfe auf eine lange Tradition zurückblicken, die weit über das letzte Jahrhundert hinausreicht.[3] In Abgrenzung zur »alten« wird von der »neuen« Selbsthilfebewegung erst seit den 70er Jahren gesprochen. Bis zu diesem Zeitpunkt waren in der Bundesrepublik Deutschland Selbsthilfeaktivitäten über einzelne Zusammenschlüsse hinaus sozialpolitisch von untergeordneter Bedeutung. Im Unterschied zur Selbsthilfebewegung des letzten Jahrhunderts, die sich in großen Teilen aufgrund fehlender staatlicher Sozialpolitik aus dem Zwang zur Existenzsicherung herausgebildet hat, entstanden diese Selbsthilfeaktivitäten allerdings vor dem Hintergrund entwickelter Sozialstaatlichkeit mit einem vergleichsweise ausgebauten System sozialer Sicherheit, einer offensiv angelegten Sozialpolitik und hohen Wachstumsraten bei den Angeboten und Diensten des Gesundheits- und Sozialwesens (vgl. Hauff 1989). Gleichwohl lagen wesentliche Gründe für den neuerlichen Aufschwung der Selbsthilfe unter nunmehr veränderten Vorzeichen in den zu verzeichnenden Modernisierungsdefiziten des sozialen und politischen Systems.

8.1.1 Die Entwicklung der »neuen« Selbsthilfebewegung

Die gewandelten Problem- und Bedürfniskonstellationen in der Bevölkerung und die Unfähigkeit des Expertensystems diese aufzugreifen (vgl. Badura u. a. 1981)[4], die Überforderung und Leistungseinbußen primärer und sekundärer

---

3 Wird unter »Selbsthilfezusammenschlüssen« das ganze Spektrum der Selbsthilfeorganisationen gefaßt, können für die sozialpolitisch und -ökonomisch motivierten Formen u. a. die Gilden und Zünfte herangezogen werden, die bedeutsame wirtschaftliche, soziale und kulturelle Organisationen des Mittelalters bildeten. Als Produkte des 19. Jahrhunderts gelten dagegen das Genossenschaftswesen, die Gewerkschaftsbewegung im Rahmen der Arbeiterselbsthilfe, aber auch ein Teil der christlich oder liberal orientierten Gemeinschaften und Vereinigungen (vgl. Hauff 1989).

4 In diesem Kontext werden etwa Verschiebungen von akuten zu chronischen Erkrankungen, der Wunsch der BürgerInnen nach erweiterten Partizipationsmöglichkeiten in den Institutionen des Gesundheits- und Sozialwesens, das Verharren der beruflichen HelferInnen in einem antiquierten naturwissenschaftlich-technischen Selbst- und Medizinverständnis und die hiermit korrespondierende Ausblendung psycho-sozialer Entstehungs- und Verlaufsformen bei den Erkrankungen oder die Nicht-Be-

Netze bei der Erbringung sozialer Unterstützung (vgl. Kardorff/Oppl 1989b) sowie die politischen Klimaverlagerungen und die veränderten Erwartungen als Folgewirkung der antiautoritär und anti-institutionell ausgerichteten Studenten-, Schüler-, Lehrlings-, Heim- und Jugendzentrumsbewegung[5], die den Grundstein für den sozio-kulturellen Aufbruch in den 70er Jahren gelegt haben (vgl. Brand/Büsser/Rucht 1984; Damm 1994b), bildeten wichtige Determinanten bei der Entstehung selbstorganisierter Aktivitäten in der Bundesrepublik. Auf der Grundlage eines veränderten Politik- und Gesellschaftsverständnisses sowie mit den wachsenden Ansprüchen an die quantitative und qualitative Gestaltung des Sozial- und Gesundheitswesens bzw. der hiermit einhergehenden Kritik an den bürokratischen, dysfunktionalen und anonymisierten Strukturen des etablierten Versorgungssystems erfolgte eine zunehmende Verbreitung selbstorganisierter Engagementformen und die Entwicklung zu einer eigenständigen Bewegung (vgl. Hauff 1989; Heimerl 1995; Sachße 1993).

Zu den ersten Gruppengründungen zählten dementsprechend etwa die Initiativen von behinderten Menschen, chronisch Kranken, Alkohol- und Drogenabhängen, psychiatrischen PatientInnen sowie Betroffenen mit Lebensproblemen psychischer und sozialer Art (vgl. Badura u. a. 1981), die sich nach dem »Vorbild« der Anonymen Alkoholiker zu eher kleinen und informellen Gruppierungen zusammenschlossen (vgl. Matzat 1987).[6] Aus den »sozialen Bewegungen«

---

rücksichtigung relevanter Versorgungsprinzipien (wie Prävention oder Gemeindenähe) benannt (vgl. Badura u. a. 1981).

5   Die Jugend- und Studentenproteste bzw. gegenkulturellen Strömungen der 60er Jahre bildeten sich in der BRD – wie in fast allen westlichen Industrieländern – als Reaktion auf den forcierten Industrialisierungs- und Bürokratisierungsprozeß der Nachkriegsjahrzehnte heraus. Nach dem Zerfall der Studentenbewegung und dem Nachlassen der anfänglichen Reformeuphorie der sozial-liberalen Koalition entwickelten sich in der ersten Hälfte der 70er Jahre zunächst vereinzelte und heterogene Protestpotentiale, die sich aufgrund der wachsenden allgemeinen Krisenerfahrungen sukzessive verdichteten und sich inhaltlich zunehmend auf das gesamte industrielle Fortschritts- und Wachstumsmodell bezogen. Die hierdurch produzierte enorme Schubkraft führte schließlich zur Herausbildung der neuen sozialen Bewegungen. Die Gemeinsamkeiten der »sozialen Bewegungen« – als Etikett und gemeinsamer Nenner für die vielfältigen Ausdrucksformen, Deutungsmuster, Zielentwürfe und Handlungsstrategien der sich teilweise parallel, teilweise zeitverzögert entwickelnden Frauen-, Alternativ-, Bürgerinitiativ-, Ökologie-, Atomkraft- und Friedensbewegung – lagen (trotz Unterschieden in der Wertigkeit) etwa in Prinzipien der internen Organisation wie der Orientierung an anti-hierarchischen Normen egalitärer und kommunitärer Interaktionsformen oder den Grundsätzen der Selbstorganisation und Dezentralisierung. Angestrebt wurde ein neues Verhältnis von Individuum und Gesellschaft bzw. Wirtschaft und Politik, das schlagwortartig mit Begriffen wie »Politisierung des Privaten«, »Einheit von Arbeiten und Leben« »Gebrauchswert- und Bedürfnisorientierung«, »Selbstorganisation, Partizipation und Basisdemokratie« umschrieben werden kann (vgl. Brand/Büsser/Rucht 1984).

6   Als Geburtsstunde dieser Form von Selbsthilfegruppen wird das Jahr 1935 betrachtet, in dem im amerikanischen Bundesstaat Ohio die erste Gesprächsgruppe für AlkoholikerInnen gegründet wurde. Die »Anonymen Alkoholiker« nahmen weltweit und in der Bundesrepublik transportiert über die amerikanischen Besatzungssoldaten ab 1953 eine rasante Entwicklung (vgl. Matzat 1987).

wiederum erwuchsen im gesellschaftlichen Klima eines »Wechselbads von Reform und Repression«, Aufbruchstimmung und Scheitern einer Politik der inneren Reformen fast zeitgleich Ende der 60er, Anfang der 70er Jahre erste Alternativen im Erziehungs- und Wohnbereich (wie die antiautoritären Kinder- und Jugendläden, neue Formen der Heimerziehung und Psychiatrie, Wohngemeinschaften und selbstverwaltete Jugendzentren). Mit der wachsenden Bedeutung gesamtgesellschaftlicher Themen kamen ab Mitte der 70er Jahre die vielfältigen Bürgerinitiativen hinzu. Und schließlich entwickelten sich im Bereich von Arbeit und Beschäftigung, befördert durch die unter der Bezeichnung »Dualwirtschaft« geführte Diskussion um alternative Wirtschaftskonzepte, in deren Rahmen Forderungen nach dezentralisierten Produktionsstrukturen, einem möglichst hohen Grad der Selbstversorgung, einer Verlagerung der Tätigkeitsbereiche in Richtung Eigenarbeit und gemeinschaftlicher Selbsthilfe, einer Hinwendung zu genossenschaftlichen Eigentumsformen sowie einer »ressourcensparenden und ökologisch verträglichen 'Kreislaufwirtschaft'« an Relevanz gewannen (Brand/Büsser/Rucht 1984, S. 254), die vielfältigen Initiativen, Projekte, Genossenschaften und privat-wirtschaftlichen Unternehmensformen der »neuen Selbständigen« (vgl. Damm 1994).

Während die 70er Jahre insgesamt als Phase der Experimente gekennzeichnet werden können, erfolgte die fachliche und politische Anerkennung des Selbsthilfegedankens und der eigentliche quantitative Boom der organisierten Selbsthilfe allerdings primär in den 80er Jahren (vgl. Thiel 1993). Im Gegensatz zu den ersten, von Fachleuten und PolitikerInnen teilweise ignorierten, belächelten oder diffamierten »wildgewordenen Patientenmeuten« wuchsen sowohl der Bekanntheitsgrad der Selbsthilfe in der Öffentlichkeit als auch ihre Akzeptanz bei Fachleuten des Gesundheits- und Sozialwesens (vgl. Thiel 1993; Merchel 1993). Auch in wissenschaftlichen Diskursen und politischen Auseinandersetzungen stieß die »neue« Organisationsform Selbsthilfe unter dem Etikett der »Subsidiarität« zu Beginn des letzten Jahrzehnts auf Beachtung (vgl. Badura/Ferber 1981; Bäcker 1983; Olk/Otto 1989; Runge/Vilmar 1993), da mit den finanziellen Restriktionen offenkundigen Leistungsgrenzen und Dysfunktionalitäten bürokratischer und professioneller Sozialpolitik, das Interesse an selbstorganisierten, solidarischen Formen der gesellschaftlichen Bearbeitung von Problemen in allen Lagern stieg.

Im Unterschied zu der in der Bundesrepublik bereits in den 60er Jahren geführten ordnungspolitischen Grundsatzdebatte erfuhr das Konzept der Subsidiarität im Rahmen der Diskussion um die Zukunft des Sozialstaats allerdings eine neue inhaltliche Stoßrichtung und Akzentuierung. So ging es nicht mehr allein um die Abgrenzung der Verantwortung und Zuständigkeit zwischen öffentlichen und privaten Trägern, sondern viel umfassender um das Verhältnis von überschaubaren kleinen Netzen und transparenten Strukturen sozialer Hilfe zu übermächtigen Großbürokratien, den Stellenwert selbstorganisierter Initiativen zu fremdbestimmten Einrichtungen und Verbänden, die Bedeutung von Eigenaktivitäten und Mitwirkungsmöglichkeiten bei sozialen Problemlagen im Vergleich zu entmündigenden Hilfeprozessen bzw. – umfassend betrachtet – um die Relation der Selbsthilfe zu Staat, Wohlfahrtsverbänden und privatgewerblichen Trägern (vgl. Heimerl 1995; Sachße 1993). Der Gedanke der Subsidiarität fungierte nunmehr »als Argument für die Stärkung innovativer Selbsthilfezusammenschlüsse und Initiativen gegenüber den überkommenen Formen großverbandlicher Problemdefinition und -bearbeitung sowie zur Legitimation von Förderungsansprüchen« (Sachße 1993, S. 66 sowie Kap. 8.2). Zugleich ging es um die stärkere Vernetzung von Selbsthilfepotentialen mit professionalisierter Fremdhilfe, um die Qualität und Effizienz der sozialen Leistungsangebote voranzutreiben (vgl. ebd.).

Mit Blick auf die 90er Jahre hat sich der Selbsthilfebereich inhaltlich und organisatorisch zunehmend ausdifferenziert und sich im Zuge einer wachsenden Integration in das Sozial- und Dienstleistungssystem zum Teil institutionalisiert und professionalisiert. Auch in den neuen Ländern setzte ab 1991 eine wahre Gründungswelle ein, in deren Verlauf innerhalb kürzester Zeit eine Vielzahl von Selbsthilfegruppen, -initiativen und -projekten entstand. Seit 1994 klettert die Zahl der Gruppen zwar weiterhin nach oben, jedoch mit deutlich verringertem Wachstumstempo. Hierin spiegelt sich auch ein gewisser Nachholbedarf, da Selbsthilfeaktivitäten in der DDR staatlicherseits eher unerwünscht waren, obgleich sich seit Mitte der 80er Jahre erste Gruppen im Bereich der Behinderung sowie der chronischen Erkrankungen und psychischen Probleme in einigen Kommunen entwickelt haben. Neben diesen Selbsthilfeansätzen existierten z. B. unter dem Dach der Evangelischen Kirche von Berlin Frauen-, Lesben- und Schwulengruppen (vgl. Braun/Kettler/Becker 1997).[7]

Innerhalb einer breiten Selbsthilfelandschaft sind bundesweit Selbsthilfeorganisationen mittlerweile in nahezu allen gesellschaftlichen Bereichen präsent, etwa im ökonomischen Bereich (wie die genossenschaftlichen Betriebe, die Alternativprojekte oder die selbstorganisierten Ausbildungs- und Beschäftigungsinitiativen), im Kulturbereich (wie die soziokulturellen Initiativen), aber auch in den Bereichen Bauen und Bildung (vgl. Thiel 1998b; Wohlfahrt/Breitkopf 1996a). Zugleich hat eine zunehmende Vernetzung der einzelnen Selbsthilfeaktivitäten stattgefunden, die sich u. a. auch im Zusammenschluß zu überregional tätigen Vereinigungen und Verbänden dokumentiert. So sind beispielsweise in der Datenbank der Nationalen Kontakt- und Informationsstelle zur Anregung und Unterstützung von Selbsthilfegruppen (NAKOS) für das Jahr 1997 bundesweit mehr als 300 Selbsthilfevereinigungen und 40 Dachorganisationen der Selbsthilfe enthalten, die sich auf über 600 verschiedene Problemstellungen (und dies ohne Berücksichtigung der vielfältigen psycho-sozialen Themenstellungen der Selbsthilfegruppen vor Ort) beziehen.[8] »Das inhaltliche Spektrum reicht von A wie Adoption, Agoraphobie, Alleinerziehenden und Arbeitslosig-

---

7 Nach der ISAB-Befragung von 1995 wurden rund 8% der bestehenden Gruppen vor 1991 gegründet (vgl. Braun/Kettler/Becker 1997; zur Selbsthilfe in den neuen Bundesländern vgl. auch Poldrack 1993 sowie Zander/Notz 1997).
8 Für das Jahr 1999 sind der Datenbank GRÜNE ADRESSEN der NAKOS 500 bundesweit tätige Selbsthilfeorganisationen und Verbände im Sozial- und Gesundheitswesen zu entnehmen (vgl. NAKOS 1999).

keit bis hin zu Z wie Zwangserkrankung, Zwillingselternschaft und Zystische Fibrose« (Thiel 1998b, S. 332).

Die Verdienste und Folgewirkungen der Selbsthilfe(-bewegung) werden derzeit insbesondere im Sozial- und Gesundheitswesen außerordentlich hoch bewertet, obgleich rückblickend die Aufbruchstimmung der Anfangsphase einer nüchtereren Einschätzung dieser Form gemeinwohlorientierten Engagements gewichen ist. Während anfänglich Selbsthilfeaktivitäten euphorisch als Leitbild einer Gesellschaftsveränderung von unten gedeutet wurde (vgl. Runge/Vilmar 1993), markiert sie heute eher einen bestimmten politischen Prozeß, der wesentliche Veränderungen in der Sozialarbeit hervorgebracht hat (vgl. Mielenz 1996). Gleichwohl haben Selbsthilfezusammenschlüsse und neue Träger in hohem Maße »zum Prozeß der Modernisierung der gesamten Sozialen Arbeit beigetragen« und »bis weit in die etablierte freie und öffentliche Wohlfahrtspflege« hineingewirkt (Merchel 1993, S. 110). So haben sie durch die Problematisierung neuartiger Themen und ihre spezifische Arbeitsweise auch die etablierten Träger – nach anfänglicher Distanz – zu innovativen Entwicklungen angeregt (vgl. Merchel 1989). Zugleich wurde ein Prozeß der allmählichen Pluralisierung der Trägerlandschaft in Gang gesetzt, der Bewegung in das relativ festgefügte Machtverhältnis zwischen öffentlich und verbandlich organisierten Trägern gebracht hat (vgl. Merchel 1993b) und dem sowohl auf sozialrechtlicher Ebene – zum Beispiel durch die im Kinder- und Jugendhilfegesetz verankerte Öffnung für Initiativen, Arbeitsgemeinschaften und Selbsthilfegruppen (vgl. Münder 1998) – als auch im wissenschaftlichen Diskurs – etwa im Rahmen sektorenbezogener Konzepte – Rechnung getragen worden ist.[9] Die verstärkte Förderung von Selbsthilfeaktivitäten und deren konsequente Vernetzung mit institutionalisierten Angeboten wird derzeit in vielen Feldern sozialer Arbeit gefordert. Für die Kinder- und Jugendhilfe finden sich derartige Zielsetzungen etwa in Vorstellungen zur Weiterentwicklung des Arbeitsfeldes Kindertageseinrichtungen, in dem die Inszenierung sozialer Netzwerke als relevante und zukunftsorientierte Aufgabe für das Fachpersonal gilt (vgl. Beher/Hoffmann/ Rauschenbach 1999).

8.1.2 Definitionen, Felder und Formen der Selbsthilfe

Wenn allerdings von Selbsthilfe die Rede ist, dann handelt es sich – ebenso wie beim Ehrenamt – um einen Begriff, dessen Grenzen und Reichweite nicht eindeutig bestimmbar sind. So stellten bereits Olk/Heinze im Jahr 1989 fest, daß fast jede Arbeit zum Phänomen »Selbsthilfe« mit der obligatorischen Klage über die unklaren Definitionen und die mehrdeutige Verwendung des Selbsthilfebegriffs beginnt. Einer der ersten Versuche, sich auf wissenschaftlicher Ebene mit Selbsthilfegruppen auseinanderzusetzen, stammt von Moeller (1978), der mit Blick auf die 70er Jahre vor allem kleine, psycho-soziale Gesprächsgruppen

---

9 Hierzu gehört beispielsweise das entscheidend von Evers beeinflußte Modell des »welfare mix« bzw. des intermediären Bereichs (vgl. u. a. Evers/Olk 1996).

und ihre Wirkungen im Blickfeld hatte. Für ihn bildete das wesentliche und bis heute auch allgemein als konstitutiv betrachtete Abgrenzungskriterium das Prinzip der »Selbstbetroffenheit« als »Handeln in eigener Sache«, durch das Selbsthilfegruppen einerseits von Versorgungsinstitutionen sowie andererseits von helfenden Initiativgruppen getrennt werden können. Mitte der 80er Jahre gingen Trojan/Deneke/Estorff (1986) für »Gesundheitsselbsthilfezusammenschlüsse« von einer Definition aus, in der neben der »Betroffenheit durch ein gemeinsames Problem« auf den geringen Professionalisierungsgrad (»keine oder geringe Mitwirkung professioneller Helfer«), den Non-Profit-Charakter der Gruppen (»keine Gewinnorientierung«), die gemeinsame Zielsetzung (»Selbst- und/oder soziale Veränderung«) sowie die Arbeitsweise und nicht-hierarchischen Gruppenstrukturen (»Betonung gleichberechtigter Zusammenarbeit und gegenseitiger Hilfe«) hingewiesen wird (vgl. Trojan 1986, S. 31 f.).

Der anklingende Gesellschaftsbezug der Selbsthilfeaktivitäten wird bei Runge/Vilmar, die sich fast zeitgleich mit diesem Phänomen auseinandergesetzt haben, noch wesentlich deutlicher. Ausgehend von einem äußerst weiten Verständnis »sozialer Selbsthilfe«, der u. a. auch Kinderläden, Ökofonds oder gewerbliche Alternativbetriebe zugeordnet werden, haben sie insbesondere zur Abgrenzung von autonomen Bürgeraktivitäten (wie Demonstrationen, Streiks) acht Bestimmungselemente bzw. Handlungsnormen herausgearbeitet: Während »Autonomie«, »Selbstgestaltung«, »Solidarität bzw. soziales Engagement« und »Betroffenheit« i. E. ureigene Wesensmerkmale von sozialer Selbsthilfe sind, stellen »Graswurzelrevolution« als Synonym für Gesellschaftsveränderung, »Basisdemokratie«, »Kooperationsbereitschaft« sowie »Subsidarität« zwar oft übertragbare, für die Abgrenzung jedoch nicht konstitutive Handlungsnormen dar (vgl. Runge/Vilmar 1993). Aus dieser Charakterisierung des Selbsthilfephänomens lassen sich noch deutlich die Spuren der neuen sozialen Bewegungen und ihr Anspruch auf Selbstorganisation und Gesellschaftsreform ablesen.

Auch die Definition Braun/Kettler/Beckers (1997) weist deutliche zeitgeschichtliche Anklänge auf und knüpft an die aktuelle Debatte zum bürgerschaftlichen und freiwilligen Engagement an (vgl. Abb. 11).[10] Selbsthilfe wird nunmehr als Variante bürgerschaftlichen Engagements explizit in die Nähe des Ehrenamtes gerückt. Unterschiede zwischen beiden Formen gemeinwohlorientierten Engagements werden am jeweiligen Verhältnis von Eigen- und Fremdhilfe deutlich. Nicht zur Selbsthilfe zählen dienstleistungsorientierte Initiativen und Projekte, die überwiegend auf hauptamtliche MitarbeiterInnen zurückgreifen. Entscheidend für die Zuordnung zur Selbsthilfe ist jedoch nicht allein die Tatsache, daß dort keine Hauptamtlichen anzutreffen wären, sondern eher eine unterscheidbare Interessenlage bzw. Rationalität (vgl. v. Ferber 1996, S. 33 ff.). Obwohl Hauptamtliche durchaus Selbsthilfe(-gruppen) unterstützen können,

---

10 Nach Kettler ist »Selbsthilfe (…) eine Form des freiwilligen Engagements. Sie basiert auf den Prinzipien der Gegenseitigkeit, der Selbstorganisation und einer überschaubaren Solidarität. Das Engagement in Selbsthilfegruppen und Initiativen umfaßt damit die Motive der 'Hilfe für sich und andere'« (Kettler 1997a, S. 61).

wird Selbsthilfe häufig als das kritische Gegenüber der professionellen Arbeit gesehen, wobei das eine als Ergänzung des anderen betrachtet wird. Selbsthilfeaktivitäten zeichnen sich darüber hinaus durch ihren dynamischen, prozeßhaften Charakter aus. So können Initiativen und Projekte, die ursprünglich aus Selbsthilfegruppen entstanden sind, aber mittlerweile ein professionelles Dienstleistungsangebot erbringen, ihren Selbsthilfecharakter wieder verlieren (vgl. Braun/Kettler/Becker 1997).

Abbildung 11: Selbsthilfe als Gegenstand der Sozial- und Gesundheitspolitik

---

»Selbsthilfe ist primär ...

- eine Form bürgerschaftlichen Engagements mit gesundheitlicher, sozialer und kultureller Zielsetzung
- Hilfe jenseits der Sphäre privater Haushalte und Familien und diesseits professioneller Dienstleistungssysteme
- Eigenhilfe und Fremdhilfe mit unterschiedlichen Akzenten.

Selbsthilfe umfaßt auch ...

- soziale und gesundheitliche Initiativen und Projekte mit ein oder zwei festangestellten Mitarbeitern, im Übergangsbereich zu professionellen Dienstleistungen
- soziale und gesundheitliche Initiativen und Projekte, deren Leistungen aber hauptsächlich auf dem unentgeltlichen Engagement der Gruppenmitglieder basieren.

Selbsthilfe umfaßt nicht ...

- soziale und gesundheitliche Projekte, Dienste und Einrichtungen, deren Leistungen überwiegend von bezahlten MitarbeiterInnen erbracht werden«.

Quelle: Braun/Kettler/Becker (1997, S. 15)

Wie an den vorgestellten Definitionen zugleich deutlich wird, lassen sich »Selbsthilfegruppen ... nicht auf den Typus informeller Gesprächsgruppen, in denen Gleichbetroffene gemeinsam versuchen, ihre Krankheiten und ihre psychischen und sozialen Probleme zu bewältigen« (Braun/Opielka 1992, S. 43), reduzieren, sondern umfassen eine breite Palette gemeinschaftlicher Organisationsformen und »alle selbstorganisierten Aktivitäten, die aktiv auf wahrgenommene Defizite im eigenen Lebensbereich reagieren und die auf solidarische Weise gemeinsam Lösungen für besondere Lebenssituationen und Lebenskrisen anstreben« (ebd.). Zentrale Unterscheidungsmerkmale stellen – so Braun/ Opielka (1992) – die jeweiligen Zielsetzungen, das Spektrum ihrer Aktivitäten und Leistungsformen der Gruppen, die Motive ihrer Mitglieder, die Gruppengröße, der Grad der Institutionalisierung, der Gesellschaftsbezug und die Stärke der Außenorientierung sowie die erforderlichen Ressourcen (wie Beratungs-, Sachmittel und Raumbedarf oder der Bedarf an professioneller Unterstützung) dar. Anhand dieser Kriterien lassen sich – wie auch in Abbildung 12 deutlich wird – idealtypisch vier Selbsthilfegruppentypen herausarbeiten, zu denen (1) die eher innenbezogenen »Selbsthilfegruppen von Betroffenen«, (2) die stärker »außenorientierten Selbsthilfegruppen bzw. Selbsthilfevereinigungen«, (3) die aus solidarischer Betroffenheit agierenden »Selbsthilfeinitiativen« und (4) die »Selbsthilfeprojekte« an der Schnittstelle zum professionellen System zählen.

Abbildung 12: Typen und Merkmale von Selbsthilfegruppen

Typ 1: Selbsthilfegruppen von Betroffenen	
Merkmale:	innenorientiert, klein (mehrheitlich weniger als 15 Mitglieder); gemeinsames Anliegen bzw. Problem; Hilfe auf Gegenseitigkeit; mittels Gespräch, Veränderung von Problemdeutungen
Beispiele:	Stillgruppe, Angehörigengruppe
Typ 2: Außenorientierte Selbsthilfegruppen bzw. –vereinigungen	
Merkmale:	stärkere Außenorientierung, Selbstorientierung, aber auch Leistungen für andere Betroffene (Nicht-Mitglieder) und deren individuelle Probleme; höherer Formalisierungsgrad (z. B. Verein); zumeist mehr als 15 Mitglieder, bei über 50 Mitgliedern erfolgt Untergruppenbildung, Geschäftsstelle (40%), davon die Hälfte hauptamtliche Mitarbeiter für Routinetätigkeiten, Hauptleistung allerdings durch Mitglieder
Beispiele:	Gruppe der Lebenshilfe, Guttempler-Gruppe
Typ 3: Selbsthilfeinitiativen	
Merkmale:	Engagement aus Selbst- oder solidarischer Betroffenheit sowie Interesse, sich für Verbesserung sozialer und gesundheitlicher Situationen einzusetzen (sozialpolitische Orientierung i. w. S.) und anderen zu helfen (»neue Ehrenamtlichkeit«); soziale Veränderung; Außenorientierung eher auf soziales Umfeld und Beeinflussung der Sozialpolitik gerichtet; Ausgangspunkt häufig Leistungs- und Strukturmängel professioneller Versorgungseinrichtungen; selten hauptamtliches Personal.
Beispiele:	Krabbelstubeninitiative, Arbeitslosentreffen, Aussiedlergruppe
Typ 4: Selbsthilfeprojekte	
Merkmale:	Engagement für Verbesserungen im Sozial-, Gesundheits-, Jugend- und Kulturbereich; Entwicklung eines selbstbestimmten und alternativen Dienstleistungsangebots; Erbringung eines professionellen Angebots auf dem Dienstleistungsmarkt; Organisation des Angebots durch hauptamtliche MitarbeiterInnen, daneben ehrenamtlicher Vorstand und Kern aktiver Mitglieder; eigene Räumlichkeiten
Beispiele:	Mütterzentrum, Jugendkulturzentrum, Nachbarschaftshaus oder Kooperative Gesund Leben e. V.

Quelle: Modellprogramm Selbsthilfekontaktstellen, ISAB (vgl. Braun/Opielka 1992)

Selbsthilfeaktivitäten sind – ebenso wie das Ehrenamt – in unterschiedlichen gesellschaftlichen Handlungsfeldern und inhaltlichen Bezugssystemen zu lokalisieren. Je nach Definition und zugrundeliegender Veröffentlichung werden jedoch die gesellschaftlichen Bereiche unterschiedlich geschnitten (vgl. BAGFW, verschied. Jg.; Braun/Opielka 1992; Thiel 1998b). So unterscheiden etwa Runge/Vilmar (1993) zwischen zwei grundlegenden Dimensionen, mit denen einerseits der sozialfürsorgerischen Perspektive der karitativen Hilfe und andererseits dem gesellschaftspolitischen Aspekt genossenschaftlicher Hilfe Rechnung getragen werden soll. Beiden Dimensionen ordnen sie wiederum jeweils drei Aktionsbereiche sozialer Selbsthilfe zu (vgl. Abb. 13):

Abbildung 13: Systematik der »sozialen Selbsthilfe« nach Runge/Vilmar

Erste Dimension: Humane Alternativen
Bereich: Lebenswelt (Wohnen und Umwelt) Bereich: Arbeitswelt (u. a. selbstverwaltete Betriebe, Arbeitslosenselbsthilfe) Bereich: Kultur (z. B. soziokulturelle Zentren, Wissenschaft)
Zweite Dimension: Mitmenschliche Solidarität
Bereich: Benachteiligte (wie Frauen, Altenselbsthilfe, selbstverwaltete Jugendzentren) Bereich: Diskriminierte (z. B. Obdachlosenselbsthilfegruppen, Dritte-Welt-Hilfe) Bereich: Behinderte und Kranke (u. a. alternative Gesundheitseinrichtungen, Treffs)

Quelle: Runge/Vilmar (1993, S. 50 f.)

Der zentrale Bezugspunkt für Braun/Opielka (1992) liegt dagegen in der Gruppenperspektive. Sie differenzieren nach dem Hauptanliegen der Gruppen zwischen den neun Selbsthilfebereichen der chronischen Erkrankungen, der psychosozialen Probleme, der Behinderung, der Sucht, der Frauenselbsthilfe, der Eltern-Kind-Selbsthilfe, des Alters/der Nachbarschaft, der Selbsthilfe in besonderen sozialen Situationen sowie in Kultur und Ökologie.[11] Die Art und Reichweite der Definitionen und die Schneidung der Engagementbereiche erschweren wiederum die Beantwortung der Frage nach der Entwicklung und der aktuellen Lage der Selbsthilfe in der Bundesrepublik. Zugleich wird deutlich, daß die allgemeine These eines wachsenden Selbsthilfebereichs sowohl nach Arbeitsfeldern als auch nach Organisationsformen geprüft werden sollte, um die Dynamiken dieses Sektor angemessen zu erfassen.

8.1.3 Quantitative Dimensionen des Selbsthilfesektors

Bei der quantitativen Karthographierung der Selbsthilfelandschaft handelt es sich um ein äußerst mühsames Unterfangen, dessen Ergebnisse oftmals nur eingeschränkt verallgemeinbar sind. So krankt die zahlenmäßige Bestimmung des Selbsthilfebereichs nicht nur an der Vielfältigkeit der Organisationsformen und Aktivitätsbereiche, sondern auch an den Zugangsproblemen zum sensiblen Untersuchungsfeld, dem informellen Gruppencharakter und der Kurzlebigkeit mancher Zusammenschlüsse. Die Angaben zum Umfang der Selbsthilfeaktivitäten und zum Beteiligungsgrad der Bevölkerung (oder auch einer Betroffenen-

---

11 Auch innerhalb eines Arbeitsfeldes werden verschiedene Systematisierungsansätze favorisiert. Nach der thematischen Ausrichtung und der Unmittelbarkeit des Gesundheitsbezugs differenzieren beispielsweise Trojan (1986, S. 32) in »krankheitsbezogene, lebensproblembezogene (psychosoziale), versorgungsbezogene, Umweltschutz- und Gegenkulturzusammenschlüsse«.

gruppe) beruhen zudem zumeist auf regional begrenzten oder bereichsbezogenen Erhebungen, deren Ergebnisse auf die BRD hochgerechnet werden. Diese Gesamtbefunde sind demzufolge in ihrer Aussagekraft nur schwer einzuschätzen und miteinander zu vergleichen (vgl. Wohlfahrt/Breitkopf 1996a).

• Einen vergleichsweise frühen Versuch, die quantitativen Dimensionen des Selbsthilfesektors abzustecken, stellt die Schätzung Runge/Vilmars (1993) dar, die für 1980 etwa 30.000 und für 1984 ca. 40.000 soziale Selbsthilfegruppen ermittelt haben. Bei einer durchschnittlichen Größenordnung von 15 Personen ergeben sich zwischen 400.000 und 600.000 Menschen, die Mitte der 80er Jahre in einer sozialen Selbsthilfegruppe mitgearbeitet haben. Dieser Wert entspricht einer Größenordnung von 1% bis 1,5% der Bevölkerung im Alter von 14 bis 64 Jahren.[12]

• Für Nordrhein-Westfalen kommt Jakubowski (1987) auf rund 6.400 gesundheits- und sozialbezogene Selbsthilfegruppen, in denen bei einer durchschnittlichen TeilnehmerInnenzahl von 15 Personen im Jahr 1986 rund 96.300 Menschen aktiv sind. Bezogen auf die nordrhein-westfälische Bevölkerung im Alter von 15 bis 65 Jahren wären dies etwa 0,8%.[13]

• Auch Wohlfahrt/Breitkopf (1996a) beziehen sich mit vergleichbarem Instrumentarium auf Nordrhein-Westfalen. Unter Bezug auf die von Jakubowski 1986 durchgeführte Untersuchung ermitteln sie für 1991 rund 9.360 Gruppen und damit einen Zuwachs im Volumen von 23%. Diese Steigerung dokumentiert sich auch bei den Betroffenen, deren Zahl 1991 auf etwa 120.000 angestiegen ist und 1% der 15- bis 65jährigen Bevölkerung umfaßt.[14]

• Die verschiedenen Berechnungen auf der Grundlage der vom Institut für Sozialwissenschaftliche Analysen und Beratung (ISAB) durchgeführten Erhebungen dokumentieren für Westdeutschland einen stetigen Anstieg der Selbsthilfegruppen und Initiativen (vgl. Braun/Opielka 1992; Braun/Kasmann/Kettler 1994; Braun/Kettler/Becker 1997): Konnten im Jahr 1988 rund 30.000 und 1992 ca. 46.000 Gruppen und Initiativen ermittelt werden, so lag dieser Wert 1995 bei rund 60.000. In den neuen Ländern wurden demgegenüber 1993 rund 5.000 und 1995 bereits 7.500 Zusammenschlüsse gezählt. In den bundesweit insgesamt bestehenden ca. 68.000 Selbsthilfegruppen engagierten sich im Jahr 1995 etwa 2,65 Mio. BürgerInnen. Bezogen auf die Altersgruppe der über 18- und unter 80jährigen in der Bevölkerung lag der Beteiligungsgrad damit bundesweit bei 4,2%, in Ostdeutschland bei 1,7% und in Westdeutschland bei 4,8% (vgl. Braun/Kettler/Becker 1997).

---

12 Die auf einem äußerst breiten Selbsthilfebegriff fußenden Angaben basieren auf einer Sekundäranalyse verschiedener lokaler Studien (vgl. Runge/Vilmar 1993).

13 Die Hochrechnung beruht auf der Auswertung der Karteien der damals bestehenden Kontakt- und Informationsstellen in NRW (vgl. Jakubowski 1987).

14 Auch dieser Schätzung liegt eine Auswertung von Dateien nordrhein-westfälischer Kontaktstellen zugrunde. Der Vergleich mit der Vorgängerstudie basiert auf einer Sonderauswertung (vgl. Wohlfahrt/Breitkopf 1996a).

- Beim Anteil der Selbsthilfegruppenmitglieder an der jeweiligen Bevölke-
  rungsgruppe mit entsprechendem »Problem« bestehen je nach Bereich starke
  Unterschiede: So wird etwa – bezogen auf das frühere Bundesgebiet Mitte
  der 80er Jahre – der Anteil aktiver Alkoholiker mit 2% und der engagierter
  Alleinerziehender mit 7%-8% angegeben (vgl. Wohlfahrt/Breitkopf 1996a).

Obwohl die vorgestellten Befunde jeweils einen anderen Ausschnitt des Selbst-
hilfespektrums beleuchten und somit nur unter Vorbehalten vergleichbar sind,
wird dennoch in der Tendenz – sowohl in West- als auch in Ostdeutschland –
ein kontinuierlicher Zuwachs bei der Anzahl der Selbsthilfegruppen deutlich,
der sich seit 1990 auch in den bevölkerungsbezogenen Engagementquoten nie-
derschlägt. Neben diesen Schätzungen enthalten einige Studien auch Hinweise
auf die Verteilung der Aktivitäten in einzelnen Feldern:

- So versuchen Runge/Vilmar (1993) mittels der bereits oben vorgestellten Systematik – auf der Basis einzelner Teiluntersuchungen mit Stand 1986/87 –
  das Volumen sozialer Selbsthilfe in den einzelnen Bereichen zu quantifizieren und kommen dabei (grob geschätzt) in den Aktionsbereichen »Lebenswelt« auf 5.000-6.000, »Arbeitswelt« auf 11.000, »Kultur« auf 6.000-
  8.000, »Benachteiligte« auf 7.800, »Diskriminierte« 5.800 und »Gesundheit«
  auf über 10.000 Gruppen/Zusammenschlüssen/Initiativen/Projekte/Zentren.
- Der Vergleich der zwischen 1986 und 1991 durchgeführten nordrhein-westfälischen Erhebungen dokumentiert vor allem, daß der gesundheitsbezogene
  Bereich (und darunter vor allem die Suchterkrankungen) unverändert dominiert. Zugleich zeigt sich eine Tendenz zur Differenzierung innerhalb der
  Selbsthilfegruppen, von der vor allem das Feld der allgemeinen Lebenspro-
  bleme (wie partnerschaftliche, sexuelle, psychosoziale) profitiert hat (vgl.
  Wohlfahrt/Breitkopf 1996a).
- Die aktuellsten Befunde – ausgewiesen für West- und Ostdeutschland – beruhen wiederum auf den Erhebungen des ISAB. Wie Tabelle 26 veranschaulicht, sind im Westen 61% und im Osten sogar 70% der Selbsthilfegruppen
  dem Gesundheitsbereich zuzurechnen. Auf der Grundlage dieser Daten zeigt
  sich, daß es insbesondere die chronischen Erkrankungen sind, die verstärkt
  Personen zu einer Mitarbeit in Selbsthilfegruppen bewegen. Im sozialen Bereich weisen vor allem Gruppen, die sich auf Familie und Partnerschaft sowie Nachbarschaft und Alter konzentrieren, die höchsten Prozentwerte auf.
  Unterschiede zwischen alten und neuen Ländern zeigen sich vor allem bei
  der Frauenselbsthilfe, die im Westen einen deutlich höheren Stellenwert hat
  (vgl. Braun/Kettler/Becker 1997).

Werden Selbsthilfegruppen unter organisatorischen Aspekten differenziert,
dann zeigt sich im Lichte der vom ISAB gewonnenen Daten, daß unter den verschiedenen Typen sowohl im früheren Bundesgebiet (für 1990) mit 50% als
auch in den neuen Ländern (für 1995) mit 55% die Selbsthilfegruppen von Betroffenen, also die kleinen innenorientierten Zusammenschlüsse, am häufigsten
vorkommen. Den zweiten Rang nehmen bundesweit die außenorientierten

Gruppen ein, bei denen der Grad der Fremdhilfe bereits ausgeprägter ist. Diese Gruppenform überwiegt mit 33% in Ostdeutschland gegenüber 28% in Westdeutschland. Bei den oftmals aus solidarischer Betroffenheit und politischem Interesse agierenden Initiativen, die in der quantitativen Gegenüberstellung insgesamt an letzter Stelle stehen, sieht es im Ost-West-Vergleich mit einem Anteil von 12% in den neuen und 22% in den alten Ländern genau umgekehrt aus (vgl. Braun/Kettler/Becker 1997).

Tabelle 26: Selbsthilfegruppen nach Bereichen in Westdeutschland (1990) und Ostdeutschland (1995)

	West in %	Ost in %
Chronische Erkrankung	28	32
Psycho-soziale Probleme	10	11
Behinderung	12	17
Sucht	11	10
Frauenselbsthilfe	9	3
Eltern-Kind-Selbsthilfe, Partnerschaft	11	10
Alter und Nachbarschaft	10	9
Selbsthilfe in besonderen Situationen	4	3
Sozio-kulturelles Engagement	5	5

Quelle: ISAB Köln 06/1996 (vgl. Braun/Kettler/Becker 1997)

Bilanzierend läßt sich festhalten, daß – ähnlich wie in der Anfangsphase der Selbsthilfebewegung – im Gesundheitsbereich ein Schwerpunkt der zu verzeichnenden Selbsthilfeaktivitäten liegt. Die Hauptanliegen der Gruppen beziehen sich dabei vor allem auf die Segmente der Sucht- und chronischen Erkrankungen sowie der Behinderungen. Der Anlaß der Gruppengründung stellt – wie Wohlfahrt/Breitkopf (1996a) mittels einer im Jahr 1993 in Nordrhein-Westfalen durchgeführte Befragung zur Arbeitsfähigkeit und Entwicklung von Selbsthilfegruppen (n = 387) ermittelt haben – für die Mehrzahl der befragten Gruppen die konkrete persönliche Betroffenheit (wie der Wunsch nach Erfahrungsaustausch/Gesprächen/Kontakten, die Überwindung einer persönlich belastenden Situation bzw. Krankheit/Isolation/Tod) dar. An der Gruppengründung war nach Auskunft von 48% der Selbsthilfegruppen in erstaunlich hohem Umfang hauptberufliches Personal wie die MitarbeiterInnen der Kontaktstellen (37%), ÄrztInnen (29%) und SozialarbeiterInnen (27%) beteiligt.[15]

---

15 Darüber hinaus wurde in dieser Untersuchung auch der Stellenwert der Fremdhilfe deutlich: Auf die Frage, welche »Probleme die Arbeit der Selbsthilfegruppe erschweren«, benannten rund 60% der Gruppen die unregelmäßige Teilnahme der Mitglieder sowie ca. 50% die ungleiche Arbeitsverteilung. Rund 47% der befragten Gruppen gab an, »Maßnahmen für Dritte« anzubieten, 53% verneinten dies. Bei den 179 Gruppen, die ein entsprechendes Angebot zur Verfügung stellen, handelt es sich in erster Linie um Beratungs-, gefolgt von Gymnastik- und Sportangeboten (vgl. Wohlfahrt/Breitkopf 1996a).

8.1.4 Selbsthilfe und Wohlfahrtsverbände

Aufgrund des sozialreformerischen Anspruchs der Selbsthilfebewegung und ihrer Funktion als kritisches Korrektiv gesellschaftlicher Mißstände und wohlfahrtsverbandlicher Praxis wurde das Verhältnis zwischen Selbsthilfe und Wohlfahrtsverbänden oftmals als ambivalent und spannungsreich gekennzeichnet. Diese Einschätzung ist vor allem auf die Entstehungsphase der Selbsthilfe zurückzuführen, in der die etablierten Großorganisationen die Gruppen und Alternativprojekte aus den neuen sozialen Bewegungen vielfach als massive Bedrohung ihrer Legitimität empfanden (vgl. Merchel 1993).[16] Mittlerweile ist die anfängliche Ablehnung der organisierten Selbsthilfe – nach Merchel (1993b) – einer oberflächlichen Toleranz gewichen, die allerdings – so Breitkopf/Wohlfahrt (1998) – die Anerkennung der spezifischen Leistungsfähigkeit der Selbsthilfe umfaßt. Konflikte entstehen heute eher im Zuge einer allgemeinen Auseinandersetzung um Ressourcenverteilung, bei der sich Selbsthilfeorganisationen teilweise einer konzeptuellen und finanziellen Konkurrenzsituation zu den Wohlfahrtsverbänden ausgesetzt sehen, die ihrerseits ihre Wurzeln im Selbsthilfeansatz verortet und eine wichtige eigene Funktion in der Interessenrepräsentanz der von sozialen und gesundheitlichen Problemen betroffenen Menschen sieht (vgl. Asam/Heck 1989; Olk 1987b).[17]

Innerhalb der Freien Wohlfahrtspflege hat sich seit den 70er Jahren eine spezifische Funktionsteilung herausgebildet, die auf die Diskussion über die Gründung eines alternativen siebten Spitzenverbandes zurückzuführen ist. Aufgrund der als gering eingeschätzten Erfolgsaussichten dieses Unternehmens erfolgte statt dessen eine Annäherung vieler Initiativen an den Deutschen Paritätischen Wohlfahrtsverband (DPWV). Die spezifischen Verbandsprinzipien der »Pluralität – Offenheit – Toleranz« bildeten hierbei die Voraussetzungen für die organisatorische Anbindung unterschiedlichster Initiativen und Verbände an den DPWV. Die Integrationsstrategie und -politik dieses Verbandes verhinderte die Herausforderung des Verbändesystems, die durch die Gründung eines weiteren Wohlfahrtsverbandes entstanden wäre (vgl. Boessenecker 1995; Merchel 1993), und hat den Paritätischen zugleich zum Gewinner eines trägerbezogenen Pluralisierungsprozesses in der sozialen Arbeit gemacht. Mit Blick auf die Initiativen und Projekte hat der DPWV in doppelter Weise zum Professionalisierungsprozeß eines Teils der organisierten Selbsthilfe beigetragen: Zum einen durch die fachliche Anerkennung der inhaltlichen Impulse und die neue Hoffähigkeit der Projekte sowie zum anderen durch den Versuch, auf professionalisiertere Strukturen hinzuwirken, um die Initiativen zumindest partiell integrati-

---

16 Aus dem Blickwinkel des Diakonischen Werkes stellt Löns fest: »Freie Wohlfahrtspflege hat ihre Barometerfunktion für Veränderungsprozesse zum Teil verloren (…), das Prinzip der Selbsthilfe (vor) Fremdhilfe wird akzeptiert, aber sozialkritische Einstellungen weithin abgelehnt« (Löns 1987, S. 87).

17 So stellt Schmierer für die karitativ ausgerichteten Aktivitäten der beiden christlichen Kirchen fest: »Selbsthilfe war ein konstitutives Element urchristlicher und urkirchlicher Praxis« (Schmierer 1989, S. 87).

onsfähig zu machen (etwa durch Entradikalisierung) und die Überlebensfähigkeit der Organisationen zu sichern (vgl. Merchel 1993).

Auch auf empirischer Ebene läßt sich der Stellenwert des Paritätischen für die organisierte Selbsthilfe nachzeichnen. So gehen Wohlfahrt/Breitkopf (1995, 1996a) auf der Grundlage ihrer 1993 durchgeführten Erhebung (n = 387) davon aus, daß 80% der formal organisierten Gruppen dem DPWV angehören. Der Paritätische in Nordrhein-Westfalen ordnet von seinen fast 3.000 Mitgliedsorganisationen wiederum rund 50% der Selbsthilfe zu (vgl. Breitkopf/Wohlfahrt 1998). Mit großem Abstand wurde als zweiter Verband in der Befragung der Deutsche Caritasverband angegeben. Die Unterstützung durch die Wohlfahrtsverbände wurde von über 40% der Gruppen allerdings als »nicht ausreichend« beurteilt. Insgesamt zeigte die Untersuchung darüber hinaus, daß der Organisationsgrad bei den Selbsthilfegruppen generell vergleichsweise hoch ist: Die konkrete Nachfrage förderte zu Tage, daß bei 63% der Gruppen auch die Bundes- und Landesverbände der jeweiligen Selbsthilfegruppen eine große Rolle spielen (vgl. Wohlfahrt/Breitkopf 1995, 1996a). Zu vergleichbaren Befunden kommen auch Braun/Kettler/Becker (1997), die bei ähnlichen Strukturen in West- und Ostdeutschland von einem Organisationsgrad in Selbsthilfe-, Wohlfahrtsverbänden oder beiden in Höhe von bundesweit 61% ausgehen. Über alle Selbsthilfegruppentypen hat die Mitgliedschaft in einem Selbsthilfeverband jedoch einen höheren quantitativen Stellenwert.

Mit Blick auf die Entwicklung und die Struktur der unter dem Dach der freien Wohlfahrtspflege vereinigten Selbsthilfegruppen bietet die von der BAGFW im dreijährigen Abstand veröffentlichten »Gesamtstatistik« einige Anhaltspunkte. Allerdings wird das Engagement in Helfer-, Betreuungs- und Selbsthilfegruppen, die – laut Definition »in unterschiedlicher Weise – innerhalb der Wohlfahrtsverbände aktiv (sind), und zwar entweder als selbständig tätige, jedoch organisatorisch angelehnte Gruppen in kooperativer Mitgliedschaft einzelner Wohlfahrtsverbände oder sonstwie verbunden« (BAGFW 1987, S. 32), nicht eindeutig differenziert. Im Horizont der Gesamtstatistik existieren in der BRD im Jahr 1996 rund 34.900 Selbsthilfe- und Helfergruppen (vgl. Tab. 27), von denen sich zwei Drittel (bzw. fast 67%) dem Bereich der Gesundheits-, Kranken- und Altenhilfe zuordnen lassen. Bei diesen Gruppen handelt es sich vor allem um Altenclubs und -gruppen, Selbsthilfe- und Abstinenzgruppen der Suchtkrankenhilfe sowie Angebote für Körperbehinderte. Neben den Zusammenschlüssen im Umfeld der Themen Gesundheit, Krankheit, Behinderung und Alter fallen knapp 23% der Selbsthilfe- und Helfergruppen in das Spektrum der Familien- (inkl. Nachbarschafts-), Kinder- und Jugendhilfe. In dieser Kategorie dominieren vor allem die »Nachbarschaftshilfsdienste, Helfergruppen für Familien«. Einen weiteren Bereich bilden Gruppenangebote für Frauen, Arbeitslose und sonstige sozial tätige Erwachsene.

Ebenso wie bei der Gesamtentwicklung des Selbsthilfebereichs lassen sich auch bei den wohlfahrtsverbandlich organisierten bzw. integrierten Gruppen Wachstumsprozesse aufzeigen (vgl. Tab. 27): So ist im Vergleich zu 1993 die Zahl der Gruppen bundesweit fast um ein Drittel (31%) gestiegen. Die meisten

Gruppenangebote sind in der Gesundheits-, Kranken- und Altenhilfe mit einem Zuwachs von über 4.800 Selbsthilfe- und Helfergruppen hinzugekommen. Die höchste Steigerungsrate weist jedoch der Bereich der »Frauen-, Arbeitslosen-selbsthilfegruppen bzw. Initiativen und sonstige sozialtätige Gruppen« auf, innerhalb dessen erhebliche Dynamiken zu verzeichnen sind.

Tabelle 27: Selbsthilfe- und Helfergruppen in der Freien Wohlfahrtspflege, unabhängig von Einrichtungen, in der BRD (1993 und 1996)

Bereich	Anzahl der Gruppen		Zuwachs/ Abbau	
	1993	1996	abs.	in %
Helfergruppen der Krankenhaus- u. Altenhilfe	745	885	140	18,8
Clubs für Jugendliche	300	560	260	86,7
Hausaufgabenhilfegruppen u. andere Schülerhilfegr.	741	870	129	17,4
Nachbarschaftshilfsdienste, Helfergr. für Familien	4.589	4.508	-81	-1,8
Eltern-Initiativ-Gruppen	835	1.219	384	46,0
Selbsthilfegruppen für Alleinerziehende	370	783	413	111,6
Telefongruppen	114	75	-39	-34,2
Altenclubs und Altengruppen	8.501	9.658	1.157	13,6
S/K-gruppen[1] f. psychisch Kranke/seelisch Behinderte	951	899	-52	-5,5
S/K-gruppen für Geistigbehinderte	710	482	-228	-32,1
S/K-gruppen f. Körperbehinderte	2.090	2.719	629	30,1
S/K-gruppen für Angehörige von Kranken u. alten Menschen	326	595	269	82,5
S/K-gruppen f. gesundheitliche Nach- u. Dauersorge (Krebskranke, MS Kranke etc.)	970	1.583	613	63,2
Laienmitarbeitergruppen für psychisch Kranke und Behinderte aller Art	406	467	61	15,0
S.- u. Abstinenzgruppen in der Suchtkrankenhilfe	3.610	5.867	2.257	62,5
Arbeitslosen-Selbsthilfe-Initiativen	84	532	448	533,3
Frauen-Selbsthilfegruppen	357	577	220	61,6
Sonstige sozialtätige Gruppen für Erwachsene	928	2.635	1.707	183,9
Gesamt	26.627	34.914	8.287	31,1
1 S/K-gruppen = Selbsthilfe- und Kontaktgruppen				

Quelle: BAGFW (1997)

Der Blick auf das frühere Bundesgebiet (vgl. Tab. 28), für das sich eine längere Zeitreihe von 1984 bis 1993 darstellen läßt, veranschaulicht, daß die Zahl der Gruppen in diesem Zeitraum zwar um ca. 10% gewachsen ist. Die Kurve hat jedoch 1990 ihren Höhepunkt mit rund 27.400 Selbsthilfe- und Helfergruppen erreicht und weist seitdem nach unten. Ob es sich bei der zu verzeichnenden Distanz der Gruppen zu den Wohlfahrtsverbänden um einen anhaltenden Trend oder ein kurzfristiges Übergangsphänomen handelt, läßt sich auf der Grundlage dieser Systematik allerdings nicht beantworten, da ab 1996 die Daten der BAGFW nicht mehr getrennt nach Ost und West ausgewiesen werden.

Tabelle 28: Entwicklung der Selbsthilfe- und Helfergruppen in der Freien Wohlfahrtspflege in Westdeutschland (1984-1993)

| Jahr | Anzahl | Veränderung gegenüber 1984 | |
		abs.	in %
1984	22.120	-.-	-,-
1987	25.327	3.207	+14,5
1990	27.362	5.242	+23,7
1993	24.377	2.257	+10,2

Quelle: BAGFW, mehrere Jahrgänge

Unabhängig vom exakten Volumen der Selbsthilfeaktivitäten unter dem Dach
der Freien Wohlfahrtspflege deutet sich unter sozialpolitischen Aspekten an,
daß durch die Stärkung des Trägerpluralismus, den zunehmenden Verzicht auf
die korporatistische Einbindung der Wohlfahrtsverbände in die Politikformulie-
rung und die Aufkündigung des dualen Systems öffentlicher und frei-gemeinnütziger Partnerschaft auch das Verhältnis der Verbände zur Selbsthilfe neu gestaltet wird und diese zwangsläufig gezwungen werden, sich erneut mit der
Selbsthilfebewegung auseinanderzusetzen (vgl. Breitkopf/Wohlfahrt 1998).
Dies gilt auch mit Blick auf die Selbsthilfeförderung, bei der die gegenseitigen
Affinitäten wohl am deutlichsten zu Tage treten. Unter den verschiedenen
Möglichkeiten öffentlicher und verbandlicher Unterstützung gelten die Kon-
takt- und Unterstützungsstellen für Selbsthilfe als eine Strategie und Organisati-
onsform, die wesentlich zum Wachstum des Selbsthilfesektors beigetragen hat.

8.2 Kontakt- und Unterstützungsstellen für Selbsthilfe

Während die 70er Jahre als Periode der Selbsthilfegruppen bezeichnet werden
können, gelten die 80er Jahre als Phase der Selbsthilfeförderung (vgl. Braun/
Opielka 1992). Der Übergang zwischen beiden Jahrzehnten markiert zugleich
die Wende in Richtung eines Institutionalisierungsprozesses der Unterstützungsarbeit, in dessen Verlauf sich ein neues Berufsfeld und ein professionali-
sierteres Berufsverständnis, fachliche Standards bzw. ein Know-How der angemessenen Unterstützung der Gruppen sowie spezifische organisatorische Strukturen herausgebildet haben (vgl. Thiel 1993).

8.2.1 Die Anfänge der Selbsthilfeförderung

Mit wachsendem Bekanntheitsgrad und fachlicher Anerkennung der Arbeit von
Selbsthilfegruppen stiegen zu Beginn der 80er Jahre zugleich das politische Interesse und die Bereitschaft zur Selbsthilfeförderung. Die finanzielle Unterstützung von Selbsthilfeaktivitäten war zunächst keineswegs unumstritten und stieß
z. T. auf heftige Kritik: Befürchtungen einer drohenden Instrumentalisierung
der Selbsthilfe zur Entlastung der Sozialetats mit der Konsequenz einer möglicherweise folgenreichen Reprivatisierung sozialer Risiken durch den Abbau

gesundheitlicher und sozialer Versorgungsleistungen standen neben Vorwürfen einer Korrumpierung des Selbsthilfegedankens bzw. einer Gefährdung der Autonomie der Selbsthilfe(-gruppen) gegenüber Staat und Expertensystemen. Entgegen diesen Vorbehalten setzte sich jedoch sukzessive die Einsicht in die Notwendigkeit einer verstärkten Selbsthilfeförderung durch, bei der es – wie Illich später auf dem Berliner Selbsthilfekongreß 1984 als Fazit formulierte – sowohl um das Kunststück ging (und wohl auch weiterhin geht), »Geld zu nehmen, ohne korrumpiert zu werden, wie es zu geben, ohne zu korrumpieren« (Thiel 1993, S. 207). Der allgemeine Meinungswandel wurde u. a. bestärkt durch

- die zunehmende fachpolitische und -wissenschaftliche Würdigung der Leistungen und Wirkungen der Selbsthilfe (etwa durch die Weltgesundheitsorganisation gegen Ende der 70er Jahre, die Gesundheitsministerkonferenz 1982 oder die Ergebnisse verschiedener Forschungsprojekte),
- die positiven Erfahrungen von Fachleuten, EntscheidungsträgerInnen und beruflichen HelferInnen im direkten Umgang und in der praktischen Zusammenarbeit mit den Gruppen,
- die in Befragungen ermittelte hohe Bereitschaft der Bevölkerung, sich im Bedarfsfall einer Selbsthilfegruppe anzuschließen, der zugleich ein vergleichsweise geringer Anteil Betroffener gegenüberstand, der sich tatsächlich in Selbsthilfegruppen engagierte sowie
- den ausdrücklichen Wunsch vieler Gruppen, insbesondere im Gesundheitsbereich, nach professioneller Begleitung und öffentlicher Unterstützung (vgl. Thiel 1993; Trojan/Deneke/Estorff 1986).

Die von vielen Kommunen nunmehr zunehmend praktizierte Selbsthilfeförderung richtete sich dabei zunächst auf die direkte Subventionierung von Selbsthilfegruppen und Zusammenschlüssen, für die ressortgebundene Haushaltsmittel bereitgestellt und Förderetats eingerichtet wurden (vgl. Braun/Opielka 1992). Allerdings entfachte sich relativ rasch eine engagierte Auseinandersetzung über die Form und Praxis dieser Förderungspolitik, die weniger – so die Kritik – Selbsthilfegruppen im engeren Sinne erreichte, sondern vor allem auf die Unterstützung einzelner problemspezifischer Zusammenschlüsse und Institutionen hinauslief, bei denen es sich hauptsächlich um »dem Expertensystem« nahestehende Einrichtungen (wie Beratungsstellen), einem begrenzten Kreis problem- und krankheitsbezogener Vereinigungen, die zumeist aufklärerische und beratende Aufgaben wahrnahmen, und die großen, etablierten Verbände handelte. Diese Tendenz eines relativ breiten Verständnisses von Selbsthilfezusammenschlüssen bei der Vergabe öffentlicher Mittel wurde noch verstärkt durch die Berliner Förderungspolitik, in deren Rahmen der damalige Senator Ulf Fink 1982 unter der Bezeichnung Selbsthilfegruppe die Förderungsfähigkeit auf alle denkbaren Formen nicht-staatlicher Selbst- und Fremdhilfe ausdehnte. Im nunmehr entstehenden Konkurrenzkampf der verschiedenen Interessengruppen um öffentliche Mittel fühlten sich insbesondere die neu entstandenen, nicht formal organisierten und politisch unerfahrenen Selbsthilfegruppen benachteiligt.[18]

So kam es beispielsweise auf dem (in etwa zeitgleichen) Deutschen Fürsorgetag zum Eklat, als die VertreterInnen der Selbsthilfegruppen den zahlreichen Fremdhilfe-Einrichtungen der Wohlfahrtsverbände vorwarfen, sich zu Unrecht mit dem – besonders unterstützungswürdigen – Etikett der »Selbsthilfegruppe« zu schmücken (vgl. Trojan/Deneke/Estorff 1986). Diese Diskussion verdeutlichte insgesamt vor allem, daß die direkte Subventionierungsform für eine prinzipielle Förderung der Selbsthilfe nicht ausreichte und ein anderes Unterstützungskonzept erforderlich war, um die Ausgangssituation der Selbsthilfegruppen, aber auch die Position der alternativen Projekte und Initiativen gegenüber den (Wohlfahrts-)Verbänden bei der Selbsthilfeförderung zu verbessern (vgl. Hauff 1989). Anstöße für die Art der Unterstützung lieferte dabei das (damals ebenfalls stark umstrittene) »Berliner Modell«, in dem die drei wesentlichen Grundlinien der auch heute noch befürworteten Formen der Selbsthilfeförderung konzipiert und vom damaligen Sozialsenator Fink im Jahr 1983 in Berlin etabliert worden sind: (1) die direkten Finanzzuweisungen an einzelne Selbsthilfegruppen, (2) die Einrichtung von Unterstützungsstellen sowie (3) die Berufung eines Selbsthilfebeirats in den Städten (vgl. Braun/Opielka 1992).

Wegbereitend für die Entwicklung der Unterstützungsstellen als spezielle Förderungsstrategie waren dabei die – insbesondere auf Erfahrungen aus dem angelsächsischen Raum beruhenden – Empfehlungen der Weltgesundheitsorganisation von 1982 zur Einrichtung lokaler, nationaler und internationaler »Clearing-Houses«, die als »Bindeglied« zwischen »Selbsthilfe-Zusammenschlüssen und Fachleuten, Forschern, der Regierung und der Öffentlichkeit« fungieren sollten (Thiel 1993, S. 207). Wichtige konzeptionelle Impulse für das heutige Profil und Selbstverständnis der Kontakt- und Unterstützungsstellen resultierten darüber hinaus zum einen aus zwei (Aktions-)Forschungsprojekten in Hamburg und Saarbrücken, in denen der spezifische Bedarf von Selbsthilfegruppen und die Anforderungen an die erforderliche Unterstützungsarbeit aus der lokalen Arbeit heraus abgeleitet und spezifiziert worden sind (vgl. Asam u. a. 1989; Trojan/Deneke/Estorff 1986).[19] Zum anderen läßt sich eine direkte Ursprungs-

---

18 Nach Hauff waren viele Gruppen außerdem nicht in der Lage bzw. scheuten sich davor, den mühsamen und langen Weg des Beantragungsverfahrens zu beschreiten. Nach den Münchener Erfahrungen der Selbsthilfeförderung bestand die Gefahr, »daß hauptsächlich die Gruppen Fördermittel erhalten, 'die von Profis beraten werden, sich lautstark äußern, die im Beirat eine Lobby haben, die die Verwaltung bestürmen, die politische Unterstützung haben'« (Hauff 1989, S. 231).

19 Das Hamburger Forschungsprojekt »Gesundheitsselbsthilfegruppen« begann Mitte 1979 und richtete sich auf die Entwicklung und Erprobung einer »Kontakt- und Informationsstelle für Selbsthilfe« im Stadtstaat. Dabei wurden die Aktivitäten des bereits bestehenden »Initiativkreises Selbsthilfe Hamburg« zunehmend von den ProjektmitarbeiterInnen übernommen. Von 1981 bis Ende 1983 wurde die Kontaktstelle als eigenständiger Teil der Aktionsforschungsarbeit etabliert. Im Januar 1984 wurde die Unterstützungsstelle schließlich von der Gesundheitsbehörde als eigenständige Einrichtung gefördert (vgl.Trojan/Deneke/Estorff 1986).

linie aus dem von den Mitgliedern der »Deutschen Arbeitsgemeinschaft Selbsthilfegruppen« im Jahr 1983 verabschiedeten Modell der »Regionalen Arbeitsgemeinschaft Selbsthilfegruppen« herleiten, das auf den Erfahrungen der ersten lokalen Unterstützungsnetzwerke beruhte, die in den 70er Jahren in der Bundesrepublik entstanden sind (vgl. ebd.).

Bei den frühen regionalen Arbeitsgemeinschaften von Selbsthilfegruppen lag dabei die interessante Entwicklungsschwelle an jenem Punkt, an dem »eine Professionalisierung des Personenkreises stattfand, der die (organisatorischen) Arbeiten der Regionalen Arbeitsgemeinschaften erledigte« bzw. »als aus der Selbsthilfe – über ein Ehrenamt (als Hilfe für andere) – eine bezahlte hauptamtliche Leistung der Selbsthilfegruppen-Unterstützung wurde« (Asam u. a. 1989, S. 140). Nach Thiel stellte diese Weiche zugleich einen Generationswechsel der SelbsthilfeberaterInnen und der Unterstützungsarbeit dar: Während in den 70er Jahren SelbsthilfegruppenteilnehmerInnen und engagierte Professionelle nach dem Muster einer auf einer geteilten Utopie beruhenden Wahlverwandtschaft und im Rahmen eines gemeinsamen Lernprozesses zusammenwirkten (ohne, daß dies öffentlich gefördert wurde), entwickelte sich die Unterstützungsarbeit in den 80er Jahren zum Dienstleistungsangebot mit veränderter Motivation der beruflichen HelferInnen (vgl. Thiel 1993).

Charakteristisch für die Entstehung und Förderung der Unterstützungsstellen ist somit ihre enge Verbindung zur Selbsthilfepraxis, aus der – zum einen vermittelt über Forschungsprojekte und zum anderen aus dem Vorläufer der regionalen Arbeitsgemeinschaft – zugleich auch die inhaltlichen Grundsätze zur Förderung kleiner Selbsthilfegruppen wie die unbürokratische Hilfe zur Vermeidung einer unnötigen Formalisierung der Arbeit, die ressort- und behördenübergreifende Arbeitsweise zur Überwindung der Zuständigkeits- und Problemzersplitterung von Verwaltung und professionellem System und zur Herstellung von Transparenz, die Schaffung eines selbsthilfefreundlichen Klimas zur Ermutigung und Motivation zur Selbstbestimmung und -organisation entwickelt und die Funktion der Unterstützungsstellen als lokale Drehscheibe für Selbsthilfeaktivitäten in der Kommune oder im Kreis bzw. als Serviceeinrichtungen für Interessenten, Gruppen, Fachleute und PolitikerInnen präzisiert worden sind.

Im Modell der »Regionalen Arbeitsgemeinschaft Selbsthilfegruppen« wird mit Blick auf die konkrete Kontaktstellenarbeit bereits zwischen Basisanforderungen (wie Ansprechbarkeit, Adressensammlung von Selbsthilfegruppen, Information und Beratung) und wünschenswerten Merkmalen zur materiellen, personellen Ausstattung, organisatorischen Anbindung und inhaltlichen Arbeit differenziert (vgl. Trojan/Deneke/Estorff 1986). Diese Unterscheidung zwischen Mindestausstattung und optimalem »Standardaufgabenprofil« findet sich auch heute noch in aktuellen Publikationen (vgl. Kettler 1998). Neben diesen originären Entwicklungstrassen sind für das heutige Unterstützungssystem noch jene von Bedeutung, bei denen kommunale Verwaltungsstellen und Einrichtungen (wie Gesundheitsämter, Volkshochschulen) sowie Sozialversicherungsträger wie die Bezirksstellen von Krankenkassen nach Bekanntwerden dieses Modells nachgezogen und entsprechende Unterstützungsangebote eingerichtet haben (vgl. Asam u. a. 1989). Zum Teil resultieren hieraus noch immer Unterschiede in den Angebotsstrukturen zwischen den eigenständigen Kontaktstellen zum einen und den in andere Institutionen und Arbeitsbereiche integrierten Unterstützungsangeboten zum anderen, für die sich auch die Bezeichnungen »Haupt- und Nebenaufgabenstellen« eingebürgert haben (vgl. Thiel 1998a).[20]

Mit Blick auf das heutige Profil und die Arbeitsweise der Einrichtungen werden insbesondere die eigenständigen Kontakt- und Informationsstellen für Selbsthilfe als kommunale Dienstleistungsangebote im Bereich der sozialen und gesundheitsbezogenen Selbsthilfe betrachtet[21], die auf die Aktivierung, Unterstützung und Vernetzung von Selbsthilfeengagement zielen. Zur Überwindung der individuellen Barrieren und organisatorischen Hemmnisse, die der Realisation des Engagements entgegenstehen, sind die Unterstützungsstellen als niederschwellige Angebotsform konzipiert, um die Zugänglichkeit der Einrichtung zu erleichtern und die Inanspruchnahme der Leistungen durch die NutzerInnen zu fördern. Das Informations-, Beratungs- und Unterstützungsangebot der Selbsthilfekontaktstellen richtet sich dabei nicht nur an interessierte BürgerInnen, Selbsthilfegruppen und Initiativen, sondern auch an Fachleute aus Politik, Verwaltung, Sozial- und Gesundheitswesen. Durch den kombinierten Adressatenkreis sollen die Kooperationsbedingungen zwischen den verschiedenen Interessengruppen verbessert und eine lokale Vernetzung der Selbsthilfeförderung angestrebt werden. Das spezielle Profil der Kontaktstellen läßt sich somit über ihren Brückencharakter und ihre Funktion als »Service- und Vermittlungsagenturen an der Schnittstelle von Selbsthilfe und professionellem Dienstleistungssystem« beschreiben (Kettler/Becker 1997, S. 153). Unterstützend soll eine gezielte Informations- und Öffentlichkeitsarbeit zum einen zur Aufwertung und Anerkennung der Selbsthilfeaktivitäten und zum anderen zur Schaffung selbsthilfefreundlicher Rahmenbedingungen und Strukturen beitragen (vgl. Braun/Kettler/Becker 1997).

Unter quantitativen Aspekten läßt sich seit Mitte der 80er Jahre eine zunehmende Verlagerung von der direkten in Richtung einer verstärkten infrastrukturellen Förderung konstatieren (vgl. Braun/Opielka 1992). Mit Blick auf die Trägerstruktur wurde dabei der Aufbau der Kontaktstellen von den Wohlfahrtsverbänden – so Asam u. a. (1989) – erst zu einem Zeitpunkt in Angriff genommen, als sich hierfür konkrete Finanzierungsmöglichkeiten abzeichneten. Auf der anderen Seite sind Kontaktstellen für Selbsthilfe oftmals nur dann akzeptiert worden, wenn etablierte Träger die Trägerschaft übernommen haben (vgl. Merchel

---

20 Die Differenzierung erfolgt sowohl nach der institutionellen Form als auch dem Aufgabenumfang der Angebote: Während bei den eigenständigen Kontaktstellen die Selbsthilfeunterstützung die Hauptaufgabe darstellt, nehmen die in andere Institutionen und Arbeitsbereiche integrierten Angebote die Aufgabe der Selbsthilfeunterstützung neben anderen Arbeitsschwerpunkten wahr (vgl. Thiel 1998a).

21 Für die eigenständigen Einrichtungen hat sich mittlerweile eine Vielzahl von Namen und Abkürzungen eingebürgert, etwa KISS (Kontakt- und Informationsstelle für Selbsthilfe), IKOS (Informations- und Kontaktstelle für Selbsthilfe) oder Selbsthilfebüro plus Stadtname (vgl. Braun/Kettler/Becker 1997).

1993). Unter den Spitzenverbänden der freien Wohlfahrtspflege kam dem Deutschen Paritätischen Wohlfahrtsverband eine Sonderrolle zu, da sich im wachsenden Umfang Selbsthilfeorganisationen und ihre Untergliederungen diesem Verband anschlossen und er insofern in besonderem Maße fachlich und verbandspolitisch in die Selbsthilfeförderung einbezogen wurde (vgl. Asam u. a. 1989). Parallel zum Aufbau der Selbsthilfeförderung in den Kommunen wurden auch auf Landes- und Bundesebene Interessenorgane gegründet: So ging aus der Deutschen Arbeitsgemeinschaft Selbsthilfegruppen e.V. – DAG SHG in Gießen im Jahr 1983 die bundesweit operierende Nationale Kontakt- und Informationsstelle zur Anregung und Unterstützung von Selbsthilfegruppen – NAKOS in Berlin hervor. Auch in den Ländern entstanden sukzessive Arbeitsgemeinschaften und Zusammenschlüsse, wie etwa die Koordination für Selbsthilfekontaktstellen (KOSKON) in Mönchengladbach. Und schließlich existiert mittlerweile auf europäischer Ebene seit 1991 eine Selbsthilfekontaktstelle, die in Belgien unter der Zielsetzung »Vernetzung der Vernetzer« arbeitet (vgl. Braun/Opielka 1992; Hauff 1989).

8.2.2 Zur Lage und Entwicklung der Selbsthilfeunterstützungsstellen – ausgewählte empirische Befunde

Anfang der 80er Jahre war noch nicht abzusehen, daß sich diese Form regionaler Netzwerkbildung zur Unterstützung von Selbsthilfegruppen und Initiativen zu einem bundesweiten Geflecht und einem bedeutsamen Faktor im bundesrepublikanischen Sozial- und Gesundheitssystem ausweiten würde. So bestanden im Jahr 1984 rund 39 Kontaktstellen, 1989 wurden bereits 121 gezählt (vgl. Thiel 1993). Nach fast zwei Jahrzehnten Selbsthilfeunterstützung, verschiedenen Forschungsprojekten und zwei Bundesmodellprogrammen, die sowohl die Entwicklung der Kontaktstellen befördert als auch den Erkenntnisstand über diese Organisationsformen wesentlich erhöht haben (vgl. Braun/Opielka 1992; Braun/Kettler/Becker 1997), existierten nach Recherchen der »Nationalen Kontakt- und Informationsstelle zur Anregung und Unterstützung von Selbsthilfegruppen« 1997 im gesamten Bundesgebiet über 150 eigenständige Kontakt- und Informationsstellen sowie weitere 105 integrierte, selbsthilfeunterstützende Angebote (vgl. Tab. 29). Allerdings dokumentiert der Vergleich mit der letzten Bestandsaufnahme der NAKOS, daß die Phase expansiven Wachstums abgeschlossen und die Lage der Unterstützungsstellen seit 1995 eher durch Stagnationstendenzen gekennzeichnet werden kann. Hinter diesen verbergen sich allerdings erhebliche Dynamiken, die quantitativ bislang nicht in Erscheinung treten, da die Auflösung von Kontaktstellen bisher noch durch die Gründung neuer Angebote kompensiert werden konnte. Diese Unterströmungen sind u. a. Ausdruck einer mangelnden bzw. ungesicherten Finanzierung vieler Unterstützungsstellen (vgl. Thiel 1998a).[22]

---

22 Im Jahr 1994 betrug die Anzahl der Unterstützungsstellen dagegen 214 und hat sich für 1995 mit erheblicher Steigerungsquote auf 258 Stellen erhöht (vgl. Thiel 1998a).

Mit Blick auf die derzeitige Lage zeigt sich (vgl. Tab. 29), daß über zwei Drittel der Stellen, die der Selbsthilfeunterstützung als *Hauptaufgabe* nachgehen, sich in den alten und ein Drittel in den neuen Ländern befinden, in denen somit nach der Deutschen Einheit innerhalb kürzester Zeit eine beachtliche Anzahl von Unterstützungsstellen entstanden ist. Sowohl in West- als auch in Ostdeutschland haben die 104 bzw. 50 Selbsthilfekontaktstellen mit Anteilen um die 80% mehrheitlich freie Träger, bei denen es sich (mit 43 westlichen und 24 östlichen Einrichtungen) überwiegend um kleine, örtliche Trägervereine handelt. Unter den insgesamt 55 wohlfahrtsverbandlichen Einzelträgern dominiert mit 37,5 Unterstützungsstellen eindeutig der DPWV, der mit 32,5 Einrichtungen in den alten gegenüber 5 in den neuen Ländern schwerpunktmäßig auf das frühere Bundesgebiet (und hier vor allem auf die Länder Nordrhein-Westfalen und Niedersachsen) beschränkt ist. Neben den freien engagieren sich öffentliche Träger noch vergleichsweise häufig (vgl. ebd.).

Tabelle 29: Selbsthilfeunterstützung nach Haupt- und Nebenaufgabe sowie Trägerschaft (1997)

	BRD		West		Ost	
	abs.	in %	abs.	in %	abs.	in %
Selbsthilfeunterstützung als Hauptaufgabe						
Insgesamt	154	100,0	104	67,5	50	32,5
Öffentliche Träger	23	14,9	15	14,4	8	16,0
Freie Träger	124	80,5	83	79,8	41	82,0
Gesetzl. Versicherung	3	1,9	3	2,9	-.-	-,-
Private Träger (GmbH)	4	2,6	3	2,9	1	2,0
Ohne Rechtsform	1	0,6	1	1,0	-.-	-,-
Selbsthilfeunterstützung als Nebenaufgabe						
Insgesamt	105	100,0	82	78,1	23	21,9
Öffentliche Träger	45	42,9	32	39,0	13	56,5
Freie Träger	31	29,5	23	28,0	8	34,8
Gesetzl. Versicherung	27	25,7	26	31,7	1	4,3
Private Träger (GmbH)	1	1,0	-.-	-,-	1	4,3
Ohne Rechtsform	1	1,0	1	1,2	-.-	-,-

Quelle: NAKOS (vgl. Thiel 1998a)

Während bei den Hauptaufgabenstellen zwischen Ost- und Westdeutschland nur graduelle Unterschiede im Trägerprofil bestehen, sieht die Verteilung bei den Angeboten, die die Unterstützung als *Nebenaufgabe* organisieren, dagegen etwas anders aus: Hier sind es vor allem die öffentlichen Träger, die in Westdeutschland mit 39% und mit fast 57% in noch weit ausgeprägterem Umfang in den neuen Ländern die meisten Unterstützungsangebote zur Verfügung stellen. Neben der frei-gemeinnützigen Trägerschaft ist das hohe Engagement der gesetzlichen Versicherungsträger auffällig, die in Westdeutschland fast ein Drittel der 26 Einrichtungen (davon allein 23 die AOK) unterhalten, in den neuen Ländern allerdings so gut wie keine Rolle spielen. Diskrepanzen zwischen alten und neuen Bundesländern zeigen sich somit vor allem bei den gesetzlichen Versicherungsträgern, die im früheren Bundesgebiet eine weit höhere Verantwortung für die Selbsthilfeunterstützung übernommen haben, und den öffentlichen Trägern, die wiederum in den neuen Ländern aktiver sind. Unter den öffentlichen Trägern in Ostdeutschland sind es vor allem die kommunalen Gesundheitsämter, die Unterstützungsaufgaben übernommen haben (vgl. ebd.).

Mit Blick auf die personelle Ausstattung der Einrichtungen zeigt sich, daß mit der Selbsthilfeförderung derzeit insgesamt 520 Mitwirkende, davon rund 80% hauptamtlich und ca. 16% in »sonstiger Mitarbeit« als PraktikantInnen, Zivildienstleistende, Honorarkräfte etc. befaßt sind. Rund zwei Drittel der Mitwirkenden sind in Hauptaufgaben- und ein Drittel in Nebenaufgabenstellen tätig. Obgleich sich im Vergleich zu 1994 (dem »letzten« Wachstumsjahr) die Zahl der Unterstützungsstellen insgesamt erhöht hat, hat sich dieser Anstieg nicht in Personalzuwächsen, sondern insbesondere bei den hauptamtlich Beschäftigten im Stellenabbau niedergeschlagen.[23] Für die aktuelle Lage veranschaulicht Tabelle 30 im Detail die Personalstrukturen in West- und Ostdeutschland: So sind in den »reinen« Selbsthilfekontaktstellen in Westdeutschland (mit rund 20%) wesentlich mehr nicht-hauptberufliche MitarbeiterInnen als in den neuen Ländern (mit 12%) tätig. In den Nebenaufgabenstellen ist der Anteil hauptberuflich Beschäftigter dagegen durchweg höher und das Volumen der »sonstigen« MitarbeiterInnen geringer. Bei beiden Formen von Unterstützungsstellen handelt es sich – gemessen an der durchschnittlichen Anzahl der hauptberuflich Beschäftigten und mit deutlichen Ost-West-Unterschieden – in der Regel um kleinere Einrichtungen[24], in denen – insbesondere in den Nebenstellen – die zur Verfügung stehenden zeitlichen Personalressourcen eher knapp bemessen sind.[25] Unter qualitativen Aspekten verfügt die Mehrheit der Mitwirkenden über eine berufsfeldangemessene Qualifikation[26], wobei der Anteil berufsfremder Ausbildungen in Ostdeutschland jedoch wesentlicher höher als in Westdeutschland ausfällt (vgl. ebd.).

---

23 Dieser Trend läßt sich u. a. an der durchschnittlichen Beschäftigtenzahl pro Einrichtung dokumentieren, die 1994 bundesweit bei 2 und 1997 bei 1,6 hauptamtlichen MitarbeiterInnen lag: Im Vergleich sind also in einer größeren Anzahl von Unterstützungsstellen weniger hauptamtlich beschäftigte Personen tätig (vgl. Thiel 1998a).

24 So sind in den Hauptaufgabestellen in den alten Ländern 1,9 hauptamtliche MitarbeiterInnen und in den neuen im Mittel 1,5 Personen mit Unterstützungsaufgaben befaßt. Bei den Nebenstellen sind es 1,3 Beschäftigte in den alten und 1,5 in den neuen Ländern. Während es sich bei den Hauptaufgabestellen bundesweit bei rund einem Viertel um »Ein-Personen-Stellen« handelt, sind es bei den Nebenaufgabenstellen über die Hälfte (vgl. Thiel 1998a).

25 Nach der NAKOS-Umfrage waren in den Hauptaufgabenstellen rund 36% der MitarbeiterInnen und Mitwirkenden und in den Nebenaufgabenstellen rund 51% bis zu 19 Stunden mit Unterstützungsaufgaben befaßt (vgl. Thiel 1998a).

26 Bei den eigenständigen Stellen hatten ca. 63% der Mitwirkenden und bei den integrierten Angeboten 72% eine berufsfeldangemessene Ausbildung (vgl. Thiel 1998a).

Tab. 30: Mitwirkende in Haupt- und Nebenselbsthilfeunterstützungsstellen (1997)

Mitwirkende[1]	BRD		West		Ost	
	abs.	%	abs.	%	abs.	%
Hauptaufgabe:						
Beschäftigte	270	77,8	194	76,1	76	82,6
Sonstige MitarbeiterInnen	63	18,2	52	20,4	11	12,0
Ohne Angabe[2]	14	4,0	9	3,5	5	5,4
Insgesamt	347	100,0	255	100,0	92	100,0
Nebenaufgabe:						
Beschäftigte	139	80,3	104	79,4	35	83,3
Sonstige MitarbeiterInnen	18	10,4	13	9,9	5	11,9
Ohne Angabe[2]	16	9,2	14	10,7	2	4,8
Insgesamt	173	100,0	131	100,0	42	100,0
Unterstützung insg.	520	100,0	386	74,2	134	25,8

1 Beschäftigte und sonstige MitarbeiterInnen (PaktikantInnen, Zivildienstleistende, Honorarkräfte, Ehrenamtliche u. ä.).
2 Die Einrichtungen, die bei der Recherche zum Personal keine Angaben machten, wurden mit einer Person gerechnet.

Quelle: NAKOS 1997 (vgl. Thiel 1998a)

Im Zuge der Forschungsarbeiten des Instituts für Sozialwissenschaftliche Analysen und Beratung (ISAB), in deren Rahmen zunächst in den alten Bundesländern 20 Einrichtungen und im vergleichbar konzipierten Nachfolgeprojekt in den neuen Ländern 17 Unterstützungsstellen extern und intern evaluiert wurden, zeigte sich – ohne im Detail auf die vielfältigen Einzelbefunde und die regionalen Besonderheiten einzugehen –, daß konzeptionelle Unterschiede zwischen den einzelnen Kontaktstellen vor allem in der Ausrichtung als fachübergreifende Einrichtungen, deren Arbeitsansatz sich auf alle Felder gesundheitlicher, sozialer und kultureller Selbsthilfe erstreckt, und der Konzentration auf bestimmte Arbeitsgebiete wie etwa dem psychosozialen Bereich bestanden. Im Gegensatz zu den alten Bundesländern, in denen Kontaktstellen oft zunächst als Anlaufstelle für gesundheitsbezogene Selbsthilfeaktivitäten entwickelt worden sind und die Ausdifferenzierung der Aufgaben, Leistungen und Nutzergruppen erst schrittweise erfolgte, sind die neugegründeten Kontaktstellen in Ostdeutschland bei einer stärkeren Verankerung im regionalen Gesundheits- und Sozialwesen bereits von Anbeginn durch einen breiteren Zuschnitt gekennzeichnet und haben darüber hinaus auch Aufgaben im Bereich der Bürger- und Sozialberatung übernommen. Beim Vergleich zwischen den Zielen und der Arbeitsweise der Kontaktstellen in den alten und neuen Ländern überwiegen – bei unterschiedlicher wirtschaftlicher und sozialer Ausgangssituation – insgesamt jedoch eher die Gemeinsamkeiten, zumal zwischen den westlichen und östlichen Unterstützungsstellen (etwa über Partnerschaftsprogramme, gemeinsame Fortbildungen der NAKOS oder im Rahmen des Modellprojektes) ein vielfältiger Austausch stattfand (vgl. Braun/Kettler/Becker 1997).

Im Selbstverständnis der befragten KontaktstellenmitarbeiterInnen in Ost und West wurden die »Schaffung eines selbsthilfefreundlichen Klimas«, die

»Unterstützung von Gruppen und Initiativen«, der »Abbau von Zugangsbarrieren zur Selbsthilfe« und die »Kooperation von informellem und professionellem System« als vorrangige Ziele benannt.[27] Von den Kontaktstellen konnten in den neuen Ländern 12% und in den alten 15% der interessierten BürgerInnen erreicht werden, deren Interesse sich bundesweit zu 70% auf gesundheitsbezogene und zu 30% auf soziale Themen richtete. Auch bei der Beratung und Unterstützung von Selbsthilfegruppen« überwog insgesamt der Bereich der gesundheitlichen gegenüber der sozial-kulturellen Selbsthilfe. Die Nachfrage nach Angeboten der Kontaktstellen war im gesamten Bundesgebiet insbesondere bei den »Betroffenengruppen« hoch, die sich gegenüber den außenorientierten Gruppen, den Initiativen und Projekten überdurchschnittlich an die Kontaktstellen gewendet haben. Insgesamt äußerten sich die Gruppen mehrheitlich zufrieden über die Leistungen der Kontaktstellen (vgl. Braun/Opielka 1992; Braun/Kettler/Becker 1997; Kettler/Becker 1997).

8.2.3 Probleme und Perspektiven

Im Gegensatz zur Anfangsphase der Selbsthilfeförderung erscheint mittlerweile – zumindest verbal – die Unterstützungsnotwendigkeit der Selbsthilfeaktivitäten innerhalb und außerhalb des Selbsthilfebereichs unumstritten. Auch mit Blick auf das geeignete Förderinstrumentarium bestehen kaum noch Differenzen: So gelten die direkte Unterstützung einzelner Selbsthilfegruppen bei transparentem Förder- und Vergabeverfahren und in Form finanzieller Zuwendungen aus öffentlichen Haushalten und anderen Finanzquellen (wie Stiftungen), die infrastrukturelle Absicherung der Selbsthilfe durch die Arbeit der Selbsthilfekontaktstellen sowie die institutionelle Förderung mittels verbesserter kommunaler Rahmenbedingungen (beispielsweise in Form von örtlichen Selbsthilfebeiräten, in denen Institutionen, Verbände und Fachkräfte aus dem Sozialund Gesundheitsbereich zusammenarbeiten) als optimale Förderungsstrategien. Uneinigkeit besteht allenfalls noch in der Priorität und Gewichtung der einzelnen Bausteine (vgl. u. a. Deutscher Verein 1998; Braun/Opielka 1992). Und

---

27 Etwas geringer wurden die »Förderung der gegenseitigen Unterstützung in der Nachbarschaft und im Wohnumfeld« sowie die Funktion der Kontaktstellen als »Frühwarnsystem für soziale und gesundheitliche Anliegen« eingeschätzt, wobei Unterschiede in der Bewertung dieser Zielsetzung auch auf die zur Verfügung stehenden Arbeitskapazitäten zurückgeführt werden konnten. Als konkrete Aufgaben benannten die MitarbeiterInnen (gemessen am Zeitaufwand) die Information, Beratung und Vermittlung von selbsthilfeinteressierten BürgerInnen (20% West, 23% Ost) sowie die Beratung und Unterstützung von Selbsthilfegruppen und Initiativen (28% West, 23% Ost). Von etwas geringerer zeitlicher Relevanz sind die Öffentlichkeitsarbeit für Selbsthilfe (17% West, 18% Ost) sowie die Kooperation mit Fachleuten (11% West, 17% Ost). Darüber hinaus bindet die Organisation der eigenen Arbeit ein Fünftel bis ein Viertel des Zeitbudgets mit deutlichen Stadt-Land-Gefälle zu Lasten der ländlichen Einzugsgebiete. Die Stärken ihrer Arbeit sehen die MitarbeiterInnen bei der Erfüllung der Anliegen der BürgerInnen, Gruppen und Fachleute. Defizite sehen sie bei der Vernetzung der Gruppen und der Initiierung von Weiterbildungsmöglichkeiten (vgl. Braun/Opielka 1992; Braun/Kettler/Becker 1997).

schließlich ist die Selbsthilfeförderung auch auf rechtlicher Ebene zumindest für den gesundheitsbezogenen Bereich als Gemeinschaftsaufgabe der Länder und Kommunen unter Beteiligung der Sozialversicherungsträger, insbesondere der Krankenkassen anerkannt: Nach §20, Abs. 3 des SGB V, kann »die Krankenkasse ... Selbsthilfegruppen und -kontaktstellen, die sich die Prävention oder Rehabilitation bei einer der im Verzeichnis ... aufgeführten Krankheiten zum Ziel gesetzt haben, durch Zuschüsse fördern« (SGB V 1999).

In der Praxis der Kontaktstellenarbeit ist die finanzielle Absicherung der Einrichtungen allerdings keineswegs in ausreichendem Umfang gesichert, obgleich die Spitzenverbände der gesetzlichen Krankenkassen entsprechende Förderrichtlinien erlassen haben. So stagniert – wie Breitkopf 1998 für die gesundheitsbezogenen Aktivitäten zusammenfassend konstatiert – nicht die Selbsthilfe in der Bundesrepublik, sondern vor allem ihre Förderung, die nur in Ansätzen praktiziert wird, weit von der Idealvorstellung einer Förderung als Gemeinschaftsaufgabe entfernt ist und sich auf vergleichsweise niedrigem Niveau etabliert hat. Auch die Erfahrungen im Modellprogramm haben verdeutlicht, daß insbesondere die Krankenkassen nur zögerlich bereit sind, sich an der Finanzierung von Selbsthilfekontaktstellen zu beteiligen (vgl. Kettler/Becker 1997).

Trotz der erfolgreichen Arbeit der Kontaktstellen und ihrer Etablierung als Instrument der Selbsthilfeförderung wird die Lage der Einrichtungen über die unzureichende finanzielle Absicherung und die mangelnde personelle Ausstattung hinaus noch durch einen weiteren Einflußfaktor getrübt: So trägt die wachsende Zersplitterung der Engagementlandschaft durch andere Organisationsformen, die sich ebenfalls der Unterstützung gemeinwohlorientierter Aktivitäten verschrieben haben, nicht nur zu einem verschärften Konkurrenzkampf um öffentliche Mittel bei, sondern führt auch zu Verunsicherungen im Selbstverständnis der Kontaktstellen (vgl. Kettler 1998), zumal es – nach Breitkopf (1998) – die Selbsthilfe bislang noch nicht geschafft hat, ihren prinzipiellen Stellenwert für das Sozial- und Gesundheitswesen zu verdeutlichen. Dies könnte, so Kettler (1998), u. a. auch darin begründet sein, daß es den Unterstützungsstellen bislang nicht gelungen ist, ein einheitliches und transparentes Einrichtungsprofil zu entwickeln und einer breiteren Öffentlichkeit zu vermitteln. In diesem Zusammenhang sollten »sich die Selbsthilfeunterstützer auf ihre erfolgreichen Ursprünge besinnen. Selbsthilfegruppenarbeit und Selbsthilfeunterstützung ist einmal in bewußter Abgrenzung zum professionellen System angetreten. Damit verbunden war der Anspruch, direkt und aktuell auf gesellschaftliche Entwicklungen und Bedarfslagen reagieren zu können. Dieses Modernisierungspotential gilt es heute fortzusetzen: Selbsthilfeunterstützung muß sich aktiv mit Fragen der eigenen Profilierung und Institutionalisierung auch in Abgrenzung und Kooperation mit anderen Formen der Engagementunterstützung auseinandersetzen« (ebd., S. 30). Charakteristisch für die Selbsthilfe ist ihre Begründung aus der Sichtweise und den Problemlagen der Betroffenen, aus denen sie ihre Identifikation bezieht und für die sie Rahmenbedingungen schaffen, nicht jedoch die Inhalte bestimmen kann (vgl. Bobzien 1997).

Mit Blick auf die Zukunft ist es nach Kettler (1998) vor allem erforderlich, das sogenannte »Qualitätsstandardprofil« auf breiter Ebene zu verankern und die in der Vergangenheit zu verzeichnenden Kontroversen – etwa um die Notwendigkeit einer Qualifikation für die Kontaktstellenarbeit bzw. Laienkompetenz als geeigneteres Unterstützerprofil – zu überwinden und die Außendarstellung der Kontaktstellen zu verbessern. Die Entwicklung und vor allem die Durchsetzung institutioneller und personeller Standards für die Unterstützungsarbeit stellen, so das Fazit, auch weiterhin eine Herausforderung für die Unterstützungsarbeit dar (vgl. Kettler/Becker 1997).[28] Die Frage der Profilbildung und -erweiterung – wie sie etwa auf der vom Bundesministerium für Familie, Senioren, Frauen und Jugend im Jahr 1996 initiierten Fachtagung »Selbsthilfe 2000« diskutiert wurde – stellt sich auch angesichts der wachsenden Anzahl der Freiwilligenzentren immer dringlicher (vgl. ISAB 1996).

8.3 Freiwilligenagenturen

Ebenso wie die Selbsthilfebewegung und Kontaktstellenarbeit stellen auch das bürgerschaftliche Engagement bzw. »Volunteerisme« und deren Institutionalisierungsformen ein grenzüberschreitendes Phänomen dar. So sind seit Mitte der 80er Jahre in ganz Westeuropa regionale Freiwilligenzentren bzw. -agenturen entstanden. Im Jahr 1996 existierten ungefähr 850 solcher Zentren, von denen sich die meisten in Großbritannien, Norwegen und den Niederlanden befanden. Seit diesem Zeitpunkt ist – wie die damaligen Planungen der einzelnen Länder nahelegen – die Anzahl der örtlichen Agenturen vermutlich noch gestiegen. Parallel zu den lokalen Aktivitäten entwickelten sich auch auf überregionaler Ebene in vielen Ländern (wie Schweden, Norwegen, Italien, Frankreich etc.) nationale Zentren zur Förderung der Freiwilligenarbeit, die sich im 1989 gegründeten Europäischen Freiwilligenzentrum (CEV – Centre Européen du Volontariat) mit Sitz in Brüssel zusammengeschlossen haben, um die Zusammenarbeit zwischen den nationalen Agenturen zu stützen.[29] Und schließlich besteht schon seit

---

28 Als Maßstab für die personelle Ausstattung der Kontaktstellen werden vom ISAB in Abhängigkeit von der Größe des Einzugsgebiets folgende Empfehlungen abgegeben: »Typ 1: Selbsthilfekontaktstellen in Einzugsgebieten von 100.000 bis 300.000 Einwohnern mit 1,5 Stellen für Fachkräfte und einer halben Verwaltungsstelle. Die Gesamtkosten für diesen Typ liegen bei 180.000 DM jährlich. Typ 2: Selbsthilfekontaktstellen in Einzugsgebieten von über 300.000 bis 500.000 Einwohnern mit 2,5 Stellen für Fachkräfte und einer Stelle für eine Verwaltungskraft. Die Gesamtkosten dieses Typs liegen bei 250.000 DM jährlich« (Kettler/Becker 1997, S. 154). Als einschlägige Qualifikationen für die SelbsthilfeberaterInnen definiert beispielsweise der Deutsche Verein die Ausbildungen zur/zum SozialarbeiterIn bzw. -pädagogIn, PsychologIn, Diplom-PädagogIn, SozialwissenschaftlerIn oder vergleichbare Berufe. Für die Arbeit in den Selbsthilfekontaktstellen sind dabei spezielle Fortbildungsangebote sicherzustellen (vgl. Deutscher Verein 1998).
29 Dem europäischen Freiwilligenzentrum gehören derzeitig Agenturen aus 18 Ländern an. Es ist selbst Mitglied in der bereits 1970 in Los Angeles gegründeten IAVE bzw. der »International Association for Voluntary Effort« (vgl. CEV 1999; IAVE 1999).

längerem die CEDAG als Plattform für Organisationen, die auf freiwillige MitarbeiterInnen zurückgreifen (vgl. CEV 1999; Kinds 1998).

In der BRD, mit ihrer spezifischen Verbandsstruktur, hatte »Volunteering« dagegen noch zu Beginn der 90er Jahre kaum Erfahrungswerte vorzuweisen (vgl. Janning/Luthe 1997b). Stand und Stellenwert der Freiwilligenarbeit in Deutschland stellten sich, gemessen an der Intensität der europaweiten Aktivitäten, vergleichsweise unterentwickelt dar. Insbesondere auf der organisationsbezogenen Ebene der Koordination und Vernetzung existierten – mit wenigen Ausnahmen wie der Treffpunkt Hilfsbereitschaft in Berlin – kaum Vorbilder. Diese Situation veränderte sich im Zuge der Ehrenamtsdebatte, in deren Verlauf etwa Mitte der 90er Jahre auch der Konstituierungsprozeß der Freiwilligenagenturen einsetzte und relativ schnell an Dynamik gewann (vgl. Janning/ Luthe 1997; Kinds 1998; Oliva 1998). Indikatoren für den Aufschwung dieser neuen Angebotsform sind die rasch zunehmende Anzahl von Freiwilligenzentren auf örtlicher Ebene: Mittlerweile existieren nach der Adressensammlung der Stiftung Bürger für Bürger vom September 1999 allein 148 Freiwilligenzentren in unterschiedlicher Regie und Trägerschaft sowie differierendem Institutionalisierungsgrad, der bereits an so unterschiedlichen Bezeichnungen wie Agentur, Forum, Treffpunkt, Anlaufstelle sowie Koordinierungs- und Vermittlungsangebot ersichtlich wird (vgl. Stiftung Bürger für Bürger 1999).

Nahezu zeitgleich erfolgte die Gründung verschiedener Organisationen mit bundesweiter Orientierung. Hierzu gehört die unter Schirmherrschaft von Bundespräsident Roman Herzog 1997 als Diskussionsforum und Serviceeinrichtung ins Leben gerufene »Stiftung Bürger für Bürger«, deren zentrale Zielsetzung darin besteht, das freiwillige, bürgerschaftliche und ehrenamtliche Engagement in seiner Vielfalt zu stärken und in seiner gesellschaftlichen Bedeutung sichtbar zu machen sowie die Mitwirkung und Interessenvertretung der Bundesrepublik in den europäischen und internationalen Zusammenschlüssen zu ermöglichen. Unter dem Dach der Stiftung ist zugleich als Projekt die »Nationale Freiwilligenagentur« angesiedelt, die wiederum als Ansprechpartner für BürgerInnen, die verschiedenen Träger ehrenamtlicher Arbeit und die regionalen Freiwilligenzentren in der BRD fungiert und zum infrastrukturellen Ausbau freiwilligen Engagements beitragen möchte. Da die Anschubfinanzierung des Bundesministeriums für Familie, Senioren, Frauen und Jugend für die Stiftung Bürger für Bürger Ende des Jahres 1999 ausläuft, erscheint der weitere Fortbestand bzw. die Zukunft dieser Organisation allerdings zwischenzeitlich so ungesichert, daß nicht mehr mit einer Weiterführung zu rechnen ist (vgl. Stiftung Bürger für Bürger 1998, 1999). Zeitgleich zur Stiftung hat sich 1997 die Bundesarbeitsgemeinschaft Freiwilligenagenturen (BAGFA) als trägerübergreifende und parteiunabhängige fachliche und politische Interessenvertretung der Freiwilligenzentren, -börsen und Vermittlungsstellen gebildet, deren Koordinierungsbüro im Oktober 1998 seine Arbeit in Berlin aufgenommen hat (vgl. BAGFA 1999).

8.3.1 Vom »alten« zum »neuen« Ehrenamt – Entstehungskontext und Profil der Freiwilligenagenturen

Eingebettet in den allgemeinen Diskurs zur Reaktivierung von Solidarität und Gemeinsinn in der individualisierten Gesellschaft weist die Idee und Entwicklung der bundesdeutschen Freiwilligenzentren zugleich enge Bezüge zur wohlfahrtsverbandlich bezogenen Diskussion um die »Krise« bzw. den »Strukturwandel des Ehrenamts« auf, wie sie in Vorstellungen eines »neuen« Ehrenamts oder im Begriff der »Freiwilligenarbeit« zum Ausdruck kommen. Während in der Gründungsphase der Selbsthilfegruppen und der Entwicklung der Unterstützungsarbeit eher die durch das Expertensystem vernachläßigten Bedarfslagen und die unbearbeiteten Probleme der Betroffenen bzw. der Gruppenmitglieder im Vordergrund standen, liegt der Fokus bei der Freiwilligenarbeit und den Vermittlungsagenturen bei den individualisierten und pluralisierten Engagementbereitschaften bzw. den sozial und kulturell bedingten, veränderten Werten, Einstellungen und Präferenzen der (potentiellen) Ehrenamtlichen auf der einen Seite und den grundlegenden Organisationsproblemen der Vereine und Verbände, die der »Ehrenamtlichkeit« entgegenstehen auf der anderen Seite. Die Aufgabe der Freiwilligenagenturen besteht dabei darin, beides – die konkreten Lebenserfahrungen, die aktuelle Lebensstation und die Wünsche der Interessierten sowie die Strukturen, Entscheidungswege, Arbeitsinhalte- und -bedingungen in den Organisationen – miteinander in Einklang zu bringen, um so die wesentlichen Voraussetzungen eines gelingenden Ehrenamts zu schaffen.

Waren für große Teile der Selbsthilfebewegung die neugegründeten Gruppen und selbstorganisierten Projekte ein konkreter Schritt auf dem Weg in Richtung einer umfassenden und weitreichenden Reform der bundesrepublikanischen Gesellschaft und (zumindest die frühe) Unterstützungsarbeit ideeller Geburtshelfer dieser Utopie, so beziehen sich die Ansprüche der Freiwilligenarbeit angesichts der immer offensichtlich werdenden Staats-, Politik- und Parteiverdrossenheit der BürgerInnen auf Partizipationsdefizite in den Kommunen (in der bürgerschaftlichen Variante) sowie auf Mobilisierungsschranken und Innovationsstaus in den Verbänden (in der wohlfahrtsverbandlichen Auseinandersetzung). Dabei ist das, so die These, bestehende hohe Potential an Engagementbereitschaft in der Bevölkerung abrufbar, sofern die kommunalpolitischen und organisatorischen Rahmenbedingungen verändert werden. Das vorhandene »Sozialkapital« kann für solidaritätsfördernde Netzwerke nutzbar gemacht werden, wenn im Sinne des Empowerment-Ansatzes die an einer ehrenamtlichen Betätigung interessierten Personen als Individuen betrachtet und behandelt werden, die den Wunsch haben, sich als Subjekt des eigenen Handelns zu sehen bzw. die im Sinne bürgerschaftlichen Engagements ihr kommunales Umfeld mitgestalten möchten (vgl. Keupp 1997). Freiwilligenagenturen fungieren in diesem Zusammenhang als »Generatoren sozialen Kapitals«, in dem sie »einen den gewandelten Bedürfnissen angemessenen organisatorischen Rahmen für das Engagement bereitstellen« (Dörner/Vogt 1999, S. 32).

Freiwilligenagenturen sind demgemäß Modellprojekte insbesondere der freien Träger im Rahmen des durch gesellschaftliche Veränderungen bewirkten Wandels von Ehrenamtlichkeit. Sie sind ein »neue(r) Organisationstyp in der Freiwilligen-Arbeit, der ein eigenes, unverwechselbares Aufgabenprofil hat« (Helmbrecht 1997, S. 1) und darauf zielt, die traditionellen Rekrutierungspfade potentieller MitarbeiterInnen zu verlassen und Anbieter und Nachfrager ehrenamtlichen Engagements über neue Zugangswege, Handlungsfelder, Arbeits- und Kooperationsformen zusammenzuführen sowie bei ihrer Tätigkeit zu begleiten, um auf diese Weise zu einer umfassenden Stärkung des ehrenamtlichen bzw. freiwilligen Engagements beizutragen (vgl. Jugendring Dortmund 1995, 1998). Gegenüber dem klassischen Modell der Verbandsorientierung wird der Schwerpunkt auf Gemeinwesenorientierung gelegt, d. h. die Aufgabenfelder, die sich den Freiwilligen eröffnen, sind stadtteilnah, konkret umrissen und unmittelbar als sinnvoll für die Allgemeinheit erkennbar. In der Konsequenz scheinen deshalb möglichst konkrete Tätigkeiten mit lokalem Bezug und ohne ideologisch-politische Unterfütterung besonders geeignet. Dies heißt für die Wohlfahrtsverbände wiederum, daß über die Freiwilligenzentren kaum Personen mit einer ausgeprägten Verbandsidentität zu gewinnen sind, da die konkrete Sinnhaftigkeit solcher Tätigkeiten nicht zu vermitteln ist.

Um Interessierte für ein »neues Ehrenamt« zu gewinnen, müssen die Verbände demzufolge eine Kehrtwende vollziehen und den Blick von den eigenen Aufgaben und Zielsetzungen, die mit Hilfe von Ehrenamtlichen erfüllt werden sollen, hinwenden zu den Bedürfnissen und Vorstellungen derjenigen, die freiwillig aktiv werden wollen. Nicht mehr der Interessierte soll sich unter den vorhandenen Angeboten das auswählen, was ihm am meisten zusagt, sondern die Organisationen bemühen sich, ihm ein seinen Wünschen und Fähigkeiten entsprechendes Aufgabenfeld anzubieten. Dieser Perspektivenwechsel ist zugleich mit massiven Veränderungen im Verhältnis zwischen der Organisation und dem Aktiven verbunden. Für die freiwillig Tätigen entsteht eine vergleichsweise schwache verbandliche Bindung, da zum einen die neue Angebotsform in Freiwilligenzentren keine Mitgliedschaft verlangt und zumeist projekt- bzw. stadtteilbezogen ist und zum anderen das Konzept der Freiwilligenzentren eine »strukturelle Offenheit« (Helmbrecht 1997, S. 2) voraussetzt und die Kooperation verschiedener freier Träger bedingt.

Die im Vergleich zu den Wohlfahrtsverbänden flexibleren Strukturen der Freiwilligenzentren bieten in diesem Kontext erfolgversprechende Prämissen für eine »punktgenaue Passung« zwischen dem Engagementbedarf der Organisationen und den Erwartungen der Ehrenamtlichen (vgl. Dörner/Vogt 1999). Die Vorzüge der Agenturen bei ihrer Vermittlungsfunktion liegen gegenüber der herkömmlichen Verfahrensweise primär darin, daß sie durch die geringere Einbindung in traditionelle Milieus, Wertgemeinschaften und Vereinskulturen ein höheres Maß an institutioneller Neutralität aufweisen. Zugleich wirken sie auf potentielle Freiwillige authentischer und glaubwürdiger, da sie keine unmittelbaren Eigeninteressen (wie Mitgliederwerbung für die eigene Arbeit oder kommerzielle Vermittlungsabsichten) verfolgen. Allerdings können sie den Erwartungen erst dann gerecht werden, wenn sie sowohl von der Öffentlichkeit als auch von den freien Trägern als unabhängige Institutionen akzeptiert und unterstützt werden (vgl. Rauschenbach 1998).

Auf Seiten der Organisationen müssen vor allem die Verbände ihre etablierten Strukturen aufbrechen, um die Freiwilligen trotz deren Ungebundenheit gegenüber der eigenen Weltanschauung zu integrieren. Freiwilligenzentren können hier als »Clearingstelle« (ebd., S. 28) fungieren, mit der zum einen Verbandsegoismen überwunden und zum anderen das verbandsspezifische Selbstverständnis reflektiert werden kann. Damit bilden Freiwilligenzentren auch für die Wohlfahrtsverbände ein Ansatzpunkt für ein »neues Ehrenamt«, wobei jedoch die darüber hinaus notwendigen internen Umstrukturierungen und das Überdenken von Verbandszielen in den inneren Diskussionen nicht ausgeklammert bleiben dürfen.

8.3.2 Zur Topographie der Freiwilligenagenturen

Die gegenwärtige Landschaft der bundesrepublikanischen Agenturen ist sehr vielfältig, aber auch wenig transparent und überschaubar, da zum einen weder die typischen Wehen bei der Geburt einer neuen Angebotsform (wie die Suche nach maßgeschneiderten regionalen Konzepten, finanzierungswilligen Geldgebern etc.) überwunden sind noch zum anderen eine verbandsübergreifende Bestandsaufnahme, Analyse und Evaluation der Freiwilligenarbeit und -zentren in der Bundesrepublik durchgeführt worden ist. Diese Aufgabe erscheint um so dringlicher, da sich – wie die veröffentlichten Erfahrungsberichte einzelner Agenturen verdeutlichen – die vorhandenen Angebote mit Blick auf die zugrundeliegenden Gründungsanlässe, Konzeptionen, Arbeitsschwerpunkte, Träger- und Organisationsstrukturen sowie die Inanspruchnahme durch einzelne Nutzergruppen beträchtlich voneinander unterscheiden. Einen Eindruck über die derzeitige Vielschichtigkeit der Agenturlandschaft vermitteln dabei die folgenden vier Beispiele:

(1) Als erste Freiwilligenagentur der BRD gilt der »Treffpunkt Hilfsbereitschaft«[30], dessen zentrale Intention mittlerweile explizit darin besteht, dem Strukturwandel des Ehrenamts möglichst umfassend Rechnung zu tragen. Das Zentrum wendet sich auf der Grundlage einer gezielten Öffentlichkeitsarbeit an alle Berliner BürgerInnen und verfügt über ein vielseitiges Spektrum an Betätigungsmöglichkeiten. Pro Jahr werden etwa 350 Interessierte vermittelt. Die Zusammenarbeit erstreckt sich auf rund 200 gemeinnützige Projekte, verbandliche Einrichtungen, Bürgerinitiativen, Sozialämter, freie Träger und Gruppen. Mit

---

30 Mit dem Treffpunkt wurde 1988 der Grundstein für die erste Freiwilligenagentur gelegt, die unter sozialpolitischen Aspekten als »Informations- und Beratungsstelle für Menschen, die sich engagieren wollen« gedacht war (Schaaf-Derichs 1997b, S. 39). Der Treffpunkt ist, so Keupp zum 10jährigen Bestehen, »von seinem inneren Selbstverständnis längst den Schritt vom 'alten' zum 'neuen' Ehrenamt gegangen, und das lebt geradezu von der Idee der Vereinbarkeit von Selbstentfaltungswünschen und Aktivitäten im sozialen Raum« (Keupp 1999, S. 98).

Blick auf die vermittelten BürgerInnen deutet sich ein Trend zur Altersgruppe der 20- bis 29jährigen an, der die meisten Freiwilligen angehören. Frauen und Männer waren etwa gleich vertreten (vgl. Schaaf-Derichs 1997b).

(2) Die 1995 eröffnete »Freiwilligen-Agentur« Bremen ist dagegen ein neueres Projekt und eigenständiger Arbeitsbereich des Sozialen Friedensdienstes Bremen e.V., einem gemeinnützigen Träger, dessen Aufgaben in der Beratung und fachlichen Begleitung von Zivildienstleistenden liegen. Diskussionen um die Abschaffung der Wehrpflicht bzw. des Zivildienstes gaben u. a. den Anstoß für konzeptionelle Überlegungen in Richtung Freiwilligenagentur, um einerseits dem Verein neben dem etablierten Arbeitsfeld Zivildienst neue Aktionsfelder zu eröffnen und andererseits durch den Aufbau einer Agentur eine freiwillige Alternative zu potentiell neuen Dienstpflichten zu eröffnen. Wichtige konzeptionelle Grundlagen bestehen im Prinzip der Verbandsunabhängigkeit, in der Bereitstellung von Angeboten für alle Engagementbereiche und sämtliche Altersgruppen und der Beratungs- und Vermittlungsfunktion, die zugleich Ehrenamtliche und Organisationen umfaßt (vgl. Janning/Luthe 1997b).

(3) Beim 1994 ins Leben gerufenen und aufgrund fehlender Anschlußfinanzierung mittlerweile nicht mehr existenten Dortmunder Modellprojekt »Freiwilligenzentrum« ging die Gründungsinitiative mit Blick auf die Probleme bei der Gewinnung ehrenamtlicher MitarbeiterInnen und die Zukunft der Jugendverbandsarbeit dagegen von einem kommunalen Jugendring aus. Im Vordergrund stand das Ziel, ein Zentrum nach niederländischem Vorbild, jedoch spezialisiert auf die Förderung der freiwilligen Tätigkeit in der Jugendarbeit, zu errichten. Im Zuge des Projekts wurden Verfahren und Ansätze entwickelt, »Formen und Möglichkeiten der Ansprache Freiwilliger zu erproben, den Trägerorganisationen der Freiwilligenarbeit Hilfestellungen bei ihrer Freiwilligenentwicklungsarbeit anzubieten und für das Thema 'Freiwilligenarbeit' Öffentlichkeit herzustellen« (Sass 1998, S. 89). Unter den Personen, die sich im Verlauf von 18 Monaten zum freiwilligen Engagement informierten, waren der Zielsetzung entsprechend mehrheitlich jüngere Interessierte und darüber hinaus überdurchschnittlich viele Frauen. Die Vermittlungsarbeit richtete sich weit über den Jugendbereich hinaus. Eine Befragung der vermittelten Freiwilligen ergab, daß sie eine lockere Bindung an die Organisationen bevorzugen, durchaus zur längerfristigen Mitarbeit bereit sind sowie von den Trägern Mitsprache- und Beteiligungsmöglichkeiten erwarten. Als problematisch erwies sich weniger der Kontakt mit den Freiwilligen, der von der Intensität der Öffentlichkeitsarbeit abhing, sondern die Einführung der Interessierten in die Organisationen, die auf den neuen Typus der Freiwilligen nur unzureichend vorbereitet erschienen und sich – wie sich insbesondere bei den Jugendorganisationen zeigte – mit der mangelnden weltanschaulichen und religiösen Anbindung der neuen MitarbeiterInnen schwer taten (vgl. Jugendring Dortmund 1995, 1998; Sass 1998).

(4) Das im Gegensatz zur Selbsthilfeförderung ausgeprägtere Interesse der Wohlfahrtsverbände am Konzept der Freiwilligenagenturen signalisieren dabei nicht nur die lokalen Zentren oder Koordinierungsstellen der Verbände auf Landesebene (wie etwa die des Paritätischen in Sachsen-Anhalt oder die Lan-

desarbeitsgemeinschaft der FreiwilligenForen im Diakonischen Werk Schleswig-Holstein etc.), sondern auch der 1996 ins Leben gerufene Modellverbund des Deutschen Caritasverbandes, mit dem erprobt werden soll, inwieweit die wohlfahrtsverbandlichen Strukturen insbesondere in der Caritas genutzt und verändert werden können, um neues soziales Engagement zu ermöglichen (vgl. Deutscher Caritasverband 1997c). An diesem Verbund beteiligen sich 16 Freiwilligenzentren aus 15 Diözesen; hinzu kommen rund weitere 10 Zentren, die auf der Grundlage der Konzeption des Modellverbundes kooperieren (vgl. Deutscher Caritasverband 1999).[31] In Anlehnung an das Muster und die Erfahrungen der europäischen Nachbarländer fußt das Aufgabenprofil der Freiwilligenzentren auf einem einheitlichen Konzept, das sich aus drei Aufgabenschwerpunkten zusammensetzt. Demgemäß fungieren die Freiwilligenagenturen im Modellverbund

- als Vermittlungsstelle für interessierte Personen, Institutionen und Pfarrgemeinden, um Entscheidungshilfe für die ehrenamtliche Tätigkeit zu leisten, adäquate Organisationsstrukturen in den Verbänden aufzubauen und beides mit dem Ziel des »Placement« (also der richtigen Person am richtigen Ort) zusammenzuführen;
- als Forum sozialen Engagements bzw. Plattform für Information, Erfahrungsaustausch und Meinungsbildung (mit allgemeinen Veranstaltungen, speziellen Fachgesprächen zu sozialen Themen sowie der Funktion der Interessenbündelung und -vertretung gegenüber Verbänden und der Kommune);
- als öffentlichkeitswirksame Werkstatt sozialer Aktionen, um Neugierde am Ehrenamt zu wecken, kreativen Ideen für soziales Engagement Raum zu verschaffen, die Suche nach neuen Wegen (etwa zur Umsetzung von Aufgaben, die von Institutionen nicht wahrgenommen werden) zu unterstützen, selbstorganisierte Hilfegruppen zu initiieren und zu begleiten sowie die Vernetzung mit anderen Sachbereichen (Kultur, Sport) voranzutreiben (vgl. DCV 1997c).

Zu den wesentlichen Zielsetzungen der Zentren zählen u. a. die Förderung generationenübergreifender freiwilliger Aktivitäten und Tätigkeiten, die Herausforderung von Männern zu sozialem Engagement, die Aktivierung von Arbeitslosen, die Verwirklichung einer gleichberechtigten Partnerschaft zwischen ehrenamtlichen und hauptamtlichen Helfern, die Erschließung neuer gruppen-, situations- und personenbezogener Wege der gesellschaftlichen Anerkennung des Ehrenamts, die innere und äußere Vernetzung der Aktivitäten verschiedener kirchlich-sozialer Verbände im DCV sowie die Weiterentwicklung des politischen Gestaltungsrahmens aus der sozialen Praxis (vgl. ebd.).

---

31 Das Pilotprojekt basiert auf einem Beschluß des Zentralrats des DCVs zum Aufbau von Freiwilligenzentren im Jahr 1995. Bereits ein Jahr später erfolgte am 5. Dezember, dem internationalen Tag des Ehrenamts, die offizielle Gründung des Modellverbundes. Die Leitung und Kooperation des Verbundes obliegt dem Referat Gemeindecaritas der Freiburger Verbandszentrale. Um die gewonnenen Erfahrungen systematisch zu erfassen und die Arbeit der Zentren intern und extern zu evaluieren, ist ein Forschungsteam zusammengestellt worden (vgl. DCV 1997a, b, c).

Erste Erfahrungen, die auf Berichten von den 16 am Modellverbund beteiligten Zentren mit unterschiedlichem Entwicklungsstand beruhen, verdeutlichen, daß sich bei vorgegebenem einheitlichen Aufgabenprofil Freiwilligenzentren mit sehr unterschiedlichen Trägerschaften, personellen und materiellen Rahmenbedingungen und sozial-räumlichen Zuständigkeitsbereichen zusammenfanden. Dies spiegelt sich auch in den verschiedenen Konzeptionen, die sich in Anlehnung an die lokalen Gegebenheiten herausgebildet haben. Die Träger setzen sich sowohl aus Einzelträgerschaften (etwa eines Ortscaritas-Verbands) als auch aus Verbünden mehrerer Träger aus dem kirchlichen und nicht-kirchlichen Bereich zusammen. Die meisten Zentren haben Kuratorien und Fachbeiräte eingerichtet, um wichtige Entscheidungsträger und Kooperationspartner vor Ort (z. B. aus Politik, Wirtschaft und Verwaltung) in die Gestaltung der Arbeit einzubinden und die Einrichtung in der Kommune zu etablieren und so zugleich dem Prinzip der strukturellen Offenheit Rechnung zu tragen (vgl. Baldas u. a. 1997; Baldas/Bock 1997; Helmbrecht 1997).

Mit Blick auf die konkrete Arbeit zeigte sich im Rahmen der Begleitforschung, daß sich zunächst fast alle Zentren auf den Bereich der Vermittlung konzentrierten, während die Arbeitsfelder »Forum« und »Werkstatt« erst im Verlauf der weiteren Arbeit an Bedeutung gewannen. Mehr als die Hälfte (56%) der InteressentInnen, die sich an die Agenturen gewandt haben, war zuvor nicht ehrenamtlich tätig. Hierin sehen die Autoren einen ersten Indikator dafür, daß es den Zentren zukünftig gelingen könnte, tatsächlich potentielles Engagement zu mobilisieren. Aus der Auswertung der Kontaktdokumentation läßt sich der Trend ablesen, daß sich das Interesse der BürgerInnen bzw. die Arbeit der Agenturen überwiegend auf den sozialen Bereich konzentriert. Andere Felder wie das politische, religiöse oder sportliche Engagement spielen dagegen kaum eine Rolle. Auch das Ziel einer generationenübergreifenden Arbeitsweise konnte bislang nicht verwirklicht werden. Als problematisch erwies sich der unerwartet hohe zeitliche Aufwand für Öffentlichkeitsarbeit bei der Gewinnung und Werbung neuer Freiwilliger, der erforderlich war, um überhaupt Interesse bei den BürgerInnen zu wecken. Dies zeigte sich auch in den Pfarrgemeinden, in denen die Freiwilligenzentren auf geringe Resonanz stießen. Weitere Schwierigkeiten bestanden in den fehlenden Erfahrungen vieler Organisationen in der Zusammenarbeit mit Freiwilligen, den Konkurrenzängsten bei den Verbänden und Organisationen im Umfeld der Zentren sowie bei den zur Verfügung stehenden Räumlichkeiten und finanziellen Mitteln. Bei der weiteren Evaluation des Modellverbundes wird insbesondere die Frage nach der geeigneten personellen Ausstattung zu klären sein, die bislang recht unterschiedlich gehandhabt wird. So werden zwei Freiwilligenzentren nur von Ehrenamtlichen geleitet, andere dagegen verfügen über eine halbe bis hin zu zwei Vollzeitstellen (vgl. Gleich/Helmbrecht 1997; Helmbrecht 1997).

8.3.3 Probleme und Perspektiven

Wie die voranstehenden Ausführungen veranschaulicht haben, steht die Konzeption von Freiwilligenagenturen erst am Anfang. Erste Erfahrungen wurden und werden in Deutschland im Rahmen von Pilot- und Modellprojekten gemacht, die größtenteils noch nicht abgeschlossen sind. Deshalb herrscht einerseits noch eine hohe konzeptionelle Unsicherheit, die sich auch darin dokumentiert, daß sich viele Agenturen noch in der Organisationsentwicklungs- und Implementationsphase befinden (vgl. Janning/Luthe 1997b; Reifenhäuser 1999). Andererseits zeigen die Erfahrungen der Einrichtungen, daß eine hohe Flexibilität vonnöten ist, um adäquat auf die örtlichen Bedingungen und die individuellen Wünsche der Interessierten eingehen zu können und sich der Konkurrenz mit den etablierten Verbände und deren Rekrutierungsstrukturen zu stellen.

Die größte Schwierigkeit für die Agenturen ist und bleibt nach wie vor die Finanzierung bzw. die Konsolidierung der Einrichtungen in Zeiten geringerer Förderungen, deren Auswirkungen auch an der Instabilität der Agenturen deutlich werden (vgl. etwa das Freiwilligenzentrum Dortmund oder die Situation der Stiftung Bürger für Bürger auf Bundesebene). Ebenso wie bei den Kontaktstellen erscheint es auch bei den Freiwilligenagenturen sinnvoll, bezahlte und unbefristete Stellen einzurichten, da die Arbeit in diesen Einrichtungen eine hohe Fachkompetenz und Kontinuität erfordert. Zwar arbeiten im Modellprojekt der Caritas nur zwei Einrichtungen ausschließlich mit ehrenamtlichen MitarbeiterInnen. Wie jedoch die Erfahrungen der Kontaktstellen für Selbsthilfe bei der Personalausstattung verdeutlichen, ist die hauptberufliche Begleitung ein wesentliches Qualitätselement für die Vermittlungsarbeit. Neben einer ausreichenden Personalausstattung entstehen den Zentren hohe Kosten für Werbung und Information. Das Beispiel der Freiwilligenagentur Bremen zeigt in diesem Zusammenhang, daß Fundraising-Konzepte zur Konsolidierung und langfristigen Finanzierung einen hohen Arbeitsaufwand und komplexere Strukturen, z. B. einen Förderverein, voraussetzen. Trotzdem ist auch in Bremen das Ziel der Eigenfinanzierung nach vier Jahren erst perspektivisch realisierbar (vgl. Janning/Luthe 1997a). Die Konzeption eines Freiwilligenzentrums muß also eine möglichst professionelle Betreuung an einem exponierten Standort gewährleisten und vielfältige Wege zur Finanzierung erschließen.

8.4 Modernisierungsstrategien: Vielfalt jenseits von Einheit

Bilanzierend läßt sich festhalten, daß es sich beim Selbsthilfesektor um einen dynamischen Bereich handelt, der sich seit Mitte der 70er Jahre zu einem relevanten Faktor im bundesrepublikanischen System der Wohlfahrtsproduktion entwickelt hat. Insofern entbehren die auf theoretischer Ebene eingangs formulierten Thesen einer »Pluralisierung und Ausdifferenzierung gemeinwohlorientierten Engagements« mit Blick auf die Selbsthilfe auf den ersten Blick nicht einer gewissen Plausibilität. Allerdings bliebe auch dann im Blick zu behalten, inwiefern dabei nicht nur graduelle, sondern auch strukturelle Veränderungen der Motivation und des Selbstbezugs zum Ausdruck kommen. Auch sind es eher die überschaubaren, problembezogenen Gruppen, die sich einer anhaltenden und wachsenden Anziehungskraft erfreuen.

Mit der wachsenden Auffächerung der Agenturlandschaft in unterschiedliche vermittlungs- und engagementfördernde »Spezialeinrichtungen« gewinnt zugleich die Frage des Verhältnisses und der gegenseitigen Abgrenzung von Selbsthilfekontaktstellen und Freiwilligenagenturen an Aktualität, zumal zugleich weitere Institutionen wie die zielgruppenorientierten Seniorenbüros (vgl. Kap. 7.6) oder auch Bürgerbüros und Nachbarschaftszentren zunehmend ins Blickfeld geraten. Insbesondere VertreterInnen der Selbsthilfe und der Kontaktstellen fürchten angesichts der derzeitigen Popularität der Freiwilligenagenturen um die Existenz der Selbsthilfeförderung (vgl. Greiwe 1998). So wird es für die Kontaktstellen noch schwieriger werden, in Konkurrenz und Abgrenzung zu den anderen Einrichtungen und Diensten eine Regelfinanzierung bzw. finanzielle Beteiligung seitens der Sozialversicherungsträger zu erreichen (vgl. Kettler 1998). Noch schwieriger ist die Lage der weniger etablierten Freiwilligenagenturen, die im weit höheren Maße vom »good will« öffentlicher Geldgeber und anderer Sponsoren abhängen und zur Zeit noch von der Konjunktur des Themas »Ehrenamtlichkeit« profitieren.

Nicht nur unter finanziellen Aspekten gewinnen Überlegungen in Richtung einer Zusammenfassung und Bündelung engagementunterstützender Dienste an Relevanz (vgl. ebd.), da auch in der Praxis der Vermittlungsarbeit auf unterschiedlichen Ebenen bereits erste Aktivitäten zu verzeichnen sind, die auf eine vorsichtige Annäherung der unterschiedlichen Stränge gemeinwohlorientierten Engagements im Schnittfeld von Selbsthilfe und Freiwilligenarbeit hindeuten: So vermitteln bereits einige Kontaktstellen Freiwillige, erweitern einzelne Vermittlungsstellen ihre Angebotspalette – wie etwa die Kontakt- und Informationsstelle in Witten, die eine Tausch- und Aktivitätenbörse aufgebaut hat. In diesen Zusammenhang sind auch die Planungen des Paritätischen Wohlfahrtsverbands einzuordnen, im nordrhein-westfälischen Minden eine Koordinierungsstelle einzurichten, in der die unterschiedlichen Aspekte freiwilligen Engagements und Selbsthilfe zusammengeführt werden sollen. Und schließlich ist die Landesarbeitsgemeinschaft der Selbsthilfekontaktstellen in Baden-Württemberg kürzlich Mitglied in der Arbeitsgemeinschaft bürgerschaftliches Engagement Seniorengenossenschaften (ARBES) geworden (vgl. Greiwe 1998).

Um Ressourcenüberschneidungen und kontraproduktive Wirkungen durch spezialisierte Beratungs- und Parallelstrukturen zu vermeiden, ist es in Zukunft erforderlich, die Integration der verschiedenen Förderungsformen gemeinwohlorientierten Engagements voranzutreiben (vgl. ebd.) und verstärkt die Frage zu thematisieren, in welcher Form es möglich ist, »die erfolgreichen Dienste der Engagement- und Selbsthilfeförderung (Selbsthilfekontaktstellen, Seniorenbüros, Freiwilligenagenturen, Wissensbörsen) auf kommunaler Ebene unter Wahrung ihrer fachlichen Eigenständigkeit zu einer Kontaktstelle für Bürgerengagement und Selbsthilfe« zusammenzuführen (Deutscher Verein 1998, S. 56). Mögliche Synergieeffekte liegen etwa in der gemeinsamen Nutzung von Verwaltungsressourcen, Büro- und Gruppenräumen (vgl. Kettler 1997b). Als wichtige Voraussetzungen für eine »zentrale Ansprechstelle mit interner Differenzierung« (Greiwe 1998, S. 60) gelten jedoch die Bewahrung eines eigenständigen institutionellen Profils, der Erhalt der bestehenden personellen Kapazitäten und die Kontinuität der spezifischen organisatorischen Aufgaben (vgl. ebd.). Dabei sollte das gemeinsame politische Ziel darin bestehen, »zusammenzuwirken und sich nicht auseinander dividieren zu lassen. Nur so wird es möglich sein, sozialstaatliche Errungenschaften und unser subsidiäres, auf die Stärke der Selbsthilfe gerichtetes Selbstverständnis zu festigen« (Thiel 1997, S. 123). Die Förderung gemeinwohlorientierten bürgerschaftlichen Engagements – sei es durch Selbsthilfekontaktstellen oder Freiwilligenagenturen – entbindet den Sozialstaat nicht von seiner Verantwortung: »Damit sich bürgerschaftliches Engagement entfalten kann, bedarf es der Unterstützung durch eine 'kommunitäre Sozialpolitik'. Dabei geht es darum, rechtliche, institutionelle und organisatorische Barrieren für ein Engagement abzubauen, zivilgesellschaftliche Strukturen zu stärken und Ressourcen zur Verfügung zu stellen, damit sich Engagement entfalten kann« (Jakob 1999b, S. 19).

Literatur[1]

Agricola, S.: Bewegungsorientierte Freizeittätigkeit – Freizeitsport – Freizeitangebot Sport. In: Deutsche Gesellschaft für Freizeit (Hg.): Freizeit. Sport. Bewegung. Stand und Tendenzen in der Bundesrepublik Deutschland. Materialien zur Freizeitpolitik, Erkrath 1987, Bd. 1, S. 3-66.

Agricola, S.: Vereinswesen in Deutschland. Eine Expertise im Auftrag des BMFSFJ, Bd. 149, Stuttgart u. a. 1997.

Angerhausen, S./Backhaus-Maul, H./Schiebel, M.: Nachwirkende Traditionen und besondere Herausforderungen. Strukturentwicklung und Leistungsverständnis von Wohlfahrtsverbänden in den neuen Bundesländern. In: Rauschenbach/Sachße/Olk (1995), S. 377-403.

Angerhausen, S. u. a.: Überholen ohne einzuholen. Freie Wohlfahrtspflege in Ostdeutschland, Opladen 1998.

Asam, W. H./Heck, M.: Selbsthilfe als neues Versorgungselement moderner Dienstleistungsgesellschaften. Möglichkeiten und Grenzen. In: Kardorff/Oppl (1989a), S. 45-57.

Asam, W. H. u. a.: Hilfe zur Selbsthilfe. Ein Konzept zur Unterstützung von Selbsthilfegruppen, München 1989.

Auerbach, S./Wiedemann, U.: »Jugend ohne Amt und Ehre«. Eine Untersuchung zu Determinanten ehrenamtlichen Engagements Jugendlicher im kleinstädtischen Milieu, Pfaffenweiler 1997.

AWO: Initiative Ehrenamt. Der Verband macht sich fit, http://www.awo.org.awomag/ausgaben/02_98/0298_7.html vom 2.6.1998 (a).

AWO: Initiative Ehrenamt. Die Freiwilligenzentralen der AWO, http://www.awo.org/doku/ehrena/inhalt.html vom 15.12.1998 (b).

AWO (Hg.): Initiative Ehrenamt. Freiwillige... ansprechen, gewinnen, beteiligen. Praxishandbuch, Bonn 1998 (c).

Axhausen, S.: Teilgutachten I: Auswirkungen der Vereinbarkeitsproblematik eines Zusammenlebens mit Kindern und kontinuierliche Berufstätigkeit für Frauen. In: Krüger (1992a), S. 35-86.

Bäcker, G.: Ehrenamtliche Dienste. Probleme aus sozialpolitischer Sicht. In: Soziale Sicherheit, 1983, H. 4, S. 105-110.

Backes, G.: Frauen und soziales Ehrenamt. Zur Vergesellschaftung weiblicher Selbsthilfe, Augsburg 1987.

Backes, G.: Soziales Ehrenamt. Handlungsperspektive für Frauen im Alter. In: F. Karl/W. Tokarski (Hg.): Bildung und Freizeit im Alter, Bern u. a. 1992, S. 93-110 (a).

Backes, G.: Soziales Ehrenamt im Alter. Ältere Frauen zwischen fremdbestimmtem Ersatz, Selbsthilfe und freigewähltem Engagement. In: Sozial extra, 1992, H. 12, S. 7-9 (b).

Backhaus-Maul, H./Olk, Th.: Von Subsidiarität zu »outcontracting«. Zum Wandel der Beziehungen von Staat und Wohlfahrtsverbänden in der Sozialpolitik. In: W. Streeck (Hg.): Staat und Verbände, Opladen 1994, S. 100-135.

---

1 Folgende Abkürzungen werden bei Literaturangaben verwendet: Arbeiterwohlfahrt Bundesverband e. V. (AWO); Bundesarbeitsgemeinschaft Freiwilligenagenturen (BAGFA); Bundesarbeitsgemeinschaft der Freien Wohlfahrtspflege (BAGFW); Bundesministerium für Familie und Senioren (BMFS); Bundesministerium für Familie, Senioren, Frauen und Jugend (BMFSFJ); Deutscher Bundesjugendring (DBJR); Deutscher Caritasverband (DCV); Deutscher Verein für öffentliche und private Fürsorge (DV); Diakonisches Werk (DW); Deutsches Rotes Kreuz e. V. (DRK); Deutscher Sportbund (DSB); Ministerium für Arbeit, Gesundheit und Soziales des Landes NRW (MAGS NRW); Institut für Sozialwissenschaftliche Analysen und Beratung (ISAB).

Backhaus-Maul, H./Olk, Th.: Vom Korporatismus zum Pluralismus? Aktuelle Tendenzen im Verhältnis zwischen Staat und Wohlfahrtsverbänden. In: TuP, 1997, H. 3, S. 25-32.

Badelt, C.: Staatsversagen. In: R. Bauer (Hg.): Lexikon des Sozial- und Gesundheitswesens, München/Wien 1992, S. 1935-1937.

Badelt, C.: Ehrenamtliche Arbeit im Nonprofit Sektor. In: C. Badelt (Hg.): Handbuch der Nonprofit Organisationen. Strukturen und Management, Stuttgart 1997, S. 359-386.

Badura, B./Ferber, C. v. (Hg.): Selbsthilfe und Selbstorganisation im Gesundheitswesen. Die Bedeutung nicht-professioneller Sozialsysteme für Krankheitsbewältigung, Gesundheitsvorsorge und die Kostenentwicklung im Gesundheitswesen, München/Wien 1981.

Badura, B. u. a.: Einleitung: Sozialpolitische Perspektiven. In: Badura/Ferber (1981), S. 5-38.

Baecker, D.: Experiment Organisation.»Durch diesen schönen Fehler mit sich selbst bekannt...«. In: Lettre international, 1994, H. 24, S. 22-26.

BAGFA: Auszug aus der Selbstdarstellung der BAGFA. In: Stiftung Mitarbeit/BAGFA (1999), S. 123.

BAGFW (Hg.): Gesamtstatistik der Einrichtungen der freien Wohlfahrtspflege, Bonn 1983.

BAGFW (Hg.): Die Spitzenverbände der Freien Wohlfahrtspflege. Aufgaben und Finanzierung, Freiburg i. Br. 1985.

BAGFW (Hg.): Gesamtstatistik der Einrichtungen der freien Wohlfahrtspflege, Bonn 1987.

BAGFW (Hg.): Freie Wohlfahrtspflege im Sozialstaat, Bonn 1993.

BAGFW (Hg.): Gesamtstatistik der Einrichtungen der freien Wohlfahrtspflege, Bonn 1994 (a).

BAGFW (Hg.): Freie Wohlfahrtspflege. Zahlen – Daten – Fakten, Bonn 1994 (b).

BAGFW (Hg.): Gesamtstatistik der Einrichtungen der freien Wohlfahrtspflege, Bonn 1997.

BAGFW: Selbstverständnis und Aufgaben der freien Wohlfahrtspflege in Deutschland. In: Caritas, 1998, H. 5, S. 234-239.

Bahr, C./Leichsenring, K./Strümpel, C.: Mitsprache älterer Menschen in Österreich, Wien 1996.

Baldas, E./Bock, T.: Konzeptionen der Freiwilligen-Zentren, Freiburg i. Br. 1997.

Baldas, E. u. a.: Ein Jahr Modellverbund Freiwilligen-Zentren. Erste Erfahrungen, Freiburg i. Br. 1997.

Ballhausen, A. u. a.: Zwischen traditionellem Engagement und neuem Selbstverständnis – weibliche Präsenz in der Öffentlichkeit. Eine empirische Untersuchung zur politischen Partizipation von Frauen, Bielefeld 1986.

Barber, B.: Starke Demokratie. Über die Teilhabe am Politischen, Hamburg 1994.

Barkholdt, C.: Zum internationalen Jahr der Senioren (V). Muß Alter produktiv sein? »Wiederverpflichtung« der Alten als Legitimation für ihre überproportionale Existenz? In: TuP, 1999, H. 7, S. 251-254.

Bartjes, H.: Die etwas andere Professionalität. Thesen, Überlegungen und offene Fragen zum »Neuen Ehrenamt«. In: Sozialmagazin, 1995, H. 3, S. 14-18.

Bauer, R.: Macht das Ehrenamt arbeitslos? Oder hilft das Ehrenamt neue Arbeitsplätze zu schaffen? Freiwillige in der Sozialen Arbeit: Pioniere, Hilfstruppen und Jobkiller. In: Sozial extra, 1998, H. 10, S. 2-3 (a).

Bauer, R.: Ein Familiendrama. Kommentar zum Verhältnis von Sozialer Arbeit und Sozialem Ehrenamt. In: Sozial extra, 1998, H. 10, S. 13 (b).

Bauer, R./Dießenbacher, H. (Hg.): Organisierte Nächstenliebe, Opladen 1984.

Bäumler, C./Bangert, M./Schwab, U.: Kirche – Clique – Religion. Fallstudien zur kirchlichen Jugendarbeit in der Großstadt, Weinheim/München 1994.

Baur, J.: Bindung von Ehrenamtlichen. Ein Statement. In: Jütting/Jochinke (1996), S. 98-103.

Baur, J./Braun, S.: Zweiter Arbeitsmarkt im Sport. Zur Förderung der Jugendarbeit in Sportorganisationen, Aachen u. a. 1999.

Baur, J./Brettschneider, W.-D.: Der Sportverein und seine Jugendlichen, Aachen 1994.

Baur, R./Koch, U./Telschow, S.: Sportvereine im Übergang. Die Vereinslandschaft in Ostdeutschland, Aachen 1995.

Baur, R. u. a.: Gerontologische Untersuchung zur motivationalen und institutionellen Förderung nachberuflicher Tätigkeitsfelder. Die Aktion 55, Stuttgart u. a. 1996.

Baur, R. u. a.: Datenreport Alter. Individuelle und sozioökonomische Rahmenbedingungen heutigen und zukünftigen Alterns, Stuttgart u. a. 1997.

Bayerisches Staatsministerium für Arbeit und Sozialordnung, Familie, Frauen und Gesundheit (Hg.): Frauen im sozialen Ehrenamt. Viel Amt – wenig Ehre? Perspektiven des weiblichen Ehrenamtes, München 1995.

Beck, C./Wulf, C.: Tätigkeitsprofile ehrenamtlicher Mitarbeiter in der präventiven Jugendarbeit. Ein Forschungsbericht, Mainz 1983.

Beck, C./Wulf, C.: Zwischen Auflehnung und Anpassung. Das Selbstverständnis der Mitarbeiter in der Katholischen Jugendarbeit: Ergebnisse einer Befragung von Ehrenamtlichen des BDKJ. In: Katechetische Blätter, 1985, H. 3, S. 394-402.

Beck, U.: Risikogesellschaft. Auf dem Weg in eine andere Moderne, Frankfurt a. M. 1986.

Beck, U.: Kinder der Freiheit. Wider das Lamento über den Werteverfall. In: U. Beck, (Hg.): Kinder der Freiheit, Frankfurt a. M. 1997, S. 9-33.

Beck, U. (Hg.): Schöne neue Arbeitswelt. Vision: Weltbürgergesellschaft, Frankfurt a. M./New York 1999.

Becker-Richter, M./Kortendiek, B.: »Wir kochen schon lange…«. Mütterzentrum: Entwicklung, Konzept und Besucherinnen am Beispiel des »Café Mütterauflauf« in Duisburg. Ergebnisse der Begleitforschung (hg. von d. Stadt Duisburg), o. O. 1994.

Beher, K./Liebig, R.: Ehrenamtlichkeit, Bürgerarbeit und Freiwilligenagenturen. In: Rundbrief Gilde Soziale Arbeit, 1998, H. 2, S. 5-13.

Beher, K./Hoffmann, H./Rauschenbach, Th.: Das Berufbild der ErzieherInnen. Vom fächerorientierten zum tätigkeitsorientierten Ausbildungskonzept, Neuwied u. a. 1999.

Beher, K./Liebig, R./Rauschenbach, Th.: Das Ehrenamt in empirischen Studien. Ein sekundäranalytischer Vergleich (BMFSFJ, Bd. 163), Stuttgart u. a. 1998.

Behm, K./Petzsche, K. (Hg.): Mädchen und Frauen im Sport. Natur- und Geisteswissenschaften im Dialog, Hamburg 1998.

Bendele, U.: Soziale Hilfen zu Diskountpreisen. Unbezahlte Arbeit in der Grauzone des Arbeitsmarktes. In: Müller/Rauschenbach (1988), S. 71-86.

Berger, P. L.: Allgemeine Betrachtungen über normative Konflikte und ihre Vermittlung. In: P. L. Berger (Hg.): Die Grenzen der Gemeinschaft. Konflikt und Vermittlung in pluralistischen Gesellschaften, Gütersloh 1997, S. 581-614.

Bertelsmann Stiftung (Hg.): Demokratie neu denken. Verfassungspolitik und Regierungsfähigkeit in Deutschland, Gütersloh 1998.

Biedenkopf, K.: Verstaatlichung der Nächstenliebe. In: DIE ZEIT, 1993, H. 23, S. 22.

Bierhoff, H. W./Burkart, T./Wörsdorfer, C.: Einstellungen und Motive ehrenamtlicher Helfer. In: Gruppendynamik, 1995, H. 1, S. 373-386.

Birk, A.: Die neue Card für Jugendleiterinnen und Jugendleiter. Motivation und Modernisierung. In: DBJR (1998), S. 8-10.

Bischoff, D.: Beitrag zur Expertenanhörung »Freiwilliges soziales Engagement und Ehrenamt in NRW«. In: MAGS NRW (1996a), S. 246-258.

Blandow, J.: Vom Bürgeramt zur Bürgerpflicht. Ein Essay zu den jüngeren Ehrenamts-debatten im Sozialbereich. In: Widersprüche, 1998, H. 6/7, S. 107-121.

Blanke, K./Ehling, M./Schwarz, N.: Zeit im Blickfeld. Ergebnisse einer repräsentativen Zeitbudgeterhebung (BMFSFJ, Bd. 121), Stuttgart u. a. 1996.

BMFSFJ (Hg.): Neunter Jugendbericht. Bericht über die Situation der Kinder und Jugendlichen und die Entwicklung der Jugendhilfe in den neuen Bundesländern, Bonn 1994.

BMFSFJ (Hg.): Das Ehrenamt in der sozialen Arbeit. Herausforderungen und Perspektiven. Dokumentation der Sonderveranstaltung des BMFSFJ und des Deutschen Vereins für öffentliche und private Fürsorge zum Tag des Ehrenamtes, Bonn 1995.

BMFSFJ (Hg.): Ehrenamtliche Tätigkeit und ihre Bedeutung für unsere Gesellschaft (Qs Materialien, Nr. 8), Bonn 1996 (a).

BMFSFJ (Hg.): Erster Altenbericht. Die Lebenssituation älterer Menschen in Deutschland. Drucksache 12/5897 vom 28.09.1993, Bonn 1996 (b).

BMFSFJ: Bedeutung ehrenamtlicher Tätigkeit für unsere Gesellschaft. Antwort der Bundesregierung auf die Große Anfrage der Fraktionen der CDU/CSU und der F.D.P., Drucksache des Deutschen Bundestages 13/5674, Bonn 1996 (c).

BMFSFJ (Hg.): Seniorenvertretungen. Verantwortung für das Gemeinwesen. Tagungs-dokumentation vom 25.- 27. November 1996 (BMFSFJ, Bd. 148), Stuttgart u. a. 1997.

Bobzien, M.: Selbsthilfe und Bürgerschaftliches Engagement. Unterschiede anerkennen, um an gemeinsamen Anliegen arbeiten zu können. In: NAKOS-EXTRA, 1997, H. 28 (Ehrenamt – Freiwilligenarbeit – Selbsthilfe), S. 68-75.

Bock, T.: Ehrenamtliche Tätigkeit im sozialen Bereich. In: DV (Hg.): Fachlexikon der sozialen Arbeit, Frankfurt a. M. 1986, S. 223-225.

Bock, T.: Ehrenamtliche in der Caritas. In: Caritas, 1994, H. 10, S. 420-424.

Bock, T.: »Handlanger, Lückenbüßer, Freiheitskünstler?« Entwicklungen und Motive ehrenamtlicher Tätigkeit. In: Caritas, 1998, H. 2, S. 61-68.

Bock, T.: Ehrenamt im Deutschen Caritasverband. In: Kistler/Noll/Priller (1999), S. 211-238.

Boessenecker, K.-H.: Spitzenverbände der freien Wohlfahrtspflege in der BRD. Eine Einführung in Organisationsstrukturen und Handlungsfelder, Münster 1995.

Böhnisch, L./Gängler, H./Rauschenbach, Th. (Hg.): Handbuch Jugendverbände. Eine Ortsbestimmung der Jugendverbandsarbeit in Analysen und Selbstdarstellungen, Weinheim/München 1991 (a).

Böhnisch, L./Gängler, H./Rauschenbach, Th.: Jugendverbände und Wissenschaft. In: Böhnisch/Gängler/Rauschenbach (1991a), S. 162-171 (b).

Brand, K.-W./Büsser, D./Rucht, D.: Aufbruch in eine andere Gesellschaft. Neue soziale Bewegungen in der Bundesrepublik, Frankfurt a. M. 1984.

Brandenburg, H.: Neues Ehrenamt. Herausforderungen und Perspektiven. In: Archiv für Wissenschaft und Praxis der sozialen Arbeit, 1995, H. 2, S. 107-119.

Brandes, U./Schreiber, R.: Die »geteilte« Öffentlichkeit. Zur politischen und sozialen Partizipation von Frauen. In: Frauenforschung, 1986, H. 4, S. 7-37.

Braun, J./Claussen, F.: Freiwilliges Engagement im Alter. Nutzer und Leistungen von Seniorenbüros (BMFSFJ, Bd. 142), Stuttgart u. a. 1997.

Braun, J./Opielka, M.: Selbsthilfeförderung durch Selbsthilfekontaktstellen. Abschlußbericht der Begleitforschung zum Modellprojekt »Informations- und Unterstützungsstellen für Selbsthilfegruppen« (BMFS, Bd. 14), Stuttgart u. a. 1992.

Braun, J./Röhrig, P.: Praxis der Selbsthilfeförderung. Das freiwillige soziale Engagement am Beispiel von vier Städten, Frankfurt a. M. 1987.

Braun, J./Kasmann, E./Kettler, U.: Selbsthilfeförderung durch Länder, Kommunen und Krankenkassen. Förderpraxis in den neuen Bundesländern und Empfehlungen zur Förderung von Selbsthilfegruppen und Selbsthilfekontaktstellen (BMFS, Bd. 42), Stuttgart u. a. 1994.

Braun, J./Kettler, U./Becker, I.: Selbsthilfe und Selbsthilfeunterstützung in der Bundesrepublik Deutschland (BMFSFJ, Bd. 136), Stuttgart u. a. 1997.

Brauns, H.-J.: Das Ehrenamt in der sozialen Arbeit – aus verbandlicher Sicht. In: BMFSFJ (1995), S. 22-25.

Breitkopf, H.: Selbsthilfe und Ehrenamt. Rechtliche Grundlagen und finanzielle Absicherung des freiwilligen Engagements. In: Deutsche Arbeitsgemeinschaft Selbsthilfegruppen (1998), S. 63-66.

Breitkopf, H./Wohlfahrt, N.: Wo steht die organisierte Selbsthilfe heute? Bilanz und Entwicklungsnotwendigkeiten. In: TuP, 1998, H. 5, S. 163-169.

Brenner, G.: Hauptamtliche und Ehrenamtliche. In: DBJR (1993b), S. 79-96.

Brettschneider, W.-D./Bräutigam, M.: Sport in der Alltagswelt von Jugendlichen, o. O. 1990.

Brinkhoff, K.-P.: Zwischen Verein und Vereinzelung. Jugend und Sport im Individualisierungsprozeß, Schorndorf 1992.

Brinkhoff, K.-P./Ferchhoff, W.: Jugend und Sport. Zur Karriere einer offenen Zweierbeziehung. In: Heitmeyer/Olk (1990), S. 99-130.

Brinkhoff, K.-P./Sack, H.-G.: Überblick über das Sportengagement von Kindern und Jugendlichen in der Freizeit. In: Kurz/Sack/Brinkhoff (1996), S. 29-74.

Brosch, A.: Ehrenamtliches Engagement und öffentliche Förderung. In: Hummel (1995a), S. 234-249 (a).

Brosch, A.: Formen bürgerschaftlichen Engagements. In: Hummel (1995a), S. 73-79 (b).

Brumlik, M.: Der importierte Kommunitarismus: Plädoyer für die verbandliche Wohlfahrtspflege? In: Rauschenbach/Sachße/Olk (1995), S. 34-53.

Brusten, M./Hugo, H.-R.: Der Jugendring Wuppertal. Erfahrungen und Perspektiven ehrenamtlicher demokratischer Jugendarbeit, Wuppertal 1988.

CEV (Centre Européen du Voluntariat): Adresses des Centres Européen du Volontariat, http://www.globenet.org./CNV/international.htm#cev vom 23.09.1999.

Corsa, M.: Jugendliche, das Ehrenamt und die gesellschaftspolitische Dimension. In: Recht der Jugend und des Bildungswesens, 1998, H. 3, S. 322-334.

Damm, D.: Geschichte selbstorganisierter Initiativen und alternativer Projekte in Deutschland. Von emanzipatorischen Ansprüchen und ordnungspolitischen Hebeln. In: Cash Coop Hessen/Cash Coop Initiativgruppe Berlin-Brandenburg (Hg.): Kursbuch Fundraising. Mittelbeschaffung für selbstorganisierte Initiativen, Berlin 1994, S. 7-18.

Damm, D. u. a.: Jugendverbände in der BRD, Neuwied 1990.

DBJR: Selbstverständnis und Wirklichkeit der heutigen Jugendverbandsarbeit. In: Deutsche Jugend, 1962, H. 10, S. 449-452.

DBJR (Hg.): Zwischen Erlebnis und Partizipation. Jugendverbände in der Bindestrich-Gesellschaft. Grundsatzpapier des Deutschen Bundesjugendrings zur Jugendverbands- und Jugendringarbeit, Kiel 1993 (a).

DBJR (Hg.): Viel Einsatz, wenig Ehre. Ehrenamtliche im Jugendverband, Bonn 1993 (b).

DBJR (Hg.): Jugendverbände im Spagat. Zwischen Erlebnis und Partizipation, Münster 1994.

DBJR: Kinder und Jugendliche in Ostdeutschland brauchen mehr Perspektiven und Förderung! Stellungnahme des DBJR zum 9. Jugendbericht und der Stellungnahme der Bundesregierung, Bonn 1995.

DBJR (Hg.): Für mich und andere. Ehrenamtlich in der Jugendarbeit. Unterstützungsmöglichkeiten für Jugendleiter/innen, Bonn 1998.

Dechamps, A.: Volunteers und Ehrenamtliche Helfer. Ein deutsch-englischer Vergleich (Katholischen Stiftungsfachhochschule München, Bd. 5), Bad Heilbrunn 1989.

Dcv: Die katholischen sozialen Einrichtungen der Caritas in der Bundesrepublik Deutschland. Stand 01.01.1996. Caritas Korrespondenz. Informationsblätter für die Caritaspraxis, 1996, H. 10.

Dcv (Hg.): Meinungsbild Caritas. Die Allensbacher Studien zum Leitbildprozeß, Bd. 1: Ergebnisse, Freiburg i. Br. 1997 (a).

Dcv (Hg.): Meinungsbild Caritas. Die Allensbacher Studien zum Leitbildprozeß, Bd. 2: Perspektiven, Freiburg i. Br. 1997 (b).

Dcv (Hg.): Freiwilligenzentren. Modellverbund im Deutschen Caritasverband, Freiburg i. Br. 1997 (c).

Dcv (Hg.): Freiwilligenzentren, http:/www.dcv.de vom 29.06.1999.

Dettbarn-Reggentin, J.: Entwicklung von Seniorenvertretungen. Kontinuitäten und Veränderungen. In: BMFSFJ (1997), S. 77-91.

Dettling, W.: Politik und Lebenswelt. Vom Wohlfahrtsstaat zur Wohlfahrtsgesellschaft, Gütersloh 1995 (a).

Dettling, W.: Sozialisiert den Wohlfahrtsstaat! In: DIE ZEIT, 1995, H. 5, S. 6 (b).

Dettling, W.: Redebeitrag. In: Hummel (1995a), S. 57-58 (c).

Dettling, W.: Utopie und Katastrophe. Die Demokratie am Ende des 20. Jahrhunderts. In: W. Weidenfeld (Hg.): Demokratie am Wendepunkt. Die demokratische Frage als Projekt des 21. Jahrhunderts, Berlin 1996, S. 101-118.

Dettling, W.: Wirtschaftskummerland? Wege aus der Globalisierungsfalle, München 1998.

Deutsche Arbeitsgemeinschaft Selbsthilfegruppen (Hg.): Selbsthilfegruppen Nachrichten 1998, Gießen 1998.

Dierkes, E.: Jugendverbandsarbeit im Sport. Bestandsaufnahme und Analyse der konzeptionellen Grundlagen, Schorndorf 1985.

Dietrich, K.: Referat im Arbeitskreis 13. Kommerzielle Sportbetriebe – Konkurrenz für die Vereine? Neue Formen des Sportangebots. In: DSB (1988), S. 333-345.

Dietrich, K./Heinemann, K./Schubert, M.: Kommerzielle Sportanbieter. Eine empirische Studie zu Nachfrage, Angebot und Beschäftigungschancen im privaten Sportmarkt, o. O. 1990.

Digel, H.: Über den Wandel der Werte in Gesellschaft, Freizeit und Sport. In: DSB (Hg.): Die Zukunft des Sports, Schorndorf 1986, S. 14-43.

Digel, H.: Wertewandel im Sport. Eine These und deren begriffliche, theoretische und methodische Schwierigkeiten. In: G. Anders (Hg.): Vereinssport an der Wachstumsgrenze? Sport in der Krise der Wachstumsgesellschaften, Witten 1990, S. 59-85.

Digel, H. u. a.: Turn- und Sportvereine. Strukturen. Probleme. Trends. Eine Analyse der Vereine im Deutschen Turner-Bund, Aachen 1992.

Diözesan-Caritasverband für das Erzbistum Köln e. V. (Hg.): Arbeitsordnung der Diözesan-Arbeitsgemeinschaft der ehrenamtlichen Caritasgruppen im Erzbistum Köln (DiAG), Köln 1997.

Diözesan-Caritasverband für das Erzbistum Köln e. V. (Hg.): Auswertung für den Caritasverband für im sozial-caritativen Ehrenamt tätige Gruppierungen, Initiativen und Einzelpersonen im Erzbistum Köln (Erhebung 1996). Unveröffentlichte Auswertung, Stand September 1998.

Dithmar, C.: Zwischen Tradition und Veränderung. Ehrenamt und Selbsthilfegruppen. In: J. Gohde (Hg.): Diakonie. Jubiläumsjahrbuch 1998, Stuttgart 1998, S. 176-180.

Döbler, J.: Zwischen Moral und Ökonomie. Skizzen zu einer Phänomenologie sozialer Hilfe. In: E.-W. Luthe (Hg.): Autonomie des Helfens, Baden-Baden 1997, S. 109-137.

Dörner, A./Vogt, L.: Was heißt Sozialkapital? Begriffsbestimmung und Entstehungsberichte. In: Stiftung Mitarbeit/BAGFA (1999), S. 21-38.

Dörre, K.: Junge GewerkschafterInnen. Vom Klassenindividuum zum Aktivbürger? Gewerkschaftliches Engagement im Leben junger Lohnabhängiger, Münster 1995.

DRK (Hg.): Jahrbuch 94/95, Bonn 1995.

DRK (Hg.): Leitsatz und Leitbild des DRK, http://www.rotkreuz.de/generalsekretariat/leitbild.html vom 31.8.1998 (a).

DRK (Hg.): Struktur- und Leistungsdaten 1997, http://www.rotkreuz.de/generalsekreta-riat/statistik_1997.html vom 31.08.1998 (b).

DRK: Jahrbuch 97/98, Bonn 1998 (c).

DSB (Hg.): Menschen im Sport 2000, Schorndorf 1988.

DSB (Hg.): Bestandserhebung 1998, Frankfurt a. M. 1998.

DSB (Hg.): http:/www.dsb.de vom 13.02.1999.

DSSV (Deutscher Sportstudio Verband e. V.): Eckdaten der deutschen Fitneß-Wirtschaft, Hamburg 1996.

DV: Empfehlungen zur Selbsthilfeförderung auf kommunaler Ebene. In: Deutsche Arbeitsgemeinschaft Selbsthilfegruppen (1998), S. 54-56.

DW der EKD (Hg.): Leitbild Diakonie. Damit Leben gelingt, Stuttgart o. J.

DW der EKD: Einrichtungsstatistik zum 01.01.1996 http://www.diakonie.de/html/stat/estat96.html vom 31.8.1998.

DW der EKD (Hg.): Ehrenamt in Einrichtungen von Caritas und Diakonie in den neuen Bundesländern. Diakonie-Korrespondenz 4/99, Stuttgart 1999.

DW der Evangelischen Kirche im Rheinland (Hg.): Zahlen, Daten, Fakten. 1963-1993, Düsseldorf 1994.

Effinger, H.: Soziale Dienste zwischen Gemeinschaft, Markt und Staat. In: H. Effinger/D. Luthe (Hg.): Sozialmärkte und Management. Herausforderungen bei der Produktion Sozialer Dienstleistungen im intermediären Bereich, Bremen 1993, S. 13-39.

Ehling, M.: Konzeption für eine Zeitbudgeterhebung der Bundesstatistik. In: Statistisches Bundesamt (Hg.): Zeitbudgeterhebungen. Ziele, Methoden und neue Konzepte, Stuttgart 1990, S. 154-186.

Ehling, M.: Arbeitsfreie Zeit. Freizeit heute. In: Blanke/Ehling/Schwarz (1996), S. 219-236.

Ehrhardt, A.: Frauen in Führungs- und Leitungspositionen. Empirische Ergebnisse. In: Institut für Sozialpädagogische Forschung Mainz e.V. (Hg.): Differenz und Differenzen: Zur Auseinandersetzung mit dem Eigenen und dem Fremden im Kontext von Macht und Rassismus bei Frauen, Bielefeld 1994, S. 47-65.

Eichenhofer, E.: Der Umbau des Sozialstaates aus internationaler Perspektive. In: Sozialer Fortschritt, 1998, H. 9/10, S. 217-223.

EMNID Institut (Hg.): Zur Beteiligung junger Menschen in der Bundesrepublik Deutschland in Jugendorganisationen, Bielefeld 1987.

EMNID-Institut: Nachberufliche Tätigkeit älterer Menschen. Forschungsbericht (Bundesministeriums für Arbeit und Sozialordnung, Nr. 229), Bonn 1993.

Emrich, E.: Zukunft Breitensport. Herausforderung und Orientierung. Ergebnisse aus der FISAS 1996, Vortragsmanuskript der Tagung der hauptamtlichen Referenten/innen im Breitensport der Mitgliedsorganisationen des DSB vom 17.-19.03.1999, Frankfurt a. M. 1999.

Endrikat, K.: Die »weibliche« Moral im Sport. Wertvorstellungen jugendlicher Sportlerinnen und Sportler. Geschlechterunterschiede in der Einstellung zu Fairneßwerten im Sport. In: Fair-Play-Initiative des deutschen Sports unter Federführung der Deutschen Olympischen Gesellschaft (Hg.): Fair-Play für Mädchen und Frauen im Sport? Frankfurt a. M. 1995, S. 26-28.

Engels, D.: Soziales kulturelles politisches Engagement. Sekundäranalyse einer Befragung zu ehrenamtlicher Mitarbeit und Selbsthilfe, Köln 1991.

Engstler, H.: Die Familie im Spiegel der amtlichen Statistik. Lebensformen, Familienstrukturen, wirtschaftliche Situation der Familien und familiendemographische Entwicklung in Deutschland, Bonn 1997.

Erlinghagen, M./Rinne, K./Schwarze, J.: Ehrenamtliche Tätigkeiten in Deutschland – komplementär oder substitutiv? Analysen mit dem Sozio-ökonomischen Panel 1985 bis 1996 (Diskussionspapier 97–10 der Fakultät für Sozialwissenschaft der Ruhr-Universität Bochum), Bochum 1997.

Etzioni, A.: Die Verantwortungsgesellschaft. Individualismus und Moral in der heutigen Demokratie, Frankfurt a. M. 1997 (a).

Etzioni, A.: Ein kommunitaristischer Ansatz gegenüber dem Sozialstaat. In: TuP, 1997, H. 2, S. 25-31 (b).

Evers, A.: Im intermediären Bereich. Soziale Projekte zwischen Haushalt, Staat und Markt. In: Journal für Sozialforschung 1990, H. 2, S. 189-210.

Evers, A.: Welche Gründe gibt es für eine vorrangige Förderung und Unterstützung des freiwilligen sozialen Engagements? In: Hessisches Ministerium für Umwelt, Energie, Jugend, Familie und Gesundheit (Hg.): Expertengespräch: Freiwilliges soziales Engagement, Wiesbaden 1997, S. 5-8.

Evers, A.: Engagement und Bürgersinn. In: Transit. Europäische Revue, 1998, H. 15, S. 186-200.

Evers, A./Olk, Th.: Wohlfahrtspluralismus. Analytische und normativ-politische Dimensionen eines Leitbegriffes. In: A. Evers/Th. Olk (Hg.): Wohlfahrtspluralismus. Vom Wohlfahrtsstaat zur Wohlfahrtsgesellschaft, Opladen 1996, S. 9-60.

Evers, A./Leichsenring, K./Marin, B. (Hg.): Die Zukunft des Alterns. Sozialpolitik für das Dritte Lebensalter, Wien 1994.

Fachinger, B.: Das Modellprogramm »Seniorenbüro« des Bundesministeriums für Familie und Senioren. In: Evers/Leichsenring/Marin (1994), S. 211-220.

Faerber-Husemann, R.: »Kultur des Helfens« ruht auf schwachen Schultern. Freiwilliges soziales Engagement ist immer noch Frauensache. In: Das Parlament, 1995, H. 7/8, S. 5.

Ferber, C. v.: Selbsthilfe und soziales Engagement in Deutschland. Die gesellschaftliche Bedeutung der Selbsthilfe. In: ISAB (Hg.): Selbsthilfe 2000. Perspektiven der Selbsthilfe und ihrer infrastrukturellen Förderung, Leipzig/Köln 1996, S. 27-38.

Ferchhoff, W./Olk, Th. (Hg.): Jugend im internationalen Vergleich. Sozialhistorische und sozialkulturelle Perspektiven, Weinheim/München 1988.

Fessler, N./Albrecht, R.: Ergebnisse eines Modellprojektes des Kultusministeriums Baden-Württemberg, der Landeshauptstadt Stuttgart und des Sportkreises Stuttgart, Schorndorf 1998.

Finis-Siegler, B.: Ökonomik Sozialer Arbeit, Freiburg i. Br. 1997.

Flierl, H.: Freie und öffentliche Wohlfahrtspflege, München ²1992.

Flösser, G./Otto, H. (Hg.): Sozialmanagement oder Management des Sozialen? Bielefeld 1992.

Flösser, G./Frohloff, D./Wandersleb, T.: Jugendarbeit im Spiegelbild von Angebot und Nachfrage. Eine Studie zur Analyse, Bewertung und Planung der Evangelischen Arbeit mit Kindern und Jugendlichen im Kirchenkreis Bielefeld, Bielefeld 1996.

Forum 2: Politik für Frauen. Politik für den Sport. In: DSB (1988), S. 376-381.

Frank, G./Reis, C./Wolf, M.: »Wenn man die Ideologie wegläßt, machen wir alle das gleiche«. Eine Untersuchung zum Praxisverständnis leitender Fachkräfte unter Bedingungen des Wandels der freien Wohlfahrtspflege, Frankfurt a. M. 1994.

Frank-Mantowski, G.: Ohne uns läuft nix! Jugendverbände und das Prinzip »Ehrenamtlichkeit«. In: DBJR (1994), S. 64-67.

Fred, K.: »Seniorengenossenschaften und Seniorenbüros«. Lernwerkstätten der Sozialpolitik? In: Zeitschrift für Sozialreform, 1995, H. 1, S. 18-36.

Freier, D.: Bürgerengagement als Ressourcen für soziale Einrichtungen. In: TuP, 1997, H. 1, S. 25-31.

Freiwilligenzentrum Kassel: Eigenständige Freiwilligenzentren und -agenturen dürfen keine Spendenbescheinigungen ausstellen. Vom Unterschied zwischen »besonders förderungswürdig« und »besonders förderungswürdig im Sinne der Abgabenordnung«. In: Stiftung Mitarbeit/BAGFA (1999), S. 118-120.

Frenz, U./Hummel, K.: Selbsthilfe und bürgerschaftliche Altenpolitik. In: Evers/Leichsenring/Marin (1994), S. 227-240.

Friedrich, J.: Seniorenbüro Forchheim. Ein Bundesmodellprojekt in Caritas-Trägerschaft. In: Caritas, 1995, H. 7/8, S. 305-306.

Friedrich, W./Puxi, M. (Hg.): Arbeitswelt, Lebensstile, Freizeitverhalten und die Auswirkungen auf den Sport. Konsequenzen für sportliche Aktivitäten und ehrenamtliche Mitarbeit, Frechen 1994.

Funk, H.: Jugendverband und Geschlechterhierarchie. In: Böhnisch/Gängler/Rauschenbach (1991a), S. 428-437.

Funk, H./Winter, R.: Das modernisierte Ehrenamt. Selbstentfaltung und Anerkennung für junge Frauen und Männer im Lebenszusammenhang des Jugendverbandes, Neuss-Holzheim 1993.

Gabler, H./Timm, W. (Hg.): Die Vereine des Deutschen Tennis-Bundes. Ergebnisse der DTB-Vereinsbefragung, Hamburg 1993.

Gabriel, K./Herlth, A./Strohmeier, K. P.: Solidarität unter den Bedingungen entfalteter Modernität. In: K. Gabriel/A. Herlth/K. P. Strohmeier (Hg.): Modernität und Solidarität. Konsequenzen gesellschaftlicher Modernisierung, Freiburg i. Br. u. a. 1997, S. 13-27.

Gabriel, O./Niedermeyer, O.: Entwicklung und Sozialstruktur der Parteimitgliedschaften. In: O. Gabriel/O. Niedermayer/R. Stöss (Hg.): Parteiendemokratie in Deutschland, Bonn 1997, S. 277-300.

Galuske, M.: Ehrenamtliches Engagement in der Jugendarbeit. Eine Problemskizze. In: Hessische Jugend. Zeitschrift des Hessischen Jugendrings, 1996, H. 4, S. 4-9.

Galuske, M.: Eine Problemskizze. Ehrenamtliches Engagement in der Jugendarbeit. In: Jugendpolitik, 1997, H. 1, S. 16-20.

Gängler, H.: Ehrenamt im Jugendalter. Zur pädagogischen Bedeutung von Ehrenamtlichkeit am Beispiel der Jugendverbandsarbeit. In: Müller/Rauschenbach (1988), S. 127-134.

Gängler, H.: Sozialisation und Erziehung in Jugendverbänden. In: Böhnisch/Gängler/Rauschenbach (1991a), S. 469-477.

Gängler, H.: Das Ehrenamt in der Sackgasse. In: Landesjugendring Niedersachsen (Hg.): »Kampagne E.«. Ehrenamtlich in der Jugendarbeit, Hannover 1993, S. 14-19.

Gängler, H.: Kleiner Wunschzettel an Jugendverbände. In: DBJR (1994), S. 31-34.

Gängler, H.: Staatsauftrag und Jugendreich: Die Entwicklung der Jugendverbände vom Kaiserreich zur Weimarer Republik. In: Rauschenbach/Sachße/Olk (1995), S. 175-200 (a).

Gängler, H.: Jugendarbeit als Dienstleistung? Entwicklungsperspektiven der Jugendverbandsarbeit. In: Neue Sammlung, 1995, H. 1, S. 61-76 (b).

Gängler, H./Winter, R.: Jugendverbände zwischen Programmatik und Funktion. In: Böhnisch/Gängler/Rauschenbach (1991a), S. 218-230.

Gaskin, K. u. a.: Ein neues bürgerschaftliches Europa. Eine Untersuchung zur Verbreitung und Rolle von Volunteering in zehn Ländern, Freiburg i. Br. 1996.

Gebhardt, U.: Gesellschaftliche Bedeutungen des Sports. In: Röthing/Größing (1995), S. 1-28.

Geiger, M./Göpfert, W.: Soziales Engagement von Hausfrauen. Auswertung eines Modellvorhabens zur Förderung ehrenamtlichen Engagements von Hausfrauen, Saarbrücken 1982.

Geißler, R.: Die Sozialstruktur Deutschlands, Opladen 1996.

Gensicke, T.: Sozialer Wandel durch Modernisierung, Individualisierung und Wertewandel. In: Aus Politik und Zeitgeschichte, 1996, H. 42, S. 3-17.

Gensicke, T.: Deutschland am Ausgang der neunziger Jahre, Lebensgefühl und Werte. In: Informationsdienst der deutschen Wirtschaft, 1997, Nr. 43, S. 19-36.

Gensicke, T.: Sind die Deutschen reformscheu? Potentiale der Eigenverantwortung in Deutschland. In: Aus Politik und Zeitgeschichte, 1998, H. 18, S. 19-30.

Gernert, W.: Jugendführung als Freizeithobby? Zum Selbstverständnis ehrenamtlicher Jugendgruppenleiter. Ergebnisse einer empirischen Erhebung in der Stadt Essen. In: Caritas, 1984, H. 5, S. 220-231.

Gernert, W.: Situationsbericht über die Mitarbeit Ehrenamtlicher in der Jugendhilfe. In: Landschaftsverband Westfalen-Lippe/Landesjugendamt (Hg.): Ehrenamtliche fördern. Analysen, Methoden, Beispiele für die Jugendarbeit, Münster 1993, S. 7-46.

Gleich, J. M.: Erfahrungen aus dem Modellverbund Freiwilligen-Zentren. In: Caritas, 1998, H. 2, S. 89-93.

Gleich, J. M./Helmbrecht, M: Konzept der wissenschaftlichen Begleitung des Modellverbunds Freiwilligen-Zentren im DCV, Freiburg i. Br. 1997.

Gohde, J.: Stellungnahme des DW der EKD bei der Anhörung des Ausschusses für Familie, Senioren, Frauen und Jugend des Deutschen Bundestages (Öffentliche Anhörung am 04.02.1998), http://www.diakonie.de/html/ehren/anhoer.htm vom 31.08.1998.

Goll, E.: Die freie Wohlfahrtspflege als eigener Wirtschaftssektor. Theorie und Empirie ihrer Verbände und Einrichtungen, Baden-Baden 1991.

Görtler, E./Lebok, U.: Mitgliederstrukturen von Jugendverbänden. Auswirkungen des demographischen Wandels und der Ausdifferenzierung der Lebensstile auf die zukünftige Jugendverbandsarbeit in Deutschland. In: unsere jugend, 1996, H. 4, S. 162-173.

Götz, E.: Zur aktuellen Ehrenamtsdiskussion. In: Caritas, 1993, H. 1, S. 35-39.

Greiwe, A.: Selbsthilfe als besondere Form der Freiwilligenarbeit. In: Deutsche Arbeitsgemeinschaft Selbsthilfegruppen (1998), S. 58-62.

Greven, M. T.: Politisierung ohne Citoyens. Über die Kluft zwischen politischer Gesellschaft und gesellschaftlicher Individualisierung. In: A. Klein/R. Schmalz-Bruns (Hg.): Politische Beteiligung und Bürgerengagement in Deutschland. Möglichkeiten und Grenzen (Bundeszentrale für polit. Bildung, Bd. 347), Bonn 1997, S. 231-251.

Größing, S.: Sport und Freizeit. In: Röthing/Größing (1995), S. 29-52.

Grupe, O.: Menschen im Sport. Von der Verantwortung der Person und der Verpflichtung der Organisation. In: DSB (1988), S. 44-67.

Haines, E.: Ehrenamt in der öffentlichen Diskussion. In: Recht der Jugend und des Bildungswesens, 1998, H. 3, S. 303-311.

Halfar, B.: Wohlfahrtsverband und Mitgliedschaft. In: Caritas, 1994, H. 3, S. 106-112.

Halfar, B.: Wettbewerbsstrategien im Sozialbereich. Marketing ohne Marken? In: Archiv für Wissenschaft und Praxis der sozialen Arbeit, 1998, H. 1, S. 7-21.

Halfar, B./Koydl, A.: Geht dem Ehrenamt die Arbeit aus? Trotz abbröckelnder Imagewerte bleibt die Bereitschaft zu ehrenamtlicher Tätigkeit stabil. In: Blätter der Wohlfahrtspflege, 1994, H. 6, S. 119-121.

Hamburger, F./Beck, C./Wulf, C.: Ehrenamtliche Mitarbeiter in der Jugendarbeit. Eine empirische Untersuchung zu ihrem Selbstverständnis, Weinheim/Basel 1982.

Hauff, M. v.: Neue Selbsthilfebewegung und staatliche Sozialpolitik. Eine analytische Gegenüberstellung, Wiesbaden 1989.

Hedtke-Becker, A./Titz, K.: Senioren und freiwilliges soziales Engagement. Sozialpolitische Ideen und ihre Umsetzung. In: Nachrichtendienst des Deutschen Vereins für öffentliche und private Fürsorge, 1994, H. 9, S. 344-350.

Hegner, F.: Sozialarbeit im Spannungsfeld zwischen Selbsthilfe und Sozialstaat. In: H. Oppl/A. Tomaschek (Hg.): Soziale Arbeit 2000, Bd. 2: Modernisierungskrise und soziale Dienste, Freiburg i. Br. 1986, S. 151-172.

Hegner, F.: Organisations-»Domänen« der Wohlfahrtsverbände. Veränderungen und unscharfe Konturen. In: Zeitschrift für Sozialreform, 1992, H. 3, S. 165-190.

Heimerl, P.: Wohlfahrtsverbände im Dritten Sektor. Entwicklung und Struktur der Arbeiterwohlfahrt Baden, Konstanz 1995.

Heinelt, H.: Die Transformation der Demokratie. In: K. M. Schmals/H. Heinelt (Hg.): Zivile Gesellschaft. Entwicklung, Defizite und Potentiale, Opladen 1997, S. 323-339.

Heinemann, K.: Einführung in die Soziologie des Sports, Bd. 1. In: O. Grupe (Hg.): Sport und Sportunterricht. Grundlagen für Studium, Ausbildung und Beruf, Schorndorf 1990.

Heinemann, K./Horch, H.-D.: Elemente einer Finanzsoziologie freiwilliger Vereinigungen, Stuttgart 1991.

Heinemann, K./Schubert, M.: Ehrenamtlichkeit und Hauptamtlichkeit im Sportverein. Eine empirische Studie zur Professionalisierung am Beispiel eines ABM-Programms (Bundesinstitut für Sportwissenschaft, Bd. 78), Schorndorf 1992.

Heinemann, K./Schubert, M.: Der Sportverein. Ergebnisse einer repräsentativen Untersuchung (Bundesinstitut für Sportwissenschaft, Bd. 80), Schorndorf 1994.

Heinemann, K./Schubert, M.:»Die Krise des Ehrenamts«. Kritische Auseinandersetzung mit einem Phantom. In: Sportwissenschaft, 1999, Heft 1, S. 92-97.

Heinze, R. G.: Welche Strukturen könnte und sollte die Landesregierung schaffen, um Ansätze in lokalen oder sonstigen Bereichen des freiwilligen sozialen Engagements zu initiieren und zu unterstützen? In: Hessisches Ministerium für Umwelt, Energie, Jugend, Familie und Gesellschaft (Hg.): Expertengespräch: Freiwilliges soziales Engagement, Wiesbaden 1997, S. 49-52.

Heinze, R. G.: Die blockierte Gesellschaft. Sozioökonomischer Wandel und die Krise des »Modell Deutschland«, Opladen/Wiesbaden 1998 (a).

Heinze, R. G.: Eine lernende, aktivierende Politik. In: Universitas, 1998, H. 626, S. 714-725 (b).

Heinze, R. G./Offe, C. (Hg.): Formen der Eigenarbeit. Theorie, Empirie, Vorschläge, Opladen 1990.

Heinze, R. G./Bucksteeg, M.: Zukunft des Sozialstaats. Freiwilliges soziales Engagement und Selbsthilfe (Hg.: MAGS NRW), Duisburg 1996.

Heinze, R. G./Olk, Th.: Die Wohlfahrtsverbände im System sozialer Dienstleistungsproduktion. Zur Entstehung und Struktur der bundesrepublikanischen Verbändewohlfahrt. In: Kölner Zeitschrift für Soziologie und Sozialpsychologie, 1981, S. 94-114.

Heinze, R. G./Strünck, C.: Spiegel der Ego-Gesellschaft? In: Mitbestimmung, 1998, H. 8, S. 43-46.

Heinze, R. G./Strünck, C.: Die Freie Wohlfahrtspflege auf dem Prüfstand. Das soziale Ehrenamt in der Krise. Wege aus dem Dilemma. In: TUP, 1999, H. 5, S. 163-168.

Heitmeyer, W./Olk, Th. (Hg.): Individualisierung von Jugend. Gesellschaftliche Prozesse, subjektive Verarbeitungsformen, jugendpolitische Konsequenzen, Weinheim/München 1990.

Helbrecht-Jordan, I.: Soziales Ehrenamt. Krise oder Wandel. In: Sozialpädagogik, 1992, H. 5, S. 235-240.

Helbrecht-Jordan, I. u. a.: Frauenleben im Umbruch. Mütterzentren in den neuen Bundesländern. In: Zeitschrift für Frauenforschung, 1995, H. 4, S. 89-106.

Helmbrecht, M.: Das Seniorenbüro Forchheim. Umsetzung einer zukunftsweisenden Idee. In: Caritas, 1995, H. 7/8, S. 307-309.

Helmbrecht, M.: Freiwilligen-Zentren im Aufbruch. Zur Entwicklung der Freiwilligen-Zentren in der Aufbauphase. In: E. Baldas u. a.: Ein Jahr Modellverbund Freiwilligen-Zentren. Erste Erfahrungen, Freiburg i. Br. 1997.

Helmbrecht, M.: Freiwilligen-Zentren im Aufbruch. In: Caritas, 1998, H. 2, S. 93-98.

Hennen, M./Sudek, R.: Jugend im Verband. Eine empirische Untersuchung in Jugendverbänden in Rheinland-Pfalz, Mainz 1993.

Hepp, Gerd: Wertewandel und Bürgergesellschaft. In: Aus Politik und Zeitgeschichte, 1996, H. 52/53, S. 3-12.

Herder-Dorneich, P.: Der Sozialstaat in der Rationalitätenfalle. Grundfragen der sozialen Steuerung, Stuttgart u. a. 1982.

Herzog, D.: Die Führungsgremien der Parteien. Funktionswandel und Strukturentwicklungen. In: O. Gabriel/O. Niedermayer/R. Stöss (Hg.): Parteiendemokratie in Deutschland, Bonn 1997, S. 301-322.

Hieber, A./Lukatis, I.: Zwischen Engagement und Enttäuschung. Frauenerfahrungen in der Kirche, Hannover 1994.

Hilpert-Fröhlich, C.: Auswertung von empirischen Untersuchungsergebnissen und Berichten zur Situation der Frauen in den Landeskirchen, o. O. 1995.

Hitzler, R.: Posttraditionale Vergemeinschaftung. Über neue Formen der Sozialbindung. In: Berliner Debatte INITIAL, 1998, H. 1, S. 81-89.

Höhn, C.: Die Alten der Zukunft – Ausgewählte Aspekte der soziodemographischen Struktur älterer Menschen in den kommenden Jahrzehnten unter den Bedingungen der demographischen Alterung. In: BMFSFJ (Hg.): Tagungsdokumentation »Die Alten der Zukunft. Die Gesellschaft von Morgen«, Bonn 1996, S. 13-33.

Höhn, C./Roloff, J.: Die Alten der Zukunft. Bevölkerungsstatistische Datenanalyse (BMFSFJ, Bd. 135), Stuttgart u. a. 1997.

Hoffmann-Lange, U. (Hg.): Jugend und Demokratie in Deutschland, Opladen 1995.

Holz, G.: Altenpolitik. In: Kreft/Mielenz (1996), S. 42-47.

Homfeldt, H. G. u. a.: Jugendverbandsarbeit auf dem Prüfstand. Die Jugendfeuerwehr – Perspektiven für das verbandliche Prinzip der Jugendarbeit, Weinheim/München 1995.

Hornstein, W.: Strukturwandel der Jugendphase in der Bundesrepublik Deutschland. Kritik eines Konzepts und weiterführende Perspektiven. In: Ferchhoff/Olk (1988), S. 70-92.

Hörrmann, S.: Bürgerschaftliches Engagement und die Wohlfahrtsverbände. In: W. R. Wendt u. a. (Hg.): Zivilgesellschaft und soziales Handeln. Bürgerschaftliches Engagement in eigenen und gemeinschaftlichen Belangen, Freiburg i. Br. 1996, S. 112-120.

Hradil, S.: Eine Gesellschaft der Egoisten? Gesellschaftliche Zukunftsprobleme, moderne Lebensweisen und soziales Mitwirken. In: Gegenwartskunde, 1996, H. 2, S. 267-296.

Hübinger, W.: Das soziale Ehrenamt. Teil II: Grunddatenerhebung. Struktur- und Bedarfsanalyse zum sozialen Ehrenamt in Einrichtungen von Diakonie und Caritas in Ostdeutschland, Frankfurt a. M. 1997.

Hummel, K. (Hg.): Bürgerengagement. Seniorengenossenschaften, Bürgerbüros und Gemeinschaftsinitiativen, Freiburg i. Br. 1995 (a).

Hummel, K.: Das bürgerschaftliche Engagement als Lernprojekt des Sozialstaates. In: Hummel (1995a), S. 14-41 (b).

Hummel, K.: Bürgerschaftliches Engagement im sozialen Bereich. Das Beispiel der Initiativen zum 3. Lebensalter in Baden-Württemberg. In: Widersprüche, 1996, H. 60, S. 83-90.

Hummel, K.: Bürgerschaftliches Engagement in Europa. Eine Antwort auf demokratischen Wandel und die Folgen für das Soziale. In: Blätter der Wohlfahrtspflege, 1998, H. 1/2, S. 23-27.

Hurrelmann, K.: Lebensphase Jugend. Eine Einführung in die sozialwissenschaftliche Jugendforschung, Weinheim/München 1994.

IAVE (International Association for Volunteer Effort): http://www.globenet.org./CNV/international.htm#iave vom 23.09.99.

Igl, G.: Rechtsfragen des freiwilligen sozialen Engagements (BMFSFJ, Bd. 123), Stuttgart u. a. 1996.

ISAB (Hg.): Selbsthilfe 2000. Perspektiven der Selbsthilfe und ihrer infrastrukturellen Förderung (ISAB, Nr. 42), Leipzig/Köln 1996.

Jaeckel, M./Lang, V. /Hönigschmidt, C.: 10 Jahre Mütterzentren. Erfahrungen im Längsschnitt, Gilching o. J.

Jaeger-Kaske, U.: Übungsleiterinnen in Sportvereinen. Werkstattbericht über eine Interviewstudie zu Motivationen und Erfahrungen von Frauen als Übungsleiterinnen. In: Behm/Petzsche (1998), S. 189-194.

Jakob, G.: Zwischen Dienst und Selbstbezug. Biographieverläufe ehrenamtlicher Mitarbeiter und Mitarbeiterinnen. In: Neue Praxis, 1991, H. 1, S. 26-32.

Jakob, G.: Zwischen Dienst und Selbstbezug. Eine biographieanalytische Untersuchung ehrenamtlichen Engagements, Opladen 1993.

Jakob, G.: Veränderungen der Arbeitsgesellschaft und Perspektiven für freiwilliges Engagement. In: Stiftung Mitarbeit/BAGFA (1999), S. 51-71 (a).

Jakob, G.: Wie kommen freiwillige MitarbeiterInnen dazu, sich zu engagieren? Zur Bedeutung ehrenamtlichen Engagements in der Lebensgeschichte. Vortrag im Rahmen der von der Bremer Senatorin für Frauen, Gesundheit, Jugend, Soziales und Umweltschutz organisierten Veranstaltungsreihe, MS, 1999 (b).

Jakubowski, A.: Selbsthilfegruppen und Selbsthilfegruppenunterstützung in Nordrhein-Westfalen (Bottroper Dokumente), Bottrop 1987.

Janning, H./Luthe, D.: Freiwilligen-Agentur Bremen. Fundraising-Management für die Etablierung einer neuen Dienstleitung. In: R. Buber/M. Meyer (Hg.): Fallstudien zum NPO-Management, Stuttgart 1997 (a).

Janning, H./Luthe, D.: Freiwilligen-Agentur Bremen. In: Stiftung Mitarbeit u. a. (1997), S. 73-82 (b).

Jansen-Schulz, B.: Das andere Lernen. Frauenbildung in Elterninitiativen. In: Zeitschrift für Frauenforschung, 1995, H. 4, S. 76-88.

Jordan, E./Sengling, D.: Jugendhilfe, Weinheim/München 1992.

Jugendring Dortmund (Hg.): Ehrenamtliche/Freiwillige in Dortmunder Jugendverbänden. MitarbeiterInnenstruktur – Zugänge – Motive, Dortmund o. J.

Jugendring Dortmund (Hg.): Zur Zukunft der Jugendverbandsarbeit. Veränderte MitarbeiterInnenbegleitung und neue Handlungsfelder, Dortmund 1995.

Jugendring Dortmund (Hg.): Freiwillige Tätigkeit und gesellschaftliche Beteiligung. Beiträge zu Theorie und Praxis einer neuen Freiwilligenarbeit, Münster 1998.

Jugendrotkreuz (Hg.): Dokumentation der JRK-Mitgliederumfrage »JRK goes 2000« im DRK-Zukunftsprogramm, Bonn 1997.

Jugendwerk der Deutschen Shell (Hg.): Jugend '97. Zukunftsperspektiven, Gesellschaftliches Engagement, Politische Orientierungen, Opladen 1997.

Jütting, D. H. (Hg.): Sportvereine in Münster. Ergebnisse einer empirischen Bestandsaufnahme (Münsteraner Schriften zur Körperkultur, Bd. 20), Münster/Hamburg 1994 (a).

Jütting, D. H.: Informationen zur Untersuchung und zur Forschungslage. In: Jütting (1994a), S. 1-11 (b).

Jütting, D. H.: Mangement und Organisationsstruktur. In: Jütting (1994a), S. 136-162 (c).

Jütting, D. H.: Mitarbeitende Mitglieder und verbandliche Qualifizierungssysteme im deutschen Sportvereinswesen. Struktureigenschaften und Modernisierungserwartungen. In: Jütting/Jochinke (1996), S. 73-86.

Jütting, D. H.: Ehrenamtlichkeit und Professionalität. Zur Mitarbeiterfrage in Sportorganisationen. In: H. Hartmann: Ist Opas Sportverein tot? Grenzen und Chancen des organisierten Sports in der Zukunft, Darmstadt 1997, S. 39-57.

Jütting, D. H.: Geben und Nehmen: Ehrenamtliches Engagement als sozialer Tausch. ICH-Gesellschaft oder WIR-Gesellschaft, Egoismus und Altruismus in welcher Gesellschaft leben wir? In: Strachwitz (1998), S. 271-289.

Jütting, D. H./Jochinke, M.: Selbstverständnis und Vereinsphilosophie. In: D. H. Jütting (Hg.): Sportvereine in Münster. Ergebnisse einer empirischen Bestandsaufnahme (Münsteraner Schriften zur Körperkultur, Bd. 20), Münster/Hamburg 1994, S. 186-215.

Jütting, D. H./Jochinke, M. (Hg.): Standpunkte und Perspektiven zur Ehrenamtlichkeit im Sport (Münsteraner Schriften zur Körperkultur, Bd. 27), Münster 1996.

Jütting, D. H./Strob, B.: Das Sportangebot. In: Jütting (1994a), S. 12-43 (a).

Jütting, D. H./Strob, B.: Die Mitarbeiterinnen- und Mitarbeitersituation. In: Jütting (1994a), S. 163-187 (b).

Kammerer, G./Deutsch, K.-H.: Bestimmung des Umfangs ehrenamtlicher Tätigkeit im sozialen Bereich und der Weiterbildungsangebote für ehrenamtlich Tätige in der Bundesrepublik. In: Bundesminister für Bildung und Wissenschaft (Hg.): Freiwilliges soziales Engagement und Weiterbildung, Bad Honnef 1986, S. 169-437.

Kämmerer, H.-H./Palm, J./Wedekind, S.: »Freizeit und Sport«. Materialsammlung aus der Sicht des Deutschen Sportbundes. In: Deutsche Gesellschaft für Freizeit (Hg.): Freizeit und Bewegung. Stand und Tendenzen in der Bundesrepublik Deutschland, Erkrath 1987, S. 67-70.

Kappler, E.: Zum strukturellen und normativen Wandel des Ehrenamtes. In: Jütting/ Jochinke (1996), S. 49-63.

Kardorff, E. v./Oppl, H. (Hg.): Selbsthilfe und Krise der Wohlfahrtsgesellschaft, München 1989 (a).

Kardorff, E. v./Oppl, H.: Falsche Alternativen? Selbsthilfe zwischen »reiner Autonomie und der Gefahr korporatistischer Erstarrung«. In: Kardorff/Oppl (1989a), S. 179-192 (b).

Karl, F.: Seniorenbüros und Seniorengenossenschaften. Eine Zwischenbilanz. In: TuP, 1995, H. 10, S. 370-373.

Kath. Frauengemeinschaft Deutschlands (kfd) (Hg.): kfd – Mitglieder-Umfrage '91. Eine Analyse der Mitgliederstruktur nach verbandlichen und sozialen Aspekten, Köln 1992.

Kath. Frauengemeinschaft Deutschlands (kfd) (Hg.): Ergebnisbericht Ehrenamtliche Arbeit. Nachweis über ehrenamtlich, freiwillig und unentgeltliche Arbeit und Nachweis über Teilnahme an Fort- und Weiterbildung, Düsseldorf 1998.

Kaufmann, F.-X.: Steuerungsprobleme im Wohlfahrtsstaat. In: J. Matthes (Hg.): Krise der Arbeitsgesellschaft?, Frankfurt a. M. 1983, S. 474-490.

Kaufmann, F.-X.: Herausforderungen des Sozialstaates, Frankfurt a. M. 1997.

Kemper, R.: Zum Rollenverständnis von Schiedsrichterinnen im Fußball. In: Behm/ Petzsche (1998), S. 173-180.

Kettler, U.: Selbsthilfegruppen. Das Engagement in Deutschland steigt. In: Sozialmagazin, 1997, H. 5, S. 61-62 (a).

Kettler, U.: Sparzwänge und Hoffnung auf Synergie. Institutionelle Integration der Unterstützung von Selbsthilfe, Ehrenamtlichkeit und Freiwilligenarbeit. In: NAKOS extra. Ehrenamt – Freiwilligenarbeit – Selbsthilfe, 1997, S. 51-60 (b).

Kettler, U.: Unterschiedliche Ansätze der Arbeit von Selbsthilfekontaktstellen. Qualitätsstandards, Profilierung und Institutionalisierung. In: Selbsthilfegruppen Nachrichten 1998, Gießen 1998, S. 27-33.

Kettler, U./Becker, I.: Selbsthilfeförderung in der Bundesrepublik Deutschland. In: Nachrichtendienst des Deutschen Vereins für öffentliche und private Fürsorge, 1997, H. 5, S. 152-155.

Keupp, H.: Gemeinsinn und Selbstsorge. Gegen ein falschen Moralismus. In: W. R. Wendt u. a.: Zivilgesellschaft und soziales Handeln. Bürgerschaftliches Engagement in eigenen und gemeinschaftlichen Belangen, Freiburg i. Br. 1996, S. 78-95.

Keupp, H.: Handeln in Gemeinschaft als Quelle der Selbstverwirklichung. Für einen bundesrepublikanischen Kommunitarismus. In: Stiftung Mitarbeit u. a. (1997), S. 13-37.

Keupp, H.: Visionen einer Zivilgesellschaft. Neue Perspektiven der Freiwilligenarbeit. Festrede beim 10. Geburtstag des Treffpunkt Hilfsbereitschaft, Berlin 01.07.1998. In: Stiftung Mitarbeit/BAGFA (1999), S. 97-112.

Kinds, H.: Freiwilliges Engagement bekommt man nicht umsonst. Die Förderung der Freiwilligenarbeit im europäischen Vergleich. In: Jugendring Dortmund (1998), S. 51-61.

Kistler, E./Noll, H.-H./Priller, E. (Hg.): Perspektiven gesellschaftlichen Zusammenhalts: empirische Befunde, Praxiserfahrungen, Meßkonzepte, Berlin 1999.

Klages, H.: Traditionsbruch als Herausforderung. Perspektiven der Wertewandelgesellschaft, Frankfurt a. M./New York 1993.

Klages, H.: Alt werden im Wertewandel. Probleme und Zukunftschancen. In: BMFSFJ (Hg.): Dokumentation »Die Alten der Zukunft. Dic Gesellschaft von Morgen« (Tagung am 25.08.1994), Bonn 1996, S. 53-63 (a).

Klages, H.: Seniorenbüros – Beschäftigung und Hilfe. Befriedigende Tätigkeitsrollen in noch zu erschließenden Aktivitätsfeldern. In: Das Parlament, 1996, H. 10, S. 10 (b).

Klages, H.: Gesellschaftlicher Wertewandel als Bezugspunkt der Ordnungspolitik. In: H.-G. Schlotter (Hg.): Ordnungspolitik an der Schwelle des 21. Jahrhunderts, Baden-Baden 1997, S. 173-198.

Klages, H.: Werte und Wertewandel. In: B. Schäfers/W. Zapf (Hg.): Handwörterbuch zur Gesellschaft Deutschlands, Opladen 1998, S. 698-709 (a).

Klages, H.: Engagement und Engagementpotential in Deutschland. Erkenntnisse der empirischen Forschung. In: Aus Politik und Zeitgeschichte, 1998, H. 38, S. 29-38 (b).

Klages, H.: Individualisierung als Triebkraft bürgerschaftlichen Engagements. Empirische Fakten und Forderungen. In: Kistler/Noll/Priller (1999), S. 101–112 (c).

Klages, H./Gensicke, T.: Wertewandel und bürgerschaftliches Engagement in Deutschland. Aktuelle Ergebnisse aus der empirischen Sozialforschung, Bochum 1997.

Klehm, W-R./Schünemann-Flake, U.: Das Projekt »Zwischen Arbeit und Ruhestand (ZWAR)«. Eine Antwort auf psychosoziale Folgeprobleme des (Vor-)Ruhestands. In: D. Knopf/O. Schäffter/R. Schmidt (Hg.): Produktivität des Alters, Berlin 1989, S. 60-77.

Kliemann, P.: Ehrenamtliche Mitarbeiter. Zur Identität von Gruppenleitern in der kirchlichen Jugendarbeit. Eine empirische Studie, Stuttgart 1983.

Klug, W.: Wohlfahrtsverbände zwischen Markt, Staat und Selbsthilfe, Freiburg i. Br. 1997.

Knopf, D.: »Erfahrungswissen älterer Menschen nutzen«. Gerontologische Implikationen einer sozialpolitischen Programmatik. In: D. Knopf/O. Schäffter/R. Schmidt (Hg.): Produktivität des Alters, Berlin 1989, S. 223-231.

Kohli, M./Kühnemund, H.: Nachberufliche Tätigkeitsfelder. Konzepte, Forschungslage, Empirie (BMFSFJ, Bd. 130.1), Stuttgart u. a. 1996.

Kommission für Zukunftsfragen der Freistaaten Bayern und Sachsen (Hg.): Erwerbstätigkeit und Arbeitslosigkeit in Deutschland. Teil III: Maßnahmen zur Verbesserung der Beschäftigungslage, Bonn 1997.

König, K./Dose, N.: Klassifikationsansätze zum staatlichen Handeln. In: K. König/ N. Dose (Hg.): Instrumente und Formen staatlichen Handelns, Köln 1993, S. 3-150.

Krämer, J.: Die Entwicklungsdynamik der wohlfahrtsstaatlichen Versorgung. Der Aufstieg der Pseudo-Marktversorgung und das allmähliche Siechtum der traditionellen sozialstaatlichen Versorgung. In: L. Clausen (Hg.): Gesellschaften im Umbruch. Verhandlungen des 27. Kongresses der Deutschen Gesellschaft für Soziologie in Halle a. d. S. 1995, Frankfurt a. M. 1996, S. 947-962.

Kramer, D./Sauer, P./Wagner, S.: Untersuchung über Art, Umfang und Motivation ehrenamtlicher Arbeit im Rahmen des Paritätischen Wohlfahrtsverbands Berlin, DPWV-Endbericht, Berlin 1993.

Kramer, D./Wagner, S./Billeb, K.: Soziale Bürgerinitiative in den neuen Bundesländern. Untersuchung zu einem Förderprogramm 1993-1997, Stuttgart 1998.

Kraus, U.: Frauen in Ehrenämtern des Sports. Karriereplanung und Machtbewußtsein bei Frauen in Ehrenämtern des Sports? In: Fair-Play-Initiative des deutschen Sports unter Federführung der Deutschen Olympischen Gesellschaft (Hg.): Fair-Play für Mädchen und Frauen im Sport?, Frankfurt a. M. 1995, S. 54-65.

Kreft, D.: Sport. In: Kreft/Mielenz (1996), S. 578-580.

Kreft, D./Mielenz, I. (Hg.): Wörterbuch soziale Arbeit. Aufgaben, Praxisfelder, Begriffe und Methoden der Sozialarbeit und Sozialpädagogik, Weinheim/Basel 1996.

Kreisjugendring Pinneberg e. V. (Hg.): Ehrenamtliche Jugendarbeit im Kreis Pinneberg. Ergebnisse der schriftlichen Befragung des KJR Pinneberg 1996, Kiel 1997.

Kreisjugendring Rems-Murr e. V. (Hg.): Jugendarbeit 2000 X. Streiten – einmischen – beteiligen. Jugendhilfeplanung zwischen Lebenswelten und Politik, Backnang 1997.

Kreiß, F.: Qualifizierung für ehrenamtliche Tätigkeiten. Das Ausbildungswesen des organisierten Sports. In: Jütting/Jochinke (1996), S. 88-92.

Krüger, D.: Soziales Ehrenamt und veränderte Familienformen. In: Neue Praxis, 1991, H. 1, S. 241-250.

Krüger, D.: Struktureller Wandel des sozialen Ehrenamtes. In: Zeitschrift für Frauenforschung, 1993, H. 3, S. 82-93.

Krüger, H. (Hg.): Frauen und Bildung. Wege der Aneignung und Verwertung von Qualifikationen in weiblichen Erwerbsbiographien, Bielefeld 1992 (a).

Krüger, H.: Frauen und Bildung. Wege der Aneignung und Verwertung von Qualifikationen in weiblichen Erwerbsbiographien. Die wichtigsten Ergebnisse der Teilgutachten in der Zusammenschau. In: Krüger (1992a), S. 11-34 (b).

Kühn, D.: Sozialmanagement. Konzepte und ihre Relevanz für die Sozialen Dienste. In: Soziale Arbeit, 1995, H. 2, S. 38-44.

Kuhn, H.: Personalentwicklung in kirchlicher Jugend(verbands)arbeit. In: Deutsche Jugend, 1996, H. 10, S. 439-448.

Kulbach, R./Wohlfahrt, N.: Modernisierung der öffentlichen Verwaltung? Konsequenzen für die freie Wohlfahrtspflege, Freiburg i. Br. 1996.

Kurz, D./Sonneck, P.: Die Vereinsmitglieder. Formen und Bedingungen der Bindung an den Sportverein. In: Kurz/Sack/Brinkhoff (1996), S. 75-159.

Kurz, D./Sack, H.-G./Brinkhoff, K.-P.: Kindheit, Jugend und Sport in Nordrhein-Westfalen. Der Sportverein und seine Leistungen. Eine repräsentative Befragung der nordrhein-westfälischen Jugend (MSKS NRW, H. 44), Düsseldorf 1996.

Landesjugendpfarramt der Ev.-Luth. Landeskirche Hannover (Hg.): Jugend – Kirche – Gesellschaft. Situation, Selbstverständnis und Profil Evangelischer Jugendarbeit. Herausforderungen, Hannover 1993.

Landesjugendring Schleswig-Holstein (Hg.): Arbeitshilfe zur Grundausbildung ehrenamtlicher MitarbeiterInnen in der Jugendarbeit, Kiel 1993.

Landesregierung NRW (Hg.): Erst war ich selbstlos – jetzt geh' ich selbst los. Frauenarbeit in Ehrenamt und Selbsthilfe (Dokumente und Berichte 2 der Parlamentarischen Staatssekretärin für die Gleichstellung von Frau und Mann), Münster/Wuppertal 1987.

Lang, T.: Zur Situation von ehrenamtlichen Mitarbeiterinnen und Mitarbeitern in Nürnberger Jugendverbänden, Nürnberg 1993.

Langehennig, M./Kohli, M.: Nachberufliche Tätigkeitsfelder. Empire und Perspektiven. In: D. Knopf/O. Schäffter/R. Schmidt (Hg.): Produktivität des Alters. Berlin 1989, S. 208-222.

Langnickel, H.: Die Freie Wohlfahrtspflege auf dem Prüfstand (IV). Das Modell »Ehrenamtlicher Vorstand«, ein Risikofaktor für die freie Wohlfahrtspflege? In: TuP, 1999, H. 3, S. 83-88.

Laslett, P.: Das Dritte Alter. Historische Soziologie des Alterns. Weinheim/München 1995.

Lehmbruch, G.: Die Rolle der Spitzenverbände im Transformationsprozeß: Eine neo-institutionalistische Perspektive. In: R. Kollmorgen/R. Reißig/J. Weiß (Hg.): Sozialer Wandel und Akteure in Ostdeutschland. Empirische Befunde und theoretische Ansätze, Opladen 1996.

Lenk, H.: Materialien zur Soziologie des Sportvereins, Ahrensburg 1972.

Lichtenauer, P.: Finanzstruktur und Vereinshaushalt. In: Jütting (1994a), S. 75-92.

Liebig, R.: »Wovon reden wir eigentlich?« Die Dimensionen des bürgerschaftlichen Engagements. In: Rundbrief des Verbands für sozio-kulturelle Arbeit, 1999, H. 1, S. 20-29.

Löblein, F.: Personalwesen. In: Dw der EKD (Hg.): Leitfaden zur wirtschaftlichen Führung diakonischer Einrichtungen und Werke, Stuttgart 1993, S. 607-676.

Löns, J.: Selbsthilfeinitiativen aus der Sicht der Evangelischen Verbändewohlfahrt. In: F. Boll/Th. Olk (Hg.): Selbsthilfe und Wohlfahrtsverbände, Freiburg i. Br. 1987, S. 84-89.

MAGS NRW (Hg.): Umsetzung des Betreuungsrechts in NRW, Neuss 1996.

Maier, K.: Notwendigkeit und Grenzen der Ökonomisierung Sozialer Arbeit. In: Sozialmagazin, 1995, H. 6, S. 45-49.

Manderscheid, H.: Freie Wohlfahrtspflege vor Ort. Vom Wertepluralismus zur fachlichen Differenzierung. In: Rauschenbach/Sachße/Olk (1995), S. 228-252.

MASGF (Ministerium für Arbeit, Soziales, Gesundheit und Frauen des Landes Brandenburg) (Hg.): Altenpolitik im Land Brandenburg. Landesaltenbericht, Potsdam 1998.

Matzat, J.: »Identitätswerkstätten« zum (wieder) »leben lernen«. Mit den anonymen Alkoholikern fing es an. In: Das Parlament, 1987, Nr. 19-20, S. 1-2.

Mayer, K.-H.: Seniorenvertretungen als politische Interessenvertretung der älteren Generation. In: BMFSFJ (1997), S. 236-256.

Merchel, J.: Der Deutsche Paritätische Wohlfahrtsverband. Seine Funktion im korporatistisch gefügten System sozialer Arbeit, Weinheim 1989.

Merchel, J.: Sozialmanagement als Innovationsstrategie? In: Flösser/Otto (1992), S. 73-87.

Merchel, J.: Unkonventionelle Träger auf dem Weg zur Normalität? Thesen zu Wirkung und Entwicklung von Selbsthilfe- und Initiativgruppen in der sozialen Arbeit. In: Soziale Arbeit, 1993, H. 4, S. 110-115.

Metz-Göckel. S/Müller, U.: Ändern sich Männer wirklich? In: S. R. Dunde (Hg.): Geschlechterneid – Geschlechterversöhnung, Frankfurt a. M. 1987, S. 213-235.

Meyer, B.: »Hat sie heute denn überhaupt gekocht?«. Frauen in der Politik von der Nachkriegszeit bis heute. In: Zeitschrift für Frauenforschung, 1993, H. 3, S. 6-32.

Meyer, D.: Wettbewerbliche Neuorientierung der Freien Wohlfahrtspflege, Berlin 1999.

Mielenz, I.: Selbsthilfe. In: Kreft/Mielenz (1996), S. 490–492.

Ministerium für Arbeit, Soziales und Stadtentwicklung, Kultur und Sport des Landes Nordrhein-Westfalen (MASSKS) (1999): 14.04.1999 – Ministerin Brusis fordert: Mehr Arbeitsplätze im Sport schaffen, http://www.massks.nrw.de/presse/inhalt.htm vom 29.06.99.

MSKS NRW (Ministerium für Stadtentwicklung, Kultur und Sport des Landes Nordrhein-Westfalen) (Hg.): Daten und Fakten zum Sportland Nordrhein-Westfalen, http://www.msks.nrw.de/wir/sport1997–1.htm vom 03.12.1998.

Moeller, M. L.: Selbsthilfegruppen. Selbstbehandlung und Selbsterkenntnis in eigenverantwortlichen Kleingruppen, Hamburg 1978.

Mollenhauer, K. u. a.: Evangelische Jugendarbeit in Deutschland. Materialien und Analysen, München 1969.

Monopolkommission (Hg.): Marktöffnung umfassend verwirklichen. Zwölftes Hauptgutachten, Baden-Baden 1998.

Moschner, B.: Engagement und Engagementbereitschaft. Differentialpsychologische Korrelate ehrenamtlichen Engagements. Theorie und Forschung, Regensburg 1994.

Mrazek, J./Rittner, V.: Übungsleiter und Trainer im Sportverein, Bd. 1: Die Personen und die Gruppen, Schorndorf 1991.

Müller, B.: Abschied vom Ehrenamt. In: Böhnisch/Gängler/Rauschenbach (1991a), S. 792-800.

Müller, C. W. (Hg.): SelbstHilfe. Ein einführendes Lesebuch, Berufsfelder sozialer Arbeit. Bd. 9, Weinheim, Basel 1993.

Müller, S./Rauschenbach, Th. (Hg.): Das soziale Ehrenamt, Weinheim/München 1988.

Müller-Kohlenberg, H.: Die Helferrückwirkung. Was profitiert der Helfer von seiner Hilfeleistung? In: Heinze/Offe (1990), S. 212-224.

Münchmeier, R.: Gemeinschaft als soziale Ressource. Von der symbolischen Bedeutung des Ehrenamts für den Sozialstaat. In: Müller/Rauschenbach (1988), S. 57-70.

Münchmeier, R.: Institutionalisierung pädagogischer Praxis am Beispiel der Jugendarbeit. In: Zeitschrift für Pädagogik, 1992, Nr. 3, S. 371-384.

Münchmeier, R.: »Entstrukturierung« der Jugendphase. Zum Strukturwandel des Aufwachsens und zu den Konsequenzen für die Jugendforschung und Jugendtheorie. In: Aus Politik und Zeitgeschichte, 1998, H. 31, S. 3-13.

Münder, J. u. a.: Frankfurter Lehr- und Praxiskommentar zum KJHG, Münster [2]1998.

Mutz, G./Kühnlein, I.: Die Tätigkeitsgesellschaft. In: Universitas, 1998, H. 626, S. 751-758.

Nadai, E.: Gemeinsinn und Eigennutz. Freiwilliges Engagement im Sozialbereich, Bern 1996.

Naegele, G.: Jung geblieben, alt gemacht? Tendenzen in der staatlichen und betrieblichen Arbeitsmarkt- und Sozialpolititk. In: Evers/Leichsenring/Marin (1994), S. 113-136.

Naegele, G.: Strukturen der politischen Mitbestimmung älterer Menschen in Deutschland. Eine Zwischenbilanz. In: Praxis der sozialen Arbeit, 1999, H. 4, S. 131-137.

Nährlich, S.: Innerbetriebliche Reformen in Nonprofit-Organisationen. Das Deutsche Rote Kreuz im Modernisierungsprozeß, Wiesbaden 1998.

NAKOS (Nationale Kontakt- und Informationsstelle zur Anregung und Unterstützung von Selbsthilfegruppen): Datenbank GRÜNE ADRESSEN. Bundesvereinigungen der Selbsthilfe. In: http://www.zdf.de/ratgeber/Praxis/nakos vom 29.9.1999.

Nave-Herz, R.: Familie heute. Wandel der Familienstrukturen und Folgen für die Erziehung, Darmstadt 1994.

Neumann, P. (Hg.): Ehrenamtliche fördern in der Jugendarbeit. Mitarbeiterinnen und Mitarbeiter gewinnen, ausbilden und begleiten (ejw-Praxis-Hilfen), Stuttgart 1997.

Neumann, V.: Der Verband der freien Wohlfahrtspflege als Rechtsbegriff. In: Beiträge zum Recht der sozialen Dienste und Einrichtungen, 1989, H. 4, S. 1-30.

Neumann, V./Brockmann, I.: Freie Wohlfahrtspflege in den neuen Bundesländern. In: M. Wienand/V. Neumann/I. Brockmann (Hg.): Fürsorge, Opladen 1997, S. 61-133.

Niedersächsisches Kultusministerium (Hg.): Jugendkompaß, Hannover 1996.

Niedrig, H.: Daten und Tendenzen der freien Wohlfahrtspflege. In: TuP 1994, H. 8, S. 300-305.

Niemeyer, B: Frauen in Jugendverbänden. Interessen, Mitwirkung, Gestaltungschancen (hg. vom Landesjugendring Schleswig-Holstein), Opladen 1994.

Niklaus, E.: Mädchen im Jugendverband. Zur Entwicklung weiblicher Identität bei Jugendgruppenleiterinnen (aej-Studienband 11), Stuttgart 1985.

Noelle-Neumann, E.: Erinnerungen an die Entdeckung des Wertewandels. In: V. J. Kreyher/C. Böhret (Hg.): Gesellschaft im Übergang: Problemaufrisse und Antizipationen, Baden-Baden 1995, S. 23-30.

Nokielski, H./Pankoke, E.: Post-korporative Partikularität. Zur Rolle der Wohlfahrtsverbände im Welfare-Mix. In: A. Evers/Th. Olk (Hg.): Wohlfahrtspluralismus. Vom Wohlfahrtsstaat zur Wohlfahrtsgesellschaft, Opladen 1996, S. 142-165.

Nörber, M.: Ehrenamtliches Engagement in der Kinder- und Jugendarbeit. Auswertung einer Befragung (hg. vom Hessischen Jugendring), Wiesbaden 1997.

Nörber, M.: Unterstützung ehrenamtlichen Engagements in der Kinder- und Jugendarbeit. Auswertung einer Befragung (hg. vom Hessischen Jugendring), Wiesbaden 1998 (a).

Nörber, M.: Zentrale Jugendamt ade. Dezentrale partnerschaftliche Zusammenarbeit. In: Jugendpolitik, 1998, H. 1, S. 20-23 (b).

Nörber, M.: Keine Qualität ohne Qualifizierung. Anregungen des Hessischen Jugendringes zum ehrenamtlichen Engagement (BMFSFJ, QS-Materialien Nr. 17), Bonn 1998 (c).

Nörber, M./Sturzenhecker, B.: Die Krise des Ehrenamts gibt es gar nicht. In: Deutsche Jugend, 1997, H. 6, S. 280-283.

Norden, G./Schulz, W.: Sport in der modernen Gesellschaft, Linz 1988.

Notz, G.: Frauenarbeit zum Nulltarif. Die ehrenamtliche Arbeit von Frauen im sozialen Bereich aus arbeitsmarkt- und sozialpolitischer Sicht. In: Frauenforschung, Informationsdienst des Forschungsinstituts Frau und Gesellschaft, 1986, H. 4, S. 51-65.

Notz, G.: Arbeit ohne Geld und Ehre. Zur Gestaltung ehrenamtlicher sozialer Arbeit. (Forschungsberichte des Landes NRW, Nr. 3224), Opladen 1987.

Notz, G.: Was ist das neue Ehrenamt? In: Recht der Jugend und des Bildungswesens, 1998, H. 3, S. 312-322.

Oechsle, M.: Erwerbsorientierungen und Lebensplanung junger Frauen. In: Arbeit, 1995, H. 1, S. 7-23.

Offe, C.: »Sozialkapital«. Begriffliche Probleme und Wirkungsweise. In: Kistler/Noll/Priller (1999), S. 113-120.

Offe, C./Heinze, R. G.: Organisierte Eigenarbeit. Das Modell Kooperationsring, Frankfurt a. M. u. a. 1990.

Ohl, D.: Ehrenamtliche Arbeit in der freien Wohlfahrtspflege. In: Dünner, J. (Hg.): Handwörterbuch der Wohlfahrtspflege, Berlin 1929, S. 184-186.

Oliva, H.: »Die neuen Freiwilligen«. In: S. Fels: Qualität schaffen. Welches Know-how brauchen Freiwilligen-Agenturen? (BMFSFJ, QS-Materialien Nr. 15), Bonn 1998, S. 9-21.

Olk, Th.: Das soziale Ehrenamt. In: Sozialwissenschaftliche Literatur Rundschau, 1987, H. 14, S. 84-101 (a).

Olk, Th.: Zwischen Verbandsmacht und Selbstorganisation. Anworten der Wohlfahrtsverbände auf die Herausforderung durch die neuere Selbsthilfebewegung. In: F. Boll/Th. Olk (Hg.): Selbsthilfe und Wohlfahrtsverbände, Freiburg i. Br. 1987, S. 144-171 (b).

Olk, Th.: Gibt es eine Krise der Jugendverbände? Herausforderungen der Jugendverbandsarbeit durch den Strukturwandel der Jugend. In: F. Benseler u. a. (Hg.): Risiko Jugend. Leben, Arbeit und politische Kultur, Münster 1988, S. 199-216.

Olk, Th.: Vom »alten« zum »neuen« Ehrenamt. Ehrenamtliches soziales Engagement außerhalb etablierter Träger. In: Blätter der Wohlfahrtspflege, 1989, H. 1, S. 7-10.

Olk, Th.: Förderung und Unterstützung freiwilliger sozialer Tätigkciten. Eine neue Aufgabe für den Sozialstaat. In: Heinze/Offe (1990), S. 244-265.

Olk, Th.: Ehrenamtliche Arbeit in England, Freiburg i. Br. 1991.

Olk, Th.: Zwischen Korporatismus und Pluralismus. Zur Zukunft der freien Wohlfahrtspflege im bundesdeutschen Sozialstaat. In: Rauschenbach/Sachße/Olk (1995), S. 98-149.

Olk, Th.: Ehrenamtliche Helfer. In: Kreft/Mielenz (1996), S. 150-152 (a).

Olk, Th.: Wohlfahrtsverbände im Transformationsprozeß Ostdeutschlands. In: R. Kollmorgen/R. Reißig/J. Weiß (Hg.): Sozialer Wandel und Akteure in Ostdeutschland, Opladen 1996, S. 179-216 (b).

Olk, Th.: Motivationslagen, Kompetenzen und Interessen älterer Menschen zur politischen Partizipation. In: BMFSFJ (1997), S. 56-76.

Olk, Th.: Die Freie Wohlfahrtspflege auf dem Prüfstand (V). Gegenwart gestalten, um Zukunft zu gewinnen! Verbandspolitische Strategien für die Freie Wohlfahrtspflege. In: TuP, 1999, H. 4, S. 123-130.

Olk, Th./Heinze, R. G.: Selbsthilfe im Selbsthilfesektor. Perspektiven der informellen und freiwilligen Produktion sozialer Dienstleistungen. In: Olk/Otto (1989), S. 233-267.

Olk, Th./Jakob, G.: Sozialkulturelle Varianten ehrenamtlichen Engagements innerhalb des Caritasverbandes. Eine biographietheoretische und wohlfahrtsverbandliche Studie. In: Neue Praxis, 1991, H. 5-6, S. 500-503.

Olk, Th./Otto, H.-U. (Hg.): Soziale Dienste im Wandel 3. Lokale Sozialpolitik und Lebenshilfe, Neuwied/Frankfurt a. M. 1989.

Olk, Th./Rauschenbach, Th./Sachße, C.: Von der Wertgemeinschaft zum Dienstleistungsunternehmen. Oder: über die Schwierigkeit, Solidarität zu üben. Eine einführende Skizze. In: Rauschenbach/Sachße/Olk (1995), S. 11-33.

Oppl, H./Schmid, R.: Rolle und Stellenwert der Freien Wohlfahrtspflege. In: Bayerisches Staatsministerium für Arbeit, Familie und Sozialordnung (Hg.): Rolle und Stellenwert Freier Wohlfahrtspflege, München 1991, S. 17-31.

Oswald, G./Schinzler, E.: Dem anderen helfen. Ehrenamtliche Arbeit im sozialen Bereich, Stuttgart 1987.

Otto, U.: Sozialintegration plus Dienstproduktion. Die »Seniorengenossenschaft« als altenpolitischer Innovationsversuch. In: Archiv für Wissenschaft und Praxis der sozialen Arbeit, 1992, H. 2, S. 112-135.

Otto, U.: Bürgerschaftliches Engagement als Aktivitätschance im Alter. Neue Balance zwischen Freiwilligkeit und Verpflichtung? In: Archiv für Wissenschaft und Praxis der sozialen Arbeit, 1997, H. 1, S. 42-54.

Pabst, S.: Sozialanwälte. Wohlfahrtsverbände zwischen Interessen und Ideen, Augsburg 1996.

Pankoke, E.: »Ehre« und »Engagement« im Sport. Zwischen »starker Kultur« und »aktiver Gesellschaft«. In: Jütting/Jochinke (1996), S. 32-48.

Pankoke, E.: Freies Engagement. Steuerung und Selbststeuerung selbstaktiver Felder. In: Strachwitz (1998), S. 251-270.

Pape, M.: Die Arbeitsmotivation der Jugend- und Auszubildenden-Vertretung. Auswertung einer Befragung – Deutsche Angestellten-Gewerkschaft (DAG) (hg. vom DAG-Bezirksvorstand Nord-/Mittelhessen), Kassel 1997.

Paulwitz, I.: Freiwillige in sozialen Diensten. Volunteers und Professionelle im Wohlfahrtssektor der USA, Weinheim/München 1988.

Peuckert, R.: Familienformen im sozialen Wandel, Opladen ^{2}1996.

Pfeiffer, T.: Die Situation der Gruppenführerin. Antworten auf einen Fragebogen des Bundes der Deutschen Katholischen Jugend. In: Deutsche Jugend, 1958, S. 266-270.

Pfister, G.: Ausnahmen von der Regel – Frauen im Sport. Chancen und Barrieren für Frauen in der Geschichte des Turnens und des Sports. In: Fair-Play-Initiative des deutschen Sports unter Federführung der Deutschen Olympischen Gesellschaft (Hg.): Fair-Play für Mädchen und Frauen im Sport?, Frankfurt a. M. 1995, S. 4-15.

Poldrack, H.: Soziales Engagement im Umbruch. Zur Situation in den neuen Bundesländern (ISAB-Schriftenreihe, Nr. 18), Köln/Leipzig 1993.

Pott, L.: Auslaufmodell Ehrenamt? Eine lebendige Demokratie braucht Ehrenamtliche, http://www.awo.org/doku/ehrena/inhalt.html vom 15.12.1998.

Pöttinger, P.: Grundlagen der Sportökonomie. In: Röthing/Größing (1995), S. 133-178.

Priller, E.: Der Dritte Sektor in den neuen Bundesländern. Eine sozial-ökonomische Analyse. In: H. Anheier u. a. (Hg.): Der Dritte Sektor in Deutschland. Organisationen zwischen Staat und Markt im gesellschaftlichen Wandel, Berlin 1997, S. 99-127 (a).

Priller, E.: Ein Suchen und Sichfinden im Gestern und Heute. Verändern die Ostdeutschen ihre Einstellungen und Haltungen zur Demokratie und gesellschaftlicher Mitwirkung. Wissenschaftszentrum Berlin für Sozialforschung (WZB), Berlin 1997 (b).
Priller, E./Zimmer, A.: Ende der Mitgliedsorganisationen? Vortrag auf dem 20. Kongreß
des DPWV vom 13.-17.10.1997 in Bamberg.
Priller, E./Zimmer, A.: Zukunft des Dritten Sektors in Deutschland. In: H. Anheier u. a.
(Hg.): Der Dritte Sektor in Deutschland. Organisationen zwischen Staat und Markt
im gesellschaftlichen Wandel, Berlin 1997, S. 249-283.
PROGNOS AG: Entwicklung der Freien Wohlfahrtspflege bis zum Jahr 2000. Studie im
Auftrag der Bank für Sozialwirtschaft GmbH (BFS), Basel 1984.
Rabe-Kleberg, U.: Wenn der Beruf zum Ehrenamt wird. Auf dem Weg zu neuartigen
Arbeitsverhältnissen in sozialen Berufen. In: Müller/Rauschenbach (1988), S. 87-
102.
Raichle, U.: Wandlungsprozesse ehrenamtlicher Tätigkeit. In: DW der EKD (Hg.): Re-
chenschaftsbericht 1997. Diakonie Korrespondenz, 1997, H. 5, S. 59-60.
Rauschenbach, Th.: Jugendarbeit in Ausbildung und Beruf. In: Böhnisch/Gängler/Rau-
schenbach (1991a), S. 615-630 (a).
Rauschenbach, Th.: Jugendverbände im Spiegel der Statistik. In: Böhnisch/Gängler/
Rauschenbach (1991a), S. 115-131 (b).
Rauschenbach, Th.: Gibt es ein »neues Ehrenamt«? Zum Stellenwert des Ehrenamtes in
einem modernen System sozialer Dienste. In: Sozialpädagogik, 1991, H. 1, S. 2-10
(c).
Rauschenbach, Th.: Das Ehrenamt im Jugendverband. Historisches Relikt oder unver-
zichtbarer Bestandteil. In: Böhnisch/Gängler/Rauschenbach (1991a), S. 282-294 (d).
Rauschenbach, Th.: Wo geht's hin mit dem Ehrenamt? Zur Standortbestimmung eines
zentralen Themas der Jugendverbandsarbeit. In: Deutscher Bundesjugendring
(1993b), S. 17-36 (a).
Rauschenbach, Th.: Professionelle und Laien in der sozialen Arbeit. Kriterien für eine
Grenzziehung aus sozialwissenschaftlicher Sicht. In: Sozialpädagogik, 1993, H. 5,
S. 210-221 (b).
Rauschenbach, Th.: Inszenierte Solidarität. Soziale Arbeit in der Risikogesellschaft. In:
U. Beck/E. Beck-Gernsheim (Hg.): Riskante Freiheiten. Individualisierung in moder-
nen Gesellschaften, Frankfurt a. M. 1994, S. 89-111.
Rauschenbach, Th.: Individuelle und gesellschaftliche Relevanz ehrenamtlichen Enga-
gements. Aus der Sicht der Jugendforschung. In: Evangelische Akademie Bad Boll in
Zusammenarbeit mit der Arbeitsgemeinschaft der Evangelischen Jugend in der Bun-
desrepublik Deutschland e. V. (Hg.): Ehrenamt braucht Freistellung, Bad Boll 1995,
S. 27-33 (a).
Rauschenbach, Th.: Sozialengagement zwischen gestern und morgen. Das soziale Eh-
renamt auf dem Prüfstand. In: aej-Studientexte, 1995, H. 2, S. 25-41 (b).
Rauschenbach, Th.: Ehrenamtliches Engagement im Sportverein. Anmerkungen zum
strukturellen und normativen Wandel des Ehrenamtes. In: Jütting/Jochinke (1996),
S. 64-72.
Rauschenbach, Th.: Die Bedeutung ehrenamtlichen Engagements für die Entwicklung
einer neuen Kultur des Sozialen. In: Landesjugendring Schleswig-Holstein (Hg.):
Ohne uns? Nix da! Ehrenamtliche in den Jugendverbänden, Kiel 1997, S. 14-25 (a).
Rauschenbach, Th.: Eine neue Kultur des Sozialen. In: Neue Praxis, 1997, H. 6, S. 477-
486 (b).
Rauschenbach, Th.: Die neue Kultur des Sozialen. Freiwilligenarbeit in einer modernen
Gesellschaft. In: Jugendring Dortmund (1998), S. 16-29.
Rauschenbach, Th.: »Ehrenamt« – eine Bekannte mit (zu) vielen Unbekannten. Rand-
notizen zu den Defiziten der Ehrenamtsforschung. In: Kistler/Noll/Priller (1999),
S. 67-76 (a).

Rauschenbach, Th.: »Dienste am Menschen« – Motor oder Sand im Getriebe des Arbeitsmarktes? Die Rolle der Sozial-, Erziehungs- und Gesundheitsberufe in einer sich wandelnden Arbeitsgesellschaft, in: Neue Praxis, 1999, H. 2, S. 130-146 (b).

Rauschenbach, Th.: Vielfalt oder Verwirrung? Zur Begrifflichkeit des Ehrenamts. In: Stiftung Bürger für Bürger (Hg.): Vielfalt oder Verwirrung? Zur Begrifflichkeit des Ehrenamts, Berlin 1999, S. 4-8 (c).

Rauschenbach, Th./Schilling, M.: Die Dienstleistenden. Wachstum, Wandel und wirtschaftliche Bedeutung des Personals in Wohlfahrts- und Jugendverbänden. In: Rauschenbach/Sachße/Olk (1995), S. 321-355.

Rauschenbach, Th./Müller, S./Otto, U.: Vom öffentlichen und privaten Nutzen des sozialen Ehrenamtes. In: Müller/Rauschenbach (1988), S. 223-242.

Rauschenbach, Th./Sachße, C./Olk, Th. (Hg.): Von der Wertgemeinschaft zum Dienstleistungsunternehmen. Jugend- und Wohlfahrtsverbände im Umbruch, Frankfurt a. M. 1995.

Reckmann, H.: Sozialisation und Erziehung im Jugendverband. Eine empirische Evaluation von außerschulischer Jugendarbeit, Weinheim/Basel 1981.

Reichard, C.: Der Dritte Sektor. Entstehung, Funktion und Problematik von »Nonprofit«-Organisationen aus verwaltungswissenschaftlicher Sicht. In: Die öffentliche Verwaltung, 1988, H. 9, S. 363-370.

Reichwein, S./Freund, T.: Jugend im Verband. Karrieren – Action – Lebenshilfe (hg. von der DLRG), Opladen 1992.

Reifenhäuser, I.: Zum Leiden und Gesunden an Leitbildprozessen. In: Stiftung Mitarbeit/BAGFA (1999), S. 15-20.

Reihs, S.: Ehrenamtliche Arbeit von Frauen in der Kirche. In: Pastoraltheologie, Jahresband, 1993, S. 407-427.

Reihs, S.: Im Schatten von Freiheit und Erfüllung. Ehrenamtliche Arbeit in Bayern. Das Ehrenamt in der Kirche, Bochum 1995.

Reinert, A.: Appelle reichen nicht. Anmerkungen zur Wiederentdeckung des freiwilligen Engagements. In: KSA, 1997, H. 3, S. 23-24 (a).

Reinert, A.: Kommunitarismus: Mehr als nur gute Vorsätze? In: NAKOS-EXTRA, 1997, H. 28 (Ehrenamt – Freiwilligenarbeit – Selbsthilfe), S. 14-24 (b).

Rhiemeier, D.: Eine Mehrheit – wie eine Minderheit behandelt. Frauen im Ehrenamt der Kirche, Bielefeld 1991.

Rifkin, J.: Das Ende der Arbeit und ihre Zukunft, Frankfurt a. M. 1995 (a).

Rifkin, J.: Das Ende der Arbeitswelt. Ist der »Dritte Sektor« ein Ausweg? In: Psychologie heute, 1995, H. 12, S. 58-63 (b).

Rittner, V.: Gesamtgesellschaftliche Entwicklungen und ihre Auswirkungen auf den Sport. In: Kultusminister des Landes Nordrhein-Westfalen (Hg.): Sportentwicklung, Einflüsse und Rahmenbedingungen, Köln 1984, S. 44-51.

Rittner, V.: Freizeit und Sport. In: Deutsche Gesellschaft für Freizeit (Hg.): Freizeit und Bewegung. Stand und Tendenzen in der Bundesrepublik Deutschland, Erkrath 1987, S. 94-103.

Rittner, V.: Das Ehrenamt und das Hauptamt. Reibungspunkt oder sinnvolle Ergänzung? Bestandsaufnahme. In: Seminar-Info Juli/Aug. 1998, Freiburger Kreis 1998, S. 8-13.

Röthing, P./Größing, S. (Hg.): Kursbuch 4: Sport und Gesellschaft, Wiesbaden 1995.

Roloff, J.: Alternde Gesellschaft in Deutschland. Eine bevölkerungsstatistische Analyse. In: Aus Politik und Zeitgeschichte, 1996, H. 35, S. 3-11.

Ronge, V.: Theorie und Empirie des »Dritten Sektors«. In: Jahrbuch zur Staats- und Verwaltungswissenschaft, Baden-Baden 1988, S. 113-148.

Rose, L.: Sport – Männersache? Frauensache. In: Fair-Play-Initiative des deutschen Sports unter Federführung der Deutschen Olympischen Gesellschaft (Hg.): Fair-Play für Mädchen und Frauen im Sport?, Frankfurt a. M. 1995, S. 16-25.

Rosenbladt, B. v.: Zur Messung des ehrenamtlichen Engagements in Deutschland. Konfusion oder Konsensbildung? In: Kistler/Noll/Priller (1999), S. 399–410.

Rosenmayr, L.: Altersgesellschaft – bunte Gesellschaft? Soziologische Analyse als Beitrag zur politischen Orientierung. In: Evers/Leichsenring/Marin (1994), S. 27-76.

Roß, P.-S.: Die Arbeit muß unten getan werden. In: Caritas, 1995, H. 5, S. 206-215.

Roth, R.: Kommunitaristische Sozialpolitik? Anmerkungen zur aktuellen Debatte über Professionalität und Ehrenamt in der Sozialpolitik. In: Forschungsjournal Neue Soziale Bewegungen 1995, H. 3, S. 44-53.

Rothschuh, M.: Schneider für des Kapitalismus neue Kleider. In: Sozial extra, 1998, H. 3, S. 12-13.

Runge, B./Vilmar, V.: Was Soziale Selbsthilfe ist. Vielgestalt und wachsende Bedeutung (1988). In: Müller (1993), S. 41-62.

Rüppel, U.: Ausbildung ehrenamtlicher Mitarbeiter in der evangelischen Jugendarbeit, Münster 1979.

Rupert, B.: Die Seele des Vereins wird nicht verkauft. Interview mit dem Präsidenten von Borussia Dortmund, Dr. G. Niebaum. In: Borussia aktuell. Daten. Fakten. Analysen, 1998, Heft 6, S. 18-20.

Sächsisches Staatsministerium für Soziales, Gesundheit und Familie (Hg.): Aktion 55. Projekte, Dresden 1996.

Sächsisches Staatsministerium für Soziales, Gesundheit und Familie (Hg.): Aktion 55. Sachsen braucht Sie, Dresden 1997.

Sachße, C.: Subsidiarität. In: Müller (1993), S. 63-67.

Salomon, L. M./Anheier, H. K.: Dritter Sektor und Zivilgesellschaft. Globale Entwicklungen. In: Strachwitz (1998), S. 13-22.

Salomon, L. M. u. a.: Der Dritte Sektor. Aktuelle internationale Trends. Gütersloh 1999.

Sass, E.: Ehrenamtliche/Freiwillige in Dortmunder Jugendverbänden. MitarbeiterInnenstruktur – Zugänge – Motive (hg. vom Jugendring Dortmund), Dortmund 1994 (a).

Sass, E.: »Wir sind eben keine Sozialarbeiter…«. Zeitaufwand, Anforderungen, Tätigkeitsbereiche in den Dortmunder Jugendverbänden (hg. vom Jugendring Dortmund), Dortmund 1994 (b).

Sass, E.: »Nicht brutaler oder aggressiver oder irgendwie blöder, sondern gestörter…« Gruppen- und VerbandsleiterInnen der Jugendverbände sprechen über Veränderungen in der Kindheits- und Jugendphase (hg. vom Jugendring Dortmund), Dortmund 1994 (c).

Sass, E.: Ehrenamtliche und freiwillige Tätigkeit in Dortmunder Jugendverbänden. In: Jugendring Dortmund (1995): Zur Zukunft der Jugendverbandsarbeit. Veränderte MitarbeiterInnenbegleitung und neue Handlungsfelder, Dortmund 1995 (a).

Sass, E.: Freiwillig Engagierte im Verbandsgefüge. Arbeitsbarrieren, Schwierigkeiten, Zusammenarbeit mit Hauptberuflichen (hg. vom Jugendring Dortmund), Dortmund 1995 (b).

Sass, E.: Äußere und innere Anerkennung in der Jugendverbandsarbeit. Projektarbeit: Ehrenamtliche und freiwillige Tätigkeit in Dortmunder Jugendverbänden (hg. vom Jugendring Dortmund), Dortmund 1995 (c).

Sass, E.: Zur Zukunft der Jugendverbandsarbeit. Veränderte MitarbeiterInnenbegleitung und neue Handlungsfelder (hg. vom Jugendring Dortmund), Dortmund 1995 (d).

Sass, E.: »Man rutscht da irgendwie so rein…« Freiwillige Mitarbeiterinnen und Mitarbeiter in den Dortmunder Jugendverbänden. In: Deutsche Jugend, 1995, H. 3, S. 110-117 (e).

Sass, E.: Wie kann die Jugendarbeit Freiwillige gewinnen? Personalentwicklung durch ein Freiwilligenzentrum. In: Deutsche Jugend, 1996, H. 4, S. 157-167.

Sass, E.: Schluß mit dem Ehrenamt. Von neuen Begriffen zu neuen Inhalten. In: Jugendring Dortmund (1998), S. 39-44.

Sauter, R.: Ehrenamtliche Mitarbeiter in der Jugendarbeit. Untersuchungen über Funktion und Bedeutung ehrenamtlicher Tätigkeit in den Jugendverbänden, München 1986.

Sauter, R./Schrödinger, H.: Die gesellschaftliche Bedeutung der Jugendarbeit. Entwicklungstendenzen in der Jugendarbeit unter quantitativen Gesichtspunkten. In: R. Eckert u. a. (Hg.): Lebensverhältnisse Jugendlicher. Zur Pluralisierung und Individualisierung der Jugendphase. Materialien zum 8. Jugendbericht, Bd. 2, Weinheim/München 1990, S. 292–356.

Schaaf-Derichs, C.: Selbsthilfe – Ehrenamt – Freiwilligenengagement – Bürgerschaftliches Engagement. Eine Standortklärung. In: NAKOS-EXTRA, 1997, H. 28 (Ehrenamt – Freiwilligenarbeit – Selbsthilfe), S. 76-82 (a).

Schaaf-Derichs, C.: Typographie einer neuen sozialen Organisation. Die Freiwilligenagentur. In: Stiftung Mitarbeit u. a. (1997), S. 39-47 (b).

Schäfer, K.: Jugendverbände. In: Kreft/Mielenz (1996), S. 337-339.

Schefold, W.: Die Rolle der Jugendverbände in der Gesellschaft. Eine soziologische Analyse, München 1972.

Schefold, W.: Das schwierige Erbe der Einheitsjugend. Jugendverbände zwischen Aufbruch und Organisationsmüdigkeit. In: Rauschenbach/Sachße/Olk (1995), S. 404-427.

Schlagenhauff, K.: Sportvereine in der Bundesrepublik Deutschland, Teil I: Strukturelemente und Verhaltensdeterminanten im organisierten Freizeitbereich, Schorndorf 1977.

Schmid, U.: »Irgendwo muß man anfangen.« Eine Image- und Öffentlichkeitskampagne für ehrenamtliche Mitarbeit in der Kirche und Diakonie. In: J. Gohde (Hg.): Diakonie Jahrbuch 1996/97. Innovative Modelle, Stuttgart 1997, S. 129-133.

Schmidt, R.: Soziale Strategien für ein tätiges Alter. Zwischen Reform und Anachronismus. In: Evers/Leichsenring/Marin (1994), S. 137-152.

Schmidt, R.: Seniorengenossenschaften und die Modernisierung der Altenhilfe. In: Hummel (1995a), S. 169-186.

Schmidt-Grunert, M.: Die »BWL-isierung« als Hoffnungsträger der sozialen Arbeit. Eine unangemessene und unrealistische Einschätzung des »gesellschaftlichen Ansehens« der sozialen Arbeit. In: Sozialmagazin, 1996, H. 4, S. 30-44.

Schmierer, C.: Selbsthilfe und Caritasverband. In: Kardorff/Oppl (1989a), S. 87-92.

Schmitt, W.: Der soziale Dienst der Kirche. Statistik des Diakonischen Werkes der EKD. In: J. Gohde (Hg.): Diakonie Jahrbuch 1996/97. Innovative Modelle, Stuttgart 1997, S. 411-439.

Schmitt, W.: Statistik der Mitarbeiter/innen im diakonischen Dienst. In: J. Gohde (Hg.): Diakonie. Jubiläumsjahrbuch 1998, Stuttgart 1998, S. 247-289.

Schmitz-Scherzer, R. u. a.: Ressourcen älterer Menschen. Expertise im Auftrag des Bundesministeriums für Familie und Senioren (BMFSFJ, Bd. 45), Stuttgart u. a. 1994.

Schneekloth, U. u. a.: Hilfe- und Pflegebedürftige in privaten Haushalten. Endbericht: Bericht zur Repräsentativerhebung im Forschungsprojekt »Möglichkeiten und Grenzen selbständiger Lebensführung« (BMFSFJ, Bd. 111.2), Stuttgart u. a. 1996.

Schreiber, R. u. a.: Frauenverbände und Frauenvereinigungen in der Bundesrepublik Deutschland. Eine Untersuchung im Auftrag des Bundesministeriums für Frauen und Jugend, Hannover 1992, S. 40-43.

Schroer, A./Rumberg, D./Weidenfeld, W.: Verfassungspolitik und Regierungsfähigkeit: Thesen und Fragen. In: Bertelsmann Stiftung (1998), S. 11-18.

Schulz, H. M.: Kirchliche Jugendarbeit. Eine empirische Untersuchung mit ehrenamtlichen Mitarbeitern in der Jugendarbeit zum Thema Propriumsproblematik, Frankfurt a. M. 1993.

Schumacher, J./Stiehr, K.: Ältere Menschen im sozialen Ehrenamt. Exemplarische Bestandsaufnahme und Handlungsempfehlungen (BMFSFJ, Bd. 116), Stuttgart u. a. 1996.

Schuppert, G. F.: Markt, Staat, Dritter Sektor – oder noch mehr? Sektorspezifische Steuerungsprobleme ausdifferenzierter Staatlichkeit. In: Jahrbuch zur Staats- und Verwaltungswissenschaft, Baden-Baden 1989, S. 47-87.

Schwarz, G.: Sozialmanagement, München 1994.

Schwarz, N.: Ehrenamtliche Tätigkeiten und soziale Hilfeleistungen. In: Blanke/Ehling/Schwarz (1996), S. 169-178 (a).

Schwarz, N.: Ehrenamtliches Engagement in Deutschland. Ergebnisse der Zeitbudgeterhebung 1991/92. In: Wirtschaft und Statistik, 1996, H. 4, S. 259-266 (b).

Schwarz, N.: Zeit für unbezahlte Arbeit. In: Blanke/Ehling/Schwarz (1996), S. 70-91 (c).

Schwarzer, U.: Freie Wohlfahrtsverbände – Ihre Rolle im Vereinigungsprozeß. In: K. H. Neukamm (Hg.): Diakonie-Jahrbuch 1991, Stuttgart 1991, S. 36-43.

Seckinger, M. u. a.: Situation und Perspektiven der Jugendhilfe. Eine empirische Zwischenbilanz, München 1998.

Seibel, W.: Gibt es einen Dritten Sektor? Ein Forschungsüberblick. In: Journal für Sozialforschung, 1990, H. 2, S. 181-188.

Seibel, W.: Funktionaler Dilettantismus. Erfolgreich scheiternde Organisationen im »Dritten Sektor« zwischen Markt und Staat, Baden-Baden 1994.

Seidenstücker, B.: Soziale Arbeit in der DDR. In: Kreft/Mielenz (1996), S. 514-521.

Sielert, U.: Die Mitarbeiter in den Jugendverbänden. Eine Situationsanalyse, München 1978.

Sinkwitz, P.: Landjugendporträt '90. Situation und Arbeit der Landjugend-Gruppen im BDL. Forschungsbericht (hg. vom Bund der Deutschen Landjugend), Bonn 1991.

Sozialministerium Baden-Württemberg: Institutionen und das Engagement der Bürger zwischen Arbeit und Ruhestand in Baden-Württemberg. Ergebnisse der Studie und des Seminars in Bad Boll zum Vorruhestand, Stuttgart 1996.

Sozialministerium Baden-Württemberg (Hg.): Eurostudie, L'estudi Euro, Eurostudy. Bürgerengagement in 3 europäischen Städten, Europa der Bürger 2, Stuttgart 1997.

Sozialministerium Baden-Württemberg (Hg.): Generationenkonflikt und Generationenbündnis in der Bürgergesellschaft, Stuttgart 1999.

Spiegelhalter, F.: Der dritte Sozialpartner: die freie Wohlfahrtspflege. Ihr finanzieller und ideeller Beitrag zum Sozialstaat, Freiburg i. Br. 1990.

Spiegelhalter, F.: Leistungswert und Mehrwert der Caritas. In: Caritas, 1999, H. 2, S. 52-60.

Statistisches Bundesamt: Öffentliche Sozialleistungen. In der Jugendhilfe tätige Personen. Ergebnis der Personalstrukturerhebung in der Jugendhilfe 1974. In: Wirtschaft und Statistik, 1976, H. 5, S. 685-691.

Statistisches Bundesamt (Hg.): Fachserie 13: Sozialleistungen. Reihe 6.3: Einrichtungen und tätige Personen in der Jugendhilfe, Stuttgart verschiedene Jahrgänge.

Stein, R. H./Schneider, A.: Häutungen und Traditionsbrüche als Herausforderungen. Grundlagen und Perspektiven kirchlicher Jugendarbeit. Dargestellt am Beispiel der kirchlichen Jugendhilfeplanung für die Region Rhein-Sieg, Siegburg 1997.

Steinkamp, H.: Jugendverbände und ihre Erwachsenenorganisationen. In: Böhnisch/Gängler/Rauschenbach (1991a), S. 263-271.

Stiftung Bürger für Bürger: Selbstdarstellung der Stiftung Bürger für Bürger. Die Nationale Freiwilligenagentur für Deutschland. In: Fels (1998), S. 95-99.

Stiftung Bürger für Bürger (1999): Regionale Freiwilligenagenturen/Vermittlungsstellen, http://www.buerger-fuer-buerger.de/lifa.htm vom 23.09.99.

Stiftung Mitarbeit/BAGFA (Hg.): Wozu Freiwilligen-Agenturen? Visionen und Leitbilder. Beiträge zu einer Fachtagung, Bonn 1999.

Stiftung Mitarbeit u. a. (Hg.): Solidarität inszenieren ... . Freiwilligen-Agenturen in der Praxis. Tagungsdokumentation, Bonn 1997.

Stolterfoht, B.: Wem gebührt die Ehre? Auszüge aus einer Rede der hessischen Frauenministerin bei der Eröffnung der 2. Felsberger Frauenmesse am 17. Mai 1998 in Felsberg/Nordhessen. In: sozial extra, 1998, H. 10, S. 11.

Strachwitz, R. Graf (Hg.): Dritter Sektor – Dritte Kraft. Versuch einer Standortbestimmung, Düsseldorf 1998.

Streeck, W.: Vielfalt und Interdependenz. Überlegungen zur Rolle von intermediären Organisationen in sich ändernden Umwelten. In: Kölner Zeitschrift für Soziologie und Sozialpsychologie, 1987, H. 2, S. 471-495.

Strob, B.: Der vereins- und verbandsorganisierte Sport. Ein Zusammenschluß von (Wahl)Gemeinschaften? Münster 1999.

Strünck, C.: Wandel der Wohlfahrtsverbände durch Kontraktmanagement. In: Neue Praxis, 1995, H. 4, S. 349-59.

Stüwe, G./Weigel, G.: Jugendverbände in der Wetterau. Ergebnisse einer Befragung, Frankfurt a. M. 1991.

Stüwe, G./Weigel, G.: »Weniger Jugendliche, mehr Teenies«. Zum Funktionsverlust der Jugendverbände. In: Deutsche Jugend, 1992, H. 3, S. 156-166.

Süssmuth, R.: Mut zur politischen und sozialen Mitgestaltung. Entwicklungen in der modernen Gesellschaft und das Ehrenamt. In: J. Gohde (Hg.): Diakonie. Jubiläumsjahrbuch 1998, Stuttgart 1998, S. 167-175 (a).

Süssmuth, R.: Verfassungspolitik und Regierungsfähigkeit auf dem Weg zum lernenden Staat. In: Bertelsmann Stiftung (1998), S. 31-43 (b).

Tews, H. P.: Neue und alte Aspekte des Strukturwandels des Alters. In: WSI-Mitteilungen, 1990, H. 8, S. 478-491.

Tews, H. P.: Ältere Menschen und bürgerschaftliches Engagement. In: Hummel (1995a), S. 80-128.

Thiel, W.: Erfahrungen beim Aufbau und der Entwicklung lokaler Selbsthilfegruppen-Kontaktstellen. In: Müller (1993), S. 202-218.

Thiel, W.: Ein Beitrag aus dem Blickwinkel der Selbsthilfe. In: Stiftung Mitarbeit u. a. (1997), S. 117-125.

Thiel, W.: Selbsthilfegruppenunterstützung in Deutschland 1997. In: Deutsche Arbeitsgemeinschaft Selbsthilfegruppen (1998), S. 45-53 (a).

Thiel, W.: Selbsthilfe als Fremdhilfe. Über Struktur und Bedeutung der Arbeit von Selbsthilfegruppen. In: Strachwitz (1998), S. 327-347(b).

Thürnau, F.: Was bisher war, zählt nicht! Wiederaufbau der AWO in den östlichen Bundesländern. In: Organisationsentwicklung Spezial 2: Veränderungsstrategien in Non-Profit-Organisationen, Zürich 1993, S. 85-91.

Timm, W.: Sportvereine in der Bundesrepublik Deutschland. Teil II: Organisations-, Angebots- und Finanzstruktur, Schorndorf 1979.

Trauernicht, G./Wieneke, B.: Mädchen in der Jugendverbandsarbeit. Zur Situation von Mädchen und zum Stand von Mädchenarbeit in der Jugendverbandsarbeit in Nordrhein-Westfalen. Pilotstudie (hg. vom Institut für soziale Arbeit e.V.), Soziale Praxis, H. 6, Münster 1990.

Troisen, G.: Organisation des Sports. In: Röthing/Größing (1995), S. 111-132.

Trojan, A. (Hg.): Wissen ist Macht. Eigenständigkeit durch Selbsthilfe in Gruppen, Frankfurt a. M. 1986.

Trojan, A./Deneke, C./Estorff, A.: »Ist das denn noch Selbsthilfe?« Erfahrungen und Empfehlungen zur Unterstützung von Selbsthilfe. In: Trojan (1986), S. 250-283.

Ueltzhöffer, J./Ascheberg, C.: Engagement in der Bürgergesellschaft. Die Geislingen-Studie. Ein Bericht des Sozialwissenschaftlichen Instituts für Gegenwartsfragen Mannheim (SIGMA). In: Sozialministerium Baden-Württemberg (Hg.): »Bürgerschaftliches Engagement«, Bd. 3, Stuttgart 1996.

Uhl, H. D./Wieneke, W.: Einzelsteuergesetze. In: Diakonisches Werk der EKD (Hg.): Leitfaden zur wirtschaftlichen Führung diakonischer Einrichtungen und Werke, Stuttgart 1993, S. 351-382.

Vogt, I.: Die freiwillige und unbezahlte Arbeit von Frauen. Fakten und Fiktionen. In: I. Vogt (Hg.): Erst war ich selbstlos – jetzt geh' ich selbst los. Dokumente und Berichte 2 der Parlamentarischen Staatssekretärin für die Gleichstellung von Frau und Mann, Düsseldorf 1987, S. 139-163.

Vogt, I.: Ehrenarbeit als Liebesdienst: Frauen in der ehrenamtlichen Hilfe. In: F. Nestmann/C. Schmerl (Hg.): Frauen – das hilfreiche Geschlecht. Dienst am Nächsten oder soziales Expertentum?, Hamburg 1991, S. 107-123.

Vogt, M./Ziergiebel, M.: Ehrenamt – ein Amt in Ehren!? Ein Pilotprojekt der Sportjugend Mecklenburg-Vorpommern (M.-V.) mit Unterstützung des Kultusministeriums M.-V. (hg. von der Sportjugend Mecklenburg-Vorpommern), Schwerin 1997.

Wagner, A.: Kommunitarismus, Dritter Sektor und Zivilgesellschaft. In: Strachwitz (1998), S. 493-506.

Wagner, G.: Entwicklungsmöglichkeiten sportbezogener Dienstleistungen. Perspektiven erwerbswirtschaftlicher und ehrenamtlicher Angebote. In: G. Anders (Hg.): Vereinssport an der Wachstumsgrenze? Bd. 2: Sport in der Krise der Wachstumsgesellschaften, Witten 1990, S. 12-34.

Wallimann, I.: Kaum Verlass und viel zu teuer. In: SOCIALmanagement, 1999, H. 2, S. 8-10.

Waschler, G.: Zusammenarbeit von Schule und Sportvereinen in sportpädagogischer Perspektive, Aachen 1996.

Weber, W. u. a.: Die wirtschaftliche Bedeutung des Sports, Schorndorf 1995.

Wehling, M.: Zum Problem der Honorierung und Gratifikation. Anmerkungen aus betriebswirtschaftlicher Sicht. In: Jütting/Jochinke (1996), S. 109-113.

Weigel, N.: Ehrenamt im Spiegel der Forschung. In: Jugendpolitik, 1997, H. 1, S. 9-12.

Wessels, C.: Chancen und Risiken der Beschäftigung von Frauen in sozialen Ehrenämtern. In: Trierer Beiträge. Aus Forschung und Lehre an der Universität Trier (Sonderheft 8: Frauen Forum), 1994, S. 45-52 (a).

Wessels, C.: Das soziale Ehrenamt im Modernisierungsprozeß. Chancen und Risiken des Einsatzes beruflich qualifizierter Frauen (Aktuelle Frauenforschung, Bd. 22), Pfaffenweiler 1994 (b).

Wessels, C.: Soziales Ehrenamt in der Familienphase. Auf der Suche nach autonomen Handlungsspielräumen. In: Nachrichtendienst des Deutschen Vereins für öffentliche und private Fürsorge, 1994, H. 7, S. 258-262 (c).

Wiech, E.: Aufbau und Entwicklung der Solidargemeinschaft der Generationen. Seniorengenossenschaft Ulm-Wiblingen e. V. als Beispiel eines bürgerschaftlichen, stadtteilbezogenen Selbsthilfemodells. In: Hummel (1995a), S. 194-199.

Wiegand, K.: Über die Ausbildung von Jugendführern und -führerinnen in den Jugendverbänden. In: Das junge Deutschland, 1926, H. 4, S. 106-114.

Wiesendahl, E.: Noch Zukunft für die Mitgliederparteien? Erstarrung und Revitalisierung innerparteilicher Partizipation. In: A. Klein/R. Schmalz-Bruns (Hg.): Politische Beteiligung und Bürgerengagement in Deutschland. Möglichkeiten und Grenzen (Bundeszentrale für politische Bildung, Bd. 347), Bonn 1997, S. 349-381.

Wilk, C.: Transferleistungen von Älteren (hg. vom BMFSFJ), Bonn 1995.

Windhoff-Héritier, A.: Wirksamkeitsbedingungen politischer Instrumente. In: Jahrbuch zur Staats- und Verwaltungswissenschaft, Baden-Baden 1989, S. 89-118.

Winkel, O.: Wertewandel und Politikwandel. In: Aus Politik und Zeitgeschichte, 1996, H. 52/53, S. 13-25.

Winkler, J.: Das Ehrenamt. Zur Soziologie ehrenamtlicher Tätigkeit dargestellt am Beispiel der deutschen Sportverbände (Bundesinstitut für Sportwissenschaft, Bd. 61), Schorndorf 1988.

Winkler, J.: Das Ehrenamt im Spannungsfeld von Öffentlichkeit und Privatheit. In: G. Anders (Hg.): Vereinssport an der Wachstumsgrenze? Bd. 2: Sport in der Krise der Wachstumsgesellschaften, Witten 1990, S. 96-116.

Winkler, J./Karhausen, R.-R.: Verbände im Sport. Eine empirische Analyse des Deutschen Sportbundes und ausgewählter Mitgliederorganisationen (Bundesinstitut für Sportwissenschaft, Bd. 43), Schorndorf 1985.

Witt, D./Sturm, H.: Eigenarten der Personalwirtschaft in Verbänden. In: Strachwitz (1998), S. 291-313.

Wittenius, U.: Arbeitsfeld Sozialmanagement: Systemwechsel in der sozialen Arbeit. In: TUP, 1998, H. 9, S. 335-339.

Wittig-Koppe, H.: Bürgerschaftliches Engagement im Paritätischen Schleswig-Holstein. Ergebnisse einer empirischen Untersuchung zum ehrenamtlichen Engagement im Paritätischen Wohlfahrtsverband Schleswig-Holstein, Kiel 1998.

Wohlfahrt, N.: Die Ökonomisierung sozialer Arbeit und die Zukunft Freier Wohlfahrtspflege. In: AWO Bundesverband e.V. (Hg.): Solidarität erneuern. Die Zukunft des Sozialen!, Bonn 1997, S. 58-64.

Wohlfahrt, N./Breitkopf, H.: Selbsthilfegruppen und soziale Arbeit. Eine Einführung für soziale Berufe, Freiburg i. Br. 1995.

Wohlfahrt, N./Breitkopf, H.: Selbsthilfegruppen in Nordrhein-Westfalen. Entwicklung – Unterstützung – Arbeitsformen. In: MAGS NRW (Hg.): Zukunft des Sozialstaates. Freiwilliges soziales Engagement und Selbsthilfe, Düsseldorf 1996, S. 365-634 (a).

Wohlfahrt, N./Breitkopf, H.: Situation und Perspektiven der Unterstützung familienbezogener Selbsthilfegruppen in Nordrhein-Westfalen. In: MAGS NRW (Hg.): Zukunft des Sozialstaates. Freiwilliges soziales Engagement und Selbsthilfe, Düsseldorf 1996, S. 635-754 (b).

Wöller, V.: Warum Ehrenamtliche sich karitativ engagieren. Eine Umfrage und ihre Ergebnisse. In: Sozialcourage. Das neue Magazin für soziales Handeln (Regionalausgabe für das Erzbistum Köln), 1996, H. 1, S. 14-17.

Wulf, C.: Ehrenamtliche Mitarbeiter unterstützen. Eine empirische Studie zu Voraussetzungen und Möglichkeiten der Unterstützung ehrenamtlicher Mitarbeiter in Jugendverbänden, Dissertation, Mainz 1986.

Wurzbacher, G. (Hg.): Gruppe – Führung – Gesellschaft. Begriffskritik und Strukturanalysen am Beispiel der Christlichen Pfadfinderschaft Deutschlands, München 1961.

Wuthnow, R.: Handeln aus Mitleid. In: U. Beck (Hg.): Kinder der Freiheit, Frankfurt a. M. 1997, S. 34-84.

Zander, M./Notz, G.: Ehrenamtliche soziale Arbeit und bürgerschaftliches Engagement in Thüringen. Forschungsprojekt im Auftrag der Heinrich-Böll-Stiftung Thüringen e. V., Erfurt 1997.

Zentralrat des Deutschen Caritasverbandes: Ehrenamtliche Tätigkeit in der Caritas. Bestandsaufnahme, Perspektiven, Positionen. In: Caritas. Beihefte der Zeitschrift für Caritasarbeit und Caritaswissenschaft. Unser Standpunkt Nr. 27: Ehrenamtliche Tätigkeit in der Caritas, Freiburg i. Br. 1995, S. 4-24.

Zielke, A.: Der neue Doppelgänger. Die Wandlung des Arbeitnehmers zum Unternehmer. Eine zeitgemäße Physiognomie. In: FAZ 1996, Nr. 167.

Zimmer, A./Priller, E.: Gemeinnützige Organisationen im gesellschaftlichen Wandel. Ergebnisse einer Organisationsbefragung, Münster/Berlin 1999.

Zipprich, Ch.: Die unvollendete Karriere. Probleme und Hemmnisse für die Tätigkeit von Trainerinnen sowie die Nichttätigkeit von Trainerinnen im Volleyball. In: Behm/Petzsche (1998), S. 181-188.

(o. V.): Forderung des Paritätischen zur Anerkennung der Arbeit der Freiwilligenagenturen, Freiwilligenzentren und gleichartigen Vereinigungen ..., Bundestagsdrucksache 14/23 vom 09.11.1998. In: Stiftung Mitarbeit/BAGFA (1999), S. 121.

Verzeichnis der Tabellen und Abbildungen

Tabellen

Abbildungen